U0940764

2019 SHANGHAI SPORT YEARBOOK

上海体育年鉴

上海市体育局 编

上海科学技术文献出版社
Shanghai Scientific and Technological Literature Press

01 8月19日，吴嘉宇（左）获射击10米气手枪混合团体赛冠军

02 8月20日，汤露获武术套路女子南拳南刀全能比赛第一名

03 8月21日，张丹奕、王欢、沈轶能、陈笑与队友合作，获女子水球比赛第一名

04 8月23日，蔡颖颖（右）获武术散打女子-60公斤级比赛第一名

05 8月23日，章瑾与队友合作，获体操女子团体比赛冠军

06 8月23日，陈云霞获女子单人双桨比赛冠军

07 8月24日，覃海洋（预赛队员）获男子4×100米混合泳接力比赛第一名

08 8月26日，张芷婷（左一）、李颖韻（右二）与队友获女子三人制篮球比赛第一名

09 8月27日，钟天使获自行车女子团体竞速赛冠军

10 8月27日，徐超（左二）、周瑜（右一）与队友合作，获自行车男子团体竞速赛冠军

11 8月28日，谢文骏获男子110米栏冠军

12 8月28日，掌敏洁（左）与队友合作获女子双人十米跳台冠军

13 8月28日，秦晨路与队友合作，获自行车男子团体追逐赛冠军

14 9月1日，董瀚麟（右）与队友合作，获男子五人制篮球比赛第一名

第18届 亚洲运动会

The 18th Asian Games

8月18日—9月2日，第18届亚洲运动会在印度尼西亚首都雅加达和南苏门答腊省首府巨港举行。上海共有76名运动员入选中国体育代表团，在田径、跳水、射击等11个分项、14个小项中获得19人次金牌，为中国体育代表团继续保持亚运会金牌榜第一做出贡献。

07

08

06

09

10

14

11

13

12

第 16 届
上海市运动会

The 16th Shanghai Games

9 月 28 日—11 月 10 日，第 16 届上海市运动会举行。全市 16 个区 62 个代表团报名参赛。本届市运会设竞赛项目、展示项目和活动项目三类，参赛总人数达 3 万余人。

01

03

02

01 9 月 28 日，第 16 届上海市运动会在上海财经大学开幕

02 共有 62 个代表团参加青少年组和高校组的角逐

03 11 月 11 日，第 16 届上海市运动会在上海广电大厦闭幕

04 6 月 2 日，青少年体育俱乐部少儿体育开放日活动举行

05 乒乓球比赛

06 迷你篮球比赛

07 足球比赛

08 田径比赛

09 冰壶比赛

10 沙滩排球比赛

11 花样游泳比赛

12 水球比赛

13 游泳比赛

4

05

06

7

08

09

0

11

12

3

2018 年上海城市业余联赛共举办 10 个项目联赛、12 个品牌特色赛事活动和 37 个项目系列赛，共举办各级各类赛事活动 6186 个。有 809476 名市民，近 250 万人次参与。

02

03

04

05

06

01

01 城市业余联赛推介会

02 中国坐标城市定向赛

03 “金山城市沙滩”沙地乒乓球团体赛

04 健身健美比赛暨“海上花岛”CBBA 健身健美公开赛

05 第十届“双拥杯”驻沪部队军民健身系列赛

06 市民武术节

07 市民网球节

08 自行车嘉年华

09 “延峰杯”足球赛

2018 年上海城市业余联赛

2018 Shanghai Amateur Games

01 2月26日，许昕夺得乒乓球团体世界杯男子双打冠军；5月6日，许昕与队友再次夺得乒乓球世界团体锦标赛男子团体冠军

02 6月8日，掌敏洁（左）与队友夺得第21届国际泳联跳水世界杯女子双人十米跳台冠军

03 10月28日，蔡颖颖夺得第九届武术散打世界杯武术女子60公斤级冠军

04 11月10日，高磊获2018年蹦床世界锦标赛男子网上个人冠军

05 11月7日，上海上港队在2018赛季中超联赛提前一轮夺冠，这是上海足球历史上第一个中超联赛冠军，也是时隔23年后上海足球再度问鼎中国顶级联赛

06 4月24日，上海男排在2017–2018赛季中国男排超级联赛决赛中，力克北京队获得冠军，这是上海队第14次夺得全国男排联赛冠军，也实现了联赛四连冠

01

02

03

竞技体育

Competitive Sports

01

02

03

精彩赛事

Wonderful Events

01　F1 中国大奖赛

02　上海环球马术冠军赛

03　环崇明岛国际自盟女子公路世界巡回赛

04　国际田联钻石联赛（上海站）

05　世界斯诺克上海大师赛

06　“上海杯”诺卡拉帆船赛暨诺卡拉 17 亚洲锦标赛

04

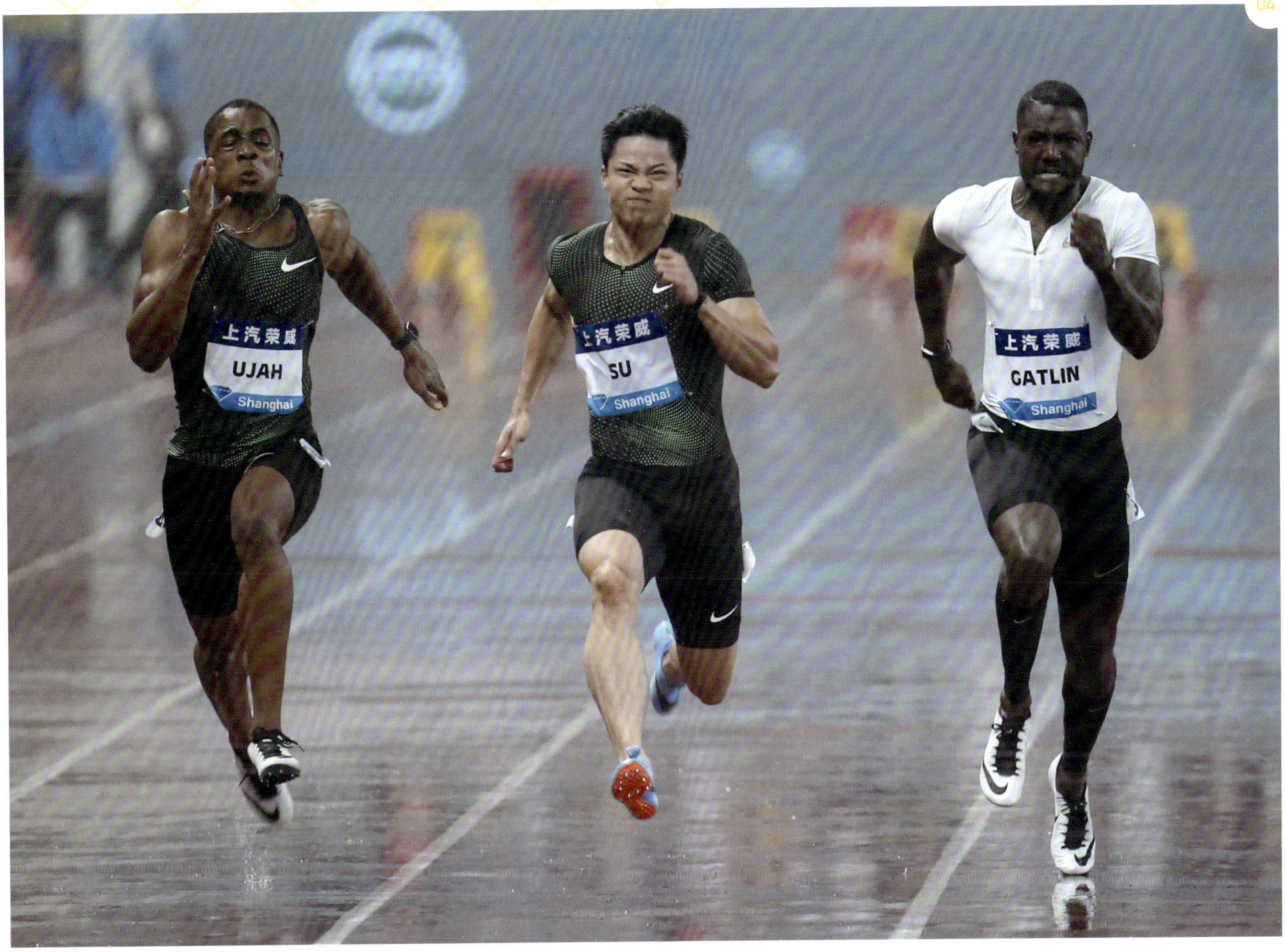
上汽荣威
UJAH
Shanghai
上汽荣威
SU
Shanghai
上汽荣威
GATLIN
Shanghai

05

2 0 1 8

06

CHN

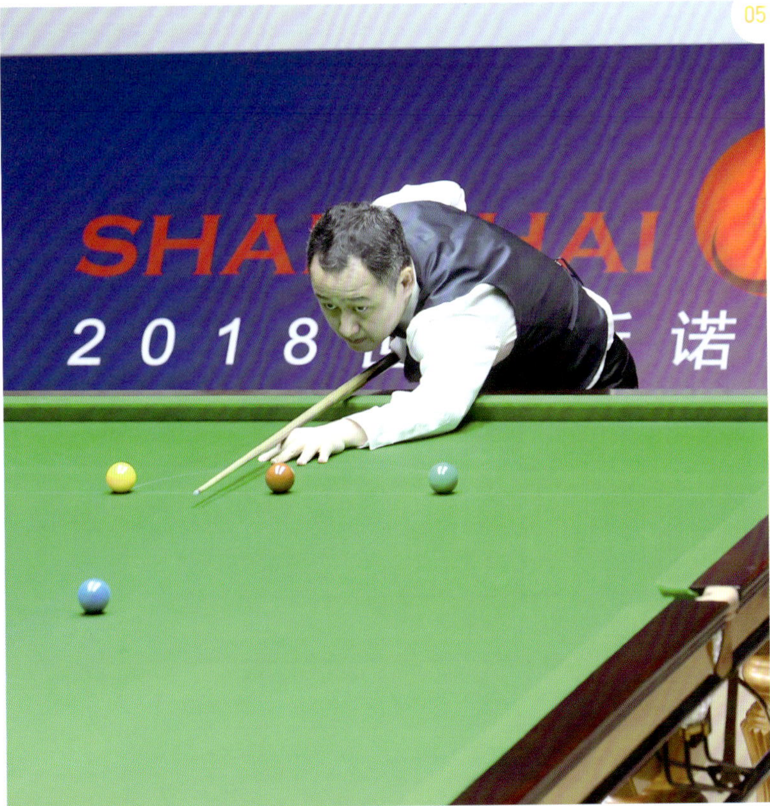

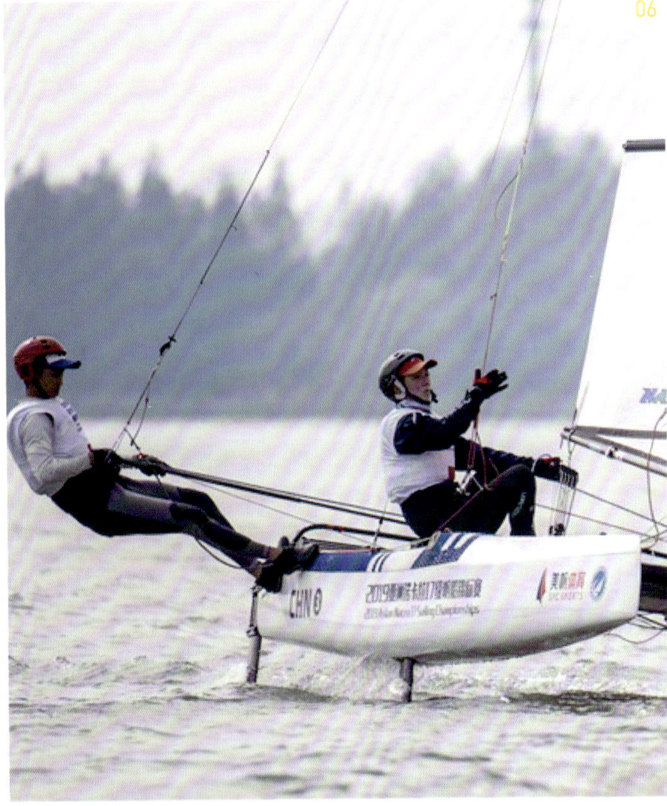

09

08

HSBC
SHANGHAI
2018
OLD TOM MORRIS CUP
上海 2018

07

10

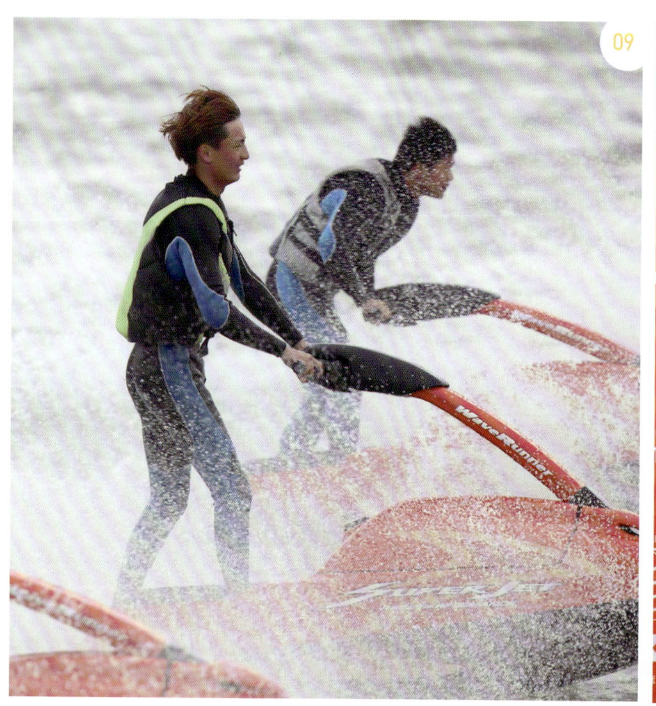

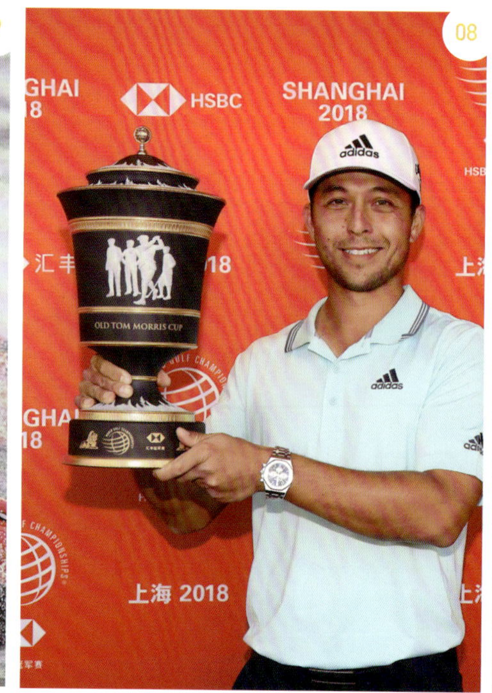

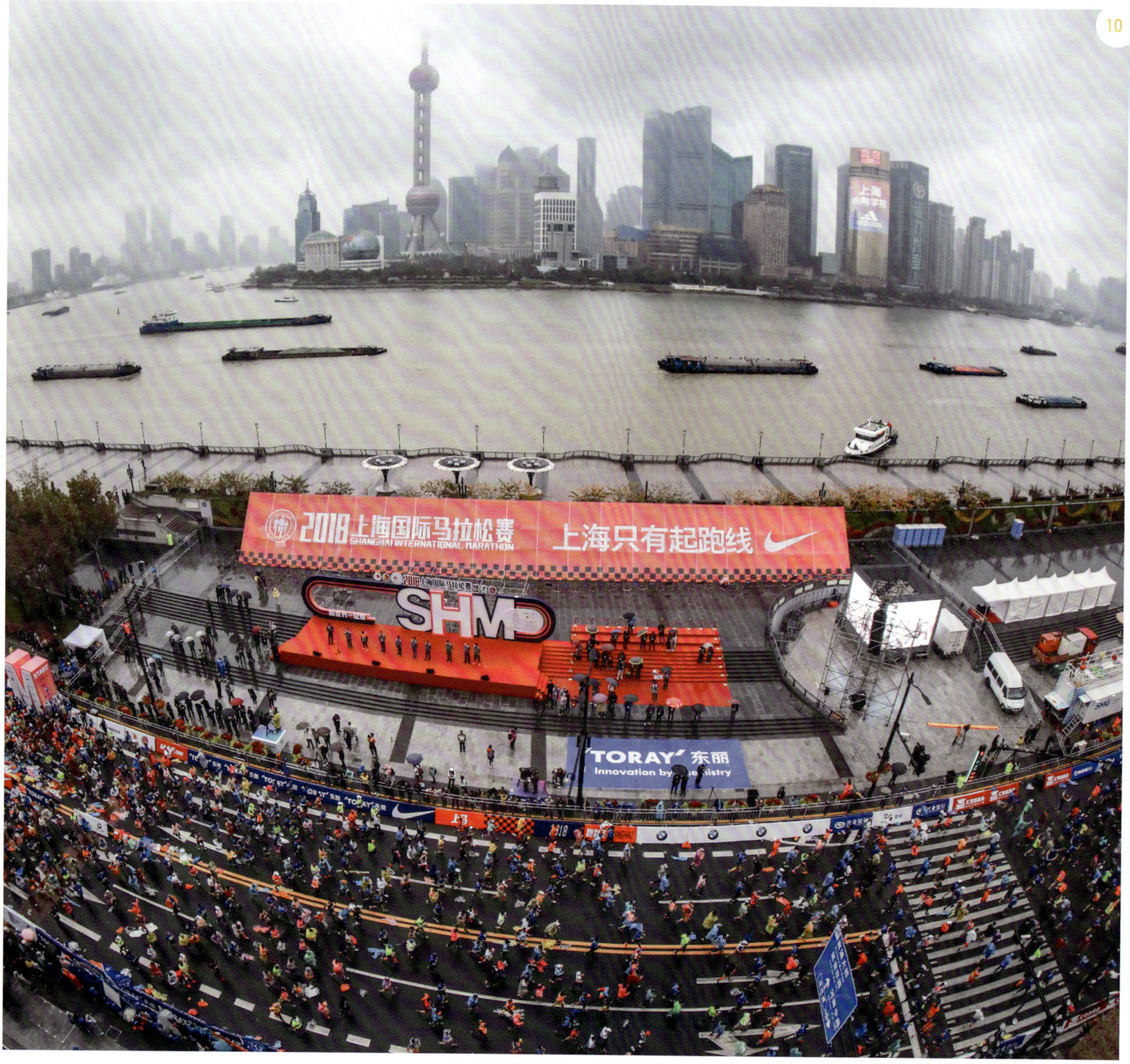
2018上海国际马拉松赛
SHANGHAI INTERNATIONAL MARATHON
上海只有起跑线
SHM
TORAY 东丽

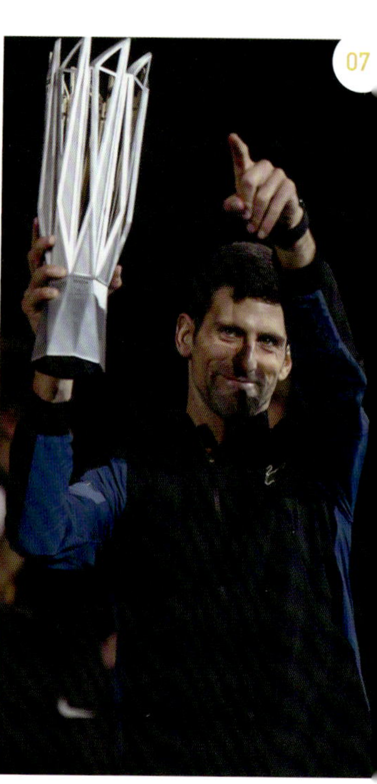

07　上海网球大师赛

08　世界高尔夫球锦标赛 – 汇丰冠军赛

09　UIM 世界 XCAT 摩托艇锦标赛中国系列赛上海站

10　上海国际马拉松赛

11　JUMP10 世界街球大奖赛

12　上海中心国际垂直马拉松赛

13　NBA 中国赛

14　澳式橄榄球超级联赛（上海站）

02: 青浦

01: 普陀

03: 松江

04: 徐汇

05: 杨浦

08: 宝山

07: 嘉定

06: 长宁

01 普陀 中国龙舟公开赛（上海 · 普陀站）暨第 15 届上海苏州河城市龙舟国际邀请赛

02 青浦 青浦区第五届运动会

03 松江 松江区百城千村健身气功交流展示

04 徐汇 徐汇区市民体育节

05 杨浦 第七届上海极限运动挑战赛

06 长宁 上海国际女子 10 公里精英赛

07 嘉定 蒸蒸日上迎新跑

08 宝山 上海樱花节女子 10 公里路跑

09 崇明 环崇明岛国际自盟女子公路世界巡回赛

10 奉贤 第十届国际友人风筝会

11 虹口 2018 城市业余联赛国际易跑赛

12 金山 城市沙滩铁人三项赛

13 静安 国际剑联花剑世界杯大奖赛

14 闵行 上海劳力士大师赛

15 黄浦 "永业杯"WDSF 大奖赛总决赛暨第七届中国体育舞蹈精英赛

16 浦东 上海国际半程马拉松赛

09: 崇明

10: 奉贤

11: 虹口

12: 金山

13: 静安

14: 闵行

15: 黄浦

16: 浦东

各区风采

Introduction of Each District

重大工程

Major Projects

组图 1 1 月 15 日 , 徐家汇体育公园综合改造工程全面开工。通过改造，上海体育场将成为能够进行综合田径赛事和草地运动的综合性体育场 , 上海体育馆将升级成为能够举办顶级国际赛事的一流综合性室内场馆；工程还将新建适合市民日常运动和锻炼的下沉式体育综合体

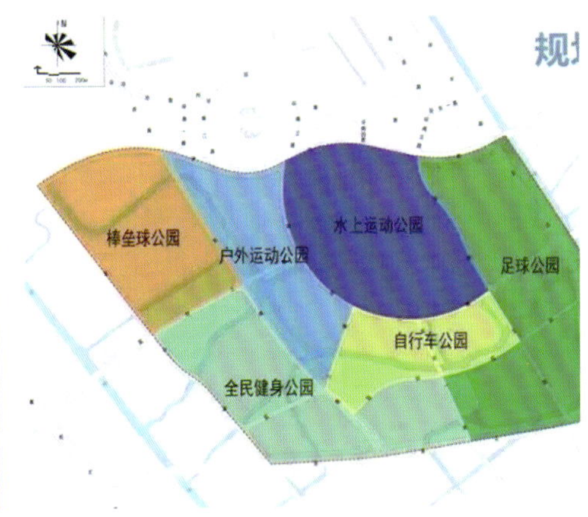

组图 2 2 月 5 日，上海市民体育公园一期项目（足球公园）在上海国际赛车场配套区举行奠基仪式。公园位于嘉定区上海国际赛车场区域，总占地约 42 万平方米。建成后的上海市民体育公园将兼顾大众运动与专业赛事双重功能，成为全市 5 个市级体育中心之一

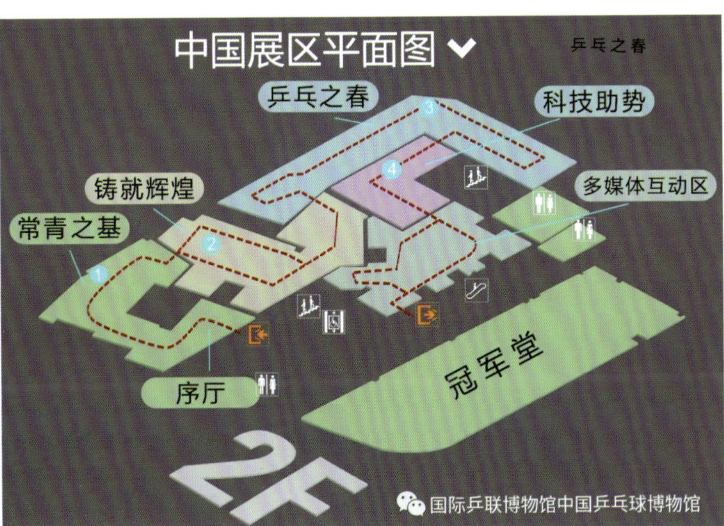

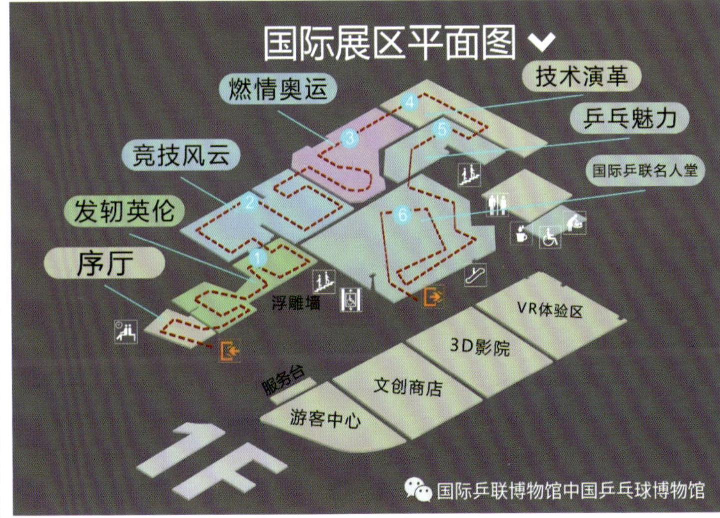

组图 3 3 月 31 日，由国际乒乓球联合会、国家体育总局、上海市人民政府共建的国际乒联博物馆和中国乒乓球博物馆正式开馆。上海再添一座内涵丰富、积淀深厚的体育文化新地标

区位图

球场西侧效果图

球场东侧赛时效果图

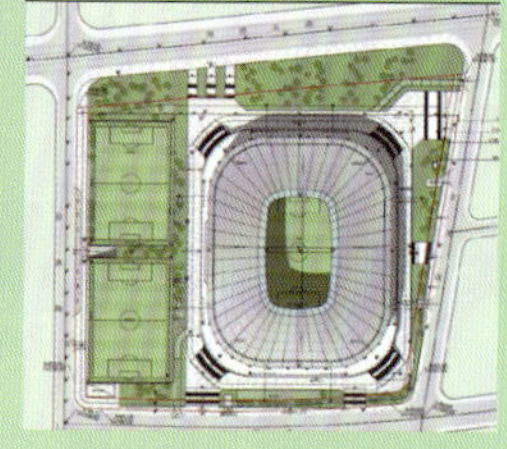
总平面图

组图 4 4 月 28 日，上海浦东足球场项目正式开工建设。浦东足球场项目是上海“十三五”期间体育基础设施建设的重要任务之一，被列为上海市 2018 年重大建设项目。足球场位于锦绣东路以南，规划金滇路以东，金葵路以北，规划金湘路以西，区位条件优越。总建筑面积为 139304 平方米，总投资约 18.07 亿元。固定坐席数为 33765 个

总体日景鸟瞰图

此部类图片由新华社、各区体育局、李铭珅、王佳斌、郭泰、程雯提供

编辑说明

一、《上海体育年鉴》是系统记述上海体育的年度资料性文献，1989—1990年、1991—1992年和1993—1994年分别以合订本同时出版，1995年开始每年出版。

二、《上海体育年鉴2019》是由《上海体育年鉴》编纂委员会主持编纂，各区体育局、市体育局系统各直属单位、市体育总会、市体育局机关各处室、部分院校体育教学部门及有关单位供稿，《上海体育年鉴》编辑部负责编辑出版的地方性专业年鉴。

三、本年鉴记述时限为2018年1月1日—12月31日，反映上海发生的或涉及上海的体育大事、新事，为记述事件的完整性，个别条目内容或统计表中的数据超出上述时限则跨年度收录。

四、本年鉴采取分类法编排，按事物属性共设17个部类，各部类下直接设条目。为保持部类内容的完整性，部分条目设有补充文字和图片。

五、本年鉴主要使用现代语体文、记述文体，采用述、记、表、图、录等体裁。

《上海体育年鉴》编辑部

2019年12月31日

《上海体育年鉴》编纂委员会

名誉主编　陈　群

主　　编　徐　彬

副主编　陆　檩　赵光圣　宋　慧　许　琦　罗文桦　杨培刚　王海威

编　　委（以姓氏笔画为序）

王庆林　王励勤　王勇健　王海威　匡佐圣　刘　琦
许　琦　严勇宁　李国雄　杨国浩　杨家华　杨培刚
余诗平　宋　慧　张　漪　陆　檩　陈　强　陈　慧
范本浩　罗文桦　周卫星　单霞丽　赵光圣　胡　红
姚　婴　桂劲松　顾　伟　徐　彬　郭红生　郭佳露
黄　勇　龚以庆　梁立刚　程克强

特约编委（以姓氏笔画为序）

马红英　王仁伟　吕晓钧　孙　兰　沈　云　张　缨
陈冬梅　周　静　庞旭峰　俞　彪　姜洪娟　姚李超
顾桂芳　顾薇玲　黄　玮　盛振华

《上海体育年鉴》编辑部

主　　任　姚　婴

副主任　闫　中

责任编辑　张梅梅　李剑波

编　　辑　陆　旻　季　艺

组稿及供稿人（以姓氏笔画为序）

于　超　马　洁　王　爽　王一雄　王志浩　王志祥
王佳斌　王曙芳　支正毅　叶　艳　田　磊　任泽云
刘志远　刘建中　许群伟　孙　莉　孙英杰　芦文洁
李易飞　李铭珅　吴乃衡　余诗平　余赟璐　邹　延
沈赟健　张　艺　张　祺　张玉泰　张佳慧　张晓桐
张恩耀　陆　叶　陆晶璟　陈　敏　陈自力　罗海涛
周　波　周　燕　周旭明　周炳华　赵永吉　赵彦宏
胡晓蕾　段楚雯　闻　琰　夏宝健　夏静莺　徐　彬
殷　晔　郭　泰　郭佳露　唐　俊　黄海松　葛　珺
蒋　蓁　蒋啸天　程　雯　曾雯彬　楼　静　蔡丽萍
颜学荣　戴宗玥

目　录

综述

大事记

专　记

竞技体育

青少年体育

业余训练

重要赛事

体育产业

竞赛表演

健身休闲

法规规章·规范性文件

中共中央、国务院文件

国家体育总局等部委文件

上海市委、市政府文件

上海市体育局等委办局文件

体育社团

各区体育

组织机构

运动成绩

附录

综　述

2018 年上海体育工作综述

2018 年，上海体育工作围绕建设全球著名体育城市和健康上海的目标，以办人民满意的体育为价值追求，努力对标改革发展要求，对标国际、国内先进经验，对标体育运动客观规律，坚持需求导向、问题导向、效果导向，深入开展大调研工作，加快推动从办体育向管体育、从小体育向大体育、从体育向“体育 +”转变，各项工作取得新突破。

一、全面贯彻落实全民健身国家战略

丰富供给，不断增加市民身边健身设施。超额完成年度市政府实事项目，全年新建市民健身步道 89 条、市民球场 72 片，新建、改建市民益智健身苑点 342 个。针对公园绿地体育设施短缺的问题，联合市绿化市容局制定印发《上海市公园绿地市民健身体育设施设置导则（试行）》，鼓励各区和有关部门在公园、绿地等区域建设嵌入式体育设施。针对公共体育设施开放度不够的问题，制定《关于本市公共体育设施（场馆）附属空间对公众开放管理的指导意见》，积极协调推进附属空间对公众开放工作。制定《进一步推进社区市民健身中心建设与管理的指导意见》，鼓励各区因地制宜建设市民健身中心。

提升品牌，办好 2018 年上海城市业余联赛。丰富城市业余联赛项目设置，优化比赛板块，设置项目联赛 10 项、项目系列赛“37+X”项、品牌特色赛事活动“12+X”个；改革赛事活动组织方式，调动社会资源，发挥社会力量作用，共计 130 家协会和企业获得承办权。全年共举办赛事 6 186 场，参与人数超 80 万，参与人次近 250 万，均创历史新高。

强化服务，加大对市民身边的科学健身指导。在各区体育部门共同努力下，推进试点建设 9 个社区体医联建站，联合卫生部门积极推动体医人才交叉培训，会同红十字会开展应急救护培训，开展社会体育指导员社会化服务试点，充分发挥协会作用探索社会体育指导员社会招募、社区志愿服务社会化运作新模式；继续开展市民体质监测、发布工作，实施社区体育服务配送共计 5 654 场，青少年体育基础培训 448 场，服务人次达 16 万。加快推动智慧体育发展，建成并试运营上海体育公共服务信息化平台，初步实现数据资源共享。

非奥项目取得新的突破。棋牌运动员居文君在国际象棋世界大赛上两夺“棋后”桂冠，成为上海历史上女子国际象棋“棋后”第一人，并被新华社评为 2018 年度全国“十佳”运动员。上海队在国际象棋甲级联赛中成功卫冕，完成三连冠，并成为唯一的“六冠王”。支正毅获得航天模型高度火箭项目（S1B）世界冠军，是上海航空航天模型运动队时隔 30 多年后获得的首个成人世界冠军。

成功举办第五届全国大众冰雪季启动仪式。鼓励社会力量一起举办系列活动，大力推动冰上运动进校园，推动上海冰雪项目发展。

二、加强竞技项目新周期备战工作

加强竞技体育备战组织领导。成立夏季和冬季运动备战领导小组及办公室，明确工作职责及人员分工。新引进60名、新选调91名运动员补充到一线运动员队伍；各项目国家集训运动员保持在130名左右；重新聘任281名一线教练员，其中高级职称及以上占37%。组织对各训练单位四年规划、年度计划及亚运会选拔、二青会备战方案等调研盘点。全面总结体制外联办共建队伍合作情况，对开展重叠项目制订联合组队参赛选拔办法。与上海体育学院、梅体网球俱乐部等7家单位共建备战队伍，与美帆游艇俱乐部共建诺卡拉级帆船队伍，制订马术运动整合社会资源共建备战队伍以奖代补办法。加强竞技体育战略合作，与广西、青海等省（区）体育局签订竞技体育战略合作协议。全力备战冬奥会和全冬会，与国家体育总局共建国家雪车队、国家青年冰壶队，与新疆等省（区）体育局签订冬季冰雪项目联合培养合作协议，组织300多名运动员报名参加总局的跨界跨项选材工作。

竞技体育取得新成绩。全年，上海4人5次获得世界大赛冠军，全国最高级比赛（奥全运小项），上海在田径、自行车、排球等项目上获得22枚金牌、24枚银牌、31枚铜牌。平昌冬奥会上，田径跨项运动员邵奕俊作为舵手参加中国男子四人雪车项目比赛，这也是上海选手第一次出现在冬奥会的舞台上。雅加达亚运会上，上海有76名运动员入选中国体育代表团，共在田径、跳水、射击等11个分项、14个项目中获得19人次金牌，为中国体育代表团保持亚运会金牌榜第一做出贡献。在全国雪车锦标赛上，获得男子四人推车等3枚奥全运项目金牌。联合培养运动员在速度滑冰男子团体追逐等项目上也有优异表现。

职业体育取得佳绩。上海上港足球俱乐部以提前一轮的成绩夺得2018年度中超冠军，被广大市民评选为2018年度上海市十大新闻之一，这是上海足球历史上第一个中超联赛冠军。上港队、申花队包揽中国足球U23联赛冠亚军。上海男排实现“四连冠”“十四冠”伟业。上海女排时隔6年再次杀入决赛。上海女篮获得赛季第三名。

强化科医科教和运动员文化建设。制定《上海市体育局专业运动队反兴奋剂工作管理办法》，完善反兴奋剂工作督查制度。集聚资源持续加大科技助力备战工作力度，全年组织申报体育科研课题159项，立项69项。整合资源提升医务保障力度，积极争取全市优质医疗资源服务保障备战工作，做好定点医院保障、实施第三轮医疗援体合作，9家医院对口援助8个训练中心启动实施与上海中医药大学第三轮医疗援体合作。加大体育人才的培养力度，完成2018年“享受国务院政府特殊津贴”及“上海市领军人才”选拔推荐工作。组织开展2018年体育教练高级专业技术职务评审，完善运动员职业转换扶持体系，做好优秀运动员退役安置，加强职业转换辅导。顺利实施第三期“百人计划”青年教练员培训和一线教练员专题培训，组织开展各级各类体校教练员通识知识更新轮训工作，努力提升教练员培训实效。完成体职院文化教学部分的平稳过渡，进一步完善局系统运动员文化教育管理机制，切实提高运动员文化教学质量。

三、创新办好第16届上海市运动会

举办以“活力市运、闪亮青春”为主题的第16届上海市运动会，全面对接奥全运，以“大体育观”的视角全面检验本市青少年体育训练、体教结合和青少年体育公共服务成果，促进青少年身心健康、体魄强健。

规模远超历届，参与人数创新高。全市16个区全部组团参加青少年组比赛，46所高校组队参加高校组比赛，注册运动员达到3万余人，进入决赛阶段的运动员近2.3万人；新增活动版块，市教委、团市委、市妇联等单位及各区举办项目多样、形式新颖、内容丰富的青少年体育活动，9 大活动项目参与总人数达 220 万人次。

队伍主体多元，竞赛成绩屡有突破。市运会参赛队伍既有以少体校、普通中小学为代表的体教结合办训模式的运动队，也有社会俱乐部的运动队。广大青少年顽强拼搏，争创佳绩，共有 16 人创 10 项上海市青少年纪录，15 人超 3 项上海市青少年纪录；游泳、举重项目中，共有 29 人创 27 项上海市青少年年龄组纪录；31 人超 19 项上海市青少年年龄组纪录。

广泛开展各类宣传，营造良好社会氛围。与解放日报、新民晚报、东方体育日报、五星体育等媒体合作，充分发挥各参赛单位官方微信、微博和 APP 等新媒体的作用，集中报道赛事期间精彩活动，整个办赛期间共发布原创新闻报道合计 2 100 余篇（条）。启用网络直播形式收看总人次达到 280 万以上，营造了良好社会氛围。

四、强化青少年体育公共服务体系建设

广泛开展青少年体育赛事活动。为青少年掌握 2—3 项体育技能搭建平台：以暑期为重点，开展 11 个项目 36 期青少年体育公益夏令营，完成覆盖全市 46 个街道的青少年社区体育配送，联合媒体办好各类形式多样、内容丰富的暑期青少年体育品牌赛事；开展以选拔优秀苗子为主要目标的市青少年体育十项系列赛，共举办 10 个大项 18 个分项的 51 站比赛，参赛运动员近 2.5 万人次。组织开展青少年体育公益培训，创新开展青少年社区运动会、“六一”青少年体育俱乐部公益开放日活动、青少年体育俱乐部联赛等，参与青少年近 3 万人。以“政府引导、社会举办、多元投入、共同监管”的模式，搭建平台，扶持青少年体育协会、市级青少年体育俱乐部、青少年体育相关企业等青少年体育社会组织发展。推进青少年体育指导人员队伍建设，扶持 7 个项目协会培养青少年体育指导员 1 000 人。优化后备人才培养机制。优秀苗子队伍不断壮大，全年上海市青少年注册运动员 32 601 人，注册教练员 2 710 人。推进校园体育一条龙项目布局，做实青少年体育后备人才培养基础。推进市级体校改革规划布局。强化教练员队伍建设，评选 43 名“优秀教练员工作室”带头人和 39 名“明翔计划”教练员。

五、加快打造国际体育赛事之都

加强赛事规划布局，深入推进世界一流的国际体育赛事之都建设进程，全年国际国内重大比赛 175 个，其中国际赛事 71 个。坚持引进与自主培育相结合，打造优质品牌。巩固并继续办好 F1 中国大奖赛、ATP1000 网球大师赛、国际田联钻石联赛（上海站）、环球马术冠军赛、上海国际马拉松赛等顶级赛事，放大赛事综合效益；加快引进和培育高品质赛事，女子高尔夫球别克 LPGA 锦标赛、UIM 世界 XCAT 摩托艇锦标赛中国系列赛上海站等国际顶级赛事相继落户上海；JUMP10 世界街球大奖赛、“上海杯”诺卡拉帆船赛、上海中心国际垂直马拉松赛等一大批本土原创品牌赛事影响力逐步扩大；完善 2019 篮球世界杯上海赛区、武术世锦赛及 2021 赛艇世锦赛的组织体系，稳步推进各项筹备工作。优化体育赛事发展环境。为统筹规划体育赛事，编制印发《建设国际体育赛事之都三年行动计划（2018—2020 年）》，制定《关于本市体育赛事活动组织体系设置的若干规定（试行）》等文件，规范社会主体的办赛行为。

六、加快提升体育产业发展能级

加强体育产业发展政策保障。召开 2018 年上海市体育产业联席会议，进一步完善体育产业发展协同机制。制定出台市政府《关于加快本市体育产业创新发展的若干意见》（体育产业 30 条），进一步明确上海体育产业改革发展的目标、任务和路径。制定《上海市体育产业集聚区建设

与管理办法（试行）》，进一步推动体育产业集聚区建设。召开长三角体育产业一体化发展推进会，出台《长三角地区体育产业一体化发展三年行动计划（2018—2020年）》，推动四省市体育产业规划衔接、政策互惠、赛事联通、项目互动、平台共建。成功举办2018年中国国际体育用品博览会、体育资源配置上海峰会等活动。体育产业融合发展取得新进展，市发展改革委在《上海服务业发展报告》中设置“体育产业”篇章；市商务委将体育赛事、职业体育经纪、体育知识产权等纳入《上海市服务贸易指导目录》；会同市经信委编制本市体育产业地图，纳入全市产业地图；会同市文广局等部门，推进全球电竞之都建设，指导市电竞协会在全国率先实行电竞运动员注册制；会同市旅游局编制《上海市体育旅游融合发展规划》，修订《体育旅游休闲基地服务质量要求及等级划分》地方标准，全年评定13家上海市星级体育旅游休闲基地，申报入选全国体育旅游精品项目10项，其中包括十佳项目6项。

全市体育产业发展势头持续向好。统计显示，2017年上海市体育产业总产出（总规模）1 266.93亿元，同比增长21.1%；增加值470.26亿元，占当年全市GDP比重1.6%；体育服务业占体育产业总产出和增加值的比重分别为65.5%和81.7%；本市主营体育产业的机构达11 489家，同比增长28.9%；体育消费水平不断提高，人均体育消费达到2 460元，占本市人均消费总支出的6.2%。

七、推进重大体育设施项目建设

在市委、市政府直接领导和推进下，徐家汇体育公园项目全面开工建设；浦东专业足球场项目于2018年4月开工建设，进行桩基施工；嘉定市民体育公园项目一期足球公园项目全面开工建设；崇明体育训练基地建设项目于年底完成开办入驻，交付使用；完成帆船帆板基地项目选址和项建书申报工作；完成自行车馆项目项建书申报工作；抓紧赛艇世锦赛水上运动中心场地改造等项目的前期工作。浦东、长宁、崇明、宝山等区加大体育重大项目规划建设。

八、全面深化体育领域改革

进一步理顺体育管理机制。以崇明国家级体育训练基地启用和上海体育职业学院职能调整为切入点，组建竞技体育训练管理中心和训练基地管理中心。整合市属场馆，推进体育场馆管理体制改革和运营机制创新，组建上海市体育场馆设施管理中心，规范体育场馆经营行为。持续深入推进足球改革，召开市足球改革发展联席会议，推进足球改革发展系列政策落地；基本完成与足管中心脱钩，实现协会独立自主依法自治。推进体育社会组织管理体系改革，完成市体育总会换届改革，构建体育社会组织枢纽式管理的新格局，更好适应上海体育改革发展的新任务和新要求。

九、不断加强体育法治建设

贯彻市政府有关要求，完成上海体育“十三五”规划实施情况中期评估工作。配合市人大开展《上海市市民体育健身条例》执法检查，会同市有关部门对市人大审议意见逐条进行了认真办理。修订出台市政府规章《上海市体育设施管理办法》。修订游泳、攀岩高危体育项目经营许可实施办法。进一步加大高危体育项目监管力度，2018年游泳场所夏季开放期间共有737家持证游泳场所对外开放，共接待泳客880余万人次。起草《攀岩场所服务规范》地方标准。深化“证照分离”改革。推进行政审批标准化建设。积极做好“一网通办”相关工作。

十、不断提升体育党建和大调研工作成效

注重思想引领，聚焦重点工作，服务中心

大局，深入开展改革形势任务教育，扎实推进主题实践活动，强化作风建设，开展专题警示教育，加强巡查整改，加强信访调处，强化督查监督和查办案件，着力营造风清气正的政治生态和干事创业的良好氛围。积极策划宣传报道，主动加强舆论引导，积极处置应对舆情，做好重大赛事、重要活动和上海体育改革40周年等重大事件的宣传，摄制《沸腾时代》上海体育改革开放40周年纪录片，讲好上海体育故事，提升上海体育形象。

认真贯彻落实市委大调研工作要求，局领导及机关同志广泛深入基层单位、各区、体育社会组织和企业开展大调研，全年共开展大调研180次，调研对象384个。坚持边调研边解决、边走访边落实，按照“任务认领、提出方案、跟踪进展、结果反馈、完成确认”五步工作法，共收集各类问题291个、建议376条，解决问题235个，形成一批制度调研成果，努力以实际成效推动上海体育发展，提升市民群众的获得感和满意度。积极报送市委《大调研工作简报》、市政府办公厅归口单位大调研《情况反映》和“上海大调研”微信公众号，合计录用26篇。

认真做好体育对外交流，全年共接待来访人员50批510余人次，自主组团出访共计74批次701人次，对外交流的规模、等级、范围不断扩大，影响力不断提升。

认真做好信访、安全维稳工作，强化来电、来信、来访和网上信访等事项的办理，及时处置突发信访事件，全年共处理信访112件，有效回应诉求；改革“大安全”工作机制，构建包括内部治安、保密、消防、保卫、维稳、防汛防台等在内的大安全工作格局，确保体育事业有序发展；积极承办人大代表意见和政协提案23件，进一步提高办理质量；认真做好老干部、工青妇等工作，关心和维护职工合法权益。

2018年，上海市体育系统牢牢把握深化改革、创新发展，牢牢把握政策制定、聚焦发力，牢牢把握转变职能、整合资源，牢牢把握工程节点，力推求效，牢牢把握宣传调研、营造氛围，在全市全民健身联席会议、体育产业联席会议、足球改革发展联席会议和体教结合办公室各成员单位的共同努力下，取得富有实效的工作成果。

（上海市体育局 供）

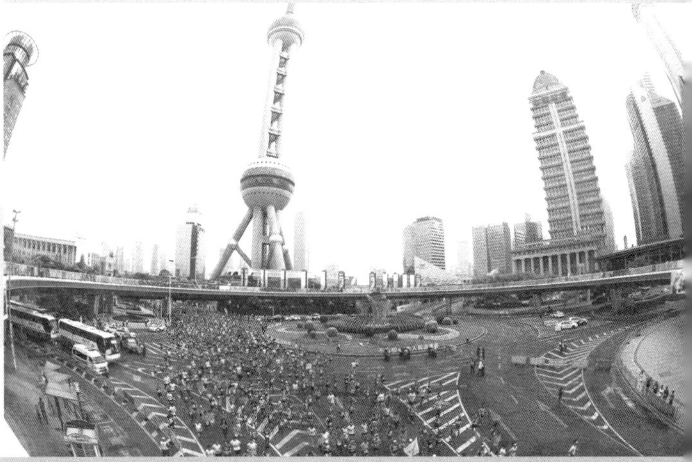

大事记

2019 上海体育年鉴
SHANGHAISPORTYEARBOOK

2018 年上海体育运动大事记

一月

1 日　元旦假日，全市 6 万余名市民在滨江公共空间、各大城市地标中，以长跑、登高、健步走、骑行、健身展示等形式多样的全民健身活动迎接新年。

1 日　蒸蒸日上迎新四环跑在上海国际赛车场开跑，来自世界各地的近万名跑友参与，同时庆祝嘉定建县 800 周年。

1 日　黄浦江两岸公共开放空间贯通工程（徐汇段）完成 8.95 公里漫步道、跑步道、骑行道三道及 8.4 公里市政景观大道——龙腾大道全线贯通，徐汇滨江公共开放空间南段正式向公众开放运营。

6—7 日、13—14 日　新民晚报“红双喜杯”迎新春乒乓球公开赛在闵行体育馆举行，3 378 人次参赛，其中，参加混合团体赛的 243 支队伍，参加个人赛的 1 526 人。

7 日　2017—2018 中国滑板俱乐部联赛（上海站）比赛在黄浦轮滑馆举行，来自全国 12 家滑板俱乐部的 80 余名运动员参加。滑板成为东京奥运会正式项目后，全国各地的选手通过中国滑板俱乐部联赛将有机会成为“国家滑板集训队队员”，出征东京奥运会。

10 日　第一届上海体育产业创新创业比赛在杨浦区江湾体育中心举行，中国穿越无人机竞速联赛、无界角斗、未度健身三个项目成为前三名。

11 日　中国足协宣布，著名教练博拉·米卢蒂诺维奇接受邀请，受聘成为中国足协青训顾问。

12 日　2017 年上海市青少年体育十项系列赛总结表彰大会在东方体育中心举行，9 个代表团荣获“优秀组队奖”，19 个单项取得“最快进步奖”，179 名运动员、49 名教练员分别被评为“最佳运动员”“最佳教练员”，6 支队伍获评“最佳运动队”。

12—13 日　全国体育产业大会在厦门召开，上海共有 32 个项目进行现场推介，其中 6 个项目进行重点推介，另外还有 2 个体育综合体入围参与 12 个体育综合体的展示。

15 日　徐家汇体育公园综合改造工程全面开工。**（详见“体育产业”篇第 260 页。）**

18 日　上海市体育局、上海市足协和上海农商银行签约，正式成立上海农商银行女子足球队。**（详见“竞技体育”篇第 175 页。）**

18 日　2017 年上海市青少年体育俱乐部联赛总结会在黄浦区黄浦少体校举行，16 家承办 2017 上海市青少年体育俱乐部联赛的社会力量代表参会。

19 日　市政府召开 2018 年上海市体育工作会议，总结 2017 年全市体育工作情况，部署 2018 年重点工作。

21 日　沪杭青少年旱地冰球邀请赛暨上海旱地冰球嘉年华活动在上海大学附属学校举行，8 支球队参加 U9、U11 两个组别的赛事，其中包括 2 支受邀参赛的杭州球队。

21—26 日　上海普陀精英足球国际邀请赛

在普陀体育公园举行，37 支国内外队伍进行 121 场比赛。苏州盘溪、江苏柯缔缘两支队伍分获 2007、2008 组别的冠军。

23 日　金山城市沙滩和中成智谷被授予“上海市四星体育旅游休闲基地”称号，静安区运动健身中心被授予“上海市三星体育旅游休闲基地”称号。

25 日　以“马拉松——跑进健身新时代，踏上健康新征程”为主题的 2017 特步·中国马拉松年度盛典在上海举行。

26 日　上海市青少年体育训练协会第三届会员代表大会在东方体育中心大厦举行，来自全市的 148 家协会会员单位代表出席会议。会议全体表决通过“上海市青少年体育训练协会”更名为“上海市青少年体育协会”。

27 日　Jr.NBA 联赛（上海站）落幕，上海南洋模范中学在总决赛中以 65 比 55 战胜上海中学国际部，获得 2017—2018 青少年 NBA 联赛（上海站）冠军。

28 日—2 月 2 日　首届“一带一路”文化·足球冬令营在上海举行，来自塞尔维亚、斯里兰卡、肯尼亚、巴拿马与中国的 80 余名 9 至 12 岁青少年参与。

30 日　国内首部《中国儿童青少年身体活动指南》在上海东方体育中心发布，在充分参考国际上 28 个指南推荐意见的基础上，首次提出 6 岁至 17 岁儿童青少年每天身体活动的推荐量。**（详见“青少年体育”篇第 195 页。）**

30 日　上海市体育产业大调研座谈会在市体育局西侨厅召开。

31 日　上海普陀女足荣获“中国足协青训中心”称号。

31 日　孙雯被聘为中国足协女足青训部部长兼女足青训总监。

二月

1 日　在国家体育总局网站公布的第 23 届平昌冬奥会中国体育代表团名单中，上海运动员邵奕俊入选，他是男子四人雪车项目舵手，和队友一起首次代表中国参加冬奥会雪车项目的比赛。

5 日　上海市民体育公园一期项目（足球公园）奠基仪式在上海国际赛车场配套区举行。**（详见“体育产业”篇第 260 页。）**

9 日　2017 年上海市青少年体育俱乐部总结表彰会在碧云青少年体育俱乐部举行，近 200 人出席会议。

25 日　第一届全国青少年智力运动大会在天津落幕，上海代表团表在围棋、象棋、国际象棋、国际跳棋、五子棋、桥牌六个大项上获得 33 块金牌。

26 日　中国足协在上海召开职业俱乐部投资人会议，14 名俱乐部投资人参加会议。

三月

1—3 日　中国乒乓球协会团体公开赛首站在上海嘉定体育馆新馆举行，广东队获得冠军。

2 日　上海市崇明区政府与万达体育有限公司战略合作签约仪式在上海东方体育中心举行。依据战略合作协议，2018 年，世界铁人三项赛和摇滚马拉松两项国际著名赛事首次落地上海市崇明区。

5 日　2017 年上海市青少年足球最佳教练颁奖典礼在东方体育大厦举行。王悦、邱波、姜健俊、罗箫、方伦瑜、陆云、徐伟、钱惠八位来自基层的青少年足球教练当选 2017 年度上海市青少年足球最佳教练员。

9 日　静安区政府与上海棋院举行“方寸

弈·大师情·成长梦”合作签约仪式。未来5年，双方将进一步探索与专业机构合作办学，深化体教结合的新机制。

11日　上海樱花节女子10公里路跑在顾村公园举行。在乒乓球世界冠军曹燕华、著名节目主持人陈燕华以及前女排国手诸韵颖的带领下，来自社会各界的3 000余名女子跑步爱好者共同从公园的樱花大道出发。

11日　由奥运会科研保障团队和上海市体质健康专家坐镇，专业运动员与市民共同参与的“为健康打call”科学健身公益指导活动在体育大厦进行。

12日　五星体育广播和中国（上海）国际健身、康体休闲展览会成为战略合作伙伴。

14—16日　IWF2018上海国际健身展在上海世博展览馆举行。

15日　市人大常委会组织召开《上海市市民体育健身条例》执法检查启动会，具体部署条例执法检查工作。

26日　在2018年全国女子手球冠军杯赛决赛中，上海队以28比24战胜江苏队，时隔20年后再度问鼎全国冠军。

27日　2018年上海市青少年体育超级联赛筹备会暨赛事合作签约仪式在黄浦区黄浦少体校举行，来自全市的17家体育企业、青少年体育俱乐部与上海市青少年体育协会代表分别签署赛事合作协议。这也标志着这项面向全市7—12岁青少年儿童的品牌赛事正式上线启动。

31日　位于浦西世博园区的国际乒联博物馆和中国乒乓球博物馆正式对外开放，这是首座落户上海的国际唯一性、永久性社会公共体育文化机构，拥有1.2万余件国内外珍贵藏品。

31日　第16届上海市运动会（活动项目）上海市青少年体育俱乐部联赛在闵行体育馆开幕。至11月，上海市青少年体育俱乐部联赛举行，旨在吸引更多青少年参与体育锻炼。

31日　“益起跑”——2018上海各界青年公益跑活动在临港地区滴水湖畔开跑，来自市青联及各会员团体的207支竞速跑队伍、100支热心公益的家庭亲子跑队伍及志愿者、啦啦队等5 000人参加活动。

四月

1日　上海市副市长陈群在上海体育学院会见国际乒联主席托马斯·维克特一行。

3日　国家兴奋剂检测上海实验室共建协议签约仪式在沪举行。（**详见“体育科研与教育”篇第280页。**）

11日　亚洲电子体育高峰论坛在上海成功举行，官网上线。

13日　中国铁人三项学院签约揭牌仪式在上海体育学院交流中心举行。

15日　F1中国大奖赛在上海国际赛车场落幕。来自10支车队的20名车手经过56圈激烈角逐，红牛车队的丹尼尔·里卡多获冠军。

15日　足球等10个项目的“青少年运动技能等级标准”在上海体育学院发布。

17日　2019年国际篮联篮球世界杯上海赛区宣传推广活动暨篮球历史文化展在上海中心开幕，文化展为期十天，分为实物展和图片展两部分。

20日　中国体育场馆协会体育设施设备分会在上海新国际博览中心举行体育健身步道建设标准新闻发布会。

20—22日　上海环球马术冠军赛在中华艺术宫举行。（**详见“重要赛事”篇第235页。**）

21日　V4足球锦标赛在上海T98绿洲足球基地举行，赛事由匈牙利总领事馆主办，是一项由匈牙利、波兰、捷克和斯洛伐克等维谢格拉德4国集团的总领事馆组成的友好赛事。

22日　上海国际半程马拉松赛在浦东陆家

嘴东方明珠脚下起跑，1.5 万人参与。

23 日　上海体育公共信息服务平台首批场馆上线启动仪式在市体育宫举行。

23—29 日　射箭世界杯赛—陆家嘴金融城上海站比赛在浦东举行，比赛设 10 个项目，来自 46 个国家和地区的 513 名官员、教练员、运动员参加比赛。

26—28 日　环崇明岛国际自盟女子公路世界巡回赛在崇明举行，来自 16 个国家和地区的 18 支队伍展开角逐。（详见“重要赛事”篇第 236 页。）

28 日　上海浦东足球场项目开工仪式在浦东张家浜楔形绿地举行，作为国内首座为中超俱乐部量身打造的现代化专业足球场，预计于 2021 年竣工。（详见“体育产业”篇第 261 页。）

五月

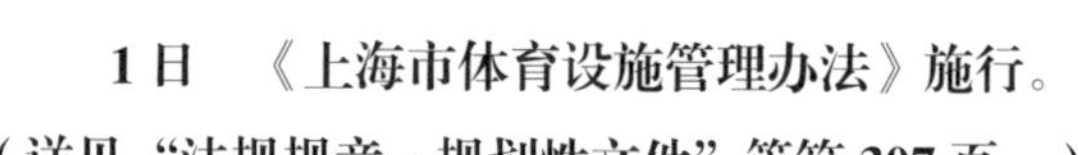

1 日　《上海市体育设施管理办法》施行。（详见“法规规章・规划性文件”篇第 307 页。）

1 日　“精彩上海，乐游浦江”五一特别活动举行，1 600 余位企业职工、高校学生参加上海浦江城市定向赛，1 700 余位市民进行健身气功、练功十八法等十余个项目的全民健身项目展示。

2 日　世界国际象棋女子锦标赛冠军对抗赛在上海静安洲际酒店开幕。前五盘棋于 3—10 日在上海进行，后五盘棋于 12—20 日在重庆进行，率先获得 5.5 分者将成为新一届的女子世界冠军。

5 日　在共青团上海市第十五次代表大会一次全会上，吴敏霞当选团市委兼职副书记。

10 日　市体育局在东方体育大厦召开崇明体育训练基地搬迁工作动员大会，正式启动崇明基地搬迁工作。

11 日　市绿化市容局与市体育局联合编制下发《上海市公园绿地市民健身体育设施设置导则（试行）》。

12 日　国际田联钻石联赛（上海站）在上海体育场举行，来自世界各地的 100 多名选手参赛，中国队获得 2 金 2 银 2 铜的好成绩。（详见“重要赛事”篇第 237 页。）

12 日　2018 赛季中国武术散打俱乐部超级联赛揭幕战在上海宝山体育中心举行，6 支俱乐部参赛。

13 日　上海市体育局、中国武术协会与国际武术联合会考察团在体育大厦就 2019 年第 15 届世界武术锦标赛筹备组织工作进行会谈，并正式签订主办城市协议。

15—20 日　美式 9 球世界杯赛在卢湾体育馆举行，来自中国等 31 个国家和地区的 32 支代表队参赛。吴珈庆和刘海涛组成的中国 A 队以 10 比 3 战胜奥地利队赢得冠军。

16 日　上海市政协举行“加快建设全球著名体育城市”专题协商会，为加快建设全球著名体育城市建言。

17 日　上海市黄浦区篮球协会三人篮球委员会成立大会暨第一次委员会会议在上海卢湾体育馆新闻中心举行，这标志着申城首个三人篮球委员会在黄浦区正式成立。

18 日　居文君在世界国际象棋女子锦标赛冠军对抗赛中，以 5.5 分比 4.5 分战胜谭中怡，成为中国第六位国际象棋世界棋后，也是上海首位国际象棋女子个人世界冠军。（详见“群众体育”篇第 137 页。）

18—20 日　国际剑联花剑世界杯大奖赛上海站比赛在静安体育中心、梅龙镇广场举行，来自 31 个国家和地区的 300 余名运动员参赛。

19 日　上海市青少年体育项目督导训练篮球公开课在宝山中学篮球馆举行，来自各区体育局、市篮球传统项目学校篮球教练员以及宝山区体育局全体教练员共计 50 余人观摩。

19 日　澳式橄榄球职业联盟常规积分赛上

海站在江湾体育场举行，来自澳大利亚橄榄球联盟的阿德莱德港队以 82 比 42 战胜黄金海岸太阳队，蝉联上海站联赛冠军。

20 日　上海·城市乐跑赛在黄浦江东岸滨江公共空间举行，全程 5.2 公里，途经十多处城市地标，参赛企业 188 家，涉及 17 个行业。

24 日　2018 中国体育产业峰会在上海举行。

24 日　杨浦区殷行街道市民健身（健康）中心正式启用，是上海首家能够同时服务老年、中青年、青少年（儿童）以及残障人群的社区健身房，同时也是上海首家全民健身与健康融合的社区型市民健身中心。

25—27 日　第 36 届中国国际体育用品博览会在国家会展中心举行，超过 1 400 家企业参展。

26 日　中国坐标·上海城市定向户外挑战赛在上海举行，这项覆盖上海 15 个区的全民健身活动吸引超过两万名选手参与。

28 日　上海体育学院与上海市体育局签署全面战略合作协议，进一步加强全面合作，共同助力上海建设全球著名体育城市，共同打造国际体育赛事之都、体育资源配置中心和体育科技创新平台，为体育强国建设贡献力量。（详见“体育科研与教育”篇第 282 页。）

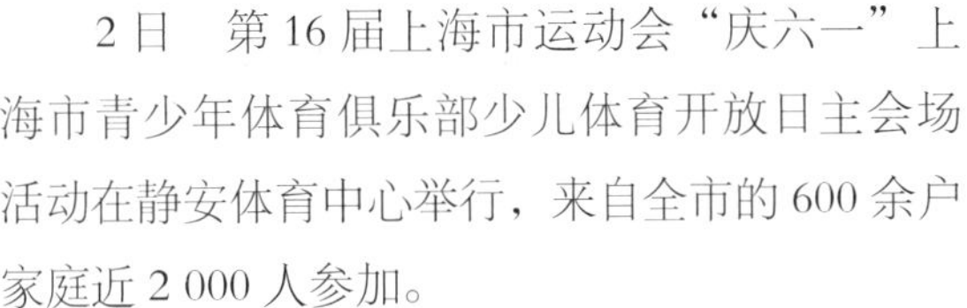

六月

2 日　第 16 届上海市运动会“庆六一”上海市青少年体育俱乐部少儿体育开放日主会场活动在静安体育中心举行，来自全市的 600 余户家庭近 2 000 人参加。

2—3 日　上海国际传奇球星邀请赛在上海东方体育中心举行，来自葡萄牙、德国、荷兰、西班牙等国的数十位世界级足球明星参与。

9 日　中国帆船帆板运动协会第九届执委会第二次会议在大连瓦房店召开，奥运冠军徐莉佳出任中帆协运动员委员会主任。

9—10 日　中国龙舟公开赛（上海·普陀站）暨第 15 届上海苏州河城市龙舟国际邀请赛在苏州河中远两湾城和梦清园水域举行，比赛吸引 52 支队伍参加。

10 日　上海市青少年体育社会机构从业（管理）人员培训班在上海市第二体育运动学校开班授课，来自上海市青少年体育协会的会员单位负责人以及旁听人员近 100 人参加培训。

22 日　市青少年足球精英培训总部基地暨市体育运动学校，与德国北莱茵－威斯特法伦足协暨足协直属足球训练基地和学校，在市体校举行青少年足球项目签约仪式。

22 日　“全国百城千县万乡全民棋牌推广工程”上海地区启动仪式暨上海九城体育有限公司与上海市棋牌运动管理中心战略合作签约仪式在上海棋牌院举行。

七月

2 日　全国青少年体育冬夏令营（上海站）暨“动感假期”上海市青少年体育公益夏令营启动仪式暨篮球夏令营开营式在普陀区体育馆举行，300 余名青少年营员代表和 200 多名家长参与。

2—8 日　第十届“双拥杯”驻沪部队军民健身系列赛举行，进行乒乓球、羽毛球等共 10 个单项比赛，吸引上万名官兵参赛。

3—7 日　上海国际少年足球赛在杨浦区白洋淀足球场举行，10 支队伍参赛，西班牙皇家足球协会少年足球队以 7 胜 2 平的不败战绩蝉联赛事冠军。

5 日　“创新育人　慧聚杨浦”中国（上海）青少年足球国际论坛在上海体育学院举行，来自西班牙、日本、韩国的国际青少年足球专家，与中国足球专业人士探索中国足球、上海足球青训的改革发展之路。

6—8 日　上海市校园排球联盟夏令营在复兴高级中学和江湾初级中学举行。夏令营共设 7 个组别，来自全市多所中小学的 13 支球队、100 多名排球运动员参加。

8—14 日　中国（上海）国际青少年校园足球邀请赛举行，来自 10 个国家和地区的 16 支 U17 参赛，首次参赛的墨西哥帕丘卡队夺冠。

13—19 日　首届全国青少年柔道训练营在上海举办，训练营以理论与实践相结合的形式，聚拢全国优质柔道资源，旨在抓好青少年柔道运动员培养建设，助力柔道项目可持续发展。

17 日　沪港青少年体育交流夏令营在宝山体育中心开幕，来自中国香港代表团的 42 名青少年运动员围绕篮球、乒乓球、羽毛球三个项目与上海的青少年运动员进行为期一周的交流。

24 日—8 月 2 日　世界跳绳锦标赛在上海财经大学举行，赛事分为公开赛、世青赛和世锦赛三个模块，共有计时赛和花样赛 2 个大项 20 余个小项。这是这项国际 A 类赛事首次来到中国内地举办。

30 日　市体育局和团市委签署战略合作协议，进一步加强全面合作。

31 日　城市业余联赛第九套广播体操教练员培训班在东方体育中心开班。来自 16 个区及相关单位近 180 名广播体操教练员及来自总工会的 10 名教练员参加培训。

31 日—8 月 4 日　由中国篮球协会主办，中国篮球学院（上海）承办的中国篮球协会教练员委员会高峰论坛暨首届 A/B 级教练员培训班在上海体育学院举行。

八月

1—7 日　第 33 届新民晚报暑期中学生足球赛总决赛举行，文来中学队和酷喜体育队分别夺得初中组和高中组的冠军。

2 日　东方体育大讲堂之“全球电竞之都 C 位路”主题活动在长泰广场举行，以建设“全球电竞之都”为主题，探讨体育内涵，提出建设性意见，推动电竞产业发展。

4 日　中国乒乓球学院授予曹燕华乒乓培训学校乒乓球等级考试指定考点，现场还进行乒乓球等级现场测试。

4—12 日　296 项免费健身技能培训和科学健身讲座及 263 个赛事活动在全民健身日前后举行，带领上海市民全民健身。

5 日　“天生泳者”庆北京奥运会 10 周年城市游泳系列赛第二站（上海赛区）比赛在东方体育中心游泳馆举行，来自全市 61 支参赛队的 806 名游泳爱好者参赛。

8 日　全国第十个全民健身日当天，上海市“全民健身日”活动启动仪式暨城市业余联赛亲子运动会在陆家嘴北滨江举行。申城 57 个市、区级公共体育场馆，近千个市民健身中心、市民健身房、市民球场等其他体育健身设施向市民免费开放。

11 日　首个“世界武术日”当天，主题汇演活动在杨浦滨江举行。

16 日　首届中国帆船公开赛新闻发布会在上海交通大学董浩云航运博物馆举行。

16—19 日　JUMP10 世界街球大奖赛在洛克公园上海世博源赛事举行，12 个国家的 16 支球队参赛。

16—22 日　黑池舞蹈节（中国）在宝山体育中心举行，来自全球 20 多个国家和地区的 3 000 多舞者参加。

18 日　“拳盟盛典·首届上海国际拳击峰会”在上海浦东黄浦江畔的一号运动中心举行，各路专家学者从拳击青少年培训、赛事推广、大众化普及、伤病治疗以及商业化发展等多方面进行探究合作。

18 日—9 月 2 日　第 18 届亚洲运动会在印度尼西亚首都雅加达举行。中国体育代表团派出 845 名运动员出战，上海共有 76 名运动员入选中国体育代表团，在田径、跳水、射击等 11 个分项、14 个小项中获得 19 人次金牌。（详见“竞技体育”篇第 172 页。）

20—24 日　“营动中国”全国青少年公益夏令营（上海站）举行，近 200 名中小学生参加暑期户外营地活动。

24—26 日　“海峡杯”篮球邀请赛—上海站在宝山区宝钢体育馆举行，来自上海、浙江和中国台北的 12 支高中球队参赛。

25—30 日　中国上海“金山杯”国际青少年足球邀请赛在金山举行，布拉格斯拉维亚以 2 比 1 战胜法国欧塞尔，荣膺冠军，中国 U15 红队与黄队最终分列第 3 名和第 6 名。

27 日　上海市体育赛事政策解读会在东方体育大厦召开。各区体育局、各单项体育协会、部分赛事公司和相关单位及新闻媒体代表出席会议，共同学习研究文件《关于本市体育赛事活动组织体系设置的若干规定（试行）》。

29 日　市政府新闻办举行新闻发布会，介绍最新制定的《关于加快本市体育产业创新发展的若干意见》相关情况。《意见》由总体要求、重点发展领域、构建现代体育市场体系、完善和落实体育产业政策四方面共 30 条构成。

29 日　上海市体育产业发展联席会议全体会议在市政府召开。

九月

1 日　距离 2019 年国际篮联篮球世界杯上海赛区举行一周年之际，赛事倒计时钟在上海中心发布。“距离 2019 年篮球世界杯上海赛区赛事还有 365 天”字样出现在上海中心户外大屏，照亮浦江两岸。

5—9 日　中国壁球公开赛在半岛酒店举行，吸引来自 16 个国家和地区的 48 名运动员参赛。

首届中国足协高端教练峰会在沪举行，46 名中国教练充电提高。

6—9 日　世界 9 球中国公开赛会内赛在浦东唐镇举行，来自全球的 64 名男子选手与 48 名女子选手参赛，柯秉逸、付小芳分别夺得男、女组冠军。

7 日　比利时五人制室内足球“钻石超级杯”赛暨黄浦区青少年足球训练营将在卢湾体育馆举行。

11 日　2018 年上海市游泳场所夏季开放管理服务工作总结表彰会在东方体育大厦举行。全市各经营性游泳场所夏季共接待泳客 880 余万人次，救助溺水泳客 100 余起，未发生一起重大安全责任事故。

11—16 日　世界斯诺克上海大师赛在富豪环球东亚酒店举行。2018 年，大师赛成为 24 人邀请赛制。在决赛上，奥沙利文以 11 比 9 击败对手，成为大师赛举办 12 年来首位成功卫冕的冠军。

15—16 日　首届奇跑迪士尼在迪士尼度假区举行，设有 3.5 公里、5 公里及 10 公里三种赛程。

18—23 日　第十届上海世界华人龙舟邀请赛开幕式在朱家角镇举行，吸引来自美国、加拿大等 13 个国家和地区及国内知名学府的 36 支队伍 712 名领队、教练和运动员参赛。

19 日　泳坛名将孙杨出现在上海体育学院 2018 级新生开学典礼上，成为千名新生的一员。孙杨将在上海体育学院攻读博士。

22 日　上海国际大众体育节在上海国际旅游度假区揭幕，体育节首次采用“政府、社会和市场”三轮驱动办赛的模式。

27 日　以“资源共享、合作共赢、平台共建”为主题的第二届体育资源配置上海峰会在宝山智慧湾科创园举行，近 500 人参会。

27 日　长三角地区体育产业一体化发展推进会在上海召开。

28 日—11 月 10 日　第 16 届上海市运动会举行。设青少年组和高校组，项目设置分竞赛项目、展示项目和活动项目三类。（详见“专记”篇第 23 页。）

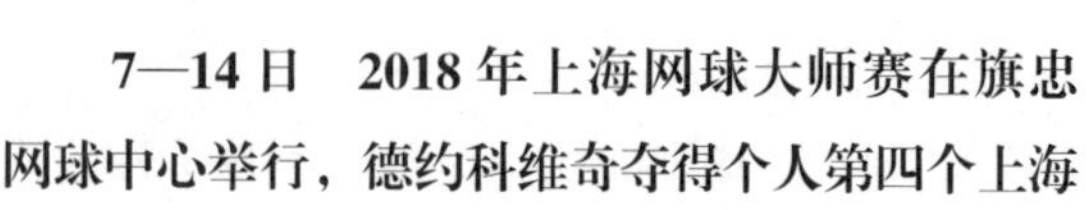

十月

7—14 日　2018 年上海网球大师赛在旗忠网球中心举行，德约科维奇夺得个人第四个上海网球大师赛冠军。（详见“重要赛事”篇第 239 页。）

12—14 日　“临港杯”UIM 世界 XCAT 摩托艇锦标赛中国系列赛（上海站）在临港南汇新城滴水湖举行，赛事吸引来自法国、意大利、澳大利亚及俄罗斯等世界各地的 12 个顶级职业动力艇赛队，近 200 位运动员和教练员参赛。

14 日　上海静安国际女子马拉松赛在大宁郁金香公园举行，3 500 名跑友参加。

18 日　棋牌文化博物馆落成仪式暨上海市棋牌文化研究中心揭牌仪式在上海棋院大楼举行。作为全国首家综合性棋牌文化博物馆，博物馆收集围棋、象棋、国际象棋、国际跳棋、五子棋、桥牌六大项目古今中外相关藏品 1 200 余件。

19 日　上海市体育总会第九届会员大会召开，选举产生上海市体育总会第九届委员会，并审议通过修改后的《上海市体育总会章程》。

21 日　上海国际 10 公里精英赛在普陀区举行，赛事设名次奖与大众跑者奖，一等奖奖金由升为 1 万元，吸引更多优秀跑者参赛。

25 日　世界桥牌年度颁奖盛典在海南三亚隆重举行。来自上海的世界冠军王文霏、沈琦荣获最佳叫牌奖。这是中国牌手首次获得世界桥牌年度大奖。

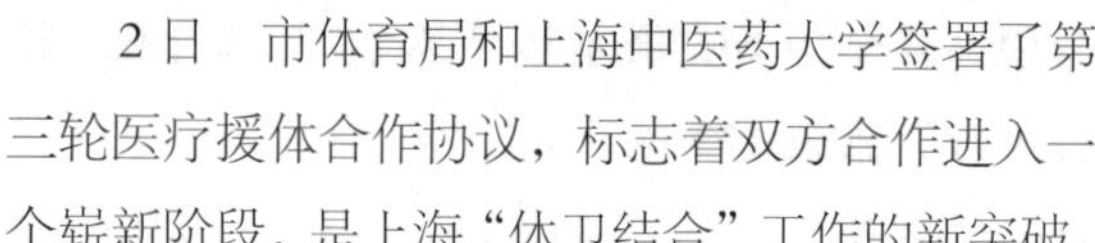

十一月

2 日　市体育局和上海中医药大学签署了第三轮医疗援体合作协议，标志着双方合作进入一个崭新阶段，是上海“体卫结合”工作的新突破。

7 日　上海上港队在 2018 赛季中超联赛提前一轮夺冠，这是上海足球历史上第一个中超联赛冠军。（详见“专记”篇第 37 页。）

13 日　第八届摩根大通企业竞跑赛（上海站）在东方体育中心举行，5 000 余名选手参赛。

16 日　《2017 年上海市全民健身发展报告》发布。（详见“群众体育”篇第 160 页。）

16—18 日　为纪念中日和平友好条约缔结 40 周年，推动中日两国民间乒乓球交流活动的开展，“申房杯”中日民间乒乓球友好交流活动在沪举行。

17 日　斯柯达环法职业绕圈赛·上海站在浦东世博园区举行，7 支世界顶级公路自行车队和 5 支中国优秀的公路自行车队参与角逐。

18 日　上海国际马拉松赛在外滩金牛广场开跑，来自 85 个国家和地区的 3.8 万名路跑爱好者参赛。（详见“重要赛事”篇第 243 页。）

23 日　第 15 届世界武术锦标赛将会徽、吉祥物全球发布会在闵行体育馆举行。

24 日　主题为“巅峰·荣耀”的奥林匹克博览会在上海中心巅峰 632 艺术空间开幕，展期从 2018 年 11 月 24 日至 2019 年 1 月 31 日。展览旨在弘扬奥林匹克精神，助力 2022 年冬奥会。

25 日　上海中心国际垂直马拉松赛开跑。比赛赛道位于上海中心大厦，楼高 632 米，共计 127 层，赛道终点设在 119 层，共计 3 398 级台阶。

25 日　上海市安利纽崔莱健康慈善慢跑活动在上海国际旅游度假区大通音乐谷开跑。

26 日 中国《青少年软式曲棍球运动技能等级标准与测试办法（中英文版）》在上海理工大学发布。这是在国家体育总局手曲棒垒球中心、上海市教委支持下，由上海理工大学和上海体育学院联合研发的国内第一个软式曲棍球项目运动技能标准。

27 日 上海市体育局和上海临港经济发展（集团）有限公司在东方体育大厦签署战略合作框架协议。

29 日 2019 年国际篮联篮球世界杯亚洲区预选赛中国队对阵叙利亚队比赛在宝山体育中心举行，中国队以 101 比 52 战胜对手。

30 日 沪动起来・艇进 2021 赛艇嘉年华暨 2021 年世界赛艇锦标赛宣传推广启动仪式在上海黄兴公园中心广场举行。活动在介绍展示 2021 年世界赛艇锦标赛申办工作的同时，还推出赛艇涂鸦艺术展、陆上赛艇全民挑战赛、赛艇趣味游戏、亲子互动体验。

十二月

6 日 第五届全国大众冰雪季在上海东方体育中心启动。启动仪式由国家体育总局、北京 2022 年冬奥会组委会和上海市人民政府共同主办，专业运动员和上海市民代表同场展示冰壶、冰球、速滑、跳台滑雪等冰雪运动。**（详见“群众体育”篇第 159 页。）**

6 日 第四届体育产业上海高峰论坛在上海体育学院举行。论坛主题为“拥抱新时代”有关部门领导、体育企业代表、资本金融圈人士、学术界专家、媒体记者等近 400 人参与。

7 日 《国家体育总局 上海市人民政府关于冰雪运动项目合作协议书》签约仪式在沪举行。

7—9 日 2020 东京奥运会空手道积分赛暨 2018 世界空手道联合会 K1A 系列赛（上海站）在上海财经大学举，吸引来自全世界 84 个国家和地区近 1 500 名运动员参赛。

8—9 日 “永业杯”WDSF（世界体育舞蹈联合会）大奖赛总决赛在上海卢湾体育馆落幕，来自德国、法国、俄罗斯、丹麦等 10 多个国家的 24 对选手参赛。

11—13 日 上海市体育局在广州举办的中国体育文化・体育旅游博览会上荣获 2 个奖项，获评 6 个十佳项目、10 个精品项目。

15 日 上海青少年国际交流中心成立仪式暨首届青少年国际交流城市定向赛在上海对外经贸大学举行，600 多名中外青年参加定向赛。

17—22 日 第四届中法大学生体育文艺周在东华大学松江校区举办。

22 日 全国首站体育六艺系列活动“体育六艺文化节”在上海市江湾体育场开幕，来自全市的中小学生、亲子家庭与社区居民 2 000 多人在运动中体会传统“六艺”文化。

27 日 2018 年上海城市业余联赛总结会暨 2019 年赛事活动推介会在普陀体育馆召开。来自企业、社会组织以及上海主要新闻媒体的 500 余位代表与会。

（文史）

专　记

第 16 届上海市运动会

概　况

9 月 28 日—11 月 10 日，以“活力市运　闪亮青春”为主题的第 16 届上海市运动会（以下简称“市运会”）举行，共有 62 个代表团报名参赛，设青少年组和高校组。项目设置分竞赛项目、展示项目和活动项目三类，参赛总人数逾 3 万人，活动项目吸引 220 万人次参与。11 月 11 日，市运会闭幕式在上海广电大厦举行。

市运会是全市性的综合性运动会，也是以青少年、高校学生为主体、检验各区体育及体教结合发展成果的一次汇演。市运会期间，参赛体育健儿弘扬“更快、更高、更强”的奥林匹克精神，顽强拼搏、奋勇争先，取得比赛成绩和精神文明双丰收，也涌现了一批有潜力的优秀苗子，为上海备战奥运会、亚运会、全运会发掘了人才，也进一步巩固了上海体育人才队伍的梯队建设。

在体育部门、教育部门两家携手组织下，市运会改革创新，呈现诸多亮点。首先，赛事的规模、设项、影响超越历届市运会。全市 16 个区全部组团参加青少年组比赛，46 所大学组队参加高校组比赛，创历史新高。设项报项方面，青少年组共设置 31 个大项、39 个分项，除铁人三项外，夏季奥运会项目基本达到全覆盖，并继续设置冰壶、花样滑冰等冬季奥运会项目。据统计，近 90% 的区报名参加青少年组 20 个以上项目的比赛；高校组共设置 32 个大项，较上一届增加 11 个项目。各代表团参加项目的广泛性、全面性增强。参赛人员方面，注册参加市运会的青少年组、高校组运动员达到 3 万余人，通过各项目预选赛、测试赛，进入市运会决赛阶段的两个组别运动员总规模近 2.3 万人；同时，市运会新增活动项目，市教委、团市委、市妇联及各区举办项目多样、形式新颖、内容丰富的青少年体育活动，聚焦更广泛的青少年参与，9 大活动项目参与总人数达 220 万人次。

第 16 届上海市运动会开幕　（王佳斌 摄）

竞赛方面，办赛主体、队伍培养主体多样化趋势明显。市运会青少年组的竞赛、展示项目由 16 个区、9 个市属单位、37 个市级单项协会承办，高校组比赛由 17 所高校承办，各项目中心、单项协会、有关场馆等单位也提供技术力量和场馆保障。市运会的赛场上，还不乏权威国际裁判执裁的身影。参赛队伍方面，既有来自少体校、普通中小学的运动队，也有社会俱乐部的运动队。近年来，以学校二线和体育传统校为代表的体教结合办训已成为上海后备队伍培养的坚实基础；同时，社会俱乐部的办训规模不断扩大（如足球、网球、乒乓球、击剑、高尔夫、马术、

体坛前辈在开幕式上献唱 （王佳斌 摄）

跆拳道、滑冰等项目），冬季项目尤为突出：冰壶项目注册人数比上届递增50%、花样滑冰注册人数比上届递增170%。

竞赛成绩有突破，运动人才选拔进一步强化。青少年组共产生1 120枚赛会金牌，分布到16个代表团，金牌覆盖率为100%，有300名运动员获得青少年组的“未来之星奖”；高校组产生503枚金牌，分布到33个代表团，金牌覆盖率为71.7%。其中，青少年组共13人创10项上海市青少年纪录，29人创27项上海市青少年年龄组纪录，19人超4项上海市青少年纪录，31人超19项上海市青少年年龄组纪录。一些运动项目成为各区的拳头项目和品牌，如浦东新区的游泳、普陀区的女足、杨浦区的羽毛球、闵行区的田径、宝山区的乒乓球、徐汇区的网球等。

（文史）

第16届上海市运动会“体育道德风尚奖”

青少年组：浦东新区代表团
黄浦区代表团
静安区代表团
徐汇区代表团
长宁区代表团
普陀区代表团
虹口区代表团
杨浦区代表团
宝山区代表团
闵行区代表团
嘉定区代表团
金山区代表团
松江区代表团
青浦区代表团
奉贤区代表团
崇明区代表团

高 校 组：复旦大学代表团
上海交通大学代表团
同济大学代表团
华东师范大学代表团
华东理工大学代表团
上海外国语大学代表团
东华大学代表团
上海财经大学代表团
上海大学代表团
华东政法大学代表团
上海理工大学代表团
上海对外经贸大学代表团
上海工程技术大学代表团
上海师范大学代表团
上海海事大学代表团
上海立信会计金融学院代表团
上海体育学院代表团
上海海洋大学代表团
上海第二工业大学代表团
上海电机学院代表团
上海电力大学代表团
上海应用技术大学代表团
上海政法学院代表团
上海中医药大学代表团
上海商学院代表团
上海海关学院代表团
海军军医大学代表团
上海建桥学院代表团
上海杉达学院代表团
上海济光职业技术学院代表团

上海视觉艺术学院代表团
上海工商外国语职业学院代表团
上海外国语大学贤达经济人文学院代表团
上海电子信息职业技术学院代表团
上海师范大学天华学院代表团
上海交通职业技术学院代表团
上海民远职业技术学院代表团
上海东海职业技术学院代表团
上海城建职业学院代表团
上海旅游高等专科学校代表团
上海中侨职业技术学院代表团
上海工商职业技术学院代表团
上海工艺美术职业学院代表团
上海出版印刷高等专科学校代表团
上海立达学院代表团
上海农林职业技术学院代表团

第16届上海市运动会团体奖牌奖（青少年组）

第一名 浦东新区代表团
第二名 徐汇区代表团
第三名 黄浦区代表团
第四名 闵行区代表团
第五名 普陀区代表团
第六名 杨浦区代表团
第七名 静安区代表团
第八名 宝山区代表团
第九名 嘉定区代表团
第十名 长宁区代表团

第16届上海市运动会团体总分奖（青少年组）

第一名 浦东新区代表团
第二名 普陀区代表团
第三名 黄浦区代表团
第四名 徐汇区代表团
第五名 静安区代表团
第六名 闵行区代表团
第七名 杨浦区代表团
第八名 长宁区代表团
第九名 宝山区代表团
第十名 嘉定区代表团

第16届上海市运动会“校长杯”（高校组）

上海体育学院
同济大学
上海交通大学
上海大学
复旦大学
华东师范大学
东华大学
上海财经大学
华东政法大学
上海海事大学
华东理工大学
上海立信会计金融学院

第16届上海市运动会重点项目团体奖牌奖（青少年组）

第一名 浦东新区代表团
第二名 黄浦区代表团
第三名 徐汇区代表团
第四名 闵行区代表团
第五名 普陀区代表团
第六名 杨浦区代表团
第七名 宝山区代表团

第八名　静安区代表团
第九名　嘉定区代表团
第十名　长宁区代表团

第16届上海市运动会重点项目团体总分奖（青少年组）

第一名　浦东新区代表团
第二名　黄浦区代表团
第三名　徐汇区代表团
第四名　闵行区代表团
第五名　普陀区代表团
第六名　杨浦区代表团
第七名　宝山区代表团
第八名　静安区代表团
第九名　嘉定区代表团
第十名　长宁区代表团

第16届上海市运动会“优秀组队奖”（青少年组）

一 等 奖：浦东新区代表团
普陀区代表团
徐汇区代表团
二 等 奖：黄浦区代表团
嘉定区代表团
闵行区代表团
静安区代表团
杨浦区代表团
三 等 奖：宝山区代表团
长宁区代表团
松江区代表团
崇明区代表团
奉贤区代表团
青浦区代表团
虹口区代表团
金山区代表团

第16届上海市运动会“优秀赛区奖”（青少年组）

田径竞委会　（市田径协会、闵行区体育局）
武术套路竞委会　（市武术协会、虹口区体育局）
羽毛球竞委会　（市羽毛球协会、杨浦区体育局）
乒乓球竞委会　（市乒乓球协会、宝山区体育局）
男子篮球A、B组竞委会　（市篮球协会、徐汇区体育局）
射箭竞委会　（市射箭协会、松江区体育局）
女子跆拳道竞委会　（市跆拳道协会、青浦区体育局）
自行车竞委会　（市自行车协会、崇明区体育局）
男子足球竞委会　（市足球协会、杨浦区体育局）
女子排球竞委会　（市排球协会、黄浦区体育局）
沙滩排球竞委会　（市排球协会、金山区体育局）
男子手球A、B组竞委会　（市手球协会、长宁区体育局）
男子排球A、B组竞委会　（市排球协会、静安区体育局）

拳击竞委会　　（市拳击协会、嘉定区体育局）
女子足球竞委会　　（市足球协会、普陀区体育局）
网球竞委会　　（市网球协会、奉贤区体育局）
游泳竞委会　　（市游泳协会、浦东新区体育局）
棒垒球A、B组竞委会　　（市棒球协会、市垒球协会、闵行区体育局）
马术竞委会　　（市马术协会、崇明区体育局）
冰壶竞委会　　（市冰壶协会、徐汇区体育局）

第16届上海市运动会“优秀赛区奖”（高校组）

足球竞委会　　（上海市校园足球联盟）
篮球竞委会　　（上海市校园篮球联盟）
排球竞委会　　（上海市校园排球联盟）
田径竞委会　　（上海市校园田径联盟）
乒乓球竞委会　　（华东理工大学）
羽毛球竞委会　　（同济大学）
武术竞委会　　（上海中医药大学）
跆拳道竞委会　　（上海立信会计金融学院）
攀岩竞委会　　（东华大学）
壁球竞委会　　（上海体育学院）

第16届上海市运动会“最快进步奖”（青少年组）

崇明区代表团　　静安区代表团
金山区代表团　　普陀区代表团
嘉定区代表团

第16届上海市运动会各项目超、创市级及以上纪录运动员

射　箭：1人　1次　1项　创上海市青少年纪录
游　泳：28人　24次　24项　创上海市青少年年龄组纪录
　　　　31人　30次　19项　超上海市青少年年龄组纪录
射　击：11人　8次　8项　创上海市青少年纪录
　　　　15人　15次　3项　超上海市青少年纪录
举　重：1人　3次　3项　创上海市青少年年龄组纪录
田　径：4人　1次　1项　创上海市青少年组纪录

游　泳

姓名	单位	性别	组别	项目	成绩	原纪录	纪录类别	日期
李靖越	黄浦	男	A组	100米蛙泳	1:05.43	1:05.66	创15—17岁组纪录	2018.10.11
陈嘉琪	浦东	男	C组	100米自由泳	53.37	54.28	创13—14岁组纪录	2018.10.14
丁　叮	浦东	男	B组	1 500米自由泳	16:14.27	16:51.39	超13—14岁组纪录	2018.10.11

（续表一）

姓名	单位	性别	组别	项目	成绩	原纪录	纪录类别	日期
周　赟	黄浦	男	C 组	1 500 米自由泳	16:17.37	16:51.39	超 13—14 岁组纪录	2018.10.11
刘博文	徐汇	男	C 组	1 500 米自由泳	15:49.47	16:51.39	创 13—14 岁组纪录	2018.10.11
王嘉贤	杨浦	男	B 组	100 米蛙泳	1:07.70	1:07.88	超 13—14 岁组纪录	2018.10.13
陈　诺	黄浦	男	C 组	100 米蛙泳	1:07.13	1:07.88	创 13—14 岁组纪录	2018.10.14
夏程功	静安	男	C 组	100 米蛙泳	1:07.85	1:07.88	超 13—14 岁组纪录	2018.10.14
管　豪	徐汇	男	C 组	100 米蝶泳	57.06	57.24	创 13—14 岁组纪录	2018.10.14
丁　叮	浦东	男	B 组	400 米个人混合泳	4:30.40	4:44.40	创 13—14 岁组纪录	2018.10.11
周　赟	黄浦	男	C 组	400 米个人混合泳	4:41.47	4:44.40	超 13—14 岁组纪录	2018.10.13
张　冉 / 陈嘉琪 储　汇 / 石　砼	浦东	男	C 组	4×100 米自由泳接力	3:40.04	3:51.50	创 13—14 岁组纪录	2018.10.14
周　赟 / 陈　诺 黎锦辉 / 赖叙豪	黄浦	男	C 组	4×100 米自由泳接力	3:43.96	3:51.50	超 13—14 岁组纪录	2018.10.14
管　豪 / 周越涛 王屹恺 / 刘博文	徐汇	男	C 组	4×100 米自由泳接力	3:46.94	3:51.50	超 13—14 岁组纪录	2018.10.14
翁靖颢 / 陈嘉琪 储　汇 / 石　砼	浦东	男	C 组	4×100 米混合泳接力	4:06.35	4:18.20	创 13—14 岁组纪录	2018.10.13
夏程功 / 瞿琛意 贯　如 / 张琪烨	静安	男	C 组	4×100 米混合泳接力	4:09.46	4:18.20	超 13—14 岁组纪录	2018.10.13
周　赟 / 陈　诺 黎锦辉 / 赖叙豪	黄浦	男	C 组	4×100 米混合泳接力	4:10.72	4:18.20	超 13—14 岁组纪录	2018.10.13
管　豪 / 王屹恺 周越涛 / 刘博文	徐汇	男	C 组	4×100 米混合泳接力	4:18.20	4:13.42	超 13—14 岁组纪录	2018.10.13
陈宇翱	杨浦	男	D 组	100 米自由泳	56.74	58.41	超 12 岁组纪录	2018.10.13
朱伟麟	杨浦	男	D 组	100 米自由泳	56.46	58.41	创 12 岁组纪录	2018.10.13
李易旻	静安	男	D 组	100 米自由泳	58.18	58.41	超 12 岁组纪录	2018.10.13
沈子宸	松江	男	E 组	100 米自由泳	57.44	58.41	超 12 岁组纪录	2018.10.11
沈子宸	松江	男	E 组	400 米自由泳	4:20.16	4:31.43	创 12 岁组纪录	2018.10.11
蔡天祺	嘉定	男	D 组	800 米自由泳	9:18.19	9:19.90	超 12 岁组纪录	2018.10.13
朱伟麟	杨浦	男	D 组	800 米自由泳	8:57.34	9:19.90	超 12 岁组纪录	2018.10.13
邱其汇	黄浦	男	D 组	800 米自由泳	9:02.88	9:19.90	超 12 岁组纪录	2018.10.13

（续表二）

姓名	单位	性别	组别	项目	成绩	原纪录	纪录类别	日期
李刘畅	青浦	男	D 组	800 米自由泳	8:56.23	9:19.90	创 12 岁组纪录	2018.10.13
强铭扬	浦东	男	D 组	800 米自由泳	8:57.99	9:19.90	超 12 岁组纪录	2018.10.13
兰远睿	浦东	男	D 组	100 米仰泳	1:03.90	1:04.81	创 12 岁组纪录	2018.10.11
郭广浩	黄浦	男	D 组	100 米蝶泳	1:02.60	1:02.88	超 12 岁组纪录	2018.10.14
强铭扬	浦东	男	D 组	100 米蝶泳	1:01.35	1:02.88	创 12 岁组纪录	2018.10.14
兰远睿	浦东	男	D 组	200 米个人混合泳	2:18.70	2:21.23	超 12 岁组纪录	2018.10.14
黄玄毅	青浦	男	E 组	100 米自由泳	59.54	1:00.46	创 11 岁组纪录	2018.10.11
朱乐晨	宝山	男	E 组	100 米蝶泳	1:04.25	1:05.00	创 11 岁组纪录	2018.10.14
李　爽	嘉定	男	F 组	100 米自由泳	1:03.21	1:05.02	超 10 岁组纪录	2018.10.13
王泽程	黄浦	男	F 组	100 米自由泳	1:03.56	1:05.02	超 10 岁组纪录	2018.10.13
谢博文	浦东	男	F 组	100 米自由泳	1:02.05	1:05.02	超 10 岁组纪录	2018.10.13
殷啸宇	浦东	男	F 组	100 米自由泳	1:01.97	1:05.02	创 10 岁组纪录	2018.10.13
李　爽	嘉定	男	F 组	400 米自由泳	4:51.23	4:55.64	超 10 岁组纪录	2018.10.11
王泽程	黄浦	男	F 组	400 米自由泳	4:52.67	4:55.64	超 10 岁组纪录	2018.10.11
陆泰廷	徐汇	男	F 组	400 米自由泳	4:30.04	4:55.64	创 10 岁组纪录	2018.10.11
谢博文	浦东	男	F 组	400 米自由泳	4:31.17	4:55.64	超 10 岁组纪录	2018.10.11
殷啸宇	浦东	男	F 组	100 米蝶泳	1:07.83	1:08.23	超 10 岁组纪录	2018.10.11
王宸宇	闵行	男	F 组	100 米蝶泳	1:06.65	1:08.23	创 10 岁组纪录	2018.10.11
李木子 / 孟佳怡 张文婷 / 刘慧慧	浦东	女	C 组	4×100 米混合泳接力	4:25.56	4:28.90	创 13—14 岁组纪录	2018.10.13
胡欣晗	宝山	女	E 组	100 米蝶泳	1:05.32	1:05.50	创 11 岁组纪录	2018.10.14
毛梦嫣	浦东	女	F 组	100 米蝶泳	1:05.47	1:05.50	超 11 岁组纪录	2018.10.11
罗欣欣	黄浦	女	F 组	400 米自由泳	4:50.80	4:56.34	超 10 岁组纪录	2018.10.11
陈思亦	浦东	女	F 组	400 米自由泳	4:40.85	4:56.34	创 10 岁组纪录	2018.10.11
范俊燕	徐汇	女	F 组	100 米蛙泳	1:22.26	1:22.39	超 10 岁组纪录	2018.10.13
陈熙蕾	浦东	女	F 组	100 米蛙泳	1:22.25	1:22.39	创 10 岁组纪录	2018.10.13
金钰菁	徐汇	女	F 组	100 米蝶泳	1:09.25	1:09.82	创 10 岁组纪录	2018.10.11
范一诺	长宁	女	F 组	200 米个人混合泳	2:35.99	2:36.31	超 10 岁组纪录	2018.10.11
陈思亦	浦东	女	F 组	200 米个人混合泳	2:29.86	2:36.31	创 10 岁组纪录	2018.10.11

射　箭

姓名	单位	性别	组别	项目	成绩	原纪录	纪录类别	日期
赵舒薇	长宁	女	A 组	30 米单轮	353 环	352 环	超市青少年纪录	2018.10.06

田 径

姓名	单位	性别	组别	项目	成绩	原纪录	纪录类别	日期
徐哲杰 / 魏鑫磊 邢智凯 / 潘佳安	松江	男	A 组	4×400 米接力	3:21.60	3:24.84	超市少年组纪录	2018.10.17

射 击

姓名	单位	性别	组别	项目	成绩	原纪录	纪录类别	日期
王 盛	松江	男	B 组	10 米气步枪 40 发	416 环	412.2 环	创市青少年纪录	2018.9.15
邱威丞	黄浦	男	B 组	10 米气步枪 40 发	414 环	412.2 环	超市青少年纪录	2018.9.15
郑楚芸	长宁	女	A 组	50 米运动步枪 60 发卧射	614.4 环	613.5 环	创市青少年纪录	2018.9.22
陈瀚融	徐汇	男	B 组	50 米小口径普通步枪 30 发卧射	304.7 环	300.3 环	创市青少年纪录	2018.9.22
王 盛	松江	男	B 组	50 米小口径普通步枪 30 发卧射	304.4 环	300.3 环	超市青少年纪录	2018.9.22
孙文炜	普陀	男	B 组	50 米小口径普通步枪 30 发卧射	303.8 环	300.3 环	超市青少年纪录	2018.9.22
黎琛兴	闵行	男	B 组	50 米小口径普通步枪 30 发卧射	301.4 环	300.3 环	超市青少年纪录	2018.9.22
张杨阿祚	杨浦	男	B 组	50 米小口径普通步枪 30 发卧射	301.1 环	300.3 环	超市青少年纪录	2018.9.22
施怡楠	松江	女	B 组	50 米小口径普通步枪 30 发卧射	307.4 环	301 环	创市青少年纪录	2018.9.22
杜鑫杰	闵行	女	B 组	50 米小口径普通步枪 30 发卧射	305.2 环	301 环	超市青少年纪录	2018.9.22
刘彦弘	普陀	女	B 组	50 米小口径普通步枪 30 发卧射	04.6 环	301 环	超市青少年纪录	2018.9.22
叶欣怡	长宁	女	B 组	50 米小口径普通步枪 30 发卧射	303.4 环	301 环	超市青少年纪录	2018.9.22
刘嘉芊	杨浦	女	B 组	50 米小口径普通步枪 30 发卧射	303.3 环	301 环	超市青少年纪录	2018.9.22
路晓宇	浦东	女	B 组	50 米小口径普通步枪 30 发卧射	303.3 环	301 环	超市青少年纪录	2018.9.22
顾文婷	普陀	女	B 组	50 米小口径普通步枪 30 发卧射	302.8 环	301 环	超市青少年纪录	2018.9.22
瞿赛珺	奉贤	女	B 组	50 米小口径普通步枪 30 发卧射	302.5 环	301 环	超市青少年纪录	2018.9.22
丁 璇	松江	女	B 组	50 米小口径普通步枪 30 发卧射	302.5 环	301 环	超市青少年纪录	2018.9.22
崇 敏	浦东	女	B 组	50 米小口径普通步枪 30 发卧射	301.9 环	301 环	超市青少年纪录	2018.9.22
马晓妍	虹口	女	B 组	50 米小口径普通步枪 30 发卧射	301.3 环	301 环	超市青少年纪录	2018.9.22
孙 昊 徐志荣	浦东	男 女	A 组	10 米气步枪混合团体	488.3 环		创市青少年纪录	2018.9.24
王 盛 沈雨晨	松江	男 女	B 组	10 米气步枪混合团体	491.4 环		创市青少年纪录	2018.9.24
朱灏然 陆嘉贝	嘉定	男 女	A 组	10 米气手枪混合团体	462.4 环		创市青少年纪录	2018.9.24
宋远博 李 瑾	长宁	男 女	B 组	10 米气手枪混合团体	463.8 环		创市青少年纪录	2018.9.24

举 重

姓名	单位	性别	组别	项目	成绩	原纪录	纪录类别	日期
李 想	松江	男	B组	69公斤级抓举	95	82	创男子13岁组纪录	2018.10.27
李 想	松江	男	B组	69公斤级挺举	120	100	创男子13岁组纪录	2018.10.27
李 想	松江	男	B组	69公斤级总成绩	215	180	创男子13岁组纪录	2018.10.27

第16届上海市运动会“未来之星奖”（青少年组）

序号	区	姓名	性别	项目
1	浦东新区	严晶晶	女	田径
2	浦东新区	周宇翔	男	田径
3	浦东新区	陆佳雯	女	田径
4	浦东新区	兰远睿	男	游泳
5	浦东新区	郐正楠	男	游泳
6	浦东新区	陈嘉琪	男	游泳
7	浦东新区	王安琦	女	游泳
8	浦东新区	毛梦嫣	女	游泳
9	浦东新区	陈思亦	女	游泳
10	浦东新区	王 康	男	足球
11	浦东新区	庞为邦	男	足球
12	浦东新区	朱兆齐	男	篮球
13	浦东新区	宋嘉诚	男	篮球
14	浦东新区	丁佳怡	女	篮球
15	浦东新区	刘佳炜	女	排球（沙排）
16	浦东新区	顾宇昂	男	击剑
17	浦东新区	马培娜	女	击剑
18	浦东新区	汤毅涵	男	射箭
19	浦东新区	赵承宸	男	手球
20	浦东新区	顾佳琪	女	手球
21	浦东新区	常飞翔	男	武术套路
22	浦东新区	胡楚涵	女	武术套路
23	浦东新区	徐妍菲	女	曲棍球
24	浦东新区	刘井洋	男	棒球
25	浦东新区	俞张媛	女	垒球
26	浦东新区	陈 梵	女	垒球
27	浦东新区	瞿好好	女	自行车

（续表一）

序号	区	姓名	性别	项目
28	浦东新区	杨欣怡	女	自行车
29	浦东新区	蔡依平	男	举重
30	浦东新区	杨清霖	男	帆板
31	浦东新区	吴震安	女	帆船
32	浦东新区	朱倍乐	男	水球
33	浦东新区	马晓宇	女	艺术体操
34	浦东新区	刘 萱	女	艺术体操
35	浦东新区	陈瑜婕	女	花样游泳
36	浦东新区	张慧姿	女	花样游泳
37	浦东新区	陶华银	男	拳击
38	浦东新区	胡哲远	男	空手道
39	浦东新区	邓晶帆	女	高尔夫
40	浦东新区	张天昱	男	花样滑冰
41	浦东新区	夏小雨	女	花样滑冰
42	黄浦区	黄亚轩	男	田径
43	黄浦区	陈 诺	男	游泳
44	黄浦区	周 贇	男	游泳
45	黄浦区	陈 静	女	篮球
46	黄浦区	赵芯蕙	女	篮球
47	黄浦区	沈欣然	女	篮球
48	黄浦区	吴钰砚	女	篮球
49	黄浦区	庄心如	女	排球（沙排）
50	黄浦区	陈羽霏	女	排球（沙排）
51	黄浦区	王馨然	女	排球（沙排）
52	黄浦区	丁浩成	男	排球（沙排）
53	黄浦区	蒋振邦	男	羽毛球
54	黄浦区	程铭灿	男	网球
55	黄浦区	顾瑞博	男	网球
56	黄浦区	黄泽晨	男	射击

（续表二）

序号	区	姓名	性别	项目
57	黄浦区	陆彦沄	女	射箭
58	黄浦区	王　好	女	体操
59	黄浦区	李开靖	男	体操
60	黄浦区	纪兴晖	男	体操
61	黄浦区	段　宇	男	跳水
62	黄浦区	王高翀	男	跳水
63	黄浦区	倪　婕	女	跳水
64	黄浦区	蒋素萍	女	蹦床
65	黄浦区	叶海静	女	现代五项
66	黄浦区	王津蓬	男	冰壶
67	黄浦区	王烁雯	女	冰壶
68	徐汇区	黄羽菲	女	田径
69	徐汇区	管　豪	男	游泳
70	徐汇区	陆泰廷	男	游泳
71	徐汇区	刘博文	男	游泳
72	徐汇区	曾欣丹	女	游泳
73	徐汇区	邹妍婕	女	游泳
74	徐汇区	范思语	女	游泳
75	徐汇区	胡奕阳	男	篮球
76	徐汇区	唐不凡	男	篮球
77	徐汇区	江林俊	男	篮球
78	徐汇区	杨易轩	男	篮球
79	徐汇区	韦玄烨	男	篮球
80	徐汇区	丁姝玥	女	篮球
81	徐汇区	黄佳明	男	羽毛球
82	徐汇区	王加桐	男	网球
83	徐汇区	张贻翔	男	网球
84	徐汇区	吕东泽	男	网球
85	徐汇区	叶鸿宇	男	网球
86	徐汇区	封瑞霖	男	网球
87	徐汇区	许在瑞	男	网球
88	徐汇区	马梦柯	女	网球
89	徐汇区	吴昕芮	女	网球
90	徐汇区	封天翔	男	乒乓球
91	徐汇区	徐嘉怡	女	乒乓球

（续表三）

序号	区	姓名	性别	项目
92	徐汇区	陈瀚融	男	射击
93	徐汇区	高慧骏	男	手球
94	徐汇区	吴晶晶	女	体操
95	徐汇区	金嘉盈	女	武术套路
96	徐汇区	郑雪梅	女	赛艇
97	徐汇区	胡恺馨	男	赛艇
98	徐汇区	唐念庭	女	柔道
99	徐汇区	陈乐凡	女	帆船
100	徐汇区	单姜媛	女	跳水
101	徐汇区	金翔宇	男	水球
102	徐汇区	郑门贝尔	女	水球
103	徐汇区	于正妍	女	艺术体操
104	徐汇区	罗时涵	男	蹦床
105	徐汇区	张　睿	男	蹦床
106	徐汇区	蔡哲雨彤	女	蹦床
107	徐汇区	陈瑞欣	女	马术
108	徐汇区	余　涵	女	冰壶
109	徐汇区	王卓仪	女	冰壶
110	长宁区	戚祥达	男	游泳
111	长宁区	冯靖涵	女	网球
112	长宁区	李　瑾	女	射击
113	长宁区	赵舒薇	女	射箭
114	长宁区	王海东	男	手球
115	长宁区	李　飞	男	手球
116	长宁区	周志昂	男	跆拳道
117	长宁区	徐向衡	女	现代五项
118	静安区	唐　骏	男	游泳
119	静安区	杜小禹	男	足球
120	静安区	刘诚宇	男	足球
121	静安区	梁书铭	男	排球（沙排）
122	静安区	廖一男	男	排球（沙排）
123	静安区	冯　玮	男	羽毛球
124	静安区	廖思雅	女	羽毛球
125	静安区	仲夏瑶	女	击剑
126	静安区	刘贻哲	男	体操

（续表四）

序号	区	姓名	性别	项目
127	静安区	李昌隆	男	武术套路
128	静安区	孙娟娟	女	武术套路
129	静安区	周彧嘉	男	棒球
130	静安区	陈　辰	男	棒球
131	静安区	丁文玉	男	举重
132	静安区	刘佳艺	女	帆板
133	静安区	郑稼杰	男	帆船
134	静安区	陈家睿	男	现代五项
135	静安区	夏恺宸	男	高尔夫
136	静安区	龚启明	男	花样滑冰
137	普陀区	陈泽华	男	田径
138	普陀区	陈安安	女	足球
139	普陀区	周欣怡	女	足球
140	普陀区	李伊冉	女	足球
141	普陀区	吴　蕊	女	足球
142	普陀区	刘子言	女	排球（沙排）
143	普陀区	王雪凌	女	网球
144	普陀区	费秋凝	女	射击
145	普陀区	张诚铭	男	射箭
146	普陀区	吴晓阳	男	射箭
147	普陀区	董以轩	女	体操
148	普陀区	冯名媛	女	武术套路
149	普陀区	邱世安	男	棒球
150	普陀区	肖云溢	女	垒球
151	普陀区	陈星玥	女	垒球
152	普陀区	李爽爽	男	赛艇
153	普陀区	袁嘉莉	女	举重
154	普陀区	王家昱	男	摔跤
155	普陀区	曹金凤	女	柔道
156	普陀区	姚　婧	女	跆拳道
157	普陀区	张乐怡	女	水球
158	普陀区	詹　凯	男	散打
159	虹口区	刘方舟	男	排球（沙排）
160	虹口区	闵浩东	男	排球（沙排）
161	虹口区	张怡瑾	女	排球（沙排）

（续表五）

序号	区	姓名	性别	项目
162	虹口区	张妍婷	女	排球（沙排）
163	虹口区	李依瞳	女	击剑
164	虹口区	曹立宸	男	射箭
165	虹口区	何旭峰	男	体操
166	虹口区	李圣敏	男	武术套路
167	虹口区	柴晓蕾	女	武术套路
168	虹口区	吕永乐	男	摔跤
169	虹口区	郑天浩	男	柔道
170	虹口区	杨瑶欣	女	艺术体操
171	虹口区	任　肖	男	散打
172	杨浦区	李博慧	女	田径
173	杨浦区	朱伟麟	男	游泳
174	杨浦区	周　岩	男	足球
175	杨浦区	李新翔	男	足球
176	杨浦区	周臻业	男	篮球
177	杨浦区	郁子博	男	排球（沙排）
178	杨浦区	郁子聪	男	排球（沙排）
179	杨浦区	朱一珺	男	羽毛球
180	杨浦区	陈奕江	男	羽毛球
181	杨浦区	廖立曦	女	羽毛球
182	杨浦区	周维茜	女	羽毛球
183	杨浦区	徐艺聆	女	羽毛球
184	杨浦区	马馨怡	女	羽毛球
185	杨浦区	张羽欣	女	羽毛球
186	杨浦区	马晓晨	女	手球
187	杨浦区	薛乐怡	女	手球
188	杨浦区	雷庆祝	男	体操
189	杨浦区	李　展	男	摔跤
190	杨浦区	周子祺	男	摔跤
191	杨浦区	黄佳奇	女	帆板
192	杨浦区	蔡慷一	男	帆板
193	杨浦区	薛麒宇	男	空手道
194	闵行区	濮杞骏	男	田径
195	闵行区	郭钟杰	男	田径
196	闵行区	徐梦茹	女	田径

（续表六）

序号	区	姓名	性别	项目
197	闵行区	童 彤	女	田径
198	闵行区	王星婕	女	游泳
199	闵行区	李允珩	男	击剑
200	闵行区	张秦瑞	男	击剑
201	闵行区	黄宇轩	男	击剑
202	闵行区	李美莎	女	射击
203	闵行区	孙佳雯	女	曲棍球
204	闵行区	孙兴雨	女	曲棍球
205	闵行区	吴婧嘻	女	曲棍球
206	闵行区	凌沁怡	女	曲棍球
207	闵行区	黄嘉奇	男	棒球
208	闵行区	凤丽炜	男	棒球
209	闵行区	江宸昊	男	棒球
210	闵行区	林陈凡	男	棒球
211	闵行区	朱 叶	女	垒球
212	闵行区	黄峥妍	女	垒球
213	闵行区	王悦雯	女	垒球
214	闵行区	姚宇涵	女	垒球
215	闵行区	吴俊杰	男	自行车
216	闵行区	刘雨菲	女	柔道
217	闵行区	赵思宇	男	空手道
218	宝山区	唐佳乐	男	田径
219	宝山区	官怡奇	女	田径
220	宝山区	卞宇郎	男	足球
221	宝山区	王睿扬	男	足球
222	宝山区	朱子皓	男	击剑
223	宝山区	葛雨婷	女	击剑
224	宝山区	李昀凌	女	击剑
225	宝山区	吴涵玥	女	击剑
226	宝山区	李闻天	男	乒乓球
227	宝山区	张玮州	男	乒乓球
228	宝山区	耿旭纬	男	乒乓球
229	宝山区	周锦泉	男	乒乓球
230	宝山区	杨霁雯	女	乒乓球
231	宝山区	陈星羽	女	乒乓球

（续表七）

序号	区	姓名	性别	项目
232	宝山区	易爱川	女	乒乓球
233	宝山区	巫佩恩	女	乒乓球
234	宝山区	薛 凯	男	手球
235	宝山区	江 雪	女	空手道
236	宝山区	朱晨蕊	女	马术
237	嘉定区	王宇晟	男	田径
238	嘉定区	袁可欣	女	田径
239	嘉定区	谢陈天赐	女	篮球
240	嘉定区	刘孟馨	女	篮球
241	嘉定区	胡珂源	男	羽毛球
242	嘉定区	朱灏然	男	射击
243	嘉定区	于少华	男	摔跤
244	嘉定区	李 倩	男	拳击
245	嘉定区	石天洋	女	马术
246	松江区	叶淑琪	女	田径
247	松江区	史嘉麒	女	田径
248	松江区	沈子宸	男	游泳
249	松江区	王 盛	男	射击
250	松江区	曹盛涵	男	射击
251	松江区	丁 璇	女	射击
252	松江区	沈泓源	男	皮划艇
253	松江区	陆一鸣	男	皮划艇
254	松江区	李 想	男	举重
255	松江区	朱 妍	女	柔道
256	松江区	胡海琼	女	散打
257	松江区	张美驰	女	花样滑冰
258	青浦区	李刘畅	男	游泳
259	青浦区	陈 馨	女	击剑
260	青浦区	刘铭阳	男	射箭
261	青浦区	郑诗哲	女	曲棍球
262	青浦区	袁 昊	男	赛艇
263	青浦区	周梓泉	女	赛艇
264	青浦区	王海洋	男	跆拳道
265	青浦区	包生宇	男	拳击
266	青浦区	王俊杰	男	散打

（续表八）

序号	区	姓名	性别	项目
267	青浦区	李刘畅	男	现代五项
268	奉贤区	陈佳祺	女	田径
269	奉贤区	张　绮	女	射击
270	奉贤区	张贝妮	女	射箭
271	奉贤区	张汇滨	男	自行车
272	奉贤区	沈　骏	男	自行车
273	奉贤区	陈鑫峰	男	跆拳道
274	奉贤区	傅嘉宝	女	高尔夫
275	金山区	袁苏皖	女	足球
276	金山区	陈睿琳	女	足球
277	金山区	王　兰	女	足球
278	金山区	王力红	女	足球
279.	金山区	杨　艳	女	排球（沙排）
280	金山区	程晓婷	女	排球（沙排）
281	金山区	王欣怡	女	曲棍球
282	金山区	黄希怡	女	曲棍球
283	金山区	黄俊帆	男	跆拳道
284	金山区	董天齐	男	帆船
285	金山区	姚丽晶	女	花样游泳
286	金山区	张　越	女	花样游泳
287	金山区	朱洪飞	男	拳击
288	金山区	王　桢	男	马术
289	金山区	汪孝宜	女	高尔夫
290	崇明区	张　草	女	田径
291	崇明区	陈　星	男	田径
292	崇明区	陈思懿	女	自行车
293	崇明区	吴　皓	男	赛艇
294	崇明区	郝　宇	男	赛艇
295	崇明区	孙春慧	男	皮划艇
296	崇明区	黄佳晨	男	皮划艇
297	崇明区	周嘉琦	女	皮划艇
298	崇明区	龚咫倩	女	皮划艇
299	崇明区	王　珏	女	皮划艇
300	崇明区	李梓玟	女	举重

第16届上海市运动会“优秀合作伙伴”

中国太平洋财产保险股份有限公司上海分公司

奥运会、全运会、青运会突出贡献奖

第一名　　浦东新区代表团
第二名　　徐汇区代表团
第三名　　宝山区代表团
第四名　　黄浦区代表团
第五名　　虹口区代表团
第六名　　普陀区代表团
第七名　　长宁区代表团
第八名　　闵行区代表团
第九名　　杨浦区代表团
第十名　　静安区代表团

2015—2018年度上海市青少年体育十项系列赛优胜奖

第一名　　徐汇区代表团
第二名　　浦东新区代表团
第三名　　普陀区代表团
第四名　　黄浦区代表团
第五名　　杨浦区代表团
第六名　　闵行区代表团
第七名　　嘉定区代表团
第八名　　虹口区代表团
第九名　　宝山区代表团
第十名　　青浦区代表团

2014—2017年度上海市“优秀体校校长”

（以姓氏笔画为序）

姓名	时任职务
马　强	嘉定区体育训练中心主任
王　静	杨浦区青少年业余体育学校副校长
田　青	杨浦区青少年业余体育学校副校长
冯　奇	黄浦区黄浦青少年业余体育学校校长
李希恩	虹口区青少年体育运动学校校长
朱跃光	宝山区第二青少年业余体育学校校长
刘丽娜	普陀区少年儿童业余体育学校校长
沈　利	松江区青少年业余体育学校副校长
陈　震	徐汇区青少年水上运动学校校长
张　猛	静安区第二青少年业余体育学校校长
张　翔	普陀区青少年业余足球学校校长
张　琼	长宁区游泳学校校长
张春峰	金山区体育中心副主任
邱永飞	浦东新区第一少年儿童体育学校校长
范本兵	崇明区体育学校校长
郑昕波	徐汇区青少年体育运动学校校长
姜国安	静安区青少年业余体育学校校长
唐　亮	浦东新区第三少年儿童体育学校校长
高志鹏	闵行区青少年体育运动学校副校长
韩忠伟	奉贤区体育训练中心主任

2014—2017年度上海市青少年体育训练“十佳教练员”

（以姓氏笔画为序）

姓名	单位	项目
刘日东	普陀区少年儿童业余体育学校	射箭
张　弘	上海市体育运动学校	排球
吴修忍	黄浦区卢湾青少年业余体育学校	跳水
周　苓	黄浦区卢湾青少年业余体育学校	篮球
杨明祥	上海市第二体育运动学校	自行车

（续表）

姓名	单位	项目
袁　伟	奉贤区体育训练中心	射击
高伟峰	徐汇区青少年体育运动学校	蹦床
钱英豪	徐汇区青少年体育运动学校	赛艇
黄新娟	宝山区少年儿童业余体育学校	射箭
潘庆庆	杨浦区青少年业余体育学校	田径

2014—2017年度上海市青少年体育训练“优秀教练员”

（以姓氏笔画为序）

姓名	单位	项目
王朋仁	长宁区长宁网球场	羽毛球
王海利	浦东新区第三少年儿童体育学校	自行车
卢　凤	闵行区青少年体育运动学校	曲棍球
包建国	虹口区青少年体育运动学校	射击
吴正国	杨浦区青少年业余体育学校	游泳
沈　弘	黄浦区黄浦青少年业余体育学校	排球
李明凤	静安区第二少年业余体育学校	跆拳道
岳娇娜	浦东新区第二少年儿童体育学校	田径
汪　琴	嘉定区体育训练中心	皮划艇
严　颖	上海市第二体育运动学校	田径
陈　列	杨浦区青少年业余体育学校	手球
陆惠其	闵行区青少年体育运动学校	田径
周　毅	杨浦区青少年业余体育学校	乒乓球
殷雪瑾	普陀区少年儿童业余游泳学校	游泳
谢奕丁	徐汇区青少年水上运动学校	游泳
董　莉	宝山区第二青少年业余体育学校	乒乓球
简广风	青浦区少年业余体育学校	赛艇
路军才	奉贤区体育训练中心	射击
谭英姿	上海市体育运动学校	游泳
颜怡宏	杨浦区体育活动中心	羽毛球

（市青训中心　供）

上海上港提前一轮夺得 2018 年中超冠军

11 月 7 日，2018 赛季中超联赛第 29 轮在上海体育场举行，由上海上港主场迎战北京人和。上半场第 20 分钟，艾哈迈多夫世界波破门打破僵局；下半场第 47 分，武磊破门扩大比分，迪奥普为人和扳回一球。最终上港以 2 比 1 获胜，以领先恒大 8 分的优势，提前一轮夺得 2018 年中超冠军。

上海上港提前一轮夺冠，这是上海足球历史上第一个中超联赛冠军，也是时隔 23 年后上海足球再度称霸中国顶级联赛。上海上港最终在联赛中以 21 胜 5 平 4 负，积 68 分收获建队以来的第一座中超奖杯。

联赛开局，上港就打出 8 连胜，领跑中超。虽在接下来与国安的较量中败下阵来，一度让他们屈居第二的位置，并且从联赛第 12 轮到第 21 轮，上港一直在第二、第三名的位置上徘徊。但从第 22 轮的比赛开始，他们重夺榜首位置，随后直面国安、鲁能以及恒大的挑战，最终捧得“火神杯”。

俱乐部始建于 2005 年 12 月，时称上海东亚足球俱乐部，由上海东亚（集团）有限公司和上海根宝足球俱乐部基地有限公司共同出资建立，由著名足球教练徐根宝担任公司董事长、俱乐部主席及球队总教练。俱乐部自东亚时期就非常重视青训体系建设，培养出一批上海本土优秀球员。2012 年年末，俱乐部得到上港集团的冠名赞助，2013 赛季起以“上海上港队”的名义征战各类赛事。2014 年 11 月 18 日，上港集团完成对上海东亚足球俱乐部的整体收购，俱乐部同时更名为“上海上港集团足球俱乐部”，并聘请徐根宝担任总顾问。

上港队庆祝夺冠　　（王佳斌 摄）

2006 年，球队首次参加职业联赛。2007 年夺得中国足球乙级联赛冠军，成功冲甲。2009 年代表上海队参加全运会男子足球甲组比赛并夺得冠军。2012 年以中国足球甲级联赛冠军的身份升入中超联赛。2013 年、2017 年两次蝉联全运会男足甲组比赛冠军。2015 年，夺得中超亚军，首获亚冠联赛参赛资格。2016 年首次晋级亚冠八强。2017 年首次跻身亚冠四强。2018 年夺得队史上和上海足球历史上第一个中超联赛冠军。

上海上港的发展历程，本身就是上海职业足球俱乐部勇立潮头、谋求改革的一个缩影。2000 年，徐根宝在崇明岛编织足球梦想——不仅投入全部 800 万元积蓄，更贷款 2 300 万元建设基地，这种不计一切代价办青训的模式，开创了中国足球的先河。18 年来，陆续培养出武磊、颜骏凌、张琳芃等 12 名国脚及超过 60 位中超注册球员。2007 年，上海市体育局与根宝足校签订合作意向书，由根宝基地的优秀球员代表上海打全运会男足比赛。“政府出资购买社会优质服务”，在全国足坛属首创，激发市场主体的专业能力和巨大活力。

球队的核心班底始终是徐根宝一手培养的崇明岛十年磨一剑的第一期学员。上港队的立足之本，就是为上海足球、中国足球培养人才：16 岁的武磊就有机会踢乙级联赛积累经验；18 岁的武磊和队友们 2009 年在全运会和中甲联赛双线征战；2013 年开始的中超生涯则让这批本土人才得到进一步的成长。

11月21日，在2018赛季中超年度颁奖典礼上，武磊一人独获最佳射手、最佳球员两项大奖。2018年是武磊大爆发的一年。本土新的射手王、四次梅开二度、一次帽子戏法、一次大四喜、最高连续六轮破门得分，打破传奇射手郝海东顶级联赛97球纪录、打破李金羽本土球员单赛季26球纪录、中国顶级联赛第二位100球先生……只有熟悉中国足球的人才知道，武磊手中捧起的金靴奖、金球奖这两座奖杯，有多么不容易。上一次中国球员获得最佳射手奖，还是2007年的李金羽；而上一次中国球员当选最佳球员，也是2007年的杜震宇。对于中国足球而言，打破外援11年的垄断，实属不易。

（文史）

上海上港集团足球俱乐部队名沿革

时间	俱乐部名	球队全称	球队简称
2005年12月建队	上海东亚足球俱乐部	上海东亚足球俱乐部队	上海东亚队
2011年12月31日起		上海东亚足球俱乐部特莱士队	上海特莱士队
2012年12月28日起		上海东亚足球俱乐部上港队又称上海东亚足球俱乐部上港集团足球队	上海上港队，又称上港集团队
2014年11月18日起	上海上港集团足球俱乐部	上海上港集团足球俱乐部队	上海上港队

（文史）

上海上港参加中超联赛情况统计表

赛季	名次	胜	平	负	进球	失球	净胜球	积分	备注	足协杯
2018	1	21	5	3	75	30	45	68	亚冠资格	8强
2017	2	17	7	6	72	39	33	58		亚军
2016	3	14	10	6	56	32	24	52		16强
2015	2	19	8	3	63	35	28	65		8强
2014	5	12	12	6	47	39	8	48		第3轮
2013	9	10	7	13	38	35	3	37		16强

（文史）

上海上港集团足球俱乐部球队荣誉

荣誉	次数	年份
中国足球协会超级杯冠军	1	2019
中国足球协会超级联赛冠军	1	2018
中国足球协会杯赛亚军	1	2017

（续表）

荣誉	次数	年份
亚洲冠军联赛四强	1	2017
中超预备队联赛冠军	1	2016
中国足球协会超级联赛季军	1	2016
中超联赛对国家队贡献奖	2	2015、2018
中国足球协会超级联赛亚军	2	2015、2017
全国青年运动会男子足球U18比赛冠军	1	2015
沪港球会杯冠军	5	2010、2011、2012、2013、2014
公平竞赛最佳球队奖	2	2010、2013
全国运动会男子足球甲组比赛冠军	3	2009、2013、2017
上海国际足球邀请赛亚军	1	2013
亚洲超级球会挑战杯亚军	1	2013
中国足球协会甲级联赛冠军	1	2012
超日杯中国足球冠军赛冠军	1	2008
中国足球协会乙级联赛冠军	1	2007
中国足球协会乙级联赛北区冠军	1	2007

（文史）

上海上港集团足球俱乐部球员荣誉

球员	荣誉	次数	年份
颜骏凌	中国足协超级杯MVP	1	2019
	中超联赛最佳门将	2	2017、2018
武　磊	中超联赛最佳球员	1	2018
	中超联赛最佳射手	1	2018
	上海市五一劳动奖章	1	2016
	中超联赛本土最佳射手	5	2013、2014、2015、2016、2017
	中甲联赛本土最佳射手	2	2011、2012

（文史）

上海申花成立25周年

2018年12月10日，上海申花成立25周年，上海绿地申花足球俱乐部发布“申花25周年主题标志”。

1992年6月，“红山口会议”确立了中国足球要走职业化道路的改革方向，中国足球是中国体育界最早推进职业化改革的项目。在此背景下，1993年12月10日，上海申花足球俱乐部成立，俱乐部以原上海市足球一队为基础，由上海申花集团出资创立，实行董事会领导下的总经理负责制，成为了中国第一家完全脱离体委、足协等行政机构的职业足球俱乐部。

1993年12月12日，申花足球俱乐部在虹桥宾馆举行成立大会。作为申花俱乐部首任主教练，徐根宝上台发表讲话，提出要把队伍带进联赛前六名的目标。后来，徐根宝不仅完成了目标，而且还超额完成了目标，取得了10胜6平6负，位列联赛第三名。在徐根宝的带领下，以新秀为主的上海申花队，形成了“抢逼围”的风格，改变了传统上海足球技术意识出色但身体拼抢吃亏的情况，对当时的中国足坛带来了极大的冲击。

为加快一线队年轻化步伐，进一步加大对年轻球员的培养力度，2018年3月，申花从根宝基地引进全运会U19班底。二次转会期间，朱辰杰、徐皓阳、蒋圣龙和周俊辰四名99/00梯队成员为申花一队注入了新鲜血液。在他们身后，还有U17梯队、U15梯队。新一批申花人接过前辈的接力棒，开启属于他们的职业生涯新篇章。

从江湾到康桥

上海申花成立之初驻扎于杨浦区五角场的江湾训练基地，历时七年，江湾训练基地成为了上海足球的摇篮。

江湾训练基地和足球具有悠久的历史渊源，它很早就是上海足球队的训练基地，国家队也曾在那里进行长期集训。1983年的全运会，上海男足在江湾体育场成功捧杯。1993年底，随着申花俱乐部的成立，江湾基地的设施条件有所改善。宿舍楼用白漆重新粉刷过，“小白楼”也因此得名。改建后，每个楼层的功能也相应发生了变化，一楼是洗澡间和办公室，二楼是一线队的宿舍，包括教练房间，三楼住的是二线队队员。

2001年，申花俱乐部搬迁至位于浦东沪南公路2600号的申花康桥基地，这里曾代表上海足球训练基地的最高水准。杜威、孙吉、孙祥等，在康桥基地逐渐成为申花的主力军，走上职业联赛舞台。

绿地集团入主后，申花重新拾起了青训，U15、U17、U19三支梯队在这里训练和生活。

申花主场虹口

虹口足球场占地5.6万平方米，建筑面积为7.2万平方米，是国内少有的专业足球场。

1909年，“虹口娱乐场”建成。这是当时远东地区最大的体育运动和比赛场所。1949年后，人民政府决定从虹口公园西部规划出一块建造体育场。1951年9月20日，虹口体育场落成典礼暨上海铁路职工第一届运动会开幕式举行。1983年，作为第五届全国运动会的田径赛场，虹口体育场进行全面改造。1995年，上海申花在虹口体育场进行的甲A联赛中夺冠。1997年12月21日，虹口体育场被爆破拆除，推倒重建。1999年2月22日，虹口体育场华丽变身，正式启用“虹口足球场”之名，成为国内第一座有着亚洲一流水平的足球场。

1999年7月1日，以足球场的“场”和鲁迅公园的“园”为谐音的“上海长远集团”成立，尝试足球场管理和社会化运作模式，成功与申花俱乐部签下申花足球队主场比赛定在“虹口足球场”的长期合同。

2007年，因举办女足世界杯，虹口足球场再次改建，更新球场的草坪、大屏幕、技术照明、钢结构，以及广播、空调、消防、监控、电力等所有配套系统。因这次改造，申花经历了一次主场变迁，先转战上海体育场，后又搬至源深体育场，最终回到虹口足球场。

主教练徐根宝

徐根宝是申花历史上的第一任主帅，也是

第一位带领申花夺得联赛冠军的“冠军教头”。徐根宝上任的第一个赛季是1994赛季甲A联赛，申花队最终排名季军。1995年甲A联赛，上海申花继续高举“抢逼围”战术打法，在北京国安、大连万达、广东宏远等众多强队中脱颖而出，一举获得甲A联赛的冠军，而徐根宝也靠着这套战术，获得了许多足球专业人士的称赞，被誉为中国足球的传奇教练。

徐根宝将硬朗的作风带到球队中来。执教期间，他最强调的便是对抗和铲球。

他推行的“抢逼围”打法对球员的奔跑能力和体力要求高，适合体力充沛、对抗能力强的球队，特别适用于当时的申花队——拥有申思、吴承瑛、谢晖、朱琪、祁宏、朱炯等一批优秀年轻球员。短短两年，上海足坛铸就新辉煌。

1995年，除了率领申花拿到甲A联赛冠军之外，徐根宝主持创建了“上海有线02俱乐部”，为中国足坛又培养了一批优秀球员，如杜威、孙吉、孙祥。

离开申花后，徐根宝驻扎在崇明，在“十年磨一剑”后培养出武磊、张琳芃等国家队主力后，2018年3月，他又为申花输送了一批99/00年的青年才俊，继续为申花和上海足球做贡献。

申花五号传奇

1994年中国足球开启职业联赛，范志毅就是上海申花队的场上队长和绝对核心。作为足坛少有的全能手，他在场上打过从前锋到中场再到后卫的多个位置，而且都有着高效的发挥。1995年甲A联赛，时任上海申花队主教练徐根宝将原本打中后卫的范志毅推向前锋线，范志毅的进攻才华得到了充分释放，在当年联赛中总共攻入15粒进球，帮助球队夺冠的同时，还荣获联赛金靴和中国足球先生。

时隔19年夺冠

2017年11月26日，足协杯决赛次回合在上海体育场打响，上海申花对阵上海上港，这也是足协杯历史上第一次在决赛上上演同城德比。最终上海申花依靠客场进球多的优势捧杯，自1998年获得足协杯后，时隔19年再次捧得历史上第二座足协杯冠军奖杯，拿到了中超时代的第一个全国冠军。

（文史）

申花冠军时刻

国内

1995年　甲A联赛
　　　　中国足协超霸杯
1998年　中国足协杯
　　　　中国足协超霸杯
2001年　中国足协超霸杯
2017年　中国足协杯

国际

2007年　东亚冠军杯

（文史）

党 建

概 况

2018 年，上海市体育局机关党委始终把学习贯彻习近平新时代中国特色社会主义思想和党的十九大精神作为主题主线，坚持把提高机关党建工作质量、夯实基层党建组织基础作为目标追求，以问题、目标和需求为导向，积极推进各项任务的落实。

一、聚焦主题主线，着力加强政治建设和思想建设

机关党委坚持以政治建设为统领，以思想建设为引领，集中组织局系统各直属单位党组织、机关各支部，在深化标准要求、深化思想认识、深化贯彻落实上下功夫，着力强化“四个意识”，坚定“四个自信”，坚决做到“两个维护”。

一是抓住“关键少数”，发挥带头作用。机关党委高度重视和支持机关党建工作，坚持管党治党从党内政治生活管起、严起。主要领导主动对接市级机关工委，对表推进全年党建要求和重点任务，牵头制定年度党建要点、机关党委中心组学习意见等，为规范理论学习和做好示范引领提供行动标尺。机关党委和各级党员领导干部充分发挥示范引领作用，带头开展研读宣讲，带头抓好督促引领，积极主动参加双重组织生活，以实际行动推动提高党内政治生活的政治性、时代性、原则性和战斗性。

二是引领“绝大多数”，凝聚思想共识。结合深入推进“两学一做”学习教育常态化制度化，每月制定下发党建工作提示。以“不忘初心、牢记使命，贯彻落实党的十九大精神”学习实践活动为重点，以“我的初心使命”等主题党日为抓手，以《习近平谈治国理政》（一、二卷）为基本学习内容，以习近平总书记对体育工作的一系列重要论述，以及国家体育总局和市委、市政府对上海体育工作的总体部署与具体要求为补充教材，通过领学宣讲、党课辅导、经典诵读、观影观展、座谈交流和重温入党誓词等多种形式，引导局系统广大党员干部坚定不移沿着正确政治方向前进。

三是关注“运动群体”，把握思想动态。运动队思想政治工作，始终是机关党委“两个建设”的工作重点。按照国家体育总局“全链条、全覆盖”的运动队思政教育要求，结合上海运动队的思想实际和工作实际，机关党委利用上海红色文化资源和身边先进典型，运用运动训练平台、微博微信群等信息化手段，着力加强中华体育精神的教育传承，激发爱国主义热情，增强为上海争光动力。

二、服务中心全局，着力凸显上海体育党建的工作特点和建设定位

机关党委聚焦 2018 年度市委、市政府重点工作，聚焦上海体育系统事业单位改革调整、崇明基地搬迁启用、重大体育设施建设等中心任务，充分发挥基层党组织的战斗堡垒作用和党员先锋模范作用，着力为上海体育改革发展贡献智慧和力量。

一是服务城市发展，深入开展改革形势任务教育。对标上海“勇当新时代全国改革开放排头兵、创新发展先行者”的时代要求，立足建

设全球著名体育城市的目标定位，围绕改革开放40周年的纪念主题，通过中心组学习、专题组织生活、主题党日活动等形式，强化形势宣讲、思想引导、政策解读等服务，教育广大党员干部深刻领会上海建设“五个中心”、打响“四大品牌”、推进“两大国家战略”和“走在前列”的体育事业目标定位，切实把思想和行动凝聚到上海城市未来发展上来。

二是服务体育改革，扎实推进“改革先锋、岗位建功”主题实践活动。围绕“践行新思想，逐梦新时代”诵读活动、“改革开放再出发，我为上海献一计”和“我为搬迁崇明献一计”建议征集等主题活动，组织党员干部深入开展“三学”活动；运用党校微课堂、党建微信群、党建宣传栏等宣传阵地，广泛开展“三亮”活动；结合体育场馆公益开放、体育进校园等工作任务，指导局系统基层党组织自主设计党员先锋岗、党员示范岗、党员责任区等岗位建功载体。

三是服务进博任务，集中展现上海体育窗口形象和党员风采。着力发挥“岗位建新功、党员见行动”活动常态化制度化优势，集中开展“进博先锋·党员行动”主题党日和“两优一先”评选活动。通过氛围营造、行动倡议、典型宣传、窗口示范等形式，引导体育系统党员干部牢固树立“一盘棋”思想和争做进博先锋的主人翁意识，积极倡导上海体育人立足本职、创先争优，以拼搏的体育精神和顽强的工作作风，齐心协力办好这场家门口的盛会。

三、夯实基层基础，着力打造坚强有力的战斗堡垒和党员队伍

机关党委认真贯彻全市基层党建工作重点任务推进会精神，坚持以高质量创新发展作为目标取向，坚持以提升组织力作为工作重点，抓基层、打基础、带队伍、促规范，不断提升上海体育基层党建的质量和水平。

一是加强基本建设，落实基层党建重点任务。牢固树立“一切工作到支部”的鲜明导向，贴紧贴实上海体育发展中心任务，摸清摸准基层党建底数实情，以问题为导向，针对2016至2018年7月基层党组织到期未换届、失联党员集中排查情况，以及2015年至2018年10月发展党员违规违纪自查情况，分清类别、分析原因、分步整改；以需求为导向，结合机关内部机构调整、体育总会换届选举、足球协会支部改选等专项工作，创新支部设置方式，指导“两新”组织党建工作，提高体育类社会组织“两个覆盖”质量；以效果为导向，持续推进区域党建、联组学习等党建联建的工作模式，不断优化体育党建网、党校微课堂等“互联网+党建”的平台建设，助力基层党建。

二是加强基本队伍，提升党员干部能力素质。注重党组织负责人、党务工作者和发展对象的教育管理，通过送学培训、以会代训、传帮带等方式，提升党建骨干队伍的工作本领。同时，注重在训练比赛、市民运动会、重大体育设施建设、机构体制改革调整等重大任务的现场和一线，开展多形式、分层次、全覆盖的教育培训，打造一支政治过硬、本领高强、作风优良的党员干部队伍。

三是加强基本制度，推进支部建设科学规范。坚持对制度体系进行梳理，不断完善原有工作制度，研究制定《关于进一步加强上海市体育局系统党建工作的若干意见》《关于推进上海市体育局系统基层党组织标准化建设的意见》（征求意见稿）等，规范局系统党的政治、思想、组织、作风、纪律和制度建设，为落实全面从严治党要求编好制度“笼子”。

四、加强正风肃纪，着力营造风清气正的政治生态和干事创业的良好氛围

机关党委联合机关纪委、机关党委巡察组，

大力加强作风建设、纪律建设，把“全面从严”的要求不折不扣落实到体育党建的方方面面。

一是作风从严，驰而不息纠正“四风”。把握深入开展大调研作为改进作风的重要契机，机关各支部、市体总秘书处全体干部共同参与，通过走访座谈、联合调研、抽查暗访等多种方式，发现一批急难愁盼问题，形成一批调研工作成果，建立一套行之有效的工作机制。同时，以大调研为契机，结合局系统党建、纪检工作实际，集中开展局系统基层党组织规范化建设、政治生态建设等专题调研，把握政策重点，抓住重要节点，坚决纠正“四风”问题，加强局系统政风行风建设。其中，基层党组织规范化建设专项调研，召开5场座谈会，座谈对象50人，收集了十二个共性问题。

二是执纪从严，逐级传导纪律意识。坚持把纪律挺在前面，积极适应纪检体制改革发展需要，注重配齐配强基层党组织纪检干部、党风监督员等工作力量；结合宪法、监察法等普法工作，注重正面教育与警示教育相结合，以专题讲座、分片座谈等形式加强经常性纪律教育；紧扣机关各处室业务工作，注重严守“六项纪律”，完善执纪监督机制；服务市运会重点任务，注重赛风赛纪监察和反兴奋剂工作，研究制定有关工作方案和行动计划，组织项目中心、项目协会、区体育部门等开展专题培训和责任签约，让党员干部知敬畏、守底线，明职责、强意识。

三是督查从严，完善“四责协同”工作机制。深化运用监督执纪“四种形态”，在抓好体育事业发展关键领域监督、抓好巡察“回头看”和做好查信办案工作的同时，重点推动建立党委主体责任、纪委监督责任、党委书记第一责任、班子成员“一岗双责”的“四责协同”机制。通过集中召开机关全体党员干部大会、分片召开局系统单位党风廉政建设推进交流座谈会，学习传达市委全面从严治党“四责协同”机制建设推进会精神等，构建完善“明晰责任、协同发力、考纪问责”工作机制和落实方案，不断夯实体育系统党风廉政“清单制”“台账制”工作基础，不断加强日常监督和检查。

五、凝聚组织合力，着力发挥党群组织的桥梁纽带作用和凝心聚力优势

机关党委坚持党建带工建、带团建，通过基层党组织的示范、引领和带动，发挥统战群团组织的作用，凝聚体育系统职工群体的智慧与力量，提升为民服务的能力和水平。

一是丰富群团活动，发挥“桥梁纽带”作用。作为党组织的“一体两翼”，群团组织紧密结合体育行业的特点和规律，积极探索有效途径和方法。精心打造“人生赛道”主题演讲、“人生赛道”线下趣味挑战赛和优秀运动队进校园等品牌活动；策划组织“沪动起来”篮球嘉年华，为篮球世界杯上海赛区宣传造势；组织开展“冠军叫你做运动”、学雷锋志愿服务等活动，履行社会责任，树立体育形象。

二是办好实事项目，打造凝聚力工程。围绕崇明训练基地搬迁、事业单位改革等年度重点工作，通过策划“崇明基地新生活”宣讲、配套政策解读等多种形式，关注解决广大干部职工在上海体育改革发展过程中出现的思想问题和实际困难。坚持帮困慰问制度，认真组织“党心暖我心”“夏送清凉、冬送温暖”等走访慰问帮扶活动，把党组织的关心送到系统上下最需要的地方。持续做好与奉贤四团拾村村的“帮扶结对”工作，资助80万元为拾村村建设“口袋公园”。结合全民健身日活动，推动广播操运动在系统内的普及，同时与市级机关工委、市教委、市总工会和团市委联合发文，在全市推广广播操运动。

三是深化文明创建，提升体育“软实力”。2018年上半年完成2017—2018年度文明单位、文明班队预申报工作。按照自主申报、择优推选

的原则，共有3家单位争创市文明单位，4家单位参评市级机关系统文明单位，20家单位和22个班队参与局系统预申报。以精神文明创建为契机，机关党委于6月推出“新时代　心分享”每月讲坛活动，局领导、机关处室负责人和运动员、领队代表分别担当主讲，畅谈体育感悟、讲述体育故事、分享体育人生，用体育来团结人、凝聚人、感染人，打造体育党建和机关文化的新品牌。

〔市体育局办公室（党办） 供〕

市体育局召开2018年局系统党建工作会议

3月20日，2018年上海市体育局系统党建工作会议在东体大厦举行。机关党委书记、局长徐彬出席对局系统年度党建工作进行部署。市纪委驻市教卫工作党委纪检组副组长黄银文传达第十一届市纪委二次全会精神及贯彻落实意见，机关党委副书记陆檩主持会议，副局长赵光圣宣读机关党委《关于命名2015—2016年度上海市体育局系统文明单位（班队）的决定》。

徐彬指出，2018年是贯彻落实党的十九大精神的开局之年，是改革开放40周年，是实施上海体育“十三五”规划承上启下的关键一年，也是体育领域改革实质性的启动之年。市体育局系统党的建设要全面贯彻党的十九大精神，以习近平新时代中国特色社会主义思想为指导，按照中央和市委的部署要求，深入推进全面从严治党，坚持思想建党和制度治党相统一，坚持使命引领和问题导向相统一，坚持抓“关键少数”和管“绝大多数”相统一，坚持行使权力和担当责任相统一，坚持严格管理和关心信任相统一，坚持党内监督和群众监督相统一，不断提高党的建设质量和水平，为上海体育改革发展提供坚强的政治、思想、组织、作风保障。

徐彬要求，局系统各单位党组织和全体党员干部要切实提高政治站位，认清形势任务，强化深入推进全面从严治党的责任担当。要深刻理解，加强党的建设，既是学习贯彻党的十九大精神的根本要求，又是推进上海体育改革发展的现实需要，更是提升局系统从严治党水平的内在需求。局系统各级党组织必须把全面从严管党治党工作进一步抓严抓细抓小抓实，切实按照党的十九大精神，全面推进局系统党的建设。同时，要以习近平新时代中国特色社会主义思想为指导，以政治建设为统领，牢牢把握坚持党中央权威和集中统一领导这一首要任务，牢牢把握严肃党内政治生活这一基本途径，牢牢把握党内政治文化这一价值导向，牢牢把握加强党性锻炼这一基础环节，突出运动队思想教育、干部职工学习引导和基层组织建设等重点任务，坚持业务工作和党建工作同部署、同推进、同落实，为上海体育改革发展保驾护航。此外，要充分认清推进党风廉政建设和反腐败斗争的长期性、复杂性和艰巨性，始终保持纠正“四风”和反腐倡廉决心不变、力度不减、焦点不变，通过推进作风建设、加强执纪问责、形成监督合力等系列举措，为上海体育改革发展创造风清气正的良好环境。其中，局系统各级党组织和各级领导干部必须强化责任落实，加强组织领导，深化制度建设，发挥头雁效应，坚持以上率下，一级带着一级干、一级做给一级看，切实提高党建工作水平。

徐彬强调，推进上海体育改革发展、建成全球著名体育城市，关键在党。局系统各单位党组织和全体党员干部一定要紧密团结在以习近平同志为核心的党中央周围，在市委、市政府的坚强领导下，在机关党委的部署安排下，坚持全面从严管党治党，抓住上海体育 “十三五”规划的发展机遇，扎实推进各项改革任务，完成好各项重点任务，努力办好人民群众满意的体育。

会上，局直属单位、机关各处室负责人向徐彬递交《2018 年上海市体育局领导干部党风廉政建设责任书》，会议为获得 2015—2016 年度文明单位（班队）称号的代表进行颁奖，3 家直属单位围绕基层党建、党风廉政建设和精神文明创建在会上作了交流发言。市体育局副局长许琦、张兴民，上海体育职业学院党委书记苏清明，体职院党政领导班子成员及所属中心班子成员与院机关处室负责人、局系统各直属单位领导班子成员、文明班队领队和机关全体干部 180 余人参加会议。

（文史）

市体育局系统召开纪念建党 97 周年暨“两优一先”表彰大会

6 月 29 日，市体育局系统召开纪念建党 97 周年暨“两优一先”表彰大会，共同回顾党的光辉历程，集中表彰一批局系统先进基层党组织、优秀共产党员和优秀党务工作者。机关党委书记、局长徐彬出席会议并讲话，机关党委副书记陆標主持会议，并宣读表彰决定。局党政领导班子成员、上海体育职业学院领导班子成员、院机关处室负责人、院所属训练中心领导班子成员，以及局系统各直属单位领导班子成员、局机关全体干部和局系统“两优一先”代表约 180 人参加会议。

会议号召局系统各级党组织和广大党员干部要自觉以榜样为镜、向先进看齐，用坚强的党性塑造党员应有的精神风骨、用坚决的行动诠释对体育事业的无限热爱，为建设体育强国和打造全球著名体育城市作出更大贡献。

徐彬指出，2018 年是马克思诞辰 200 周年《共产党宣言》发表 170 周年，是贯彻落实党的十九大精神的开局之年，是改革开放 40 周年，也是

大会现场　（陈自力 摄）

实施上海体育“十三五”规划承上启下的关键一年。全系统各级党组织和全体党员干部要以党史为镜鉴，以先进为榜样，深刻领会习近平新时代中国特色社会主义思想，全面贯彻党的十九大精神，牢牢把握新时代党的建设总要求，紧紧围绕上海体育改革发展中心任务，不忘初心、牢记使命，奋发有为、砥砺前行，为上海建设全球著名体育城市提供坚强有力的组织保证。徐彬要求，局系统全体党员干部要重温党史、砥砺党性，坚定永远跟党走的理想追求；局系统各级党组织要加强党建、夯实基础，树牢“党的一切工作到支部”的鲜明导向；局系统各级领导干部必须做到信念过硬、政治过硬、责任过硬、能力过硬、作风过硬，带头围绕中心干事业，攻坚克难补短板，全心全意抓服务，以身作则带队伍；局系统每一名党员必须做到以肯干事体现担当、以会干事体现能力、以干成事体现绩效、以不出事体现干净，担得起组织交给的重任、对得起群众给予的信任、扛得起新体育赋予的使命，经得起历史和人民的检验。他强调，身处这个最好的时代，立于体育改革的潮头，体育系统的每个共产党人都是新时代体育事业的奋斗者。希望大家铭记党史、坚定信念，学习先进、凝聚力量，不忘初心、牢记使命，以矢志不渝的执着、永不止步的进取、敢于担当的勇毅、求真务实的笃行，努力开创上海体育工作新局面，为实现体育强国梦而不懈奋斗。

会上，局党政领导班子为受到表彰的 20 家

先进基层党组织、51名优秀共产党员和10名优秀党务工作者颁发奖状和证书，并集中观看局系统部分先进基层党组织、优秀共产党员和优秀党务工作者宣传片《逐梦新体育》。

（文史）

上海市体育局系统先进基层党组织名单

（共20个，排名不分先后）

上海体育职业学院乒乓球羽毛球运动中心党支部

上海体育职业学院沙滩排球队党支部

上海体育职业学院田径队党支部

上海体育职业学院跳水花样游泳队党支部

上海体育职业学院击剑队党支部

上海体育职业学院棒球队党支部

上海体育职业学院院部总务党支部

上海体育职业学院院部第二党支部

上海市体育运动学校教务党支部

上海市体操运动中心行政党支部

上海武术院机关党支部

上海体育科学研究所行政党支部

上海市东方绿舟体育训练基地第一党支部

上海市体育宣传教育中心党支部

上海东方体育中心党支部

上海市青少年训练管理中心党支部

上海市体育俱乐部党支部

上海市仙霞网球中心党支部

上海市中原江湾体育场联合党支部

上海市康林体育中心党支部

上海市体育局系统优秀共产党员名单

（共51名，排名不分先后）

钟天使　上海体育职业学院自行车运动员

谢文骏　上海体育职业学院田径运动员

王励勤　上海体育职业学院副院长
上海乒乓球羽毛球运动中心主任

李国雄　上海市第二体育运动学校校长
上海体育职业学院田径运动中心主任

许魏敏　上海体育职业学院篮球运动中心主任

胡葛明　上海体育职业学院沙滩排球队领队

孙琦敏　上海体育职业学院女子手球队领队

仇凯凯　上海体育职业学院教务处副主任

赵永吉　上海体育职业学院训练处训练管理员

张智涛　上海体育职业学院游泳队教练

师红宁　上海体育职业学院拳击队领队

吴志宇　上海体育职业学院青年女子水球队主教练

韩宗芝　上海市体育运动学校人事科副科长

张洁瑜　上海市体育运动学校训练科副科长

杨毅炜　上海市体育运动学校羽毛球队教研组长

袁茹蓓　上海市水上运动中心帆船运动员

陈　坚　上海市水上运动中心赛艇教练

叶　华　上海市射击射箭运动中心协会办公室主任

高　磊　上海市体操运动中心蹦床运动员

吴姗姗　上海武术院办公室副主任科员

许　新　上海市马术运动管理中心教练员

檀志宗　上海体育科学研究所竞技体育研究一中心副主任

仰红慧　上海体育科学研究所竞技体育研究一中心副主任

孙勇征　上海棋院象棋运动员

薛玉琦　上海市东方绿舟体育训练基地场馆科科长
王会兵　上海市军事体育俱乐部综合办公室主任
袁　虹　上海市体育宣传教育中心宣传部记者编辑
王　玮　上海东方体育中心副主任
周旭明　上海市青少年训练管理中心竞赛部部长
戚伟东　上海市体育俱乐部总务科科长
周　燕　上海市划船俱乐部办公室主任
陈宇时　上海市江湾体育场人事干部
沈　玲　上海市康林体育中心办公室主任
巢　旭　上海市体育竞赛管理中心竞赛部副主任
李易飞　上海市社会体育管理中心办公室主任
苗襍骅　上海市体育彩票管理中心业务一科科员
楼　静　上海市体育对外交流中心科员
王　燕　上海市体育局财务结算和管理中心财务三科科长
姜　军　上海市体育发展基金会理事长
周幼华　上海市体育局机关退休党支部党员
陈洪康　上海市体育局机关计财处主任科员
张　飞　上海体育职业学院羽毛球队领队
孙　栋　上海体育职业学院现代五项队领队
王　婧　上海体育职业学院排球运动中心办公室文员、青年男排副领队
陆晶璟　上海体育职业学院手曲棒垒球运动中心办公室主任
孙春芳　上海市第二体育运动学校党总支办公室主任
王　频　上海棋院竞训科科长
陆　叶　上海市体操运动中心办公室主任党总支委员、行政支部书记
朱　静　上海市军事体育俱乐部海建模运动部科员
吴志刚　上海市东方绿舟体育训练基地文秘
张　雷　上海市康林体育中心主任

上海市体育局系统优秀党务工作者名单

（共10名，排名不分先后）

陈慧文　上海体育职业学院党委办公室主任、院部第一党支部书记
周玉甫　上海市体育运动学校党办主任、科室支部宣传委员
吴爱君　上海市水上运动中心党政办公室主任、行政支部书记
薛锦范　上海市马术运动管理中心副主任、党支部书记
薛　珺　上海体育科学研究所人事干部、行政支部宣传委员
闫　中　上海市体育宣传教育中心副主任、党支部副书记、纪检委员
王庆林　上海东方体育中心党支部书记、副主任
徐志刚　上海市体育彩票管理中心副主任、工会主席、党支部纪检委员
夏静莺　上海市体育竞赛管理中心办公室主任、党支部宣传委员
殷方玉　上海市体育局机关党委挂职干部

〔市体育局办公室（党办）供〕

2018 年上海市体育局系统党务干部培训班举办

10 月 24 日，2018 年上海市体育局系统党务干部培训班在上海市体育运动学校开班。局系统各单位共 170 名基层党组织书记、委员和党务信息员参加培训。市体育机关党委副书记陆檁作动员讲话，并对学习提出要求。

陆檁指出，举办培训是全局系统深入学习习近平新时代中国特色社会主义思想和十九大精神的重要举措，是落实全面从严治党战略部署的基础工作。建设一支体育战线高素质党务干部队伍，是服务体育事业改革和发展，实现建设全球著名体育城市目标的基本保障。广大党务干部要旗帜鲜明讲政治、履职尽责抓党建、精通实务常学习，共同推进上海体育党建工作再上新台阶。

培训为期三天，邀请中国浦东干部学院、市委党史研究室的学者教授和市级机关工委、市民政局的党建专家前来授课，安排专题辅导、实务交流和参观学习等多种内容和形式的课程。（文史）

市体育局创建“新体育　心分享”党建新品牌

“新体育　心分享”每月讲坛是市体育局机关 2018 年新创建的党建新品牌项目，由机关党委会同局团委、市体育宣传教育中心联合组织创设。定期邀请专家名师、机关干部和基层单位优秀代表，围绕体育人生、体育文化、体育民生及热点主题，通过专题研讨、业务讲述、经验分享和经典诵读等多种形式，开展面对面的分享交流，为机关干部搭建起学习互动、提升素质的平台，逐步形成主题党日活动常态化学习机制，为全局范围培育富有上海体育特色的党建活动做出积极探索。

2018 年，“新体育　心分享”每月讲坛共举办七期，分别邀请了体育工作管理人员、运动员、体育媒体人共 12 人作专题报告。

6 月 21 日，机关党委书记、局长徐彬作“建设全球著名体育城市”专题报告，拉开“新体育　心分享”每月讲坛首期序幕，机关党委副书记陆檁主持开讲仪式。徐彬通过丰富的事例、精准的数据、深刻地分析、生动地讲解，与大家分享了自己对于建设全球著名体育城市的所思所想，为提高机关干部攻坚克难、开拓创新的能力和水平做好示范引领，为机关干部更好地把握上海体育发展的目标和任务理清了思路、明确了方向，也为“新体育　心分享”每月讲坛这个局机关党建新品牌开了个好头。

7 至 12 月，“新体育　心分享”每月讲坛邀请市体育局竞技体育处处长王励勤、局机关纪委书记袁辽新围绕主题“体育人生——我与体育结缘”作报告，上海武术队、自行车队、棒球队的运动员庄冠松、夏兰兰和领队陈琦围绕主题“体育人生——我热爱的运动”作报告，市体育局副巡视员杨培刚以“中国代表团参加第 18 届亚运会的情况和上海竞技体育面临的调整”为题，体育摄影记者洪南丽以“开心老太——体育摄影四十年”为题，上海 WTO 事务咨询中心理事长王新奎以“上海改革发展的逻辑历程与未来展望”为题，体育局科教（青少）处葛珺、群体处张磊、竞赛处全洪云分别以“我的体育人生”“小人物的体育世界”“我的人生——君子不器”为题作专题报告。讲演者们通过主题演讲、互动访谈、TED 演讲等多种多样的形式，为大家讲述了自己职业生涯中的一个个值得铭记的故事和经历，展现了体育人的执着与坚持、努力与拼搏，分析了上海体育的形势和任务，展望了上海体育的未来和希望。

（文史）

群众体育

概　况

2018年，上海群众体育工作顺应广大群众盼健身、盼健康的强烈愿望，发展以人民为中心的全民健身，逐步解决市民日益增长的美好生活需要和不平衡不充分的全民健身发展之间的矛盾。

深化社区体育设施建设管理工作。超额完成市政府实事项目，全年新建89条市民健身步道，新建改建72片市民球场、新建改建342个市民益智健身苑点。联合绿化部门，共同制定《上海市公园绿地市民健身体育设施设置导则（试行）》，在公园、绿地和林带等区域建设嵌入式体育设施，扩大公共体育设施服务供给。以市全民健身联席会议名义下发《进一步推进社区市民健身中心建设和管理的指导意见》，明确社区市民健身中心健身标准，鼓励各区因地制宜建设市民健身中心。推进社区公共体育设施管理科学化、信息化和规范化进程，试点在7个中心城区开展社区体育设施二维码建设工作，通过一键扫码，实现巡查、报修和管理的功能，提高社区体育设施的管理水平。元旦、春节期间，全市各公共体育场馆、市民球场、市民体质监测中心等场馆设施坚持向市民正常开放，为广大市民在春节期间运动健身提供良好环境，引导市民科学健身。春节期间接待市民35万人。

丰富全民健身赛事活动。成功举办2018年上海城市业余联赛。在项目设置上，共有10个项目联赛、“12+X”个品牌特色赛事活动、“37+X”个项目系列赛；在办赛方式上，改革赛事活动组织方式，调动社会资源，发挥社会力量作用，共计130家协会和企业获得承办权；全年共举办赛事6 186场，参与人数超80万，参与人次近250万，均创历史新高。开展“活力滨江　全民健身大联动”系列活动。以“活力滨江，健康上海”主题，全年在滨江沿岸开展“周周有活动，月月有赛事，场场有特色”的赛事活动，全年在滨江举办的赛事和活动数量超过300次，参加各项活动和比赛的总人数超过10万人次。积极做好“全民健身日”主题活动。2018年8月8日是全国第十个“全民健身日”，围绕“全民健身，热炼一夏”的活动主题，通过场馆免费开放、举办赛事活动、开展健身指导等，为市民提供丰富的全民健身服务。全民健身日期间在公共体育场馆和社区公共体育设施参加锻炼的人数达到24.6万人，共举办赛事活动263个，参与人数超过5万人。

加强市民身边的健身指导。深入推进“体医结合”试点项目建设。会同市卫生部门，共同试点建设9个社区体医联建站。开展“你点我送”社区体育服务配送，实施社区体育服务配送共计5 654场，青少年体育基础培训448场，服务人次达16万。

召开市全民健身联席会议。6月13日在市政府召开2018年上海市全民健身工作联席会议，各成员单位对照《上海市全民健身实施计划（2016—2020年）》的目标任务进行中期评估。

举办第五届全国大众冰雪季启动仪式。为响应国家体育总局冬运中心推动冰雪运动四季拓展，激发社会大众参与冰雪运动的热情，推进冰雪运动“南展西扩东进”的深入实施，实现带动“三亿人参与冰雪运动”的宏伟目标，在申冬奥成功3周年以及北京奥运会成功举办10周年相继来临之际，会同上海电视台于12月6日在上海东方体育中心举办第五届全国大众冰雪季启动仪式，展现上海推广冰雪运动的新理念。

（市体育局群体处 供）

全民健身日"十周年"

上海迎接第十个"全民健身日"

8月8日是全国第十个全民健身日，当天上午，上海市"全民健身日"活动启动仪式暨城市业余联赛亲子运动会在陆家嘴北滨江举行。沪上市民用体育运动来展现对美好生活和健康体魄的向往，在黄浦江旁举行广播体操、舞龙舞狮、花样跳绳、海派秧歌等项目展示。

当天，申城57个市、区级公共体育场馆，近千个市民健身中心、市民健身房、市民球场等其他体育健身设施向市民免费开放。部分经营性的场馆也积极参与，为市民提供免费开放时段。此外，全市共计100个区级体质监测中心和体质监测社区站点，免费为市民提供体质监测服务，帮助市民了解自身体质现状和变化规律，指导居民开展科学健身。

8月4—12日，296项免费健身技能培训和科学健身讲座，以及263个赛事活动带领申城市民"动起来"。

全民健身日主题活动　　（王佳斌 摄）

运动场地变多了，是这十年来爱运动的上海人最直观的感受。据统计，全市的健身步道从2011年开始建设，截至2017年底已建成约500公里，加上绿化部门2016、2017建成的绿道447公里，已经达到近1 000公里。场地多，运动的年轻人也多了起来。健身参与者的年轻化与层出不穷的各类比赛有着极大关系。上海在2012年首创市民运动会，为市民提供丰富的参赛机会。2017年推出上海城市业余联赛，门槛低，都是老百姓能参加的项目。打卡市民运动会、业余联赛，朋友圈里都在刷健身、跑步，运动成为如今上海人的另一个交流平台。

"全民健身日"创办十年间，上海市民已经在国民体质上拿了两枚金牌——在2010年第三次、2014年第四次全国国民体质监测中，上海市民体质综合指数蝉联全国第一。上海体质监测站点从2002年开始逐渐推广，现在有近六成的街镇建有站队，加上区级监测指导中心，每年为超过15万市民提供体质测定服务。2018年上海市全民健身工作联席会议的报告显示，截至2016年，上海经常参加体育锻炼的人数比例为42.2%，而在差不多10年前，2007年上海经常参加体育锻炼的人口只有37%。

在改革开放40周年之际，全民健身为时代注入新活力。近年来，上海全民健身设施服务体系持续完善，全民健身赛事活动常态化蓬勃开展，全民健身指导服务惠及广大市民，越来越多的市民走出家门，走进运动场，科学健身、享受生活。

（文史）

2018年上海市“全民健身日”赛事活动一览表

区（单位）	序号	活动名称	时间	地点
浦东新区	1	上海市“全民健身日”启动仪式暨上海城市业余联赛亲子运动会	8月8日	浦东北滨江广场
	2	“全民健身，热炼一夏”浦东新区“全民健身日”活动启动仪式	8月8日	周浦镇文化活动中心
	3	上海城市业余联赛市民网球节“马上网球，即刻挥拍”社区网球教学活动	8月4日、8日	浦东外高桥麦斯特网球中心等
	4	上海城市业余联赛　上海社区健康跑嘉年华－“海之言”浦东站	8月11日	浦东森兰国际公园
	5	沪东社区暑期“大手牵小手”锦河苑居委趣味运动	8月8日	银河苑居委活动室
	6	高东镇广播操比赛	8月8日	高东镇文化服务中心
	7	北蔡镇“全民健身日”社区象棋比赛	8月8日	陈春路101号
	8	花木街道广场舞展示活动	8月8日	花木社区文化中心
	9	老港镇广场天天演活动	8月8日	老港镇文化服务站中心
	10	浦兴社区乒乓球比赛	8月8日	金泽苑居委乒乓室
	11	浦兴社区全民健身操展示	8月8日	金泽苑中心花园
	12	唐镇广场舞比赛	8月8日	唐镇佳唐广场
	13	唐镇太极拳比赛	8月8日	唐镇人民政府对面广场
	14	塘桥社区全民健身日团队展演	8月8日	塘桥文化活动中心5楼剧场
	15	张江镇全民健身日系列活动	8月8日	中医药大学羽球中心（广场舞展演）、张江体育中心游泳馆（游泳比赛）、绿地缤纷广场（亲子嘉年华）
	16	南汇新城镇第九套广播操推广活动	8月8日	宜浩佳园生活服务中心北广场
黄浦区	17	上海城市业余联赛上海市民武术节“全民健身，热炼一夏”精武体育群众武术开幕式	8月8日	人民公园
	18	上海城市业余联赛上海市民武术节柔武太极大汇演	8月5日	南京路世纪广场
	19	瑞金二路街道练功十八法展示	8月8日	复兴公园
	20	外滩街道楼宇白领运动嘉年华活动	8月8日	四川中路213号久事大厦 九江路333号金融广场
	21	五里桥社区飞镖比赛	8月8日	五里桥社区文化中心
	22	五里桥——半淞园路街道滨江健步行	8月8日	黄浦滨江
静安区	23	上海城市业余联赛国际静安城区精英挑战赛“共享市民球场”篮球联赛暨“团在一起上赛场”团旗广场运动体验活动	8月8日	汉中路188号团旗广场

（续表一）

区（单位）	序号	活动名称	时间	地点
静安区	24	上海城市业余联赛木兰拳项目暨静安区第一届社区运动会木兰拳竞赛规定套路比赛	8月7日	康定东路85号石二社区文化活动中心
	25	上海城市业余联赛健身气功气舞比赛	8月8日	静安区体育馆
	26	上海城市业余联赛YONEX美舞之志女子羽毛球赛上海站总决赛	8月11日—12日	静安区体育馆（南阳路123号）
	27	上海城市业余联赛社区HAVE FUN申慧城亲子运动会临汾路街道站	8月4日	静安区保德路181号
	28	曹家渡街道体育团队展示活动	8月8日	武定西路1344弄12号社区学校4楼多功能厅
	29	江宁街道“一球一激情、碰撞健康心”桌球乒乓球活动	8月8日	西苏州路71号地下1层
	30	天目西街道趣味运动赛	8月8日	沪太路150号3楼
	31	芷江西街道自行车骑游队活动	8月8日	芷江西街道北外滩
	32	芷江西街道足球对抗赛	8月8日	火车头体育场
	33	芷江西街道定点投篮赛	8月8日	火车头体育场
	34	宝山路街道暑期乒乓球比赛	8月8日	宝山路街道社区文化活动中心
	35	共和新路街道第三届社区运动会第九套广播操团体比赛	8月8日	文化中心6楼
	36	共和新路街道第三届社区运动会24式太极拳团体展示	8月8日	文化中心6楼
	37	共和新路街道第三届社区运动会健身气功团体展示	8月8日	文化中心6楼
	38	静安区第一届社区运动会象棋“棋王争霸赛”	8月8日	山西北路126号2楼
	39	静安区第一届社区运动会“弈棋耍大牌”上海三打一“北站街道杯”分站赛	8月8日	北站社区文化中心6楼
	40	彭浦镇社区运动会广播操比赛	8月8日	彭浦镇社区文化活动中心
	41	大宁街道社区趣味运动赛	8月8日	平型关路2199弄为老服务中心3楼
	42	静安寺街道健身气功赛	8月8日	静安公园
	43	上海城市业余联赛暨静安赛区巡回赛上海三打一“宝山路杯”分站赛	8月11日	宝山路街道社区文化活动中心
徐汇区	44	上海城市业余联赛徐汇区篮球项目比赛（总决赛）	8月5日	徐家汇公园篮球场
	45	上海城市业余联赛“爱在每步”徐汇滨江夜跑	8月5日	徐汇滨江
	46	“长桥杯”上海市木兰拳指导员赛	8月6日	上海工商外国语学校
	47	徐汇区广播操比赛	8月7日	田林体育俱乐部
	48	“15分钟体育生活圈”体育用品配送启动仪式	8月7日	田林体育俱乐部
	49	漕河泾社区职工午间趣味运动会	8月8日	中星城大厦

（续表二）

区（单位）	序号	活动名称	时间	地点
徐汇区	50	田林社区青少年投篮比赛	8月8日	田林第一小学
	51	斜土社区体育展示活动	8月8日	斜土社区学校多功能厅
	52	龙华街道暑期青少年篮球赛	8月8日	龙苑中学
	53	“枫林杯”青少年游泳比赛	8月10日	徐汇区青少年水上运动学校
	54	斜土社区暑期青少年五子棋赛	8月10日	斜土文化活动中心
	55	“湖南杯”第三届广场舞比赛	8月11日	乌鲁木齐中路164号
	56	虹梅亲子城市定向赛	8月11日	漕河泾开发区
长宁区	57	上海城市业余联赛暨“太平洋保险杯”上海市社第四届广场舞大赛长宁赛区（仙霞站）	8月7日	上海国际体操中心
	58	上海城市业余联赛暨新华街道白领3vs3篮球赛	8月8日	新华街道体育中心
	59	上海城市业余联赛暨虹桥社区第七届百人飞行棋比赛	8月8日	古北市民中心2楼
	60	上海城市业余联赛暨长宁区青年楼宇“东银杯”飞镖比赛	8月10日	东银中心大厅
	61	上海城市业余联赛暨虹桥社区青少年空手道培训活动	8月10日	安顺路小学
	62	上海城市业余联赛暨北新泾街道体育团队木兰专场展示活动	8月10日	北新泾社区文化中心
普陀区	63	上海城市业余联赛“徒城寻迹”上海城市徒步定向赛	8月5日	迪卡侬曹杨路店
	64	“甘泉杯”乒乓球大赛	8月8日	延长西路350号 （甘泉社区文化中心内）
	65	真如镇街道8·8全民健身邻里节	8月6日	长征家苑活动室、真北一居多功能活动室、清四居委活动室
	66	首届中环商贸区运动会暨2018长征镇全民健身日活动	8月8日	清峪路385号长征全民健身中心
虹口区	67	上海城市业余联赛上海市柔力球花式比赛	8月10日	虹口体育馆（东体育会路715号）
	68	上海城市业余联赛虹口区广场舞复赛	8月8日	虹口体育馆（东体育会路715号）
	69	上海城市业余联赛虹口区游泳比赛	8月8日	虹口区游泳学校（东江湾路444号）
	70	上海城市业余联虹口区钓鱼比赛	8月8日	鲁迅公园水面
杨浦区	71	首届世界武术日展演活动	8月11日	杨浦滨江
	72	上海城市业余联赛8月8日全民健身日系列活动 “爱在每步”社区健康跑嘉年华 海之言“清爽走　去大海”健步走	8月4日	黄兴公园
	73	上海城市业余联赛暨“捷安特杯”室内铁人三项赛	8月4日	杨浦体育馆

（续表三）

区（单位）	序号	活动名称	时间	地点
杨浦区	74	“太平洋保险杯”上海市第三届广场舞赛杨浦赛区五角场分赛区	8月7日	五角场街道社区文化活动中心
	75	四平社区暑期青少年九子大赛	8月7日	本溪路274号
	76	五角场社区青少年中国象棋比赛	8月8日	五角场街道社区文化活动中心
	77	五角场社区公益游泳活动	8月8日	江湾体育场游泳馆
	78	五角场社区广播操快闪活动	8月8日	江湾体育场
	79	延吉社区百人象棋比赛	8月8日	延吉中路77号410多功能厅
	80	上海市第四届广场舞大赛杨浦赛区大桥街道初赛	8月8日	大桥社区文化活动中心3楼多功能厅
	81	上海市第四届广场舞大赛杨浦赛区江浦路街道初赛	8月8日	宝地中心广场足球场旁（大连路588号）
	82	平凉社区广场舞比赛	8月8日	怀德路399号
	83	平凉社区马王堆健身气功比赛	8月8日	万新居委会
	84	平凉社区健身腰鼓展示活动	8月8日	明园村居委会
	85	殷行社区“8·8全民健身日”游泳专场活动	8月8日	开鲁路518号
	86	长白社区暑期青少年趣味飞镖比赛	8月8日	松花居委活动室（松花一村1号1楼）
	87	控江路街道暑期趣味运动会	8月8日	控江社区文化中心
	88	控江社区乒乓趣味活动	8月8日	控江社区文化中心
	89	控江社区飞镖比赛	8月8日	凤城二村101号活动室
	90	控江社区跳绳比赛	8月8日	凤城二村101号活动室
	91	控江社区踢毽子比赛	8月8日	凤城二村101号活动室
	92	控江社区80分比赛	8月8日	黄兴居委活动室
	93	新江湾城社区定点投篮活动	8月8日	政悦路社区公共运动场
	94	新江湾城社区趣味足球活动	8月8日	政悦路社区公共运动场
	95	定海社区健步走、木兰拳活动	8月8日	复兴岛公园
宝山区	96	冠军面对面—“明星教练进社区”启动仪式	8月8日	宝山体育中心
	97	上海城市业余联赛“追寻抗战遗址”徒步大会	8月11日	1919园区（原上棉八厂）淞沪抗战纪念馆
	98	高境社区成人双打赛	8月6日	一二八纪念路401号
	99	罗店镇体育舞蹈展演	8月8日	罗店中学
	100	罗泾镇游泳比赛	8月8日	罗泾镇市民体育健身中心
	101	罗泾镇篮球联赛	8月8日	塘湾村市民球场
	102	高境游泳馆免费游泳体验活动	8月8日	高境路371号
	103	高境社区体育活动中心乒乓房	8月8日	高境路371号2楼
	104	8月8日全民健身日大场镇健身气功展示活动	8月8日	锦龙苑小区广场

（续表四）

区（单位）	序号	活动名称	时间	地点
宝山区	105	宝山区群众体育大会庙行镇武术比赛	8月8日	庙行镇文化中心
	106	宝钢四村老年人趣味运动会	8月8日	宝钢四村居委活动室
	107	钢六“邻里乐”乐享健康居民运动会	8月8日	新世纪学校操场
闵行区	108	上海城市业余联赛“全民健身日”五人制足球赛	8月8日	体汇＋闵行文化公园（吴中路2088号）
	109	闵行区职工游泳比赛	8月11日	交通大学游泳池
	110	闵行区全民健身日活动展示	8月8日	颛桥镇文体中心
	111	莘庄镇社区广场舞比赛	8月4日	上海彩生活时代广场
	112	区域化党建亲子运动会	8月4日	纪翟路550号
	113	江川路街道第一届社区运动会中国象棋比赛（学生组）	8月5日	汽轮小学（宾川路238号）
	114	江川路街道第一届社区运动会围棋比赛（学生组）	8月5日	汽轮小学（宾川路238号）
	115	社区青少年趣味健身活动	8月6日	枫桦居委
	116	马桥镇品雅苑“2018一起上赛场”足球比赛	8月7日	面包树足球场
	117	马桥镇元祥门球个人展示赛	8月7日	吉祥运动场
	118	马桥镇广场舞大赛	8月8日	马桥镇实验小学
	119	“健康同行，快乐长伴”体育项目展示	8月8日	申北路425号102室
	120	马桥镇元吉暑期乒乓球赛	8月8日	吉祥坊邻里中心
	121	“全民健身，热炼一夏”广场舞展演	8月8日	古美文化活动中心3楼小剧场
	122	梅陇镇“全民健身日”暨第四届广场舞比赛	8月8日	高兴路108号2楼综合馆
	123	“小小武魁青少年武术国学”特色活动	8月8日	鑫都路2699弄28号3楼多功能厅
	124	七宝镇柔力球比赛展示活动	8月8日	文体中心
	125	七宝镇第九套广播操比赛展示活动	8月8日	明强二小
	126	华漕镇优秀体育团队交流展示活动	8月8日	纪翟路550号
	127	虹桥镇“运动虹桥”系列活动——飞镖比赛	8月8日	文体中心1楼活动室
	128	马桥镇暑期亲子运动会	8月9日	马桥文来外国语小学
	129	马桥镇民主暑期运动会	8月9日	民主村活动室
	130	马桥镇趣味农耕比赛	8月10日	景城社区文化活动中心
	131	闵行区游泳达标赛	8月11日	向明中学游泳池
	132	浦江镇职工快乐三打一比	8月11日	浦江镇文体中心
	133	大浦江社区游泳比赛	8月11日	向明中学（浦锦路138号）
	134	上海市业余联赛闵行区中小学生达标赛（大浦江赛区）暨大浦江社区游泳比赛	8月11日	向明中学游泳馆（浦锦路138号）
	135	马桥镇全民健身走活动	8月12日	金星村金彭河边

（续表五）

区（单位）	序号	活动名称	时间	地点
嘉定区	136	全民健身日主题活动“全民健身，热炼一夏”运动健康嘉年华	8月7日	嘉定体育中心
	137	“嘉定工业区杯”上海市健身瑜伽楼宇白领大赛	8月5日	嘉定工业区文体中心（汇源路188号）4号楼1楼
	138	嘉定区业余联赛“徐行杯”跳绳、踢毽子比赛	8月8日	嘉定区市民健身中心
	139	上海城市业余联赛上海社区健康跑嘉年华—爱在每步　水趣多亲子跑嘉定站	8月7日	嘉定体育场
	140	安亭镇“炬阳杯”乒乓球团体赛	8月4日	安亭文体活动中心
	141	安亭镇ET篮球公园3V3篮球赛	8月5日	三德广场篮球公园
	142	嘉定新城（马陆镇）全民健身日主题活动	8月6日	嘉定西云楼（洪德路228号）
	143	南翔镇排舞配送活动	8月6日	银翔社区活动中心
	144	新成社区暑期运动会	8月6日	新成社区居委活动室
	145	嘉定镇街道“我是新时代小标兵”暑期青少年素质拓展活动	8月6日	嘉定区市民健身中心
	146	上海市第四届广场舞大赛嘉定区嘉定镇街道分站赛	8月6日	嘉定区市民健身中心
	147	嘉乐社区第十四届珍品杯象棋大赛	8月7日	嘉乐居委2楼活动室
	148	上海市第四届广场舞大赛嘉定真新街道初赛场	8月7日	真新街道文广中心
	149	“缤纷暑期玩转乒乓”青少年友谊赛	8月7日	嘉和社区居委会2楼乒乓区
	150	嘉宏社区暑期趣味运动会	8月7日	嘉宏社区居委会
	151	“全民健身，健康四季”健康素养技能大赛	8月7日	北水湾体育公园广场（暂定）
	152	外冈镇广场舞大赛初赛	8月7日	外冈镇多功能厅
	153	江桥镇暑期青少年趣味活动	8月8日	各村、社区活动室
	154	“绿动外冈释放体育激情”全民健身日系列活动	8月8日	外冈镇多功能厅/瞿门路广场
	155	安亭镇小花园周周乐飞镖活动	8月8日	安亭镇小花园
	156	安亭镇小花园周周乐沙包投掷活动	8月8日	安亭镇小花园
	157	安亭镇健身气功展示活动	8月8日	安亭镇小花园
	158	安亭镇健身操舞展示活动	8月8日	安亭镇小花园
	159	真新街道体能大比拼活动	8月8日	真新街道市民健身苑
	160	嘉定工业区第九套广播操展演及趣味运动会（南区）	8月8日	海裕广场
	161	嘉定工业区第九套广播操展演及趣味运动会（北区）	8月8日	新宝社区多功能运动场
	162	华亭镇全民健身日健身操舞展示	8月8日	嘉行公路3198号
	163	华亭镇2018年田园七彩体育系列活动三打一比赛	8月9日	北新村（霜竹公路938号）

（续表六）

区（单位）	序号	活动名称	时间	地点
嘉定区	164	嘉定镇街道“全民素质提升”健身活动	8月9日	嘉定区启良中学操场（启良路62号）
	165	江桥镇司法条线基层干部趣味运动会	8月10日	金鹤中学室内馆
	166	嘉定区业余联赛“曹王村杯”三打一比赛	8月10日	徐行文体中心
	167	嘉定工业区跳踢比赛	8月10日	朱桥学校
	168	嘉定工业区广场舞比赛	8月11日	工业区管委会报告厅
	169	嘉定新城（马陆镇）三打一比赛	8月11日	镇文体中心303室
	170	新成路街道羽毛球比赛	8月11日	迎园中学
金山区	171	金山区全民健身大会职工广播操大赛	8月8日	金山区轮滑球馆
	172	金山区全民健身大会游泳比赛	8月4日	金山体育馆
	173	山阳镇红五星比赛	8月4日	山阳镇文体中心
	174	漕泾镇足球赛	8月6—9日	金山大道3365号
	175	张堰镇社区投篮大赛	8月6—12日	张堰镇各村居
	176	金山卫镇第四届运动会广场舞比赛	8月7、8日	金山卫镇钱玗广场、金山卫镇飞虹公园广场
	177	金山区全民健身大会市民游泳达标赛	8月8日	金山区体育馆游泳馆
	178	吕巷镇足球颠球友谊赛	8月8日	干巷文体中心
	179	金山区全民健身大会青少年游泳达标赛	8月9日	干巷学校游泳池
	180	金山区全民健身大会青少年游泳达标赛	8月10日	亭林小学游泳池
	181	金山区全民健身大会青少年游泳达标赛	8月10日	金山区社体中心游泳池
	182	金山区全民健身大会青少年游泳达标赛	8月10日	干巷学校游泳池
	183	金山工业区第三届运动会广场舞比赛	8月12日	金山工业区文体中心
	184	张堰镇红五星比赛	8月12日	张堰镇人民政府
松江区	185	松江区“一街一镇一品”全民健身品牌展示活动	8月11日	洞泾镇社区文化活动中心
	186	上海城市业余联赛市民足球节青少年足球夏令营	8月6—12日	松江区佘山镇赵昆公路3958号
	187	岳阳街道全民健身日展示活动	8月4日	岳阳休闲广场
	188	广富林首届运动会——残疾人组比赛（定点投篮、运乒乓球、夹弹子）	8月4日	辰塔路2690号2楼
	189	九里亭街道第二届社区文化艺术节——九里亭之舞	8月4日	九里亭街道社区文化活动中心
	190	全民健身日中山街道广场舞比赛	8月5日	松江剧场
	191	石湖荡镇全民健身日乒乓球比赛	8月5日	李塔汇学校

（续表七）

区（单位）	序号	活动名称	时间	地点
松江区	192	九亭镇全民健身日系列活动暨九亭镇“双拥杯”羽毛球邀请赛	8月5—6日	九亭镇五小
	193	永丰街道广场舞比赛	8月6日	松汇西路1438号
	194	松江区第七届军地篮球赛	8月6—9日	松江区体育训练中心
	195	洞泾镇“阳光宝宝”轮滑拓展活动	8月7日	洞泾镇文化中心排练厅
	196	洞泾镇“阳光宝宝”门球拓展活动	8月8日	洞泾镇文化中心排练厅
	197	泗泾镇广场舞比赛	8月8日	泗泾镇社区活动中心
	198	太极拳24式/42式展示活动	8月8日	滨湖路广场
	199	“迷你世界杯”蹴鞠小将之足球定点射门大赛	8月8日	新桥镇社区文化活动中心
	200	“灌篮高手”老当益壮之定点投篮赛	8月8日	新桥镇社区文化活动中心
	201	“神镖传奇”镖客游侠之定点飞镖赛	8月8日	新桥镇社区文化活动中心
	202	全民健身广场舞比赛	8月8日	陈坊新苑社区
	203	车墩镇手杖操比赛	8月8日	车墩镇社区文化活动中心
	204	车墩镇广场舞大赛	8月8日	车墩镇社区文化活动中心
	205	泖港镇第四届运动会健身气功比赛	8月8日	镇文化活动中心
	206	新浜镇“一镇一品”打莲湘推广展示活动	8月8日	新浜镇文体活动中心广场
	207	小昆山镇第四届运动会广播操初赛	8月8日	小昆山镇社区文化活动中心
	208	九里亭街道职工运动会	8月11日	九里亭街道社区文化活动中心
	209	新浜镇跳绳比赛	8月12日	新浜镇文体活动中心
	210	新浜镇踢毽子比赛	8月12日	新浜镇文体活动中心
青浦区	211	上海市第四届广场舞大赛（青浦赛区预、复赛）暨青浦区第五届运动会广场舞比赛	8月8日	青浦区体育馆
	212	重固镇第四届运动会第九套广播体操比赛	8月5日	青浦体育馆
	213	重固镇第四届运动会健身气功展示	8月5日	青浦体育馆
	214	重固镇第四届运动会健身操比赛	8月5日	青浦体育馆
	215	白鹤镇乒乓球邀请赛	8月5日	白鹤中学
	216	青浦区第五届运动会街镇组篮球比赛决赛	8月8日	金泽镇商榻社区公共运动场
	217	赵巷镇村（居）健身团队展示	8月8日	米格天地商业圈
	218	赵巷镇村（居）趣味友谊赛	8月8日	米格天地商业圈
	219	徐泾镇全民健身日系列活动暨广场舞展示活动	8月8日	徐泾镇中心广场
	220	花样跳绳锦标赛	8月8日	凤溪公园篮球场
	221	第二届“中科意邦杯”职工趣味运动会	8月8日	重固镇北青公路6388号综合商场内
	222	盈浦街道全民健身日系列活动暨广场舞展示活动	8月8日	吾悦广场

（续表八）

区（单位）	序号	活动名称	时间	地点
青浦区	223	白鹤镇家庭趣味赛	8月8日	白鹤镇文化活动中心赵屯分中心
	224	白鹤镇飞镖比赛	8月8日	白鹤镇文化活动中心赵屯分中心
	225	白鹤镇保龄球比赛	8月8日	白鹤镇文化活动中心赵屯分中心
	226	练塘镇台球比赛	8月8日	练塘文化活动中心
	227	金泽镇第二届运动会80分扑克比赛	8月11日	金泽成校
	228	第五届运动会中国象棋比赛	8月11—12日	新胜路580号
奉贤区	229	奉贤区慈善公益项目“夕阳梦圆秧歌舞工程”全民健身技艺训练活动	8月6日	胡桥社区街心花园
	230	庄行邬桥新叶村秧歌展示	8月6日	邬桥牡丹广场
	231	四团镇第三届运动会飞镖比赛	8月4日	四团镇四团中学篮球馆
	232	青少年拉丁舞教学活动	8月4—6日	德丰路199弄40—41号之间
	233	瑜伽、动感单车健身系列展示	8月5日	珊瑚湾
	234	太平洋杯上海市第四届广场舞大赛奉贤区柘林镇广场舞初赛	8月5日	柘林镇社区文化活动中心
	235	“8.8全民健身日”系列活动庄行镇第九套广播操展示	8月5日	邬桥牡丹广场
	236	“8.8全民健身日”南桥镇广场舞比赛暨上海市第四届广场舞海选	8月5日	奉教院附中
	237	“全民健身　热炼一夏”健身团队大展示	8月5日	宝龙广场
	238	“全民健身　热炼一夏”奉城镇健身团队大展演	8月6日	兰博广场
	239	上海市第四届广场舞大赛青村镇初赛区广场舞比赛	8月7日	青村镇社区文化活动中心
	240	“全民健身　热炼一夏”自行车竞赛暨奉浦街道第一届自行车健身赛	8月7日	奉浦俱乐部
	241	“8·8全民健身日”系列活动中国美扇子舞大展示	8月8日	艺海剧场
	242	全民健身夕阳康乐东方美谷韵动健美	8月8日	南桥镇文化广场
	243	“8·8全民健身日”系列活动南桥镇空竹展示	8月8日	文化广场
	244	全民健身日柘林镇广播操展示	8月8日	柘林镇柘林学校
	245	金海社区全民撑霸赛——百人平板支撑活动	8月8日	金水佳苑居委
	246	老体协骑游活动	8月8日	环金汇镇
	247	上海市第四届广场舞大赛四团镇初赛区	8月8日	四团镇新四平公路2089号
	248	上海市第四届广场舞大赛海湾赛区初赛	8月8日	海湾镇法治广场
	249	少儿拉丁和跆拳道健身系列展示	8月8日	社区文化活动中心

（续表九）

区（单位）	序号	活动名称	时间	地点
奉贤区	250	亲子篮球嘉年华	8月8日	体育中心篮球场
	251	“全民健身　热炼一夏”奉城镇“乡间小舞台”展演	8月10日	社区文化活动中心
	252	奉贤区青村镇桃香新韵——系列活动之“青村杯”趣味亲子赛	8月12日	申亚农庄
	253	亲子嘉年华社区行	8月4日	教院附中体育馆，南桥镇南桥路369号
			8月5日	青村大居褚家路756号，明德外国语小学篮球馆
			8月5日	四团镇四团中学篮球馆，四团镇文鹏路169号
			8月6日	奉炮公路141弄49号，社区文化活动中心3楼排练厅
			8月6日	远纺工业生活园区2楼会议厅（明城小区隔壁）
			8月7日	奉贤中专（篮球馆）八字桥路626号
			8月7日	金汇镇农民街115号，思言小学篮球馆
崇明区	254	“万步有约”系列活动	8月8日	崇明区北门路190号（瀛通大酒店内）
	255	崇明区游泳比赛	8月8日	城桥镇团城公里7398号
	256	崇明区游泳救生比赛	8月8日	城桥镇团城公里7398号
	257	崇明区水上亲子活动	8月8日	城桥镇团城公里7398号
上海市网球协会	258	上海城市业余联赛女子业余网球系列赛8月单打赛	8月8日	闵行区都市路777弄253号万顺水源威尔士健身中心室内网球场
	259	上海城市业余联赛马上网球系列趣味赛	8月4—8日	宝山体育馆网球中心、杨浦江湾体育中心网球场等地
上海市乒乓球协会	260	上海城市业余联赛“乒协杯”乒乓球友谊赛	8月8日	国际乒乓球博物馆
上海市篮球协会	261	上海城市业余联赛业余大联盟印度洋级篮球赛	8月5日、12日	交大附中（般高路42号）
上海市汽车摩托车运动协会	262	天马论驾赛车活动	8月10—12日	天马赛车场
上海市电子竞技运动协会	263	上海城市业余联赛2018上海体彩嘉年华FIFAONLINE4红蓝对抗赛（分组赛）	8月4日、11日	硕咖电竞馆、竞纪电竞馆

（上海市体育局 供）

2018年上海市“全民健身日”体育场馆设施向市民开放信息一览表

区（单位）	设施名称	地址	开放项目时间	备注
东方体育中心	室内游泳池（嬉水乐园）	耀体路东体6号门	室内游泳（嬉水乐园）09:00—11:00；11:30—13:30；14:00—16:00 16:30—18:30；19:00—21:00	每场上限800人，排队进场
	室外游泳池	泳耀路东体14号门	室外游泳 13:00—14:30；15:00—16:30 17:00—18:30；19:00—20:30	每场上限500人，排队进场
	篮球场	耀体路东体6号门	室外篮球 09:00—21:00	具体开放情况以现场公告为准
	乒乓球馆	耀体路东体6号门	乒乓球 09:00—21:00	凭身份证预约，每人限约一场
	网球场	耀体路东体12号门	室外网球 09:00—21:00	凭身份证预约，每人限约一场
	足球场	耀体路东体12号门	室外5人足球 09:00—21:00	凭身份证进行团队预约，限约一场
	羽毛球场	泳耀路东体2号门	羽毛球 09:00—22:00	登录“趣运动”网站免费预约场地
仙霞网球中心	室外网球场	虹桥路1885号（室外场）	网球 08:00—22:00 08:00—11:00；15:00—18:00	青少年网球活动专场除外
	室内网球馆	虹桥路1885号（室内场）	网球 08:00—22:00	青少年网球活动专场除外 08:00—11:00；15:00—18:00
上海市体育宫	上海市体育宫	大渡河路1860号	保龄球 10:00—21:00 游泳 13:00—20:00 乒乓球、羽毛球 09:00—21:00 篮球、网球 10:00—21:00	具体开放情况以现场公告为准
康林体育中心	乒乓馆	钦州路728号一楼乒乓馆	乒乓球 07:00—22:00	具体开放情况以现场公告为准
	网球场	钦州路728号一楼网球场	网球 10:00—15:00	非开放时段为少体校训练
	网球馆	浦北路270号康东网球馆	网球 11:00—13:00	非开放时段为少体校训练
	游泳馆	钦州路728号二楼游泳馆	游泳 10:30—21:30	具体开放情况以现场公告为准
	舞厅	钦州路728号三楼多功能厅	舞蹈 9:00—11:30；14:00—16:30	具体开放情况以现场公告为准
	保龄球馆	钦州路728号二楼保龄球馆	保龄球 09:00—21:00	具体开放情况以现场公告为准

（续表一）

区（单位）	设施名称	地址	开放项目时间	备注
江湾体育场	江湾游泳馆	国和路346号	游泳 07:00—09:00；12:00—21:00 五角场街道公益专场 09:30—12:00	公益专场参与市民由街道统一组织，其他时间段场馆方提供50张/时免费游泳券，电话55220117
	江湾综合馆	国和路346号	羽毛球13:00—21:00	电话预约、现场登记，4人/片，开放5片场地，电话55225880
	室外运动场	国和路346号	篮球、网球、笼式足球 09:00—21:00	电话预约、现场登记 1. 篮球6人/篮筐，开放7个篮筐，电话：15821587613 2. 笼式足球10人/片，开放2片场地，电话：15000545406 3. 网球4人/片，开放2片场地，电话：13262929911
中原体育场	中原体育场	开鲁路518号	游泳 11:00—13:00；13:30—15:30 16:00—18:00；18:30—20:30	具体开放情况以现场公告为准
	中原体育场	包头路380号	羽毛球09:00—22:00 篮球、足球09:00—21:00	具体开放情况以现场公告为准
浦东新区	浦东游泳馆	浦东南路3669号	游泳14:00—21:00 乒乓球10:00—21:00 健身09:00—16:00 篮球09:00—15:00 羽毛球09:00—15:00	1. 14:00—16:00；16:00—18:00 18:00—19:30；19:30—21:00 每个时段免费发放30张游泳活动券，当即使用，游泳时间限90分钟，包含冲淋及更衣时间。 2. 三张乒乓球台免费开放。 3. 健身房免费体验，须穿运动服、运动鞋。 4. 羽毛球3片场地免费开放
	三林体育中心	云莲路201号	滑冰10:00—21:00 游泳14:00—21:00	14:00—16:00；16:00—18:00 18:00—19:30；19:30—21:00 每个时段免费发放30张游泳活动券，当即使用，游泳时间限90分钟，包含冲淋及更衣时间
	南汇体育中心	惠南镇学海路285号	乒乓球、羽毛球 09:00—21:30 游泳室内12:30—21:30 游泳室外12:30—20:30	具体开放情况以现场公告为准

（续表二）

区（单位）	设施名称	地址	开放项目时间	备注
浦东新区	南汇体育场	惠南镇拱极路25号	田径、足球、篮球 09:00—21:00	具体开放情况以现场公告为准
	曹路健身中心	金群路58号	游泳 10:00—22:00 篮球、网球、小足球 10:00—22:00 羽毛球、乒乓球 10:00—22:00	1. 游泳在10:00、11:30、13:00、14:30、16:00、17:30、19:00、20:30各发放40张券。 2. 羽毛球、乒乓球各开放两片免费场地
	航头体育中心	鹤韵路425号	羽毛球、网球、篮球 09:00—17:00	具体开放情况以现场公告为准
	源深体育发展中心	张杨路1458号	羽毛球 09:00—22:00 （体育馆） 羽毛球 07:00—22:00 （乒羽中心） 篮球 09:00—22:00 跑道 06:00—09:00；15:30—21:30 游泳 14:00—21:00	1. 体育馆开放20片羽毛球场地。 2. 乒羽中心7片场地每人仅限申领1片场地1小时。 3. 篮球不可包场，仅对散客开放。 4. 14:00—16:00；16:00—18:00 18:00—19:30；19:30—21:00 每个时段免费发放30张游泳活动券，当即使用，游泳时间限90分钟，包含冲淋及更衣时间
	杨园公园社区市民球场	杨园新村体育公园	篮球、门球 09:00—11:00；13:00—16:00	具体开放情况以现场公告为准
	新高苑社区市民球场	高宝璐379弄	篮球、门球 09:00—11:00；13:00—16:00	具体开放情况以现场公告为准
	金桥公园社区市民球场	佳林路555号	篮球 09:00—11:00；13:00—16:00	具体开放情况以现场公告为准
	金桥新城社区市民球场	杨高北路5291弄	篮球、网球 09:00—11:00；13:00—16:00	具体开放情况以现场公告为准
	花木公园社区市民球场	杜鹃路332号	篮球 09:00—11:00；13:00—16:00	具体开放情况以现场公告为准
	济阳公园社区市民球场	耀华路600号	篮球 09:00—11:00；13:00—16:00	具体开放情况以现场公告为准
	浦兴街道社区市民球场	金杨路1055弄内	篮球、门球 09:00—11:00；13:00—16:00	具体开放情况以现场公告为准
	浦兴路街道社区市民球场	五莲路759弄	羽毛球 09:00—11:00；13:00—16:00	具体开放情况以现场公告为准
	浦兴路街道社区市民球场	东陆路898弄7号、凌河路	门球 09:00—11:00；13:00—16:00	具体开放情况以现场公告为准

（续表三）

区（单位）	设施名称	地址	开放项目时间	备注
浦东新区	高桥镇社区市民球场	春晖路276弄35号	篮球、门球 09:00—11:00；13:00—16:00	具体开放情况以现场公告为准
	南唐村社区市民球场	南唐村	篮球、门球 09:00—11:00；13:00—16:00	具体开放情况以现场公告为准
	凌桥社区社区市民球场	凌桥社区	门球 09:00—11:00；13:00—16:00	具体开放情况以现场公告为准
	三岔港社区市民球场	三岔港村委	篮球、门球 09:00—11:00；13:00—16:00	具体开放情况以现场公告为准
	西新村社区市民球场	高桥镇西新村社区	门球 09:00—11:00；13:00—16:00	具体开放情况以现场公告为准
	张江环东社区市民球场	孙浦路375号	篮球 09:00—11:00；13:00—16:00	具体开放情况以现场公告为准
	劳动村社区市民球场	劳动村	篮球07:00—20:00	具体开放情况以现场公告为准
	中心居委社区市民球场	中心居委	网球 09:00—11:00；13:00—16:00	具体开放情况以现场公告为准
	张江镇社区市民球场	孙耀路111弄	羽毛球 09:00—11:00；13:00—16:00	具体开放情况以现场公告为准
	沪东街道社区市民球场	兴运路9号	篮球 09:00—11:00；13:00—16:00	具体开放情况以现场公告为准
	三林镇社区市民球场	外环线（三鲁路口）	门球 09:00—11:00；13:00—16:00	具体开放情况以现场公告为准
	三林镇社区市民球场	三鲁路55号	篮球 09:00—11:00；13:00—16:00	具体开放情况以现场公告为准
	施湾社区市民球场	施湾三路985号	篮球 09:00—11:00；13:00—16:00	具体开放情况以现场公告为准
	华夏社区市民球场	华夏二路东	篮球 09:00—11:00；13:00—16:00	具体开放情况以现场公告为准
	川沙新镇市民球场	城南社区	篮球、网球 09:00—11:00；13:00—16:00	具体开放情况以现场公告为准
	六团社区社市民球场	六团社区	篮球、羽毛球 09:00—11:00；13:00—16:00	具体开放情况以现场公告为准
	黄楼社区市民球场	黄楼社区	篮球、门球 09:00—11:00；13:00—16:00	具体开放情况以现场公告为准
	江镇社区市民球场	江镇社区江民路	门球 09:00—11:00；13:00—16:00	具体开放情况以现场公告为准
	北蔡绿地社区市民球场	北中路北侧	篮球、网球 09:00—11:00；13:00—16:00	具体开放情况以现场公告为准

（续表四）

区（单位）	设施名称	地址	开放项目时间	备注
浦东新区	合庆镇社区市民球场	庆丰居委	篮球 09:00—11:00；13:00—16:00	具体开放情况以现场公告为准
	勤谊村社区市民球场	勤谊村	篮球 09:00—11:00；13:00—16:00	具体开放情况以现场公告为准
	向东社区市民球场	向东村五队	篮球、网球 09:00—11:00；13:00—16:00	具体开放情况以现场公告为准
	庆星社区市民球场	庆星村一队	篮球、门球 09:00—11:00；13:00—16:00	具体开放情况以现场公告为准
	跃丰社区市民球场	跃丰村四队	篮球、门球 09:00—11:00；13:00—16:00	具体开放情况以现场公告为准
	建光社区市民球场	建光村二队	篮球、门球 09:00—11:00；13:00—16:00	具体开放情况以现场公告为准
	营房村社区市民球场	营房村社区	篮球、门球 09:00—11:00；13:00—16:00	具体开放情况以现场公告为准
	勤俭村社区市民球场	勤俭村	篮球、网球 09:00—11:00；13:00—16:00	具体开放情况以现场公告为准
	勤奋村社区市民球场	勤奋村	篮球、门球 09:00—11:00；13:00—16:00	具体开放情况以现场公告为准
	文化公园社区市民球场	文化公园	篮球 09:00—11:00；13:00—16:00	具体开放情况以现场公告为准
	唐镇社区市民球场	民丰村	篮球、网球 09:00—11:00；13:00—16:00	具体开放情况以现场公告为准
	唐镇金大元体育公园运动场	金大元体育公园	篮球、网球 09:00—11:00；13:00—16:00	具体开放情况以现场公告为准
	唐镇社区球场	唐兴路绿带	篮球 09:00—11:00；13:00—16:00	具体开放情况以现场公告为准
	金盛体育健身公园	川沙路胜利路口	篮球 09:00—11:00；13:00—16:00	具体开放情况以现场公告为准
	东沟社区市民球场	东靖路 297 弄	篮球、网球、门球 09:00—11:00；13:00—16:00	具体开放情况以现场公告为准
	东江社区球场	浦东南码头路 5 号	篮球 09:00—11:00；13:00—16:00	具体开放情况以现场公告为准
	康桥镇社区市民球场	康沈路 686 号	篮球、网球 09:00—11:00；13:00—16:00	具体开放情况以现场公告为准
	康桥镇军民路 878 号社区运动场	康桥镇军民路 878 号	篮球、门球 09:00—11:00；13:00—16:00	具体开放情况以现场公告为准
	航头镇社区市民球场	航头镇文化中心	篮球、网球、门球 09:00—11:00；13:00—16:00	具体开放情况以现场公告为准

（续表五）

区（单位）	设施名称	地址	开放项目时间	备注
浦东新区	滨海社区市民球场	滨海森林公园内	网球 09:00—11:00；13:00—16:00	具体开放情况以现场公告为准
	徐庙村社区市民球场	南芦公路48弄69号	篮球 09:00—11:00；13:00—16:00	具体开放情况以现场公告为准
	黄路社区市民球场	黄路居委	篮球 09:00—11:00；13:00—16:00	具体开放情况以现场公告为准
	桥北村社区市民球场	桥北村	篮球 09:00—11:00；13:00—16:00	具体开放情况以现场公告为准
	南汇体育中心社区市民球场	观海路100号	篮球、网球、羽毛球 09:00—11:00；13:00—16:00	具体开放情况以现场公告为准
	周浦镇社区市民球场	周东路500号	篮球 09:00—11:00；13:00—16:00	具体开放情况以现场公告为准
	沈梅路社区市民球场	沈梅路北侧	篮球 09:00—11:00；13:00—16:00	具体开放情况以现场公告为准
	六灶镇社区市民球场	六灶镇	篮球、门球 09:00—11:00；13:00—16:00	具体开放情况以现场公告为准
	新场镇社区市民球场	新场镇	篮球 09:00—11:00；13:00—16:00	具体开放情况以现场公告为准
	新场村社区市民球场	新场村（仁义路）	篮球、门球 09:00—11:00；13:00—16:00	具体开放情况以现场公告为准
	新环东路冠郡小区运动场	新环东路冠郡小区	篮球 09:00—11:00；13:00—16:00	具体开放情况以现场公告为准
	大团镇社区市民球场	南团公路永列东路	篮球、笼式足球 09:00—11:00；13:00—16:00	具体开放情况以现场公告为准
	园艺社区市民球场	园艺村	篮球、门球 09:00—11:00；13:00—16:00	具体开放情况以现场公告为准
	赵桥村社区市民球场	赵桥村	篮球、门球 09:00—11:00；13:00—16:00	具体开放情况以现场公告为准
	书院镇社区市民球场	书院镇老果公路丽正路	篮球、网球 09:00—11:00；13:00—16:00	具体开放情况以现场公告为准
	万祥镇社区市民球场	万祥镇宏祥北路宏祥园内	篮球 09:00—11:00；13:00—16:00	具体开放情况以现场公告为准
	泥城镇社区市民球场	泥城镇鸿音路鹤园内	篮球 09:00—11:00；13:00—16:00	具体开放情况以现场公告为准
	人民村社区市民球场	人民村北首	篮球、网球 09:00—11:00；13:00—16:00	具体开放情况以现场公告为准
	滨海公园社区市民球场	滨海公园	篮球 09:00—11:00；13:00—16:00	具体开放情况以现场公告为准

（续表六）

区（单位）	设施名称	地址	开放项目时间	备注
浦东新区	云锦苑小区社区运动场	云锦苑小区	篮球、网球 09:00—11:00；13:00—16:00	具体开放情况以现场公告为准
	芦潮港镇社区市民球场	芦潮港路1730号	篮球 09:00—11:00；13:00—16:00	具体开放情况以现场公告为准
	宣桥镇社区市民球场	宣桥镇三灶社区内	篮球、门球 09:00—11:00；13:00—16:00	具体开放情况以现场公告为准
	老港镇社区市民球场	建中路沪南公路口	篮球 09:00—11:00；13:00—16:00	具体开放情况以现场公告为准
	南汇新城农场社区市民球场	农场社区	篮球、网球 09:00—11:00；13:00—16:00	具体开放情况以现场公告为准
	老港镇足球场	秋荷路33弄90号	足球 09:00—11:00；13:00—16:00	具体开放情况以现场公告为准
	合庆镇足球场	凌白路前哨支路	足球 09:00—11:00；13:00—16:00	具体开放情况以现场公告为准
	三林镇联丰羽毛球场	联明路371号	羽毛球08:30—17:00	具体开放情况以现场公告为准
	三林镇天花庵村篮球场	陈行路185号	篮球08:30—17:00	具体开放情况以现场公告为准
	三林镇临江村篮球场	临江村	篮球08:30—17:00	具体开放情况以现场公告为准
	三林镇红旗村篮球场	红旗村	篮球08:30　17:00	具体开放情况以现场公告为准
	三林镇懿德村篮球场	懿德村 芦恒路128号	篮球08:30—17:00	具体开放情况以现场公告为准
	张江镇沔北村篮球场	沔北村	篮球08:30—17:00	具体开放情况以现场公告为准
	张江镇新丰村篮球场	新丰村	篮球08:30—17:00	具体开放情况以现场公告为准
	张江镇中心村安乐宅篮球场	中心村安乐宅	篮球08:30—17:00	具体开放情况以现场公告为准
	曹路镇永和村篮球场	永和村	篮球08:30—17:00	具体开放情况以现场公告为准
	曹路镇启明村篮球场	启明村	篮球08:30—17:00	具体开放情况以现场公告为准
	曹路镇光明村门球场	光明村	门球08:30—17:00	具体开放情况以现场公告为准
	曹路镇民建村篮球场	民建村	篮球08:30—17:00	具体开放情况以现场公告为准

（续表七）

区（单位）	设施名称	地址	开放项目时间	备注
浦东新区	曹路镇赵桥村羽毛球场	赵桥村	羽毛球 08:30—17:00	具体开放情况以现场公告为准
	曹路镇东海村门球场	东海村	门球 08:30—17:00	具体开放情况以现场公告为准
	曹路镇兴东村门球场	兴东村	门球 08:30—17:00	具体开放情况以现场公告为准
	曹路镇启明村门球场	启明村	门球 08:30—17:00	具体开放情况以现场公告为准
	曹路镇新光村门球场	新光村	门球 08:30—17:00	具体开放情况以现场公告为准
	曹路镇直二谐园羽毛球场	直二村五队	羽毛球 08:30—17:00	具体开放情况以现场公告为准
	曹路镇联合村篮球场	联合村五队	篮球 08:30—17:00	具体开放情况以现场公告为准
	曹路镇群乐村门球场	上川路 2299 号	门球 08:30—17:00	具体开放情况以现场公告为准
	曹路镇顾三村篮球场	顾三村卫家宅	篮球 08:30—17:00	具体开放情况以现场公告为准
	曹路镇东海村篮球场	东海村范家宅	篮球 08:30—17:00	具体开放情况以现场公告为准
	曹路镇星火村羽毛球场	永新路	羽毛球 08:30—17:00	具体开放情况以现场公告为准
	曹路镇新星村篮球场	永新路	篮球 08:30—17:00	具体开放情况以现场公告为准
	曹路镇直一村篮球场	直一七队	篮球 08:30—17:00	具体开放情况以现场公告为准
	曹路镇光辉村篮球场	光耀村	篮球 08:30—17:00	具体开放情况以现场公告为准
	曹路镇顾唐路篮球场	顾唐路 138 弄	篮球 08:30—17:00	具体开放情况以现场公告为准
	北蔡镇中界村门球场	中心路	门球 08:30—17:00	具体开放情况以现场公告为准
	北蔡镇五星村门球场	五星路	门球 08:30—17:00	具体开放情况以现场公告为准
	北蔡镇一六村篮球场	罗山路 4955 号	篮球 08:30—17:00	具体开放情况以现场公告为准
	北蔡镇一六村门球场	一六村	门球 08:30—17:00	具体开放情况以现场公告为准

（续表八）

区（单位）	设施名称	地址	开放项目时间	备注
浦东新区	北蔡镇联勤村门球场	联勤村	门球 08:30—17:00	具体开放情况以现场公告为准
	北蔡镇杨桥村门球场	北中路 529 号	门球 08:30—17:00	具体开放情况以现场公告为准
	北蔡镇杨桥村一队门球场	北中路 529 号	门球 08:30—17:00	具体开放情况以现场公告为准
	北蔡镇杨桥村五队门球场	北中路 529 号	门球 08:30—17:00	具体开放情况以现场公告为准
	北蔡镇老年服务中心门球场	老年人服务中心	门球 08:30—17:00	具体开放情况以现场公告为准
	北蔡镇五星门球场	五星村活动中心	门球 08:30—17:00	具体开放情况以现场公告为准
	金桥镇王家桥村门球场	王家桥村	门球 08:30—17:00	具体开放情况以现场公告为准
	金桥镇陆行村门球场	陆行村	门球 08:30—17:00	具体开放情况以现场公告为准
	金桥镇王家桥村篮球场	王朱西队	篮球 08:30—17:00	具体开放情况以现场公告为准
	金桥镇王朱村网球场	王朱东队	网球 08:30—17:00	具体开放情况以现场公告为准
	金桥镇金明村网球场	金明村	网球 08:30—17:00	具体开放情况以现场公告为准
	金桥镇羽毛球场	金明村	羽毛球 08:30—17:00	具体开放情况以现场公告为准
	金桥镇陆行村篮球场	陆行村	篮球 08:30—17:00	具体开放情况以现场公告为准
	高桥新农村篮球场	浦东北路	篮球 08:30—17:00	具体开放情况以现场公告为准
	高桥镇顾家圩门球场	顾家圩村委会	门球 08:30—17:00	具体开放情况以现场公告为准
	高桥镇龙叶村篮球场	龙叶村	篮球 08:30—17:00	具体开放情况以现场公告为准
	高桥镇西新村篮球场	西新村	篮球 08:30—17:00	具体开放情况以现场公告为准
	祝桥镇卫东村篮球场	卫东村 3 队	篮球 08:30—17:00	具体开放情况以现场公告为准
	川沙新镇南高桥村篮球场	薛家宅 38 号	篮球 08:30—17:00	具体开放情况以现场公告为准

（续表九）

区（单位）	设施名称	地址	开放项目时间	备注
浦东新区	川沙新镇牌楼村篮球场	川沙新镇牌楼村8队	篮球 08:30—17:00	具体开放情况以现场公告为准
	川沙新镇黄楼村篮球场	川沙新镇黄楼村2队	篮球 08:30—17:00	具体开放情况以现场公告为准
	川沙新镇界龙村篮球场	界龙村	篮球 08:30—17:00	具体开放情况以现场公告为准
	祝桥镇七灶村篮球场	七灶村	篮球 08:30—17:00	具体开放情况以现场公告为准
	祝桥镇陈胡村篮球场	陈胡村	篮球 08:30—17:00	具体开放情况以现场公告为准
	川沙新镇中圩村篮球场	中圩村	篮球 08:30—17:00	具体开放情况以现场公告为准
	川沙新镇长桥村篮球场	长桥村	篮球 08:30—17:00	具体开放情况以现场公告为准
	川沙新镇高桥村篮球场	高桥村	篮球 08:30—17:00	具体开放情况以现场公告为准
	川沙新镇柴场村篮球场	柴场村	篮球 08:30—17:00	具体开放情况以现场公告为准
	川沙新镇赵行村篮球场	赵行村	篮球 08:30—17:00	具体开放情况以现场公告为准
	川沙新镇旗杆村篮球场	旗杆村	篮球 08:30—17:00	具体开放情况以现场公告为准
	川沙新镇新春村篮球场	新春村	篮球 08:30—17:00	具体开放情况以现场公告为准
	川沙新镇华路村门球场	华路村	门球 08:30—17:00	具体开放情况以现场公告为准
	祝桥镇道新村门球场	道新村	门球 08:30—17:00	具体开放情况以现场公告为准
	祝桥镇红旗村门球场	红旗村	门球 08:30—17:00	具体开放情况以现场公告为准
	川沙新镇大洪村门球场	大洪村	门球 08:30—17:00	具体开放情况以现场公告为准
	祝桥镇大沟村门球场	大沟村	门球 08:30—17:00	具体开放情况以现场公告为准
	祝桥镇新营村门球场	新营村	门球 08:30—17:00	具体开放情况以现场公告为准
	祝桥镇新生村门球场	新生村	门球 08:30—17:00	具体开放情况以现场公告为准

（续表十）

区（单位）	设施名称	地址	开放项目时间	备注
浦东新区	川沙新镇杜尹村篮球场	杜尹村	篮球 08:30—17:00	具体开放情况以现场公告为准
	祝桥镇东滨村门球场	华洲路	门球 08:30—17:00	具体开放情况以现场公告为准
	祝桥镇立新村门球场	立新村	门球 08:30—17:00	具体开放情况以现场公告为准
	祝桥镇森林村门球场	森塘路	门球 08:30—17:00	具体开放情况以现场公告为准
	祝桥镇望三村门球场	望三村	门球 08:30—17:00	具体开放情况以现场公告为准
	川沙新镇和平村篮球场	和平村	篮球 08:30—17:00	具体开放情况以现场公告为准
	祝桥镇营前村篮球场	营前村	篮球 08:30—17:00	具体开放情况以现场公告为准
	川沙新镇太平村篮球场	太平村	篮球 08:30—17:00	具体开放情况以现场公告为准
	祝桥镇江镇社区门球场	亭东村	门球 08:30—17:00	具体开放情况以现场公告为准
	川沙新镇栏杆村篮球场	栏杆村，栏学路188号	篮球 08:30—17:00	具体开放情况以现场公告为准
	川沙新镇八灶村篮球场	八灶村	篮球 08:30—17:00	具体开放情况以现场公告为准
	川沙新镇新浜村网球场	新浜村新园路	网球 08:30—17:00	具体开放情况以现场公告为准
	川沙新镇篮球场	七新路 355 号	篮球 08:30—17:00	具体开放情况以现场公告为准
	合庆镇东风村篮球场	东风陆队	篮球 08:30—17:00	具体开放情况以现场公告为准
	合庆镇合庆居委门球场	前哨路 288 弄小区内	门球 08:30—17:00	具体开放情况以现场公告为准
	合庆镇前哨村门球场	前哨村一队	门球 08:30—17:00	具体开放情况以现场公告为准
	合庆镇海塘村门球场	海塘村五队	门球 08:30—17:00	具体开放情况以现场公告为准
	合庆镇蔡路村篮球场	蔡路镇西首	篮球 08:30—17:00	具体开放情况以现场公告为准
	合庆镇直属村篮球场	直属七队	篮球 08:30—17:00	具体开放情况以现场公告为准

（续表十一）

区（单位）	设施名称	地址	开放项目时间	备注
浦东新区	合庆镇胜利村门球场	胜利一队	门球 08:30—17:00	具体开放情况以现场公告为准
	合庆镇胜利村门球场	胜利路 169 弄	门球 08:30—17:00	具体开放情况以现场公告为准
	合庆镇蔡路村门球场	蔡路村四队	门球 08:30—17:00	具体开放情况以现场公告为准
	合庆镇益华村门球场	益华村	门球 08:30—17:00	具体开放情况以现场公告为准
	合庆镇大星村篮球场	大星村	篮球 08:30—17:00	具体开放情况以现场公告为准
	合庆镇蔡路公园篮球场	蔡路公园	篮球 08:30—17:00	具体开放情况以现场公告为准
	合庆镇勤昌村篮球场	勤昌村	篮球 08:30—17:00	具体开放情况以现场公告为准
	合庆镇勤奋村篮球场	勤奋村	篮球 08:30—17:00	具体开放情况以现场公告为准
	合庆镇跃丰村篮球场	跃丰村	篮球 08:30—17:00	具体开放情况以现场公告为准
	合庆镇青三村篮球场	青三村	篮球 08:30—17:00	具体开放情况以现场公告为准
	合庆镇益民村篮球场	益民村	篮球 08:30—17:00	具体开放情况以现场公告为准
	合庆镇春雷村门球场	春雷村	门球 08:30—17:00	具体开放情况以现场公告为准
	合庆镇勤俭村篮球场	勤俭村	篮球 08:30—17:00	具体开放情况以现场公告为准
	合庆镇奚家村门球场	奚家村	门球 08:30—17:00	具体开放情况以现场公告为准
	合庆镇蔡路公园门球场	蔡路公园	门球 08:30—17:00	具体开放情况以现场公告为准
	合庆镇青四村篮球场	青四村	篮球 08:30—17:00	具体开放情况以现场公告为准
	合庆镇永红村篮球场	永红村	篮球 08:30—17:00	具体开放情况以现场公告为准
	合庆镇庆东居委篮球场	庆东居委	篮球 08:30—17:00	具体开放情况以现场公告为准
	合庆镇勤昌村门球场	勤昌村	门球 08:30—17:00	具体开放情况以现场公告为准

（续表十二）

区（单位）	设施名称	地址	开放项目时间	备注
浦东新区	合庆镇友谊村门球场	友谊村	门球 08:30—17:00	具体开放情况以现场公告为准
	合庆镇直属村门球场	直属村 8 队	门球 08:30—17:00	具体开放情况以现场公告为准
	唐镇虹篮球场	虹四村一队	篮球 08:30—17:00	具体开放情况以现场公告为准
	唐镇新虹村篮球场	新虹村	篮球 08:30—17:00	具体开放情况以现场公告为准
	唐镇虹四村门球场	虹四村	门球 08:30—17:00	具体开放情况以现场公告为准
	唐镇暮二村门球场	暮二村	门球 08:30—17:00	具体开放情况以现场公告为准
	唐镇机口村篮球场	剑新路 86 号	篮球 08:30—17:00	具体开放情况以现场公告为准
	唐镇小湾村门球场	小湾村	门球 08:30—17:00	具体开放情况以现场公告为准
	唐镇一心村门球场	一心村	门球 08:30—17:00	具体开放情况以现场公告为准
	唐镇民丰村篮球场	民丰村	篮球 08:30—17:00	具体开放情况以现场公告为准
	唐镇暮二红三村门球场	暮二红三村	门球 08:30—17:00	具体开放情况以现场公告为准
	唐镇唐丰路篮球场	（毕加索园墅）唐丰路樽银路口	篮球 08:30—17:00	具体开放情况以现场公告为准
	高东镇徐路村门球场	徐路村	门球 08:30—17:00	具体开放情况以现场公告为准
	高东镇楼下村门球场	楼下村	门球 08:30—17:00	具体开放情况以现场公告为准
	高东镇杨园一村门球场	杨园一村	门球 08:30—17:00	具体开放情况以现场公告为准
	高东镇杨园二村门球场	杨园二村	门球 08:30—17:00	具体开放情况以现场公告为准
	永新村篮球场、羽毛球场	永新村	篮球、羽毛球 08:30—17:00	具体开放情况以现场公告为准
	高东镇竞赛村门球场	竞赛村	门球 08:30—17:00	具体开放情况以现场公告为准
	高东镇张家宅村门球场	张家宅村	门球 08:30—17:00	具体开放情况以现场公告为准

（续表十三）

区（单位）	设施名称	地址	开放项目时间	备注
浦东新区	高东镇珊黄村门球场	珊黄村	门球 08:30—17:00	具体开放情况以现场公告为准
	高东镇楼下村门球场	楼下村	门球 08:30—17:00	具体开放情况以现场公告为准
	高东镇灯塔村门球场	灯塔村	门球 08:30—17:00	具体开放情况以现场公告为准
	高东镇徐路村门球场	徐路村	门球 08:30—17:00	具体开放情况以现场公告为准
	高东镇金光村门球场	金光村	门球 08:30—17:00	具体开放情况以现场公告为准
	高东镇革新村门球场	革新村	门球 08:30—17:00	具体开放情况以现场公告为准
	高东镇上游村门球场	上游村	门球 08:30—17:00	具体开放情况以现场公告为准
	高东镇光兵村门球场	光兵村	门球 08:30—17:00	具体开放情况以现场公告为准
	高东镇踊跃村门球场	踊跃村	门球 08:30—17:00	具体开放情况以现场公告为准
	高东镇先锋村门球场	先锋村	门球 08:30—17:00	具体开放情况以现场公告为准
	高东镇般村村门球场	般村村	门球 08:30—17:00	具体开放情况以现场公告为准
	高东镇沙港村门球场	沙港村	门球 08:30—17:00	具体开放情况以现场公告为准
	高东镇试验场村门球场	试验场村	门球 08:30—17:00	具体开放情况以现场公告为准
	高东镇盐仓村门球场	盐仓村	门球 08:30—17:00	具体开放情况以现场公告为准
	高东镇竹园村门球场	竹园村	门球 08:30—17:00	具体开放情况以现场公告为准
	光明路门球场	光明路 132 弄	门球 08:30—17:00	具体开放情况以现场公告为准
	高东镇门球场	新园路 388 号对面	门球 08:30—17:00	具体开放情况以现场公告为准
	高行镇镇东村篮球场	镇东村	篮球 08:30—17:00	具体开放情况以现场公告为准
	高行二居非标篮球场	高行二居	篮球 08:30—17:00	具体开放情况以现场公告为准

（续表十四）

区（单位）	设施名称	地址	开放项目时间	备注
浦东新区	南行居委非标篮球场	南行居委	篮球 08:30—17:00	具体开放情况以现场公告为准
	高行镇华高一居门球场	华高一居	门球 08:30—17:00	具体开放情况以现场公告为准
	高行镇秋岚路门球场	秋岚路 91 弄	门球 08:30—17:00	具体开放情况以现场公告为准
	大团镇周埠村篮球场	周埠村	篮球 08:30—17:00	具体开放情况以现场公告为准
	大团镇邵宅村篮球场	邵宅村	篮球 08:30—17:00	具体开放情况以现场公告为准
	大团镇邵村村篮球场	邵村村	篮球 08:30—17:00	具体开放情况以现场公告为准
	大团镇龙树村篮球场	龙树村	篮球 08:30—17:00	具体开放情况以现场公告为准
	大团镇赵桥村篮球场	赵桥村	篮球 08:30—17:00	具体开放情况以现场公告为准
	大团镇团西村篮球场	团西村	篮球 08:30—17:00	具体开放情况以现场公告为准
	大团镇果园村篮球场	果园村	篮球 08:30—17:00	具体开放情况以现场公告为准
	大团镇团新村篮球场	团新村	篮球 08:30—17:00	具体开放情况以现场公告为准
	大团镇团艺村篮球场	团艺村	篮球 08:30—17:00	具体开放情况以现场公告为准
	大团镇海潮村篮球场	海潮村	篮球 08:30—17:00	具体开放情况以现场公告为准
	大团镇金石村篮球场	金石村	篮球 08:30—17:00	具体开放情况以现场公告为准
	大团镇金桥村篮球场	金桥村	篮球 08:30—17:00	具体开放情况以现场公告为准
	大团镇扶栏村篮球场	扶栏村	篮球 08:30—17:00	具体开放情况以现场公告为准
	大团镇三墩居委篮球场	三墩居委	篮球 08:30—17:00	具体开放情况以现场公告为准
	大团镇车站村篮球场	车站村	篮球 08:30—17:00	具体开放情况以现场公告为准
	大团镇金园村篮球场	金园村	篮球 08:30—17:00	具体开放情况以现场公告为准

（续表十五）

区（单位）	设施名称	地址	开放项目时间	备注
浦东新区	大团镇周埠村篮球场	周埠村	篮球 08:30—17:00	具体开放情况以现场公告为准
	大团镇镇南村篮球场	镇南村 888 号	篮球 08:30—17:00	具体开放情况以现场公告为准
	大团镇篮球场	永晨路 258 弄	篮球 08:30—17:00	具体开放情况以现场公告为准
	航头镇社区服务中心球场	航头镇社区服务中心	篮球 08:30—17:00	具体开放情况以现场公告为准
	航头镇鹤东村篮球场	鹤东村	篮球 08:30—17:00	具体开放情况以现场公告为准
	航头镇梅园村篮球场	梅园村	篮球 08:30—17:00	具体开放情况以现场公告为准
	航头镇沈庄村篮球场	沈庄村	篮球 08:30—17:00	具体开放情况以现场公告为准
	航头镇丰桥村篮球场	丰桥村	篮球 08:30—17:00	具体开放情况以现场公告为准
	航头镇王楼村篮球场	王楼村	篮球 08:30—17:00	具体开放情况以现场公告为准
	航头镇牌楼村篮球场	牌楼村	篮球 08:30—17:00	具体开放情况以现场公告为准
	航头镇长达村篮球场	长达村	篮球 08:30—17:00	具体开放情况以现场公告为准
	航头镇鹤鸣村篮球场	鹤鸣村	篮球 08:30—17:00	具体开放情况以现场公告为准
	航头镇福善村篮球场	福善村	篮球 08:30—17:00	具体开放情况以现场公告为准
	祝桥镇星火村篮球场	星火村	篮球 08:30—17:00	具体开放情况以现场公告为准
	祝桥镇卫民村篮球场	卫民村	篮球 08:30—17:00	具体开放情况以现场公告为准
	祝桥镇祝东村门球场	祝东村	门球 08:30—17:00	具体开放情况以现场公告为准
	祝桥镇新生村门球场	新生村	门球 08:30—17:00	具体开放情况以现场公告为准
	祝桥镇东立新村门球场	东立新村	门球 08:30—17:00	具体开放情况以现场公告为准
	祝桥镇营前村村委门球场	营前村	门球 08:30—17:00	具体开放情况以现场公告为准

（续表十六）

区（单位）	设施名称	地址	开放项目时间	备注
浦东新区	祝桥镇营前村门球场	营前村	门球 08:30—17:00	具体开放情况以现场公告为准
	祝桥镇东港二居篮球场	东港二居	篮球 08:30—17:00	具体开放情况以现场公告为准
	祝桥镇东滨村篮球场	东滨村	篮球 08:30—17:00	具体开放情况以现场公告为准
	祝桥镇立新村篮球场	立新村	篮球 08:30—17:00	具体开放情况以现场公告为准
	祝桥镇红星村篮球场	红星村	篮球 08:30—17:00	具体开放情况以现场公告为准
	祝桥镇新如村篮球场	新如村	篮球 08:30—17:00	具体开放情况以现场公告为准
	祝桥镇新如村篮球场 2	新如村	篮球 08:30—17:00	具体开放情况以现场公告为准
	祝桥镇新如村篮球场 3	新如村	篮球 08:30—17:00	具体开放情况以现场公告为准
	祝桥镇祝西村门球场	祝西村	门球 08:30—17:00	具体开放情况以现场公告为准
	祝桥镇新东村门球场	新东村	门球 08:30—17:00	具体开放情况以现场公告为准
	祝桥镇立新村门球场	立新村	门球 08:30—17:00	具体开放情况以现场公告为准
	祝桥镇先进村篮球场	先进村	篮球 08:30—17:00	具体开放情况以现场公告为准
	祝桥镇红星村门球场	红星村	门球 08:30—17:00	具体开放情况以现场公告为准
	祝桥镇果园村篮球场	果园村	篮球 08:30—17:00	具体开放情况以现场公告为准
	祝桥镇祝东村篮球场	祝东村	篮球 08:30—17:00	具体开放情况以现场公告为准
	祝桥镇立新村篮球场	立新村	篮球 08:30—17:00	具体开放情况以现场公告为准
	祝桥镇红星村篮球场	红星村	篮球 08:30—17:00	具体开放情况以现场公告为准
	祝桥镇红三村篮球场	红三村	篮球 08:30—17:00	具体开放情况以现场公告为准
	祝桥镇义泓村篮球场	义泓村	篮球 08:30—17:00	具体开放情况以现场公告为准

（续表十七）

区（单位）	设施名称	地址	开放项目时间	备注
浦东新区	祝桥镇先进村门球场	先进村	门球 08:30—17:00	具体开放情况以现场公告为准
	祝桥镇祝西村篮球场	祝西村	篮球 08:30—17:00	具体开放情况以现场公告为准
	祝桥镇新营村篮球场	新营村	篮球 08:30—17:00	具体开放情况以现场公告为准
	新场镇众安村篮球场	众安村	篮球 08:30—17:00	具体开放情况以现场公告为准
	新场镇坦东村篮球场	坦东村	篮球 08:30—17:00	具体开放情况以现场公告为准
	新场镇果园村16组篮球场	果园村	篮球 08:30—17:00	具体开放情况以现场公告为准
	新场镇果园村21组篮球场	果园村	篮球 08:30—17:00	具体开放情况以现场公告为准
	新场镇果园村篮球场	果园村	篮球 08:30—17:00	具体开放情况以现场公告为准
	新场镇新南村篮球场	新南村	篮球 08:30—17:00	具体开放情况以现场公告为准
	新场镇王桥村篮球场	王桥村	篮球 08:30—17:00	具体开放情况以现场公告为准
	新场镇仁义村篮球场	仁义村	篮球 08:30—17:00	具体开放情况以现场公告为准
	新场镇祝桥村篮球场	祝桥村	篮球 08:30—17:00	具体开放情况以现场公告为准
	新场镇新卫村篮球场	新卫村	篮球 08:30—17:00	具体开放情况以现场公告为准
	新场镇坦南村篮球场	坦南村 5 组	篮球 08:30—17:00	具体开放情况以现场公告为准
	新场镇门球场	仁义村	门球 08:30—17:00	具体开放情况以现场公告为准
	川沙新镇连民村篮球场	连民村	篮球 08:30—17:00	具体开放情况以现场公告为准
	川沙新镇新吉村篮球场	新吉村	篮球 08:30—17:00	具体开放情况以现场公告为准
	川沙新镇陈桥村篮球场	陈桥村	篮球 08:30—17:00	具体开放情况以现场公告为准
	川沙新镇七灶村篮球场	七灶村	篮球 08:30—17:00	具体开放情况以现场公告为准

（续表十八）

区（单位）	设施名称	地址	开放项目时间	备注
浦东新区	川沙新镇会龙村篮球场	会龙村	篮球 08:30—17:00	具体开放情况以现场公告为准
	川沙新镇其成村篮球场	其成村	篮球 08:30—17:00	具体开放情况以现场公告为准
	川沙新镇汤店村篮球场	汤店村	篮球 08:30—17:00	具体开放情况以现场公告为准
	川沙新镇会龙村门球场	会龙村	门球 08:30—17:00	具体开放情况以现场公告为准
	川沙新镇民义村门球场	民义村	门球 08:30—17:00	具体开放情况以现场公告为准
	川沙新镇七灶村七组篮球场	七灶村七组	篮球 08:30—17:00	具体开放情况以现场公告为准
	周浦镇周东村篮球场	周东村	篮球 08:30—17:00	具体开放情况以现场公告为准
	周浦镇旗杆村篮球场	旗杆村	篮球 08:30—17:00	具体开放情况以现场公告为准
	周浦镇红桥村篮球场	红桥村	篮球 08:30—17:00	具体开放情况以现场公告为准
	周浦镇北庄村篮球场	北庄村	篮球 08:30—17:00	具体开放情况以现场公告为准
	周浦镇瓦南村篮球场	瓦南村	篮球 08:30 17:00	具体开放情况以现场公告为准
	周浦镇横桥村篮球场	横桥村	篮球 08:30—17:00	具体开放情况以现场公告为准
	周浦镇界浜村篮球场	界浜村	篮球 08:30—17:00	具体开放情况以现场公告为准
	周浦镇姚桥村篮球场	姚桥村	篮球 08:30—17:00	具体开放情况以现场公告为准
	周浦镇沈西村篮球场	沈西村	篮球 08:30—17:00	具体开放情况以现场公告为准
	周浦镇塘东村篮球场	塘东村	篮球 08:30—17:00	具体开放情况以现场公告为准
	周浦镇牛桥村篮球场	牛桥村	篮球 08:30—17:00	具体开放情况以现场公告为准
	周浦镇里仁村篮球场	里仁村	篮球 08:30—17:00	具体开放情况以现场公告为准
	周浦镇周南村篮球场	周南村	篮球 08:30—17:00	具体开放情况以现场公告为准

（续表十九）

区（单位）	设施名称	地址	开放项目时间	备注
浦东新区	周浦镇虹桥村篮球场	虹桥村	篮球 08:30—17:00	具体开放情况以现场公告为准
	周浦镇沈西村篮球场	沈西村	篮球 08:30—17:00	具体开放情况以现场公告为准
	周浦镇界浜村篮球场	界浜村	篮球 08:30—17:00	具体开放情况以现场公告为准
	周浦镇四高小区篮球场	四高小区	篮球 08:30—17:00	具体开放情况以现场公告为准
	周浦镇篮球场	川周公路 4058 弄	篮球 08:30—17:00	具体开放情况以现场公告为准
	南汇新城农场社区篮球场	农场社区	篮球 08:30—17:00	具体开放情况以现场公告为准
	老港镇成日村篮球场	成日村	篮球 08:30—17:00	具体开放情况以现场公告为准
	老港镇东河村篮球场	东河村	篮球 08:30—17:00	具体开放情况以现场公告为准
	老港镇欣河村篮球场	欣河村	篮球 08:30—17:00	具体开放情况以现场公告为准
	老港镇建港村篮球场	建港村	篮球 08:30—17:00	具体开放情况以现场公告为准
	老港镇大河村篮球场	大河村	篮球 08:30—17:00	具体开放情况以现场公告为准
	老港镇滨海居委篮球场	滨海居委	篮球 08:30—17:00	具体开放情况以现场公告为准
	老港镇中港村篮球场	中港村	篮球 08:30—17:00	具体开放情况以现场公告为准
	老港镇建港村篮球场	建港村	篮球 08:30—17:00	具体开放情况以现场公告为准
	老港镇滨海居委篮球场	滨海居委滨海路 10 号	篮球 08:30—17:00	具体开放情况以现场公告为准
	老港镇篮球场	老港农业园区	篮球 08:30—17:00	具体开放情况以现场公告为准
	书院镇新北村篮球场	新北村	篮球 08:30—17:00	具体开放情况以现场公告为准
	书院镇外灶村篮球场	外灶村	篮球 08:30—17:00	具体开放情况以现场公告为准
	书院镇洼港村篮球场	洼港村	篮球 08:30—17:00	具体开放情况以现场公告为准

（续表二十）

区（单位）	设施名称	地址	开放项目时间	备注
浦东新区	书院镇四灶村篮球场	四灶村	篮球 08:30—17:00	具体开放情况以现场公告为准
	书院镇中久村篮球场	中久村	篮球 08:30—17:00	具体开放情况以现场公告为准
	书院镇路南村篮球场	路南村	篮球 08:30—17:00	具体开放情况以现场公告为准
	书院镇洋溢村篮球场	洋溢村	篮球 08:30—17:00	具体开放情况以现场公告为准
	书院镇塘北村篮球场	塘北村	篮球 08:30—17:00	具体开放情况以现场公告为准
	书院镇李雪村篮球场	李雪村	篮球 08:30—17:00	具体开放情况以现场公告为准
	书院镇黄华村篮球场	黄华村	篮球 08:30—17:00	具体开放情况以现场公告为准
	书院镇桃园村门球场	桃园村	门球 08:30—17:00	具体开放情况以现场公告为准
	书院镇棉场村门球场	棉场村	门球 08:30—17:00	具体开放情况以现场公告为准
	书院镇东海农场篮球场	东海农场	篮球 08:30—17:00	具体开放情况以现场公告为准
	书院镇门球场	新欣居委	门球 08:30—17:00	具体开放情况以现场公告为准
	书院镇门球场	东场居委亭园新村	门球 08:30—17:00	具体开放情况以现场公告为准
	泥城镇兴旺村篮球场	兴旺村	篮球 08:30—17:00	具体开放情况以现场公告为准
	泥城镇中汹村篮球场	中汹村	篮球 08:30—17:00	具体开放情况以现场公告为准
	泥城镇永盛村篮球场	永盛村	篮球 08:30—17:00	具体开放情况以现场公告为准
	泥城镇公平村篮球场	公平村	篮球 08:30—17:00	具体开放情况以现场公告为准
	泥城镇人民村篮球场	人民村	篮球 08:30—17:00	具体开放情况以现场公告为准
	泥城镇千祥村篮球场	千祥村	篮球 08:30—17:00	具体开放情况以现场公告为准
	泥城镇横港村篮球场	横港村	篮球 08:30—17:00	具体开放情况以现场公告为准

（续表二十一）

区（单位）	设施名称	地址	开放项目时间	备注
浦东新区	泥城镇龙港村篮球场	龙港村	篮球 08:30—17:00	具体开放情况以现场公告为准
	泥城镇祥旺社区篮球场	祥旺社区	篮球 08:30—17:00	具体开放情况以现场公告为准
	泥城镇新泐村篮球场	新泐村	篮球 08:30—17:00	具体开放情况以现场公告为准
	泥城镇海关村篮球场	海关村	篮球 08:30—17:00	具体开放情况以现场公告为准
	泥城镇马厂村篮球场	马厂村	篮球 08:30—17:00	具体开放情况以现场公告为准
	泥城镇彭庙村篮球场	彭庙村	篮球 08:30—17:00	具体开放情况以现场公告为准
	泥城镇航园村篮球场	航园村	篮球 08:30—17:00	具体开放情况以现场公告为准
	宣桥镇镇南居委文化广场	镇南居委文化广场	篮球 08:30—17:00	具体开放情况以现场公告为准
	宣桥镇光明社区篮球场	光明社区	篮球 08:30—17:00	具体开放情况以现场公告为准
	宣桥镇腰路村篮球场	腰路村	篮球 08:30—17:00	具体开放情况以现场公告为准
	宣桥镇张家桥村篮球场	张家桥村	篮球 08:30—17:00	具体开放情况以现场公告为准
	宣桥镇光明村篮球场	光明村	篮球 08:30—17:00	具体开放情况以现场公告为准
	宣桥镇中心村篮球场	中心村	篮球 08:30—17:00	具体开放情况以现场公告为准
	宣桥镇新安村篮球场	新安村	篮球 08:30—17:00	具体开放情况以现场公告为准
	宣桥镇欣松欣兰门球场	欣松欣兰居委	门球 08:30—17:00	具体开放情况以现场公告为准
	宣桥镇光辉村篮球场	光辉村	篮球 08:30—17:00	具体开放情况以现场公告为准
	宣桥镇光明小区篮球场	光明小区	篮球 08:30—17:00	具体开放情况以现场公告为准
	宣桥镇老宣桥社区篮球场	老宣桥社区	篮球 08:30—17:00	具体开放情况以现场公告为准
	宣桥镇门球场	南六公路 399 弄	门球 08:30—17:00	具体开放情况以现场公告为准

（续表二十二）

区（单位）	设施名称	地址	开放项目时间	备注
浦东新区	惠南镇莎海惠晨苑篮球场	莎海惠晨苑	篮球 08:30—17:00	具体开放情况以现场公告为准
	惠南镇海沈村篮球场	海沈村	篮球 08:30—17:00	具体开放情况以现场公告为准
	惠南镇英雄村篮球场	英雄村	篮球 08:30—17:00	具体开放情况以现场公告为准
	惠南镇六灶湾村篮球场	六灶湾村	篮球 08:30—17:00	具体开放情况以现场公告为准
	惠南镇黄路村篮球场	黄路村	篮球 08:30—17:00	具体开放情况以现场公告为准
	惠南镇永乐村篮球场	永乐村	篮球 08:30—17:00	具体开放情况以现场公告为准
	惠南镇陆楼村篮球场	陆楼村	篮球 08:30—17:00	具体开放情况以现场公告为准
	惠南镇桥北村篮球场	桥北村	篮球 08:30—17:00	具体开放情况以现场公告为准
	惠南镇陶桥村篮球场	陶桥村	篮球 08:30—17:00	具体开放情况以现场公告为准
	惠南镇塘路村篮球场	塘路村	篮球 08:30—17:00	具体开放情况以现场公告为准
	惠南镇远东村篮球场	远东村	篮球 08:30—17:00	具体开放情况以现场公告为准
	惠南镇双店村篮球场	双店村	篮球 08:30—17:00	具体开放情况以现场公告为准
	惠南镇城北村篮球场	城北村	篮球 08:30—17:00	具体开放情况以现场公告为准
	惠南镇西门村篮球场	西门村	篮球 08:30—17:00	具体开放情况以现场公告为准
	惠南镇东征村篮球场	东征村	篮球 08:30—17:00	具体开放情况以现场公告为准
	惠南镇徐庙村篮球场	徐庙村	篮球 08:30—17:00	具体开放情况以现场公告为准
	惠南镇门球场	丰海路	门球 08:30—17:00	具体开放情况以现场公告为准
	万祥镇万隆村篮球场	万隆村	篮球 08:30—17:00	具体开放情况以现场公告为准
	万祥镇万兴村篮球场	万兴村	篮球 08:30—17:00	具体开放情况以现场公告为准

（续表二十三）

区（单位）	设施名称	地址	开放项目时间	备注
浦东新区	康桥镇叠桥村篮球场	叠桥村	篮球 08:30—17:00	具体开放情况以现场公告为准
	康桥镇篮球场	梓潼会所	篮球 08:30—17:00	具体开放情况以现场公告为准
	康桥镇羽毛球场	梓潼会所	羽毛球 08:30—17:00	具体开放情况以现场公告为准
	康桥镇怡园村篮球场	怡园村	篮球 08:30—17:00	具体开放情况以现场公告为准
	康桥镇康桥成校篮球场	康桥成校	篮球 08:30—17:00	具体开放情况以现场公告为准
	康桥镇石门村篮球场	石门村	篮球 08:30—17:00	具体开放情况以现场公告为准
	康桥镇火箭村篮球场	火箭村	篮球 08:30—17:00	具体开放情况以现场公告为准
	张江镇华晶居委社区市民球场	孙农路 398 弄	羽毛球 09:00—11:00；13:00—16:00	具体开放情况以现场公告为准
	张江镇江苑居委社区市民球场	张东路 2281 弄 80 号	篮球 09:00—11:00；13:00—16:00	具体开放情况以现场公告为准
	周浦镇健身房	周东路 266 号	跑步、器械 09:00—11:00 ；13:00—16:00	具体开放情况以现场公告为准
	老港镇健身房	镇文化服务中心	跑步、器械 09:00—11:00；13:00—16:00	具体开放情况以现场公告为准
	万祥镇健身房	镇文化服务中心	跑步、器械 09:00—11:00；13:00—16:00	具体开放情况以现场公告为准
	惠南镇健身房	镇文化服务中心	跑步、器械 09:00—11:00；13:00—16:00	具体开放情况以现场公告为准
	新场镇健身房	镇文化服务中心	跑步、器械 09:00—11:00；13:00—16:00	具体开放情况以现场公告为准
	书院镇健身房	镇文化服务中心	跑步、器械 09:00—11:00；13:00—16:00	具体开放情况以现场公告为准
	北蔡镇健身房	社区文化中心陈春路	跑步、器械 09:00—11:00 ；13:00—16:00	具体开放情况以现场公告为准
	宣桥镇健身房	宣桥镇文化中心	跑步、器械 09:00—11:00；13:00—16:00	具体开放情况以现场公告为准
	陆家嘴街道健身房	东昌路 498 弄 15 号	跑步、器械 08:30—11:30；13:30—17:00	具体开放情况以现场公告为准

（续表二十四）

区（单位）	设施名称	地址	开放项目时间	备注
浦东新区	金桥镇健身房	金高路 1777 号	跑步、器械 09:00—11:00；13:00—16:00	具体开放情况以现场公告为准
	张江镇健身房	张江镇文广中心	跑步、器械 09:00—11:00；13:00—16:00	具体开放情况以现场公告为准
	合庆镇健身房	东川路 7779 号	跑步、器械 09:00—11:00；13:00—16:00	具体开放情况以现场公告为准
	泥城镇健身房	泥城镇文化中心	跑步、器械 09:00—11:00；13:00—16:00	具体开放情况以现场公告为准
	周浦镇健身房	瑞浦路 478 号	跑步、器械 09:00—11:00；13:00—16:00	具体开放情况以现场公告为准
	祝桥镇健身房	航亭环路 158 号文广服务中心	跑步、器械 09:00—11:00；13:00—16:00	具体开放情况以现场公告为准
	曹路镇健身房	金钻路海纳路（文广中心）	跑步、器械 09:00—11:00；13:00—16:00	具体开放情况以现场公告为准
	高桥镇健身房	张扬北路 5425 号	跑步、器械 09:00—11:00；13:00—16:00	具体开放情况以现场公告为准
	书院镇健身房	老芦公路 1418 号	跑步、器械 09:00—11:00；13:00—16:00	具体开放情况以现场公告为准
	祝桥镇健身房	祝桥社区活动中心	跑步、器械 09:00—11:00；13:00—16:00	具体开放情况以现场公告为准
	宣桥镇健身房	宣桥镇碧盈苑	跑步、器械 09:00—11:00；13:00—16:00	具体开放情况以现场公告为准
	新场镇健身房	坦直文体活动室	跑步、器械 09:00—11:00；13:00—16:00	具体开放情况以现场公告为准
黄浦区	黄浦体育馆	山东中路 311 号	羽毛球 13:00—21:00 乒乓球、桌球、瑜伽、健身、攀岩 10:00—21:00	1.13:00 前为少体校训练任务，该时段羽毛球不开放。 2. 羽毛球、乒乓球、桌球为当场发票；每场次提前 10 分钟发放，额满即止。 3. 桌球需缴纳 200 元押金，结束退还。 4. 瑜伽、健身、攀岩有名额限制，额满即止

（续表二十五）

区（单位）	设施名称	地址	开放项目时间	备注
黄浦区	卢湾体育中心	肇嘉浜路128号	羽毛球 09:00—21:00 网　球 07:00—22:00 乒乓球 13:00—22:00 保龄球 09:00—22:00	1. 羽毛球不预约，每片场地最多4人，每人限时1小时。 2. 网球：每场限4人，限时1小时。室内球场09:00—11:00为5—12岁少儿网球免费培训，名额25人。以上均需8月7日电话或现场预约，额满为止，电话64675245，13817031389。（室外场15:00—19:00少体校训练） 3. 乒乓球不预约，每人限时1小时。 4. 保龄球只开放成人球道，不预约，满5人开一条球道，每人限3局，鞋袜租赁5元/人
	黄浦区工人体育馆	外马路1288号	乒乓球、台球、保龄球、健身 10:00—22:00 游泳 10:00—21:30	1. 乒乓球每桌1小时，自备球和球拍，联系电话：63311005。 2. 台球每桌1小时，电话：63311099。 3. 保龄球每人2局鞋袜费自理，电话：63311030。 4. 健身和游泳位于美格菲健身中心，开放人群仅限16—70周岁之间，须提前电话预约，活动当日需持本人身份证前台登记后入场活动，预约电话63311018
	鲁班游泳馆	鲁班路183弄7号	游泳 06:30—07:30 14:00—15:00；19:15—20:45	1. 每时段120名额，提前1周于游泳馆售票处发放票券，每人限领1张。 2. 其他时段供少体校训练使用
	上海星之健身俱乐部（卢湾店）	建国西路135号卢湾体育馆5楼（近陕西南路）	游泳 07:00—11:00；13:00—18:00	每个时段各50个名额；至少提前一天凭身份证，在前台处或电话64666836预约登记，每人限约1个名额；凭预约身份证8月8日当天本人使用

（续表二十六）

区（单位）	设施名称	地址	开放项目时间	备注
黄浦区	五里桥社区“世博林”市民球场	中山南一路鲁班路	篮球 08:30—21:00	具体开放情况以现场公告为准
	巨成绿地市民球场	巨鹿路成都南路口	篮球 09:00—21:00	具体开放情况以现场公告为准
	瑞金二路市民球场	陕西南路 245 号	篮球 09:00—17:30	具体开放情况以现场公告为准
	丽蒙公园市民球场	丽园路局门路（丽蒙公园内）	篮球 08:00—11:00；15:00—19:00	具体开放情况以现场公告为准
	延福绿地市民球场	宁海东路浙江南路（延福绿地）	篮球 08:00—20:00	具体开放情况以现场公告为准
	蓬莱公园市民球场	南车站路 350 号	羽毛球 05:00—21:00	具体开放情况以现场公告为准
	九子公园市民球场	成都北路 1018 号	九子 05:00—21:00	具体开放情况以现场公告为准
	老西门街道市民球场	大吉路西藏南路交叉口	篮球 09:00—17:30	具体开放情况以现场公告为准
	露香园路人民路绿地市民球场	柳泉弄 1 号	篮球 10:30—18:30	具体开放情况以现场公告为准
	五里桥社区市民健身房	龙华东路 600 号 B1	健身、乒乓球 08:30—17:00	具体开放情况以现场公告为准
	瑞金社区市民健身房	陕西南路 245 号一楼	健身、乒乓球 08:30—17:00	具体开放情况以现场公告为准
	打浦桥市民健身房	蒙自路 223 号四楼	健身、乒乓球 09:00—20:00	具体开放情况以现场公告为准
	淮海中路街道市民健身房	马当路 349 号三楼	健身、乒乓球 08:30—21:00	具体开放情况以现场公告为准
	半淞园路社区市民健身房	保屯路 212 号 B1	健身 09:00—17:30	具体开放情况以现场公告为准
	老西门社区市民健身房	大吉路 65 号 B2	健身、乒乓球 09:00—17:30	具体开放情况以现场公告为准
	南东科技京城市民健身房	北京东路 668 号东楼十一层	健身 11:00—21:00	具体开放情况以现场公告为准

（续表二十七）

区（单位）	设施名称	地址	开放项目时间	备注
静安区	静安区 体育中心	汶水路116号	羽毛球、乒乓球 10:00—22:00 篮球 10:00—22:00	1. 羽毛球、乒乓球提前一天电话预约，每个身份证号限预定1片场地1小时，当天凭身份证开场。预约电话36363536。 2. 篮球提前一天电话预约，每个身份证号限预约1张门票，当天限时段凭身份证换票入场。预约电话36363536
静安区	静安区体育馆	南阳路123号	乒乓球 09:00—21:00	咨询电话：62470037
静安区	静安区 全民健身中心	中华新路475号	羽毛球、乒乓球 09:00—21:00 游泳 13:30—21:00	现场预约
静安区	静安网球馆	广延路417号	网球 08:00—18:00 足球 08:00—18:00	1. 网球预约电话：56385281 2. 足球预约电话：13701826426
静安区	静安区 运动健身中心	康定路151号	游泳 07:00—08:30；08:30—10:00 13:30—15:00；15:30—17:00 17:30—19:00；19:30—21:00 羽毛球 07:00—21:00 乒乓球 09:00—11:00 空手道 19:30—20:30 健身 10:00—11:00 14:00—15:00；15:30—16:30 瑜伽及舞蹈 11:45—12:45；18:00—21:30	1. 游泳每场200人，限时90分钟（包括更衣、淋浴），超时补票，通过关注静安区运动健身中心微信公众号进行预约。 2. 羽毛球每小时4片场地，电话预约62510770（不可现场预约），限约1片场地／小时／人，整点计时。 3. 乒乓球、空手道、健身、瑜伽、舞蹈等项目需提前预约，名额有限。预约电话：乒乓球62670125；空手道62181341；健身13983004788；瑜伽及舞蹈32559290
静安区	全民健身中心 市民球场	中华新路475号	篮球 06:00—12:00；18:00—22:00	需扫二维码入场
静安区	三泉路 市民球场	三泉路604号甲 （临汾路1244弄内）	篮球 07:00—20:00 乒乓球、网球、足球 08:00—18:00	篮球需扫二维码入场 乒乓球、网球、足球预约电话63067189 乒乓球以现场登记优先
静安区	灵石路 市民球场	灵石路737弄内	篮球 08:30—20:00 足球 08:30—20:30	篮球需扫二维码入场
静安区	雕塑公园 市民球场	山海关路 成都北路路口	篮球 06:00—22:00	需扫二维码入场

（续表二十八）

区（单位）	设施名称	地址	开放项目时间	备注
静安区	宝虬绿地市民球场	宝山路 111 号	篮球 06:00—19:00	需扫二维码入场
	平型关路市民球场	平型关路 1501 弄 15 号前	篮球 07:00—21:00	需扫二维码入场
	沪太支路市民球场	沪太路 99 弄甲	篮球 06:00—22:00	需扫二维码入场
	天目西路市民球场	共和新路 25 号	篮球 06:00—22:00	需扫二维码入场
	中兴绿地市民球场	中兴路 799 号西藏北路中兴路	篮球 06:00—22:00	需扫二维码入场
	蝴蝶市民球场湾	康定东路 13 号对面	篮球 06:00—22:00	需扫二维码入场
	闸喜路市民球场	闸喜路 1202 弄	篮球 07:00—20:00	需扫二维码入场
	交通公园市民球场	新马路 262 号	篮球 06:00—21:00	需扫二维码入场
	东茭泾市民球场	临汾路 1640 号	篮球 06:00—21:00	需扫二维码入场
	临汾路市民球场	保德路 181 弄	篮球 08:00—18:00	具体开放情况以现场公告为准
	曹家渡笼式足球场	昌平路 984 弄	足球 08:30—17:00	具体开放情况以现场公告为准
	宝山路街道笼式足球场	中山北路 280 弄 3 号	足球 09:00—20:00	预约电话 :15021856818
	曹家渡街道市民健身房	武定西路 1344 弄 12 号	健身 12:30—20:30	具体开放情况以现场公告为准
	静安寺社区文化活动中心	新闸路 1855 号三楼	健身 08:30—20:00	具体开放情况以现场公告为准
	石门二路街道市民健身房	康定东路 85 号石门二路社区文化活动中心内	健身 10:30—20:30	具体开放情况以现场公告为准
	江宁路街道市民健身房	西苏州路 71 号地下一层	乒乓球、桌球 12:00—21:00 健身 07:30—21:00	电话：18621869688
	北站街道社区市民健身房	康乐路 101 号 1 楼	健身 08:30—20:00	预约方式：现场预约、微信预约（公众号：weGo 北站）电话预约 63074598—806
	芷江西路街道文化中心	芷江西路 151 号	健身 08:30—21:00	具体开放情况以现场公告为准

（续表二十九）

区（单位）	设施名称	地址	开放项目时间	备注
静安区	共和新路街道社区市民中心健身房	延长中路755号1楼	健身 09:30—17:00	现场预约
	彭浦镇市民健身房	灵石路745号	健身 08:30—20:30	具体开放情况以现场公告为准
	临汾路街道市民健身房	保德路181号	健身 08:00—22:00	具体开放情况以现场公告为准
徐汇区	徐汇区青少年水上运动学校（徐汇游泳馆）	枫林路329号	游泳 07:00—08:30 09:00—10:30；11:00—12:30 健身 13:00—17:00	本人需持有效身份证或学籍卡登记，方可领券，学龄前儿童需出示户口簿。根据游泳池规定容量（培训区域除外），每场发放300张，共3场，每人限领1张，领完为止
	漕河泾社区乒乓馆	冠生园路211号边门二楼	乒乓球 08:30—16:30	具体开放情况以现场公告为准
	漕河泾公共篮球场	龙吴路、罗城路口	篮球 07:00—11:00；13:00—18:00	具体开放情况以现场公告为准
	漕河泾公共门球场	罗城路700弄内	门球 08:30—16:30	具体开放情况以现场公告为准
	汇龙园运动场	徐汇区华泾路龙吴路	足球、篮球、门球 07:00—11:00；15:00—21:00	具体开放情况以现场公告为准
	华泾公园市民球场	徐汇区华泾公园内	篮球、网球 06:00—11:00；16:00—21:00	具体开放情况以现场公告为准
	长桥社区篮球场	龙临路2号西面	篮球 07:30—19:00	具体开放情况以现场公告为准
	长桥社区门球场	龙临路2号南面	门球 08:30—17:00	具体开放情况以现场公告为准
	东安公园公共篮球场	中山南二路811号	篮球 08:30—17:00	具体开放情况以现场公告为准
	嘉川路小游园综合运动场	嘉川路虹梅南路	篮球、羽毛球 08:00—17:00	具体开放情况以现场公告为准
	康健体育场	桂林西街168号	足球、篮球、羽毛球、乒乓球 08:00—18:00	具体开放情况以现场公告为准
	斜土社区市民球场	瑞金南路600号旁	篮球 07:00—11:30；14:00—17:00	具体开放情况以现场公告为准
	徐家汇公园篮球场	宛平路肇嘉浜路	篮球 07:00—11:00；13:00—21:00	具体开放情况以现场公告为准
	漕河泾社市民健身房	宾南路36弄漕河泾文体分中心内	健身 08:30—16:30	具体开放情况以现场公告为准

（续表三十）

区（单位）	设施名称	地址	开放项目时间	备注
徐汇区	华泾社区市民健身房	华泾路505号207室	健身 09:00—20:30	具体开放情况以现场公告为准
	徐家汇社区市民健身房	宜山路50弄2号邻里汇A楼一楼	健身 08:30—19:00	具体开放情况以现场公告为准
	康健社区市民健身房	桂林西街168号	健身 09:00—16:00	具体开放情况以现场公告为准
	天平社区市民健身房	广元路153号2楼	健身 09:00—21:00	具体开放情况以现场公告为准
	斜土社区市民健身房	大木桥路461号	健身 08:00—16:00	具体开放情况以现场公告为准
长宁区	长宁温水游泳池（长宁区游泳学校）	愚园路1041号	游泳 06:30—07:.　12:00—13:00 13:30—14:30；15:00—16:00 19:30—20:30	领票者现场凭有效游泳健身卡领取免费游泳票，每人现领1张，须登记本人姓名、游泳健身卡号、联系方式；每场100张游泳票，额满为止
	上海国际体操中心	武夷路777号	羽毛球 09:00—21:00 游泳 09:30—11:00 12:30—14:00；15:00—16:30 17:30—19:00；19:30—21:00	1. 羽毛球16:00—18:00是青少年业余训练占用部分场地。 2. 游泳现场凭有效游泳健身卡领取免费游泳票，每人限领1张，登记本人姓名、游泳健身卡号、联系方式；共5场，每场350张游泳票，额满为止
	长宁网球场	华山路1038弄173号	网球 07:00—18:00；18:00—22:00	07:00—18:00免费向未成年人开放 18:00—22:00免费向社会开放
	新泾之光社区市民球场	泉口路227弄1号	篮球、笼式足球 06:00—21:30	具体开放情况以现场公告为准
	虹康绿地社区市民球场	泉口路111号	羽毛球、网球 06:00—21:30	具体开放情况以现场公告为准
	仙霞社区市民球场	虹桥路1829弄	笼式足球、篮球、门球 07:00—11:30；13:30—17:00	具体开放情况以现场公告为准
	程家桥街道社区市民球场	迎宾三路上航新村内	篮球、网球 07:30—19:00	具体开放情况以现场公告为准
	华山绿地市民球场	华山路1500号	篮球 08:00—11:00；14:00—20:00	具体开放情况以现场公告为准
	安顺绿地市民球场	安顺路定西路口	笼式足球 06:30—9:00；11:00—18:00	具体开放情况以现场公告为准

（续表三十一）

区（单位）	设施名称	地址	开放项目时间	备注
长宁区	新虹桥中心花园市民球场	延安西路 2238 号	篮球、笼式足球、羽毛球 07:30—18:30	具体开放情况以现场公告为准
	虹桥河滨公园篮球场	长宁路 2080 号	篮球 08:00—11:00；13:30—17:00	具体开放情况以现场公告为准
	新泾镇市民健身房	福泉路 405 号 3 楼	健身器械 08:30—17:30	具体开放情况以现场公告为准
	天山路街道市民健身房	天山四村 122 号 1 号楼 2 楼	乒乓球、健身器械 09:00—16:00	具体开放情况以现场公告为准
	新华社区市民健身房	安顺路 79 号	健身器械、乒乓球 06:30—09:00；11:00—14:00	具体开放情况以现场公告为准
	江苏路街道市民健身房	宣化路 3 号	健身器械 08:30—20:00 乒乓球、跳操房 08:30—17:00	具体开放情况以现场公告为准
普陀区	普陀体育中心	西乡路 208 号	篮球（室外）09:00—21:00 健身 10:00—21:00 室内篮球 10:00—22:00	1. 健身房场馆有限流措施。 2. 室内篮球场需提前预约
	普陀体育馆	曹杨路 400 号	篮球、网球 08:00—12:00；12:00—22:00 羽毛球、健身 07:00—22:00	1. 篮球、网球为全民健身系列活动普陀分会场，需要提前预约场地。 2. 羽毛球需要提前预约场地。 3. 健身房（不含操房，登记使用）场馆有限流措施
	真如体育场	北石路 208 号	足球、羽毛球、乒乓球 09:00—22:00 健身 07:00—22:00	1. 足球、羽毛球、乒乓球场馆需预约。 2. 健身房场馆有限流措施
	新健游泳馆	平利路 50 号	游泳 06:30—07:30；13:00—21:00	下午每场 90 分钟，场馆有限流措施
	曹杨游泳池	梅岭北路 41 号	游泳 07:00—11:00；13:00—18:30	游泳上午最晚 09:45 入场（每场 60 分钟），下午最晚 17:00，入场场馆有限流措施
	普陀体育公园	金通路 158 号	羽毛球、网球 08:00—17:00 篮球 05:00—17:00	具体开放情况以现场公告为准
	真如共享篮球场	真光路金汤路路口	篮球 08:00—20:00	具体开放情况以现场公告为准
	新曹杨篮球场	怒江北路泸定路口	篮球 09:00—18:00	具体开放情况以现场公告为准
	祥和名邸多功能球场	梅川路 1333 弄内	篮球、足球、网球 09:00—17:00	具体开放情况以现场公告为准

（续表三十二）

区（单位）	设施名称	地址	开放项目时间	备注
普陀区	甘泉社区文化活动中心	延长西路 350 号二楼	健身 08:30—16:30	具体开放情况以现场公告为准
	宜川社区文化活动中心	华阴路 200 号 3 楼	健身 09:00—16:30	具体开放情况以现场公告为准
	真如镇街道市民健身房	兰溪路 968 号 2 楼	健身 09:00—21:00	具体开放情况以现场公告为准
	长征市民健身房	梅川路 1255 号南 1 楼	乒乓球、健身 08:30—17:00	乒乓球提前通过智慧长征 APP 或微信客户端预约，每个账号最多免费预约一片场地（1 小时）
	长征全民健身中心	清峪路 385 号	篮球、健身 10:00—18:00 乒乓球、羽毛球 12:00—18:00 游泳 10:00—17:00	提前通过智慧长征 APP 或微信客户端预约，乒乓球、羽毛球每个账号最多免费预约一片场地（1 小时），游泳共提供 60 张 1 个半小时免费游泳票
	甘泉社区文化活动中心	延长西路 350 号三楼	乒乓球 08:30—16:30	具体开放情况以现场公告为准
	石泉市民健身房	宁强路 25 号	乒乓球 08:30—11:00；13:30—16:30	具体开放情况以现场公告为准
	宜川社区文化活动中心	华阴路 200 号 3 楼	乒乓球 09:00—16:30	具体开放情况以现场公告为准
	桃浦镇全民健身活动中心	金通路 380 号	乒乓球、羽毛球、游泳、健身 10:00—16:00	具体开放情况以现场公告为准
虹口区	虹口游泳学校	东江湾路 444 号	游泳 07:00—08:30；15:00—17:00	每场限 150 人，现场登记入场
	虹口游泳池	东江湾路 500 号	游泳 09:00—21:00	1. 赠票领取时间为 8 月 8 日 09:00—19:00，2 小时 / 场，每票仅限使用 1 场，每场限定人数为 150 人。 2. 游客必须持有当年有效健身卡，凭有效证件原件限领赠券 1 张，签字领券，赠完为止。身高 130cm 以下的未成年人，必须由成人陪同方可入场
	四川北路街道公共篮球场	四川北路虬江路口	篮球 09:00—22:00	具体开放情况以现场公告为准
	水木年华公共篮球场	水木年华小区旁	篮球 09:00—22:00	具体开放情况以现场公告为准

（续表三十三）

区（单位）	设施名称	地址	开放项目时间	备注
虹口区	汶水东路公共篮球场	汶水东路水电路口	篮球 09:00—22:00	具体开放情况以现场公告为准
	赤峰路网球场	赤峰路370弄33号	网球 09:00—18:00	具体开放情况以现场公告为准
	欧阳社区公共羽毛球场	密云路250弄2号边	羽毛球 16:30—19:30	具体开放情况以现场公告为准
	嘉兴社区笼式足球场	周家嘴路（近保定路）	足球 08:30—21:00	具体开放情况以现场公告为准
	三河路社区篮球场	三河路388号	篮球 08:30—21:00	具体开放情况以现场公告为准
	和平公园羽毛球场	天宝路891号	羽毛球 05:00—21:00	具体开放情况以现场公告为准
	凉城社区公共篮球场	车站南路398号	篮球 09:00—20:00	具体开放情况以现场公告为准
	凉城社区门球场	汶水东路690弄	门球 09:00—20:00	具体开放情况以现场公告为准
	虹口足球场外场	东江湾路444号	篮球 09:00—22:00	具体开放情况以现场公告为准
	曲阳社区市民健身房	中山北一路998号	健身 09:00—20:30	具体开放情况以现场公告为准
杨浦区	杨浦区体育馆	隆昌路640号	羽毛球、乒乓球 07:00—21:00	采取预约制，羽毛球正常训练时间 09:00—16:00 除外
	杨浦区体育活动中心游泳馆	舒兰路50号	游泳 13:30—15:00；15:30—17:00 17:30—19:00；19:30—21:00	每场限160人
	杨浦区青少年业余体校温水游泳池	打虎山路19号	游泳 13:00—14:00；16:00—17:00 17:30—18:30；19:00—20:00	每场限200人
	顺平路社区市民球场	顺平路59弄	篮球 09:00—19:00	具体开放情况以现场公告为准
	大桥社区市民篮球场	宁国路503号	篮球 09:00—21:00	具体开放情况以现场公告为准
	申新村市民羽毛球场	眉州路申新村108号旁	羽毛球 07:00—19:00	具体开放情况以现场公告为准
	控江社区市民门球场	控江路1197弄大门口（地铁8号线3号口）	门球 07:00—17:00	具体开放情况以现场公告为准
	延吉市民篮球场	营口路20号（靠近靖宇东路）	篮球 09:00—11:00；15:00—18:00	具体开放情况以现场公告为准

（续表三十四）

区（单位）	设施名称	地址	开放项目时间	备注
杨浦区	长白市民篮球场	松花江路军工路路口	篮球 14:00—21:00	具体开放情况以现场公告为准
	四平社区市民羽毛球场	抚顺路 360 号	羽毛球 08:30—11:00；13:30—17:00 18:00—20:45	具体开放情况以现场公告为准
	殷行社区市民球场	白城路 580 号	篮球、足球 09:00—11:30；13:30—17:00	具体开放情况以现场公告为准
	五角场镇市民门球场	嫩江路 1181 号旁	门球 06:00—10:00；14:00—16:00	具体开放情况以现场公告为准
	五角场镇市民足球场	南翔殷路近虬江码头路	足球 09:00—17:00	具体开放情况以现场公告为准
	政悦路社区市民球场	殷行路、政悦路	篮球、足球 06:00—12:00	具体开放情况以现场公告为准
	淞沪路社区市民球场	淞沪路、国泓路	篮球 08:00—16:00	具体开放情况以现场公告为准
	殷行路社区市民球场	殷行路、政和路	篮球 08:00—16:00	具体开放情况以现场公告为准
	定海社区文化活动中心市民健身房	长阳路 3066 号地下一层	健身 08:30—12:00；13:00—17:00 18:00—20:00	具体开放情况以现场公告为准
	定海社区文化活动中心乒乓活动室	长阳路 3066 号地下一层	乒乓球 08:30—12:00；13:00—17:00 18:00—20:00	具体开放情况以现场公告为准
	大桥社区市民健身房	平凉路 1730 号 408 室	健身 08:30—17:00	具体开放情况以现场公告为准
	平凉社区市民健身房	怀德路 399 号一楼健身房	健身 08:30—21:00	具体开放情况以现场公告为准
	江浦市民健身房	许昌路 1150 号四楼	健身 09:00—21:00	具体开放情况以现场公告为准
	长白市民健身房	延吉东路 105 号 5 楼	健身 08:30—21:00	具体开放情况以现场公告为准
	四平市民健身房	工农四村 175 号	乒乓球、健身 08:30—11:00 13:30—17:00；18:00—20:45	204、205 为乒乓球室
	殷行街道市民健身中心	本溪路 274 号	健身 06:00—22:00	具体开放情况以现场公告为准
	五角场街道市民健身房	政化路 257 号社区文化中心 2 楼	健身 08:00—22:00	具体开放情况以现场公告为准
	五角场镇乒乓房	佳木斯路 315 弄 7 号	乒乓球 08:30—11:30；14:00—16:30	具体开放情况以现场公告为准

（续表三十五）

区（单位）	设施名称	地址	开放项目时间	备注
杨浦区	五角场镇市民健身房	翔殷路505弄3号	健身 08:30—21:30	具体开放情况以现场公告为准
	政立一居委市民健身房	政立路687弄27号2楼政立路683弄老年活动室	健身 09:00—16:00	具体开放情况以现场公告为准
	政立二居委市民健身房	政云路220号206室	健身 09:00—16:00	具体开放情况以现场公告为准
	东森涵碧居委市民健身房	殷行路851号4楼	健身 09:00—16:00	具体开放情况以现场公告为准
	时代花园居委市民健身房	殷行路850弄53号1楼	健身 09:00—16:00	具体开放情况以现场公告为准
	雍景苑居委市民健身房	政悦路500弄2号楼2楼	健身 09:00—16:00	具体开放情况以现场公告为准
	建德公寓居委市民健身房	政悦路588弄32号2楼	健身 09:00—16:00	具体开放情况以现场公告为准
	江湾国际公寓居委市民健身房	政和路1011号2楼	健身 09:00—16:00	具体开放情况以现场公告为准
	橡树湾居委市民健身房	江湾城路1299弄70号1楼	健身 09:00—16:00	具体开放情况以现场公告为准
	仁恒怡庭居委市民健身房	政和路388弄40号	健身 09:00—16:00	具体开放情况以现场公告为准
宝山区	宝山体育中心	永清路700号	乒乓、羽毛球 07:00—08:00 08:30—09:30；10:00—11:00 11:30—12:30；13:00—14:00 14:30—15:30；16:00—17:00 网球 09:00—11:00 篮球 09:00—17:00 游泳 09:00—11:00；11:00—13:00 13:00—15:00；15:00—17:00	具体开放情况以现场公告为准
	大场体育中心	沪太路2010号	羽毛球、乒乓、桌球 10:00—11:00；11:00—12:00 12:00—13:00；13:00—14:00 14:00—15:00；15:00—16:00 16:00—17:00 篮球 18:00—19:00；19:00—20:00 20:00—21:00	具体开放情况以现场公告为准

（续表三十六）

区（单位）	设施名称	地址	开放项目时间	备注
宝山区	高境游泳馆	高境路371号	游泳 12:00—14:00	具体开放情况以现场公告为准
	通河全民健身活动中心	通河路590号	游泳 13:00—14:30；15:00—16:30 乒乓、桌球 10:00—16:00 网球、篮球 09:00—11:00	具体开放情况以现场公告为准
	罗泾公园市民球场	潘沪路298号	笼式足球、篮球、网球 06:00—19:30	具体开放情况以现场公告为准
	罗泾陈行市民球场	陈镇路北端	笼式足球、篮球 06:00—19:30	具体开放情况以现场公告为准
	吴淞社区公共运动篮球场	淞兴路吴淞大桥东侧	篮球 09:00—17:00	具体开放情况以现场公告为准
	富丽市民球场	罗店镇富南路199弄	篮球 08:30—19:30	具体开放情况以现场公告为准
	联合村市民球场	溪宇路联杨路口	篮球 08:30—19:30	具体开放情况以现场公告为准
	西埝市民球场	罗店镇沪太路6515号	篮球、笼式足球 08:30—19:00	具体开放情况以现场公告为准
	塘西街市民球场	罗店镇塘西街366号	篮球、笼式足球 08:30—11:00；13:00—16:30 18:00—21:00	具体开放情况以现场公告为准
	美文苑市民球场	罗店镇罗智路258弄	篮球 08:30—19:30	具体开放情况以现场公告为准
	淞南八村市民球场	长江南路530弄2号（八村居委旁边）	篮球、羽毛球 06:00—18:00	具体开放情况以现场公告为准
	淞南十村市民球场	淞南十村小区内	篮球、笼式足球 06:00—18:00	具体开放情况以现场公告为准
	庙行智力公园篮球场	呼兰西路1号	篮球 07:00—18:00	具体开放情况以现场公告为准
	庙行镇文化中心篮球场	长江西路2697号室外篮球场	篮球 07:00—19:00	具体开放情况以现场公告为准
	庙行共和公园市民球场	场北路408号	篮球 07:00—19:00	具体开放情况以现场公告为准
	顾村沈杨村运动场	沈杨村内外环线边上	篮球、笼式足球 07:00—19:00	具体开放情况以现场公告为准
	张庙泗塘篮球公园	共江路152号	篮球 07:00—21:00	具体开放情况以现场公告为准
	顾村馨佳园篮球场	潘广路韶山路路口	篮球 07:30—19:30	具体开放情况以现场公告为准

（续表三十七）

区（单位）	设施名称	地址	开放项目时间	备注
宝山区	罗泾市民体育健身俱乐部	沪太路 8885 号	健身 08:30—20:30	具体开放情况以现场公告为准
	吴淞街道市民健身房	淞浦路 470 号	健身 09:00—16:00	具体开放情况以现场公告为准
	罗店镇市民健身房	罗店镇美诺路 131 号	健身、乒乓球、桌球 08:30—11:00；13:00—16:30 18:00—21:00	具体开放情况以现场公告为准
	罗店镇市民健身房	罗店镇塘西街 366 号	健身、乒乓球、羽毛球 08:30—11:00；13:00—16:30 18:00—21:00	具体开放情况以现场公告为准
	月浦镇市民健身房	龙镇路 88 号	健身 08:30—16:30	具体开放情况以现场公告为准
	菊泉文体中心健身房	菊盛路 99 弄 70 号	健身 09:00—21:00	具体开放情况以现场公告为准
	罗泾市民体育健身俱乐部	沪太路 8885 号	篮球、网球 08:30—20:30	具体开放情况以现场公告为准
	杨行社会事务服务中心乒乓活动室篮球场	杨行镇松兰路 826 号	篮球、乒乓球 08:00—17:40	具体开放情况以现场公告为准
	友谊路街道社区文化活动中心健身房	永清路 899 号 301 室	健身 08:30—11:30；13:00—17:00	具体开放情况以现场公告为准
	友谊路街道社区文化活动中心桌球房	永清路 899 号 307 室	桌球 08:30—11:30；13:00—17:00	具体开放情况以现场公告为准
	友谊路街道社区文化活动中心乒乓房	永清路 899 号 308 室	乒乓球 08:30—11:30；13:00—17:00	具体开放情况以现场公告为准
	高境文化活动中心乒乓房	高境路 371 号二楼 205 室	乒乓球 11:00—17:00	具体开放情况以现场公告为准
	庙行镇文化中心乒乓球室	长江西路 2697 号 1 楼	乒乓球 08:00—11:00；13:00—16:30	具体开放情况以现场公告为准
	罗泾市民体育健身俱乐部	沪太路 8885 号	游泳 08:30—20:30	具体开放情况以现场公告为准
	罗店镇百姓游泳池	罗店镇美诺路 131 号	游泳 09:00—11:00 13:00—16:30；18:00—21:00	具体开放情况以现场公告为准

（续表三十八）

区（单位）	设施名称	地址	开放项目时间	备注
闵行区	闵行区体育馆	闵行区新镇路288号	羽毛球、网球、乒乓球、篮球 09:00—21:00 足球、门球 09:00—17:00 游泳 09:00—10:00；10:30—11:30 13:00—14:00；14:30—15:30 16:00—17:00；18:00—19:00 19:30—20:30	具体开放情况以现场公告为准
	闵行区体育场	莘东路540号	田径 05:30—08:30；11:30—13:00 17:30—21:00	具体开放情况以现场公告为准
	闵行区游泳池	莘凌路181号	游泳 13:00—14:00；15:00—16:00 18:30—19:30；20:00—21:00	具体开放情况以现场公告为准
	颛桥体育中心	都市路2699号	羽毛球、健身、乒乓球 09:00—21:00 游泳 09:00—20:30	具体开放情况以现场公告为准
	新虹体育中心	宁虹路1122号	乒乓球、羽毛球、游泳 08:00—20:00	具体开放情况以现场公告为准
	古美社区文化活动中心	平阳路256号	健身 09:00—11:20；13:00—20:50	具体开放情况以现场公告为准
	马桥镇体育场	马桥镇青年路33号	羽毛球、篮球、田径 08:00—20:00	具体开放情况以现场公告为准
	吴泾镇体育中心	龙吴路5347号	羽毛球、健身、乒乓球、桌球、室外足球、室外篮球、游泳 09:00—21:00	具体开放情况以现场公告为准
	华漕镇文体中心运动馆	纪翟路550号	羽毛球、乒乓球 08:30—11:00；12:00—16:00	具体开放情况以现场公告为准
	梅陇镇体育中心	高兴路108号	羽毛球、篮球、健身、游泳 09:00—21:00	具体开放情况以现场公告为准
	莘庄工业区文体活动中心	申北路425号	乒乓球、棋牌、桌球 08:30—11:30；13:30—16:30	具体开放情况以现场公告为准
	江玮绿地市民球场	江玮路江协路口	门球场 06:00—18:00	具体开放情况以现场公告为准
	吉祥市民球场	华宁路联青路口	门球、篮球、笼式足球 08:00—20:00	具体开放情况以现场公告为准
	梅陇镇体育中心社区市民球场	高兴路108号	篮球、门球 08:30—22:00	具体开放情况以现场公告为准

（续表三十九）

区（单位）	设施名称	地址	开放项目时间	备注
闵行区	莘庄中学市民球场	腾冲路（靠近莘庄中学边）	网球、轮滑、足球 08:30—17:00	具体开放情况以现场公告为准
	奥赛花园市民球场	普洱路到底（靠近春申塘边）	篮球 08:30—17:00	具体开放情况以现场公告为准
	东闸路莘松小学市民球场	东闸路 99 号	曲棍球、篮球 08:30—17:00	具体开放情况以现场公告为准
	春申万科城郊野绿园市民球场	畹町路 99 弄	篮球、网球 08:30—17:00	具体开放情况以现场公告为准
	联明雅苑市民球场	中春路 7155 弄 68 号	篮球 07:00—20:00	具体开放情况以现场公告为准
	体育活动中心市民球场	航新路 228 号	健身、门球、网球、篮球 07:00—18:00	具体开放情况以现场公告为准
	金虹桥河滨绿地门球场	合川路 2889 号	门球 06:30—15:00	具体开放情况以现场公告为准
	虹二虹四门球场	古北路 1988 号	门球 06:30—15:00	具体开放情况以现场公告为准
	井亭门球场	虹莘路 3799 弄井亭大厦楼顶	门球 06:30—15:00	具体开放情况以现场公告为准
	西郊门球场	龙柏一村（虹井路 629 弄）	门球 06:30—15:00	具体开放情况以现场公告为准
	诸翟公园市民篮球场	运乐路 188 号	篮球 08:00—10:30；14:00—17:00	具体开放情况以现场公告为准
	纪王公园篮球场	纪中路 8 号	篮球 08:00—10:30；14:00—17:00	具体开放情况以现场公告为准
	华西市民球场	纪高路 1248 号	门球 08:00—10:30；14:00—17:00	具体开放情况以现场公告为准
	巷前市民球场	纪翟路 2791 号	门球 08:00—10:30；14:00—17:00	具体开放情况以现场公告为准
	华漕村足球活动中心	南华街 38 弄 50 号	足球 09:00—20:00	具体开放情况以现场公告为准
	石屏路市民多功能球场	石屏路凤庆路路口	门球、篮球 08:00—21:00	具体开放情况以现场公告为准
	凤庆路笼式篮球场	瑞丽路凤庆路路口	篮球 08:00—21:00	具体开放情况以现场公告为准
	西华美路市民球场	北翟路西华美路路口	门球 07:00—18:00	具体开放情况以现场公告为准
	古美路街道社区运动场	古龙路虹梅路	篮球、门球、足球 08:00—11:00；14:00—17:00	具体开放情况以现场公告为准

（续表四十）

区（单位）	设施名称	地址	开放项目时间	备注
闵行区	世博家园市民球场	浦晓南路江园路	足球、篮球 07:00—10:00；13:00—20:00	具体开放情况以现场公告为准
	浦锦绿地市民球场	浦锦路江月路	篮球 07:00—10:00；13:00—19:00	具体开放情况以现场公告为准
	浦晓支路市民球场	浦康路江桦路口	网球 07:00—19:00	具体开放情况以现场公告为准
	陈行公园市民球场	陈南路浦星公路口	门球 07:00—17:00	具体开放情况以现场公告为准
	瑞龙绿地市民门球场	江龙路浦瑞路口	门球 07:00—17:00	具体开放情况以现场公告为准
	文体活动中心室外门球场	申北路 425 号	门球 07:30—10:30；13:30—16:30	具体开放情况以现场公告为准
嘉定区	嘉定体育馆（训练馆）	新成路 138 号	羽毛球 09:30—21:30	每片场地限时 1 小时，现场订场，先到先得
	嘉定体育场	新成路 118 号	田径 06:00—08:30；18:00—21:00 篮球 06:30—08:30；13:00—22:00 乒乓球、足球 13:00—22:00	田径场其余时段青训
	嘉定区市民健身中心	梅园路 315 号	游泳 14:30—19:30 羽毛球 18:00—22:00 乒乓球 09:00—11:00；13:00—22:00	游泳时间为 90 分钟，不做预约；羽毛球馆白天有赛事活动
	沈坚强游泳馆	新成路 118 号	游泳 05:40—07:40；13:00—21:00	按场次进入；其余时段青训
	安亭镇文体中心游泳池	墨玉路 621 号	游泳 10:00—21:00	具体开放情况以现场公告为准
	嘉定新城乒乓活动中心	（马陆镇）宝安公路 3366 号	游泳 08:00—20:00	具体开放情况以现场公告为准
	南翔镇文化体育服务中心	古猗园路 737 号 A 栋四楼	乒乓球 06:30—8:00；08:30—10:00 13:30—17:00；18:30—21:30 九球、斯诺克 13:30—17:00；18:30—21:30	具体开放情况以现场公告为准
	江桥镇文体中心	华江路 129 弄 1 号楼	乒乓球、桌球、健身、射箭、沙狐球、棋牌 08:30—11:00；13:00—17:00	具体开放情况以现场公告为准
	外冈镇社区文化活动中心	外冈镇中泉路 76 号	健身、乒乓球 08:00—17:00	具体开放情况以现场公告为准

（续表四十一）

区（单位）	设施名称	地址	开放项目时间	备注
嘉定区	嘉定工业区文体中心	汇源路188号一号楼3楼	高尔夫 10:00—22:00	需提前预约
	真新街道市民健身苑	丰庄路550弄65号	门球、健身、团队健身 08:00—16:00	具体开放情况以现场公告为准
	太平村多功能球场	太平村卫生站旁	篮球、足球 08:00—11:00；13:00—18:00	具体开放情况以现场公告为准
	新宝社区多功能运动场	新宝社区居委会后侧	篮球、足球 07:00—11:00；14:00—20:00	具体开放情况以现场公告为准
	越华社区多功能运动场	越华社区居委会后侧	篮球、足球 08:00—20:00	具体开放情况以现场公告为准
	黎明村多功能运动场	黎明村村委会旁	篮球、足球 08:00—16:00	具体开放情况以现场公告为准
	安亭社区市民球场	墨玉路621号	网球、篮球 09:00—11:00；13:00—21:00	具体开放情况以现场公告为准
	黄渡社区市民球场	安亭黄渡杭桂路	篮球、网球 09:00—11:00；13:00—20:00	具体开放情况以现场公告为准
	包桥社区市民球场	宝安公路2888弄包桥小区内	篮球 06:00—10:30；15:00—19:00	具体开放情况以现场公告为准
	仓新社区市民球场	沪宜公路2800弄仓新小区内	篮球 06:00—10:30；15:00—19:00	具体开放情况以现场公告为准
	嘉新社区市民球场	嘉富路500弄嘉新小区内	篮球 06:00—10:30；15:00—19:00	具体开放情况以现场公告为准
	育苑社区市民球场	沪宜公路1866弄育苑小区内	篮球、门球 06:00—10:30；15:00—19:00	具体开放情况以现场公告为准
	嘉定新城（马陆镇）紫气东来体育公园	天祝路云谷路	篮球、网球 07:00—22:00	具体开放情况以现场公告为准
	南翔镇市民球场	金通路1556号	五人制足球场、七人制足球场 16:00—22:00	具体开放情况以现场公告为准
	南翔镇永乐村多功能运动场	翔乐路271号	篮球、足球 08:00—19:30	具体开放情况以现场公告为准
	江桥镇高潮市民球场	靖远路1358号旁	篮球、门球 08:00—11:00；13:00—18:00	具体开放情况以现场公告为准
	江桥镇红光市民球场	红光中心村内	足球、篮球、门球 08:00—11:00；13:00—18:00	具体开放情况以现场公告为准
	徐行镇市民球场	启悦路启秀路路口	篮球、网球全天开放	具体开放情况以现场公告为准
	外冈镇社区市民球场	外冈镇瞿门路518号	篮球、门球 09:00—11:00；13:00—20:00	具体开放情况以现场公告为准

（续表四十二）

区（单位）	设施名称	地址	开放项目时间	备注
嘉定区	新成路足球场	倪家浜路 88 号迎园中学对面	足球 07:00—22:00	具体开放情况以现场公告为准
	新成路街道篮球场	仓场路 335 号	篮球 09:00— 21:00	具体开放情况以现场公告为准
	新成路街道门球场	和政路塔城路口新成公园内	门球 09:00—17:00	需提前预约
	嘉定工业区文体中心网球场	汇源路 188 号一号楼 3 楼	网球 10:00—22:00	需提前预约
	菊园新区北水湾市民球场	环城路 601 号东侧	足球、篮球 14:00—22:00	具体开放情况以现场公告为准
	菊园新区北水湾体育公园市民球场	树屏路 1585 号	游泳、篮球、足球 06:00—22:00	具体开放情况以现场公告为准
	华亭镇社区市民球场	霜竹公路 1358 号	篮球、网球 08:00—17:00	具体开放情况以现场公告为准
	嘉定镇街道睦邻市民球场	塔城路 800 弄东侧	篮球、足球 08:00—20:00	具体开放情况以现场公告为准
	嘉定镇儿童公园市民球场	嘉定区梅园路 226 号	篮球、足球 08:00—17:00	具体开放情况以现场公告为准
	安亭镇市民健身房	墨玉路 621 号	有氧、无氧健身器械运动 10:00—16:00	具体开放情况以现场公告为准
	南翔镇 365 市民健身房	古猗园路 737 号 A 栋 5 楼	有氧、无氧健身器械运动 10:00—22:00	具体开放情况以现场公告为准
	江桥镇 365 市民健身房	金耀南路 257 号	健身器械、有氧运动 10:00—18:00	具体开放情况以现场公告为准
	徐行镇 365 市民健身房	新建一路 1568 号 202 室	有氧、无氧健身器械运动 08:30—20:00	具体开放情况以现场公告为准
	外冈镇市民健身房	外冈镇恒荣路 386 号	有氧、无氧健身器械运动 10:00—22:00	具体开放情况以现场公告为准
	新成路街道市民健身房	塔城东路 292 号 2 楼	有氧、无氧健身器械运动 09:00—21:00	具体开放情况以现场公告为准
	嘉定工业区企民星健身中心	汇源路 188 号一号楼 3 楼	有氧、无氧健身器械运动 10:00—22:00	具体开放情况以现场公告为准
	菊园新区文化活动中心 365 市民健身房	棋盘路 1255 号菊园文化中心一楼	有氧、无氧健身器械运动 09:30—11:30；14:30—21:00	具体开放情况以现场公告为准
	菊园新区嘉保社区 365 市民健身房	胜竹路 1780 弄 2 号五月花美食广场 4 楼	有氧、无氧健身器械运动 14:00—21:00	具体开放情况以现场公告为准

（续表四十三）

区（单位）	设施名称	地址	开放项目时间	备注
嘉定区	菊园新区嘉悠社区365市民健身房	盘安路1000弄胜辛路党建分中心3楼	有氧、无氧健身器械运动 14:00—21:00	具体开放情况以现场公告为准
	菊园新区科创大厦365市民健身房	胜竹路1399号科创大厦底楼	有氧、无氧健身器械运动 14:00—21:00	具体开放情况以现场公告为准
	华亭镇365市民健身房	嘉行公路3198号新大楼二楼	有氧、无氧健身器械运动 13:00—20:00	具体开放情况以现场公告为准
	普利吉篮球	西云楼商业街17号楼4楼	篮球 10:00—22:00	需提前预约
	KOF搏击俱乐部	西云楼商业街10号楼3楼	搏击 10:00—22:00	具体开放情况以现场公告为准
	威尔仕健身	西云楼商业街12号楼	有氧、无氧健身器械运动 10:00—22:00	14周岁以上，需携带身份证
	萌介轮滑	西云楼商业街11号楼1\3楼	轮滑 10:00—22:00	具体开放情况以现场公告为准
	城市轮滑	大融城3楼314—315	轮滑 10:20—16:00	具体开放情况以现场公告为准
金山区	金山体育馆	健康南路333号	羽毛球、足球、篮球、网球、乒乓球、壁球、桌球 08:00—11:00；13:00—17:00 18:00—21:00 游泳 08:00—09:30；10:00—11:30 13:00—14:30；15:00—16:30 17:30—19:00；19:30—21:00	自带运动装备
	金山区体育中心	杭州湾大道4100号	网球、笼式足球、篮球 09:00—11:00；14:00—16:00	具体开放情况以现场公告为准
	金山区体育中心朱泾游泳池	公园路325号	游泳 06:00—07:00；15:30—16:30 18:30—19:30	具体开放情况以现场公告为准
	金山区社体中心体育场	合浦路147号	田径 6:00—20:00 足球 09:00—16:00 门球 09:00—11:00；13:00—16:00	具体开放情况以现场公告为准
	金山大道足球场	金山大道3365号	足球 08:00—22:30	具体开放情况以现场公告为准
	金山户外综合体育馆	亭卫南路800号	羽毛球、篮球 09:30—11:30 高空行走、攀岩 09:00—21:00	具体开放情况以现场公告为准

（续表四十四）

区（单位）	设施名称	地址	开放项目时间	备注
金山区	LT9 运动场	亭卫南路 800 号	足球 08:00—22:00	具体开放情况以现场公告为准
	羽乐羽毛球馆	龙胜路 1148 号	羽毛球 12:30—16:30	具体开放情况以现场公告为准
	苗江羽毛球馆	龙胜路 780 号	羽毛球 08:00—11:00；13:00—17:00	具体开放情况以现场公告为准
	著铭乒乓球馆	前进路 3066 号	乒乓球 09:00—22:00	具体开放情况以现场公告为准
	索福德天空足球场	城河路 330 号易家中心 2 号楼 4 楼	足球 10:00—22:00	具体开放情况以现场公告为准
	澜虎运动馆	枫冠路 118 号	篮球 10:00—22:00	具体开放情况以现场公告为准
	金山工业区社区市民球场	恒顺路 280 弄 39 号	门球、篮球、网球、羽毛球 06:30—20:30	具体开放情况以现场公告为准
	金山工业区生活配套服务中心市民球场	月工路 888 号	网球、篮球 06:30—20:30	具体开放情况以现场公告为准
	金山卫镇钱圩社区市民球场	钱圩钱商大街	跑道、门球 05:00—21:00	具体开放情况以现场公告为准
	金山卫镇社区市民球场	西静路东侧（看守所西）	跑道、网球、篮球 05:00—21:00	具体开放情况以现场公告为准
	吕巷镇干巷社区市民球场	干巷派出所东面	门球全天	具体开放情况以现场公告为准
	吕巷镇社区市民球场	蟠桃广场（吕巷镇政府对面）	羽毛球、篮球　全天	具体开放情况以现场公告为准
	金山豪庭社区市民球场	石化卫清路 2988 弄	篮球 09:00—16:00	具体开放情况以现场公告为准
	亭林镇社区公共运动场	华亭西路 89 号	篮球、门球 07:00—19:00	具体开放情况以现场公告为准
	张堰镇社区市民球场	金张公路 228 号	篮球　全天	具体开放情况以现场公告为准
	朱泾镇康健绿地市民球场	临源街金昌苑	篮球 06:00—17:30	具体开放情况以现场公告为准
	朱泾镇红菱苑社区市民球场	秀州街 718 弄	篮球 06:00—17:30	具体开放情况以现场公告为准
	朱泾镇紫金社区市民球场	南圩路	门球 06:00—17:30	具体开放情况以现场公告为准

（续表四十五）

区（单位）	设施名称	地址	开放项目时间	备注
金山区	漕泾镇水库村休闲水庄网球场	朱漕公路238号	网球 06:00—20:00	具体开放情况以现场公告为准
	漕泾镇文化中心社区市民球场	富漕路239号	篮球、门球、溜冰场、田径跑道 06:00—20:00	具体开放情况以现场公告为准
	枫泾镇门球场	枫溪公园内	门球 06:00—17:00	具体开放情况以现场公告为准
	廊下镇万春苑社区市民球场	漕廊公路6825号	篮球、门球 06:00—20:00	具体开放情况以现场公告为准
	工业区市民健身房	恒顺路280弄39号	健身 08:30—20:30	具体开放情况以现场公告为准
	金山卫镇市民健身房	南阳湾路1288弄145—146号	健身 13:00—15:00；17:30—20:30	具体开放情况以现场公告为准
	吕巷镇文化体育服务分中心市民健身房（干巷片区）	干新路7号	健身、乒乓球 09:00—20:00	具体开放情况以现场公告为准
	吕巷镇文化体育服务中心市民健身房（吕巷片区）	朱吕公路6858号	健身、乒乓球、羽毛球 08:30—15:00	具体开放情况以现场公告为准
	金天地市民健身房	板桥西路93号	健身 09:00—16:00	具体开放情况以现场公告为准
	海欣市民健身房	龙皓路398弄	健身 09:00—16:00	具体开放情况以现场公告为准
	亭林镇市民健身房	亭升路550弄33号	健身 09:00—21:00	具体开放情况以现场公告为准
松江区	松江游泳馆	荣乐中路145号	游泳 13:00—14:30；15:00—16:30 17:00—18:30；19:00—20:30	具体开放情况以现场公告为准
	岳阳社区文化活动中心	人民北路171弄30号	乒乓球、健身、棋牌、桌球 08:30—11:00；13:00—16:30	具体开放情况以现场公告为准
	永丰街道社区活动中心	松江区松汇西路1438号	健身、乒乓球 08:30—17:00	具体开放情况以现场公告为准
	洞泾镇社区文化活动中心	长兴路466号	门球、篮球 06:00—09:00 13:00—16:00；17:00—20:30 健身 09:00—16:00 桌球、棋牌、乒乓球 09:00—11:00；12:30—16:00	具体开放情况以现场公告为准

（续表四十六）

区（单位）	设施名称	地址	开放项目时间	备注
松江区	九亭镇社区文化活动中心	易富路 25 号	乒乓球、健身、门球 08:30—16:30	具体开放情况以现场公告为准
	新桥镇市民乒乓廊	新站路 460 号	乒乓球 08:30—16:30	具体开放情况以现场公告为准
	车墩镇社区社区文化活动中心	影视路 28 弄	门球、网球、篮球 08:30—11:00；15:00—19:00 健身 08:30—16:30 桌球、乒乓球 08:30—21:30	具体开放情况以现场公告为准
	中山街道社区活动中心	茸梅路 200 号	健身 08:30—11:00 13:00—16:00；18:30—20:30	具体开放情况以现场公告为准
	新浜镇文体活动中心	新颖路 1031 号	乒乓球、排练厅 08:30—16:30；18:00—21:00 篮球、门球 08:30—21:00 健身 08:30—16:30；18:00—21:00	具体开放情况以现场公告为准
	泖港镇社区文化活动中心	泖港镇新宾路 300 号	篮球、网球 08:30—20:00 健身 09:00—21:00	具体开放情况以现场公告为准
	方松社区文化活动中心	北翠路 1077 号	篮球 07:00—20:00 门球 05:00—17:00 棋牌、跳操房 12:00—16:00 乒乓球 12:00—16:00；18:30—21:00	具体开放情况以现场公告为准
	中山街道蓝天二村门球场	松东路 193 弄南门西侧	门球 08:30—20:00	具体开放情况以现场公告为准
	中山街道蓝天五村篮球场	荣乐东路 1763 弄 60 号北	篮球 08:30—20:00	具体开放情况以现场公告为准
	永丰街道社区公共运动场	仓丰路 600 号	篮球 08:30—20:00	具体开放情况以现场公告为准
	薛家公共运动场	玉树路 525 号西侧	篮球 08:30—20:00	具体开放情况以现场公告为准
	百合苑公共运动场	仓华路 597 号南	门球 06:00—20:00	具体开放情况以现场公告为准
	仓吉篮球场	松吉路 169 号南	篮球 06:00—20:00	具体开放情况以现场公告为准
	新桥镇社区公共运动场	新育路 500 号	篮球、门球 07:00—17:00	具体开放情况以现场公告为准
	佘山镇社区公共运动场	外青松公路 8888 号	篮球、排球 09:00—21:00	具体开放情况以现场公告为准
	佘山江秋多功能球场	佘山江秋中心村	篮球、足球 09:00—21:00	具体开放情况以现场公告为准

（续表四十七）

区（单位）	设施名称	地址	开放项目时间	备注
松江区	五库市民球场	五库大街1号	篮球 08:30—20:00	具体开放情况以现场公告为准
	叶榭镇社区公共运动场	叶榭镇辕门路八字桥村委内	篮球 09:00—22:00 网球 08:30—19:00	具体开放情况以现场公告为准
	叶榭镇团结村篮球场	叶新公路268号	篮球 09:00—22:00	具体开放情况以现场公告为准
	叶榭镇井凌桥村篮球场	叶榭镇张米公路活动室	篮球 09:00—22:00	具体开放情况以现场公告为准
	松江区体育指导中心	荣乐中路145号3楼	健身 08:30—21:00	具体开放情况以现场公告为准
	泗泾镇活动中心市民健身房	泗泾镇鼓浪路588号	健身 08:00—11:00 13:00—17:00；18:00—21:00	具体开放情况以现场公告为准
	翠鑫苑市民健身房	千新公路1200号	健身 12:00—21:00	具体开放情况以现场公告为准
	恬润新苑市民健身房	闵塔路1751号	健身 09:00—21:00	具体开放情况以现场公告为准
	叶榭镇市民健身房	浥东路84号2楼	健身 09:00—20:00	具体开放情况以现场公告为准
	小昆山镇社区文化活动中心	小昆山镇文翔路6201号	健身 12:30—16:30；17:00—21:00 篮球、门球 07:00—21:00	具体开放情况以现场公告为准
青浦区	青浦区体育场、乒羽馆	青浦区体育场路378号	田径、网球、乒乓球、羽毛球 08:00—21:00 篮球、桌球 08:00—17:00	具体开放情况以现场公告为准
	青浦游泳池	海盈路5001号	游泳 07:00—09:00 12:00—13:30；15:30—17:00 17:30—19:00；19:30—21:00	每场500人
	青浦游泳馆	浦仓路535号	游泳 06:00—07:00 13:00—14:30；15:30—17:00 17:30—19:00；19:30—21:00	每场200人
	青浦区综合训练馆	盈绿路26号	乒乓球、羽毛球 08:00—21:00	具体开放情况以现场公告为准
	豫英游泳馆	北淀浦河路1000号	游泳 07:00—09:00 12:00—13:30；15:30—17:00 17:30—19:00；19:30—21:00	每场210人
	香花桥街道市民游泳馆	香花桥街道新胜路580号	游泳 08:30—16:30	具体开放情况以现场公告为准
	华新市民游泳馆	华新镇华强街666号	游泳 09:00—21:00	具体开放情况以现场公告为准

（续表四十八）

区（单位）	设施名称	地址	开放项目时间	备注
青浦区	夏阳街道社区文化活动中心体育馆	夏阳街道青昆路 100 号	健身、篮球、乒乓、门球 08:30—16:30	具体开放情况以现场公告为准
	赵巷镇健身馆	赵巷镇赵华路 507 号	游泳、羽毛球 12:30—16:00	具体开放情况以现场公告为准
	赵巷镇社区中心乒乓房	赵巷镇赵华路 507 号 5 号楼	乒乓球 12:30—16:00；18:00—20:30	具体开放情况以现场公告为准
	赵巷镇社区中心棋友俱乐部	赵巷镇赵中路 28 号	中国象棋、纸牌 08:30—11:00；12:30—16:00	具体开放情况以现场公告为准
	重固镇文化体育服务中心	重固镇赵重公路 3025 号	乒乓球、棋牌室 08:30—16:00	具体开放情况以现场公告为准
	徐泾镇小型市民球场	徐泾镇振泾路东	篮球、网球 08:30—21:30	具体开放情况以现场公告为准
	徐泾镇小型市民球场	徐泾镇诚爱路 58 号	篮球 08:00—16:00 笼式足球 08:30—16:00	具体开放情况以现场公告为准
	徐泾镇市民游泳池	徐泾镇诚爱路 58 号	游泳 9:00—21:00	具体开放情况以现场公告为准
	白鹤镇社市民球场	白鹤镇鹤如路 190 号旁	笼式足球、门球 08:00—16:00	具体开放情况以现场公告为准
	白鹤镇赵屯社区市民球场	白鹤镇建屯路	篮球、门球 08:00—16:00	具体开放情况以现场公告为准
	白鹤镇文体中心市民球场	白鹤镇外青松公路 2951 号	篮球 08:00—16:00 健身广场 06:00—20:00	具体开放情况以现场公告为准
	练塘镇市民球场	练塘镇迎宾路路东停车场旁	篮球、门球 06:30—18:00	具体开放情况以现场公告为准
	练塘镇蒸淀社区市民球场	练塘镇蒸发路 88 号	门球、篮球 06:30—18:00	具体开放情况以现场公告为准
	朱家角镇沈巷社区市民球场	朱家角镇泖溪路 58 号	篮球、门球、网球 08:30—20:30	具体开放情况以现场公告为准
	朱家角镇珠溪公园市民球场	朱家角镇祥凝浜路 332 号	篮球、门球 08:30—20:30	具体开放情况以现场公告为准
	凤溪社区市民球场	华新镇新凤路凤溪公园内	篮球、网球（全天）	具体开放情况以现场公告为准
	华新公园门球场	华新镇华强街 666 号	门球（全天）	具体开放情况以现场公告为准
	赵巷镇社区中心市民球场	赵巷镇赵华路 507 号	篮球 08:30—20:30 门球 07:00—12:00；13:00—18:00	具体开放情况以现场公告为准

（续表四十九）

区（单位）	设施名称	地址	开放项目时间	备注
青浦区	赵巷镇金葫芦二居市民球场	赵巷镇垂盈路28号	篮球、门球 07:00—12:00；13:00—18:00	具体开放情况以现场公告为准
	重固镇社区市民球场	重固镇赵重公路2395弄居委会南50米	篮球、门球 08:30—20:30	具体开放情况以现场公告为准
	重固体育公园	重固镇福定路	篮球、门球、足球 08:30—20:30	具体开放情况以现场公告为准
	西岑社区市民球场	金泽镇西岑社区水秀路319号	篮球 08:30—20:30	具体开放情况以现场公告为准
	商榻社区市民球场	金泽镇商榻社区商周路108号	篮球 08:30—20:30	具体开放情况以现场公告为准
	盈浦街道民佳社区市民球场	盈浦街道盈港路1755弄市民球场	篮球、门球 08:30—16:30	具体开放情况以现场公告为准
	沁园湖公园市民球场	香花桥街道清河湾路竹盈路	健身步道、篮球 06:00—21:00	具体开放情况以现场公告为准
	香花桥社区广场市民球场	香花桥街道普光路78号	篮球、门球 06:00—21:00	具体开放情况以现场公告为准
	民惠社区广场市民球场	香花桥街道新胜路惠康路口	健身步道、篮球、门球 06:00—21:00	具体开放情况以现场公告为准
	徐泾镇市民健身房	徐泾镇诚爱路58号	健身、乒乓球、桌球 08:30—21:30	具体开放情况以现场公告为准
	白鹤镇社区市民健身房	白鹤镇外青松公路2951号	健身 09:00—11:00；12:30—16:30	具体开放情况以现场公告为准
	重固镇市民健身房	重固镇赵重公路2778弄8号3楼	健身 09:00—21:00	具体开放情况以现场公告为准
	盈浦街道市民健身房	盈浦街道社区文化活动中心一楼城中北路海盈路交叉口	健身 08:30—20:30	具体开放情况以现场公告为准
	香花桥街道市民健身房	香花桥街道新胜路580号	健身 08:30—16:30 乒乓球 08:30—16:00	具体开放情况以现场公告为准
奉贤区	灯塔市民游泳健身馆	沪杭公路425号大同路路口	游泳 09:00—21:00	全天泳客持2018年度上海市游泳健身卡免费入场，即时限流400人，随到随游，须遵守游泳馆开放管理规定

（续表五十）

区（单位）	设施名称	地址	开放项目时间	备注
奉贤区	奉贤体育中心	古华南路 100 号	勇舸游泳 13:00—17:00；17:00—21:00 春兵健身 09:30—21:30 篮球 06:00—21:00 超越网球 09:00—21:00（北场） 博奥羽毛球 06:00—21:00 小足球 09:00—20:00	1. 勇舸游泳：8 月 8 日全天泳客持 2018 年度上海市游泳健身卡免费入场，即时限流 500 人，随到随游，须遵守游泳馆开放管理规定。咨询电话：67112158。 2. 春兵健身咨询电话：67198008。 3. 室内篮球馆还在装修中，未对外开放，8 月 8 日只开放室外篮球场。 4. 超越网球需提前电话预约，每人限定一片场地，预约电话：57193576。 5. 博奥羽毛球馆，需提前一天电话预约，凭身份证前台登记，每人限定一片场地，限 1 小时，预约电话：57104800。 6. 小足球场需提前一天电话预约，凭身份证登记，每人限 1 场，预约电话：13764495187
	青村镇 公共篮球场	青村镇南明路与振兴路口	篮球 05:30—21:00	具体开放情况以现场公告为准
	奉城镇第一 市民球场	邮电路边	篮球 07:00—20:00	具体开放情况以现场公告为准
	新南家园 社区市民球场	新南家园内	篮球 07:00—22:00	具体开放情况以现场公告为准
	西渡 社区市民球场	扶港路	足球、篮球、门球 06:00—20:00	具体开放情况以现场公告为准
	益民村 社区市民球场	益明村村委会	足球、篮球、羽毛球 05:00—22:00	具体开放情况以现场公告为准
	灯塔村 社区市民球场	灯塔村村委会	羽毛球、足球、篮球 08:00—19:00	具体开放情况以现场公告为准
	柘林镇 社区市民球场	柘林镇联业路 859 弄	网球、篮球 05:30—19:00	具体开放情况以现场公告为准
	光明村 社区市民球场	南桥镇光乐路 96 号	篮球、羽毛球 08:30—20:00	具体开放情况以现场公告为准
	杨王村 社区市民球场	南桥镇金海路 2588 号	足球 08:30—20:00	具体开放情况以现场公告为准

（续表五十一）

区（单位）	设施名称	地址	开放项目时间	备注
奉贤区	贝港花苑社区市民球场	贝港花苑 44 号旁	篮球 08:30—20:00	具体开放情况以现场公告为准
	江海村市民球场	秀南中心路 1002 号	篮球、门球 08:30—20:00	具体开放情况以现场公告为准
	海湾镇五四市民球场	海湾镇	篮球、门球 08:30—20:30	具体开放情况以现场公告为准
	海湾镇星火市民球场	海湾镇	篮球 08:30—20:30	具体开放情况以现场公告为准
	海湾镇燎原市民球场	海湾镇	篮球 08:30—20:30	具体开放情况以现场公告为准
	星火体育主题市民球场	海湾镇星火海滨二村南面	门球 08:30—20:30	具体开放情况以现场公告为准
	金汇镇市民球场	金汇镇大叶公路金碧路	羽毛球、网球、篮球 07:00—20:00	具体开放情况以现场公告为准
	朝阳居委市民球场	朝阳居委三官街 38 号	篮球 08:30—20:00	具体开放情况以现场公告为准
	庄行镇市民多功能球场	庄行镇新苑居委旁	篮球 08:30—20:00	具体开放情况以现场公告为准
	百合苑社区市民球场	八字桥路 158 号	篮球 09:00—20:00	具体开放情况以现场公告为准
	九华苑社区市民球场	国顺路 318 号	门球 09:00—20:00	具体开放情况以现场公告为准
	四团镇社区市民球场	四团镇新四公路 2089 号	篮球、足球、羽毛球、门球 09:00—21:00	具体开放情况以现场公告为准
	杨王村市民足球场	金海公路 1588 号	足球 08:30—20:00	具体开放情况以现场公告为准
	青村镇市民健身房	青村镇南明路 58 号	操房、器械区 09:30—16:30	具体开放情况以现场公告为准
	奉城镇市民健身房	兰博路 2828 号	操房、器械区 08:00—16:00	具体开放情况以现场公告为准
	奉城镇头桥市民健身房	头桥中路 208 号	操房、器械区 08:00—16:00	具体开放情况以现场公告为准
	金水佳苑市民健身房	金海社区广丰路 100 号	器械区 10:00—18:00	具体开放情况以现场公告为准
	柘林镇市民健身房	柘林镇联业路 859 弄	操房、器械区 08:00—16:00	具体开放情况以现场公告为准
	庄行镇市民健身房	庄行镇新苑路 6 号	操房、器械区 08:30—16:00	具体开放情况以现场公告为准

（续表五十二）

区（单位）	设施名称	地址	开放项目时间	备注
奉贤区	南桥镇社区市民健身房	南星路 333 号	操房、器械区 08:30—16:30	具体开放情况以现场公告为准
	四团镇社区市民健身房	四团镇新四平公路 2089 号	操房、器械区 08:30—16:30	具体开放情况以现场公告为准
	四团镇海港新苑市民健身房	四团镇新四平路 467 弄	操房、器械区 08:30—16:30	具体开放情况以现场公告为准
	海湾镇星火社区市民健身房	海湾镇海农公路	操房、器械区 10:30—21:00	具体开放情况以现场公告为准
	海湾镇五四社区市民健身房	海湾镇随塘河路	操房、器械区 10:30—21:00	具体开放情况以现场公告为准
	海湾旅游区韵康市民健身房	奉炮公路 141 弄 49 号	操房、器械区 10:00—22:00	具体开放情况以现场公告为准
	金汇镇泰日社区市民健身房	泰青公路 231 号	器械区 10:00—21:00	具体开放情况以现场公告为准
	金汇镇市民健身房	金碧路 1906 号 2 楼	器械区 10:00—21:00	具体开放情况以现场公告为准
崇明区	崇明体育场	崇明区北门路 98 号	跑步 07:00—20:30 篮球、网球、乒乓球 07:00—11:30 13:30—17:30	具体开放情况以现场公告为准
	崇明体育馆	崇明区北门路 88 号	羽毛球 08:00—11:30 13:30—17:30	具体开放情况以现场公告为准
	崇明青少年游泳馆	城桥镇团城公路 7398 号	游泳 09:00—16:00	具体开放情况以现场公告为准
	绿华镇市民球场	堡湖路 525 号	篮球 08:00—21:00	具体开放情况以现场公告为准
	城桥镇市民球场	北门路 98 号	篮球 08:00—21:00	具体开放情况以现场公告为准
	港西镇市民球场	富民社区港东公路	篮球 08:00—21:00	具体开放情况以现场公告为准
	新海镇市民球场	新海社区	篮球 08:00—21:00	具体开放情况以现场公告为准
	城桥镇市民球场	西门路 799 号	篮球 08:00—21:00	具体开放情况以现场公告为准
	港西镇市民球场	港东公路 888 号	篮球 08:00—21:00	具体开放情况以现场公告为准
	横沙乡市民球场	乡镇府北侧	篮球 08:00—21:00	具体开放情况以现场公告为准
	堡镇市民球场	堡镇南路 196 号	篮球 08:00—21:00	具体开放情况以现场公告为准

（续表五十三）

区（单位）	设施名称	地址	开放项目时间	备注
崇明区	陈家镇市民球场	裕盛路裕鸿路	篮球 08:00—21:00	具体开放情况以现场公告为准
	竖新镇市民球场	富民街	篮球 08:00—21:00	具体开放情况以现场公告为准
	长兴镇市民球场	凤凰佳苑小区	篮球 08:00—21:00	具体开放情况以现场公告为准
	新河镇市民球场	新晨村	篮球 08:00—21:00	具体开放情况以现场公告为准
	三星镇市民球场	育德村村委会	篮球 08:00—21:00	具体开放情况以现场公告为准
	庙镇市民球场	庙东村村委会	篮球 08:00—21:00	具体开放情况以现场公告为准
	新村乡市民球场	新中村北侧	篮球 08:00—21:00	具体开放情况以现场公告为准
	中兴镇市民球场	富圩村	篮球 08:00—21:00	具体开放情况以现场公告为准
	向化镇市民球场	向化镇文化活动中心旁	篮球 08:00—21:00	具体开放情况以现场公告为准
	港沿镇市民球场	合东村	篮球 08:00—21:00	具体开放情况以现场公告为准
	港沿镇市民球场	跃马村	篮球 08:00—21:00	具体开放情况以现场公告为准
	新村乡健身房	星村公路 2128 号	跑步、哑铃、臂力等 08:00—16:00	具体开放情况以现场公告为准
	庙镇健身房	庙镇剧场路 12 号	跑步、哑铃、臂力等 08:00—16:00	具体开放情况以现场公告为准
	城桥镇健身房	翠竹路 1188 弄 90 号二楼	跑步、哑铃、臂力等 08:00—16:00	具体开放情况以现场公告为准
	建设镇健身房	建星路 108 号	跑步、哑铃、臂力等 08:00—16:00	具体开放情况以现场公告为准
	堡镇健身房	堡镇正大街 122 号	跑步、哑铃、臂力等 08:00—16:00	具体开放情况以现场公告为准
	港沿镇健身房	港沿公路 1198 号	跑步、哑铃、臂力等 08:00—16:00	具体开放情况以现场公告为准
	向化镇健身房	向化镇陈彷公路 4927 号	跑步、哑铃、臂力等 08:00—16:00	具体开放情况以现场公告为准
	陈家镇健身房	裕国路 388 号	跑步、哑铃、臂力等 08:00—16:00	具体开放情况以现场公告为准

（续表五十四）

区（单位）	设施名称	地址	开放项目时间	备注
崇明区	新海镇健身房	北沿公路 3366 号	跑步、哑铃、臂力等 08:00—16:00	具体开放情况以现场公告为准
上海市登山协会	上海体育场攀岩运动中心	天钥桥路 666 号八万人体育场内 4 号看台	攀岩 10:00—12:00	具体开放情况以现场公告为准
	红攀体验中心攀岩馆	江月路 1850 弄 1—6 号 C02 室	攀岩 10:00—12:00	具体开放情况以现场公告为准
	闵行尽峰攀岩馆	罗锦路 218 号 5 号楼	攀岩 10:00—12:00	具体开放情况以现场公告为准
	叶岩攀岩馆	国顺东路 800 号 212A 室	攀岩 10:00—12:00	具体开放情况以现场公告为准
	共青森林公园攀岩场	军工路 2000 号共青森林公园内	攀岩 10:00—12:00	具体开放情况以现场公告为准
	攀岩主义金桥馆	金高路 1777 号 203	攀岩 10:00—12:00	具体开放情况以现场公告为准
	梅赛德斯攀岩馆	世博大道 1200 号 B1 室	攀岩 10:00—12:00	具体开放情况以现场公告为准
	爬客攀岩馆	长宁区杨宅路 199 弄 1 号楼大厅	攀岩 10:00—12:00	具体开放情况以现场公告为准
	东方绿舟攀岩馆	沪青平公路 6888 号	攀岩 10:00—12:00	具体开放情况以现场公告为准
	攀王攀岩馆	金通路 380 号	攀岩 10:00—12:00	具体开放情况以现场公告为准
	黄浦市民健身中心攀岩馆	九江路 327 号黄浦市民健身中心 3 楼	攀岩 10:00—12:00	具体开放情况以现场公告为准
	金山户外攀岩馆	亭卫南路 800 号	攀岩 10:00—12:00	具体开放情况以现场公告为准

备注：各场馆免费开放的项目安排以场馆现场公告为准。

（上海市体育局 供）

2018年上海市“全民健身日”市民体质监测中心和站点开放服务一览表

区	序号	单位名称	免费开放时段	地址
浦东新区	1	上钢新村体质监测站	9:00—19:00	昌里路335号
	2	塘桥街道体质监测站	8:30—17:00	蓝村路86号
	3	三林镇体质监测站	9:00—17:00	三林路338号
	4	北蔡镇体质监测站	8:30—17:00	陈春路101—102号
黄浦区	5	黄浦区市民体质监测指导中心	10:00—18:00	九江路327号2楼
	6	半淞园路社区市民体质监测站	8:30—12:00	保屯路212号
	7	淮海中路社区市民体质监测站	8:30—21:00	马当路349号3楼
	8	豫园社区市民体质监测站	9:00—11:00	梧桐路137号
	9	五里桥社区市民体质监测站	13:30—15:30	瞿溪路987号1楼
	10	外滩社区市民体质监测站	9:00—16:00	河南中路578号6楼
静安区	11	静安区健康体质指导中心	9:00—11:30；13:30—16:00	江宁路422号和一大厦
	12	江宁街道陕西北路体质监测站	9:00—11:30；13:30—16:00	陕西北路913号
	13	静安寺街道愚园路体质监测站	9:00—11:30；13:30—16:00	愚园路395弄10号后门
	14	曹家渡街道昌平路体质监测站	9:00—11:30；13:30—16:00	昌平路900号
	15	共和新路街道体质监测站	9:00—11:00；13:00—16:00	中山北路805弄34号甲2楼
	16	宝山路社区体质监测站	9:00—11:00；13:30—16:00	芷江中路416号—2地下一层
徐汇区	17	徐家汇街道市民体质监测站	9:00—10:30；14:00—16:00	徐虹路112弄11号2楼
	18	漕河泾街道市民体质监测站	8:30—11:30；13:30—16:30	宾南路36弄漕河泾文体中心
	19	枫林街道市民体质监测站	8:00—11:00；13:30—15:30	双峰路450号
	20	康健街道市民体质监测站	9:00—16:00	桂林西街168号
	21	斜土街道市民体质监测站	9:00—11:30；13:30—16:00	零陵北路2号6楼
	22	龙华街道市民体质监测站	9:00—11:30；13:30—16:00	龙华西路21弄80号
长宁区	23	长宁区体质监测中心	12:00—19:00	武夷路777号游泳馆2楼
	24	新泾镇体质监测中心	8:30—17:00	福泉路405号3楼
	25	华阳街道体质监测中心	9:00—16:00	华阳社区文化中心安化路500号2楼
	26	新华街道体质监测中心	8:00—11:00；15:00—17:00	安顺路79号百姓健身房2楼
普陀区	27	真如镇街道体质监测站	9:00—11:30；14:00—16:30	兰溪路968号2楼
	28	曹杨体质监测站	12:30—21:30	杏山路317号B1层
	29	宜川社区体质监测站	9:00—16:00	华阴路200号3楼
	30	甘泉社区体质监测站	9:00—16:00	延长西路350号2楼
	31	长征社区体质监测站	09:00—16:00	清峪路385号1楼
虹口区	32	虹口区体质监测中心	14:00—16:00	东体育会路715号
	33	广中体质监测站	8:30—10:30	广中路123号

（续表一）

区	序号	单位名称	免费开放时段	地址
虹口区	34	曲阳体质监测站	14:00—16:00	中山北一路998号
	35	凉城体质监测站	14:00—16:00	车站南路330弄6号4层
杨浦区	36	杨浦区市民体质监测指导中心	9:00—11:00；13:30—16:00	舒兰路50号
	37	长白社区体质监测站	8:30—11:00；14:00—16:30	靖宇东路82号
	38	五角场街道体质监测站	8:00—18:00	政化路257号社区文化中心2楼
	39	延吉社区体质监测站	9:00—11:00；14:00—16:30	延吉中路77号203室
	40	殷行街道市民体质监测站	9:00—17:00	工农四村175号
	41	平凉街道市民体质监测站	10:00—11:00；14:00—16:00	怀德路399号
	42	五角场镇体质监测站	8:30—11:30；14:00—16:30	佳木斯路315弄7号
	43	江浦社区体质监测站	14:30—16:00	许昌路1150号4楼
	44	四平社区体育健身俱乐部体质监测站	9:00—16:30	本溪路274号206室
	45	新江湾城社区市民体质监测站	9:00—12:00	国秀路700号
	46	定海社区体质监测站	9:00—16:00	周家嘴路4214弄26号3楼
宝山区	47	罗店镇体质监测站	8:30—16:30	塘西街366号
	48	宝山区体质监测队	9:00—16:00	馨佳园体育中心
	49	友谊路街道体质监测站	8:30—11:00；13:30—17:00	永清路899号301室
	50	大场镇体质监测站	9:30—11:00；14:00—16:00	沪太路2010号
	51	吴淞街道社区卫生服务中心体质监测站	8:30—10:30；13:30—15:30	同济路313号
	52	月浦镇体质监测站	9:00—11:00；13:00—15:00	月浦镇盛桥三村48号
闵行区	53	颛桥镇市民体质监测站	9:00—16:30	都市路2699号
	54	吴泾镇市民体质监测站	9:00—11:00；13:30—16:00	剑川路155号3号楼301室
	55	梅陇镇市民体质监测站	9:00—11:00；13:00—16:00	上中西路762号
	56	七宝镇市民体质监测站	8:00—16:00	新镇路456号
嘉定区	57	嘉定区市民体质测定和运动健身指导中心	9:00—11:00；14:00—16:00	新成路118号
	58	安亭镇体质测定与运动健身房指导站	8:00—11:00	安亭镇墨玉路621号
	59	马陆镇体质监测站	9:00—15:00	宝安公路3322号
	60	南翔镇体质测定与运动健身房指导站	10:00—18:00	古猗园路737号A栋5楼
	61	南翔镇体质监测站	8:00—11:00	众仁路495号（体检中心旁）
	62	江桥镇体质测定与运动健身房指导站	10:00—16:00	金耀南路257号

（续表二）

区	序号	单位名称	免费开放时段	地址
嘉定区	63	徐行镇市民体质监测服务点	8:30—16:30	新建一路1568号217室
	64	外冈镇市民体质监测服务点	13:00—21:00	外冈镇恒荣路386号
	65	真新街道市民体质监测站	8:30—16:00	丰庄路550弄65号
	66	企民星健身中心体质监测服务点	10:00—22:00	汇源路188号1号楼3楼
	67	菊园新区体质监测站	9:00—11:00；14:00—16:00	秋竹路655弄21号
	68	嘉定镇街道市民体质监测服务点	8:30—16:00	塔城路432号
金山区	69	金山区市民体质监测指导中心	9:00—11:00；13:00—16:00	金山区象州路238号
	70	吕巷镇体质监测站	8:30—17:00	朱吕公路6858号
松江区	71	松江区市民体质监测中心	9:00—17:00	荣乐中路145号3楼
	72	岳阳街道体质监测站	7:00—10:30	人民北路171弄30号岳阳社区文化活动中心
	73	中山街道体质监测站	8:30—11:00；13:00—16:00	中山街道文化体育服务中心
	74	方松街道体质监测站	9:00—11:00；13:00—16:00	方松街道社区卫生服务中心（文诚路805号）
	75	永丰街道体质监测站	8:30—17:00	松汇西路1438号
	76	广富林街道体质监测站	9:00—12:00	广富林路1599弄98号老年活动室内
	77	九里亭街道体质监测站	9:00—11:00；14:00—16:00	九里亭街道涞坊路408号
	78	泗泾镇体质监测站	8:30—15:30	泗泾镇鼓浪路588号
青浦区	79	青浦区健身与健康促进服务中心	8:30—11:00；14:00—17:00	浦仓路573号
	80	赵巷镇文化体育服务中心体质监测站	12:30—16:30	米格天地商业圈
	81	重固镇文化体育服务中心体质监测站	9:00—15:30	意邦商务楼13楼（北青公路6598号）
	82	白鹤镇文化体育服务中心体质监测站	8:30—11:00；13:30—16:00	青赵路6666弄86号
	83	金泽镇文化体育服务中心体质监测站	8:30—11:00；13:30—16:00	金溪居委会
	84	朱家角镇文化体育服务中心体质监测站	8:30—11:00；13:00—16:30	河畔路49号
奉贤区	85	奉贤区体质监测中心	9:30—17:00；17:30—20:00	古华路100号田径场西看台
	86	青村镇体质监测队	9:00—11:00；13:30—16:00	南明路58号
	87	奉浦街道体质监测站	9:00—16:00	国顺路555号
	88	奉城镇体质监测站	9:00—16:00	兰博路2828号
	89	金海社区办事处体质监测站	8:30—11:00；14:00—17:30	金水丽苑居委416号
	90	柘林镇体质监测站	13:00—15:00	柘林镇农交路33弄55号

（续表三）

区	序号	单位名称	免费开放时段	地址
奉贤区	91	庄行镇社会事业服务中心体质监测站	8:30—16:00	庄行镇新苑路 6 号
	92	四团镇市民体质监测站	8:30—16:30	四团镇新四平公路 467 弄
	93	海湾镇社会事业服务中心体质监测站	8:30—17:00	海湾镇星中路 45 号
	94	金汇镇体质监测中心	8:30—16:00	金碧路 1920 弄 202 室
崇明区	95	崇明区体质监测中心	9:00—11:30；13:30—17:00	北门路 88 号
	96	三星镇体质监测站	9:00—11:30；13:30—17:00	宏海公路 4291 号
	97	东平镇体质监测站	9:00—11:30；13:30—17:00	东平镇长江大街北首
	98	庙镇体质监测站	9:00—11:30；13:30—17:00	庙镇剧场路 12 号
	99	竖新镇体质监测站	9:00—11:30；13:30—17:00	竖新镇响椿路 58 号
	100	建设镇体质监测站	9:00—11:30；13:30—17:00	建星路 108 号

（上海市体育局 供）

2018 年上海市“全民健身日”培训与讲座一览表

区（单位）	序号	培训、讲座名称	时间	地点
浦东新区	1	第九套广播体操培训	8 月 8 日	莱阳市民广场
	2	第九套广播体操培训	8 月 8 日	新场文化服务中心 3 楼多功能厅
	3	第九套广播体操培训	8 月 8 日	金杨社区文化中心 305 室
	4	少儿国际象棋培训	8 月 6—7 日	书院镇新舒苑居委
	5	木兰扇培训	8 月 8 日	唐镇文体中心
	6	青少年台球培训	8 月 8 日	唐镇小学
	7	健身舞蹈培训	8 月 8 日	塘桥文化活动中心百姓舞台
	8	爵士培训	8 月 8 日	万祥镇人祥苑居委
	9	柔道健身技能培训	8 月 8 日	临港新城竹柏路 266 号宜浩公馆 402 室
	10	少儿舞蹈培训	8 月 9 日	书院镇文化中心
	11	二级社会体育指导员培训	8 月 8—10 日	金杨社区文化中心 205 室
	12	上海城市业余联赛“陆家嘴金融城杯”健身秧歌总决赛培训	8 月 9—10 日	陆家嘴金融城文化中心
	13	健身运动讲座	8 月 8 日	高东镇文化服务中心 304 教室
	14	腰鼓健身讲座	8 月 8 日	高东镇文化服务中心 1 楼玻璃舞蹈房
	15	科学健身知识讲座	8 月 8 日	老港镇人民政府
	16	科学健身知识讲座	8 月 8 日	惠南镇城西路 200 号
	17	科学健身讲座	8 月 8 日	浦兴社区胶二居委 3 楼活动室

（续表一）

区（单位）	序号	培训、讲座名称	时间	地点
浦东新区	18	全民健身讲座	8月8日	陈春路101号
	19	“全民健身日”科学健身讲座	8月8日	浦兴社区金桥湾“老年之家”活动室
	20	科学健身讲座	8月8日	浦兴社区959弄活动室
	21	科学健身讲座	8月8日	浦兴社区长岛路居委综合活动室
黄浦区	22	第九套广播体操培训	8月8日	中华路990号4楼舞蹈房
	23	第九套广播体操培训	8月8日	白渡路252号2楼大礼堂
	24	第九套广播体操培训	8月8日	方浜中路199弄14号
	25	瑜伽培训	8月8日	汉口路340号黄浦市民健身中心 2楼培训室
	26	手拍鼓培训	8月8日	河南中路578号外滩文化中心406室
	27	健身气功培训	8月8日	江阴路101号
	28	练功十八法培训	8月8日	人民公园
	29	缘梦水兵舞培训	8月8日	小东门社区文化活动中心2楼大礼堂
	30	职场人员的健身策略与方法讲座	8月8日	西藏南路228号永银大厦401单元 丰树集团
静安区	31	第九套广播体操培训	8月8日	彭浦镇社区文化活动中心
	32	第九套广播体操培训	8月8日	蝴蝶湾绿地文体小广场
	33	第九套广播体操培训	8月8日	大宁路667弄37号健身广场
	34	陈式太极拳培训	8月7日	新福康里居委活动室 新闸路888弄116号
	35	健身气功培训	8月8日	岭南公园
	36	太极拳培训	8月8日	彭浦新村街道文化中心体育指导室
	37	秧歌培训	8月8日	彭浦公园
	38	踢踏舞培训	8月8日	宝山路街道社区文化活动中心
	39	国标舞培训	8月8日	宝山路街道社区文化活动中心
	40	扯铃培训	8月8日	三泉公园
	41	腰鼓培训	8月8日	宝山路街道社区文化活动中心
	42	瑜伽培训	8月8日	延长中路755弄1楼
	43	广场舞培训	8月8日	共四一老年活动室
	44	“最美中国”广场舞培训	8月8日	保德路181号
	45	“科学锻炼，有益健康”健康讲座	8月8日	西苏州路71号下一层
	46	太极健康讲座	8月8日	静安区文化中心4楼多功能厅
	47	“全民健身日”科学健身专题讲座	8月8日	彭浦镇社区文化活动中心
	48	社会体育指导员常识讲座	8月8日	南西社区学校（南京西路591弄5号）
徐汇区	49	广场舞培训	8月5日、 8日、12日	宾南路36弄

（续表二）

区（单位）	序号	培训、讲座名称	时间	地点
徐汇区	50	太极手拍鼓培训	8月6日	宾南路36弄
	51	杨氏太极拳培训	8月7日	东安苑居委活动室
	52	筷子操培训	8月7、8日	徐家汇文化中心多功能厅
	53	太极养身杖培训	8月8日	宾南路36弄
	54	杨氏太极拳培训	8月8日	斜土社区学校多功能厅
	55	健身气功培训	8月8日	康健社区体育场
	56	柔力球培训	8月8日	康健社区体育场多功能室
	57	青少年羽毛球培训	8月8日	康健社区体育场羽毛球馆
	58	武术培训	8月8日	汇成一村居委活动室
	59	青少年篮球培训	8月8日	康健社区体育场篮球场
	60	青少年乒乓球培训	8月8日	康健社区体育场乒乓房
	61	国际象棋培训	8月8、10日	长桥四村居委活动室
	62	少儿武术培训	8月9日	南昌路585弄18号
	63	爵士舞培训	8月9日	光华居委活动室
	64	第二套花棒操培训	8月9日	龙华文化活动中心
	65	围棋培训	8月10日	园南一村居委活动室
	66	桥牌团队培训	8月10日	乌鲁木齐中路164号
	67	青少年科普讲座	8月9日	汇成一村居委活动室
长宁区	68	少儿花式篮球培训	8月8、10日	长宁路888弄兆丰嘉园小区15号会所 City Dance
	69	全民健身日科学健身讲座	8月8日	程家桥街道社区文化中心
普陀区	70	广播体操展演、培训	8月8日	普陀体育馆1楼篮球馆
	71	少儿拉丁展演、培训	8月8日	普陀体育馆4楼操房
	72	成人摩登展演、培训	8月8日	普陀体育馆4楼操房
	73	健身瑜伽展演、培训	8月8日	普陀体育馆4楼操房
	74	柔力球展演、培训	8月8日	普陀体育馆1楼篮球馆
	75	成人太极展演、培训	8月8日	普陀体育馆1楼篮球馆
	76	小小武魁展演、培训	8月8日	普陀体育馆1楼篮球馆
	77	花样跳绳展演、培训	8月8日	普陀体育馆1楼篮球馆
	78	步行对健康的影响专题讲座	8月8日	新会路25号
虹口区	79	广场舞技能培训	8月8日	广中路123号
	80	少儿武术培训	8月8日	凉城路285号
	81	暑期“奇趣课堂”围棋培训	8月8日	香烟桥路87号
	82	柔力球培训	8月8日	香烟桥路87号
	83	体育舞蹈拉丁舞培训	8月8日	海平路18号1楼

（续表三）

区（单位）	序号	培训、讲座名称	时间	地点
虹口区	84	瑜伽技能培训	8月8日	舟山路350弄21号
	85	太极拳6式培训	8月8日	祥德路274弄51号
	86	杨式太极拳培训	8月8日	车站南路340号4楼
	87	简易养生太极拳培训	8月8日	公平路612号
	88	办公室操培训	8月8日	峨眉路366弄2号103室
	89	木兰拳培训	8月8日	塘沽路74号
	90	健身小游戏培训	8月8日	昆明路388弄1号101室
	91	健身技能讲座	8月8日	海伦路505号
	92	社区健身团队组织与管理讲座	8月8日	中山北一路998号
	93	“常见病的运动干预”专题讲座	8月8日	丰镇路21号
	94	“如何看懂体检单和化验单”专题讲座	8月8日	奎照路280号4楼
	95	“健身锻炼的理念，养生学等”专题讲座	8月8日	新市南路920号
杨浦区	96	第九套广播体操培训	8月8日	许昌路1150号4楼
	97	第九套广播体操培训	8月8日	大桥社区文化活动中心3楼多功能厅
	98	第九套广播体操推广培训	8月8日	长白路125号
	99	第九套广播体操推广培训	8月8日	翔殷路505弄3号
	100	广场舞培训	8月7日	凤城五村39号
	101	排舞培训	8月8日	许昌路1150号4楼
	102	腰鼓培训	8月8日	许昌路1150号4楼
	103	腰鼓培训	8月8日	靖宇东路58弄29号
	104	腰鼓培训	8月8日	五角场街道社区文化活动中心
	105	太极拳培训	8月8日	本溪路274号四平社区文化活动中心
	106	五禽戏培训	8月8日	本溪路274号四平社区文化活动中心
	107	舞蹈培训	8月8日	延吉东路105号507室
	108	广场舞培训	8月8日	延吉东路安图路农商银行门前
	109	广场舞培训	8月8日	殷行社区文化活动中心
	110	广场舞培训	8月8日	延吉中路77号213室
	111	广场舞培训	8月8日	周家嘴路4214弄26号
	112	瑜伽培训	8月8日	安图新村38号
	113	海派秧歌培训	8月8日	翔殷路505弄3号
	114	太极柔力球培训	8月8日	翔殷路505弄3号
	115	手杖操培训	8月8日	翔殷路505弄3号
	116	健身操舞培训	8月8日	靖宇南路17号睦邻中心

（续表四）

区（单位）	序号	培训、讲座名称	时间	地点
杨浦区	117	健身气功培训	8月8日	许昌路1150号4楼
	118	健身气功十二法培训	8月8日	控江社区睦邻中心
	119	健身气功马王堆导引术培训	8月8日	控江社区睦邻中心
	120	健身气功易筋经培训	8月8日	控江社区文化中心
	121	健身气功八段锦培训	8月8日	控江社区睦邻中心
	122	健身气功五禽戏培训	8月8日	政悦路生态走廊南段
	123	健身气功八段锦培训	8月8日	政悦路生态走廊北段
	124	如何规范化正确使用健身器材培训	8月8日	国定路277弄健身苑点
	125	腰鼓培训	8月9日	控江社区睦邻中心
	126	健身操舞培训	8月10日	控江社区文化中心
宝山区	127	排球培训	8月4日	宝山体育中心羽毛球馆（永清路700）
	128	跃动跳绳培训	8月4日	友谊路街道市民分中心（密山路131号）
	129	武术培训	8月5日	张庙社区文化活动中心（通河路590号）
	130	棒垒球培训	8月5日	杨行中学（宝杨路2888号）
	131	高境社区成人双打公益培训	8月6日	一二八纪念路401号
	132	乒乓球体验培训	8月7日	文化中心（长江南路583号）
	133	高境青少年羽毛球公益培训	8月8日	一二八纪念路401号
	134	网球培训	8月8日	宝山体育中心网球馆
	135	广场舞培训	8月8日	吴淞街道社区文化活动中心练功房
	136	自编秧歌培训	8月8日	松兰路826号
	137	四十二式太极拳技能培训	8月8日	月浦镇金悦广场
	138	棒垒球培训	8月8日	顾村公园乌驿部落（镜泊湖路501弄2号）
	139	高尔夫培训	8月5日、8日	宝钢体育馆高尔夫场（漠河路203号）
	140	拉丁舞伦巴体验培训	8月9日	罗泾镇市民体育健身中心舞蹈房
	141	空手道培训	8月9日	庙行镇文化中心（长江西路2697号）
	142	少儿围棋培训	8月7—9日	塘西街366号
	143	少儿拉丁舞培训	8月4—11日	塘西街366号
	144	滑板培训	8月8日、11日	顾村公园乌驿部落（镜泊湖路501弄2号）
	145	“想要远离疾病，让我来教您养成健康的生活方式”讲座	8月7日	中心2楼报告厅
	146	“常见病的运动干预”健康讲座	8月8日	吴淞街道社区文化活动中心多功能厅
	147	科普健身讲座	8月8日	月浦镇社保中心

（续表五）

区（单位）	序号	培训、讲座名称	时间	地点
宝山区	148	“体育锻炼对青少年身心健康的促进作用”讲座	8月8日	张庙社区文化活动中心（通河路590号）
闵行区	149	木兰拳技能培训	8月6日	都市路2699号
	150	2018年暑期学生围棋培训	8月6日	高兴路108号4楼
	151	广场舞培训	8月6日	碧江广场鹤庆路900号
	152	柔乐球培训	8月7日	莘庄工业区文体中心302室
	153	柔乐球培训	8月7日	红园江川路354号
	154	毽球讲座、培训	8月7日	东风邻里中心兰坪路301弄12支弄25号
	155	太极拳培训	8月7日、10日	浦锦街道文体中心
	156	柔力球技能培训	8月8日	高兴路108号901教室
	157	柔乐球培训	8月8日	七宝镇文体中心
	158	健身操培训	8月8日	虹桥镇文体中心2楼排练厅（万源路2800号）
	159	甩甩球技能培训	8月8日	莘庄镇文体中心
	160	杨氏太极拳培训	8月8日	龙吴路5533号2楼
	161	太极拳技能培训	8月8日	都市路2699号
	162	戏曲广播操培训	8月8日	江川剧场江川路344号
	163	湘莲健身操培训	8月8日	七宝镇文体中心
	164	戏曲广播操培训	8月8日	七宝镇文体中心
	165	少儿象棋培训	8月8日、12日	马桥镇文体中心多媒体教室
	166	暑期太极气功培训	8月9日	香槟坊邻里中心
	167	科学健身讲座	8月7日	水清三村老年活动室
	168	太极拳讲座	8月7日	都市路2699号
	169	中老年健身运动处方健康讲座	8月8日	万源四季源邻里中心
	170	社区科学健身方法讲座	8月8日	爱博5村邻里中心
	171	科学健身知识讲座	8月8日	叶家桥路283号
	172	社区科学健身方法讲座	8月8日	浦锦街道文体中心
	173	“太极拳的发展与传承”健康讲座	8月8日	莘庄工业区文体中心301室
	174	科学健身普及讲座	8月8日	古美文化活动中心3楼小剧场
	175	夏季健康运动与饮食讲座	8月8日	七宝镇文体中心201室
	176	科学健身讲座	8月9日	枫桦景苑邻里中心
嘉定区	177	第九套广播体操培训	8月6日	新成路街道文体中心
	178	第九套广播体操推广培训	8月6—10日	菊园新区各村社区

（续表六）

区（单位）	序号	培训、讲座名称	时间	地点
嘉定区	179	第九套广播体操培训	8月6—12日	南翔文体中心B栋4楼
	180	第九套广播体操培训	8月7、9日	徐行镇文体中心201室
	181	第九套广播体操培训	8月8日	外冈镇社区文化活动中心
	182	第九套广播体操培训	8月8日	安亭镇墨玉路621号
	183	第九套广播体操培训	8月8日	华亭镇嘉行公路3198号
	184	第九套广播体操培训	8月10日	江桥镇文体中心阳光舞房
	185	第九套广播体操培训	8月10日	嘉定新城（马陆镇）宝安公路3322号
	186	跳踢赛前培训	8月5日	华亭镇嘉行公路3198号
	187	健身气功培训	8月5日	嘉定区儿童公园
	188	健身气功培训	8月6日	徐行镇文体中心201室
	189	健身操培训	8月6日	江桥镇文体中心阳光舞房
	190	太极拳培训	8月6日	徐行镇文体中心201室
	191	排舞配送培训	8月6日	南翔镇银翔社区活动中心
	192	少儿武术培训	8月6日、9日	菊园新区竹筱社区居委会
	193	少儿武术培训	8月7日	华亭镇霜竹公路938号
	194	青少年暑期夏令营乒乓球培训	8月8日	安亭镇墨玉路621号
	195	青少年暑期夏令营游泳培训	8月8日	安亭镇墨玉路621号
	196	青少年暑期夏令营跆拳道培训	8月8日	安亭镇墨玉路621号
	197	青少年暑期夏令营搏击操培训	8月8日	安亭镇墨玉路621号
	198	青少年暑期夏令营羽毛球培训	8月8日	安亭镇墨玉路621号
	199	青少年暑期夏令营围棋培训	8月8日	安亭镇墨玉路621号
	200	门球技能培训	8月8日	江桥镇高潮公共运动场
	201	太极拳技能推广培训	8月8日	江桥镇市民广场
	202	太极拳推广培训	8月8日	外冈镇社区文化活动中心
	203	健身气功培训	8月9日	嘉定新城（马陆镇）宝安公路3322号
	204	广场舞培训	8月9日	嘉定新城（马陆镇）宝安公路3322号
	205	儿童街舞培训	8月9日	新成路街道文体中心
	206	暑期乒乓球培训	8月9日	菊园新区嘉保社区居委会
	207	中国象棋培训	8月9日	华亭镇嘉行公路3182号
	208	广场舞培训	8月10日	徐行镇文体中心市民广场
	209	健身气功技能推广培训	8月10日	江桥镇文体中心3号会议室
	210	练功十八法培训	8月10日	嘉定新城（马陆镇）宝安公路3322号
	211	健身操培训	8月10日	新成路街道文体中心
	212	科学健身讲座	8月7日	南翔镇劳动街筹建组活动中心

（续表七）

区（单位）	序号	培训、讲座名称	时间	地点
嘉定区	213	“科学健身—如何运动不伤身”讲座	8月8日	安亭镇墨玉路621号
	214	全民健身日主题讲座	8月8日	外冈镇外冈景苑
	215	“高血压的筛查和综合管理”讲座	8月9日	江桥镇金鼎路2388弄金鼎社区3楼
	216	传统文化课堂《玩转扯铃》讲座	8月9日	菊园新区嘉北社区居委会
金山区	217	第九套广播体操培训	8月8日	文体中心3楼舞蹈房
	218	第九套广播体操活动推广培训	8月10日	文体中心训练厅
	219	乒乓球培训	8月4日	金山区朱泾镇前进路3066号
	220	暑期学生防溺水和自救自护技能培训	8月4日	亭林小学（亭林镇大慈路398号）
	221	暑期学生游泳技能培训	8月4日	亭林小学
	222	健身气功培训	8月5日	枫泾镇社区
	223	拉丁舞培训	8月5、6、12日	张堰镇社区文化活动分中心
	224	打莲湘活动推广培训	8月6日	文体中心训练厅、社区学校广场
	225	羽毛球培训	8月6日、9—12日	羽乐羽毛球俱乐部（龙胜路1148号内2号厂房）
	226	科学健身培训	8月8日	护塘小区
	227	科学健身培训	8月8日	阮巷小区
	228	科学健身培训	8月8日	绿地小区
	229	健身气功技能培训	8月8日	漕泾镇文体中心
	230	健身苑（点）器材科学规范使用培训	8月8日	东礁新村健身点
	231	健身气功培训	8月8日	西林街468号
	232	健身器材科学指导志愿者骨干及健身指导志愿者服务培训	8月8日	金山体育馆
	233	广场舞培训	8月8日	枫泾镇社区广场
	234	游泳技能培训	8月8日	干巷学校
	235	瑜伽培训	8月8日	金山卫镇社区文化活动中心2楼排练房
	236	舞龙培训	8月8日	综合训练馆
	237	太极拳技能培训	8月8日	张堰镇社区文化活动分中心
	238	健身气功培训	8月8日	干巷分中心
	239	拳操培训	8月8日	干巷分中心
	240	健身技能培训	8月8日	干巷分中心
	241	广场舞培训	8月8日	张堰镇社区文化活动分中心
	242	区级机关职工羽毛球培训	8月9日	金山区轮滑球馆
	243	瑜伽技能培训	8月9日	张堰镇人民政府
	244	科学健身操作推广培训	8月12日	廊下镇各村、居

（续表八）

区（单位）	序号	培训、讲座名称	时间	地点
金山区	245	科学使用健身器材指导讲座	8 月 8 日	干巷社区健身点
	246	科学健身知识宣传讲座	8 月 8 日	恒康居委会
	247	气功瑜伽培训讲座	8 月 8 日	干巷分中心
	248	糖尿病运动干预讲座	8 月 8 日	亭林公园
	249	糖尿病运动干预讲座	8 月 8 日	干巷分中心
	250	健身器材科学使用指导讲座	8 月 8 日	亭林公园
	251	中老年养生与健康促进科普健身讲座	8 月 8 日	张堰镇社区文化活动分中心
	252	中老年人健身锻炼方法讲座	8 月 8 日	山阳镇老年学校
松江区	253	亲子桥牌培训	8 月 6—7 日	松江区体育指导中心
青浦区	254	打莲湘健身技能培训	8 月 7—8 日	金泽镇新文体中心
	255	交谊舞技能培训	8 月 8 日	赵巷镇秀泽路 225 号 19 号楼（底楼）
	256	手杖操培训	8 月 8 日	重固镇赵重公路 3025 号
	257	广场舞技能培训	8 月 8 日	练塘成人学校
	258	三级体育指导员技能培训	8 月 8 日	青昆路 100 号
	259	练功十八法培训	8 月 8 日	盈浦街道社区文化活动中心舞蹈房
	260	瑜伽培训	8 月 8 日	盈浦街道社区文化活动中心舞蹈房
	261	瑜伽培训	8 月 8 日	新胜路 580 号 214 室
	262	健身气功培训	8 月 8 日	新胜路 580 号 302 室
奉贤区	263	第九套广播体操培训	8 月 7 日	金汇港桥下
	264	第九套广播体操培训	8 月 8 日	青村镇社区文化活动中心 301 排练厅
	265	第九套广播体操培训	8 月 8 日	奉城社区文化活动中心
	266	第九套广播体操培训	8 月 8 日	金汇镇文化活动中心
	267	广场舞培训	8 月 4—8 日	四团镇新四平公路 2089 号
	268	腰鼓培训	8 月 6 日	南桥镇社区文化活动中心
	269	戏曲广播操培训	8 月 7 日	金汇港桥下
	270	健身气功培训	8 月 7 日	南桥镇社区文化活动中心
	271	广播体操培训	8 月 8 日	柘林镇社区文化活动中心
	272	工间操培训	8 月 8 日	金汇镇文化活动中心
	273	广播体操推广培训	8 月 8 日	西渡渡口公园
	274	打莲湘培训	8 月 8 日	青村镇社区文化活动中心 202 排练厅
	275	柔力球培训	8 月 8 日	金汇镇文化活动中心
	276	科学健身讲座	8 月 7 日	头桥社区
	277	健身点点长科学健身讲座	8 月 8 日	社区影吧
崇明区	278	乒乓球培训	8 月 8 日	新海镇北沿公路 3366 号

（续表九）

区（单位）	序号	培训、讲座名称	时间	地点
崇明区	279	武术培训	8月8日	长兴镇凤凰路142号
	280	广场舞培训	8月8日	城桥镇川心街2号
	281	羽毛球培训	8月8日	堡镇花永路豪羽羽毛球馆
	282	游泳培训	8月8日	城桥镇团城公里7398号
	283	围棋培训	8月8日	长兴镇丰福路699弄178号
	284	跆拳道培训	8月8日	北门路88号
	285	木兰拳培训	8月8日	城桥镇川心街2号
上海市网球协会	286	成人网球培训	8月4日	虹口区浦菲优澜健身房楼顶（欧阳路299号）
	287	青少年网球培训	8月7日	嘉定南翔弘金地网球俱乐部（瑞林路68号）
	288	亲子网球体验培训	8月8日	闵行区吴泾市民体育中心（龙吴路5347号）
	289	亲子网球体验培训	8月8日	宝山体育馆网球中心（永清路700号）
	290	网球专项技术教学培训	8月8日	杨浦江湾体育中心网球场（杨浦区国和路346号）
	291	网球专项技术教学培训	8月8日	静安达安花园网球场（长寿路999弄达安花园）
	292	青少年网球培训	8月8日	浦东外高桥麦斯特网球中心（航津路260号）
	293	全年龄网球培训	8月8日	浦东南江苑网球场杨高南路3340弄
	294	青少年网球培训	8月8日	嘉定紫气东来体育公园网球场（天祝路胜辛路口）
	295	全年龄网球培训	8月8日	松江区明中路1010弄万科白马花园会所网球场
上海市军事体育俱乐部芸海青少年模型运动俱乐部	296	青少年科技体育培训	8月8日	新同心路318号

（上海市体育局 供）

城市业余联赛

2018 年上海城市业余联赛概况

2018 年上海城市业余联赛以“解决人民日益增长的美好生活需要，和不平衡不充分的全民健身发展之间的矛盾，吸引更多市民参与全民健身活动”为目的，时间跨度自 1 月 1 日起，至 11 月 25 日结束。全年共举办 10 个项目联赛、12 个品牌特色赛事活动和 37 个项目系列赛，此外还增设“X 项目”，让更多赛事活动和项目能够纳入。据上海城市业余联赛官网数据统计，2018 年共举办各级各类赛事活动 6 186 场，有 809 476 名市民，近 250 万人次参与。

2018 年的联赛项目设置更加多元。在保留项目联赛、项目系列赛和品牌特色赛事活动三大板块的基础上，各板块有所优化。项目联赛数量保持在 10 项，分别是：五人制足球、篮球、排球、乒乓球、羽毛球、游泳、围棋、轮滑、击剑、跆拳道，其中“游泳”为新入围项目；项目系列赛由原来的 35 项增加到“37+X”项。其中柔力球、足球（五人制除外）、冰球、冰壶等为新增项目。“X”主要针对其他未纳入 37 个项目的小众体育项目；品牌特色赛事活动由原来的 11 个调整为“12+X”个。新增市民网球节、自行车嘉年华和社区健康跑嘉年华，同时将区级品牌赛事活动和行业特色运动会作为“X”增量。

联赛对社会办赛和部门、行业办赛进行区别分类，使得办赛流程更加清晰，社会办赛部分仍沿用招投标模式，邀请企业、协会共同办赛。市、区体育部门主要承担服务和监管职责，采取赛前方案审定、赛中和赛后实施评估的方式，加强指导服务。而新纳入的部门和行业赛事（包含区体育部门举办的各类赛事），通过提前申报的方式，统一纳入城市业余联赛体系。

城市业余联赛舞龙舞狮 （张晓桐 摄）

2018 年，市体育局安排近 3 000 万元的扶持资金，全部投入社会办赛部分，对成功中标城市业余联赛的各项赛事活动，根据项目类别和评估结果的不同，分别给予从 3 万元至 80 万元不等的资金扶持。通过资金引导的方式，运用市场杠杆，引导全民健身服务产业发展。部分区体育局也拿出优质全民健身赛事活动资源，采取购买服务的方式，吸引社会和市场共同办赛。

同时，市体育局为联赛的办赛主体提供更加全面的赛事服务，通过组织成立“三员一团”，即联络员、观察员、指导员和明星志愿服务团，加强与各办赛单位的沟通，协助做好规范办赛和赛事推广工作。在评估的基础上，建立激励机制，设立奖项，表彰优质赛事和办赛单位。通过梳理办赛典型，讲好故事体育，加强宣传报道，让更多的企业和社会组织脱颖而出，为有志于全民健身服务产业发展的企业提供优化的营商环境。

联赛对办赛主体的要求更加细化。所有中标赛事拥有赛事设计、规程制定、报名费及赛事冠名等权利，而在办赛过程中，需对市民开展项目普及、培训、体验等活动，凡已经施行业余等级国家标准的项目，需在赛事设计及成绩评定上推行业余等级制。通过对办赛主体增加项目普及和业余等级推行的要求，来提高参赛市民的科学健身水平，让每一个喜爱运动的市民都能找到合适的平台，在参赛时得到更多获得感、满足感、幸福感。（文史）

2018 年上海城市业余联赛荣誉表彰

2018 年上海城市业余联赛运动达人奖

项目	获得者
五人制足球	刘冬生
篮球	顾清桦
排球	韵颖排球队
羽毛球	徐振华 / 丁志贞
游泳	迪卡侬游泳队
轮滑	上海市民办金苹果学校小学部
击剑	吴彦晓
跆拳道	袁得

2018 年上海城市业余联赛最具创意奖

上海市民武术节　上海市民网球节

上海市民篮球节　上海自行车嘉年华

五星运动汇

2018 年上海城市业余联赛十佳赛事奖

990 上海市广播操大赛

中国高校百英里接力赛

中国坐标－上海城市定向户外挑战赛

上海市八人制足球联赛

上海市第 28 届体育舞蹈锦标赛

上海市第四届城市自行车定向赛

“海上花岛”上海市第二届健身健美公开赛

上海网球系列赛年终总决赛

“天马论驾”上海市汽车比赛

上海市第八届舞龙舞狮锦标赛

2018 年上海城市业余联赛区级最佳赛事奖

静安区体育广场周周赛

宝山区街球风暴擂台赛

上海市嘉定区业余足球联赛

金山区全民健身大会羽毛球比赛

上海垂直登高大奖赛（白玉兰广场站）

浦东新区全民健身日“一街（镇）一品”体育特色项目大赛

中国龙舟公开赛（上海·普陀站）暨第十五届上海苏州河城市龙舟国际邀请赛

松江区第十届端午龙舟赛

第二届易跑·940 森林越野跑

上海马桥国际半程马拉松比赛

崇明区第 57 届“烈士杯”篮球赛

“虹桥杯”长宁区第五届中外青少年游泳比赛

青浦区第二届新能源汽车定向赛

黄浦区第九套广播体操比赛

徐汇区篮球系列赛

奉贤区全民健身项目千人系列展示大赛

2018 年上海城市业余联赛优秀组织奖

上海洛合体育发展有限公司

拳跆空（上海）体育经纪发展有限公司

圣巴文化传播（上海）有限公司

上海市乒乓球协会

每步科技（上海）有限公司

上海申慧城体育发展有限公司

上海东体传媒有限公司

上海市登山户外运动协会

上海市网球协会

上海市社区体育协会

2018 年上海城市业余联赛优秀赛区奖

浦东新区　嘉定区　宝山区

普陀区　杨浦区

（文史）

非奥项目

居文君在国际象棋世界大赛上两夺“棋后”桂冠

5月18日，在上海和重庆两地进行了半个多月的2018年女子国际象棋世界冠军对抗赛结束，在最后一盘经历长达4个小时的消耗战后，挑战者居文君在优势局面下迫使2017年女子世锦赛冠军谭中怡接受和棋，最终居文君以5.5比4.5的总比分取得对抗赛优胜，加冕世界棋后。居文君也由此成为国际象棋历史上第17位女子世界冠军，同时也是继谢军、诸宸、许昱华、侯逸凡和谭中怡之后，第六位登上世界棋后宝座的中国女棋手，更重要的是，这还是历史悠久的上海国象界首位世界棋后。

对抗赛共十局，分为前后半程，由两位选手的家乡上海和重庆各办半程，率先获得5.5分的一方为胜者。5月9日在上海进行的前半程五轮结束，居文君已经以3.5比1.5分领先。回到重庆的后半程第六局，谭中怡凭借主场鏖战6个小时将比分改写为3.5比2.5。随后的第七、八、九盘对局中，双方均战和，居文君已经以5比4领先，在最后的第十局中只需和棋就可以挑战成功。居文君执白先行选择后兵开局，黑方谭中怡积极求变，试图打开局面寻找战机，经过4个多小时较量，谭中怡见大势已去主动求和，使居文君以5.5比4.5分取胜，成为新的女子世界冠军。

11月23日，2018年女子国际象棋世锦赛落幕，在最终的决赛快棋加赛中，中国棋手居文君战胜俄罗斯名将拉戈诺，卫冕棋后桂冠。

决赛中，双方要通过四盘慢棋的较量决出冠军。前两场，第一盘，双方弈和，比分0.5比0.5；第二盘，拉戈诺获胜，比分0.5比1.5；第三盘，双方弈和，比分1比2；第四盘慢棋，拉戈诺只要弈和居文君，她就是新的棋后。危机时刻居文君爆发出惊人的力量，仅经过32个回合就执黑后手击败对手，比分变成2比2。双方进入快棋加赛的较量，前两盘25+25的快棋对决都下成了弈和。随后比赛进入10+10的超快棋比拼，居文君把握机会，连续两盘获胜，最终以总比分5比3战胜对手，在一年内第二次夺得“棋后”的头衔。

居文君出生于1991年，7岁参加国象培训班就展现出天赋，之后师从曾担任国家队教练的戚惊萱，她2004年进入上海队，之后是国家队。曾获得中国国际象棋甲级联赛冠军、2016年奥林匹克赛团体冠军、两次全国甲级联赛个人赛女子冠军、世界女子快棋赛冠军……已经和棋盘结缘20年的居文君，可谓一步一个脚印，“棋后”实至名归。

（文史）

上海队在国际象棋甲级联赛中成功卫冕

11月26日，2018年中国国际象棋甲级联赛在广东深圳进行第19轮比赛。中国移动上海队以3比2战胜广东队后，以15胜3和1负积34分的绝对优势，提前3轮卫冕冠军。上海队也是国象联赛史上第一支六次夺冠的队伍。

在第19轮比赛中，上海队凭借倪华、居文君、外援哈里克利斯纳的出色表现，最终以3比2获胜。上海队战胜广东队后，领先位居第二位的重庆队达7分之多，提前3轮卫冕成功。这也是继

2008年、2009年、2012年、2016年、2017年之后，上海队第六次夺得联赛冠军；同时，中国移动上海队也成为中国国际象棋甲级联赛历史上第一支取得“三连冠”的队伍。

11月30日，第六站比赛在深圳金茂园大酒店结束最终轮的较量。最终，提前三轮夺冠的中国移动上海队以3.5比1.5大比分战胜深圳龙岗队，以22战17胜4和1负的总战绩卫冕。至此，经过深圳、南京、嘉兴、中山、无锡、深圳六站22轮的角逐，2018年中国国际象棋甲级联赛圆满落幕。

（文史）

2018年中国国际象棋甲级联赛积分榜

排名	队伍	胜	和	负	积分	局分
1	中国移动上海	17	4	1	38	72.5
2	重庆体彩	12	5	5	29	61.5
3	山东景芝酒业	11	6	5	28	62
4	杭州银行	12	3	7	27	60
5	深圳龙岗	10	5	7	25	60.5
6	北京北奥	9	7	6	25	59.5
7	成都蓓蕾	6	12	4	24	58
8	浙江绍兴	7	7	8	21	53.5
9	天津队	7	5	10	19	53.5
10	杭汽轮	4	3	15	11	40.5
11	广东鼎鑫高科	3	5	14	11	38
12	河北体彩	2	2	18	6	40.5

（文史）

中国国际象棋甲级联赛历届前三名

年份	冠军	亚军	季军
2005年	北京爱国者	河北天威保师附小	上海建桥学院
2006年	北京爱国者	山东火炬地产	重庆移动
2007年	山东火炬地产	北京爱国者	上海冠军园
2008年	上海建桥学院	北京爱国者	河北金环钢构
2009年	上海建桥学院	山东玲珑轮胎	北京爱国者
2010年	山东玲珑轮胎	北京爱国者	浙江
2011年	北京爱国者	上海建桥学院	青岛育才初中
2012年	上海建桥学院	北京爱国者	江苏泰州
2013年	天津南天大学	北京北奥	上海建桥学院
2014年	江苏绿羊温泉	天津南天大学	重庆
2015年	北京北奥	重庆	天津春华校园
2016年	上海建桥学院	北京北奥	山东景芝酒业
2017年	中国移动上海	重庆体彩	北京北奥
2018年	中国移动上海	重庆体彩	山东景芝酒业

（文史）

支正毅获得航天模型高度火箭项目（S1B）世界冠军

7月25日—8月4日，2018年航天模型世界锦标赛在波兰举行，上海运动员支正毅在S1B高度火箭项目上以800.80米的优势战胜乌克兰、美国等国家选手，获得个人冠军。柴光辉、孙大龙获得该项目的个人第四名和第七名的好成绩，三人以总成绩2 211.3米获得S1B高度火箭项目的团体冠军。这是继1988年、1990年张向东夺得两次世锦赛线操纵特技项目个人冠军后，上海运动员时隔30多年首次获得航空模型世锦赛个人冠军；也是继1988年、1990年张向东获得两次世锦赛线操纵特技团体冠军，1996年、1998年王鸿炜夺得世锦赛该项目两次团体冠军后，上海运动员时隔20年获得团体冠军。这个成绩不仅刷新上海运动员在世锦赛上的纪录，也开创上海运动员在除线操纵特技项目之外的其他项目上夺得世界冠军的先河。

（文史）

静安区政府与上海棋院合作签约

3月9日，静安区政府与上海棋院举行“方寸弈·大师情·成长梦”合作签约仪式。未来5年，双方将进一步探索与专业机构合作办学，深化体教结合的新机制。

根据协议，签约合作为期五年（2017.9.1—2022.8.31），完善地方与专业机构联合办学模式。学校建立“学校发展战略咨询委员会”，继续聘请特级大师胡荣华先生担任上海棋院实验小学名誉校长。上海棋院选派一名专业管理人员兼任上海棋院实验小学副校长，在上海棋院实验小学设立棋牌大师工作室，选派大师级专家团队定期到校指导、授课，共同为学校棋牌发展出谋划策，着力探索推进棋牌特长生培养的新模式，帮助学校培养棋类特色教师，满足学校进一步发展需求，促进棋院实验小学从特色教育向品牌教育提升。

2012年，上海棋院和静安区教育局联手创办上海棋院实验小学。五年来，学校在“特色创建、教育质量、社会声誉”等方面都取得了显著成绩。2014年，静安区成立校园棋牌智力联盟，作为联盟主校的上海棋院实验小学举办大量的棋牌比赛与主题活动，为不同年龄层次的小伙伴切磋棋艺、交流经验提供了平台。

此次签约，进一步总结、提炼、展示了上海棋院实验小学棋类课程教学的优秀经验，初步形成可供区域智力运动联盟学校使用的共享课程。未来，静安区校园棋牌智力联盟将充分发挥上海棋院实验小学的核心作用，紧密依托上海棋院的资源优势，让各联盟校学员走近棋院，走近大师，扩大体教结合的广度与深度，形成校园体育项目联盟的静安特色，开启区域“智力联盟”新航程。

（文史）

“全国百城千县万乡全民棋牌推广工程”上海地区启动仪式举行

6月22日，“全国百城千县万乡全民棋牌推广工程”上海地区启动仪式在上海棋牌院举行。

活动现场，上海九城体育有限公司与市棋牌运动管理中心签订全面战略合作协议。根据协议，九城体育全面参与象棋、围棋、国际象棋、国际跳棋、五子棋、桥牌、休闲棋牌等各项目的普及与发展，率先以冠名女子象甲与本市围棋业余升级升段赛为抓手，同时收购“同雅堂少儿围棋”培训品牌，推出全新的“九城·同雅堂”品牌，战略投资上海聚申体育。构建完备的青少年棋牌培训、赛事体系建设、棋牌赛事运营为一体的产业结构，在扩大群众运动基础之上，服务于上海青少年棋牌运动后备人才建设。

（文史）

实事工程

2018 年度上海市政府实事工程建设

2018 年，上海抓重点求突破，深化社区体育设施建设管理工作，积极增加市民身边健身设施，下发《关于做好 2018 年市政府实事工程项目有关工作的通知》，制定建设导则。在各区财政局、体育局及相关街镇的共同努力下，超额完成年度市政府实事项目，全年共新建 89 条市民健身步道、新建改建 72 片市民球场、新建改建 342 个市民益智健身苑点。（文史）

2018 年市政府实事项目市民健身步道统计表

序号	区	所在街镇	名称	具体地址	步道规模（长 × 宽）（米）
1	浦东新区	祝桥镇	航城二居健身步道	航城三路 86 弄	320 × 1.3
2		金桥镇	金葵路健身步道	金葵路 1315 弄	320 × 1.3
3		南汇新城镇	宜浩二居健身步道	竹柏路 333 弄	400 × 1.3
4		高东镇	新跃路健身步道	新跃路路边	960 × 1.3
5		北蔡镇	北中路休闲绿地健身步道	北中路 571 号	400 × 3
6		书院镇	新舒北苑健身步道	唐港路 1059 号	469 × 1.3
7		书院镇	外灶村健身步道	老芦公路临港大道口	300 × 1.3
8		周浦镇	繁荣安居健身步道	繁荣东路 159 弄	380 × 1.2
9		曹路镇	星纳家园健身步道	海纳路 129 弄	326 × 1.2
10		曹路镇	金群苑健身步道	金钻路 398 弄	279 × 1.25
11	黄浦区	外滩街道	延福绿地市民健身步道	延福绿地	595 × 1.8
12		豫园街道	古城公园市民健身步道	古城公园	340 × 1.2
13	徐汇区	康健街道	桂江路绿地新建工程市民健身步道（二期）	沿桂江路（平阳路—沪闵路）	420 × 3
14		龙华街道	徐汇滨江公共开放空间市民健身步道	龙水南路—罗秀路	1 000 × 3
15		龙华街道	徐汇滨江公共开放空间市民健身步道	罗秀东路 / 淀浦河	1 000 × 3
16		龙华街道	徐汇滨江公共开放空间市民健身步道	淀浦河 / 徐浦大桥	1 000 × 3
17	普陀区	万里街道	中环花苑市民健身步道	新村路 1288 弄小区近富平路侧	360 × 1.2
18	虹口区	凉城新村街道	复旦小区市民健身步道	水电路 1324 弄	300 × 2

（续表一）

序号	区	所在街镇	名称	具体地址	步道规模（长 × 宽）（米）
19	杨浦区	五角场街道	国权北路 10 弄健身步道	国权北路 10 弄	327 × 1.2
20		江浦路街道	辽源西路睦邻中心健身步道	辽源西路睦邻中心	300 × 1.2
21		殷行街道	工二（4）居委休闲广场健身步道	工二（4）居委休闲广场	285 × 2
22		五角场镇	黑山路 3 号虬江河步道	黑山路 3 号虬江河	258 × 2.5
23		五角场镇	嫩江路健身步道	嫩江路（中原路、世界路）	450 × 1.2
24	宝山区	月浦镇	聚源桥村健身步道 1	聚石路西侧	690 × 1.2
25		月浦镇	聚源桥村健身步道 2	黄海药厂东侧	820 × 1.2
26		月浦镇	沈家桥村健身步道 1	钱陆路东侧顾泾河北侧	430 × 1.2
27		月浦镇	沈家桥村健身步道 2	梅园宅 6 号对面	390 × 1.2
28		顾村镇	老安村健身步道	老安村内	300 × 1.5
29	闵行区	浦江镇	浦锦南路市民健身步道	浦锦南路—鲁南路	490 × 1.5
30		浦江镇	永跃路市民健身步道	永跃路—鲁南路	480 × 1.5
31		浦江镇	永寨路市民健身步道	永寨路—鲁南路	450 × 1.5
32		莘庄镇	西湖苑健身步道	西环路 777 弄	500 × 2.6
33		新虹街道	文体中心健身步道	宁虹路 1122 号	400 × 4.0
34		马桥镇	敬南路文化广场市民健身步道	马桥镇青年路 33 号体育场东侧	320 × 2.0
35	嘉定区	安亭镇	向阳村健身步道	向阳村	300 × 2.4
36		嘉定新城（马陆镇）	大融城百姓健身步道	宝安公路 3386 号大融城后	600 × 2
37		嘉定新城（马陆镇）	马陆公园健身步道	育英路 455 号（马陆公园内）	450 × 2.4
38		徐行镇	启秀绿地市民健身步道	启悦路启秀绿地	300 × 2
39		外冈镇	外冈镇市民健身步道	玉川路瞿门路路口	540 × 2.2
40		华亭镇	双塘村市民健身步道	嘉行公路 3749 号	400 × 1.5
41		华亭镇	联一村市民健身步道	联一村护民桥西面	300 × 1.2
42		嘉定工业区	新宝社区健身步道	新宝社区 558 弄 45 号前	300 × 1.2
43		菊园新区	百果园市民健身步道	沪宜公路 5050 弄	800 × 2
44	金山区	亭林镇	新巷村市民健身步道	新巷村 14 组 2087 号	320 × 1.5
45		朱泾镇	星辰广场市民健身步道	秀洲街人民路西北侧	310 × 1.5
46		张堰镇	秦阳村市民健身步道	秦阳村委会 7001 号南面（秦阳社区活动中心东面）	330 × 1.5
47	松江区	石湖荡镇	石湖荡镇新源村市民健身步道	广庵路 2 号	300 × 1.2

（续表二）

序号	区	所在街镇	名称	具体地址	步道规模（长×宽）（米）
48	松江区	泗泾镇	泗泾镇德悦路市民健身步道	德悦路洞业路口	360×1.4
49		九亭镇	九亭镇吴家浜绿地公园市民健身步道	龙高路勤富路口	380×1.5
50		泖港镇	泖港镇格林小区市民健身步道	北库路33弄	320×2.4
51		洞泾镇	洞泾镇洞星小区市民健身步道	洞宁路780弄	300×2
52		广富林街道	广富林街道广富林路市民健身步道	广富林路近龙源路	300×1.2
53		小昆山镇	小昆山镇鼎盛路市民健身步道	鼎盛路近文翔路	320×2.2
54		新浜镇	新浜镇方家哈新苑市民健身步道	新颖路399弄东侧	520×1.2
55		九里亭街道	九里亭街道九城湖滨市民健身步道	沪亭北路618弄东侧	590×2
56		车墩镇	车墩镇祥东小区市民健身步道	车峰路199弄	650×2.2
57	青浦区	赵巷镇	赵巷镇和睦村健身步道	和睦路红旗桥西南	302×2
58		朱家角镇	朱家角体育公园健身步道	浦祥路珠溪路向西100米	500×2.4
59		金泽镇	商榻蔡浜村健身步道	蔡浜村东侧	370×2
60		金泽镇	商榻中学健身步道	商榻中学	400×2
61	奉贤区	南桥镇	南桥镇江海四居市民健身步道	菜场路182号	312×2
62		南桥镇	南桥镇贝港六居众旺苑北区市民健身步道	新建西路638号	302×2
63		庄行镇	庄良路第三期市民健身步道	庄良路	300×1.6
64		海湾镇	海湾集贸市场健身步道	集贸市场旁	669×1.5
65		奉浦街道	乐康苑市民健身步道	肖塘路146号	312×1.6
66		南桥镇	上海之鱼环湖市民健身步道一期	上海之鱼	1 027×2
67		南桥镇	南桥新城市民公园市民健身步道	百兴路、百秀路	700×4.3
68		南桥镇	上海之鱼湖堤路市民健身步道	上海之鱼湖堤路	1 240×2.5
69	崇明区	堡　镇	四滧村市民健身步道	四滧村10队	956×2
70		堡　镇	堡北村市民健身步道	堡北村	734×2

（续表三）

序号	区	所在街镇	名称	具体地址	步道规模（长×宽）（米）
71	崇明区	堡　镇	南海村市民健身步道	南海村	552×2
72		堡　镇	桃源村市民健身步道	桃源村村委南侧	345×2
73		堡　镇	五滧村市民健身步道	五滧村	360×2
74		长兴镇	潘石公园市民健身步道	潘石公园（潘石北路）	1 140×2
75		陈家镇	裕西村市民健身步道	裕西村（614号前林地）	994×3
76		竖新镇	春风村市民公园市民健身步道	春风村市民公园	742×2
77		竖新镇	油桥村市民公园市民健身步道	油桥村市民公园南新6队	790×2
78		庙　镇	宏达村市民健身步道	宏达村江华7队—11队	621×2
79		庙　镇	启瀛村市民健身步道	启瀛村鸽龙港河西侧	321×2
80		庙　镇	庙中村市民健身步道	庙中村庙镇医院北侧	1171×2
81		港沿镇	富强村市民公园市民健身步道	富强村市民公园	780×2
82		港沿镇	镥玕村健康公园市民健身步道	镥玕村健康公园	1 590×2
83		城桥镇	马桥村市民健身步道	城桥镇马桥村	1 195×2
84		新村乡	新国新庄市民健身步道	新国新庄10队居民南侧	413×2
85		港西镇	三湾市民健身步道（南）	双北村	2 262×2
86		港西镇	三湾市民健身步道（北）	双北村	4 242×2
87		绿华镇	绿港村市民健身步道	镇文化中心	400×2
88		绿华镇	三华公路市民健身步道	绿华镇三华公路旁	1 413×2
89		新河镇	永丰村市民健身步道	永丰村688号东北侧	1 540×2

2018年市政府实事项目市民球场统计表

序号	区	所在街镇	名称	具体地址	球场类型	面积（平方米）
1	浦东新区	曹路镇	新星火村篮球场	港新路289号	篮球场	680
2		曹路镇	永和村篮球场	龚路公路700号	篮球场	680
3		高桥镇	草高支路篮球场	草高支路638号	1片篮球场	900
4		合庆镇	向东村五队篮球场	向东村五队	1片篮球场	680
5		康桥镇	文化中心篮球场	秀沿路365号	1片篮球场	680
6		陆家嘴	乳山路篮球场	乳山路98号旁	1片篮球场	700

（续表一）

序号	区	所在街镇	名称	具体地址	球场类型	面积（平方米）
7	浦东新区	宣桥镇	宣桥镇曙光村足球场 1	曙光路现代农业园内	1 片 5 人制足球场	1 200
8		宣桥镇	宣桥镇曙光村足球场 2	曙光路现代农业园内	1 片 5 人制足球场	1 200
9		川沙新镇	界龙村篮球场	界龙村村委会	篮球场	680
10		祝桥镇	义泓村篮球场	义泓村村委边	篮球场	680
11		祝桥镇	施湾三路羽毛球场	施湾三路 985 号	羽毛球场 1 片	500
12		祝桥镇	施湾三路门球场	施湾三路 985 号	门球场 1 片	500
13	黄浦区	半淞园路街道	蓬莱公园公共运动场	南车站路 350 号	羽毛球场	466
14		南京东路街道	南京东路街道公共运动场	江阴路 101 号	篮球场	454
15		半淞园路街道	台地花园市民足球场	西藏南路龙华东路和苗江路交接处	足球场	3 150
16	静安区	临汾路街道	静安区阳泉路羽毛球场	阳泉路 50 号	一片灯光羽毛球场	253
17		彭浦镇	市北高新园区篮球场	市北高新园区内	一片篮球场	612
18	徐汇区	华泾镇	汇龙苑公共足球场	华泾路 200 号（华泾路 / 近龙吴路）	11 人制足球场 1 片	6 600
19		华泾镇	汇龙苑公共篮球场	华泾路 200 号（华泾路 / 近龙吴路）	篮球场 2 片	1 216
20		华泾镇	华泾公园公共篮球场	华泾路 / 近龙吟路	篮球场 2 片	1 300
21		徐家汇街道	徐家汇公园公共篮球场	衡山路 / 宛平南路	篮球场 3 片	1 650
22	普陀区	长征镇	全民健身中心市民球场	清峪路 385 号	篮球，2 片半场	374
23		真如镇街道	真光路金汤路市民球场	真光路金汤路路口	篮球，1 片半场，智能球场	355
24	虹口区	欧阳路街道	虹口足球场篮球场	东江湾路 444 号	篮球	600
25	杨浦区	延吉新村街道	杨浦公园多功能市民球场	隆昌路杨浦公园内	羽毛球场、门球场	1 050
26	宝山区	区体育局	宝钢林带公共运动场	漠河路	网 3	2 000
27		区体育局	高境二村公共运动场	殷高西路	篮 1 网 1 门 1	2 000
28		区体育局	月浦公园公共运动场	四元路宝泉路口	篮 1 门 1	1 200
29		区体育局	罗泾公园公共运动场	陈功路	篮 2 网 1 笼足 1	2 400
30		区体育局	月浦中心绿地运动场	古莲路塔源路口	篮 2	1 200
31		区体育局	锦秋花苑公共运动场	锦秋路	篮 1	608
32		区体育局	区文广公共运动场	友谊西路	篮 1	608

（续表二）

序号	区	所在街镇	名称	具体地址	球场类型	面积（平方米）
33	宝山区	区体育局	富长路绿地运动场	水产西路富长路	篮 2 笼足 2	2 400
34		区体育局	呼玛三村公共运动场	呼玛路	篮 2	1 200
35		区体育局	通河二村公共运动场	长江西路	篮 1 门 1	1 200
36	闵行区	虹桥镇	金虹桥河滨绿地门球场	合川路 2889 号	门球 2 片	700
37		华漕镇	鹫山村陆家巷门球场	鹫山村陆家巷生产队	门球 1 片	600
38		华漕镇	王泥浜村足球场	王泥浜村北翟路 3318 号	足球 6 片	15 000
39	嘉定区	嘉定新城（马陆镇）	石冈门塘云谷路运动场	近云谷路 704 号	篮球场 2 片	1400
40		嘉定新城（马陆镇）	环城林带运动场	双单路温泉路路口	网球场 2 片篮球场 1 片	2 000
41		嘉定新城（马陆镇）	马陆村多功能运动场	宝安公路 3525 弄 130 号	多功能运动场 1 片	600
42		南翔镇	银翔路足球场	金迎路、银翔路口	足球场 1 片	924
43		南翔镇	博翔路公共运动场	嘉锈东路博翔路路口	篮球场 1 片网球场 1 片	1 280
44		真新街道	双河路公共体育场	双河路 300 号	篮球场 5 片	3 500
45		菊园新区	北水湾公共运动场篮球场	环城路近嘉行公路	篮球场 2 片	1 400
46		菊园新区	北水湾公共运动场足球场	环城路近嘉行公路	足球场 1 片	2 000
47		菊园新区	菊园七人制足球训练基地	永新路西、胜竹路南	足球场 1 片	2 400
48	金山区	亭林镇	亭林镇社区市民篮球场	华亭路 85 号	篮球场 1 片	600
49		金山卫镇	金山卫镇钱圩社区市民门球场	钱圩社区钱商大街南侧	门球场 1 片	500
50		金山卫镇	金山卫镇社区市民五人制足球场	西静路南阳湾路路口	五人制足球场 1 片	500
51		廊下镇	廊下镇万春苑社区市民篮球场	漕廊公路 6825 号	篮球场 2 片	1 200
52		廊下镇	廊下镇万春苑社区市民门球场	漕廊公路 6825 号	门球场 1 片	500
53		吕巷镇	吕巷镇社区市民门球场	吕巷镇蟠桃广场朱吕公路 6868 号	门球场 1 片	500
54		石化街道	海滨体育场社区市民网球场	合浦路 147 号	网球场 2 片	1 000

（续表三）

序号	区	所在街镇	名称	具体地址	球场类型	面积（平方米）
55	松江区	车墩镇	车墩镇联庄村市民门球场	车墩镇联庄村11组	1片门球场	500
56		九里亭街道	九里亭街道社区文化活动中心市民球场	涞坊路408号	2片篮球场 1片网球场	2 300
57	青浦区	朱家角镇	朱家角体育公园足球场	朱家角浦祥路79号对面向西150米	足球场	4 219.5
58		朱家角镇	朱家角体育公园	浦祥路珠溪路向西100米	网球场、篮球场	1216
59	奉贤区	四团镇	四团镇社区公共运动场篮球场	新四平公路2089号	2片灯光篮球场	1 332.84
60		四团镇	四团镇社区公共运动场足球场	新四平公路2089号	1片5人制人工草坪灯光足球场	735.36
61		四团镇	四团镇社区公共运动场羽毛球场	新四平公路2089号	2片灯光双打羽毛球场	312
62		西渡街道	金都雅苑多功能球场	金都居委扶港路629弄小区内	五人制足球场、羽毛球场	1 002
63	崇明区	新海镇	新海镇电影院市民球场	新海镇电影院	多功能球场	608
64		港沿镇	港沿镇漾滨村村委市民球场	港沿镇漾滨村村委	多功能球场	608
65		港沿镇	港沿镇齐成村村委市民球场	港沿镇齐成村村委	多功能球场	608
66		港沿镇	港沿镇惠军村村委市民球场	港沿镇惠军村村委	多功能球场	608
67		建设镇	建设镇建设村村委市民球场	建设镇建设村村委	多功能球场	608
68		建设镇	建设镇溆东村村委市民球场	建设镇溆东村村委	多功能球场	608
69		新河镇	新河镇井亭村村委市民球场	新河镇井亭村村委	多功能球场	608
70		堡镇	堡镇财贸村村委市民球场	堡镇财贸村村委	多功能球场	608
71		绿华镇	绿华镇农民文化中心市民球场	绿华镇农民文化中心	多功能球场	608
72		新河镇	新河镇新梅村村委市民球场	新河镇新梅村村委	多功能球场	608

2018年市政府实事项目市民益智健身苑点统计表

序号	区	所在街镇	名称	具体地址	面积（平方米）	器材件数
1	浦东新区	高行镇	华高一居健身点	巨峰路995弄	100	11
2		高行镇	华高二居健身点	巨峰路997弄	110	11
3		高行镇	华高苑健身点	杨高北路3885弄	100	11
4		康桥镇	康沈路686号市民健身点	康沈路686号	120	11
5		南汇新城镇	紫荆庭市民健身点	港辉路528弄	130	9
6		万祥镇	新镇村健身点	新镇村村委	100	11
7		北蔡镇	御桥村健身点	陈春路206号	100	11
8		大团镇	镇南村健身点	南团公路3330号	100	9
9		川沙新镇	民义村健身点	民义村2组	130	11
10		川沙新镇	牌楼村健身点	牌楼村12队仓库场东侧（室外）	100	11
11		泥城镇	马厂村健身点	马厂村9组	120	11
12		泥城镇	云景雅苑健身点	泥城路180弄17号	130	11
13		书院镇	黄华村市民益智健身点	书院镇黄华村247号对面	100	9
14		书院镇	外灶村村民益智健身点	外灶村老芦公路1208号东侧	100	11
15		唐镇	齐爱佳苑健身点	创新中路199弄	110	9
16		宣桥镇	明祥苑健身点	闵家浜路60弄	100	11
17		宣桥镇	宣桥枫庭健身点	人民西路1955号	130	11
18		北蔡镇	北中绿地健身点	北中路571号	100	11
19		航头镇	康乐苑健身点	鹤沽路346弄	120	9
20		祝桥镇	邓三健身点	邓三川南奉公路4296号	100	9
21		祝桥镇	新如10组健身点	新如10组	120	9
22		航头镇	丰桥村19组健身点	丰桥村19组	90	11
23		康桥镇	海富城市花园健身点	秀浦路800号	80	9
24		高桥镇	夏碧路310弄健身点	夏碧路310弄	100	9
25		高桥镇	草高支路638号健身点	草高支路638号	100	9
26		高桥镇	高南新村健身点	季景北路185弄	90	9
27		南码头路街道	三林体育中心健身点	云莲路201号	80	9
28		金桥镇	金桥阳光绿地健身点	金桥阳光绿地1	110	9
29		书院镇	洼港村三组党建微公园健身点	洼港村三组党建微公园	90	11

（续表一）

序号	区	所在街镇	名称	具体地址	面积（平方米）	器材件数
30	浦东新区	书院镇	新欣一村健身点	书院镇新卫路5弄	100	9
31		书院镇	书院镇1号公寓健身点	书院镇船山街159弄	100	9
32		泥城镇	海关村健身点	泥城镇海关村顾家宅	100	11
33		泥城镇	龙岗村健身点	泥城镇康家宅	110	9
34		泥城镇	鹤园健身点	泥城镇鸿音路3155弄	90	11
35		泥城镇	人民村健身点	泥城镇人民村七组桥	90	9
36		金桥镇	金桥阳光绿地健身点	金桥阳光绿地2	120	9
37		万祥镇	万祥文化中心健身点	万祥路101	80	9
38		合庆镇	合庆镇春雷村健身点	凌杨路联星路路口	100	9
39		合庆镇	合庆镇跃丰村健身点	东川公路跃丰路路口	100	9
40		大团镇	赵桥村7组健身点	赵桥村7组	90	9
41		东明路街道	三林苑健身点	三林路1466弄	80	11
42		高东镇	品欣雅苑居委健身点	高东二路118弄	110	9
43	黄浦区	打浦桥街道	锦海居委健身点	瑞金南路63弄	18	6
44		老西门街道	大兴健身点	大林路10弄1号（兴林公苑健身点）	70	9
45		南京东路街道	福瑞居委健身点	大观园绿地	100	9
46		南京东路街道	新昌居委健身点	新昌路87弄31—39号	48	12
47		打浦桥街道	建三居委健身点	永年路178弄内	40	8
48		五里桥街道	打浦居委健身点	斜土路678弄－明德坊	95	14
49		五里桥街道	瞿东居委健身点	斜土路550弄	120	5
50		五里桥街道	瞿西居委健身点	瞿溪路1254弄	60	9
51		五里桥街道	铁二居委健身点	中山南路鲁班路口（世博林篮球场旁边）	100	10
52		五里桥街道	丽园居委健身点	五里桥路39弄	54	6
53		小东门街道	龙潭居委健身点	中华路老太平弄口	40	7
54		豫园街道	露香居委健身点	东淮海6号楼广场	88	10
55		豫园街道	果育居委健身点	复兴东路701弄2号对面	300	15
56		豫园街道	泰瑞居委健身点	狮子街松雪街	67	8
57		豫园街道	太阳都市居委健身点	河南南路398弄1—2号	230	17
58	静安区	宝山路街道	儒林居委	虬江路909弄	170	12

（续表二）

序号	区	所在街镇	名称	具体地址	面积（平方米）	器材件数
59	静安区	江宁路街道	蒋家巷	昌平路428弄10号	135	15
60		天目西路街道	安源	安源小区	60	9
61		天目西路街道	铁路新村	铁路新村27号	127	16
62		芷江西路街道	复元坊	虬江路1431弄	142	21
63		芷江西路街道	南山	中华新路455弄	207	18
64		曹家渡路街道	三和居委	延平路123弄停车场	94	13
65		曹家渡路街道	万航	长宁路225弄内	57	9
66		临汾路街道	岭南路700弄	阳曲路781弄小花园	140	14
67		临汾路街道	闻喜路555弄	场中路1310弄	110	16
68		临汾路街道	阳曲路570弄	阳曲路650弄21号门口	244	19
69		静安寺路街道	景华	富民路22弄	100	8
70		北站路街道	南星居委	南星路70弄	212	13
71		南京西路街道	南京西路街道中凯居委	延中绿地靠近大沽路	110	10
72		共和新路街道	三阳居委会	黄山路280弄弄内	146	9
73		大宁路街道	大二居委会	大宁路181弄门口花园	30	8
74		大宁路街道	大宁路667弄	大宁路667弄健身广场	400	23
75		石门二路街道	张家宅	泰兴路362弄12号	135	16
76		石门二路街道	奉贤	奉贤路68弄	106	14
77		石门二路街道	斯文里	成都北路1037弄	128	12
78		彭浦镇	洪泉居委会	场中路2600弄90号甲一	105	15
79		彭浦镇	洪泉居委会	场中路2600弄90号甲二	225	14
80		彭浦镇	阳城贵都	阳城路280弄33号	160	20
81		彭浦镇	阳城贵都	阳城路388弄浦联佳苑	50	13

（续表三）

序号	区	所在街镇	名称	具体地址	面积（平方米）	器材件数
82	静安区	彭浦镇	永和北一	高平路777弄大花园	120	27
83		彭浦新村街道	艺康苑居委会	保德路1238弄93号	170	17
84		彭浦新村街道	三泉路424弄	闻喜路1202弄7号旁	75	20
85		北站街道	三生里	西藏北路225弄	285	16
86	徐汇区	华泾镇	馨宁小区益智健身点	华发路406弄	250	11
87		徐家汇街道	乐山八九村益智点	虹桥路411弄5号	187	9
88	长宁区	仙霞新村街道	虹仙市民益智健身点	仙霞路750弄56号西侧	230	
89		华阳路街道	兆丰嘉园益智健身点	长宁路888弄	70	
90		江苏路街道	愚园路749弄市民益智健身点	愚园路749弄内	200	
91		虹桥街道	长虹小区市民益智健身点	虹桥路996弄	320	
92		虹桥街道	伊犁小区市民益智健身点	伊犁路134弄	240	
93		新华路街道	东方金门市民益智健身点	定西路768弄	120	
94		新华路街道	新华公寓市民益智健身点	安顺路77弄内	55	
95		北新泾街道	新宁小区市民益智健身点	长宁路3229弄	240	
96			新泾六村市民益智健身点	金钟路340弄	230	
97	普陀区	甘泉路街道	新宜市民益智健身苑点	新村路170弄		
98		甘泉路街道	甘泉一村72号益智健身苑点	甘泉一村72号边		
99		石泉路街道	管弄路311弄市民益智健身苑点	管弄路311弄9号		
100		桃浦镇	香樟苑市民益智健身苑点	桃浦路1341弄	50	
101		万里街道	灵石路1565弄市民益智健身苑点	灵石路1565弄1号后门7号前门	40	
102		宜川路街道	大洋彭越浦市民益智健身苑点	大洋新村彭越浦河道长廊	40	
103		宜川路街道	泰山二村市民益智健身苑点	泰山二村中心花园	60	
104		宜川路街道	中远二委市民益智健身苑点	中潭路99弄57号东侧儿童乐园		
105		长风新村街道	师大二村市民益智健身点	师大二村25号		
106		长寿路街道	绿洲市民益智健身苑点	胶州路苏州河旁	100	
107		长征镇	金莲坊市民益智健身苑点	吉镇路450弄小区围墙东侧	125	
108		长征镇	祥和公园市民益智健身苑点	真光路1121号甲	200	

（续表四）

序号	区	所在街镇	名称	具体地址	面积（平方米）	器材件数
109	普陀区	曹杨新村街道	南岭园市民益智健身苑点	曹杨五村38号边	108	
110		真如镇	杨家桥一小区市民益智健身苑点	真北路2977弄	50	
111	虹口区	江湾镇	虹纺居委会益智健身苑点	虹湾路55号	300	
112		江湾镇	沽源居委益智健身苑点	沽源路113弄	100	
113		江湾镇	场中二居委益智健身苑点	场中路842弄	684	
114		北外滩街道	惠民居委益智健身苑点	榆林路93弄	100	
115		欧阳路街道	蒋家桥小区益智健身苑点	大连西路157号	60	
116		凉城新村街道	凉一居委益智健身苑点	水电路1312弄	200	
117		凉城新村街道	汶一居委益智健身苑点	凉城路430弄	200	
118		凉城新村街道	复旦居委益智健身苑点	水电路1324弄7支弄9号	200	
119		嘉兴路街道	虹叶茗园益智健身苑点	周家嘴路981弄5号楼	50	
120		嘉兴路街道	宇泰景苑益智健身苑点	飞虹路288弄5号楼	60	
121		嘉兴路街道	和平公园益智健身苑点	新港路168号4号门	100	
122		四川北路街道	宝安居委益智健身苑点	宝安路39号	100	
123		四川北路街道	新乡居委益智健身苑点	东宝兴路254弄28支弄	100	
124		四川北路街道	邢长居委益智健身苑点	长春路158号7号楼前	100	
125		广中路街道	灵新居委益智健身苑点	水电路1013弄16号楼	50	
126		广中路街道	花园城居委益智健身苑点	景祥路市民健身广场	150	
127		曲阳路街道	玉二益智健身点	大连西路玉田新村61号	100	
128		曲阳路街道	密一益智健身点	赤峰路305—307号	150	
129		曲阳路街道	密二益智健身点	玉田新村16号	80	
130		曲阳路街道	上农二益智健身点	中山北一路	70	
131	杨浦区	四平路街道	310弄8号健身点	鞍山路310弄8号小花园	200	
132		四平路街道	四平三居委健身点	阜新路180弄	60	
133		五角场街道	国定路555弄健身点	国定路555弄	100	
134		五角场街道	国定路338弄健身点	国定路338弄	90	
135		五角场街道	政本路280弄健身点	政本路280弄	70	

（续表五）

序号	区	所在街镇	名称	具体地址	面积（平方米）	器材件数
136	杨浦区	五角场街道	国顺东路中心花园健身点	国顺东路（近关山路）	80	
137		五角场街道	国权后路25弄健身点	国权后路25弄	100	
138		平凉路街道	惠民路1018弄健身点	惠民路1018弄	140	
139		殷行街道	为老服务中心委健身点	闸殷路86号	50	
140		殷行街道	工农新村居委健身点	殷行路307弄	300	
141		殷行街道	闸一居委健身点	水电新村17号	400	
142		殷行街道	工三（1）居委健身点2	工农三村35、36、37号中	400	
143		殷行街道	市一（1）居委健身点	市光一村3号	400	
144		殷行街道	市一（2）居委健身点	市光一村66号	1 000	
145		殷行街道	民二居委健身点1	民星二村31号	600	
146		殷行街道	民二居委健身点2	民星二村47号	400	
147		殷行街道	开鲁三村健身点	开鲁三村92号旁	400	
148		殷行街道	工三（1）居委健身点1	工农三村25号旁	1 000	
149		殷行街道	城市庭园居委健身点	国伟路138弄25号旁	600	
150		殷行街道	殷990弄居委健身点	中原路990弄1号旁	300	
151		殷行街道	工二（1）居委健身点（北）	包头路935弄5号旁	600	
152		殷行街道	国一（1）居委健身点	国和一村190号对面	600	
153		殷行街道	工四（1）居委健身点	工农四村150号旁	500	
154		殷行街道	市四（1）居委健身点	市光四村81号	600	
155		殷行街道	市四（2）居委健身点	市光四村177号	600	
156		殷行街道	民一（1）居委健身点	嫩江路839弄17号	600	
157		殷行街道	国二（2）居委健身点	国和二村211号旁	1 200	
158		大桥街道	富阳居委健身点	周家嘴路3118弄	120	
159		大桥街道	长眉居委健身点	长阳路1315弄	140	
160		五角场镇	国一居委3健身点	国和路600弄6号	100	
161		五角场镇	市二居委健身点	国京路57弄7—13号	200	
162		五角场镇	香阁丽苑居委健身点	双阳北路395弄	200	
163		五角场镇	黄兴绿园居委健身点	国顺东路179弄	150	
164		延吉新村街道	延吉四村健身点	延吉四村西道口花园	150	
165		长白新村街道	95弄健身点	松花江路95弄23号旁	1 050	

（续表六）

序号	区	所在街镇	名称	具体地址	面积（平方米）	器材件数
166	杨浦区	长白新村街道	上理健身点	军工路516弄208—209号	120	
167		长白新村街道	民治路健身点	民治路12弄7排东面	450	
168		长白新村街道	384弄健身点	内江路374弄	430	
169		长白新村街道	控江绿园健身点	控江路129弄38号边	410	
170	宝山区	罗泾镇	陈行街健身苑点	陈行街17弄	100	
171		罗泾镇	怡景养老院健身点	潘沪路78号	100	
172		罗泾镇	陈川路168弄健身点	陈川路168弄	100	
173		罗泾镇	阀门新村健身点	阀门新村	100	
174		吴淞街道	海滨四村健身苑点	水产路991弄中心花园	80	
175		吴淞街道	李金居委健身苑点	淞滨支路40弄5号旁	80	
176		吴淞街道	海滨三村健身苑点	海滨三村	80	
177		吴淞街道	海滨新村健身点	海滨新村	100	
178		吴淞街道	西朱新村健身点	西朱新村14号西侧	80	
179		吴淞街道	海滨二村健身点1	海滨二村44号北侧	100	
180		吴淞街道	海滨二村健身点2	海滨二村116号	100	
181		月浦镇	盛桥二村健身苑点	石太路86弄	300	
182		月浦镇	盛桥三村健身苑点	盛桥三村48号	300	
183		月浦镇	沈家桥村健身苑点	梅园宅13号对面	300	
184		月浦镇	聚源桥村健身苑点B	严家宅1号东南	300	
185		月浦镇	聚源桥村健身苑点C	聚发路近夹弄村13号	300	
186		月浦镇	月狮村健身苑点A	尹家宅29号东北侧	300	
187		月浦镇	月狮村健身苑点B	周西家宅最西侧	300	
188		月浦镇	月狮村健身苑点C	顾家宅东侧	300	
189		月浦镇	新丰村健身苑点	石太路98号	300	
190	闵行区	浦江镇	汇北村A健身点	汇北2队	100	12
191		浦江镇	汇北村B益智健身点	汇北7队	100	7
192		马桥镇	友好村益智健身点	友好村	150	9
193		莘庄镇	西环三、四村	莘谭路590弄	120	9
194		莘庄镇	银夏花园	莘沥路128弄	80	7

（续表七）

序号	区	所在街镇	名称	具体地址	面积（平方米）	器材件数
195	闵行区	莘庄镇	西湖苑	西环路 777 弄	120	9
196		莘庄镇	黎安四村	水清路 1100 弄 68 号对面	120	9
197		莘庄镇	水清一村	水清一村河边	110	8
198		七宝镇	红明二村益智点	漕宝路 1565 弄—40—56	70	6
199		七宝镇	静安新城一区益智点	漕宝路 1467 弄一区	120	8
200		虹桥镇	吴中路 970 弄益智点	吴中路 970 弄	160	10
201		颛桥镇	金榜新苑益智点	都市路 1800 弄	60	9
202		华漕镇	诸翟紫良小区益智健身点	纪翟路 2 号楼（紫堤坊小区对面）	80	7
203		华漕镇	杨家巷村柴塘北益智健身点	柴塘北生产队 7 号西面	150	10
204		华漕镇	赵家村沈家角益智健身点	沈家角 67 号旁	100	10
205		华漕镇	鹫山村后毛益智健身点	后毛生产队	100	10
206		华漕镇	陈家角村北梁山益智健身点	北梁山生产队 11 号前	80	9
207		华漕镇	陈家角村板桥益智健身点	板桥生产队 34 号后	100	10
208		吴泾镇	和平村邻里中心健身点	放鹤路 1508 号	200	10
209		古美路街道	万源城郎郡益智点	万源路 986 弄 1—41 号	120	9
210	嘉定区	安亭镇	先锋村益智健身点	安亭镇先锋路 388 号	80	10
211		安亭镇	黄沈村益智健身点	安亭镇曹安路 4668 号	80	10
212		安亭镇	安研社区益智健身点	安亭镇安拓路 155 弄	80	10
213		安亭镇	向阳村益智健身点	安亭镇新源路 1588 弄	80	10
214		安亭镇	泰顺社区益智健身点	安亭镇泰顺路 475 弄 1 号	80	10
215		安亭镇	海城苏河源益智健身点	安亭镇博园路 8155 弄 43 号	80	10
216		安亭镇	上城名都益智健身点	嘉松北路 6130 弄 182 号前	80	10
217		嘉定新城（马陆镇）	大融城益智健身苑	沪宜公路 3886 号大融城后	200	15
218		嘉定新城（马陆镇）	立新村嘉苑居委健身点	嘉戬公路 665 号	100	10
219		嘉定新城（马陆镇）	众芳社区健身点	沪宜公路 2800 号	100	10
220		嘉定新城（马陆镇）	嘉新小区健身点	嘉富路 550 弄	100	10
221		南翔镇	南翔公共运动场益智健身点	南翔镇金通路 1556 号	150	15
222		南翔镇	南翔文体中心益智健身苑	南翔镇古猗园路 737 号	300	15

（续表八）

序号	区	所在街镇	名称	具体地址	面积（平方米）	器材件数
223	嘉定区	徐行镇	启秀路公共绿地益智健身点	启秀路公共绿地	80	10
224		外冈镇	外冈景苑社区健身点 1	喜泉路 118 弄 19 号楼后	80	10
225		外冈镇	外冈景苑社区健身点 2	喜泉路 118 弄 28 号楼后	80	10
226		嘉定工业区	庆阳二村健身点	庆阳二村 63 号北	80	10
227		嘉定工业区	越华社区健身点	越华社区 368 弄	80	10
228		嘉定工业区	越华社区健身点	越华社区 228 弄	80	10
229		嘉定工业区	娄塘村健身点	娄塘村内	80	10
230	金山区	金山工业区	恒和小区市民益智健身点	恒顺路 210 弄	200	15
231		金山工业区	恒祥小区市民益智健身点	恒顺路 158 弄	200	10
232		金山工业区	恒信小区康妙市民益智健身点	恒顺路 216 弄	100	8
233		金山工业区	运河佳苑市民益智健身点	广玉南路运河佳苑内	100	8
234		金山工业区	运河村平安广场市民益智健身点	运河小区东区中央绿地	100	8
235		金山工业区	朱行居委会市民益智健身点	朱行居委会	100	8
236		金山工业区	立新村张家宅市民益智健身点	老南欢路林慧路路口	100	8
237		廊下镇	勇敢村一组市民益智健身点	勇敢村一组	100	8
238		廊下镇	勇敢村四组市民益智健身点	勇敢村四组	100	8
239		廊下镇	勇敢村庞家宅市民益智健身点	勇敢村庞家宅	150	8
240		廊下镇	南陆村庄家宅市民益智健身点	南陆村庄家宅	100	8
241		廊下镇	南陆村李家宅市民益智健身点	南陆村李家宅	100	8
242		廊下镇	中民村西黄湾市民益智健身点	中民村西黄湾	100	8
243		廊下镇	山塘村东黄湾市民益智健身点	山塘村东黄湾	100	8
244		张堰镇	秦山村市民益智健身点	秦山村村委会	100	8
245		张堰镇	百家村市民益智健身点	百家村村委会	100	8
246		张堰镇	牡丹新村市民益智健身点	新华路牡丹新村内	100	8
247		张堰镇	张堰镇社区文化活动分中心市民益智健身点	东贤路 961 号	100	8
248		吕巷镇	荡田新村二期市民益智健身点	建新大街 36 弄南门内	150	8
249	松江区	广富林街道	广富林街道龙湖好望山益智健身点	人民北路 2908 弄 276 北侧	75	8
250		广富林街道	广富林街道上尚缘益智健身点	文翔路 3588 弄小区内居委会北	75	8
251		九里亭街道	九里亭街道五洲云景小区益智健身点	涞坊路 599 弄 19 号后面	75	8

（续表九）

序号	区	所在街镇	名称	具体地址	面积（平方米）	器材件数
252	松江区	九里亭街道	九里亭街道中大九里德小区益智健身点	九杜路1000弄130号西面	75	8
253		九亭镇	云润居委会象屿名城益智健身点	九亭镇伴亭路888弄6号对面	75	8
254		九亭镇	涞亭居委会海德公寓益智健身点	九亭虬泾路189弄1号东侧	75	8
255		车墩镇	车墩镇高桥村周家浜益智健身点	高桥村周家浜5组	75	8
256		车墩镇	车墩镇华阳中心苑一期益智健身点	北松公路6730弄74号南	75	8
257		石湖荡镇	石湖荡镇泖新村新农村益智健身点	泖新村566号东	75	8
258		石湖荡镇	石湖荡镇洙桥村新农村益智健身点	五角公路旁	75	8
259		叶榭镇	叶榭镇四村村村委健身点	叶榭镇四村村斜泾路	75	8
260		方松街道	方松街道北兰桥益智健身点	兰桥公寓北区绿地	75	8
261		方松街道	方松街道南兰桥益智健身点	兰桥公寓南区绿地	75	8
262		岳阳街道	岳阳街道北九峰益智健身点	北九峰绿地	75	8
263		岳阳街道	岳阳街道南九峰益智健身点	老龙兴港绿地（南九峰）	75	8
264		岳阳街道	岳阳街道凤凰小区益智健身点（南）	乐都路233弄	75	8
265		岳阳街道	岳阳街道方舟苑居委会益智健身点	荣乐中路30弄	75	8
266		岳阳街道	岳阳街道方舟苑四村益智健身点	谷阳北路526弄	75	8
267		岳阳街道	岳阳街道民乐居委会益智健身点	荣乐中路396弄	75	8
268	青浦区	赵巷镇	金葫芦十六区健身点	赵巷镇垂姚支路255弄	80	8
269		赵巷镇	金葫芦十四区健身点	赵巷镇金葫芦十四区83号	80	8
270		徐泾镇	海天花园	沪青平公路1481号	70	8
271		华新镇	马阳村杨家台健身点	马阳村杨家队	70	9
272		华新镇	秀龙中心村健身点	纪秀路158弄	70	9
273		华新镇	徐大桥健身点	新凤北路98弄	70	9
274		白鹤镇	白鹤镇第一居委会鹤江路健身点	白鹤镇鹤江路111弄20号旁	100	8
275		白鹤镇	白鹤镇王泾村老年活动室健身点	白鹤镇王泾村老年活动室	100	8
276		白鹤镇	白鹤镇南巷村南山	白鹤镇南巷村南山	100	10
277		白鹤镇	白鹤镇赵屯居委会屯渔西村	白鹤镇赵屯居委会屯渔西村	100	8

（续表十）

序号	区	所在街镇	名称	具体地址	面积（平方米）	器材件数
278	青浦区	白鹤镇	白鹤镇江南村社区综合活动中心健身点	白鹤镇江南村社区综合活动中心（南兴）	100	8
279		朱家角镇	薛间村红星1队健身点	薛间村红星1队南侧	70	10
280		朱家角镇	安庄村和平300号健身点	安庄村和平村300号	70	10
281		朱家角镇	沙家埭村540号健身点	祥凝浜路540号东	70	10
282		朱家角镇	朱家角体育公园健身苑	朱家角浦祥路79号对面向西150米	140	25
283		练塘镇	三里塘健身点	章练塘路958号	70	8
284		练塘镇	蒸浦村（蒸南）健身点	蒸浦村（蒸南）272号北侧	70	8
285		金泽镇	金溪居委会	金溪居委会	70	8
286		盈浦街道	东渡青筑健身点	盈清路155弄	70	10
287		盈浦街道	双桥三区健身点	盈浩路102弄	70	10
288		盈浦街道	崧子浦B区健身点	崧子浦路289弄	70	10
289		盈浦街道	崧子浦C区健身点	崧子浦路55弄	70	10
290		盈浦街道	民佳社区健身点	盈港路1755弄179—181号南面	70	10
291		盈浦街道	赵屯浦社区新塘苑健身点	青赵公路1515号	70	10
292	奉贤区	南桥镇	阳光一居市民益智健身点	环城南路1000弄13号（南桥雅苑）	100	
293		南桥镇	阳光三居市民益智健身点	环城南路1128弄阳光春城	90	
294		南桥镇	育秀三居市民益智健身点	育秀南区724	140	
295		南桥镇	解放三居市民益智健身点	解放新村277号	80	
296		南桥镇	江海四居市民益智健身点	菜场路望春园江海二村82号	220	
297		南桥镇	金昊雅苑市民益智健身点	光昊路219弄9号	160	
298		南桥镇	江海五居市民益智健身点	江海花园209号	200	
299		南桥镇	阳光一居市民健身点	环城南路1309弄112号	250	
300		四团镇	平安社区市民益智健身点1	平福路1633弄13幢旁	140	
301		四团镇	平安社区市民益智健身点2	平福路1633弄14幢旁	101	
302		四团镇	平安红庄小区市民益智健身点	港极路568弄内	120	
303		四团镇	向阳村市民益智健身点	新四平公路1533号	160	
304		金汇镇	明星村微公园市民益智健身点	明星村国光卫生室	100	
305		金汇镇	朗诗未来街区市民益智健身点	朗诗未来街区内	100	

（续表十一）

序号	区	所在街镇	名称	具体地址	面积（平方米）	器材件数
306	奉贤区	金汇镇	金碧苑市民益智健身点	金碧汇虹苑2期	100	
307		青村镇	水产场市民益智健身点	申隆一村中心路	200	
308		青村镇	李窑村微公园市民益智健身点	上塑路665号农家会所前	200	
309		柘林镇	胡桥社区教工苑益智健身点	窑桥中心路教工苑胡桥学校北	730	
310		柘林镇	柘林镇三桥村市民益智健身点	三桥村村委会北	260	
311		海湾镇	海湾镇集世贸爱马尚郡健身点	中心路588弄小区	130	
312		奉浦街道	乐康苑市民益智健身点	肖塘路146号	150	
313	崇明区	绿华镇	华星村益智健身点	华星村城北1188号（华星村村委会边上）	100	15
314		新海镇	万元村益智健身点	万元村37号	100	15
315		新海镇	长征雅苑益智健身点	长征公路3328弄24号	100	15
316		新村乡	新中村益智健身点	新中村新跃317	100	15
317		庙镇	联益村1队益智健身点	村委会边上	100	15
318		庙镇	联益村2队益智健身点		100	15
319		庙镇	联益村3队益智健身点		100	15
320		庙镇	窑桥村益智健身点	窑桥村社南450号	100	15
321		庙镇	永乐村益智健身点	永乐村村委会边上村民公园内	100	15
322		长兴镇	创建村益智健身点	创建村201号	100	15
323		长兴镇	长明村益智健身点	长明村499号	100	15
324		陈家镇	第四工作站益智健身点	裕展路679弄115号	100	15
325		陈家镇	第五工作站益智健身点	裕展路766弄68—70号	100	15
326		中兴镇	永南村益智健身点	永南村南村860号	100	15
327		向化镇	向化村益智健身点	陈彷公路4501号	100	15
328		向化镇	卫星村益智健身点	卫星村604号	100	15
329		港沿镇	同滧村益智健身点	同滧村同德523号	100	15
330		港沿镇	跃马村益智健身点	跃马村天马856号	100	15
331		堡镇	堡港村益智健身点	堡港村三育240号（老年活动室）	100	15
332		堡镇	米行村益智健身点	米行村瀛洲1211号	100	15
333		堡镇	桃源村益智健身点	桃源村堡闸1233号	100	15

（续表十二）

序号	区	所在街镇	名称	具体地址	面积（平方米）	器材件数
334	崇明区	竖新镇	春风村益智健身点	春风村光明1116号（老年活动室）	100	15
335		竖新镇	仙桥村益智健身点	仙桥村1133号	100	15
336		三星镇	新安村益智健身点	新安村811号河南	100	15
337		东平镇	东平镇益智健身点	文化活动中心	100	15
338		建设镇	蟠南村益智健身点	蟠南村1109号	100	15
339		城桥镇	侯南村益智健身点	侯南村1141号（老年活动室）	100	15
340		城桥镇	聚训村益智健身点	村委会边上	100	15
341		城桥镇	长兴村益智健身点	长兴村1015号	100	15
342		港西镇	北双村益智健身点	北双村2191号（2119号河隔边）	100	15

（黄海松）

其　他

第五届全国大众冰雪季在沪启动

12月6日，第五届全国大众冰雪季在上海东方体育中心启动。启动仪式由国家体育总局、北京2022年冬奥会组委会和上海市人民政府共同主办，在习近平总书记“带动三亿人参与冰雪运动”的号召下，每年的全国大众冰雪季广泛开展群众性冰雪活动，不断掀起“冰雪热”“冬奥热”。本届全国大众冰雪季启动仪式第一次走出北方、跨过长江，是冰雪运动“南展西扩东进”战略的具体实施。

启动仪式分为冰雪中国、冰雪梦想、冰雪力量三个篇章。精彩纷呈的冰雪项目展演尽显冰雪运动的魅力，专业运动员和上海市民代表同场展示冰壶、冰球、速滑、跳台滑雪等冰雪运动。特别值得一提的是，启动仪式突破以往四届现场无雪的难点，在室内搭建高度达19.3米的仿真雪道，首次实现全国大众冰雪季启动仪式现场冰与雪的融合。

启动仪式创意鲜明、充分体现科技元素，突出三个亮点：一是冰上与雪上同场；二是现实与虚拟交融；三是中国实力与地方活力共展。上海将借助举办第五届全国大众冰雪季启动仪式的契机，大力发展群众性冰雪运动，升温全民体育热情，推动冰雪运动跨越式发展，助力实施全民健身战略和“健康中国”国家战略。

平昌冬奥会闭幕后，冬奥会正式进入“北京时间”，上海不断加强冰雪运动项目规划，加大冰雪运动项目投入，加快冰雪运动项目知识普及和推广，鼓励和调动社会积极参与冰雪运动，夯实基础。同时创新举办赛事，提升冰雪运动观

第五届全国大众体育冰雪季启动　（王佳斌 摄）

赏性；狠抓人才培养，不断提升竞技实力；开展跨界跨项选材，全力融入备战，努力为助推中国冰雪运动发展贡献力量。

第五届全国大众冰雪季期间，一系列丰富多彩、形式多样的冰雪主题品牌活动和群众性冰雪赛事也陆续展开。其中包括针对大学生、儿童、家庭分月开展的冰雪主题活动，“全民冰雪公开课”“大众冰雪评级”“青少年滑雪冬令营”等品牌活动，面向全国青少年线上开展的“冰雪脑力王”和“快乐寒假冰雪作业”等活动。同时，全国多地也举办各级各类群众身边的冰雪活动，如北京的“快乐冰雪季”、河北的“健康河北　欢乐冰雪”、黑龙江的“赏冰乐雪”等。

（文史）

《2017 年上海市全民健身发展报告》发布

11 月 16 日，《2017 年上海市全民健身发展报告》（以下简称“300 指数”）发布。数据显示，2017 年本市全民健身事业总体发展情况比较令人满意。“人均体育场地面积”持续增长，“经常参加体育锻炼的人口比例”持续增长，“人均体育消费中位数”持续上升，“人均全民健身日常工作经费”持续增长。

2017 年的 300 指数总分为 244.1 分，由“健身环境”“运动参与”“体质健康”三个单项指数构成。其中，“健身环境”为 88.6 分，发展总体令人满意。2017 年，全市共新增体育场地面积 314.3 万平方米，人均场地面积达到 1.96 平方米。从 2012 年至 2016 年的 5 年间，人均体育场地面积总共增长 0.16 平方米，而 2017 年则增长 0.13 平方米。上海市民对体育场地的满意度为 81.8 分，比 2016 年的 76.9 分显著提升。2017 年，上海市全民健身发展总投入 12.1 亿元。全民健身人均日常工作经费为 22.7 元，人均专项工作经费为 27.4 元，连续六年稳步提升。全民健身日常工作经费主要投入在社区体育场地和群众体育活动，专项经费主要用于大型体育场馆的建设改造和城市绿道建设。

“运动参与”指数为 79.1 分，总体情况比较令人满意。2017 年，全市经常参加体育锻炼的人数占常住人口比例为 42.7%，比例稳步上升，40—49 岁是增长最快的人群。市民参加体育锻炼首要目的为改善体质增进健康，其次为调节情绪减轻压力、娱乐消遣、减肥塑身、防病治病等。快走（健步走）、跑步、骑自行车、羽毛球、游泳、健身苑点、力量健美、舞蹈类、足球、徒步登山攀岩位居市民参与的体育项目前十名。50 岁以下市民更偏爱激烈、对抗性强的运动项目，而 50 岁及以上市民更偏爱养生、相对舒缓的运动项目。

2017 年，上海创新举办城市业余联赛等品牌赛事活动，积极组织开展各类群众性体育赛事活动，当年共举办各级各类赛事活动 1 528 个，近 70 万市民参与赛事，通过面向社会公开招标的方式，实现 100% 社会化办赛，其中市民参与最多的项目为篮球，青少年参与最多的为围棋和跆拳道，覆盖人群最多的是路跑赛事。

在拥有较强健身意识的基础上，申城市民的体育消费水平也逐年提升。在居民健身状况调查中，92.4% 的受访者表示在 2017 年发生体育消费，体育消费的中位数为 2 030 元，比 2016 年增加 530 元，体育消费超过 5 000 元占比从 2016 年的 18%，提高到 2017 年的 24.2%。上海市民体育消费水平显著提升。

“体质健康”指数为 76.4 分，发展总体情况比较令人满意。2017 年，全市共有 170 905 名成年人和老年人进行了体质测定，其中成年人的体质达标率为 97.1%，优良率为 58.1%；老年人的体质达标率为 97.6%。上海市中小学生体质健康综合评价稳中有升，其中全市及格率为 96.3%，与 2016 年持平，优良率为 42.8%，较 2016 年上升 2.6 个百分点。

值得注意的是，19—39 岁的市民经常参加体育锻炼的人口比例逐年下降，其中 19—29 岁年龄段的参与率不足 1/4。年轻人越来越宅的现象需要引起社会各方的重视；市民在科学健身素养测评中的得分为 53.0 分，上海市民健身素养总体水平不高，与2016年相比，没有实质性提升。

（文史）

健身环境、运动参与、体质健康数据

健身环境

●截至 2017 年底，全市市民健身步道总长度为 496.8 公里，骑行道总长度为 192.4 公里，全市共建成社区健身苑点 13 103 个、市民球场 473 处、市民健身步道 639 条、社区市民健身中心 38 个、市民游泳池 35 个、市民健身房 167 个、农民体育健身工程 1 064 个，体育健身设施基本实现城乡社区全覆盖。

运动参与

●截至 2017 年底，全市共有体育社会组织 1 144 个，较 2016 年增长了 38.2%，其中体育类社团 410 个，体育基金会 3 个，体育类民非组织 731 个。全市共有在册体育健身团队 49 708 个，其中社区健身团队 37 260 个，学生体育社团 12 448 个，平均每 10 万人拥有健身团队 205 个，保持了连续增长的态势。调查显示，青年及中年人依托会员俱乐部、中老年人依托社区健身团队的体育社会组织参与模式初步形成。

体质健康

●全市目前共有 56 676 名社会体育指导员，占常住人口比例达 2.34‰，其中有 56.1% 的社会体育指导员经常参与健身团队的日常科学指导，较 2016 年上升 16.9 个百分点。此外，社会体育指导员还活跃在健身苑点巡查、赛事活动组织、健身培训指导等各个领域中。

●“社区体育配送”服务全年共为 165 个街镇社区开展健身技能培训、科学健身讲座、青少年体育培训、体育赛事活动等共计 4 117 场，惠及市民 10.9 万人次。

（文史）

上海市游泳场所夏季接待泳客 880 余万人次

2018 年上海市游泳场所夏季开放从 7 月 1 日至 8 月 31 日，历时两个月。全市 737 家游泳场所公开对市民开放，因受极端天气等影响，接待泳客人数同比下降 6%。全市各经营性游泳场所接待泳客 880 余万人次，成功救助溺水泳客 100 余起，未发生一起重大安全责任事故。举办各类游泳培训班 8 万余班次，约 72 万人次参加培训。整体开放工作达到安全、卫生、有序、可控的预期目标。

2018 年，游泳场所夏季开放管理服务工作全面贯彻落实《经营高危险性体育项目许可管理办法》和新修订的《上海市高危险性体育项目（游泳）经营许可实施办法》等法规，深化“放管服”改革，服务质量和水平不断提升。市级层面检查、

沪上游泳场馆夏季开放　　（王佳斌　摄）

区级层面检查、联合执法检查、市社体中心和各区游泳场所管理部门检查、专项检查等检查督促工作机制，实现游泳场所执法监管全覆盖。“上海游泳场所”官方微信公众号，市体育局官网及其他相关媒体平台信息发布及时，较好地为市民提供游泳场所开放及各项培训活动信息。

在市、区两级游泳场所开放联席会议的引领下，卫生、公安、教育、质监、旅游、文化执法、游泳协会、游泳救生协会等部门和单位积极履职，有力推动了工作的落实。市、区两级文化执法力量开展错时错峰执法检查，完善分级分类监管，优化执法资源配置，执法成效显著；市卫监所对游泳场所进行卫生监督量化分级，统一标识，便于社会监督。部分区体育局通过购买服务、社会运作的方式实施全覆盖检查；游泳协会、游泳救生协会等发挥社会组织的作用，有效参与社会治理；部分游泳场所率先实现游泳馆实时客流查询，改善了游泳场所高峰排队的情况。

9 月 11 日，工作总结表彰会在东方体育大厦举行。会议表彰授予 16 个区体育局为“优秀组织管理单位”，对“先进游泳场所”“连续安全开放 20 年（含 20 年）以上的游泳场所”“卫生信誉度等级 A 级游泳场所”等表现突出的单位，“优秀管理干部”“优秀场所负责人”“优秀救生组长”“优秀体育执法工作者”“优秀卫生监督员”等典型个人进行表彰。

（文史）

2018 年上海市游泳场所夏季开放服务优秀组织管理单位（16 家）

浦东新区教育（体育）局	黄浦区体育局
静安区体育局	徐汇区体育局
长宁区体育局	普陀区体育局
虹口区体育局	杨浦区体育局
宝山区体育局	闵行区体育局
嘉定区体育局	金山区体育局
松江区体育局	青浦区体育局
奉贤区体育局	崇明区体育局

2018 年上海市游泳场所夏季开放服务先进游泳场所（73 家）

浦东新区

源深体育中心游泳馆
东方体育中心游泳馆
曹路体育中心游泳馆
金桥百姓游泳体育馆
张江中学游泳馆
泥城百姓游泳馆
上海仁恒物业管理有限公司仁恒滨江园分部（一期、二期）
上海福奥健身服务有限公司三林分公司
东方城市花园游泳馆
航头百姓文体中心游泳馆
威尔士年家浜分公司游泳馆
威尔士樱花路分公司游泳馆
一兆韦德浦东八分公司游泳馆
一兆韦德浦东四分公司游泳馆
美格菲健身中心金桥分公司游泳馆
上海盛盈健身有限公司张江游泳馆
斯巴顿体育俱乐部有限公司源深店游泳馆

黄浦区

鲁班游泳馆　敬业游泳馆

星之健身俱乐部卢湾店

威尔士（老西门店）

锦江饭店

静安区

静安区运动健身中心游泳馆

上海铁路游泳馆

静安区全民健身中心游泳馆

静安区青少年活动中心游泳池

上海宝康体育文化发展有限公司（一师附小游泳馆）

徐汇区

上海市徐汇区青少年水上运动学校

上海龙门青少年体育俱乐部（上海中学游泳池）

华东理工大学游泳池

上海靖云体育管理有限公司

长宁区

上海国际体操中心游泳馆　长宁温水游泳池

林百欣游泳馆　龙之梦大酒店

御翠豪庭小区会所游泳池

星之健身俱乐部（古北店）

虹桥迎宾馆

普陀区

上海市体育宫游泳池

新健游泳馆

晋元高级中学游泳馆

天扬泳健会

虹口区

上海市虹口游泳池

上海晟隆浦华大酒店有限公司

上海外滩达洛酒店管理有限公司

杨浦区

中原体育场（室内游泳馆）

杨浦区体育活动中心游泳馆

复旦大学游泳馆

宝山区

高境游泳馆（沈坚强游泳俱乐部）

上海大学游泳馆

一兆韦德香逸湾游泳池

闵行区

上海市闵行区体育馆游泳池

上海市闵行区游泳池

上海交通大学致远游泳健身馆

华东师范大学闵行校区游泳池

上海伊夫曼物业发展有限公司（诺宝中心游泳馆）

上海翼立体育俱乐部经营管理有限公司（颛桥文化中心游泳池）

一兆韦德健身管理有限公司（春申店）

嘉定区

嘉定沈坚强游泳俱乐部游泳池

嘉定区市民健身中心游泳池

同济大学嘉定校区游泳池

华润中央公园游泳池

金山区

干巷学校百姓游泳池

松江区

上海华侨城投资发展有限公司（玛雅海滩水公园）

上海生乐体育场馆管理有限公司（大学生体育中心游泳馆）

上海英式风貌投资发展有限公司（泰晤士小镇健身俱乐部游泳馆）

上海江峰青少年体育俱乐部（松江二中游泳馆）

上海海亭体育场馆管理有限公司（丽水馨庭游泳馆）

青浦区

青浦豫英游泳馆　徐泾百姓游泳池

热浪健身会所游泳馆

奉贤区

上海勇舸体育文化发展有限公司

崇明区

崇明区青少年游泳馆

上海市游泳场所连续安全开放20年以上（含20年）游泳场所单位（36家）

场所名称	安全开放年数
青浦区游泳馆	52年
复旦大学游泳池	51年
四川北路第一小学游泳池	47年
松江区体育管理服务中心（松江游泳馆）	44年
同济大学游泳馆	43年
长阳新苑游泳池	40年
金山区社会体育管理中心游泳池	38年
上海市徐汇区青少年水上运动学校	35年
杨浦区青少年业余体育学校（许昌游泳池）	35年
上海东湖宾馆游泳池	33年
华东师范大学游泳池	33年
上海铁路游泳馆	33年
杨浦区青少年业余体育学校（杨浦温水游泳池）	33年
上海交通大学致远游泳健身馆	32年
上海华亭宾馆游泳池	32年
上海市普陀区少年儿童业余游泳学校	32年
静安区全民健身中心游泳馆	32年
长宁温水游泳池	30年
龙柏俱乐部游泳馆	30年
闵行区游泳池	28年
上海国际贵都大饭店游泳池	27年
江湾游泳馆	24年
中原体育场（室内游泳馆）	23年
上海和斯娱乐有限公司（热带风暴水上乐园）	22年
嘉年别墅游泳池	22年
鸿禧花园游泳池	22年
华东理工大学游泳池	22年
嘉定区市民健身中心游泳池	22年
新健游泳馆	22年
静安区青少年活动中心游泳池	22年
上海恒昌置业发展有限公司	21年
上海国际网球中心酒店管理有限公司富豪环球东亚酒店	21年
心堃游泳池	21年
上海浦东游泳馆	20年
上海市康林体育中心	20年
四方俱乐部	20年

2018年上海市游泳场所夏季开放服务卫生信誉等级A级游泳场所（17家）

浦东新区

上海浦东游泳馆

上海东锦江大酒店有限公司

黄浦区

敬业游泳馆

静安区

静安区运动健身中心游泳馆

徐汇区

上海龙门青少年体育俱乐部（上海中学游泳池）

长宁区

长宁温水游泳池

普陀区

新健游泳馆

虹口区

上海外滩达洛酒店管理有限公司

杨浦区

中原体育场（室内游泳馆）

宝山区

上海行知青少年体育俱乐部

闵行区

闵行区游泳池

嘉定区

嘉定沈坚强游泳俱乐部游泳池

金山区

上海海韵体育管理有限公司

松江区

上海生乐体育场馆管理有限公司（大学生体育中心游泳馆）

青浦区

上海市东方绿舟体育训练基地

奉贤区

上海勇舸体育文化发展有限公司

崇明区

崇明区青少年游泳馆

2018 年上海市游泳场所夏季开放服务优秀管理干部（32 人）

浦东新区　瞿丽娜　胥根权
黄 浦 区　仇关生　周　斌
静 安 区　唐　悦　李珉琪
徐 汇 区　夏　煜　凌立君
长 宁 区　钱文彬　朱婷婷
普 陀 区　陈秋龙　田　峰
虹 口 区　周卓惠　王明星
杨 浦 区　邵海伟　陈雅菁
宝 山 区　卢伟华　陈友生
闵 行 区　范菊红　吴斌彬
嘉 定 区　张青泉　胡　涛
金 山 区　庄　强　顾成杰
松 江 区　王　萍　石玉书
青 浦 区　程天铭　刘　围
奉 贤 区　王文清　林雪冬
崇 明 区　陆　超　李煜恒

2018 年上海市游泳场所夏季开放服务优秀场所负责人（18 人）

浦东新区　蒋志敏　唐　磊　徐逸宸
黄 浦 区　诸　伟
静 安 区　王　萍
徐 汇 区　李静文
长 宁 区　张　琼
普 陀 区　张惠忠
虹 口 区　程　薇
杨 浦 区　黄少祥
宝 山 区　陈秋芸
闵 行 区　杨俊伟
嘉 定 区　袭锦彪
金 山 区　徐　筠
松 江 区　李　斌
青 浦 区　周诚吉
奉 贤 区　汪云龙
崇 明 区　顾洪涛

2018 年上海市游泳场所夏季开放服务优秀救生组长（18 人）

浦东新区　杨　波　江元俊　蔡义荣
黄 浦 区　宣　勇
静 安 区　马柔刚
徐 汇 区　刘　炯
长 宁 区　姚兰青
普 陀 区　俞　彬
虹 口 区　殷　明
杨 浦 区　春　榕
宝 山 区　施宇君
闵 行 区　赵俊伟
嘉 定 区　颜耀华

金 山 区　　彭建根
松 江 区　　朱劲松
青 浦 区　　徐　兵
奉 贤 区　　项纪华
崇 明 区　　施仲侯

2018 年上海市游泳场所夏季开放服务优秀执法工作者（20 人）

上海市文化市场行政执法总队
　　吴轶伦　章伟锋　徐纯燕　郑洁翔
浦东新区文化市场行政执法大队
　　金　雷
黄浦区文化市场行政执法大队
　　马伟良　秦经义
徐汇区文化市场行政执法大队
　　聂　勇
长宁区文化市场行政执法大队
　　王　铁　王志鹏
普陀区文化市场行政执法大队
　　李志勇
闵行区文化市场行政执法大队
　　张吉林　余岳生
嘉定区文化市场行政执法大队
　　王海娟
金山区文化市场行政执法大队
　　孙　燕
松江区文化市场行政执法大队
　　张本胜　徐慧峰
青浦区文化市场行政执法大队
　　傅　云
奉贤区文化市场行政执法大队
　　程　燕
崇明区文化市场行政执法大队
　　张　霜

2018 年上海市游泳场所夏季开放服务优秀卫生监督员（18 人）

上海市卫生监督所　　张海云　黄　强
浦东新区卫生监督所　　杨　凌
黄浦区卫生监督所　　殷家鑫
静安区卫生监督所　　薄　聪
徐汇区卫生监督所　　盛栋毅
长宁区卫生监督所　　刘文磊
普陀区卫生监督所　　刘振扬
虹口区卫生监督所　　王　蕾
杨浦区卫生监督所　　伍吉祥
宝山区卫生监督所　　徐丽慧
闵行区卫生监督所　　俞玲玲
嘉定区卫生监督所　　杨　浩
金山区卫生监督所　　杨浩杰
松江区卫生监督所　　张　君
青浦区卫生监督所　　房强臣
奉贤区卫生监督所　　赵星光
崇明区卫生监督所　　倪艳华

（市社体中心 供）

2018 年社会体育指导员队伍发展概况

2018 年是改革开放 40 周年，也是国家颁布《社会体育指导员技术等级制度》25 周年，上海市社会体育指导员“不忘初心、牢记使命”，进一步拓宽思路，全面开展指导服务工作，为全民健身事业发挥了积极作用。社会体育指导员自身组织管理系统更健全，强化了社会体育指导员社区指导站的功能，新组建体育旅游专业委员会。制度建设不断健全和完善，特别规范了“登记注册”制度。加强队伍建设、增强培训力度、完善社会体育指导员定位工作。对社会体育指导员的权益提供保障措施，为每位社会体育指导员购买“意外事故”保险。由于社会体育指导员工作目标明确、计划落实、保障措施落实，激发了队伍指导服务的积极性。

2018 年，上海加强对取得资职的各等级社会体育指导员进行健身技能方法、科学健身知识教育、组织管理等再教育培训，全市共举行再教育培训 4 294 期，接受再教育培训指导员达 95 026 人次（涵盖市级、区级、街镇级）。技术等级培训班共举办 96 期，总人数达 5 321 人，其中国家级 1 期，60 人；一级 2 期，100 人；二级 9 期，471 人；三级 84 期，4 690 人。新培训加入社会体育指导员的成员更为年轻，文化层次有所提高。

截至年底，上海市社会体育指导员总数共 57 963 名，其中：国家级 450 名、一级 2 038 名、二级 10 011 名、三级 45 464 名。全市社会体育指导员已达全市常住人口的千分之 2.4% 以上，达到“十三五规划”的目标任务。

（刘建中）

上海市公益性社会体育指导员人数汇总表

（截至 2018 年 12 月 31 日）

统计项	合计	国家级	一级	二级	三级
上海市公益性社会体育指导员人数	57 963	450	2 038	10 011	45 464

（刘建中）

2018 年上海市体育行业特有工种鉴定人数汇总表

（截至 2018 年 12 月 31 日）

项目	健身教练			健美操			网球			游泳			救生			攀岩			跆拳道			羽毛球		
级别	五	四	三	五	四	三	五	四	三	五	四	三	五	四	三	五	四	三	五	四	三	五	四	三
鉴定人数	4 639	180	34	44	3	0	15	19	0	697	0	0	1 947	128	88	82	0	0	103	9	0	210	0	0
通过人数	2 453	95	10	41	3	0	13	18	0	454	0	0	1 538	111	84	72	0	0	76	7	0	158	0	0

（于超　周波）

竞技体育

概况

2018年，上海加强竞技体育备战组织领导。成立夏季和冬季运动备战领导小组及办公室，明确工作职责及人员分工。新引进60名、新选调91名运动员补充到一线运动员队伍；各项目国家集训运动员保持在130名左右；重新聘任281名一线教练员，其中高级职称及以上占37%。组织对各训练单位四年规划、年度计划及亚运会选拔、二青会备战方案等调研盘点。全面总结体制外联办共建队伍合作情况，对开展重叠项目制订了联合组队参赛选拔办法。与上海体育学院、梅体网球俱乐部等7家单位共建备战队伍，与美帆游艇俱乐部共建诺卡拉级帆船队伍，制订马术运动整合社会资源共建备战队伍以奖代补办法。加强竞技体育战略合作，与广西、青海等省体育局签订竞技体育战略合作协议。全力备战冬奥会和全冬会，与总局共建国家雪车队、国家青年冰壶队，与新疆等省体育局签订冬季冰雪项目联合培养合作协议，组织300多名运动员报名参加总局的跨界跨项选材工作。

竞技体育取得新成绩。全年上海4人5次获得世界大赛冠军。全国最高级比赛（奥全运小项）方面，上海在田径、自行车、排球等项目上获得22枚金牌、24枚银牌和31枚铜牌。在2018年韩国平昌冬奥会上，田径跨项运动员邵奕俊作为舵手参加中国男子四人雪车项目比赛，这也是上海选手第一次出现在冬奥会的舞台上。在雅加达亚运会上，上海有76名运动员入选中国体育代表团，共在田径、跳水、射击等11个分项、14个项目中获得19人次金牌，为中国体育代表团保持亚运会金牌榜第一做出贡献。在全国雪车锦标赛上，获得男子四人推车等3枚奥全运项目金牌。联合培养运动员在速度滑冰男子团体追逐等项目上也有优异表现。

职业体育取得佳绩。上海上港提前一轮夺得2018年度中超冠军，被广大市民评选为“2018年度上海市十大新闻”之一，这是上海足球历史上第一个中超联赛冠军。上港、申花包揽中国足球U23联赛冠亚军。上海男排实现“四连冠”“十四冠”伟业。上海女排时隔6年再次杀入决赛。上海女篮获得赛季第3名。

强化科医科教和运动员文化建设。制定《上海市体育局专业运动队反兴奋剂工作管理办法》，完善反兴奋剂工作督查制度，集中开展专项整顿，加大违规处罚力度，构筑坚固的反兴奋剂防线。集聚资源持续加大科技助力备战工作力度，全年组织申报体育科研课题159项，立项69项。整合资源提升医务保障力度，积极争取全市优质医疗资源服务保障备战工作，做好定点医院保障、实施第三轮医疗援体合作，9家医院对口援助8个训练中心启动实施与上海中医药大学第三轮医疗援体合作。加大体育人才的培养力度，完成2018年“享受国务院政府特殊津贴”以及“上海市领军人才”选拔推荐工作。组织开展2018年体育教练高级专业技术职务评审，完善运动员职业转换扶持体系，做好优秀运动员退役安置，加强职业转换辅导。顺利实施第三期“百人计划”青年教练员培训和一线教练员专题培训，组织开展各级各类体校教练员通识知识更新轮训工作，努力提升教练员培训实效。完成体职院文化教学部分的平稳过渡，进一步完善局系统运动员文化教育管理机制，切实提高运动员文化教学质量。

（市体育局竞体处 供）

项目建设

上海 19 人次获第 18 届亚运会金牌

8 月 18 日—9 月 2 日，第 18 届亚洲运动会在印度尼西亚首都雅加达和南苏门答腊省首府巨港举行。上海共有 76 名运动员入选中国体育代表团，在田径、跳水、射击等 11 个分项、14 个小项中获得 19 人次金牌，为中国体育代表团继续保持亚运会金牌榜第一做出贡献。中国代表团在亚运会取得 132 金 92 银 65 铜的好成绩，位居奖牌榜第一名。上海涌现出一批年轻优秀运动员，19 枚金牌获得者平均年龄 22 岁，在亚运会得到锻炼，为今后参加世界大赛和东京奥运会积累了宝贵的实战经验。

（文史）

第 18 届亚运会上海运动员冠军表

项目	小项	运动员	成绩	日期
田径	男子 110 米栏	谢文骏	13 秒 34	8 月 28 日
篮球	女子三人制篮球	张芷婷	第一名	8 月 26 日
篮球	女子三人制篮球	李颖韻	第一名	8 月 26 日
篮球	男子五人制篮球	董瀚麟	第一名	9 月 1 日
跳水	女子双人十米跳台	掌敏洁	361.38 分	8 月 28 日
水球	女子水球	张丹奕	第一名	8 月 21 日
水球	女子水球	王欢	第一名	8 月 21 日
水球	女子水球	沈轶能	第一名	8 月 21 日
水球	女子水球	陈笑	第一名	8 月 21 日
游泳	男子 4×100 米混合泳接力	覃海洋（预赛队员）	第一名	8 月 24 日
自行车	女子团体竞速赛	钟天使	33 秒 118	8 月 27 日
自行车	男子团体竞速赛	徐超	44 秒 160	8 月 27 日
自行车	男子团体竞速赛	周瑜	44 秒 160	8 月 27 日
自行车	男子团体追逐赛	秦晨路	4 分 03 秒 79	8 月 28 日
射击	10 米气手枪混合团体	吴嘉宇	473.2 环	8 月 19 日
武术套路	女子南拳南刀全能	汤露	第一名	8 月 20 日
武术散打	女子 -60 公斤级	蔡颖颖	第一名	8 月 23 日
体操	女子团体	章瑾	165.25 分	8 月 23 日
赛艇	女子单人双桨	陈云霞	8 分 08 秒 21	8 月 23 日

（陈敏）

邵奕俊成为首位代表上海亮相平昌冬奥会的运动员

1月31日，征战平昌冬奥会的中国体育代表团在北京成立，参赛运动员名单也公布。从铅球转战雪车项目的邵奕俊，成为上海亮相冬奥赛场第一人。

在平昌冬奥会上，中国很多项目都实现了从0到1的突破。成立仅两年多的中国雪车队，就获得了雪车项目男子双人车、男子四人车以及男子钢架雪车的多个参赛资格，中国选手的身影将首次出现在冬奥会的雪车赛道上。

值得一提的是，在男子四人雪车项目名单上，还首次出现了上海运动员的名字——邵奕俊，并且担任舵手，是四人中位置非常重要的一位。邵奕俊也由此成为首位参加冬季奥运会的上海运动会。

在中国体育代表团成立大会上，邵奕俊代表全体运动员发言。他表示，自己曾经是一名练习铅球的田径运动员，通过跨界选项转为冬季运动员之后通过艰苦训练，获得了平昌冬奥会的参赛资格。邵奕俊之前从事的是夏季奥运会投掷项目——铅球。2015年，北京申办冬奥会成功，国家开始组办雪车队。在跨界、跨项目选拔人才的过程中，身高1.9米、体重103公斤的邵奕俊条件出众，被选入中国雪车队。车队成立两年多来，虽然受到场地条件、比赛经验等制约，但运动员的技术不断提高。2018年1月中旬，在美国举行的北美杯最后两站奥运积分赛上，邵奕俊在双人车和四人车项目中，都获得了宝贵的奥运积分。并与队友一起，为中国雪车赢得男子双人车、四人车3个奥运席位。

在平昌冬奥会，从田径项目转向冬季雪车项目的邵奕俊，和搭档史昊、李纯健、王思栋一起参加男子四人雪车项目比赛，中国雪车人将历史性地登上冬奥赛场。作为上海运动员，邵奕俊也成为第一位代表上海亮相冬奥赛场的运动员。此外，在替补阵容中的王超，也是上海运动员。

（文史）

国家体育总局与上海市政府签署《关于冰雪运动项目合作协议书》

为加快中国冰雪运动发展，积极备战2022年北京冬奥会，12月7日，《国家体育总局　上海市人民政府关于冰雪运动项目合作协议书》签约仪式在沪举行。

合作协议的签署，是认真贯彻落实习近平总书记“开放办奥、共享办奥”重要指示的积极举措，是积极响应习近平总书记“带动3亿人参与冰雪运动”伟大号召的具体行动。上海作为冰雪运动“南展西扩东进”战略衔接北方、覆盖我国其他地域的枢纽，在冰雪运动人才培养、世界顶级冰雪赛事举办和集训基地后勤保障等方面具有良好的基础和发展空间，有着丰富多元的资源和开放发展的思路，此次协议的签署标志着国家体育总局和上海市的合作进入了新阶段，为中国冰雪运动发展增添了新动力。

国家体育总局与上海市政府冰雪运动项目合作签约仪式

（王佳斌 摄）

几个方面进行深入合作：一是共建冬奥竞技备战队伍，支持上海与冰雪运动强省进行跨省合作、引进冰雪项目优秀运动员和教练员、共建冰雪项目运动队，积极选调上海优秀运动员参加国家各层级队伍的集训和备战，大力开展跨界跨项跨季选材工作，加强科技合作为冰雪项目国家集训队提供科技、医疗保障，开放训练比赛场馆做好冰雪项目国家集训队在沪集训服务保障工作；二是深化青少年冰雪运动项目合作，大力推进冰雪运动进校园，鼓励支持中小学校积极与冰雪场馆或冰雪运动俱乐部等进行合作，开设冰雪运动知识课程和技能课程，优化冰雪项目在上海各学校的布局，构建校园冰雪运动“一条龙”培养体系，建立学校冰雪赛事活动体系，组织开发中小学冰雪课程教材，尽快形成一批奥林匹克教育特色示范学校和冰雪运动特色学校；三是推动冰雪运动普及推广，增加群众性冰雪运动场地设施多主体供给，积极开展冰雪运动赛事活动，在城市业余联赛中设置冰雪项目，广泛宣传冰雪运动文化；四是大力发展冰雪运动产业，支持并协助申办国际冰雪项目顶级赛事，举办自主IP冰雪项目赛事，打造更多品牌赛事，加强冰雪项目专业人才队伍建设，为培养培训各类冰雪项目专业人员创造条件，在产业规划和产业政策配套上对冰雪产业予以倾斜，扶持在沪冰雪项目社会组织、涉体企业、俱乐部发展。

双方将成立合作协调小组，每年定期举行会议，研究协调重大合作事项；体育总局冬运中心和上海市体育局将建立工作例会制度，开展具体对接，推进落实相关工作。双方将在协议框架下，全力以赴，共同为加快冰雪运动发展，推动冰雪强国建设，为举办一届“精彩、非凡、卓越”的奥运盛会贡献力量。

（文史）

上港、申花包揽中国足协U23联赛冠亚军

中国足协U23足球联赛是2018年中国足协推进的一项赛事，旨在提高U23球员的比赛经验，是足协U23政策改革进程的一种尝试。在中超中甲中乙各俱乐部，U23球员很少获得首发比赛机会，造成年轻球员在国足的断档。从2017年开始，中国足协出台U23和U21政策，2018年，推行U23联赛，让那些鲜有上场机会的球员上场。

2018赛季一共有16支来自中超、中甲和中乙的U23球队报名参加比赛。比赛时间为11月27日—12月24日。16支球队分为2个小组，进行单循环小组赛，每支球队要踢7场小组赛，共56场。小组赛后是淘汰赛，小组前4名参加争冠赛，小组后4名参加排位赛。

联赛分为A、B两组。A组（南京江宁赛区）为：大连一方、上海上港、山东鲁能泰山、上海绿地申花、延边富德、天津泰达、青岛中能、石家庄永昌。B组（盐城大丰赛区）为：河南建业、广州恒大淘宝、江苏苏宁易购、天津权健、新疆雪豹纳欢、长春亚泰、河北精英、辽宁沈阳宏运。

12月24日，联赛最后一战结束，在决赛中，在中超联赛双杀广州恒大夺得队史首个中超冠军的上海上港以4比1逆转战胜上海申花，获得首届U23联赛冠军。下半场孙锡鹏将吕品制造的点球命中，上海申花1比0领先，上海上港的俞豪在90分钟比赛即将结束前将比分扳为1比1平。加时赛中，上海上港的郑浩乾梅开二度，李浩文打入一球。上港获得冠军，申花收获亚军。

（文史）

上海农商银行女子足球队成立

1月18日，上海市体育局、上海市足协和上海农商银行签约，正式成立上海农商银行女子足球队，开启新周期新征程。

在未来的4年里，上海农商银行成为上海女足冠名赞助商，上海女足正式更名为上海农商银行女子足球队。在国家体育事业发展战略的大背景下，双方在宣传、社会公益等方面进行深入合作，力求将“铿锵玫瑰”坚定、拼搏、顽强的体育精神传递给更多人。上海市体育局继续在女足运动员文化教育、训练场地、食品安全、科医支持、教练员聘用及运动员的引进和退役安置等方面，提供政策支持和必要的保障。上海市足协负责上海女足的经营管理。

上海女足成立于1984年，多年来一直是国内顶尖的女足队伍。特别是自俱乐部成立后，球队在2000年度一举夺得全国联赛、锦标赛、超级联赛和超霸赛的四项冠军，成为我国目前唯一一支“大满贯”球队。在2017年举行的第13届全运会上，再次荣获女足成年组冠军。二十多年来，上海女足为国家队输送了水庆霞、孙雯、浦玮、徐媛、赵丽娜等一批又一批优秀运动员，为女足事业的发展做出了杰出的贡献。

上海农商银行成立于2005年，是一家上海国资控股、总部设在上海的法人银行，是全国农商银行系统排头兵。多年来，上海农商银行扎根本地，致力于为沪上企业、百姓提供专业、贴心的金融服务，已成为功能齐全、产品多样化、经营有特色的现代商业银行。在履行金融天职，支持实体经济，坚持普惠金融的同时，上海农商银行积极反哺社会，热心各类公益事业，大力支持上海体育、文化事业发展。牵手上海女足，是其履行社会责任、热心回报社会的又一重要举措。

上海农商银行女子足球队成立　　（王佳斌 摄）

上海农商银行女子足球队的成立，成为上海女足再创辉煌的新起点。在市政府的关心和市体育局的指导下，有上海农商银行作为坚强后盾，将激励上海女足用更优异的成绩回报各方信任，继续为上海体育事业争光添彩。

（文史）

上海男排实现“十四冠”伟业

4月24日，2017—2018赛季中国男子排球超级联赛总决赛第六场在上海卢湾体育馆举行，在众多球迷的期盼中，卫冕冠军上海金色年华男排以3比0击败北京汽车男排，以总比分4比2登顶，获得4连冠的同时，也成就联赛“十四冠”伟业。

上海男排派出戴卿尧与孔蒂共担主攻重任，副攻陈龙海、张哲嘉，接应帕达尔，二传詹国俊，自由人童嘉骅；北京男排库比亚克和蒂略担任主攻，谷佳丰和缪阮彤任副攻，李润铭为二传，接应江川，自由人丁慧。

首局比赛开始，双方就展开激烈争夺，战至23平后，上海队把握住关键机会，副攻张哲嘉发球直接得分，25比23，上海队先声夺人。

易边再战，落后一局的北京队先发制人，3比1领先，但随后上海队将比分追平，并在中局阶段打出小高潮，25比20，上海队再胜一局。

两局落后的北京队无路可退，加强了拦网和发球的攻击性，第三局末最后几分，双方展开多回合攻防大战，最终江川扣球出界，上海队28比26拿下第三局，3比0击败北京队，以总比分4比2战胜对手。

（文史）

上海女排时隔6年再次杀入联赛决赛

上海女排运动员在决赛中　　（李铭珅 摄）

4月3日，2017—2018赛季中国女排超级联赛历时五个多月，在上海卢湾体育馆落幕，天津女排客场以3比2逆转上海女排，以大比分4比3获得冠军，上海女排获得亚军。

在所有参赛队伍中，上海女排平均年龄最大，但从半决赛开始就一路展现团结友好、坚强拼搏的精神。半决赛中，面对实力强大、拥有6名国手的江苏女排，上海女排没有轻言放弃，在上海女排韩国外援金软景的带领下一直把比赛拖至决胜局，最终进入总决赛。

总决赛上，尽管“85后”老将集中的上海女排在体能上与“95后”当家的天津女排有相当的差距，但上海女排还是坚持7场，时隔6年再次杀入决赛，取得亚军，实现了近4年的最好成绩。

（文史）

上海女篮获得赛季第三名

2月26日，2017—2018赛季WCBA联赛半决赛第三场展开角逐，上海宝山大华女篮继续做客挑战北京首钢女篮。背水一战的上海队力拼全场，终因实力差距，以72比76憾负实力强劲的卫冕冠军，无缘总决赛。经过一个赛季的奋力拼搏，本赛季重返三甲的上海女篮最终荣获季军。

比赛在福尔斯中投命中拉开序幕，上海队由郇欢强突篮下得分还以颜色，彭诗晴断球，斯图尔特上篮北京犯规，斯图尔特两罚两中，12比13。彭诗晴篮下空切16比16，郇欢突破北京犯规，罚篮20比18。斯图尔特外线三分得手25比20，首节战罢上海队反客为主25比22领先。

次节比赛，上海队越战越勇，彭诗晴、斯图尔特相继中投得手29比22，北京队紧追比分，斯图尔特、彭诗晴接连外线三分命中37比27，此后李颖韻的三分让比分来到45比32，北京队外线表现出色的齐思特3分使中场比分定格在45比35，上海队暂居上风。

易地再战，面临窘境，经验丰富的北京队马上调整战术，加强防守力度。老将高颂开始发威。上海队却陷入得分荒，分差逐渐迫近，52比53。申彬彬中投得手55比52，主队史秀峰3分予以回击55比55。比赛争夺进入白热化，北京队全队的轮转优势开始显现，整体实力处于下风的上海队体力下降严重，命中率开始下降。北京队齐思特的3分反超比分58比57。不言放弃的上海队由彭诗晴两罚命中追平比分，59比

59，三节战罢双方势均力敌。

进入第四节比赛，整体实力强劲的北京队体力上优势尽显无疑，打出一波9比0，比分变成59比68，上海队落后且体力严重透支，但依然力拼全场，奋力追分。彭诗晴抢断，斯图尔特上篮66比70，斯图尔特罚篮68比70。上海队不放弃，拼抢中彭诗晴与史秀峰相撞后头部着地，被迫下场休息。北京队抓住机会由齐斯特和史秀峰连中3分，比分变成76比70。时间所剩无几，上海队无力回天。最终力拼全场，上海队以72比76憾负北京队。

（文史）

时隔20年，上海女子手球队再度问鼎全国冠军

3月26日，在2018年全国女子手球冠军杯赛决赛中，上海队以28比24战胜江苏队，时隔20年后再度问鼎全国冠军。

决赛上半场，上海与江苏两强战成12比12平。关键时刻，上海队顶住压力，在下半场连连取分，并最终以4分优势夺魁。除了全国冠军以及体育道德风尚奖，上海队还在个人项目的评选中收获颇丰：来自韩国的主教练金钟顺荣膺最佳教练，右边锋周蕾、左后卫黄妍以及守门员郑冯入选最佳阵容。

作为小众项目，手球队的选材面本就有限，而上海队更是到了新老交替的时候。在球队的阵容中，年龄最大的不过25岁，而最年轻的甚至不足18岁，其中参加过全国性成年比赛的队员还不到一半。

从队伍集结训练到出征，这批队员只在韩国主教练金钟顺手下训练了短短三个月。原本，球队的目标只是晋级四强，但团结与拼搏的精神却让这群年轻人越走越远。这座时隔20年、令所有人都有些意外的冠军奖杯对上海队而言有着非同一般的意义。

（文史）

人　物

许昕获得乒乓球世界杯和世锦赛男团冠军

2月26日，乒乓球团体世界杯在伦敦落幕，中国队获得男子团体冠军。许昕/马龙在首场双打比赛中赢球，樊振东和马龙之后各赢一场，中国队以3比0横扫日本队夺冠，实现团体世界杯男团的七连冠。

中国队在半决赛里3比0轻取英格兰队进入决赛，日本队则经过五场苦战以3比2险胜韩国队晋级。中国队的出场阵容与半决赛一样，依旧是马龙、樊振东和许昕，马龙和许昕继续搭档双打。日本队派出的阵容是丹羽孝希、上田仁和张本智和，双打配对是丹羽孝希/上田仁。

在双打比赛中，第一局开局上田仁/丹羽孝希先连得2分，但马龙和许昕立即将比分追成2比2平，并在6比5领先时连得3分，将优势扩大到9比5，随后以10比6拿到局点，并以11比8取得开门红。第二局中局打到7平后，许昕的发球被判为例并被扣分，两人在8比9落后的情况下连得3分，以11比9扩大战果。第

三局在3比4落后的情况下，将比分反超为6比5，上田仁的正手进攻得分日本组合将比分追成6比6，之后，马龙/许昕以10比7获得盘点，并以11比7取得最终的胜利。

在之后的单打比赛中，樊振东以3比0战胜张本智和，马龙以3比1战胜丹羽孝希，中国队获得冠军。

5月6日，在瑞典哈尔姆斯塔德举行的乒乓球世界团体锦标赛男团决赛中，许昕、马龙和樊振东组成的中国队以3比0战胜德国队夺得冠军，实现男团九连冠。许昕在首局9比11失利的情况下，以12比10、11比7和11比5连扳三局战胜德国队的弗朗西斯卡。

（文史）

掌敏洁获得跳水世界杯女子双人10米跳台冠军

6月8日，第21届国际泳联跳水世界杯在武汉体育中心游泳馆进入第四个比赛日的争夺。在女子双人10米跳台的比赛当中，中国组合掌敏洁/张家齐以366.12分获得冠军，帮助中国队实现在本届世界杯开赛以来全部项目的六连冠。

在女子双人10米跳台预赛中，两人以324.30分排名第一位，朝鲜组合金美花/金光姬以309.06分排名第二位，加拿大组合本菲托/麦凯以305.22分排名第三位。和在世界系列赛时一样，这三个组合的五个动作完全一致，顺序也相同。

决赛的前两个动作为难度系数为2.0的动作，掌敏洁/张家齐在201B向后翻腾半周屈体上得到54.00分，在301B反身翻腾半周屈体上得到56.40分，两轮过后以110.40分排名第一位。

第三轮中国组合的107B向前翻腾三周半屈体，得到81.00的高分，张俊虹/潘德莉拉的107B，完成质量也很一般。加拿大组合的107B拿到74.70分。第四轮407C向内翻腾三周半抱膝，掌敏洁/张家齐得到84.48分，总分275.88分继续排名第一。朝鲜组合比加拿大组合稍强一些，四跳过后朝鲜组合以249.30分反超加拿大组合的244.74分分升到第二。最后一跳，掌敏洁/张家齐的5 253B向后翻腾两周半转体一周半屈体得到90.24的本场最高分，两人最终以366.12分获得冠军，朝鲜组合金美花/金光姬以328.98分获得亚军，加拿大组合本菲托/麦凯以324.42分获得第三名。

（文史）

高磊获得蹦床世锦赛男子网上个人冠军

北京时间11月10日，在俄罗斯圣彼得堡进行的2018年蹦床世界锦标赛结束最后一日争夺，中国选手高磊以62.255分获得男子网上个人赛冠军，实现世锦赛网上个人赛三连冠，这也是24年来第一个实现这一幕的男子运动员。

世锦赛最后两个项目惯例是奥运项目——男、女网上个人。在预赛中，高磊就以114.700分列第一，董栋以113.215分列第四，涂潇以109.920分列第13，三位中国选手杀入半决赛。在当地时间10日先进行的半决赛上，高磊再以61.495分排名第一，董栋以60.705分列第二。涂潇以59.550分列第八，按照一队只能两人进决赛的规则，涂潇止步半决赛。

虽然俄罗斯选手尤金有全场最高难度18.200的一套动作。而且水平位移也控制得很好，但在完成和飞行时间上就显得不足。高磊一套17.500

难度的动作，飞行时间打到18.255的高分，完成分也有17.000分，最终他以62.255分获得冠军。董栋在各个环节都略逊高磊，但依然以61.185分获得亚军。尤金以60.950分获得第三。

（文史）

蔡颖颖获得武术散打世界杯女子60公斤级冠军

10月28日，在杭州举行的第九届武术散打世界杯赛上，中国选手蔡颖颖在女子60公斤级决赛中击败突尼斯选手，摘得金牌。凭借这个冠军，蔡颖颖实现世锦赛、世界杯、亚运会、全运会的散打“大满贯”。

武术散打世界杯作为武术散打最高级别的国际赛事，自2002年首届开始，每两年举行一次。本届散打世界杯共设11个男子级别和6个女子级别，中国、俄罗斯、伊朗、印度、阿塞拜疆、巴西等23个国家和地区的60位选手参赛。中国队获得6金。

散打世界杯每个级别只有四名参赛选手，即打两场就能夺冠。但相比世锦赛，世界杯的参赛条件更为苛刻，必须是前一年世锦赛前四名才有资格参加。对蔡颖颖而言，两场定胜负，不容有失。

半决赛对手林怡汝来自中国台北，出身柔道世家，对摔法颇有心得。同样，蔡颖颖也是以摔功见长，这场“中国德比”是一场硬仗。比赛中，蔡颖颖打得十分沉稳，并不急于进攻，而林怡汝则试图主动近身，利用摔法得分。蔡颖颖瞅准空当，用后手直拳重创对方，靠着点数拿下第一局。第二局，蔡颖颖利用边腿加抱摔的组合方式连续得分，最终以2比0晋级决赛。

决赛面对突尼斯选手玛丽阿穆，蔡颖颖更是赢得酣畅淋漓，她的摔功和腿功让对方吃尽苦头，第二局还没打完，她就以12分的明显优势“终结”对手。

（文史）

队伍建设

市体育局举办2018年上海市优秀运动员退役仪式

5月31日，“拼搏的青春最美丽”2018年上海市优秀运动员退役仪式在东方体育大厦举行。

2018年，上海市体育局共有28个运动项目的117名运动员办理了退役手续。跳水奥运冠军吴敏霞、羽毛球世界冠军王仪涵、飞碟射击世界冠军李君、花样游泳奥运亚军黄雪辰、游泳奥运季军蒋海琦、田径全运冠军赵婧等一批优秀运动员褪下战袍，走上新的工作岗位，在新的人生旅程中继续展现体育人优秀的意志品质。

为了更好地让退役运动员留下美好的青春记忆，激发所有为上海竞技体育事业做出贡献的运动员强烈的荣誉感，市体育局举办退役仪式，表达体育主管部门对运动员的尊重，让更多的退役运动员始终关心关注曾经奋斗过的体育事业。

近年来，市体育局注重加强运动员人才队伍建设，组织在编在役运动员开展运动员职业发展规划，在突出训练参赛、取得佳绩的基础上，认真抓好思想教育、文化学习、退役转型等多个

优秀运动员退役仪式　　（王佳斌 摄）

方面的教育培养，力争把运动员培养成为全面发展的人才。通过这些年的努力，取得一定的成效。

2014 年至今，市体育局举办三期“百人计划”青年教练员培训班。通过前两期每期长达 9 个月的培训，已经帮助 70 余名退役运动员走上教练员和体育管理的工作岗位。为做好 2018 年退役运动员安置工作，市体育局还通过开展退役运动员退役安置政策讲解、相关职业技能考证培训、职前培训等工作，帮助退役运动员更好地适应职业转换。

（文史）

2018 年上海获批准的国际级、国家级运动健将名单

一、国际级运动健将（10 人）

跆拳道：王金宅
武术散打：蔡颖颖（女）
健　　美：陈姝颖（女）　储昀　赵伟
曲棍球：周　瑜（女）
航海模型：熊文睿
围　　棋：范蕴若
体　　操：肖金雨
健美操：王浩宇

二、国家级运动健将（108 人）

射　　击：苗宇峰
场地自行车：陈巧林（女）　王海洲
击　　剑：龚玉婷（女）　徐炎林　朱海禹
帆　　船：干思仪（女）　李浩天　方昊泽　王诗豪
摔　　跤：李昊泽
中国式摔跤：林　颖（女）
跆拳道：谢祥美（女）　陈圣杰　谢宛蓉（女）　潘一通*
田　　径：张惠婷（女）　夏子娟（女）　刘明轩　郭钟泽　陈丹华*
游　　泳：刘依文（女）　赵嘉乐（女）　陈小雪（女）　乔雯婕（女）　罗　达　李彭卓尔　龚一欣　杨　辰　陈超奇　秦志浩　曹沥文（女）
体　　操：黄怡静（女）　曹　仲
蹦　　床：王劲凯
手　　球：杨　崟（女）　杨奚琦（女）
篮　　球：朱　瀛　顾圣杰　周钰妍（女）　徐明新（女）　黄　旭　颜　鹏
排　　球：李佳彬　田　聪　卞世杰　白加贝　刘泽宇（女）
乒乓球：庄佳贺（女）　赵　雪（女）　彭飞龙　高申童　史一凡　殷添悦
橄榄球：郑文燕（女）　杨　鑫（女）　戴　静（女）
武术套路：赵星雨（女）　何艾桑（女）　梁　飞　杜小波　刘金元　刘续亮　李　天　邵泽锋　洪　圣*　王恩龙*
武术散打：林　茜（女）　熊晓玉（女）　潘乐杰
登　　山：周　轶　李　芳（女）
健　　美：陈姝颖（女）　江在美
赛　　艇：陈云霞（女）　邵玉杰　王宇洋

许晨翔　沈家恒　陈星榕
健　美　操：黄依婧（女）　张庆周　凌鹏程
李　亮
曲　棍　球：陈　玲（女）　张雪莲（女）
黄　萌（女）　徐妍菲（女）
刘依霞（女）　孙佳雯（女）
网　　　球：刘汉屹
高 尔 夫 球：叶　雷（女）　张常垒
王嘉怡（女）　成禧荣
航 海 模 型：许　劼　虞顺昌
围　　　棋：黄静远
花 样 游 泳：张子轩（女）　陆雪凝（女）
樊　珺（女）
羽　毛　球：杨睿雯　商亦辰　戴恩溢
张天翔　李林飞　毛宇睿
安俊臣

注：带“*”者隶属上海体育学院

（上海市体育局　供）

2018 年上海市等级运动员发展情况表

单位：人

项　目	合　计		国际级运动健将		运动健将		一级运动员		二级运动员	
	合计	女	国际级运动健将	女	运动健将	女	一级运动员	女	二级运动员	女
合计	1 814	811	17	7	130	62	875	421	792	321
田径	180	61	0	0	8	4	21	8	151	49
游泳	439	183	0	0	8	5	265	117	166	61
跳水	2	1	0	0	2	1	0	0	0	0
水球	24	14	4	4	0	0	20	10	0	0
花样游泳	7	7	0	0	3	3	4	4	0	0
体操	17	8	0	0	5	0	11	7	1	1
艺术体操	13	13	1	1	0	0	0	0	12	12
蹦床	6	4	0	0	4	2	2	2	0	0
举重	4	2	0	0	0	0	2	1	2	1
拳击	13	6	0	0	2	1	4	3	7	2
摔跤	28	10	0	0	2	0	20	6	6	4
中国式摔跤	0	0	0	0	0	0	0	0	0	0
柔道	38	11	0	0	1	0	10	4	27	7
跆拳道	64	32	0	0	1	0	43	22	20	10
自行车	16	6	0	0	8	3	7	3	1	0
击剑	50	21	0	0	1	1	23	10	26	10
马术	6	5	0	0	0	0	4	3	2	2
现代五项	8	4	0	0	3	1	4	2	1	1
射击	74	53	0	0	0	0	54	38	20	15

（续表一）

项　目	合　计		国际级运动健将		运动健将		一级运动员		二级运动员	
	合计	女	国际级运动健将	女	运动健将	女	一级运动员	女	二级运动员	女
射箭	15	8	2	0	3	1	8	5	2	2
赛艇	26	10	1	1	1	0	9	9	15	0
皮划艇	18	4	0	0	0	0	12	3	6	1
帆船	21	9	0	0	5	3	10	5	6	1
帆板	3	2	0	0	0	0	0	0	3	2
足球	21	9	0	0	0	0	0	0	21	9
篮球	103	34	0	0	5	3	25	10	73	21
排球	100	51	0	0	3	0	68	38	29	13
沙滩排球	11	5	0	0	1	1	9	4	1	0
乒乓球	98	44	2	0	0	0	54	25	42	19
羽毛球	59	32	0	0	5	4	45	22	9	6
网球	22	9	0	0	0	0	11	5	11	4
手球	95	59	0	0	11	8	27	18	57	33
曲棍球	13	13	0	0	6	6	7	7	0	0
棒球	40	0	0	0	3	0	15	0	22	0
垒球	25	25	0	0	1	1	10	10	14	14
速度滑冰	0	0	0	0	0	0	0	0	0	0
短道速滑	0	0	0	0	0	0	0	0	0	0
花样滑冰	1	0	0	0	0	0	1	0	0	0
冰球	1	1	0	0	0	0	1	1	0	0
冰壶	0	0	0	0	0	0	0	0	0	0
高山滑雪	0	0	0	0	0	0	0	0	0	0
越野滑雪	0	0	0	0	0	0	0	0	0	0
跳台滑雪	0	0	0	0	0	0	0	0	0	0
自由式滑雪	0	0	0	0	0	0	0	0	0	0
单板滑雪	0	0	0	0	0	0	0	0	0	0
冬季两项	0	0	0	0	0	0	0	0	0	0
技巧	27	19	0	0	0	0	0	0	27	19
软式网球	0	0	0	0	0	0	0	0	0	0
武术	31	9	1	1	4	0	19	6	7	2
滑水	0	0	0	0	0	0	0	0	0	0
蹼泳	0	0	0	0	0	0	0	0	0	0
围棋	7	3	1	0	2	1	2	2	2	0
国际象棋	8	4	0	0	5	3	2	1	1	0

（续表二）

项　目	合　计		国际级运动健将		运动健将		一级运动员		二级运动员	
	合计	女	国际级运动健将	女	运动健将	女	一级运动员	女	二级运动员	女
象棋	0	0	0	0	0	0	0	0	0	0
登山	13	2	0	0	4	1	9	1	0	0
攀岩	0	0	0	0	0	0	0	0	0	0
摩托车	0	0	0	0	0	0	0	0	0	0
铁人三项	0	0	0	0	0	0	0	0	0	0
高尔夫球	14	9	0	0	2	2	10	7	2	0
橄榄球	2	2	0	0	2	2	0	0	0	0
车辆模型	2	0	0	0	0	0	2	0	0	0
航海模型	11	0	0	0	2	0	9	0	0	0
航空模型	23	2	3	0	9	2	11	0	0	0
跳伞	0	0	0	0	0	0	0	0	0	0
滑翔	0	0	0	0	0	0	0	0	0	0
速度轮滑	1	1	0	0	0	0	1	1	0	0
健美	3	1	0	0	0	0	3	1	0	0
摩托艇	0	0	0	0	0	0	0	0	0	0
公开水域游泳	0	0	0	0	0	0	0	0	0	0
健美操	11	3	2	0	8	3	1	0	0	0
五人制足球	0	0	0	0	0	0	0	0	0	0
无线电测向	0	0	0	0	0	0	0	0	0	0
军事五项	0	0	0	0	0	0	0	0	0	0

（邹延）

2018 年上海市体育后备人才项目分布情况表

		总　计	体育运动学校	少年儿童体育学校（业余体校）
单位数（个）		32	2	30
合计		13 652	836	12 816
后备人才数	田径	1 534	181	1 353
	游泳	1 626	55	1 571
	跳水	65	0	65
	水球	85	0	85
	花样游泳	15	0	15

（续表一）

		总　计	体育运动学校	少年儿童体育学校（业余体校）
后备人才数	体操	161	0	161
	艺术体操	15	0	15
	蹦床	43	0	43
	举重	203	34	169
	拳击	25	0	25
	摔跤	203	0	203
	中国式摔跤	0	0	0
	柔道	293	48	245
	跆拳道	439	0	439
	自行车	106	58	48
	击剑	796	40	756
	马术	7	0	7
	现代五项	65	11	54
	射击	374	0	374
	射箭	308	0	308
	赛艇	226	0	226
	皮划艇	240	0	240
	帆船	90	0	90
	足球	1 688	86	1 602
	篮球	1 095	58	1 037
	排球	871	54	817
	沙滩排球	0	0	0
	乒乓球	778	61	717
	羽毛球	298	73	225
	网球	378	15	363
	手球	402	0	402
	曲棍球	92	0	92
	棒球	232	36	196
	垒球	104	26	78
	速度滑冰	20	0	20
	短道速滑	0	0	0
	花样滑冰	0	0	0
	冰球	0	0	0
	冰壶	139	0	139
	高山滑雪	0	0	0

（续表二）

		总　计	体育运动学校	少年儿童体育学校（业余体校）
后备人才数	越野滑雪	0	0	0
	跳台滑雪	0	0	0
	自由式滑雪	0	0	0
	单板滑雪	0	0	0
	冬季两项	0	0	0
	技巧	0	0	0
	健美操	0	0	0
	街舞	0	0	0
	软式网球	0	0	0
	武术	145	0	145
	滑水	0	0	0
	潜水	0	0	0
	蹼泳	0	0	0
	摩托艇	0	0	0
	围棋	250	0	250
	国际象棋	0	0	0
	中国象棋	0	0	0
	桥牌	50	0	50
	登山	0	0	0
	摩托车	0	0	0
	汽车	0	0	0
	铁人三项	0	0	0
	高尔夫球	68	0	68
	保龄球	0	0	0
	掷球	0	0	0
	台球	0	0	0
	藤球	0	0	0
	壁球	0	0	0
	橄榄球	0	0	0
	车辆模型	0	0	0
	航海模型	0	0	0
	定向	0	0	0
	航空模型	0	0	0
	跳伞	0	0	0
	滑翔	0	0	0

（续表三）

		总　计	体育运动学校	少年儿童体育学校（业余体校）
后备人才数	运动飞机	0	0	0
	热气球	0	0	0
	轮滑	0	0	0
	业余无线电	0	0	0
	毽球	0	0	0
	门球	0	0	0
	舞龙舞狮	0	0	0
	龙舟	0	0	0
	钓鱼	0	0	0
	风筝	0	0	0
	信鸽	0	0	0
	体育舞蹈	0	0	0
	健美	0	0	0
	拔河	0	0	0
	飞镖	50	0	50
	救生	0	0	0
	健身气功	0	0	0
	电子竞技	0	0	0
	空手道	73	0	73

（邹延）

2018年上海市等级裁判员发展情况表

项　目	等级裁判员									
	合　计		国际级裁判员		国际级裁判员		一级裁判员		二级裁判员	
	合计	女	国际级裁判员	女	国际级裁判员	女	一级裁判员	女	二级裁判员	女
合计	729	207	4	0	8	1	101	28	616	178
田径	68	27	0	0	1	0	24	12	43	15
游泳	26	8	0	0	0	0	1	1	25	7
跳水	0	0	0	0	0	0	0	0	0	0
水球	9	3	0	0	0	0	0	0	9	3
花样游泳	0	0	0	0	0	0	0	0	0	0

（续表一）

项 目	等级裁判员									
	合 计		国际级裁判员		国际级裁判员		一级裁判员		二级裁判员	
	合计	女	国际级裁判员	女	国际级裁判员	女	一级裁判员	女	二级裁判员	女
体操	0	0	0	0	0	0	0	0	0	0
艺术体操	0	0	0	0	0	0	0	0	0	0
蹦床	0	0	0	0	0	0	0	0	0	0
举重	1	0	0	0	0	0	0	0	1	0
拳击	11	6	0	0	0	0	0	0	11	6
摔跤	1	1	0	0	0	0	0	0	1	1
中国式摔跤	0	0	0	0	0	0	0	0	0	0
柔道	6	3	0	0	0	0	0	0	6	3
跆拳道	0	0	0	0	0	0	0	0	0	0
自行车	19	4	0	0	0	0	0	0	19	4
击剑	11	11	0	0	0	0	0	0	11	11
马术	0	0	0	0	0	0	0	0	0	0
现代五项	1	1	0	0	0	0	0	0	1	1
射击	7	1	0	0	0	0	0	0	7	1
射箭	0	0	0	0	0	0	0	0	0	0
赛艇	1	0	0	0	0	0	0	0	1	0
皮划艇	3	0	0	0	0	0	0	0	3	0
帆船	0	0	0	0	0	0	0	0	0	0
足球	109	2	0	0	0	0	9	0	100	2
篮球	100	25	0	0	2	0	22	3	76	22
排球	6	5	0	0	0	0	0	0	6	5
沙滩排球	0	0	0	0	0	0	0	0	0	0
乒乓球	78	25	0	0	1	0	27	10	50	15
羽毛球	84	26	0	0	1	0	9	2	74	24
网球	36	14	0	0	0	0	0	0	36	14
手球	10	6	0	0	0	0	0	0	10	6
曲棍球	0	0	0	0	0	0	0	0	0	0
棒球	0	0	0	0	0	0	0	0	0	0
垒球	0	0	0	0	0	0	0	0	0	0
速度滑冰	0	0	0	0	0	0	0	0	0	0
短道速滑	0	0	0	0	0	0	0	0	0	0
花样滑冰	0	0	0	0	0	0	0	0	0	0

（续表二）

项目	等级裁判员									
	合计		国际级裁判员		国际级裁判员		一级裁判员		二级裁判员	
	合计	女	国际级裁判员	女	国际级裁判员	女	一级裁判员	女	二级裁判员	女
冰球	0	0	0	0	0	0	0	0	0	0
冰壶	4	2	0	0	0	0	0	0	4	2
高山滑雪	0	0	0	0	0	0	0	0	0	0
越野滑雪	0	0	0	0	0	0	0	0	0	0
跳台滑雪	0	0	0	0	0	0	0	0	0	0
自由式滑雪	0	0	0	0	0	0	0	0	0	0
单板滑雪	0	0	0	0	0	0	0	0	0	0
冬季两项	0	0	0	0	0	0	0	0	0	0
技巧	0	0	0	0	0	0	0	0	0	0
健美操	2	2	0	0	0	0	0	0	2	2
街舞	0	0	0	0	0	0	0	0	0	0
软式网球	0	0	0	0	0	0	0	0	0	0
武术	6	5	0	0	0	0	0	0	6	5
滑水	0	0	0	0	0	0	0	0	0	0
潜水	0	0	0	0	0	0	0	0	0	0
蹼泳	0	0	0	0	0	0	0	0	0	0
摩托艇	0	0	0	0	0	0	0	0	0	0
围棋	24	5	0	0	0	0	0	0	24	5
国际象棋	10	4	0	0	0	0	0	0	10	4
中国象棋	0	0	0	0	0	0	0	0	0	0
桥牌	0	0	0	0	0	0	0	0	0	0
登山	1	1	0	0	0	0	0	0	1	1
摩托车	3	0	3	0	0	0	0	0	0	0
汽车	0	0	0	0	0	0	0	0	0	0
铁人三项	0	0	0	0	0	0	0	0	0	0
高尔夫球	0	0	0	0	0	0	0	0	0	0
保龄球	0	0	0	0	0	0	0	0	0	0
掷球	2	1	1	0	1	1	0	0	0	0
台球	3	1	0	0	0	0	0	0	3	1
藤球	0	0	0	0	0	0	0	0	0	0
壁球	0	0	0	0	0	0	0	0	0	0
橄榄球	0	0	0	0	0	0	0	0	0	0

（续表三）

项目	等级裁判员									
	合计		国际级裁判员		国际级裁判员		一级裁判员		二级裁判员	
	合计	女	国际级裁判员	女	国际级裁判员	女	一级裁判员	女	二级裁判员	女
车辆模型	0	0	0	0	0	0	0	0	0	0
航海模型	1	0	0	0	0	0	0	0	1	0
定向	0	0	0	0	0	0	0	0	0	0
航空模型	1	0	0	0	0	0	0	0	1	0
跳伞	0	0	0	0	0	0	0	0	0	0
滑翔	0	0	0	0	0	0	0	0	0	0
运动飞机	0	0	0	0	0	0	0	0	0	0
热气球	0	0	0	0	0	0	0	0	0	0
轮滑	0	0	0	0	0	0	0	0	0	0
业余无线电	0	0	0	0	0	0	0	0	0	0
毽球	0	0	0	0	0	0	0	0	0	0
门球	43	11	0	0	0	0	0	0	43	11
舞龙舞狮	0	0	0	0	0	0	0	0	0	0
龙舟	0	0	0	0	0	0	0	0	0	0
钓鱼	16	7	0	0	0	0	0	0	16	7
风筝	3	0	0	0	0	0	1	0	2	0
信鸽	17	0	0	0	0	0	8	0	9	0
体育舞蹈	0	0	0	0	0	0	0	0	0	0
健美	0	0	0	0	0	0	0	0	0	0
拔河	3	0	0	0	2	0	0	0	1	0
飞镖	0	0	0	0	0	0	0	0	0	0
救生	0	0	0	0	0	0	0	0	0	0
健身气功	3	0	0	0	0	0	0	0	3	0
电子竞技	0	0	0	0	0	0	0	0	0	0
空手道	0	0	0	0	0	0	0	0	0	0

（邹延）

2018 年上海市体育教练员晋升高级职称人员名单

序　号	单　位	姓　名
1	上海市浦东新区第二少年儿童体育学校	岳娇娜
2	上海市黄浦区黄浦青少年业余体育学校	沈　弘
3	上海市黄浦区卢湾青少年业余体育学校	陈　筠
4	上海市黄浦区卢湾青少年业余体育学校	汪勤忠
5	上海市徐汇区青少年体育运动学校	周　炜
6	上海市徐汇区青少年体育运动学校	陈　健
7	上海市长宁区青少年业余体育学校	徐　伟
8	上海市杨浦区青少年业余体育学校	周　毅
9	上海市体育运动学校	张　弘
10	上海市第二体育运动学校	张志勇
11	上海体育学院	纪欣华
12	上海体育职业学院	吕宁馨
13	上海体育职业学院	何　炯
14	上海体育职业学院	徐　强
15	上海体育职业学院	席敏杰
16	上海体育职业学院	鲍国明
17	上海体育职业学院	李文华
18	上海体育职业学院	沈　杰
19	上海体育职业学院	曹忠荣
20	上海体育职业学院	张玉峰
21	上海市射击射箭运动中心	胡斌渊

（刘志远）

青少年体育

概 况

2018年，上海市青少年体育工作围绕第16届上海市运动会、崇明基地搬迁等重点工作，团结协作，共同推进。

第16届上海市运动会创造新业绩。市运会设项超历届，覆盖所有奥运项目及全运项目，3万余名青少年运动员参赛。青少年组共产生1 120枚赛会金牌，发现并选拔了一批优秀竞技体育后备人才。市运会新增活动版块，协调市教委、团市委、市妇联和各区举办项目多样、形式新颖、内容丰富的青少年体育活动，其中，9大活动项目参与总人次达220万。同时市运会鼓励办赛主体多元化，提升了市运会的参与度和关注度，动员更多青少年体育参与。

青少年体育公共服务水平获得新提升。一是积极推进青少年掌握2—3项体育技能。探索以“政府引导、社会举办、多元投入、共同监管”的模式，举办首届“动感假期”上海市青少年体育公益夏令营，吸引近千名青少年参加田径、足球、篮球等11个项目36期公益夏令营；在双休日开展青少年体育公益培训，涵盖射箭、冰壶、花样滑冰等11个项目；开展篮球、乒乓球、羽毛球等10个项目的青少年体育社区配送，覆盖46个街道，直接受益超2 000人。二是广泛开展青少年体育赛事活动。大力推广青少年社区运动会，全市16个区共举办社区运动会20场，吸引万名青少年参与；组织“六一”青少年体育俱乐部公益开放日活动；与《解放日报》《新民晚报》《东方体育日报》等报社及五星体育电视频道等沪上媒体，联合开展足球、游泳、篮球等多项暑期青少年体育品牌赛事；开展青少年体育俱乐部联赛，涵盖15个项目；针对12岁以下青少年举办青少年体育联赛，涵盖10个项目。三是着力培育青少年体育组织。以政府购买公共服务形式扶持市青少年体育协会转型发展，为协会转型搭建平台；继续推进市级青少年体育俱乐部发展，全市新建青少年体育俱乐部21家，开展新一轮青少年体育俱乐部星级评定工作，引导体育俱乐部规范发展。四是切实加强青少年体育指导人员队伍建设。推动市级体育项目协会开展足球、篮球、高尔夫球、旱地冰球、网球、射箭等项目的青少年体育大众教练员培训，推进社会体育机构开展青少年体适能教练员培训认证，培训专业技术人员千余名，进一步提高指导水平。

青少年体育后备人才培养取得新进展。一是推进各级各类青少年后备人才培养基地建设。市体育部门联合市教委，从理顺管理体制、规范学籍管理、提升文化教育水平等方面着手，拟定市级体校调整改革方案，夯实高水平后备人才培养基地建设。加强足球、田径、自行车、冰上运动、智力运动等青少年体育精英培训基地建设，出台《上海市青少年体育精英基地经费使用办法》，强化教练员、运动员双精英队伍培养；评估2016—2018年周期的青少年足球精英培训基地，同时开展新一轮精英基地评审，推进足球优秀后备人才培养。二是理顺选材育才管理体制。整合上海体育科学研究所选材研究中心和选育才中心，优化机构设置，建立职能清晰、科学规范、运行高效的选材育才工作机制，提高选材育才科学化水平。三是强化优秀后备人才培养。在暑假期间开展排球、篮球、乒乓球共28个项目的训练营，汇集全市二线及三线运动员共1 052人参加。四是优化青少年体育专业竞赛体系。举办以优秀苗子培养为主要目标的2018年上海市青少年体育十项系列赛，系列赛共计10个大项18个分项51站比赛，参赛运动员近2.5万人次；同时组织36个项目的二线测试赛，为选拔后备人才提供重要依据。五是加强青少年体育教练员建设。完成“优秀教练员工作室”带头人和“明翔计划”青年骨干教练员评选工作，开展四年一度的上海市“十佳”青训教练员、优秀青训教练员及最佳足球基层教练员评选活动。六是完善后备人才培养激励机制。首次落实实施全运会、亚运会后备人才输送奖励，激励广大青训教练员和工作人员的工作积极性和创造性。七是加强体教结合工作。市体育部门主动对接市教委，深度参与中小学体育“一条龙”项目布局方案研制工作，积极促进体教融合，构建新时期青少年业余训练新格局；全力支持校园足球、篮球、排球、田径联盟建设，助力联盟赛事培育、训练营开展以及教练员培训。会同市教委出台《关于加强中小学生奥林匹克教育加快推进冰雪运动进校园工作的通知》等文件。

体育科医教保障体系建设显露新成效。一是提升科技助力备战水平。结合崇明基地搬迁，制定新一轮备战科研工作大团队保障方案，统筹系统内、外科研力量，持续加大科技助力备战工作力度；围绕备战工作重点、难点，加强课题研究，组织申报2019年体育科研课题159项，立项69项，提升课题立项科学化水平，提高课题成果转化实效性。二是加大医务保障工作力度。联合市卫计委，与华山医院、新华医院、第六人民医院初步对接，建立运动员绿色就医通道和应急机制；启动实施市体育局与上海中医药大学第三轮医疗援体工作，建立长期合作模式，由上海中医药大学牵头统筹9家医院对口援助8个训练中心，协力做好运动员伤病预防、诊治和康复工作；围绕崇明基地搬迁，协调崇明区卫计委，开设体育医院崇明基地门诊部；与复旦大学医学院合作，开展“上海体育医院现状、存在问题和未来发展模式”课题研究。三是整合资源，加强运动员文化教育。围绕崇明基地搬迁和市级体校改革，全面梳理整合体育系统文化教学资源。协调崇明区教育局，拟定崇明基地教学点文化教育托管方案；统筹市第二体育运动学校和体育中学文化教学，取消市第二体育运动学校射击射箭中心教学点；与上海体育学院沟通，完成上海体育职业学院文化教学工作平稳转移；召开优秀运动员送教工作推进会，主动争取市教委和相关高校支持，加大优秀运动员送教力度。四是外联内引，增强教练员培训实效。精心组织为期一年的第三期“百人计划”青年教练员培训班，通过学习国内基础课程和美国体育学院国际课程，储备高水平教练员队伍骨干力量；组织各级各类体育学校教练员通识知识更新轮训，144名教练员参加；组织开展一线教练员夏训专题培训和专题系列培训。

反兴奋剂工作推进呈现新态势。以市运会为契机，创新举措，切实加大业余训练条线反兴奋剂工作力度，制作反兴奋剂宣传大礼包，开展市运会反兴奋剂专题教育、培训及拓展活动，组织赛内兴奋剂检查。严格全市一线运动队反兴奋剂管理，层层推动反兴奋剂责任落实。完善政策保障，修订出台《上海市体育局专业运动队反兴奋剂工作管理办法》。开展一线运动队反兴奋剂专题教育活动，印制张贴宣传海报，建立微信工作群，反兴奋剂教育全面覆盖管理人员、教练员、运动员、科医人员。建立反兴奋剂工作督查制度，对19家一线训练单位集中开展全面反兴奋剂督查，进行专项通报，出具整改通知书，督促做好整改工作。

全年完成21家射击运动单位的换发许可证审批及700余名运动员的等级审批。

〔市体育局科教（青少）处 供〕

公共服务

首部《中国儿童青少年身体活动指南》在沪发布

发布会现场　（王佳斌 摄）

1月30日，首部《中国儿童青少年身体活动指南》在沪发布。《中国儿童青少年身体活动指南》由国家儿童医学中心、上海交通大学医学院附属上海儿童医学中心牵头，联合上海体育学院、复旦大学附属儿科医院临床指南制作与评价中心合作制作完成，受“上海市加强公共卫生体系建设三年行动计划（2015年—2017年）”课题支持。

《中国儿童青少年身体活动指南》的主要目标人群为健康的6岁—17岁的青少年儿童，首次提出中国青少年儿童每天身体活动的推荐量为：每日应进行至少累计60分钟的中高强度身体活动，包括每周至少3天的高强度身体活动和增强肌肉力量、骨骼健康的抗阻活动。除身体活动之外，《中国儿童青少年身体活动指南》专门强调了容易忽视的久坐行为问题，特别建议在保证每天60分钟中高强度运动时间以外，青少年儿童每日观看电子屏幕时间应限制在2小时内，并减少持续久坐行为，在课间休息时应进行适当的活动。

为便于公众理解，工作组特意制定《中国儿童青少年身体活动指南》简版及微信版。发布会上，由上海市卫生和计划委员会、市教委、市体育局的有关领导共同启动《中国儿童青少年身体活动指南》微信版，同步通过上海疾病预防控制中心、市教委以及市体育局的官方网站及微信号，以图文并茂的形式向公众正式发布。

（文史）

118家青少年体育俱乐部共庆“六一”

6月2日，第16届上海市运动会的活动项目之一——上海市青少年体育俱乐部少儿体育开放日主会场活动在静安体育中心举行。活动以“快乐运动　人生赢家”为主题，来自全市的600余户家庭近2 000人欢度“体育六一节”。除了主会场外，六一期间在全市16个区，共有118家青

上海市青少年体育俱乐部少儿体育开放日　（王佳斌 摄）

少年体育俱乐部的300多个培训项目免费开放。

活动由上海市体育局、上海市教育委员会、共青团上海市委员会共同主办。作为第16届上海市运动会活动版块的重要内容，体育开放日主会场活动包括体育项目体验、科学健身指导两方面。面向12周岁以下的青少年开设足球、篮球、排球、网球、软式棒垒球、击剑、英式橄榄球、美式橄榄球、电子射击、射箭、高尔夫、跆拳道、快乐体操、曲棍球、空手道、帆船展示和田径17个体育项目体验。

上海市体育主管部门通过市场培育、社会参与的方式，深化青少年"大体育"格局。体育开放日的体验活动由青少年体育俱乐部支持，也是全市青少年体育俱乐部开展公益活动的展示。

（文史）

多元模式推动全市暑期青少年体育活动开展

2018年，上海市青少年体育行政管理部门充分利用暑期集中时段，以"政府、社会、市场"相结合的多元模式推动全市各区、各相关单位开展各类青少年体育活动，营造全市青少年体育参与氛围，鼓励全市青少年掌握2—3项运动技能，养成终身锻炼习惯，为培养体育后备人才打下基础。活动类型主要有以下7类。

组织举办青少年暑期训练营。市体育局委托市青少年体育训练管理中心，充分利用暑期集中时段，组织开展26个项目的青少年暑期训练营工作，强化基础训练、提高技战术水平，进一步发掘和培养优秀竞技体育后备人才，促进一、二、三线运动队选材育才，1 100余人参与。

广泛开展各类青少年暑期体育赛事。体育赛事是加强青少年体育交流、促进运动技能提高的良好平台。暑假期间，全市组队参加排球、羽毛球、田径等18个项目的33个全国青少年比赛；完成市青少年体育十项系列赛、单项锦标赛和冠军赛等18个项目的24个上海市最高级青少年比赛，其中第16届上海市运动会跳水比赛及沙滩排球比赛在8月提前举行。此外，进一步丰富比赛形式。举办上海市青少年体育俱乐部联赛棋类及跆拳道项目比赛；联合新民晚报开展第33届暑期中学生足球比赛，联合东方体育日报开展青少年乒乓球比赛，举办上海市青少年体育超级联赛KPD国际少儿流行舞蹈大赛总决赛等各类青少年暑期体育赛事。

创办"动感假期"青少年体育公益夏令营。市体育局委托市青少年体育协会牵头组织"动感假期——上海市青少年体育公益夏令营"活动，开展田径、足球、篮球、排球、乒乓球、羽毛球、网球、武术、棒球、高尔夫、橄榄球等共11个项目的技能培训。夏令营培训人群以15岁以下青少年为主，重点倾斜12岁以下少年儿童，每期夏令营时间不少于5天，课次不少于10次，着力突出公益属性，进一步推进青少年体育项目普及，扩大青少年体育人口，丰富青少年暑假体育生活。

继续开展青少年暑期社区体育配送。为构建"学校、社区、家庭"三位一体的青少年体育参与模式，市体育局以青少年暑期社区体育配送为抓手，组织开展篮球、乒乓球、羽毛球、武术、空手道、跆拳道、围棋、中国象棋、国际象棋、体育舞蹈共10项体育培训，努力打造"青少年身边的社区夏令营"。全市所有街镇、社区体育健身俱乐部和工业园区的社区青少年均可通过"上海社区体育"网站（www.sccsa.org.cn）或"上海市社区体育协会微信企业号"申请每期5—10次，每次90分钟的免费体育培训。

继续推进青少年体育公益培训。市体育局通过公开招标方式面向社会购买青少年体育公共服务，共有29家体育社会组织、体育企业获得上海市青少年体育公益培训项目承办资格，为青少年提供足球、篮球、排球、武术、射箭、冰壶、花样滑冰、冰球、橄榄球、旱地冰球、软式棒垒球共11个项目的公益培训，为青少年学习体育技能，提升身体素质增加更多选择。

鼓励各级各类青少年俱乐部开展暑期活动。至2018年，全市共有各级各类青少年体育俱乐部270家，其中国家级218家（包含7家国家示范性俱乐部）、市级52家。市体育局委托市青少年体育训练管理中心对全市各级各类青少年体育俱乐部开展的暑期活动进行汇总发布，并对各俱乐部开展活动的成效进行评估奖励，以推动暑期青少年体育俱乐部活动开展。各区体育局加强对本区域青少年体育俱乐部的管理，充分发挥国家示范性和上海星级青少年体育俱乐部的引领作用，鼓励更多的青少年体育俱乐部根据自身特色，在暑期开展青少年体育培训班、夏令营、比赛等各项丰富多彩的活动。

组织开展青少年体育对外交流活动。市体育局于7月16—20日在上海宝山举办第13届沪港青少年体育交流夏令营，来自香港特别行政区的42名篮球、乒乓球、羽毛球项目的青少年运动员与上海青少年运动员进行交流、训练和比赛。此外，各区体育局也组织优秀青少年运动员赴荷兰、美国、德国、日本、巴西、瑞典、新西兰等国家进行短期集训或交流比赛，切实推进提高优秀后备人才竞技体育水平。

（马洁）

2018年全国青少年体育冬夏令营（上海站）举办

为积极响应国家体育总局的号召，贯彻落实2018年全国青少年体育工作电视电话会议精神，市体育局以“政府引导、社会举办、多元投入、体现公益、依托平台、共同监管”的模式，委托市青少年体育协会牵头组织全国青少年体育冬夏令营（上海站）暨“动感假期”上海市青少年体育冬夏令营。

冬夏令营以帮助上海青少年学会运动技能为主要目标，以“‘沪’享运动、共同成长”为口号，以15岁以下青少年为主要培训人群，重点倾斜12岁以下少年儿童，1 100余人参加了田径、足球、篮球、排球、乒乓球、羽毛球、网球、武术、跆拳道、拳击、棒球、高尔夫、橄榄球、滑雪共14个项目，举办冬夏令营46期，有效地推进了上海青少年体育项目普及，扩大了青少年体育人口，丰富青少年寒暑假体育生活。

冬夏令营呈现“四个特点”：一是承办社会化。冬夏令营工作由市青少年体育协会承接，协会从170余家青少年体育社会机构会员单位中遴选出20家优秀青少年体育社会机构，如超越体育俱乐部、瑞可碧青少年体育俱乐部等多家星级青少年体育俱乐部共同承担，发挥了社会力量优势，为青少年提供更专业的服务。二是项目多元化。冬夏令营共开展14个项目的培训，包括基础大项田径以及受到青少年广泛欢迎的三大球（足篮排）、三小球项目（乒羽网），并新增滑雪、橄榄球、高尔夫球、棒球等新兴时尚项目及传统项目武术。三是收费公益化。暑假各项目招生采取公益低价位方式，特别对于低收入人群的子女采取全免费，惠及了更多青少年群体。四是培训专业化。冬夏令营要求各参与培训的单位具有符合项目培训要求的专业场地设施条件，要求根据参与培训的人数配备专业师资力量。

（马洁）

2018 年全国青少年体育冬夏令营（上海站）开展项目一览表

序号	开展单位	开展明细
1	浦东新区滨江青少年体育俱乐部田径（体适能）公益夏令营 浦东新区洋泾菊园实验学校（启新路 1 号）	天数：5 个全天、人数：25 人 项目：田径（体适能）
2	浦东新区光明青少年体育俱乐部田径（体适能）公益夏令营 浦东新区南汇体育中心（惠南镇观海路 1000 号）	天数：10（半天）、人数：25 人 项目：田径（体适能）
3	普陀区绿野青少年体育俱乐部田径（体适能）公益夏令营（一期） 普陀区西乡路体育场（西乡路 218 号）	天数：10（半天）、人数：25 人 项目：田径（体适能）
4	上海绿野青少年体育俱乐部篮球公益夏令营（二期） 普陀区宜川中学（洛川路 50 号）	天数：10（半天）、人数：25 人 项目：篮球
5	上海绿野青少年体育俱乐部羽毛球公益夏令营（三期） 普陀区宜川中学（洛川路 50 号）	天数：10（半天）、人数：25 人 项目：羽毛球
6	上海吉祥足球运动俱乐部足球公益夏令营（一期） 浦东新区昌邑小学（下南路 879 号）	天数：5 天、人数：25 人 项目：足球
7	上海吉祥足球运动俱乐部足球公益夏令营（二期） 浦东新区北蔡镇中心小学（北中路 101 号）	天数：5 天、人数：25 人 项目：足球
8	上海星驰足球俱乐部有限公司足球公益夏令营（一期） 松江小昆山小学（中德路 1151 号）	天数：10（半天）、人数：25 人 项目：足球
9	上海星驰足球俱乐部有限公司足球公益夏令营（二期） 松江小昆山小学（中德路 1151 号）	天数：10（半天）、人数：25 人 项目：足球
10	上海英米体育文化传播有限公司篮球公益夏令营（一期） 普陀区普陀体育馆（曹杨路 400 号）	天数：10（半天）、人数：25 人 项目：篮球
11	上海英米体育文化传播有限公司篮球公益夏令营（二期） 静安区英米篮球训练基地（天通庵路 168 号）	天数：10（半天）、人数：25 人 项目：篮球
12	上海英米体育文化传播有限公司篮球公益夏令营（三期） 黄浦区卢湾高级中学（斜土路 855 号）	天数：10（半天）、人数：25 人 项目：篮球
13	上海奉博体育俱乐部篮球公益夏令营 奉贤区奉贤体育中心（古华路 100 号）	天数：10（半天）、人数：25 人 项目：篮球
14	上海宝山区小飞人青少年体育俱乐部篮球公益夏令营 宝山区宝山体育中心（永清路 700 号）	天数：5 天、人数：25 人 项目：篮球
15	上海诸韵颖青少年体育俱乐部排球公益夏令营（一期） 静安区韵颖体育训练中心（灵石路 709 号）	天数：5 天、人数：25 人 项目：排球
16	上海诸韵颖青少年体育俱乐部排球公益夏令营（二期） 静安区韵颖体育训练中心（灵石路 709 号）	天数：5 天、人数：25 人 项目：排球
17	上海诸韵颖青少年体育俱乐部排球公益夏令营（三期） 徐汇区上海体育职业学院附属小学（罗秀路 63 号）	天数：5 个全天、人数：25 人 项目：排球
18	上海全领青少年体育俱乐部乒乓球公益夏令营（一期） 浦东新区上海船厂技校（陈邵路 100 号）	天数：10（半天）、人数：25 人 项目：乒乓球
19	上海全领青少年体育俱乐部乒乓球公益夏令营（二期） 浦东新区上海船厂技校（陈邵路 100 号）	天数：10（半天）、人数：25 人 项目：乒乓球

（续表一）

序号	开展单位	开展明细
20	上海杨浦区青少年体育俱乐部羽毛球公益夏令营（一期） 杨浦区体育活动中心（隆昌路 640 号）	天数：10（半天）、人数：20 人 项目：羽毛球
21	上海杨浦区青少年体育俱乐部羽毛球公益夏令营（二期） 杨浦区体育活动中心（隆昌路 640 号）	天数：10（半天）、人数：20 人 项目：羽毛球
22	上海市奉贤超越体育俱乐部网球公益夏令营（一期） 奉贤区奉贤体育中心（古华路 100 号）	天数：10 天、人数：25 人 项目：网球
23	上海市奉贤超越体育俱乐部网球公益夏令营（二期） 奉贤区奉贤体育中心（古华路 100 号）	天数：10 全天、人数：25 人 项目：网球
24	上海松江区乐枫青少年体育俱乐部棒球公益夏令营（一期） 松江区松江大学城棒球场（文翔路 1550 号）	天数：10（半天）、人数：20 人 项目：棒球
25	上海松江区乐枫青少年体育俱乐部棒球公益夏令营（二期） 松江区松江大学城棒球场（文翔路 1550 号）	天数：10（半天）、人数：20 人 项目：棒球
26	上海松江区乐枫青少年体育俱乐部棒球公益夏令营（三期） 松江区松江大学城棒球场（文翔路 1550 号）	天数：10 个半天、人数：20 人 项目：棒球
27	上海咕噜咕噜体育发展有限公司高尔夫公益夏令营（一期） 杨浦区中原城市广场三楼（国和路 777 号）	天数：10（半天）、人数：25 人 项目：高尔夫
28	上海咕噜咕噜体育发展有限公司高尔夫公益夏令营（二期） 杨浦区中原城市广场三楼（国和路 777 号）	天数：10（半天）、人数：25 人 项目：高尔夫
29	高联阳光体育（北京）有限公司上海分公司高尔夫公益夏令营（一期） 闵行区高联体育教学场馆（春申路 2328 弄 4 号）	天数：10（半天）、人数：20 人 项目：高尔夫
30	高联阳光体育（北京）有限公司上海分公司高尔夫公益夏令营（二期） 闵行区高联体育教学场馆（春申路 2328 弄 4 号）	天数：10（半天）、人数：20 人 项目：高尔夫
31	上海瑞可碧青少年体育俱乐部橄榄球公益夏令营（一期） 浦东新区森兰仁恒运动馆（兰谷路 2199 弄）	天数：10（半天）、人数：25 人 项目：橄榄球
32	上海瑞可碧青少年体育俱乐部橄榄球公益夏令营（二期） 浦东新区金陆小学（枣庄路 575 号）	天数：10（半天）、人数：25 人 项目：橄榄球
33	上海宝山区刚锋青少年体育俱乐部武术公益夏令营（一期） 浦东新区民办淮安小学（川南奉公路 7887 号）	天数：5 天、人数：25 人 项目：武术
34	上海宝山区刚锋青少年体育俱乐部武术公益夏令营（二期） 浦东新区民办淮安小学（川南奉公路 7887 号）	天数：5 天、人数：25 人 项目：武术
35	上海咕噜咕噜体育发展有限公司武术公益夏令营（一期） 杨浦区中原城市广场三楼（国和路 777 号）	天数：10（半天）、人数：25 人 项目：武术
36	上海咕噜咕噜体育发展有限公司武术公益夏令营（二期） 杨浦区中原城市广场三楼（国和路 777 号）	天数：10（半天）、人数：25 人 项目：武术
37	2018 年全国青少年体育夏令营（上海站）开幕式暨篮球嘉年华	天数：1 天、人数：120 人
38	2018 年全国青少年体育夏令营（上海站） 相关保险、评估、宣传、总结表彰及日常办公等费用	天数：180 天左右
39	上海 snow51 健身服务有限公司滑雪冬令营 上海市闵行区吴中路 1799 号万象城 LG179	天数：5 天、人数：13 人 项目：滑雪

（续表二）

序号	开展单位	开展明细
40	上海市奉贤超越体育俱乐部网球冬令营 奉贤区奉贤体育中心（古华路100号）	天数：10天、人数：33人 项目：网球
41	上海全领青少年体育俱乐部拳击冬令营 浦东新区上海船厂技校（陈邵路100号）	天数：5天、人数：25人 项目：拳击
42	上海全领青少年体育俱乐部跆拳道冬令营 浦东新区上海船厂技校（陈邵路100号）	天数：5天、人数：24人 项目：跆拳道
43	上海全领青少年体育俱乐部武术冬令营 浦东新区上海船厂技校（陈邵路100号）	天数：5天、人数：25人 项目：武术
44	上海铭氏体育休闲有限公司网球冬令营 上海浦东新区张江中心小学	天数：10天、人数：22人 项目：网球
45	上海瑞可碧青少年体育俱乐部橄榄球冬令营 浦东新区森兰仁恒运动馆（兰谷路2199弄）	天数：5天、人数：35人 项目：橄榄球、足球
46	上海瑞可碧青少年体育俱乐部足球冬令营 浦东新区森兰仁恒运动馆（兰谷路2199弄）	天数：5天、人数：33人 项目：足球
47	上海优体足球俱乐部足球冬令营（一期） 闵行区优体足球俱乐部（新镇路80号）	天数：5天、人数：30人 项目：足球
48	上海优体足球俱乐部足球冬令营（二期） 上海市闵行区颛桥小学（中沟路89号）	天数：5天、人数：33人 项目：足球

〔市体育局科教（青少）处 供〕

体教结合

首届“一带一路”文化·足球冬令营在沪举行

1月28日—2月2日，首届“一带一路”文化·足球冬令营在沪举行，来自塞尔维亚、斯里兰卡、肯尼亚、巴拿马与东道主中国的80余名9—12岁青少年，以球会友，开启了一场特殊的“一带一路”文化交流之旅。

首届“一带一路”文化·足球冬令营由上海体育国家大学科技园主办，上海瑞体体育发展有限公司承办，上海同心同行公益基金会协助，旨在通过“一带一路”沿线国家青少年间的跨国文化互动，推动中国与“一带一路”沿线国家的交流融合，并全面提升青少年的文化认知、团队协同等综合素养，培育年轻一代。上海市足球协会主席朱广沪等领导和嘉宾参加闭幕式。（文史）

《青少年运动技能等级标准》在沪发布

4月15日，《青少年运动技能等级标准》

（以下简称“《标准》”）在上海体育学院发布。上海率先设立包括乒乓球、足球、篮球、排球、羽毛球、网球、高尔夫球、田径、体操、游泳和武术在内的 11 个运动项目的《标准》，成为青少年运动爱好者们衡量运动技能、学校检验体育教学成果的新依据。

为科学评价青少年学生运动技能水平，促进学生在基础教育阶段掌握两项体育运动技能，在上海市教委和上海市体育局的指导和支持下，上海体育学院 2016 年 3 月组建研制团队，在广泛调研和充分研讨的基础上，确立了“4 等 12 级”制的基本等级体系，相继完成乒乓球、足球、篮球、排球、羽毛球、网球、高尔夫球、田径、体操、游泳和武术 11 个项目《标准》的研制、测试方法视频拍摄制作等工作。其中，乒乓球《标准》已先行向社会发布。

根据《标准》设定，1—3 级为入门级，4—6 级为提高级，7—9 级为专业级，10—12 级为精英级。其中，9 级相当于 1 级运动员水平。截至 2018 年 4 月，所有项目《标准》仅对 1—9 级测试方法进行了规定，预留 10—12 级与高水平运动员等级相衔接。另外，从 4 级开始，被试者须有一定的参赛经验。

《标准》基本涵盖了相关运动项目的技术要点，能够较好地体现项目的本质特征，反映运动技能的进阶规律。为保证科学性和客观性，《标准》对测试场地、器材、测试者等明确统一要求，并尽可能采用智能化测试手段，以保证不同批次间的一致性。同时，各项目《标准》均以图文形式呈现，测试方法力求便捷易行，操作简单，测试内容与方法均配有视频，便于使用者了解掌握。另外，研制团队还完成了“青少年运动技能等级标准与测试方法”丛书的版权申请及出版工作。

《标准》的实施将有利于青少年学生自觉参加体育锻炼，促进掌握和提高运动技能，实现身心全面健康发展。同时，还将为全市进一步完善学生综合素质评价工作机制、推进学校体育课程改革建设等提供参考和依据。

（文史）

新民晚报暑期中学生足球赛举行

5 月 30 日—8 月 7 日，由市教委、市体育局、新民晚报社联合主办的第 33 届新民晚报暑期中学生足球赛在全市范围内举行。来自 16 个区、逾千支球队的上万名队员参赛。赛事冠名赞助商安吉汽车物流股份有限公司以及赛事装备供应商上海红双喜股份有限公司给予比赛支持，与赛事组委会一同延续足球公益计划，在赛事期间向外来务工人员子弟学生捐赠足球装备，推进校园足球的普及。

5 月 30 日，比赛正式启动，首次邀请上海上港队著名球星武磊担任比赛形象大使，为小球员们提供一睹“本土射手王”风采的机会，感受榜样力量。来自新民晚报、市体育局、市足球协会等相关单位和企业的领导出席启动仪式。比赛依旧采用五人制足球竞赛规则，采用线上和线下两种报名方式报名，全市 1 290 所中学的在校学生可以通过各区教育局和各区体育局发布的信息进行线下报名。

新民晚报暑期中学生足球赛　（陈自力 摄）

8月7日，经过一个多月预赛及淘汰赛的比拼，总决赛及闭幕式在源深体育中心举行，初中、高中组前八强共16支球队为冲击冠军展开了最后的较量。最终，文来中学队和酷喜体育队分别夺得初中组和高中组的冠军，并获得体育梦想金。来自萌609队的王雨阳和来自皇家梦之队的曹佳浩夺得初中组和高中组的金靴奖。

1986年首届新民晚报暑期中学生足球赛举行，至2018年已连续举办33届，被沪上中学生亲切地称作“我们的世界杯”。2018年恰逢世界杯年，新民晚报暑期中学生足球赛结合世界杯元素，举办“小球场的世界波”“遥望莫斯科，竞猜世界杯”“天天世界杯”等一系列活动，宣传足球文化。

（文史）

优秀运动员进校园系列活动举行

5月至12月，上海市“优秀运动员进校园”系列活动在全市范围内举行，涵盖篮球、排球、自行车、乒乓球等共10个项目，上海本土优秀运动员走进中小学和高校，与学生们近距离接触。

5月30日，活动开幕式暨羽毛球冠军进校园活动在晋元高级中学附属学校率先举行。羽毛球世界冠军王仪涵带领市羽毛球队运动员与青少年学生互动。活动现场，王仪涵与上海市羽毛球队运动员带领学生做热身运动，并一同参加趣味羽毛球接球、双打友谊赛。学生们热情高涨，欢呼喝彩声此起彼伏，现场氛围欢乐融洽。通过这次活动，青少年学生进一步了解了羽毛球项目，激发了学生参与羽毛球运动的兴趣。

为深入贯彻落实市委、市政府《关于深化本市体教结合工作的意见》《上海市体教结合促进计划（2016—2020年）》的文件精神，实施青少年体育文化育人计划，自2012年开始，上海市体育局积极推进“优秀运动员进校园工程”。通过组织上海奥运冠军、体育明星钟天使、陶璐娜、孙雯等人走进校园，结合国际田径钻石联赛、NBA中国赛上海站、国际剑联世界杯大奖赛等在沪举行的国际性赛事，邀请国际体育明星进入校园，至2018年已组织60余场，参与学生1.2万人次，对于在青少年中弘扬体育精神，推广体育文化，营造积极向上的“健康校园”氛围具有积极意义。

优秀运动员进校园　（郭泰　摄）

（文史）

中国（上海）青少年足球国际论坛举行

7月5日，以“创新育人　慧聚杨浦”为主题的中国（上海）青少年足球国际论坛在上海体育学院举行，来自西班牙、日本、韩国的青少年足球专家，与国内足球专业人士共同探讨有关上海及全国足球青少年训练改革发展的有关问题。

作为2018上海国际少年足球赛的重要组成部分，论坛由市足球协会、杨浦区体育总会等单位联合主办，上海体育学院协办。论坛上，西班牙皇家足球协会足球学校校长爱德华多·巴尔加塞恩以《青少年足球身体训练的技术与方法》为题进行主旨发言。上海上港足球俱乐部青训总监麦斯·戴维森带来题为《互联网技术、大数据在青少年足球训练中的运用》的主旨发言。上海足球教练员成亮、刘军与日本横滨水手青少年梯队主教练、韩国少年足球联合队主教练、广州恒大少年足球队主教练，围绕如何平衡青少年足球训练和比赛的关系充分讨论，特别是对中国足球、上海足球青少年训练的改革发展提出了建设性意见，并与相关人士和媒体进行面对面交流。

杨浦区是全国的“足球之乡”，杨浦区白洋淀青少年足球精英培训基地先后与杨浦区近70所学校建立合作，推广青少年足球普及，为足球苗子的选拔、培养和输送打下坚实的基础。从2011年起举办的上海国际少年足球邀请赛，在2018年赛制升级为白洋淀杯上海国际少年足球赛，着力打造富有上海区域特色的国际知名赛事品牌。

（文史）

中国（上海）国际青少年校园足球邀请赛举行

7月8日，中国（上海）国际青少年足球邀请赛在复旦大学附属中学青浦分校揭开帷幕。来自10个国家和地区的16支青少年校园足球队参赛，参赛队分别在杨浦、普陀、青浦、闵行4个赛区进行小组赛和淘汰赛，并于7月14日在杨浦区同济一附中举行决赛。共计教练员、运动员416名，领队16名参与其中。此外，还有比赛监督10名，裁判监督10名，裁判员42名，志愿者889名参与赛事组织工作，共万余名学生观众观摩比赛和开、闭幕式。邀请赛首次增加校园足球高中联队，由足坛名宿朱广沪担任主教练，原申花队知名球员李晓担任执行教练，20名队员从2017年全国青少年校园足球夏令营（高中组）最佳阵容44人名单中选出，分别来自浙江、山东、福建、内蒙古、湖南、重庆、四川、云南8个（区、市）。7月14日，中国（上海）国际青少年校园足球邀请赛在上海同济大学第一附属中学落幕。首次参赛的墨西哥帕丘卡队，以5比2战胜来自科特迪瓦的阿塞克队，捧起冠军奖杯。

为了让更多市民和学生了解赛事，主办方通过地铁专列、移动电视、公交广告、高架刀旗等户外公益宣传海报和宣传片对赛事进行宣传，同时广泛邀请中央驻沪媒体和上海主流媒体、教育媒体，以及新媒体进行采访；与电视媒体合作，对精彩赛事进行直播。组委会通过公开招募和内部选拔的方式，组织了50名中小学生和10多名大学生担任邀请赛的特约通讯员，深入4个赛区进行现场拍摄和采访；同时邀请部分老华侨摄影协会的摄影爱好者担任赛事特约通讯员，拍摄文化交流活动，让国内外足球少年在赛场上的飒爽英姿和赛场外的文流融合展现在更多市民的面前，进一步体现“以侨联球”的精神。此外，赛事期间还举行国际青少年校园足球高峰论坛、文化交流活动和精英训练营交流比赛等相关活动。

自2015年创办以来，中国（上海）国际青少年校园足球邀请赛共举办四届，累计有16个国家和地区的44支青少年校园足球队伍参赛，

中国（上海）国际青少年校园足球邀请赛　（王佳斌 摄）

参赛水平逐年提高，赛事品牌影响力和社会效应逐年扩大，在国内外获得一定知名度。

（文史）

"雏鹰杯"——"红领巾小健将"五项全能赛举行

7月至11月，2018年"雏鹰杯"——"红领巾小健将"五项全能赛在上海举行。11月24日，总决赛在上海师范大学拉开帷幕，奥运冠军王励勤来到决赛现场，与少先队员们共同完成表演赛。总决赛共有47支队伍近400名少先队员参与。每支参赛队有6名正式队员，2名替补队员，共同完成篮球运球接力、双人跳绳、摸石过河、巨人脚步、冲刺跑五个全能项目。

第二届全能五项赛在全市各区中小学全面铺开，学校充分利用快乐活动日、每周一课时的少先队活动时间，盘活学校资源开展比赛。赛事新增社区街道代表队，有363支学校及社区街道代表队、4 000多名少先队员参加比赛，参赛人数较2017年增加了千余人。

在赛制和项目形式上，赛事进行了调整。

"小雏鹰"们在比赛　（张晓桐 摄）

根据上海小学生的体质特点和小学生年龄段身心发展规律，由专业团队重新优化，涵盖速度、力量、耐力、灵敏及柔韧五项人体基本的身体素质指标，兼具普及性和趣味性，增设体育项目趣味体验区。

（文史）

全国首站"体育六艺文化节"在上海开幕

12月22日，全国首站体育六艺系列活动"体育六艺文化节"在上海江湾体育场拉开帷幕，来自全市的中小学生、亲子家庭与社区居民2 000多人在运动中体会传统"六艺"文化，感悟文化自信。

活动由国家体育总局青少年体育司、国家体育总局宣传司、中国极限运动协会指导，国家体育总局体育文化发展中心主办，上海市青少年体育协会、上海市杨浦区体育总会等支持。国家体育总局体育文化发展中心、上海市体育局、杨浦区政府等领导出席。奥运射击冠军陶璐娜，全国散打冠军、当代中国"武状元"陈超与青少年现场互动。

为了让青少年能够更好地认识、学习传统体育文化，活动当天，组委会在上海体育学院举办体育六艺文化论坛。活动期间，还在上海各大体育博物馆进行线上、线下互动交流。青少年可前往中国武术博物馆、国际乒联博物馆和中国乒乓球博物馆进行寻访探索，通过现场扫码获取电子任务书，完成线上答题形式的小任务，全面了解传统文化。

（文史）

业余训练

2018年上海市青少年体育十项系列赛举行

2018年上海市青少年体育十项系列赛于3月至8月在全市各区内举行。十项系列赛由市体育局主办，上海市青少年训练管理中心委托监管，市有关运动项目中心、市有关单项体育协会、有关区体育局、社会体育机构共同承办。共设置足球、篮球、排球、乒乓球、羽毛球、网球、田径、游泳、水上（赛艇、皮划艇、帆船、帆板）、棋牌（围棋、象棋、国际象棋、国际跳棋、五子棋、桥牌）10个大项18个分项。全年共举办58站比赛，参赛总人数为10 038人，参赛总人次为24 861人次，产生金牌498枚。

系列赛以兴趣性、全面性、提高性为竞赛原则，在进一步吸引青少年运动员参与的基础上，同时树立全面发展、综合培养的训练理念，提高运动员技能和实战能力。比赛分阶段进行：第一阶段竞赛设置侧重于打基础和全面发展；第二阶段侧重于激发小年龄运动员兴趣，展示青少年运动员综合能力和专项水平；第三阶段侧重于发掘和选拔人才；总决赛阶段由一线教练员赴赛场选拔优秀苗子，并对优秀苗子进行评价，评价结果录入上海市青少年体育后备人才数据库。

经过为期半年的比赛，最终徐汇区、黄浦区、普陀区、浦东新区、杨浦区、闵行区分获团体奖牌榜前六名；徐汇区、普陀区、黄浦区、浦东新区、杨浦区、闵行区分获团体总分前六名。11个代表团荣获“优秀组队奖”，19个单项取得“最快进步奖”，185人荣获“最佳运动员”称号，50人荣获“最佳教练员”称号，足篮排三大球共6支队伍获评“最佳运动队”，并评选出“单项最快进步奖”19项。

为进一步加强青少年体育后备人才培养，自2011年创办的上海市青少年体育十项系列赛，是“十二五”时期推出的青少年体育发展的重要举措。经过8年的发展，十项系列赛已成为继市运会、学生运动会之后的年度最重要青少年综合性赛事，是对全市各区业余训练、学校体育、体教结合年度成果的全面检阅。

（周旭明）

2018年上海市青少年体育十项系列赛“优秀组队奖”名单

黄浦区代表团、徐汇区代表团、普陀区代表团、静安区代表团、浦东新区代表团、杨浦区代表团、闵行区代表团、嘉定区代表团、青浦区代表团、松江区代表团、奉贤区代表团

2018年上海市青少年体育十项系列赛“单项最快进步奖”名单

足　　球：男子乙组闵行幸运星队
　　　　　女子丁组普陀足校队
篮　　球：杨浦区代表团
排　　球：虹口区代表团
乒　　乓：静安区代表团
羽 毛 球：长宁区代表团
网　　球：嘉定区代表团
田　　径：宝山区代表团
游　　泳：闵行区代表团
赛　　艇：崇明区代表团
皮 划 艇：徐汇区代表团
帆　　船：金山区代表团

帆　　板：普陀区代表团
围　　棋：松江区代表团
象　　棋：宝山区代表团
国际象棋：奉贤区代表团
国际跳棋：松江区代表团
五 子 棋：普陀区代表团
桥　　牌：长宁区代表团

2018年上海市青少年体育十项系列赛“优秀运动员”名单

序号	姓名	性别	所属单位	项目
1	孙昊宇	男	普陀	足球
2	杭辰杰	男	普陀	足球
3	陈安安	女	普陀	足球
4	孙雅洁	女	普陀	足球
5	张晨茜	女	普陀	足球
6	舒佳怡	女	普陀	足球
7	汪思倩	女	普陀	足球
8	吴　蕊	女	普陀	足球
9	樊天昊	男	杨浦	足球
10	邵晨朗	男	杨浦	足球
11	李新翔	男	杨浦	足球
12	蒋文龙	男	杨浦	足球
13	李进翦	男	闵行	足球
14	蒋　远	男	闵行	足球
15	段浩天	男	闵行	足球
16	高　乐	男	嘉定	足球
17	陈睿琳	女	金山	足球
18	秦姚亦	女	金山	足球
19	钱思佳	女	金山	足球
20	许佳妮	女	浦东	足球
21	阮子超	男	浦东	篮球
22	宋嘉诚	男	浦东	篮球
23	朱兆齐	男	浦东	篮球

（续表一）

序号	姓名	性别	所属单位	项目
24	龚睿昕	女	黄浦	篮球
25	李胤辰	女	黄浦	篮球
26	刘何馨儿	女	黄浦	篮球
27	钟泽楷	男	徐汇	篮球
28	周毅轩	男	徐汇	篮球
29	傅思凡	女	徐汇	篮球
30	杨易轩	男	徐汇	篮球
31	黄懿婷	女	徐汇	篮球
32	倪诗睿	女	徐汇	篮球
33	潘钦昊	男	徐汇	篮球
34	徐嘉辰	男	徐汇	篮球
35	张敬翔	男	徐汇	篮球
36	徐智玮	男	徐汇	篮球
37	胡奕阳	男	徐汇	篮球
38	倪行健	男	徐汇	篮球
39	凌肇基	男	徐汇	篮球
40	沈昳雯	女	嘉定	篮球
41	袁思琪	女	浦东	排球
42	吴弈扬	男	浦东	排球
43	闵浩东	男	虹口	排球
44	王逸飞	男	虹口	排球
45	刘方舟	男	虹口	排球
46	吴思源	男	虹口	排球
47	张怡琳	女	虹口	排球
48	张怡瑾	女	虹口	排球
49	张妍婷	女	虹口	排球
50	丁浩成	男	黄浦	排球
51	汪杰瑞	男	黄浦	排球
52	庄心如	女	黄浦	排球
53	陈羽霏	女	黄浦	排球
54	张璐涵	女	徐汇	排球
55	刘雨轩	女	金山	排球
56	王羿鑫	男	静安	排球

（续表二）

序号	姓名	性别	所属单位	项目
57	柳维海	男	宝山	乒乓球
58	李闻天	男	宝山	乒乓球
59	张玮州	男	宝山	乒乓球
60	熊子涵	女	宝山	乒乓球
61	蔡雯佳	女	宝山	乒乓球
62	易爱川	女	宝山	乒乓球
63	马小惠	女	宝山	乒乓球
64	张誉文	女	宝山	乒乓球
65	杨霁雯	女	宝山	乒乓球
66	沈喆嵩	男	杨浦	乒乓球
67	李昊阳	男	徐汇	乒乓球
68	李雨蒙	女	徐汇	乒乓球
69	张懋涵	女	徐汇	乒乓球
70	封天翔	男	徐汇	乒乓球
71	范良策	男	徐汇	乒乓球
72	马俊杰	男	宝山	羽毛球
73	谢乐儿	女	徐汇	羽毛球
74	黄佳明	男	徐汇	羽毛球
75	王一晨	女	静安	羽毛球
76	郭心怡	女	静安	羽毛球
77	陈奕江	男	杨浦	羽毛球
78	张羽欣	女	杨浦	羽毛球
79	马浩博	男	长宁	羽毛球
80	郑轩逸	男	闵行	羽毛球
81	高芝扬	女	徐汇	网球
82	许在瑞	男	徐汇	网球
83	张贻翔	男	徐汇	网球
84	孙　谅	女	徐汇	网球
85	李思成	男	徐汇	网球
86	吕东泽	男	徐汇	网球
87	封瑞霖	男	徐汇	网球
88	葛玲佑	女	杨浦	网球
89	张欣怡	女	杨浦	网球

（续表三）

序号	姓名	性别	所属单位	项目
90	张欣悦	女	杨浦	网球
91	顾瑞博	男	黄浦	网球
92	夏昕羽	男	奉贤	网球
93	周珉旭	女	普陀	网球
94	王雪凌	女	普陀	网球
95	冯靖涵	女	长宁	网球
96	陆　剑	男	闵行	田径
97	周婷婷	女	闵行	田径
98	郭钟杰	男	闵行	田径
99	徐梦茹	女	闵行	田径
100	徐星宇	男	闵行	田径
101	严晶晶	女	浦东	田径
102	朱文悦	女	浦东	田径
103	张可沁	女	浦东	田径
104	郑　波	男	松江	田径
105	王隽文	女	松江	田径
106	孔侠辉	男	松江	田径
107	魏鑫磊	男	松江	田径
108	王飞翔	男	嘉定	田径
109	盛礼杰	男	嘉定	田径
110	陈佳祺	女	奉贤	田径
111	李妍婕	女	奉贤	田径
112	张李文	女	崇明	田径
113	祁　阳	女	普陀	田径
114	陈泽华	男	普陀	田径
115	周和雪	女	黄浦	田径
116	宋林森	男	黄浦	田径
117	赵思雨	女	杨浦	田径
118	李博慧	女	杨浦	田径
119	李家成	男	长宁	田径
120	唐佳乐	男	宝山	田径
121	陈浩天	男	宝山	田径
122	卞益承	男	虹口	田径

（续表四）

序号	姓名	性别	所属单位	项目
123	黄羽菲	女	徐汇	田径
124	刘丽莹	女	徐汇	田径
125	金佳伟	男	金山	田径
126	章歆琳	女	普陀	游泳
127	钟亦琳	女	普陀	游泳
128	毛伟瑾	女	普陀	游泳
129	陈黎早	女	普陀	游泳
130	李林炜	男	闵行	游泳
131	陈佳怡	女	长宁	游泳
132	般子淇	女	长宁	游泳
133	朱伟麟	男	杨浦	游泳
134	李　好	女	杨浦	游泳
135	叶萧沁	女	徐汇	游泳
136	沈婉嫣	女	徐汇	游泳
137	范思语	女	徐汇	游泳
138	邹妍婕	女	徐汇	游泳
139	曾欣丹	女	徐汇	游泳
140	刘博文	男	徐汇	游泳
141	吴　橦	女	徐汇	游泳
142	刘榆辰	女	徐汇	游泳
143	陆泰廷	男	徐汇	游泳
144	叶之韵	男	徐汇	游泳
145	张　瑀	男	徐汇	游泳
146	缪奕凡	男	徐汇	游泳
147	陶　多	男	徐汇	游泳
148	陆豪杰	男	黄浦	游泳
149	罗洪观	男	黄浦	游泳
150	周　赟	男	黄浦	游泳
151	郑　瑶	女	黄浦	游泳
152	华　菲	女	黄浦	游泳
153	黄玄毅	男	青浦	游泳
154	李刘畅	男	青浦	游泳

（续表五）

序号	姓名	性别	所属单位	项目
155	蔡天祺	男	嘉定	游泳
156	孙春慧	男	崇明	皮划艇
157	张　睿	男	普陀	皮划艇
158	郭炜捷	男	徐汇	皮划艇
159	杨佳辉	男	浦东	皮划艇
160	浦俊曦	男	松江	皮划艇
161	张俊豪	男	松江	皮划艇
162	张丁一凡	男	松江	皮划艇
163	邵陆毅	女	嘉定	皮划艇
164	刁宇翔	男	嘉定	皮划艇
165	王晨熙	男	崇明	皮划艇
166	周嘉琦	女	崇明	皮划艇
167	龚咫倩	女	崇明	皮划艇
168	虞佳鑫	女	普陀	赛艇
169	陈贝琪	女	普陀	赛艇
170	何佳瑶	女	嘉定	赛艇
171	顾　頔	女	徐汇	赛艇
172	杜鑫浩	男	徐汇	赛艇
173	胡恺馨	女	徐汇	赛艇
174	季天骅	男	徐汇	赛艇
175	金奕辰	男	奉贤	OP 帆船
176	姚蔚博	女	虹口	国际象棋
177	尹亭文	女	浦东	国际象棋
178	李智恒	男	虹口	国际跳棋
179	郑雨佳	女	徐汇	五子棋
180	姜宇坤	男	徐汇	象棋
181	韩寿鹏	男	虹口	象棋
182	周子奕	男	黄浦	围棋
183	王楚轩	男	虹口	围棋
184	刘昊辰	男	徐汇	桥牌
185	杨玲依	女	长宁	桥牌

2018 年上海市青少年体育十项系列赛“最佳教练员”名单

序号	姓名	性别	所属单位	项目
1	陆　云	女	普陀	足球
2	顾丽娟	女	普陀	足球
3	马一鸣	男	普陀	足球
4	徐　炯	男	闵行	足球
5	林志桦	男	杨浦	足球
6	冯立峰	男	浦东	篮球
7	张珠萍	女	嘉定	篮球
8	孟家森	男	徐汇	篮球
9	李　俊	男	徐汇	篮球
10	朱艳君	女	黄浦	篮球
11	左盛祥	男	静安	排球
12	沈筱庆	男	黄浦	排球
13	廖庆金	男	金山	排球
14	汤志荣	女	虹口	排球
15	陈卫国	男	虹口	排球
16	太　美	女	徐汇	乒乓球
17	张　瑜	女	徐汇	乒乓球
18	笪蓉蓉	女	宝山	乒乓球
19	董　莉	女	宝山	乒乓球
20	杨　寅	男	杨浦	羽毛球
21	颜怡宏	男	杨浦	羽毛球
22	许　韵	女	静安	羽毛球
23	陈　伟	男	长宁	羽毛球
24	李　杰	男	徐汇	网球
25	翁孟娇	女	徐汇	网球
26	尹晓龙	男	普陀	网球
27	邱林涛	男	奉贤	网球
28	徐士姣	女	闵行	田径
29	孙　敬	女	闵行	田径
30	岳娇娜	女	浦东	田径
31	褚凌雪	女	松江	田径
32	高德兴	男	嘉定	田径
33	寿倩雯	女	奉贤	田径
34	苏　涤	男	普陀	田径
35	陈　健	女	徐汇	游泳
36	王毅斌	男	徐汇	游泳
37	谢奕丁	女	徐汇	游泳
38	徐　洁	女	徐汇	游泳
39	马红妹	女	普陀	游泳
40	李　煜	男	黄浦	游泳
41	金　珑	男	长宁	游泳
42	张　剑	男	松江	皮划艇
43	汪　琴	女	嘉定	皮划艇
44	王季春	男	浦东	皮划艇
45	詹文立	男	崇明	皮划艇
46	朱叶鸣	男	崇明	赛艇
47	刘　云	女	青浦	赛艇
48	徐耀民	男	浦东	国际象棋
49	宇　兵	男	徐汇	象棋
50	潘子骏	男	徐汇	桥牌

2018 年上海市青少年体育十项系列赛“最佳运动队”名单

序号	运动队	组别	所属单位	项目
1	闵行幸运星队	男子乙组	闵行	足球
2	普陀足校队	女子丁组	普陀	足球
3	南洋模范中学队	男子 A 组	徐汇	篮球
4	安亭小学队	女子 D 组	嘉定	篮球
5	复兴高级中学队	男子 A 组	虹口	排球
6	黄浦区队	女子 B 组	黄浦	排球

2018年上海市青少年体育十项系列赛各项目团体奖牌榜、团体总分一览表

足　球

参赛单位	团体奖牌				团体总分										
							名次得分								
	排名	金	银	铜	排名	总分	1	2	3	4	5	6	7	8	9—16
普陀	1	24			1	276	208	44			24				
杨浦	2	9			6	156	91				24	21		20	
金山	3	7			4	185		99	30			56			
闵行	4	6			2	217	39		40	90		21	18		9
浦东	5	4			3	188		66		27	56		24	15	
嘉定	5	4			7	112		44	30				18	20	
静安	7	3			8	97			70	27					
黄浦	8	2			10	84		33		27					24
宝山	9	1			5	182			30	63	56	21			12
长宁	9	1			9	91			30				18	15	28
青浦	9	1			14	30			30						
虹口	12				11	75					24		18	15	18
徐汇	12				12	64					24				40
松江	12				13	54						21	24		9

篮　球

参赛单位	团体奖牌				团体总分										
							名次得分								
	排名	金	银	铜	排名	总分	1	2	3	4	5	6	7	8	9—16
徐汇	1	26			1	454	195	44	80	27	32		24	40	12
黄浦	2	23			2	414	143	44	120	27	32	28		20	
浦东	3	10			4	237	52	77		72		28			8
杨浦	4	8			3	243		121	36				66		20
嘉定	5	4			6	175		44	30		32	49			20
宝山	6	2			7	145			40		88				17
长宁	7	1			10	58			30			28			
静安	8				5	200				72	32	28	24		44
青浦	8				8	115						28	24	15	48
普陀	8				9	80				36				20	24
松江	8				11	52						24			28

（续表）

参赛单位	团体奖牌				团体总分										
	排名	金	银	铜	排名	总分	名次得分								
							1	2	3	4	5	6	7	8	9—16
虹口	8				12	50							24		26
闵行	8				13	32								20	12
奉贤	8				14	28								20	8

排　　球

参赛单位	团体奖牌				团体总分										
	排名	金	银	铜	排名	总分	名次得分								
							1	2	3	4	5	6	7	8	9—16
虹口	1	21			2	267	208				24			35	
黄浦	2	15			1	275	91	33	100	27	24				
静安	3	14			4	236	39	143	30				24		
浦东	4	5			3	238		33	70	90	24	21			
金山	5	3			7	112		44			32		36		
闵行	6	2			9	86		33			24				29
徐汇	7	1			6	173			30	54	32	21	24		12
普陀	7	1			8	99			30			49		20	
杨浦	9				5	187				36	48	70	18	15	
松江	9				10	41						21			20
长宁	9				11	38							18		20
嘉定	9				12	27				27					
奉贤	9				13	21								15	6
宝山	9				14	20									20

乒　乓　球

参赛单位	团体奖牌				团体总分									
	排名	金	银	铜	排名	总分	名次得分							
							1	2	3	4	5	6	7	8
宝山	1	14	11	9	1	470	154	99	72	63	18	40	12	12
徐汇	2	8	4	7	2	270	88	36	56	14	24	20	20	12
杨浦	3	1	3		3	128	11	27		49	12	5	12	12
黄浦	4	1		1	7	50	11		8	7	12		12	
崇明	5		2	2	5	58		18	16		12	5	4	3

（续表）

参赛单位	团体奖牌				团体总分									
	排名	金	银	铜	排名	总分	名次得分							
							1	2	3	4	5	6	7	8
静安	6		1	2	4	74		9	16		24	15	4	6
浦东	7		1	1	6	53		9	8	21	12			3
普陀	7		1	1	8	48		9	8		12	5	8	6
闵行	9		1		10	31		9			6	5	8	3
长宁	10			1	9	34			8	7	12		4	3
嘉定	11				11	17						10	4	3
青浦	11				11	17						10	4	3
虹口	11				13	7				7				

羽 毛 球

参赛单位	团体奖牌				团体总分									
	排名	金	银	铜	排名	总分	名次得分							
							1	2	3	4	5	6	7	8
杨浦	1	7	4	5	1	207	77	36	40	28	12		8	6
徐汇	2	4	1	1	4	113	44	9	8	7	12	25	8	
静安	3	3	3	4	3	125	33	27	32	7	6	10	4	6
长宁	4	2	3	1	5	109	22	27	8	28	6	10	8	
嘉定	5	2	2		7	83	22	18		7	6	20	4	6
宝山	6	2		1	8	70	22		8	14		5	12	9
闵行	7	1	3	5	2	160	11	27	40	28	30	10	8	6
黄浦	8	1	3	1	9	58	11	27	8		12			
虹口	9		2	2	6	108		18	16	28	12	10	12	12
青浦	10		1	1	11	29		9	8			5	4	3
普陀	11			1	10	56			8	7	18	5	12	6
浦东	12				12	18					18			
松江	12				13	10						10		
金山	12				14	4							4	

网　球

参赛单位	团体奖牌				团体总分									
							名次得分							
	排名	金	银	铜	排名	总分	1	2	3	4	5	6	7	8
徐汇	1	12	8	19	1	478	132	72	142.5		131.5			
黄浦	2	6	4	4	3	136.5	66	36	30		4.5			
普陀	3	3	1	3	2	144	33	9	22.5		79.5			
杨浦	4	1	6	5	4	134.5	11	54	37.5		32			
长宁	5	1	2	1	8	50.5	11	18	7.5		14			
奉贤	6	1	1	2	7	57.5	11	9	15		22.5			
闵行	7	1		1	9	50	11		7.5		31.5			
嘉定	8	1			12	15.5	11				4.5			
宝山	9		3	4	6	76		27	30		19			
虹口	10		1		11	18		9			9			
静安	11			8	5	90.5			61		29.5			
崇明	12			2	10	37.5			15		22.5			
浦东	13			1	13	7.5			7.5					

田　径

参赛单位	团体奖牌				团体总分										
							名次得分								
	排名	金	银	铜	排名	总分	1	2	3	4	5	6	7	8	测试加分
闵行	1	24	20	15	1	969	258.5	173.5	115.5	140	120	55	60	25.5	21
浦东	2	14	16	17	2	713	148.5	137.5	136	104.5	63	32.5	52	27	12
嘉定	3	13	8.5	9.5	4	525.5	143	76.5	76	59.5	54	35	41.5	21	19
松江	4	11	15	16	3	641	115.5	135	128	70	81	27.5	40	21	23
普陀	5	9	7	5	7	312	99	63	40	28	24	30	12	3	13
奉贤	6	7	6	4	6	365.5	77	54	32	62.5	42	65	16	15	2
崇明	7	6.5	9	7.5	5	378	71.5	81	59.5	49	48	30	8	21	10
黄浦	8	5	6.5	7	8	292	55	56.5	56	21	24	34	21.5	24	
宝山	9	5	2	3	11	139	55	18	24	14		5	12	9	2
杨浦	10	3	7	1	9	226	33	63	8	28	30	40	12	3	9
徐汇	11	3	3	2.5	13	120.5	33	27	20	17.5		10	4	9	
虹口	12	2	2	3	12	132	22	18	24	7	12	15	28	6	
长宁	13		1	7	10	171.5		9	56	21	24	30	16	13.5	2
金山	14		1	1	15	56		9	8	14		10	4	9	2

（续表）

参赛单位	团体奖牌				团体总分										
	排名	金	银	铜	排名	总分	名次得分								
							1	2	3	4	5	6	7	8	测试加分
静安	15		1		16	36		9			12	5	4	6	
青浦	16				14	61				21	6	20	8	6	

游　泳

参赛单位	团体奖牌				团体总分									
	排名	金	银	铜	排名	总分	名次得分							
							1	2	3	4	5	6	7	8
徐汇	1	27	17	12	2	735	297	153	96	63	42	35	40	9
黄浦	2	18	25	16	1	1 005	198	225	128	154	102	80	64	54
杨浦	3	11	7	11	5	472	121	63	88	49	42	60	28	21
普陀	4	9	9	11	3	624	98	81	88	105	96	65	64	27
长宁	5	7	12	18	4	563	77	108	144	84	66	35	28	21
宝山	6	5	7	5	7	239	55	63	40	14	30	20	8	9
静安	7	5	1	7	6	302	54	9	56	42	66	25	32	18
闵行	8	4	3	4	8	204	44	27	32	28	36	20	8	9
青浦	9	3	6	2	10	129	33	54	16	21		5		
松江	10	3	3	1	9	156	33	27	8	42	12	10	12	12
嘉定	11	2	1	2	12	80	22	9	16		18	5	4	6
浦东	12	2		2	13	72	22		16	21	6		4	3
虹口	13		3	4	11	121		27	32	7	12	30	4	9
崇明	14				14	9								9

赛　艇

参赛单位	团体奖牌				团体总分									
	排名	金	银	铜	排名	总分	名次得分							
							1	2	3	4	5	6	7	8
徐汇	1	12	11	6	2	384	132	99	48	70	30	5		
崇明	2	7	4	4	3	175	77	36	32	7	18	5		
青浦	3	6	14	11	1	512	66	126	88	70	54	45	36	27
嘉定	4	6	1		6	82	66	9		7				
普陀	5	3	1	2	5	134	33	9	16	21	18	30	4	3

（续表）

参赛单位	团体奖牌				团体总分									
	排名	金	银	铜	排名	总分	名次得分							
							1	2	3	4	5	6	7	8
杨浦	6	2		2	7	63	22		16			10	12	3
浦东	7		4	4	4	158		36	32	14	36	15	16	9
松江	8			1	8	12			8				4	
闵行	8			1	9	8			8					

皮　划　艇

参赛单位	团体奖牌				团体总分									
	排名	金	银	铜	排名	总分	名次得分							
							1	2	3	4	5	6	7	8
崇明	1	15	9	9	2	402	165	81	72	56	18	10		
浦东	2	8	3	3	4	306	88	27	24	35	60	40	20	12
松江	3	7	5	5	5	246	77	45	40	7	6	35	24	12
徐汇	4	6	8	3	6	238	66	72	24	28	36	5	4	3
嘉定	5	5	12	4	3	323	55	108	32	63	18	25	16	6
普陀	6	3	8	17	1	486	33	72	136	70	84	35	32	24
闵行	7	3	2	6	7	123	33	18	48	14	6		4	

帆　　船

参赛单位	团体奖牌				团体总分									
	排名	金	银	铜	排名	总分	名次得分							
							1	2	3	4	5	6	7	8
金山	1	3	1	2	1	131	33	9	16	14	24	10	16	9
静安	2	3	1	1	4	99	33	9	8	14	6	5	12	12
青浦	3	2	3		5	93	22	27		14	18	5	4	3
奉贤	4	2	2	5	2	115	22	18	40	7	6	15	4	3
杨浦	5	1	3	1	6	58	11	27	8		6			6
徐汇	6	1	2	3	3	107	11	18	24	21	15	10	8	
浦东	7			7	33					14	9	10		

帆　板

参赛单位	团体奖牌				团体总分									
	排名	金	银	铜	排名	总分	名次得分							
							1	2	3	4	5	6	7	8
浦东	1	8	6	2	1	247	88	54	16	35	18	15	12	9
普陀	2	7		1	2	156.4	67	9		36	12	24		8.4
静安	3	3	1	5	4	108	33	9	40	7	12		4	3
杨浦	4	1	2	4	3	117	11	18	32	28	12	5	8	3
金山	5	1	1		6	55.6	11	9			6	15	8	6.6
青浦	6		3	3	5	100		27	24	14	12	15	8	

围　棋

参赛单位	团体奖牌				团体总分									
	排名	金	银	铜	排名	总分	名次得分							
							1	2	3	4	5	6	7	8
虹口	1	2	3.5	1.5	1	82	22	31.5	12	7		2.5	4	3
黄浦	2	2	0.5	1.5	2	66.5	22	4.5	12	10.5	6	10		1.5
闵行	3	1.5	0.5	0.5	3	60.5	16.5	4.5	4	14	6	2.5	10	3
徐汇	4	1	1	1.5	4	55.5	11	9	12	7	9		6	1.5
宝山	5	1			8	18	11			7				
浦东	6	0.5	0.5	2.5	4	55.5	5.5	4.5	20	7	9	5		4.5
静安	7		0.5	0.5	6	20		4.5	4	3.5	6		2	
奉贤	8		0.5		7	19		4.5			6	5	2	1.5
长宁	8		0.5		9	16.5		4.5			3		6	3
松江	8		0.5		10	7		4.5				2.5		
杨浦	11				11	5						5		
普陀	11				11	5						5		
嘉定	11				13	1.5								1.5

象　棋

参赛单位	团体奖牌				团体总分									
	排名	金	银	铜	排名	总分	名次得分							
							1	2	3	4	5	6	7	8
徐汇	1	3.5	3.5	1.5	2	110.5	38.5	31.5	12	14	3	5	2	4.5
虹口	2	2	1.5	4	1	118.5	22	13.5	32	21	15	5	4	6
黄浦	3	1.5	0.5	0.5	4	46	16.5	4.5	4	3.5	6	5	2	4.5

（续表）

参赛单位	团体奖牌				团体总分									
	排名	金	银	铜	排名	总分	名次得分							
							1	2	3	4	5	6	7	8
浦东	4	1		0.5	5	21	11		4	3.5		2.5		
静安	5		2	0.5	3	73		18	4	7	9	20	12	3
普陀	6		0.5		8	9.5		4.5			3		2	
闵行	7			1	7	18			8		6		4	
宝山	8				6	19				7	6	2.5	2	1.5
金山	8				9	2							2	
崇明	8				10	1.5								1.5

国 际 象 棋

参赛单位	团体奖牌				团体总分									
	排名	金	银	铜	排名	总分	名次得分							
							1	2	3	4	5	6	7	8
浦东	1	3	1	2.5	1	85.5	33	9	20	10.5	3	5	2	3
虹口	2	1.5	2		4	48	16.5	18		3.5	3		4	3
黄浦	3	1.5	1.5	0.5	2	50.5	16.5	13.5	4	3.5	9	2.5		1.5
奉贤	4	1	1	0.5	6	33.5	11	9	4		3	5		1.5
静安	5	1		1.5	3	48.5	11		12	7	6	7.5	2	3
普陀	6		1	1	5	43		9	8	7	6	5	8	
宝山	7		0.5	0.5	8	23.5		4.5	4	7		5		3
松江	7		0.5	0.5	11	15		4.5	4		3		2	1.5
杨浦	9		0.5		10	19.5		4.5		3.5	6		4	1.5
闵行	10			0.5	7	26.5			4	7		7.5	8	
徐汇	10			0.5	9	21.5			4	7	6			4.5

国 际 跳 棋

参赛单位	团体奖牌				团体总分									
	排名	金	银	铜	排名	总分	名次得分							
							1	2	3	4	5	6	7	8
虹口	1	2	1	2	2	65	22	9	16	3.5		7.5	4	3
静安	2	1.5	4	0.5	1	91	16.5	36	4	7	15	5	6	1.5
奉贤	3	1	0.5		9	20.5	11	4.5					2	3
杨浦	4	1		1.5	4	46	11		12	10.5	3	5		4.5

（续表）

参赛单位	团体奖牌				团体总分									
	排名	金	银	铜	排名	总分	名次得分							
							1	2	3	4	5	6	7	8
黄浦	5	1			6	31.5	11				6	7.5	4	3
松江	6	0.5	2	0.5	3	63.5	5.5	18	4	14	12	5	2	3
宝山	7	0.5	0.5	1.5	5	44.5	5.5	4.5	12	7	9	2.5	4	
徐汇	8	0.5			10	11	5.5						4	1.5
普陀	9			1.5	8	24			12	3.5		5	2	1.5
浦东	10			0.5	7	27			4	10.5	3	2.5	4	3

五 子 棋

参赛单位	团体奖牌				团体总分									
	排名	金	银	铜	排名	总分	名次得分							
							1	2	3	4	5	6	7	8
徐汇	1	4	4.5	4	1	148	44	40.5	32	3.5	9	7.5	4	7.5
静安	2	2	0.5	1	2	82.5	22	4.5	8	28	6	10	4	
普陀	3		0.5	0.5	3	30		4.5	4	3.5	12	2.5	2	1.5
长宁	4		0.5		4	23		4.5			6	2.5	4	6
虹口	5			0.5	7	8.5			4			2.5	2	
黄浦	6				5	13				3.5			8	1.5
浦东	6				6	9				3.5	3	2.5		
宝山	6				8	2.5						2.5		
杨浦	6				9	1.5								1.5

桥 牌

参赛单位	团体奖牌				团体总分									
	排名	金	银	铜	排名	总分	名次得分							
							1	2	3	4	5	6	7	8
徐汇	1	5	2	2.5	1	146	55	18	20	17.5	15	10	6	4.5
长宁	2	0.5	0.5	1.5	3	34.5	5.5	4.5	12	7	3	2.5		
闵行	3	0.5	0.5		6	12	5.5	4.5					2	
浦东	4		1	1.5	2	46		9	12	3.5	6	7.5	8	
静安	5		1		7	11.5		9				2.5		
宝山	6		0.5	0.5	4	31		4.5	4		9	5	4	4.5
金山	7		0.5		5	22.5		4.5		10.5		2.5	2	3

（续表）

参赛单位	团体奖牌				团体总分									
							名次得分							
	排名	金	银	铜	排名	总分	1	2	3	4	5	6	7	8
普陀	8				8	6.5				3.5	3			
黄浦	8				9	5							2	3
虹口	8				10	1.5								1.5

2018 年上海市青少年体育十项系列赛团体总分统计表

名次	单位	各项目比赛总分																		
		团体总分	篮球	排球	足球	乒乓球	羽毛球	网球	田径	游泳	赛艇	皮划艇	帆船	帆板	围棋	象棋	国际象棋	国际跳棋	五子棋	桥牌
1	徐汇	3 629	454	173	64	270	113	478	120.5	735	384	238	107		55.5	110.5	21.5	11	148	146
2	普陀	2 533.4	80	99	276	48	56	144	312	624	134	486		156.4	5	9.5	43	24	30	65
3	黄浦	2 527	414	275	84	50	58	136.5	292	1 005					66.5	46	50.5	31.5	13	5
4	浦东	2 514.5	237	238	188	53	18	7.5	713	72	158	306	33	247	55.5	21	85.5	27	9	46
5	杨浦	2 063.5	243	187	156	128	207	134.5	226	472	63		58	117	5		19.5	46	1.5	
6	闵行	1 997	32	86	217	31	160	50	969	204	8	123			60.5	18	26.5			12
7	静安	1 694	200	236	97	71	125	90.5	36	302			99	108	20	73	48.5	91	82.5	11.5
8	宝山	1 479.5	145	20	182	470	70	76	139	239					18	19	23.5	44.5	2.5	31
9	嘉定	1 441.5	175	27	112	17	83	15.5	525.5	80	82	323			1.5					
10	松江	1 297.5	52	41	54		10		641	156	12	246			7		15	63.5		
11	长宁	1 189	58	38	91	34	109	50.5	171.5	563					16.5				23	34.5
12	虹口	1 101.5	50	267	75	7	108	18	132	121					82	118.5	48	65	8.5	1.5
13	青浦	1 086	115		30	17	29		61	129	512		93	100						
14	崇明	1 061				58		37.5	378	9	175	402				1.5				
15	奉贤	660	28	21				57.5	365.5				115		19		33.5	20.5		
16	金山	568.1		112	185		4		56				131	55.6		2				22.5

名次	代表团	团体奖牌			篮球	排球	足球	乒乓球			羽毛球			网球			田径			游泳			赛艇		
		金	银	铜	金	金	金	金	银	铜	金	银	铜	金	银	铜	金	银	铜	金	银	铜	金	银	铜
1	徐汇	114	65	63.5	26	1		8	4	7	4	1	1	12	8	19	3	3	2.5	27	17	12	12	11	6
2	黄浦	77	41	31.5	23	15	2	1		1	1	3	1	6	4	4	5	6.5	7	18	25	16			
3	普陀	59	30	43		1	24		1	1			1	3	1	3	9	7	5	9	9	11	3	1	2
4	浦东	55	32	37.5	10	5	4		1	1						1	13.5	15.5	17	2		2		4	4
5	杨浦	45	32.5	30.5	8		9	1	3		7	4	5	1	6	5	3	7	1	11	7	11	2		2
6	闵行	42.5	29.5	33.5		2	6		1		1	3	5	1		1	23.5	19.5	14.5	4	3	4			1
7	嘉定	37	24.5	15.5	4		4				2	2		1			13	8.5	9.5	2	1	2	6	1	
8	静安	35.5	16	31		14	3		1	2	3	3	4			8		1		5	1	7			
9	宝山	30.5	24.5	24.5	2		1	14	11	9	2		1		3	4	5	2	3	5	7	5			
10	虹口	30.5	16	17		21						2	2		1		2	2	3		3	4			
11	崇明	28.5	24	24.5					2	2						2	6.5	9	7.5				7	4	4
12	松江	21	26	24													10.5	15	16	3	3	1			1
13	金山	14	3.5	3		3	7											1	1						
14	长宁	12.5	19.5	29.5	1		1			1	2	3	1	1	2	1		1	7	7	12	18			
15	青浦	12	27	17			1					1	1							3	6	2	6	14	11
16	奉贤	12	11	11.5										1	1	2	7	6	4						

上海组队参加首届全国青少年智力运动会

2 月 25 日，由国家体育总局棋牌运动管理中心等单位主办的首届全国青少年智力运动大会在天津落下帷幕，上海代表团表现出色，在围棋、象棋、国际象棋、国际跳棋、五子棋、桥牌 6 个大项上共获得 33 枚金牌，稳居积分榜首位，充分展现了上海棋牌运动后备人才培养卓有成效。

作为首个全国青少年综合性智力运动赛事，首届全国青少年智力运动会分为省市代表队、机构代表队、特色学校代表队和个人参赛，吸引 1 200 余名运动员报名参赛。以上海棋院为班底组成的上海代表团，稳扎稳打，步步为营，最终夺得六个大项总计 119 枚金牌中的 33 枚金牌。其中，上海在围棋项目中获 6 枚金牌，在象棋项目中获 7 枚金牌，在国际象棋项目中获 1 枚金牌，在桥牌项目中获 2 枚，在五子棋项目中获 13 枚金牌，在国际跳棋项目中获 4 枚金牌。

2016 年底，上海市体育局集中命名了 57 家综合项目的上海市青少年体育精英培训基地，上海代表团中，80% 的金牌选手出自 10 家上海市青少年体育棋类精英培训基地，充分体现了青少年体育精英培训基地在棋牌运动后备人才培养方面所起到的积极作用。（文史）

十项系列赛团体奖牌统计表

皮划艇			帆船			帆板			围棋			象棋			国际象棋			国际跳棋			五子棋			桥牌		
金	银	铜	金	银	铜	金	银	铜	金	银	铜	金	银	铜	金	银	铜	金	银	铜	金	银	铜	金	银	铜
6	8	3	1	2	3				1	1	1.5	3.5	3.5	1.5			0.5	0.5			4	4.5	4	5	2	2.5
									2	0.5	1.5	1.5	0.5	0.5	1.5	1.5	0.5	1								
3	8	17				7	1						0.5			1	1			1.5		0.5	0.5			
8	3	3				8	6	2	0.5	0.5	2.5	1		0.5	3	1	2.5			0.5					1	1.5
			1	3	1	1	2	4								0.5		1		1.5						
3	2	6							1.5	0.5	0.5			1			0.5							0.5	0.5	
5	12	4																								
			3	1	1	3	1	5		0.5	0.5		2	0.5	1		1.5	1.5	4	0.5	2	0.5	1		1	
									1							0.5	0.5	0.5	0.5	1.5					0.5	0.5
									2	3.5	1.5	2	1.5	4	1.5	2		2	1	2			0.5			
15	9	9																								
7	5	5								0.5						0.5	0.5	0.5	2	0.5						
			3	1	2	1	1																		0.5	
										0.5												0.5		0.5	0.5	1.5
			2	3			3	3																		
			2	2	5					0.5					1	1	0.5	1	0.5							

（以上表格均由市青少年体育训练中心 供）

中德青少年足球项目合作签约仪式在沪举行

6 月 22 日，上海市青少年足球精英培训总部基地暨上海市体育运动学校，与德国北莱茵 - 威斯特法伦州足球协会暨直属足球训练基地和学校，在市体校举行青少年足球项目签约仪式。根据协议，中德双方将在德方派驻教练员、建立足球青训体系架构、联合编译德方青少年训练教材，以及接纳上海市青少年足球队伍赴德交流训练和交换学习等方面开展合作。

市体校与德国北威州关于足球青少年训练的交流缘起于 2014 年。经过长达四年地不断推进，最终双方同意签约，以进一步深入合作。签约仪式后，中德双方举行了“青少年足球运动员继续教育及职业发展论坛”，就如何全方位地培养青少年足球运动员进行广泛深入的探讨。

（文史）

2018年上海市业余训练“优秀教练员工作室”带头人名单一览表

序号	姓名	所在单位	项目
1	王颖毅	上海市体育运动学校	排球
2	瞿一敏	上海市体育运动学校	田径
3	杨毅炜	上海市体育运动学校	羽毛球
4	张　弘	上海市体育运动学校	排球
5	马　骁	上海市体育运动学校	羽毛球
6	周　宏	上海市第二体育运动学校	田径
7	徐　栋	上海市第二体育运动学校	举重
8	杨明祥	上海市第二体育运动学校	自行车
9	肖　峰	上海市体育俱乐部	游泳
10	邱　波	浦东新区第一少年儿童体育学校	足球
11	陶　璇	浦东新区第二少年儿童体育学校	游泳
12	王海利	浦东新区第三少年儿童体育学校	自行车
13	王晓东	浦东新区第一少年儿童体育学校	田径
14	岳娇娜	浦东新区第二少年儿童体育学校	田径
15	周　苓	黄浦区卢湾青少年业余体育学校	篮球
16	毛传俊	黄浦区黄浦青少年业余体育学校	举重
17	严昱民	黄浦区卢湾青少年业余体育学校	游泳
18	吴修忍	黄浦区卢湾青少年业余体育学校	跳水
19	钱英豪	徐汇区青少年体育运动学校	赛艇
20	高伟峰	徐汇区青少年体育运动学校	蹦床
21	钱根钢	静安区青少年业余体育学校	排球
22	许　韵	静安区青少年业余体育学校	羽毛球
23	徐　颖	静安区青少年业余体育学校	射击
24	钱　惠	普陀区青少年业余足球学校	足球
25	刘日东	普陀区少年儿童业余体育学校	射箭
26	殷雪瑾	普陀区少年儿童业余游泳学校	游泳
27	王海连	宝山区少年儿童业余体育学校	击剑
28	陆伟平	宝山区少年儿童业余体育学校	击剑
29	马　革	宝山区少年儿童业余体育学校	手球
30	颜怡宏	杨浦区体育活动中心	羽毛球
31	陈　列	杨浦区青少年业余体育学校	手球
32	潘庆庆	杨浦区青少年业余体育学校	田径
33	周　毅	杨浦区青少年业余体育学校	乒乓球
34	何　纲	长宁区游泳学校	游泳
35	包建国	虹口区青少年体育运动学校	射击
36	欧阳琦珺	虹口区青少年体育运动学校	击剑
37	陆惠其	闵行区青少年体育运动学校	田径
38	唐缨红	闵行区青少年体育运动学校	自行车
39	赵　菲	闵行区青少年体育运动学校	游泳
40	张亚菲	奉贤区体育训练中心	射击
41	杨　杰	奉贤区体育训练中心	射击
42	简广风	青浦区少年业余体育学校	赛艇
43	程波	青浦区少年业余体育学校	射箭

〔市体育局科教（青少）处 供〕

2018 年上海市业余训练“明翔计划”青年骨干教练员名单一览表

序号	姓名	所在单位	项目
1	王晟源	上海市体育运动学校	现代五项
2	严　颖	上海市第二体育运动学校	田径
3	王丽宁	上海市第二体育运动学校	田径
4	李　翀	浦东新区第二少年儿童体育学校	游泳
5	王季春	浦东新区第一少年儿童体育学校	皮划艇
6	张中朝	浦东新区第二少年儿童体育学校	游泳
7	黄健荣	黄浦区黄浦青少年业余体育学校	击剑
8	曹　清	黄浦区卢湾青少年业余体育学校	跳水
9	高　波	徐汇区第一少年业余体育学校	网球
10	王　桦	徐汇区青少年体育运动学校	体操
11	谢奕丁	徐汇区青少年水上运动学校	游泳
12	陆　云	普陀区青少年业余足球学校	足球
13	顾丽娟	普陀区青少年业余足球学校	足球
14	苏　涤	普陀区少年儿童业余体育学校	田径
15	徐　琳	普陀区少年儿童业余体育学校	击剑
16	彭铁禄	宝山区行知田径运动学校	田径
17	金　虎	崇明区体育学校	田径
18	黄　锋	奉贤超越体育俱乐部	网球
19	杜　玲	奉贤区体育训练中心	射箭
20	杨晓峰	奉贤区青少年业余体育学校	田径
21	周　军	奉贤区体育训练中心	射箭
22	黄　超	杨浦区青少年业余体育学校	网球
23	徐　佳	杨浦区青少年业余体育学校	足球
24	马　亮	杨浦区青少年业余体育学校	游泳
25	李　慧	杨浦区青少年业余体育学校	游泳
26	杨　寅	杨浦区体育活动中心	羽毛球
27	李玥婵	长宁区游泳学校	游泳
28	周　斌	虹口区青少年体育运动学校	田径
29	韩　萌	虹口区青少年体育运动学校	羽毛球
30	黄　莎	虹口区青少年体育运动学校	射箭
31	黄臻辉	闵行区青少年体育运动学校	田径
32	卢　凤	闵行区青少年体育运动学校	曲棍球
33	张　龙	闵行区青少年体育运动学校	自行车
34	司永莉	闵行区青少年体育运动学校	羽毛球
35	吴　昊	青浦区体育训练中心	游泳
36	杜赟喆	嘉定区体育训练中心	游泳
37	徐世阳	嘉定区体育训练中心	击剑
38	谢天使	金山区体育中心	曲棍球
39	周琳莹	金山区体育中心	帆船

〔市体育局科教（青少）处 供〕

2019

重要赛事

概　况

2018年，上海加强赛事规划布局，深入推进世界一流的国际体育赛事之都建设进程。全年举办国际国内重大比赛175个，其中国际赛事71个，占比达四成。

坚持引进与自主培育相结合，打造优质品牌。巩固并继续办好F1中国大奖赛、上海网球大师赛、国际田联钻石联赛（上海站）、上海环球马术冠军赛、上海国际马拉松赛等顶级赛事，放大赛事综合效益；加快引进和培育高品质赛事，高尔夫球LPGA巡回赛别克LPGA锦标赛、UIM世界XCAT摩托艇锦标赛中国系列赛上海站等国际顶级赛事相继落户上海；JUMP10世界街球大奖赛、“上海杯”诺卡拉帆船赛暨诺卡拉17亚洲锦标赛、上海中心国际垂直马拉松赛等一大批本土原创品牌赛事影响力逐步扩大。

完善2019篮球世界杯上海赛区、武术世锦赛及2021赛艇世锦赛的组织体系，稳步推进各项筹备工作。成立篮球世界杯上海赛区组委会，广泛开展各类宣传推广活动，举行上海赛区宣传推广活动启动仪式，并先后开展篮球历史文化展、美国春田篮球学院上海校园行、上海市青少年国际篮球邀请赛暨篮球嘉年华等系列主题活动。9月1日，在上海中心大厦顺利举行上海赛区倒计时一周年活动暨倒计时钟发布仪式和沪动起来·篮球嘉年华主题活动。组建武术世锦赛筹委会，选定闵行区体育馆作为世锦赛举办地点，会同上海文化广播影视集团，先后在奥地利维也纳，中国澳门、香港、河南、上海等地举办“联合国中文日《中华武魂》——武术文化专场展演”活动、上海市民武术节开幕式展演活动、大学生武术世锦赛现场推广活动、会徽吉祥物征集活动、“三万人演武助理世锦赛”活动等一系列推广活动；成立赛艇世锦赛筹委会，根据《申办工作手册》《FISA办赛手册》和申办承诺，初步完成世锦赛比赛场馆——市水上运动中心赛道的改建方案。依托媒体平台，通过网络投票和调查问卷等方式，向广大市民和部分专家征集关于世锦赛会徽形象，最终确定综合外白渡桥和东方明珠两个形象的会徽设计方案。

优化体育赛事发展环境。为统筹规划体育赛事，编制印发《建设国际体育赛事之都三年行动计划（2018—2020年）》，制定《关于本市体育赛事活动组织体系设置的若干规定（试行）》等文件，规范社会主体的办赛行为。

（市体育局竞赛处 供）

2018 年在沪举行的重要赛事一览表

一、国际赛事

序号	比赛时间	比赛名称	比赛地点	参赛人（队）数
1	1.1	上海马桥国际半程马拉松比赛	闵行马桥旗忠网球中心附近道路	4 900 人
2	1.20	中日韩青少年围棋交流活动	上海棋院	100 人
3	2.13—11.10	亚冠联赛	虹口足球场、上海体育场	16 队
4	4.3—7	DOTA2（电竞）亚洲邀请赛	东方体育中心	100 人
5	4.13—15	F1 中国大奖赛	上海国际赛车场	20 人
6	4.20—22	上海环球马术冠军赛	浦东世博园区	60 人
7	4.22	上海国际半程马拉松赛	东方明珠－东方体育中心	1.5 万人
8	4.23—29	国际箭联射箭世界杯赛（上海站）	源深体育场、滨江大道富都段	513 人
9	4.26—28	环崇明岛国际自盟女子公路世界巡回赛	崇明岛（含长兴岛）	18 队
10	5.2—10	世界国际象棋女子锦标赛冠军对抗赛	上海静安洲际酒店	2 人
11	5.12	国际田联钻石联赛（上海站）	上海体育场	100 人
12	5.13	上海金山城市沙滩铁人三项赛	金山城市沙滩	900 人
13	5.15—20	第 12 届美式 9 球世界杯（双打）	卢湾体育馆	32 队
14	5.18—20	2017—2018 赛季国际剑联花剑世界杯大奖赛（上海站）	静安体育中心、梅龙镇广场中庭	320 人
15	5.19	澳式橄榄球超级联赛（上海站）	江湾体育场	2 队
16	6.2	腾讯超级企鹅足球名人赛	虹口足球场	2 队
17	6.2—3	上海国际传奇球星邀请赛	东方体育中心	6 队
18	6.9—10	中国龙舟公开赛（上海·普陀站）暨第 15 届上海苏州河城市龙舟国际邀请赛	苏州河普陀段中远两湾城－梦清园水域	52 队
19	6.16—18	冰球之夜－国际青少年冰球邀请赛暨中韩青少年对抗赛	三林体育中心	400 人
20	7.1—8	国际网联青少年 U18 巡回赛第十二站	奉贤体育中心	70 人
21	7.3—7	上海国际少年足球邀请赛	白洋淀足球场	150 人
22	7.7	上海城市业余联赛体育舞蹈系列赛第六届“荧星杯”国际少儿体育舞蹈（国际标准舞）公开赛暨国际青少年体育舞蹈（国际标准舞）大奖赛	上海国际时尚中心	4 000 人
23	7.8—14	中国（上海）国际青少年校园足球邀请赛	杨浦、普陀、青浦、闵行相关学校	16 队
24	7.10—12	中日韩女足 U18 赛	东方绿舟	90 人
25	7.13—14	PDC 世界职业飞镖上海大师赛	中星铂尔曼大酒店	16 人
26	7.14—18	中国国际青少年保龄球公开赛	卢湾体育中心昊至保龄球馆	300 人
27	7.20—23	第一届上海跆拳道国际邀请赛	奉贤区体育馆	1 500 人

（续表一）

序号	比赛时间	比赛名称	比赛地点	参赛人（队）数
28	7.24—8.2	世界跳绳锦标赛	上海财经大学体育馆	700 人
29	8.1—10	第三届东亚国际象棋青少年锦标赛	洋泾菊园实验学校	400 人
30	8.9—12	世界大学生赛艇锦标赛	上海市水上运动中心	397 人
31	8.16—19	JUMP10 世界街球大奖赛	洛克公园世博源赛事中心	16 队
32	8.25—30	中国上海“金山杯”国际青少年足球邀请赛	金山区体育中心	12 队
33	9.5—9	中国壁球公开赛	盛力瑛才金桥中心、半岛酒店	48 人
34	9.6—9	世界 9 球中国公开赛	浦东唐镇文化体育中心	112 人
35	9.7	比利时室内五人制足球“钻石超级杯”	卢湾体育中心	2 队
36	9.8	意大利五人制超级杯足球赛	卢湾体育馆	40 人
37	9.10—16	ATP 国际网球挑战赛（男子职业系列挑战赛第 9 站）	旗忠森林网球中心	100 人
38	9.11—16	世界斯诺克上海大师赛	上海富豪环球东亚酒店	24 人
39	9.12—16	上海国际排球邀请赛	嘉定体育馆（新馆）	6 队
40	9.12—17	世界女子壁球团体锦标赛	奉贤区体育中心壁球馆	100 人
41	2018.9.16—2019.2.22	2018—2019KHL 大陆冰球联赛	三林体育中心	11 队
42	9.18—23	第十届上海世界华人龙舟邀请赛	青浦区朱家角	36 队
43	9.21—24	第五届中国·上海“陆家嘴金融城杯”国际民间民俗舞蹈大会	陆家嘴滨江金融城广场	17 队
44	9.22—23	国际汽联 F4 中国锦标赛暨中国方程式大奖赛	上海国际赛车场	100 人
45	9.28—30	“上海杯”诺卡拉帆船赛暨诺卡拉 17 亚洲锦标赛	滴水湖	12 队
46	10.5	NBA 国际系列赛中国赛（上海站）	梅赛德斯－奔驰文化中心	2 队
47	10.7—14	上海网球大师赛	旗忠森林网球中心	125 人
48	10.12—14	UIM 世界 XCAT 摩托艇锦标赛中国系列赛上海站	滴水湖	12 队
49	10.14	上海静安国际女子马拉松赛	上海大宁郁金香公园	3 500 人
50	10.18—21	高尔夫球 LPGA 巡回赛事别克 LPGA 锦标赛	旗忠花园高尔夫俱乐部	81 人
51	10.20—23	索道滑水世界杯（上海站）	奉贤海湾旅游区碧海金沙	100 人
52	10.21	世界铁人三项赛（IRONMAN70.3）	明珠湖	1 000 人
53	10.21	上海国际 10 公里精英赛	普陀区域（苏州河水上游览码头－华东师范大学）	7 000 人
54	10.25—28	世界高尔夫球锦标赛－汇丰冠军赛	上海佘山国际高尔夫球俱乐部	78 人
55	10.25—30	第 20 届亚洲象棋团体锦标赛	上海棋院	78 人

（续表二）

序号	比赛时间	比赛名称	比赛地点	参赛人（队）数
56	10.26—29	“金山杯”国际风筝邀请赛暨全国运动风筝锦标赛	金山区城市沙滩	200 人
57	10.27	Vans 职业公园滑板赛全球总决赛	杨浦区杨树浦路 640 号船厂广场	45 人
58	11.16—18	国际汽联世界耐力锦标赛上海 6 小时分站赛	上海国际赛车场	35 人
59	11.17	环法中国系列赛上海站	浦东陆家嘴－世纪大道－浦东滨江骑行道－世博园区	3 040 人
60	11.17—18	上海航海模型国际邀请赛	上海市军体俱乐部	100 人
61	11.17—18	第九届上海国际自由式轮滑公开赛	上海黄浦轮滑馆	300 人
62	11.17—18	第五届上海国际交互绳大奖赛	青浦区体育馆	60 队
63	11.18	第二届“佰瑞福杯”上海市场地高尔夫球国际邀请赛	东方绿舟体育训练基地	300 人
64	11.18	上海国际马拉松赛	外滩－上海体育场	3.8 万人
65	11.25	上海杨浦新江湾城国际半程马拉松赛	耐克大中华区总部－新江湾城－复旦大学江湾校区	4 500 人
66	11.25	上海中心国际垂直马拉松赛	上海中心大厦	1 000 人
67	11.29	2019 年篮球世界杯亚洲区预选赛	宝山体育中心篮球馆	32 人
68	12.2	上海国际女子十公里精英赛	中山公园	4 000 人
69	12.7—9	2020 东京奥运会空手道积分赛暨 2018 世界空手道联合会 K1A 系列赛（上海站）	上海财经大学体育馆	1 500 人
70	12.8—9	WDSF 大奖赛总决赛暨第 7 届中国体育舞蹈精英赛	卢湾体育馆	800 人
71	12.9	国际青少年短道速滑公开赛	三林体育中心	400 人

二、全国（埠际）赛事

序号	比赛日期	比赛名称	比赛地点	人数
1	2017.10.27—2018.4.3	2017—2018 中国女子排球超级联赛	卢湾体育馆	14 队
2	2017.11.2—2018.2.12	2017—2018 中国篮球职业联赛	源深体育中心	20 队
3	2017.11.5—2018.4.24	2017—2018 中国男子排球超级联赛	卢湾体育馆	14 队
4	2017.11.13—201.3.3	2017—2018 赛季中国女子篮球联赛	宝山体育中心篮球馆	12 队
5	2017.12—2018.1	2017—2018 中国三对三篮球擂台赛（上海赛区）	静安、奉贤、普陀、浦东	12 队

（续表三）

序号	比赛日期	比赛名称	比赛地点	人数
6	2017.12.22—2018.6.29	2017—2018 中国足球协会室内五人制足球甲级联赛	上海工程技术大学体育馆	19 队
7	1.1	蒸蒸日上迎新四环跑	上海国际赛车场	1 万人
8	1.5—7	首届中国滑板俱乐部联赛	黄浦轮滑馆	150 人
9	1.19—21	2017—2018 全国短道速滑冠军赛	东方体育中心	103 人
10	2.26	中国足球协会超级杯赛（上海申花—广州恒大）	虹口足球场	2 队
11	2.26—3.11	全国网球青少年 U12 排名赛上海奉贤站（第二站）	奉贤网球中心	260 人
12	3.1—3	中国乒协团体公开赛（第一站）	嘉定体育馆（新馆）	100 人
13	3.1—3	CDRC 中国直线竞速锦标赛年度总决赛暨 2019 FAST4WARD 直线竞速赛上海分站赛	上海国际赛车场	160 人
14	3.2—11.11	中国足球协会超级联赛	上海体育场、虹口足球场	16 队
15	3.10—11.3	中国足球协会甲级联赛	金山足球场	16 队
16	3.11—25	全国网球青少年 U14 排名赛上海奉贤站（第二站）	奉贤网球中心	180 人
17	3.13—9.29	中国足球协会杯赛（女子）	上海大学宝山校区	16 队
18	3.17—11.30	中国足球协会杯赛	金山足球场、上海体育场、虹口足球场、康桥基地、嘉定体育中心	72 队
19	3.18—11.4	全国桥牌通讯赛	源深体育中心	1 万人
20	3.24—25	中国业余网球等级赛 CTA-Ratings	奉贤网球中心	150 人
21	3.26—12.19	中国围棋甲级联赛	静安寺街道	14 队
22	3.31—4.1	中国青少年壁球锦标赛（第一站）	盛力瑛才浦东中心	100 人
23	3 月下旬	华东区射击锦标赛（步枪项目）	上海市射击射箭运动中心	300 人
24	3—11 月	中国足球协会超级联赛预备队	上海体育场、虹口足球场	16 队
25	3—11 月	中国足球协会甲级联赛预备队	金山足球场	16 队
26	4.7—8	罗泰克斯卡丁车锦标赛（RMCC）	上海国际赛车场卡丁车场	100 人
27	4.15	中国业余网球公开赛 CTA-Open 上海奉贤（白金赛）	奉贤网球中心	150 人
28	4.15	沪浙乡村半程马拉松赛	金山廊下生态园	2 200 人
29	4.16—23	2017—2018 年度全国冰壶冠军赛	徐汇青少年冰壶馆	17 队
30	4.27—29	春夏赛季中国勒芒原型车耐力系列赛	上海国际赛车场	100 人
31	4.28—5.1	全国帆船青少年俱乐部联赛（上海站）	上海美帆游艇俱乐部	180 人
32	4.28—10.27	中国足球协会女子足球超级联赛	上海大学宝山校区	8 队

（续表四）

序号	比赛日期	比赛名称	比赛地点	人数
33	4—11 月	中国足球协会女子足球超级联赛预备队	上海大学宝山校区	8 队
34	4—11 月	中国足球协会乙级联赛	上海化工区体育中心	28 队
35	5.5—6	CKC 中国卡丁车锦标赛（上海站）	上海国际赛车场	50 人
36	5.6	CTCC 中国房车锦标赛上海站（第一站）	上海国际赛车场	50 人
37	5.12—13	FAST4WARD&CDRC 中国直线竞速锦标赛上海站	上海国际赛车场	160 人
38	5.12—12.30	中国武术散打俱乐部超级联赛	宝山体育中心、上海仙霞网球中心	6 队
39	5.25—27	中国超级摩托车锦标赛上海站（CSBK）第二站	天马赛车场	50 人
40	5.26	中国坐标·上海城市定向户外挑战赛	上海体育场	2 万人
41	2018.5.26—2019.1.3	全国象棋男子甲级联赛	嘉定区	14 队
42	5.27—28	长三角地区老年人台球（斯诺克）邀请赛	浦东唐镇文化中心	100 人
43	6.7—10	首届“交能杯”全国桥牌公开赛	上海南郊宾馆	60 队
44	6.9—10	罗泰克斯卡丁车锦标赛（RMCC）	上海国际赛车场卡丁车场	100 人
45	6.9—10	CEC 中国汽车耐力锦标赛（上海站）	上海国际赛车场	100 人
46	6.23—24	中国体育舞蹈公开系列赛（上海站）	卢湾体育馆	4 000 人
47	6.30	崇明户外运动休闲大会·环岛引河皮划艇接力赛	崇明瀛东	400 人
48	7.2—5	中国业余高尔夫球巡回赛上海站	上海揽海国际高尔夫俱乐部	50 人
49	7.2—6	全国老年人持杖健走培训班暨全国老年人持杖健走交流活动	青浦区朱家角镇	100 人
50	7.6—7	PDC 世界职业飞镖上海大师赛	中星铂尔曼大酒店	64 人
51	7.7—9	中国东部第三届国际象棋棋王棋后赛	闵行区罗阳青少年体育俱乐部	500 人
52	7.7—9	第十届“崧泽杯”全国青少年乒乓球精英邀请赛	青浦区赵巷镇崧泽学校	308 人
53	7.11—12	“徐汇杯”全国青少年飞镖锦标赛暨 PDC 世界职业飞镖青少年锦标赛选拔赛	南模中学	500 人
54	7.21—22	中国青少年壁球锦标赛（第二站）	盛力瑛才浦东中心	100 人
55	7.21—22	全国全接触空手道邀请赛	静安区全民健身中心	550
56	7.23—26	中国业余高尔夫球公开赛（上海站）	上海雅居乐米克尔森国际俱乐部	50 人
57	7.23—8.5	中国网球协会耐克网球全国青少年巡回赛（上海奉贤 U12 第 7 站）	奉贤体育中心	187 人
58	7.29	中国田径协会街头巡回赛上海站	新天地太平湖公园	8 人
59	7.29	上海、苏州、常州三地老年人台球交流比赛	上海 APEX 撞球俱乐部	100 人

（续表五）

序号	比赛日期	比赛名称	比赛地点	人数
60	7.31—8.5	CBA 夏季联赛暨海峡两岸长三角职业篮球俱乐部挑战赛	宝山体育馆	8 队
61	8.9—11	别克中国青少年高尔夫精英赛（上海站）	上海旗忠花园高尔夫俱乐部	100 人
62	8.9—12	“闻天下杯”全国桥牌公开赛	上海跨国采购会展中心	130 队
63	8.17—19	第 12 届全国青少年美式台球锦标赛	上海市实验学校	100 人
64	8.24—26	“海峡杯”篮球邀请赛	宝钢体育馆	12 队
65	9.6—9	超级荔枝全国高尔夫球系列赛上海站	上海华凯乡村体育俱乐部	100 人
66	9.8—9	中国超级跑车锦标赛第五站	上海国际赛车场	100 人
67	9.9	崇明户外运动休闲大会·明珠湖铁人三项赛	崇明明珠湖公园	400 人
68	9.12—15	汇丰全国青少年高尔夫冠军赛总决赛	上海林克司乡村俱乐部	50 人
69	9.12—21	2017—2018 赛季全国击剑冠军赛总决赛	松江体育中心	800 人
70	9.14	上海、苏州、昆山三地老年人台球巡回交流赛	上海 APEX 撞球俱乐部	100 人
71	9.19—22	“松江新城·名豪杯”全国桥牌邀请赛	上海新晖大酒店	540 人
72	9.23	全国剑道锦标赛	华东师范大学	300 人
73	9.25—30	全国健美操联赛上海站	华东师范大学	1 000 人
74	9.30	CTCC 中国房车锦标赛上海站（第五站）	天马赛车场	50 人
75	10.7—10	第 13 届沪、港、澳、台中老年网球团体赛	奉贤体育中心网球场	100 人
76	2018.10.10—2019.2.2	2018—2019 中国乒乓球俱乐部超级联赛	虹口体育馆	20 队
77	10.12—14	华夏赛车大奖赛	上海国际赛车场	30 人
78	10.13—14	秋冬赛季中国勒芒原型车耐力系列赛	上海国际赛车场	100 人
79	10.14	第七届上海极限运动挑战赛	上海 SMP 滑板公园	53 人
80	10.19—11.9	全国足球青超联赛 U19 组比赛	上海体育场、康桥基地、金山体育中心	36 队
81	2018.10.19—2019.3.23	2018—2019 中国女子篮球职业联赛	宝山体育中心篮球馆	14 队
82	10.20	全国市民划船大赛－中国陆地划船器公开赛	东方明珠塔城市广场	15 队
83	10.20—21	中国超级跑车锦标赛第六站	上海国际赛车场	100 人
84	10.20—21	中国青少年壁球锦标赛总决赛－秋季杯	盛力瑛才浦东中心	106 人
85	10.20—21	中国拔河新星赛（上海嘉定站）	嘉定区市民健身中心体育馆	400 人
86	2018.10.20—2019.4.26	2018—2019 中国男子篮球职业联赛	源深体育馆	20 队

（续表六）

序号	比赛日期	比赛名称	比赛地点	人数
87	10.21	上海城市业余联赛健身健美比赛暨“海上花岛”CBBA 健身健美公开赛	崇明“海上花岛”度假村	23 队
88	10.21	华东六省一市空竹邀请赛	文建中学	400 人
89	2018.10.22—2019.2.27	2018—2019 中国男子排球超级联赛	卢湾体育馆	14 队
90	10.27—29	“我爱足球”中国足球民间争霸赛大区赛（南一区）	华漕 Oleball land 足球场	43 队
91	10.28	CTCC 中国房车锦标赛上海站（第七站）	天马赛车场	50 人
92	2018.11.1—2019.3.24	2018—2019 中国足球协会室内五人制足球超级联赛	上海工程技术大学体育馆	12 队
93	2018.11.8—2019.3.9	2018—2019 中国女子排球超级联赛	嘉定体育馆、卢湾体育馆	14 队
94	11.11	上海市高智尔球公开赛暨第二届长三角地区交流赛	青浦区凤溪小学	100 人
95	11.11—14	全国帆船锦标赛诺卡拉 17 级别比赛	上海美帆游艇俱乐部	12 队
96	11.22—25	2018—2019 年度全国青少年 U 系列滑冰赛（全国赛第二站）	松江大学生体育中心	100 人
97	11.25	CTCC 中国房车锦标赛（第八站）	上海国际赛车场	50 人
98	11.29—12.1	第五届“海峡杯”马术邀请赛	上海松声马术俱乐部	12 队
99	12.6	第五届全国大众冰雪季启动仪式	东方体育中心	100 人
100	12.7—9	全国大学生自由式轮滑锦标赛	上海体育学院	900 人
101	12.13—16	2018—2019 年全国啦啦操联赛（上海闵行站）	华东师范大学闵行校区	4 500 人
102	12.15—16	CDRC 中国直线竞速锦标赛决战	上海国际赛车场	160 人
103	12.21—25	U16 全国冰壶巡回赛（第一站）	徐汇区青少年体育运动学校	13 队
104	12.23	“万达信息杯”桥牌邀请赛及全国通讯赛	上海机场城市航站楼	1 000 人

（市体育局竞赛处 供）

2018 年 F1 中国大奖赛

4 月 13—15 日，2018 年 F1 中国大奖赛在上海国际赛车场举行。来自 10 支车队的 20 名车手经过 56 圈角逐后，红牛车队的丹尼尔·里卡多和梅赛德斯车队的瓦尔特利·博塔斯获冠、亚军，法拉利车队的基米·莱科宁获第三名。赛事三天累计到场约 16.5 万人次，入场观赛约 14.5 万人次。

2018 年是 F1 中国大奖赛在上海举办的第 15 年，赛事前期就展开一系列围绕赛车文化精心策划和创意的活动，成为车迷与赛事相互了解和维系情感的纽带。车迷沙龙、车手签名会、维修区参观等活动，经过连续多年的举办，已被打造成为赛事标志性的品牌活动。而 2018 年，赛事围绕 15 周年全新开发制作的“极限单圈 等你挑战”H5 线上游戏和第二届“锐速好声音”选评活动，更是引起车迷的高度关注和火爆参与，成为 15 周年的一大亮点。

整个赛事周期间，赛场内外都洋溢着浓郁的赛事氛围。场内，赛道上的精彩超越追逐大戏让车迷们热血澎湃，而水景广场和商贸区热闹纷呈的各种活动更是将三天的赛事打造成为车迷们的欢乐嘉年华。全新升级亮相的“车迷地带”通过高科技手段为车迷提供更真切的 F1 体验。从 2011 年开始至今与赛事同期举办的嘉定汽车文化节，再次借助 F1 赛事的影响力，以节赛合一的模式，推广和普及汽车及赛车文化。在久事赛事官方互动区，浓缩 F1 中国大奖赛历年精华的十五周年限量明信片也为车迷带去了一份特殊的纪念。

赛场外，不仅有中国最高、世界第二高的上海中心塔冠呈现的 F1 中国大奖赛 15 周年画面与浦江两岸最璀璨的夜景遥相呼应，上海静安嘉里中心在赛事同期举办 F1 嘉年华活动。因此，不仅赛场内的观众可以身临其境感受 F1，更多市民都有机会近距离接触F1，了解这项赛事的魅力。

15 年的历程，F1 中国大奖赛一步一个脚印，为中国赛车运动发展打下坚实的基础。

（文史）

F1 中国大奖赛历届冠军一览表

赛季	车手	车队	成绩
2004	巴里切罗	法拉利	1:29:12.420
2005	阿隆索	雷诺	1:39:53.618
2006	舒马赫	法拉利	1:37:32.747
2007	莱科宁	法拉利	1:37:58.395
2008	汉密尔顿	迈凯轮	1:31:57.403
2009	维泰尔	红牛	1:57:43.485
2010	巴顿	迈凯轮	1:46:42.163
2011	汉密尔顿	迈凯轮	1:36:58.226
2012	罗斯伯格	梅赛德斯	1:36:26.929
2013	阿隆索	法拉利	1:36:26.945
2014	汉密尔顿	梅赛德斯	1:33:28.338
2015	汉密尔顿	梅赛德斯 AMG	1:39:42.008
2016	罗斯伯格	梅赛德斯 AMG	1:38:53.891
2017	汉密尔顿	梅赛德斯 AMG	1:37:36.158

（文史）

2018 年上海环球马术冠军赛

4 月 20—22 日，2018 年上海环球马术冠军赛在中华艺术宫举行，近 60 位选手参赛。赛事三天累计有 2 万多人次观赛。

20 日上午率先进行 1.45/1.50 米障碍两段赛，4 位中国骑手王韫婧、袁茂栋、张兴嘉和梁巧羚也亮相。最终，巴西的马龙·佐诺特利以零失误的完美表现夺冠，比利时选手康斯坦特·凡巴森、爱尔兰选手卡梅伦·汉利分获第二、三名。下午

上海环球马术冠军赛 （王佳斌 摄）

的 GCL 团体冠军赛 1.50/1.55 米障碍争时赛（无附加赛），障碍难度更高，英国骑手本·马赫收获桂冠，法国骑手罗杰－伊夫·博斯特、比利时骑手杰罗姆·盖瑞分获亚军、季军。

赛事的重头戏、障碍高度达全球最高级别 1.60 米的大奖赛在 21 日举行，比利时骑手格雷戈里·瓦泰来获得冠军，亚军由前一场比赛刚刚为团队夺魁的英国名将本·马赫获得，德国名将丹尼尔·杜瑟则收获第三名。

在 BMW 团体冠军赛 1.55/1.60 米障碍争时赛中，选手们既为个人出战，同时大部分选手的成绩也计入他们所在的团队得分，为团队争夺好名次。最终，经过比赛首日 GCL 团体冠军赛 1.50/1.55 米障碍争时赛的分数加上本场得分总计，由本·马赫和艾米莉·墨菲特联手出战的伦敦骑士队拿下冠军。由杰罗姆·盖瑞、西蒙·德莱斯特组成的摩纳哥王牌队，和戴洛·阿洛亚维、罗杰—伊夫·博斯特组成的尚蒂伊飞马队分获第二、三名。

4 月 22 日，1.45/1.50 米障碍争时赛和麦西姆杜特杯 1.50/1.55 米障碍争时赛的冠军，分别由比利时名将康斯坦特·凡巴森和荷兰骑手哈里·斯莫尔德斯摘得。

2018 年，赛场的所有比赛看台都加设顶棚。不论是艳阳高照还是细雨绵绵，观众朋友均能穿上礼服、佩戴礼帽，在看台优雅观赛。此外，现场的布置也更加梦幻，除了桃花朵朵、绿草茵茵，精致的旋转木马也首次来到赛事现场。

（文史）

2018 年环崇明岛国际自盟女子公路世界巡回赛

4 月 26 日至 28 日，2018 年环崇明岛国际自盟女子公路世界巡回赛在崇明岛举行，来自

环崇明岛国际自盟女子公路世界巡回赛　（王佳斌 摄）

16 个国家和地区的 18 支世界顶级职业车队参赛。其中，4 月 26 日为崇西赛段，全程约 111.5 公里；4 月 27 日为崇东赛段，全程约 121.3 公里；4 月 28 日为城市绕圈赛，单圈 11.5 公里，共骑行 11 圈，全程约 126.5 公里；三天赛事总赛程约 359.3 公里，日平均 119.8 公里。

在 26 日的崇西赛段途中，29 公里与 79.8 公里处设有两个冲刺点，54.6 公里处设有一个 4 级爬坡点。最终，美国塞兰斯女子职业自行车队布朗兹妮·乔吉亚率先冲线，成绩为 2 小时 38 分 56 秒，穿上个人最佳黄衫与冲刺绿衫。爬坡圆点衫属于英国高五威格队的加纳·露西，泰国队的马内万穿上了亚洲最佳蓝衫，最佳青年白衫属于意大利瓦尔卡队的珀西科·西尔维亚。

4 月 27 日，进行崇东赛段比赛，选手们在出发后 10.6 公里处就面临一个 4 级爬坡点，随后 37.7 公里与 76.7 公里处各设有一个冲刺点。最终，来自挪威高科技队的贝克尔·夏洛特率先冲线，穿上黄衫。

28 日进行最后一个赛段的争夺，来自英国高五威格队的瓦尔德率先冲线，斩获赛段冠军，成绩为 3 小时 03 分 50 秒。

所有比赛结束后，黄衫属于夏洛特，最佳青年白衫属于阿纳斯塔西娅（斯洛文尼亚 BTC 城市队），首日摘得黄衫的乔吉亚保有冲刺绿衫，爬坡圆点衫属于英国高五威格队的加纳·露西，来自泰国队的马内万获得亚洲最佳蓝衫。美国硅谷银行女子职业自行车队团体成绩排名第一，泰

国队收获亚洲团体第一桂冠。

2018年的世界巡回赛共设23站，崇明站是第10站，是亚洲唯一一站。赛事由国际自行车联盟、国家体育总局和上海市人民政府主办，中国自行车运动协会、上海市体育局、崇明区人民政府承办。

（文史）

2018年国际田联钻石联赛（上海站）

5月12日，2018年国际田联钻石联赛（上海站）在上海体育场举行。来自世界各地的100多位选手在16个项目中展开争夺，共刷新5项赛会纪录、8个该项目年度最好成绩和16个个人最好成绩。其中，中国军团取得了2金2银2铜的佳绩。

中国田径队派出老将新秀组成的阵容，参与全部16个项目的角逐。其中，既有“百米双雄”苏炳添和谢震业、撑竿跳高好手薛长锐、女子铅球名将巩立姣、女子标枪领军人吕会会等田径爱好者耳熟能详的世界级名将，也有男子110米栏跨栏新星曾建航、男子跳远小将石雨豪、撑竿跳高新锐黄博凯、男子400米新科天王郭钟泽、长跑“实力担当”骆玉玺和刘洪亮等一批中国田坛的新锐力量，其中18人赛出个人赛季最佳成绩。

国际田联钻石联赛（上海站）（王佳斌 摄）

巩立姣为中国军团赢下首个冠军，在2017年斩获女子铅球“钻石大奖”的巩立姣也是该项目赛会纪录的保持者，比赛过程中第一投就投出19米27的成绩，第二投又投出2018年该项目世界最好成绩19米99，锁定铅球冠军，实现上海站“三连冠”伟业。在女子标枪比赛中，波兰选手维特克第一投就刷新赛会纪录，中国选手吕会会两次重新改写这一纪录，最终以66米85的成绩成功卫冕，为中国军团赢下第二个冠军。苏炳添以10秒04的成绩获得男子100米亚军，谢震业以10秒17的成绩获得第三。石雨豪以8米43的成绩获得男子跳远亚军，薛长锐以5米71的成绩获得男子撑杆跳第三。

在男子比赛中，牙买加选手麦克莱奥德以13秒16获得男子110米栏冠军。巴哈马选手加迪内尔以43秒99的成绩获得男子400米冠军，创造上海站纪录。肯尼亚选手金亚马尔以1分43秒91的成绩获得男子800米冠军，创造赛会纪录。肯尼亚选手切鲁约特以3分31秒48的成绩获得男子1 500米冠军。巴林选手巴雷以13分09秒64的成绩获得男子5 000米冠军。法国选手拉维莱涅以5米81的成绩获得男子撑杆跳冠军。

在女子比赛中，美国选手麦克尼尔以12秒50的成绩获得女子100米栏冠军，并创造上海站赛会纪录。巴哈马选手米勒以22秒06获得女子200米冠军，创造赛会纪录。美国选手穆罕默德以53秒77的成绩获得女子400米栏冠军，牙买加选手拉塞尔仅差0.01秒获得亚军。肯尼亚的切普科奇以9分07秒27的成绩获得女子3 000米障碍冠军。哥伦比亚的伊巴古昂以14米80的成绩获得女子三级跳远冠军，以中立选手身份参赛的俄罗斯选手拉西特斯科内以1米97的成绩获得女子跳高冠军。

作为国际田联旗下规格最高的顶级职业联赛，钻石联赛上海站自2010年至今，经过九年的发展，已经将田径运动的基因深度融入城市的血脉。每年五月，钻石联赛不仅仅为申城市民以及全国的田径爱好者带来世界一流的顶级体育盛宴，更不断深耕群众体育基础，努力在高端体育赛事和群众体育发展之间搭建沟通交流的桥梁，通过丰富多彩的群众体育活动带动社会各阶层参与体育运动的热情。

（文史）

2018年世界斯诺克上海大师赛

9月11—16日，2018年世界斯诺克上海大师赛在富豪环球东亚酒店举行。赛事的总奖金为72.5万英镑，冠军可获得20万英镑。

世界排名前16位的顶级高手悉数参赛。另外八名参赛选手为前16位选手以外世界排名最高的四位中国选手、中国台球协会推荐的两名选手与全国业余斯诺克大师赛的冠、亚军。业余选手也能参与大师赛正赛，正是为了推动斯诺克项目在国内更广泛地传播。

8月4日，全国业余斯诺克大师赛在上海八万人撞球馆开杆，比赛先后在上海、成都、深圳、西安四个分站进行选拔，每站决出的四名选手可参加9月8日于上海举行的全国业余斯诺克大师赛总决赛，争夺两张大师赛正赛的入场券。此外，大师赛还设立"明星导师"环节，罗尼·奥沙利文与马克·威廉姆斯作为导师，对业余赛冠、亚军进行单独辅导，二人还于9月9日同业余斯诺克选手组合，上演一场五对五表演赛。

在决赛上，罗尼·奥沙利文以11比9击败对手巴里·霍金斯，成为世界斯诺克上海大师赛举办12年来首位成功卫冕的冠军，同时他以三

斯诺克上海大师赛　（王佳斌 摄）

个冠军成为该项赛事夺冠次数最多的球员。中国小将周跃龙对阵比利时球员卢卡·布雷切尔时，在第一阶段1比3落后的不利战局下，适时调整心态，最终以6比4逆袭对手，成为晋级16强的唯一一位非种子选手。

单杆最高分奖历来是比赛的亮点之一。比赛首日，斯图亚特·宾汉姆在比赛中便打出单杆140分。然而，在8强战中，宾汉姆对阵奥沙利文，奥沙利文同样轰出单杆140分。由此，两人平分本届赛事的单杆最高分奖。

大师赛创办于2007年，是中国国内举办的历史最悠久的顶级斯诺克赛事之一，得到了世界台联的高度认可，2018年是大师赛来到上海的第12年，更是一个新的开始。大师赛突破原有模式，成为邀请赛制，独特的24人邀请赛赛制，使赛事节奏更为紧凑，比赛场地移师富豪环球东亚酒店，带给球员和观众全新的体验。

（文史）

世界斯诺克上海大师赛历届冠军一览表

年份	冠军	比分	对手
2007	多米尼克·戴尔	10:6	瑞恩·戴
2008	里奇·沃尔顿	10:8	罗尼·奥沙利文
2009	罗尼·奥沙利文	10:5	梁文博
2010	阿里斯特·卡特	10:7	詹米·伯内特
2011	马克·塞尔比	10:9	马克·威廉姆斯

（续表）

年份	冠军	比分	对手
2012	约翰・希金斯	10:9	贾德・特鲁姆普
2013	丁俊晖	10:6	肖国栋
2014	宾汉姆	10:3	马克・艾伦
2015	凯伦・威尔逊	10:9	特鲁姆普
2016	丁俊晖	10:6	马克・塞尔比
2017	罗尼・奥沙利文	10:3	贾德・特鲁姆普

（文史）

2018 年"上海杯"诺卡拉帆船赛暨诺卡拉 17 亚洲锦标赛

9 月 27 日，2018 年"上海杯"诺卡拉帆船赛暨诺卡拉 17 亚洲锦标赛（以下简称"上海杯"帆船赛）在虹口区启幕。赛事是由世界帆联诺卡拉 17 级别协会、中国帆船帆板运动协会、上海市体育局、上海市临港地区开发建设管理委员会、上海市虹口区政府、上海市体育总会主办；上海市虹口体育局、上海市浦东新区教育（体育）局、上海市浦东新区南汇新城镇人民政府、上海港城（开发）集团有限公司、上海美帆体育赛事管理有限公司承办的国际 A 类帆船竞赛。

2017 年，"上海杯"帆船赛重溯历史，让 144 年前的帆船赛事重归上海，弘扬上海人与生俱来亲水戏水的水岸文明。

2018 年，赛事再次归来，9 月 28—30 日，在滴水湖进行正式竞赛，闭幕式在扬子江码头段水域巡航。这是国内首例开、闭幕式与竞赛场地在不同区划的帆船比赛，满足国际 A 类赛事对专业场地与文化回归的双重需求。赛事邀请到来自 12 个国家及地区的 12 条船队参赛。

2018 年 9 月 30 日 12:00，伴随着最后一条水翼诺卡拉 17 的归航，2018 年的"上海杯"帆船赛完成。经过比拼，英国队获得冠军，奥地利队和瑞典队分列亚军和季军。由中国帆船帆板运动协会与上海美帆游艇俱乐部合作共建的中国诺卡拉 17 国家队选手杨学哲 / 胡笑笑组合代表中国参赛，获得总成绩第五，亚洲区第一。

（文史）

2018 年上海网球大师赛

10 月 7—14 日，2018 年上海网球大师赛在旗忠网球中心举行。男单二号种子选手诺瓦克・德约科维奇以 6 比 3、6 比 4 击败 13 号种子选手博纳・丘里奇，夺得个人第四个大师赛冠军。男双比赛冠军由二号种子卢卡斯・库波特 / 马塞洛・梅罗夺得。赛事累计吸引近 13 万人次来到现场观赛。

2018 年是上海网球大师赛在沪举办的第十年，通过十周年官方路演和大师浦江夜等以上海城市为舞台的活动，让全世界共同感受"这一刻，在上海"的独特城市魅力，展现了网球文化在申城扎根、培育和繁荣发展的景象，以及上海国际化大都市精致的城市精神和气质。赛事期间，近万名观众来到十周年主题展位参与互动，与赛事

德约科维奇夺冠　（王佳斌　摄）

奖杯合影，并欣赏浓缩大师赛台前幕后精彩“网”事的经典图片展。针对青少年网球文化推广，光明致优青少年短网挑战赛和网球大师进校园等“体教结合”的活动，则让更多青少年网球爱好者，有机会感受和体验国际赛事的氛围，与顶级选手进行互动和交流。

十年扎实培育、积蓄发展，上海网球大师赛始终坚持打造符合上海城市气质、文化和发展的国际赛事，积极发挥平台效应，并坚持提供精致的服务和优质的观赛体验，不断提升运营水平和品质。

（文史）

上海网球大师赛大事记

2009

首届大师赛吸引了全球的目光。达维登科在决赛中击败头号种子纳达尔，并从时任国际奥委会主席罗格手中接过了珍贵的冠军奖杯。深受中国球迷喜爱的“沙皇”萨芬也将职业生涯的最后一战留在了上海。

2010

德约科维奇和穆雷等网坛新生代球员开始崭露锋芒，强势入围四强。最终穆雷在上海首次捧杯。而该年最受关注的2010上海世博会也和大师赛友好牵手。

2011

卫冕冠军穆雷在旗忠网球中心的冠军大道为自己的“兵马俑”雕像揭幕。比赛中，意气风发的英国人一路过关斩将，再度折桂大师赛。赛事品牌活动“大师浦江夜”也在该年首次举行。

2012

穆雷与德约科维奇在上海留下了一场超过3小时的马拉松决赛。最终，德约科维奇实现惊天逆转，夺得自己首个上海大师赛冠军。

2013

德约科维奇与半决赛击败纳达尔的德尔波特罗会师决赛。最终塞尔维亚人凭借决胜盘的出色发挥成功卫冕。赛后，上海大师赛再次荣获“ATP年度最佳1000赛事”，至此连续五年获此殊荣，在ATP历史上绝无仅有。

2014

凭借在半决赛和决赛连续击败德约科维奇和西蒙，费德勒夺得首座上海劳力士大师赛奖杯，并现场大秀中文。看台上同样明星云集，马尔蒂尼、舍甫琴科、姚明等体坛明星纷纷亮相。

2015

德约科维奇夺冠，成为上海劳力士大师赛历史上的首位三冠王。同时，大师赛首次从互动式展览形式出发，打造“质感生活展”，传递高质感的生活理念。

2016

大师赛年初首次走出国门，在澳网现场展开赛事推广。那一年的决赛赛场，穆雷发挥神勇，直落两盘击败半决赛淘汰德约科维奇的阿古特，第三次折桂。

2017

整个网坛都翘首以盼的第38次费纳决在上海上演。最终，费德勒拿下了个人第二座赛事冠军奖杯，并在赛后与纳达尔不约而同地用中文“爱上海”告白这座城市。

（文史）

上海网球大师赛历年冠军

年份	男子单打		男子双打	
	冠军	比分	冠军	比分
2009	达维登科	7:6/6:3	特松加 / 贝内特乌	6:2/6:4
2010	穆雷	6:3/6:2	梅尔泽 / 佩斯	7:5/4:6/10:5
2011	穆雷	7:5/6:4	米尔尼 / 内斯特	3:6/6:1/12:10
2012	德约科维奇	5:7/7:6(11)/6:3	佩斯 / 斯泰潘内克	6:7(7)/6:3/10:5
2013	德约科维奇	6:1/3:6/7:6	多迪格 / 梅洛	7:6(2)/6:7(6)/10:2
2014	费德勒	7:6(6)/7:6(2)	布莱恩兄弟	6:3/7:6(3)
2015	德约科维奇	6:2/6:4	克拉森 / 梅洛	6:3/6:3
2016	穆雷	7:6(1)/6:1	索克 / 伊斯内尔	6:4/6:4
2017	费德勒	6:4/6:3	孔蒂恩 / 皮尔斯	6:4/6:2

（文史）

2018 年世界高尔夫球锦标赛 - 汇丰冠军赛

10 月 25 日—28 日，2018 年世界高尔夫球锦标赛 - 汇丰冠军赛在上海佘山国际高尔夫球俱乐部举行，来自 22 个国家或地区的 78 位选手参赛，冠军奖金 170 万美元。

谢奥菲勒开始最后一轮的时候落后 3 杆，并列于第二位，与 54 洞领先者弗诺及卫冕冠军贾斯汀·罗斯同从最后一组出发。他打出 68 杆，以 274 杆（66–71–69–68），低于标准杆 14 杆，与托尼 - 弗诺战成平手。弗诺最后一轮打出 71 杆。在加洞打 18 号洞的时候，谢奥菲勒安全地两杆送上果岭，与之相对，弗诺开球打入球道沙坑之中，只能选择三上，而他第三杆只是打到果岭边缘而已。谢奥菲勒老鹰推推到洞口，确保死鸟，而弗诺的 30 英尺小鸟推没有推进。

世界高尔夫球锦标赛 - 汇丰冠军赛 （李昊 摄）

中国球员李昊桐在最后 6 个洞抓到 4 只小鸟，最终决赛轮打出 70 杆，总成绩 −4 杆排名 T11。这是中国内地球员在汇丰冠军赛上取得的第二好成绩，最佳战绩是他三年前获得的并列第七名。

（文史）

汇丰冠军赛历届冠军表

年份	球员	国籍	成绩
2005年	大卫·豪威尔	英格兰	268（−20）
2006年	梁容银	韩国	274（−14）
2007年	菲尔·米克尔森	美国	278（−10）
2008年	塞尔吉奥·加西亚	西班牙	274（−14）
2009年	菲尔·米克尔森	美国	271（−17）
2010年	弗朗切斯科·莫里纳利	意大利	269（−19）
2011年	马丁·凯梅尔	德国	268（−20）
2012年	伊恩·保尔特	英国	267（−21）
2013年	达斯汀·约翰逊	美国	264（−24）
2014年	巴巴·沃森	美国	277（−11）
2015年	罗塞尔·诺克斯	苏格兰	268（−20）
2016年	松山英树	日本	265（−23）
2017年	贾斯汀·罗斯	英格兰	274（−14）

（文史）

2018赛季高尔夫球LPGA巡回赛事别克LPGA锦标赛

10月18—21日，2018赛季高尔夫球LPGA巡回赛事别克LPGA锦标赛在上海旗忠花园高尔夫俱乐部举行，81位选手参赛。赛事总奖金210万美元。

美国选手丹尼尔·姜在决赛轮打出69杆低于标准杆3杆，以总成绩275杆、低于标准杆13杆的成绩夺得冠军。中国选手刘文博一度短暂冲至并列领先的位置，她在决赛轮打出68杆，低于标准杆4杆，以总成绩277杆、低于标准杆11杆的成绩获得并列第二名。

5月17日，上汽通用汽车别克品牌与WME|IMG巍美在上海召开新闻发布会，联合宣布全球顶级女子高尔夫赛事——别克LPGA锦标赛落户上海，并将连续举办5年。这是世界最高级别LPGA（美国职业女子高尔夫协会）赛事首度登陆申城。LPGA创立于1950年，是全世界历史最悠久的女子职业体育协会之一，其会员覆盖全球顶尖的女子职业高尔夫选手，其奖金水平、竞争激烈程度以及完整体系皆为世界最高标准。

（文史）

2018年UIM世界XCAT摩托艇锦标赛中国系列赛上海站

10月12—14日，2018年UIM世界XCAT摩托艇锦标赛中国系列赛上海站在临港南汇新城滴水湖举行。赛事吸引来自法国、意大利、澳大利亚及俄罗斯等世界各地的12个顶级职业动力艇赛队，近200位运动员和教练员参赛。

XCAT摩托艇世界锦标赛是目前世界上专业程度最高，观赏性排名第四的国际A级赛事，也是全球摩托艇赛事中，参与国家及赛艇数量最多的赛事。这是上海市有史以来引入的最高水平的水上运动国际品牌A类赛事，将积极助力上海国际体育赛事之都建设和水上运动的发展，促进上海市竞赛表演业和健身休闲产业发展。

赛事由世界摩托航海联合会UIM主办，国家体育总局水上运动管理中心、上海市体育局、中国滑水潜水摩托艇联合会、临港地区开发建设管理委员会承办，浦东新区南汇新城镇政府、上海市港城开发（集团）有限公司等协办。

（文史）

2018年上海国际马拉松赛

11月18日，2018年上海国际马拉松赛举行，3.8万名来自85个国家和地区的跑者从外滩金牛广场起跑。

2018年的比赛迎来雨战，来自埃塞俄比亚的图拉率先冲过终点，历时2小时09分20秒，获得男子组冠军；埃塞俄比亚女选手梅里希以2小时20分37秒的成绩折桂女子组，并打破赛会纪录。管油胜以2小时18分26秒的成绩夺得中国籍男子组冠军，李芷萱以2小时30分20秒的成绩夺得女子组冠军。赛事进行6小时15分钟后，全程马拉松项目顺利结束。赛事组委会芯片计时统计数据显示，比赛完成率为96%。

2018年，赛事在金牛广场、上海展览中心、复兴公园、上海体育场4个起、终点设置医疗站，赛道中也设立22个医疗救助点，沿途还有20辆救护车及2辆东方医院国家紧急医疗救援队的特种救护车，共有近1 000名医护人员及急救志愿者参与保障赛事。除了覆盖面很广的医疗设施外，在全程跑终点前500米（每50米配置1名医疗志愿者）和健身跑10公里终点前150米（每50米配置1名医疗志愿者）有志愿者手举健康提示告知牌，提醒运动员注意自身保护，并对每位通过运动员进行医疗观察，以便及时处理相关医疗情况；除此以外，骑行保障队几乎覆盖全程，为运动员们保障安全。2018年还成立医疗护跑团分时段、分路段进入赛道，进行流动的赛道医疗观察，越来越科学、多元的医疗救护方案让运动员更安心。

赛事共有4 000名志愿者和近400位裁判在起终点和赛道沿线为跑者提供服务。除了招募学生志愿者之外，组委会也向全社会开放存衣服务、赛道检查、起点引导、能量补给、完赛包发放、10公里终点及赛前芯片发放七个组别的志愿者报名，为志愿者的队伍注入更庞大的力量。

当所有选手集结在外滩最宽阔的道路上时，100名垃圾回收志愿者，在赛道集结区里手持垃圾袋，维持外滩的整洁，让垃圾不落地；当所有选手冲过起跑线，外滩逐步恢复往常的景象时，黄浦区60名环卫工人有序高效地展开工作，迅速完成赛道清理，恢复城市交通；而在赛道沿线的3公里内，30位志愿者也在沿线手持垃圾袋，接过跑者起跑后脱下的雨衣及垃圾。组委会在赛前的文明参赛、文明观赛公约以及短信提示中，普及文明体育的观念，培育每一位体育爱好者的跑步礼仪。

比赛当天，上海市部分道路采取临时交通管制措施。为了尽可能减少赛事对周边市民的出行影响，组委会在赛前发放10万份安民告示，请市民谅解并提前做好相应准备。

赛事服务可谓是体贴入微。从赛前5天开始，组委会为每位跑者发送温馨提示短信，内容包括赛前准备、赛前训练、饮食方案及赛事当日如何集结、存衣，赛事当天天气预报等信息。科技助力上马，2018 年特别推出上马小程序，便捷的操作能让跑者第一时间掌握赛事资讯，而赛前准备日历、赛事地图、起终点导航等直接解决跑者赛前对赛事的各项需求，保证跑者时刻掌握赛事动态。作为影响跑者发挥水平的影响因素之一，比赛当天的天气情况也是跑者最为关心的问题。为此，赛事组委会携手上海市气象局，针对 11 月 18 日赛事当天对于赛道相关路段，分时段进行播报，为跑者了解赛道沿途天气变化、赛前及时调整装备提供便利。

（文史）

体育产业

概　况

2018年，上海加强体育产业建设，加快提升体育产业发展能级。市政府印发《关于加快本市体育产业创新发展的若干意见》(以下简称“体育产业30条”)，进一步明确上海体育产业改革发展的目标、任务和路径。

全市体育产业发展势头持续向好。统计显示，2017年本市体育产业总产出(总规模)1 266.93亿元，同比增长21.1%；增加值470.26亿元，占当年全市GDP比重1.6%；体育服务业占体育产业总产出和增加值的比重分别为65.5%和81.7%；本市主营体育产业的机构达11 489家，同比增长28.9%；体育消费水平不断提高，人均体育消费达到2 460元，占本市人均消费总支出的6.2%。

加强体育产业发展政策保障。召开2018年上海市体育产业联席会议，进一步完善体育产业发展协同机制。制定出台市政府《关于加快本市体育产业创新发展的若干意见》，进一步明确上海体育产业改革发展的目标、任务和路径。制定《上海市体育产业集聚区建设与管理办法(试行)》，推动体育产业集聚区建设。召开长三角体育产业一体化发展推进会，出台《长三角地区体育产业一体化发展三年行动计划(2018—2020年)》，推动四省市体育产业规划衔接、政策互惠、赛事联通、项目互动、平台共建。

搭建体育资源交易平台。举办2018年中国国际体育用品博览会、体育资源配置上海峰会等活动。

体育产业融合发展取得新进展。市发展改革委在《上海服务业发展报告》中设置“体育产业”篇章；市商务委将体育赛事、职业体育经纪、体育知识产权等纳入《上海市服务贸易指导目录》；会同市经信委编制本市体育产业地图，纳入全市产业地图；会同市文广局等部门，推进全球电竞之都建设，指导市电竞协会在全国率先实行电竞运动员注册制；会同市旅游局编制《上海市体育旅游融合发展规划》，修订《体育旅游休闲基地服务质量要求及等级划分》地方标准，全年评定13家上海市星级体育旅游休闲基地，申报入选全国体育旅游精品项目10项，其中包括十佳项目6项。

推动长三角体育产业一体化发展。召开长三角体育产业一体化发展推进会，审议并通过《长三角地区体育产业一体化发展三年行动计划(2018—2020年)》，三省一市一校共同签署新一轮合作协议，并为长三角地区体育产业培训基地揭牌，确定22个合作项目。组织长三角运动休闲体验季上海崇明站活动，向长三角体育旅游爱好者宣传推广上海体育旅游精品赛事和景区。

推进重大体育设施项目建设。徐家汇体育公园项目全面开工建设；浦东专业足球场项目于2018年4月开工建设，进行桩基施工；市民体育公园项目一期足球公园项目全面开工建设；崇明体育训练基地建设项目于年底完成开办入驻。

〔市体育局规划产业(法规)处 供〕

竞赛表演

首届上海体育产业创新创业比赛举行

1月10日，在重点落实杨浦“三区一基地”建设的总体要求，加快区内体育高端人才和优质创业项目集聚的背景下，首届上海体育产业创新创业比赛在杨浦区江湾体育中心举行。

比赛在杨浦区体育产学研联盟的指导下，在中信银行、隆安律所的大力支持下，由上海市杨浦区体育局、上海体育国家大学科技园主办，旨在进一步营造新兴体育行业的创新创业氛围，共同推动上海市体育产业的快速发展。比赛自筹备初期就得到各省市体育产业界同仁的广泛支持，有来自北京、浙江、陕西、广东等各省市的优秀创业项目参赛，参赛项目中涵盖互联网+、新兴体育项目、科技创新等产业概念。经过赛事专家评审严格把关，最终筛选出10个优秀项目参加决赛阶段现场路演。经过激烈比拼，最终中国穿越无人机竞速联赛、无界角斗、未度健身三个项目成为前三名。赛事路演现场，优质的参赛项目吸引华兴资本、原仓资本、通江资本等众多投行机构的兴趣，比赛现场成为气氛热烈的商务洽谈会。（文史）

NBA5V5创造体育营销新模式

9月2日，上海——NBA5V5精英篮球赛总决赛落幕，东区冠军杭州SE队在决赛中力压南区冠军盛世杰青斩获总决赛冠军。至此，NBA夏季精英篮球赛在历经近两个月的比拼后完美收官。

作为NBA在夏季的精品活动之一，NBA5V5受到全国各地球迷的欢迎。目前，NBA中国的估值已超过40亿美元，2017年的营收达到创纪录的数亿美元。在2018年NBA5V5如此盛况的背后，其实运营方也悄然发生了新的变化。以往的NBA5V5都是NBA中国自己作为运营方在举办。而2018年，两家中国营销公司加入。这也是NBA更接地气，更加注重去接触观众、粉丝和品牌的一个重要举措。

这两家中国体育营销公司之一就是双刃剑体育，负责NBA5V5的赛事商业推广工作。往届的NBA5V5赛事中，所有赞助商都是同一级别，即官方合作伙伴。在双刃剑体育的推动下，本届赛事在官方合作伙伴的基础上增设供应商，这构成赛事的两级赞助体系。此前单一的级别对于一些小的企业来说可能会导致资金上的压力，从而流失赞助NBA相关比赛的机会。基于新的体系，此前与赛事有过合作的洲明科技和美凯地板两家企业升级为赛事的供应商，并且得到更多品牌宣传、曝光的机会。

2018年赛事的赞助商还包括东风日产、Jordan Brand、中宏保险、康师傅、天梭和腾讯微视。这些赞助商也都得到定制化的活动支持。比如中宏保险“一投制胜”、Jordan“扣篮大赛”和东风日产“未来之星挑战赛”。

（文史）

中国帆船公开赛完成第一赛段（大连－上海赛段）

9月29日，首届中国帆船公开赛第一赛段（大连－上海赛段）结束。上海站分段赛颁奖晚宴上，青岛天泽航海帆船队获得IRC组第一，由“多芬”独立冠名的深圳船奇帆船队获得统一组第一。

公开赛由中国帆船帆板运动协会、大连市体育局主办，深圳市文体旅游局、上海市体育总会、泉州市体育局作支持单位，深圳市帆船帆板运动协会承办，深圳市大鹏新区文体旅游局（深圳赛段）作指导单位，深圳市七星湾游艇会有限公司协办，吟风体育独家运营，是目前中国航线最长、历时最久的帆船离岸赛事。

在首段赛程中，参赛船队经受号称“中国好望角”——成山头的大浪挑战，也经历渔网阵、渔船、商船密集的重重考验，历经5天4夜，在9月28日全部抵达上海，顺利完成大连－上海赛段的比赛。

为传播水上帆船赛事与竞技体育市场化纵深发展，公开赛第一赛段（大连－上海赛段），在上海外滩诺莱仕游艇会设立“航海私董会”环节，邀请参赛船队代表、行业领袖，以及国内知名赛事组织方，即中国帆船公开赛、中国环渤海帆船拉力赛、司南杯大帆船赛、中国帆船联赛、环太湖国际帆船拉力赛代表，以及BlueWater（泊鹭蔚德）、体奥动力等赛事合作品牌代表，共同分享中国帆船赛事的发展经历，参与探讨中国帆船赛事未来发展布局，以及如何通过市场化的传播方式推动中国帆船运动产业的发展与推广。

在颁奖晚宴中，中国帆船公开赛与中国环渤海帆船拉力赛及司南杯大帆船赛完成签约合作，未来中国南北两大帆船赛事将作为中国帆船公开赛的“晋级赛”，共同为中国帆船运动的发展贡献力量，合作促进中国帆船产业的长远发展。与此同时，“中国帆船公开赛俱乐部”也于当日正式宣布成立。

公开赛通过“赛事、城市、企业”的叠加式合作，提高国人对航海运动发展的关注与重视，将为带动国家休闲体育发展、中国水上运动及帆船文化交流发展，书写21世纪海上丝绸之路新篇章，起到助推作用。9月30日，首届中国帆船公开赛六支参赛船队将从沪起航，继续进行第二赛段的比赛，驶向泉州。

（文史）

“前卫实业杯”500骑行挑战赛在长兴岛举行

在喜迎首届上海国际进口博览会召开的日子里，10月27日，2018年上海城市业余联赛“前卫实业杯”500企业白领骑行挑战赛在长兴岛郊野公园举行。赛事落地长兴岛，与“美丽长兴、十彩郊野”长兴岛郊野公园旅游文化艺术节暨上海柑桔节相结合，旨在让更多的城市白领走出写字楼，体验长兴岛美丽乡村的建设成果，是上海全民健身运动与郊野公园品牌文化活动全面深度合作的良好开始。

来自上海航天局、宝武集团、中民投集团、光明乳业、恒源祥集团、雅客食品、菜管家、乾天厨具、涵美包装等近50家企业的300名选手参与。

挑战赛设精英组和大众组两个组别，哈罗单车给予大众组选手特别支持。赛事以企业为单位，每5名队员组成一个车队，以车队最后到达终点的选手为准，计团队成绩。上午10点，随着发令枪响，300名选手分成两条骑行线路，从长兴岛郊野公园二号门起点出发，沿途经过长兴岛最美沿江骑行绿道、青草沙水库、崇启大桥等再回到终点长兴岛郊野公园，精英组全程 30 公里，大众组全程 18 公里。著名自行车选手、四届亚锦赛冠军黄冬燕也来到比赛现场，为选手们加油。

长兴岛作为上海的重要产业基地和新兴开发地区，肩负重大的历史使命，是国家战略的体现、上海发展的关键，正在努力打造世界先进的海洋装备岛、上海的生态水源岛和独具特色的景观旅游岛，而前卫实业公司所属长兴岛郊野公园正是打造景观旅游岛的重要载体。

挑战赛由上海市体育局、上海体育总会指导，上海市社会体育中心主办，是新天地体育倾力打造之精品全民赛事。新天地体育已与前卫实业达成战略合作，将赛事连续 5 年落地在长兴岛郊野公园。让更多企业员工参与到全民体育锻炼中来，培养大家喜欢户外运动、热爱体育锻炼的习惯，为全民健身、健康中国做出积极贡献。

（文史）

健身休闲

亚洲电子体育高峰论坛在上海举行

4 月 11 日，亚洲电子体育高峰论坛在上海举行。亚洲电子体育联合会是亚洲电子体育运动管理和推广的唯一官方组织机构，是亚奥理事会认可的，具有独立性、自主性的洲际单项体育协会。同时，也是全球首个获得官方认可的电子体育洲际协会。

论坛现场，亚洲电子体育联合会发布近期发展规划。联合会的主要职能是推广引导并规范电子体育运动发展，同时致力于推动电子体育学术项目的设立，与高校展开积极合作。

2017 年 9 月 19 日，中国香港体育协会暨奥林匹克委员会副会长霍启刚当选亚洲电子体育联合会主席。同月，亚洲电子体育联合会成功主办第五届亚洲室内与武道运动会电子体育表演项目。2018 年 8 月，电子体育将作为表演项目登陆雅加达亚运会的舞台。

霍启刚认为，电竞必须规范化，把电竞重新定义为电子体育，使它有健康的发展。必须正确引导它的内容，保证符合奥林匹克精神所要求的非暴力、和平观念。必须建立体制，把运动员、教练员、裁判等一系列体制建立起来。要协助亚洲各国对电子体育发展的支持，让亚洲地区对此项运动有一个健康而快速的发展。（文史）

篮球历史文化展在沪举行

4 月 17 日，2019 年国际篮联篮球世界杯上海赛区宣传推广活动暨篮球历史文化展在上海中心开启。来自篮球发源地美国春田学院的篮球珍贵藏品——奈史密斯对篮球设备改进之后第一个真正意义上的篮球，首次跨越太平洋，来到中国上海，陈列于上海中心“上海之巅”观光厅。

国际篮联体育竞赛部主任普利德拉格·伯格萨夫耶夫，美国春田学院副院长斯图尔特·琼斯，2019 年国际篮联篮球世界杯组委会常务副主席、中国篮协主席姚明，组委会常务副主席，上海市体育局党委书记、局长徐彬，上海市篮球协会会长、宝山区委书记汪泓，组委会副主席、上海市体育局副局长罗文桦，上海中心大厦建设发展有限公司党委书记、总经理顾建平共同启动2019年国际篮联篮球世界杯上海赛区宣传推广活动暨篮球历史文化展。组委会常务副秘书长、中国篮球协会副主席刘克军出席活动。

启动仪式上，由上海市体育局推荐，上海旗舟广告有限公司设计并成功当选的2019国际篮联篮球世界杯会徽“强者的舞台”出现在大屏幕上，幻化成摩登现代的上海风貌，七颗篮球穿城越巷后，升腾汇聚成飞舞的火球形象，最终在上海中心上空绽放，定格“感受上海，享受篮球”的活动主题，正式拉开2019年国际篮联篮球世界杯上海赛区宣传推广活动暨篮球历史文化展的序幕。

篮球历史文化展为期十天，分为实物展和图片展两部分。实物展陈列于上海中心“上海之巅”118层观光厅，展品包括早期的篮球、篮筐、篮球发明者奈史密斯的申请文件、中国篮球名宿签名篮球等共30件藏品。图片展陈列于上海中心B2层艺术长廊，总长362米，共计127组图片及介绍，寓意篮球运动从1891年至2018年长达127年的成长历程。图片展共分为“寻根问脉——篮球发源地”“上海篮球历史”“现在的篮球！”“未来之篮球——青少年篮球”四个部分。

（文史）

第36届中国国际体育用品博览会举行

5月25—27日，以“聚力　融合　创新”为主题的第36届中国国际体育用品博览会（以下简称“体博会”）在国家会展中心（上海）举行，呈现体育用品制造行业全景风貌。博览会展区面积18万平方米，1 400多家企业近5 000个品牌参展，10万人到会，15万人次观展。

第36届中国国际体育用品博览会　（王佳斌 摄）

为顺应行业发展趋势，满足展商参展需求，展会展区进一步优化。国家会展中心（上海）的7个展馆，根据展示品类优化为运动休闲、球类武术搏击、场馆设施营造、健身四大主题展区。根据各行业特点，四大主题展区再分别进行细分，并配合室内外活动专区，方便观众观展。其中，运动休闲展区涵盖轮滑滑板、鞋服、户外骑行、水上运动、冰雪、休闲、体育产业基地/产业园等类别；球类、网羽运动及武术搏击展区涵盖足篮排、乒乓球、羽毛球、网球、武术、搏击、举重、拳击器材以及网羽运动地板地胶、运动配件及周边、运动护具、绳网、培训机构及俱乐部等类别；场馆设施营造展区涵盖场馆设施、营造、运动地面系统、冬季运动设施、体育器材、体育小镇以及创新产品展示六大类别；健身展区分为健身器材及用品展区，新增设全民健身路径及儿少运动游乐设备、按摩及保健产品、康复设备及服务三大展览内容。观众不仅能体验各类新产品，更能感受科技与智能化给体育制造业带来的新变化。

此外，体博会在打造传统贸易功能的基础上，更加突出其社会公益属性和交易属性。展会期间共举行10余场行业论坛和会议、40余项主题活动，搭建全方位的沟通机制，实现行业上中下游共赢。

作为体博会品牌活动，中国体育产业峰会

经过五年积累，“行业风向标”作用持续凸显。峰会以“聚力”为关键词，由一场高端论坛和多场专场活动组成，分别聚焦体育用品、全民健身、青少年体育、场馆设施、健身行业发展、体医融合、康复科技等话题。

（文史）

第二届体育资源配置上海峰会举行

9 月 27 日，以“资源共享、合作共赢、平台共建”为主题的第二届体育资源配置上海峰会在宝山智慧湾科创园举行。上海体育企业、项目方、投资方、运营方和行业专家及媒体代表等近 500 人齐聚大会，分享体育产业相关信息，交流体育产业运营和投资经验，共话体育产业发展未来。市体育局、宝山区政府、安徽省体育局、上海联合产权交易所、上海体育学院、江苏省体育局、浙江省体育局、国家体育总局体育器材装备中心等领导出席。

峰会采取“1+1”办会模式，中心会场与外场展览相结合：中心会场以项目路演、信息解读、智慧分享为主；外场展览以项目展示、项目体验、项目互动为主，初具体育资源交易会的雏形，为峰会升级为体育资源交易博览会打下坚实基础。

峰会现场对上海体育产业 30 条、体育资源交易平台、体育法律等热点信息进行了权威解读，智慧分享环节则围绕体育产业如何助力打响上海城市品牌，媒体生态如何助推体育产业发展等话题展开讨论。在中心会场进行的项目路演环节中，2019 世界武术世锦赛等十个优质项目进行路演，专家对推介项目进行点评并进行智慧分享。此外，峰会还请来自江浙皖沪等多省市领导及负责人，围绕长三角体育产业新形势下的发展及协作新机制等展开分析研讨，路演和展示长三角地区代表性的体育产业项目。

峰会的举办是为配合国家体育产业发展战略，促进体育资源规范高效流转，构建具有专业性和公信力的体育资源交易平台。峰会旨在挖掘体育产业发展潜力，搭建政府与市场、资本与项目的桥梁，为 2025 年上海基本实现国内外重要的体育资源配置中心作出贡献。

（文史）

上海市体育旅游休闲基地名单公布

10 月 31 日，上海市体育旅游休闲基地等级评定委员会公布 2018 年度上海市体育旅游休闲基地名单，其中上海东方体育中心等 4 家单位荣获“上海市五星体育旅游休闲基地”称号，滴水湖等 7 家单位荣获“上海市四星体育旅游休闲基地”称号，浦江郊野公园等 2 家单位荣获“上海市三星体育旅游休闲基地”称号。

评选在市体育、市旅游局的指导下，通过各区旅游、体育管理部门推荐和各单位自愿申报，由评定委员会根据《体育旅游休闲基地服务质量要求及等级划分办（DB31/T 755—2017）和《体育旅游休闲基地等级评定办法》（沪旅发〔2017〕32 号）进行评定。

上海市体育旅游休闲基地每 2 年接受监督检查，每 4 年接受评定性复核。

（文史）

2018年上海市星级体育旅游休闲基地名单一览表

序号	基地名称	等级
1	上海东方体育中心	★★★★★
2	上海美帆游艇俱乐部有限公司	★★★★★
3	上海佘山国家旅游度假区	★★★★★
4	西沙·明珠湖景区体育旅游休闲基地	★★★★★
5	滴水湖基地	★★★★
6	国际乒联博物馆和中国乒乓球博物馆	★★★★
7	上海宝山体育中心	★★★★
8	黄兴（体育）公园	★★★★
9	智慧湾科创园体育旅游休闲基地	★★★★
10	上海棋院	★★★★
11	世博黄浦体育园	★★★★
12	浦江郊野公园	★★★
13	上海廊下郊野公园	★★★

奥林匹克博览会在沪开幕

2018年11月24日—2019年1月31日，主题为“巅峰·荣耀”的奥林匹克博览会（以下简称“奥博会”）在上海开幕。展览旨在弘扬奥林匹克精神，助力2022年冬奥会，是继2018年8月8日北京奥林匹克博览会“双奥之城”展览后又一奥运体育文化展示。

国际奥委会副主席于再清、国际奥委会副主席胡安·安东尼奥·萨马兰奇以及来自2022北京冬奥组委文化活动部、上海市体育局、浦东新区等领导共同按下五环印章，启动上海奥博会。

奥运冠军杨扬、邓亚萍、陶璐娜、王励勤、邹市明、彭勃，残奥冠军邹丽红，特奥冠军李想等100余人出席开幕式。萨马兰奇基金会为冠军代表颁发“体育杰出贡献奖”，并为艺术家代表颁发“艺术杰出贡献奖”。

展览聚焦奥林匹克文化遗产（火炬、奖牌、邮票、海报、纪念币等）、艺术与奥林匹克、双奥之城和童画奥林匹克等多个主题。观众可免费参观上海中心地下二层公共艺术长廊奥博会展区，购买上海之巅观光厅门票可在当天同时参观119层奥博会展区。展览期间，除了邀请运动员参观外，还邀请运动员为青少年开设奥运讲堂，通过讲述自己的故事，普及奥林匹克知识，勉励青少年积极上进。

艺术奥林匹克展区开展海派艺术家巡展。陈佩秋和南溪为奥博会献上专题创作。来自西班牙和日本的画家为奥博会专题创作作品，为艺术品展示专区带来不一样的视觉体验。

奥博会由北京2022年冬奥会和冬残奥会组织委员会、中国奥林匹克委员会和上海市体育局参与支持，萨马兰奇体育发展基金会和国际奥委会共同主办。

（文史）

企业运营

虎扑融资 6.18 亿元

1 月，虎扑（上海）文化传播股份有限公司完成新一轮 6.18 亿融资，领投方是中国国际金融有限公司（以下简称“中金公司”）。2017—2018 年，虎扑依托海量互联网用户，在电商变现、体育 IP 开发以及产业投资三方面取得飞速进步，初步完成互联网体育生态的布局，这也是中金公司投资的主要原因。虎扑旗下电商平台“识货”，2017 交易规模超过 20 亿，12 月日均订单 3 万单。体育 IP 开发上，虎扑一方面承接巴萨、皇马等一批顶级国际 IP 的中国市场开发，另一方面打造自有篮球赛事 IP“路人王”，一年时间已覆盖 34 个城市，单月视频播放量超过 1.1 亿，获得阿迪达斯、欧莱雅等品牌赞助。

2015 年以来，虎扑通过其管理的两期动域资本基金，大额入股中国大部分最优质的体育创业公司，包括懂球帝、昆仑决、超级猩猩、悦跑圈、暴走的萝莉等。其中昆仑决在 2017 年完成了估值 5 亿美金的 C 轮融资，超级猩猩也由红杉领投，估值超过 10 亿人民币。（文史）

崇明区与万达体育签署战略合作协议

3 月 2 日，上海市崇明区人民政府与万达体育有限公司战略合作签约仪式在上海东方体育中心举行。依据该战略合作协议，2018 年，世界铁人三项赛和摇滚马拉松两项国际著名赛事首次落地上海市崇明区。

上海市人民政府在 2016 年发布的《崇明世界级生态岛发展“十三五”规划》（以下简称“《‘十三五’规划》”）明确指出，在“提升现代服务业功能品质”方面，崇明要“优化整合体育产业资源布局，大力发展自行车、路跑、足球、水上运动、房车露营等户外健身休闲项目，打造国内外知名的崇明户外运动休闲品牌”。经过 10 多年生态岛建设，崇明已经形成非常好的生态环境，特别是西沙湿地、明珠湖公园、森林公园、环岛水系等优质生态资源为举办马拉松、自行车、铁人三项等户外运动提供了其它地区无法比拟的优越条件。协议的签署，是崇明区落实《“十三五”规划》，大力发展户外休闲体育，为市民提供丰富多样体育产品，不断满足新时代人民群众体育健身新需要的重要举措。

崇明依据《“十三五”规划》的要求，携手万达体育，以赛事举办为契机，推动崇明区体育旅游、运动休闲、体育培训等领域和业态的升级，促进崇明区体育产业全面协调发展。依据双方此次签署的协议，在上海市崇明区引进铁人三项及摇滚马拉松赛事的同时，万达体育将负责这两项赛事的运营、传播、推广及商业开发等工作。此外，万达体育还为崇明区体育小镇、体育场馆、旅游基础设施的建设、升级和运营等工作提供咨询服务和资源对接。

铁人三项是世界上最具挑战的耐力运动之一，品牌市场占有率高达 91% 的 IRONMAN 系列赛是铁人三项运动中最成功、影响力最大的赛事。IRONMAN 从 1978 年美国夏威夷开始举办比赛，到现在每年在全世界 44 个国家有超过 260 场赛事，无数铁人冲过终点线向世界证明着 IRONMAN“没有不可能”的品牌精神。而自从 1998 年首届摇滚马拉松在美国加州圣地亚哥举行以来，经过20年发展，该赛事已覆盖21个美国中心城市，以及利物浦、马德里、温哥华、墨西哥城等国际大都市，成为全球最大马拉松系列赛。2017年，摇滚马拉松在全球共举办30场分站赛，逾60万选手参赛。万达体育在收购这两项全球顶级耐力项目赛事IP之后，分别于2016年和2017年将两项比赛引入国内。

（文史）

2018年上海市体育产业基地评选结果公布

2018年4月13日，上海市体育局根据《上海市体育产业基地管理办法（试行）》（沪体计〔2017〕38号）和《上海市体育局关于开展2018年度上海市体育产业基地申报工作的通知》（沪体计〔2017〕510号），经过评选和公示，命名五星体育传媒有限公司等7个单位为“上海市体育产业示范单位”，《弈棋耍大牌》三元生态互动平台等7个项目为“上海市体育产业示范项目”。

（文史）

2018年上海市体育产业基地评选结果

一、体育产业示范单位（7个）

1. 五星体育传媒有限公司
2. 上海东方体育中心
3. 上海网映文化传播股份有限公司
4. 万年青（上海）运动器材有限公司
5. 上海锐力健身装备有限公司
6. 上海巅峰体育管理股份有限公司
7. 古大电子商务（上海）有限公司

二、体育产业示范项目（7个）

1. 《弈棋耍大牌》三元生态互动平台
2. 跃动跳绳
3. 尚体乐活空间
4. 适维健身
5. 优体青少年大健康项目
6. 上海市奉贤超越青少年网球
7. “午间一小时”运动健康巡回赛

（文史）

2017年度上海市体育产业统计公告发布

2018年8月28日，上海市统计局和上海市体育局联合发布2017年度上海市体育产业统计公告。经统计核算，2017年上海市体育产业总产出（总规模）为1 266.93亿元，增加值为470.26亿元，占当年全市GDP比重1.6%。按照国家体育产业11个大类分类，体育服务业（除体育用品和相关产品制造业、体育场地设施建设外的其他9大类）总产出和增加值分别为829.45亿元和384.23亿元，占上海市体育产业总产出和增加值的比重分别为65.5%和81.7%。其中，体育用品及相关产品销售、贸易代理与出租业总产出和增加值最大，分别为461.37亿元和210.22亿元，占上海市体育产业总产出和增加值的比重分别为36.4%和44.7%。（文史）

市体育局和临港集团签署战略合作框架协议

11月27日，上海市体育局和上海临港经济发展（集团）有限公司在东方体育大厦签署战略合作框架协议。

双方将以签约为起点，共同谋划、细化和落实具体项目，借助临港的企业平台和园区资源优势，全面推进双方在全民健身、竞技体育和体育产业等各个领域的合作，助力本市体育事业发展迈上新台阶。临港经济发展（集团）有限公司总裁袁国华介绍了集团“产城融合”的核心发展理念，未来将规划建设园区体育运动空间，广泛开展园区职工体育活动，着力推进高级别男子自行车职业赛事等，创新发展体育与产业、园区与城市、健身与服务共享一体的产城融合区域。

本着“强强联合、优势互补、互惠共赢、务实推进”的原则，市体育局和临港集团将充分发挥各自优势，整合资源，共同推动创造产业园区职工的高品质生活，促进本市体育事业和体育产业发展。根据合作协议，双方将在公共体育服务体系建设、全民健身赛事活动开展、体育产业协同创新示范点和体育产业集聚平台打造、自行车职业赛事培育等方面展开全方位深度合作。

上海临港经济发展（集团）有限公司是上海市国资委下属的以产业园区投资、开发与经营和园区相关配套服务为主业的大型国有企业，起步于漕河泾地区，通过“区区合作、品牌联动”，建设了高科技园区、商务园区、出口加工区等多类型的高品质园区。

（文史）

2017 年上海市体育产业总产出和增加值

体育产业类别名称	总量（亿元）		结构（%）	
	总产出	增加值	总产出	增加值
上海市体育产业	1 266.93	470.26	100.0	100.0
体育管理活动	46.23	20.26	3.6	4.3
体育竞赛表演活动	56.93	32.96	4.5	7.0
体育健身休闲活动	54.00	31.27	4.3	6.7
体育场馆服务	19.76	13.53	1.6	2.9
体育中介服务	11.93	2.49	0.9	0.5
体育培训与教育	19.96	13.96	1.6	3.0
体育传媒与信息服务	86.51	44.90	6.8	9.5
其他与体育相关服务	72.76	14.64	5.7	3.1
体育用品及相关产品制造	412.45	79.77	32.6	17.0
体育用品及相关产品销售、贸易代理与出租	461.37	210.22	36.4	44.7
体育场地设施建设	25.03	6.26	2.0	1.3

注：若总量与分量合计尾数不等，是因数值修约误差所致，未做机械调整。

体育彩票

2018年上海体育彩票销售概况

2018年，上海市共销售体育彩票46.03亿元，比2017年同期增长43.2%，筹集体彩公益金11.6亿元。

加强责任彩票建设。在转型发展时期，上海体育彩票从侧重销量驱动发展转变为品牌驱动发展，大力完善责任彩票体系，致力建设负责任、可信赖、健康持续发展的国家公益彩票。2018年，上海市体育彩票管理中心成立了责任彩票工作领导小组，完成市体彩中心、各区体彩办和体彩专管员的责任彩票培训，区体彩办对网点实现全员培训。市体彩中心对不符合责任彩票的工作进行适当修正，加强对网点的暗访检查，要求网点必须张贴代销证和警示语。

强化销售渠道拓展。首先实体网点征召工作继续延续打破距离限制，放宽面积要求的原则，全年不间断通过线下线上同步征召体彩销售网点。其次，改革实体网点征召流程，实现网络、手机APP端发起申请，区、市两级审批的制度，缩短开店时间。第三，制定《2018年体彩销售亭入室经营形象升级奖励办法》，首批安排200万专项资金，对入室合规经营的体彩销售亭予以奖励。第四，改善网点形象，对网点门头实行标准化改造。第五，提高服务质量，更换1 200台标准终端机。第六，加强社会渠道拓展，完成275个便利连锁行业小终端的布建，并继续加强行业渠道大终端网点和即开自助销售终端的销售管理。

突出体彩品牌维护。为全面做好体育彩票品牌建设工作，制定《2018年度品牌宣贯工作方案》，对全体体彩从业人员进行品牌制度培训。利用体彩培训平台及上海体彩APP端考试两个渠道同步开展培训及考核，通过率达到100%。为强化公益宣传，全市着重加强自媒体建设和维护，建立体彩官网、微信公众号、APP的自媒体矩阵，其中APP用户安装数量近8万人。借助世界杯契机，市体彩中心与五星体育电视联合制作播出《超G竞彩@世界杯》节目，与五星体育广播合作推出《世界杯竞彩之星》节目。全年组织多场品牌推广活动：结合公益体彩助力青少年体育主题宣传月，创新举办2018年上海体彩首届年度论坛。结合上海电脑体育彩票上市20周年，策划组织了“上海电脑体育彩票上市20周年纪念暨体彩之星第五届销售员技能大赛”活动。以普及体育知识为主题，以体彩知识为主线，组织体彩杯2018年上海体育文化知识竞赛系列活动。活动期间，利用报纸、电视等传统媒体以及优酷、东方头条等网络媒体进行直播；植入体彩元素的国内外体育赛事25场，扩大体彩公益宣传。

积极开展市场营销。拓展体彩消费人群，提高体彩品牌曝光率，开展多种形式的市场营销活动。硬广投放上，新增社区门禁广告、公交站台LED屏广告、仙霞网球中心户外广告等。活动组织上，响应国家“万场地推活动”号召，全年利用大型体育赛事、2018年俄罗斯世界杯、文化活动相结合等多种形式，完成各类地推活动共325场。产品促销上，组织开展“11选5春暖花开促销派奖”，2018年“亚冠零距离”“竞彩普及日三串一玩法赠票”“即开新票上市促销活动”“世界杯看我的”“大乐透金秋送豪礼”，上马、元旦迎新跑赠票等一系列营销活动。世界杯期间，与五星体育电视、五星体育广播、东方体育日报等媒体合作，组织10场看球买彩活动。

（曾雯彬）

2018 年上海市体育

玩法 \ 月份		一月	二月	三月	四月	五月	六月	七月
		月销售 / 万元						
电脑型	超级大乐透	8 213.92	5 148.47	7 763.53	8 344.79	8 647.72	7 869.47	7 883.96
	排列 3	1 022.86	635.40	945.83	975.97	1 032.52	982.67	911.80
	排列 5	513.65	321.66	502.94	498.58	513.34	479.56	498.44
	七星彩	306.08	205.12	316.11	330.15	329.47	320.98	333.88
	足彩胜负 14 场	1 851.74	1 538.54	1 570.96	1 901.07	1 008.63	970.64	971.65
	足彩任选 9 场	1 335.10	1 323.49	1 281.30	1 471.35	774.37	509.28	661.25
	足彩 4 场进球	48.29	38.61	30.07	56.51	24.79	173.90	70.78
	足彩 6 场半全场	4.03	2.82	2.44	5.28	2.08	12.07	6.87
	竞彩	8 097.08	5 104.33	8 778.00	9 584.73	8 837.61	33 164.00	41 307.21
	高频 11 选 5	6 335.10	3 710.55	7 187.62	8 962.81	7 754.43	6 729.75	7 593.25
	合计	27 727.85	18 029.00	28 378.79	32 131.24	28 924.97	51 212.31	60 239.08
	与上个月相比	−4.44%	−34.98%	57.4%	13.22%	−9.98%	77.05%	17.63%
	与去年同期相比	48.02%	−8.23%	11.75%	9.27%	8.08%	127.09%	157.95%
即开型		1 306.46	1 105.67	1 987.79	1 479.66	1 500.55	1 743.11	1 524.42
总销量		29 034.31	19 134.67	30 366.58	33 610.9	30 425.52	52 955.42	61 763.50

首届上海体彩年度论坛举行

4 月 22 日，2018 年首届上海体彩年度论坛在上海体育学院举行，论坛的主题是“上海体育的荣耀，体育彩票的使命——青少年体育发展中的体彩身影”。

论坛由上海市体育彩票管理中心主办，五星体育联合上海体育彩票研究中心承办，共吸引近 15 家沪上主流媒体报道，五星体育微电视、东方头条、上海体彩 APP 全程直播论坛实况。

上海体彩首次举办论坛聚焦的就是体育彩票发展的基石——公益公信。来自上海市体育总会、国家体育总局体育彩票管理中心、上海市体育局、上海市体育彩票管理中心、五星体育传媒有限公司、上海体育学院体育彩票研究中心的领导和专家，从各自角度畅谈体彩公益属性、青少年体育发展，以及体育产业、体育传媒如何对标体彩公益品牌建设。

中国体育彩票自批准发行以来已有 24 年，全国体彩销量从 1994 年的 5 亿元增长到 2017 年的 2 000 亿元，累计筹集公益金近 4 000 亿元。从上海来看，自 1995 年上海体育彩票管理中心成立至 2017 年底，全市共销售体育彩票 382.89 亿元，为国家公益事业和上海体育事业发展筹集公益金累计达到 99.94 亿元，累计代扣代缴个人偶然所得税 9.17 亿元，为上海加快体育强市建设和城市发展做出了积极的贡献。

从对青少年体育的扶持上看，2015—2017 年，上海体彩公益金共投入青少年后备力量培养

彩票销售情况表

					合计	比重 /%	较去年增长 /%
八月	九月	十月	十一月	十二月			
7 926.83	8 040.28	8 787.50	7 768.86	8 775.93	95 171.26	20.68%	9.87%
877.49	873.50	907.74	913.36	975.61	11 054.76	2.40%	−1.90%
482.08	495.22	496.45	497.97	521.91	5 821.78	1.26%	6.32%
339.02	371.41	359.93	391.01	352.50	3 955.66	0.86%	−1.31%
2 182.91	2 082.36	2 244.90	3 382.44	3 741.07	23 446.90	5.09%	18.72%
1 655.36	1 460.79	1 489.60	1 630.80	1 913.81	15 506.50	3.37%	1.00%
46.75	53.31	81.27	58.04	73.60	755.91	0.16%	7.86%
6.44	5.40	4.30	8.65	9.59	69.99	0.02%	−38.85%
17 424.40	17 137.28	17 992.73	15 937.03	14 192.16	197 556.56	42.92%	91.43%
7 367.37	7 120.00	7 885.32	8 245.57	8 727.37	87 619.14	19.04%	50.54%
38 308.65	37 639.55	40 249.73	38 833.74	39 283.54	440 958.45	95.80%	44.72%
−36.41%	−1.75%	6.93%	−3.52%	1.15%			
49.05%	33.18%	46.1%	37.1%	35.38%			
1 408.86	1 523.18	1 787.92	2 051.91	1 920.49	19 340.02	4.20%	15.49%
39 717.51	39 162.73	42 037.65	40 885.65	41 204.03	460 298.47	100%	43.20%

（市体育彩票管理中心 供）

经费 1.5 亿元，主要用于全市青少年后备力量培养，包括振兴三大球、推广冰上项目、支持青少年十项系列赛开展、促进学校办训工作、俱乐部资助以及体院后备力量培训等等。

论坛结束后，体彩助力青少年体育展示活动——2018 年“体彩杯”上海市青少年旱地冰球邀请赛在上海体育学院风雨操场举行。包玉刚绿巨人、维京大白鲨、维京大黄蜂、维京白马四支球队展开角逐。最终决赛，维京白马遭遇包玉刚绿巨人，两支球队常规时间打成 2 比 2 平局，最终通过加时赛和点球决战，维京白马队队员打出致胜点球，赢下冠军。

不仅是上海，全国体育系统在支持青少年体育发展方面，都能看到体彩公益金的行动：青少年体育活动中心、青少年体育场地设施建设、青少年体育组织、队伍建设、青少年体育活动、青少年体育研究、体育后备人才培养等。

（曾雯彬）

《中国体育彩票（上海地区）2017 年社会责任报告》发布

12 月 6 日，上海市体育彩票管理中心联合上海体育学院上海体育彩票研究中心公布《中国体育彩票（上海地区）2017 年社会责任报告》（以下简称“《报告》”），并在上海体彩网、上海体彩 APP 及上海体彩中心官方微信发布。《报告》由上海体育彩票研究中心主笔，共分六大部分，向公众展示了2017年上海体彩开展的各项工作以及履行的社会责任。

《报告》重点聚焦2017年上海市体育彩票公益金筹集及使用情况。2017年上海市共销售体育彩票32.14亿元，共筹集体育彩票公益金8.7亿元。2017年上海市体育局彩票公益金收支总计3.25亿元（含往年公益金结余0.34亿元）。

《报告》新增了关于上海地区体育彩票购彩者购彩心理认知特征及购彩者满意度调查。购彩者心理认知特征是未来做好问题购彩者识别及救助的基础性工作，有很重要的意义，这也是《报告》的亮点所在。（文史）

场馆设施

徐家汇体育公园改造工程动工

1月15日，徐家汇体育公园综合改造工程全面开工。通过改造，上海体育场将成为能够进行综合田径赛事和草地运动的综合性体育场；上海体育馆将升级成为能够举办顶级国际赛事的一流综合性室内场馆；工程还将新建适合市民日常运动和锻炼的下沉式体育综合体，包括40片羽毛球场、30片乒乓球场、3片网球场及壁球、击剑、体操、健身房等设施。

改造工程将对硬件设施全面升级：保留现有上海体育场、上海体育馆两大场馆的主体功能，形成东西向的专业赛事轴；上海体育场通过重新梳理增加赛事活动配套设施，成为能够进行综合田径赛事和草地运动的综合性体育场；上海体育馆保持原外立面风貌，通过结构加固改造，升级成为能够举办顶级国际赛事的一流综合性室内场馆；东亚大厦通过修缮改造，成为徐家汇体育公园综合运营管理中心以及相关体育组织的办公区域。

在确保原有室外、室内体育设施只增不减的基础上，新建适合市民日常运动和锻炼的下沉式体育综合体，包括40片羽毛球场、30片乒乓球场、3片网球场及壁球、击剑、体操、健身房等设施。

（文史）

上海市民体育公园一期项目举行奠基仪式

2月5日，上海市民体育公园一期项目（足球公园）奠基仪式在上海国际赛车场配套区举行。

公园位于嘉定区上海国际赛车场区域，北起伊宁路、南至宝安公路，在安辰路两侧，总占地约42万平方米。根据规划，上海市民体育公园位于上海国际赛车场南侧的配套区内，主要设置户外运动项目，包括足球公园、户外运动公园、水上运动公园、自行车公园、棒垒球公园和全民健身公园。其中一期为足球公园项目，绿化率超过30%，将建设标准11人制足球场18片、5人制足球场32片、篮球场25片，计划于2019年3月竣工。

建成后的上海市民体育公园将兼顾大众运动与专业赛事双重功能，将成为全市5个市级体育中心之一。公园将把体育健身场地和生态园林环境巧妙地融为一体，将成为具有时代性、标志性、创造性的体育公园。根据规划，项目远期还将作为上海举办重大赛事的储备用地。

（文史）

国际乒联博物馆和中国乒乓球博物馆在沪开馆

3月31日，国际乒联博物馆和中国乒乓球博物馆（以下简称“乒博馆”）正式落户上海。新落成的“乒博馆”位于黄浦区世博园地块，局门路796号，分地上三层、地下一层，占地面积5 000平方米。馆内设置陈列展览区、公众服务区、体验互动区、藏品技术区、教育研究区等区域，是一座全新的沪上体育文化地标。

国际乒联博物馆由瑞士洛桑迁移至上海，拥有藏品8 000余件，以时间脉络为顺序设有六个展区：发轫英伦、竞技风云、燃情奥运、技术演革、魅力乒乓、国际乒联名人堂。馆内藏有世界上最早的一枚乒乓球，由国际乒联博物馆前馆长查克·霍伊先生收购而来。中国乒乓球博物馆拥有藏品3 000余件，根据乒乓运动传入中国，以及在中国的发展经历，设有四个展区：常青之基、铸就辉煌、乒乓之春、科技助势。

“乒博馆”集展示收藏、教育研究、体验互动、国际交流四大功能于一体，作为第一个引入中国的国际级体育类专业博物馆，除拥有丰富的展品外，还将不定期举办邀请世界冠军、乒乓专家学者、专业运动员等举办“我来挑战世界冠军”“乒坛大师课”“国球讲坛”等丰富活动，观众既能全方位体验乒乓运动的速度与活力，更有机会一睹世界乒坛名将风采，并与其“切磋技艺”。

自3月31日13点30分起，乒博馆向公众开放，采取免费不免票的方式，观众通过网络、微信公众号等形式预约参观，也可凭身份证或学生证现场排队领票入场。日常开放时间为周二至周日的9:00—17:00。

（文史）

上海浦东足球场开工建设

4月28日，上海浦东足球场项目开工仪式在浦东张家浜楔形绿地举行。浦东足球场项目是上海“十三五”期间体育基础设施建设的重要任务之一，被列为上海市2018年重大建设项目。

浦东足球场的建设由上海市体育局牵头，上海久事集团作为建设主体负责推进实施，上港集团作为使用方对项目设计、建设等提出需求并全程参与，施工单位是上海建工二建集团。足球场位于锦绣东路以南，规划金滇路以东，金葵路以北，规划金湘路以西，区位条件优越，距离市中心约13公里，未来交通配套将包括2条地铁和多条公交线路。足球场总建筑面积为139 304平方米，总投资约18.07亿元。固定座席数为33 765个。在足球场西侧还有两片室外训练场地。

浦东足球场定位是能够满足FIFA国际A级比赛的专业足球场。因此，球场不仅拥有一流的足球比赛使用功能、一流的训练设施和一流的足球训练环境，以满足FIFA的各项比赛需求，未来还将承办中超、亚冠等国内外顶级赛事。

根据规划，建成后的浦东足球场不仅是举办国内大型比赛的足球竞技中心，同时也将成为市民群众健身、休闲、娱乐的重要载体。为此，浦东足球场在设计上超前谋划、周密安排，通过对建筑的灵活布局，增强足球场的综合服务能力，突出体育场多功能、综合性的特性，满足赛时和非赛时的使用要求。

球场建成后，将利用空间场地和培训资源，拓宽项目内容，建立市民体育运动体验和培训基地，着重引导青少年体育兴趣爱好培养。此外，相关部门还将以足球为平台，通过推进地区整体建设，最终将浦东足球场打造成为“体育氛围浓厚、赛事举办一流、群众体育活跃、空间活动丰富”的公共体育活动中心，不断满足市民日益增长的多样化体育健身需求。

作为新建的专业足球场，浦东足球场在设计时就严格遵循“经济实用、适度超前，功能齐全、朴实大方”的指导原则，力求运用现代设计理念，展示具有时代风貌的专业足球场形象和海派文化特征。球场整个造型概念源于中国传统瓷器，观众看台背面被白色金属材料包裹，呈现出瓷器般的光滑圆润。看台形成的天然角度，更让整个球场仿佛盛装着精彩体育赛事的精致器皿。在内场座椅布置上，采用了 FIFA 规定的数值进行剖面设计，以最大化地满足足球比赛的观赛体验；同时，通过楼梯、走道的合理配置，塑造具有秩序感的内场形象，在比赛期间达到“阵列在前”的仪式感。

（文史）

政策支持

上海市体育赛事政策解读会举行

为加快打造全球著名体育城市和世界一流国际体育赛事之都，上海市体育局印发《关于本市体育赛事活动组织体系设置的若干规定（试行）》《2018 年度上海市体育赛事发展专项资金项目申报指南》，进一步加大力度支持引进、培育优质品牌体育赛事。

为帮助更多的办赛主体和基层体育行政部门用好政策，8 月 27 日，上海市体育赛事政策解读会在东方体育大厦召开。各区体育局、各单项体育协会、部分赛事公司和相关单位及新闻媒体代表出席会议，共同学习研究文件。

《关于本市体育赛事活动组织体系设置的若干规定（试行）》是近年来市体育局发布的唯一一个全口径解释本市体育赛事相关管理要求的文件。服务对象涵盖专业体育赛事、青少年体育赛事和群众性体育赛事。文件的制定，确定了市体育局和市体育总会在全市各级各类赛事体系中的职责定位，明确市体育局原则上不参与各类商业性赛事活动的组织工作，进一步加强在全市举行赛事的名称管理，同时发布赛事申报要求和责任追究条款。文件明确指出，如需要市体育局担任主办、承办、支持、指导等相关工作的，应提前半年向市体育局提出申请；也明确境外非政府组织在本市开展赛事活动，应严格按照《中华人民共和国境外非政府组织境内活动管理法》规定依法登记设立代表机构或备案，并依法开展各类活动。文件提出对违反本规定相关条款的办赛主体，将依法追究相关责任主体的法律责任，并将该责任主体列入办赛黑名单，在本单位官方网站向社会公布。

《2018 年度上海市体育赛事发展专项资金项目申报指南》（以下简称“《申报指南》”）将“各运动项目世界顶级赛事”“连续举办三届以上（不含三届）、具有一定影响力和社会效益的本市自主品牌赛事”和“服务‘一带一路’、长三角一体化等国家战略和全市重点工作的体育赛事”作为重点支持项目，并加大支持力度。

上海市体育赛事政策解读会举行　（程雯 摄）

相较去年，一是提升资金支持额度，对“提升赛事能级类项目”和“促进赛事落地类项目”采用统一标准，项目支持额度不超过赛事实际投入的30%，一般项目支持金额不超过500万元，重点项目支持金额不超过1 000万元，且市区两级财政支持总额不超过赛事实际投入的50%。二是降低申报准入门槛、简化申报流程。为扩大专项资金覆盖面，鼓励更多赛事主体申报资金，《申报指南》将赛事投入的准入门槛下调。其中，申报“促进赛事落地类项目”赛事实际投入调整为“不低于100万元”；申报“提升赛事能级类项目”赛事实际投入调整为“不低于200万元”，均比2017年下调100万元，扩大了申报项目的入选范围。为便于申报，允许项目申报单位在受理期限内，向企业注册地所在区体育管理部门或赛事所在区体育管理部门提出申请。

（文史）

市政府发布“上海体育产业30条”

8月29日，市政府新闻办举行市政府新闻发布会，陈群副市长介绍上海市最新制定的《关于加快本市体育产业创新发展的若干意见》（以下简称“《意见》”）相关情况。

体育产业是国民经济新的增长点，是打响上海“四大品牌”的重要载体，是建设“健康上海”的重要支撑。上海制定《意见》的总体考虑是：针对大调研中所发现的体育产业发展中存在的焦点难点问题，通过出台《意见》，深化“放管服”改革，加强政策引导和支持，显著增强体育产业的国际竞争力、影响力和辐射力，推动体育产业实现更好更快发展，为实现高质量发展和高品质生活做出更大贡献。

《意见》由总体要求、重点发展领域、构建现代体育市场体系、完善和落实体育产业政策四方面共30条构成（以下简称“体育产业30条”）。

首先在总体要求部分，《意见》强调了“四个坚持”，即：坚持对标国际、争创一流；坚持改革创新、扩大开放；坚持市场主导、政策引导；坚持协同联动、融合发展。明确了要优化和发展“四大体系”，即：以竞赛表演业和健身休闲业为引领的产业体系；以具有国际竞争力的体育企业为主体的市场体系；以重大体育场馆设施和产业集聚区为载体的空间体系；以产业政策和营商服务为重点的支撑体系。提出了三个阶段性目标，即：到2020年，全市体育产业总规模达到2 000亿元左右，体育产业总体发展水平走在全国前列；到2025年，全市体育产业总规模达到4 000亿元左右，跻身世界体育产业发达城市行列；到2035年，达到与卓越全球城市相适应的体育产业发展水平。

在重点发展领域部分，《意见》明确加快全市体育产业发展的五个重点。一是加快国际体育赛事之都建设。重点是完善重大赛事布局，打造职业赛事高地，扩大本土原创赛事影响力，提高赛事质量和效益。主要的举措包括：优化完善“以奖代补”的政府资助方式；完善体育赛事品质标准体系和赛事综合效应评估体系；建立赛事动态监测机制等。二是提升健身休闲产业能级。一方面，要丰富健身休闲服务项目，支持冰雪、水上、山地户外、汽车摩托车和航空等具有消费引领性的健身休闲项目发展。另一方面，要加强健身休闲设施供给，制定公共体育设施中远期规划，实施全民健身场地设施全覆盖计划，打造“15分钟体育生活圈”。此外，还要优化健身休闲产业布局，重点打造一批健身休闲集聚区和以健身休闲服务为核心的体育产业示范基地。三是完善体育服务产业体系。提高体育场馆服务水平，积极推进公共体育设施“改造功能、改革机制”两改工程，推广所有权、经营权分离改革；活跃体育中介服务市场；推动体育传媒发展。四是打造国际体育贸易中心。引进一批体育用品跨国公司地区总部，落实资金奖励、出入境便利等鼓励政策；扩大体育服务贸易规模；探索在上海自贸试验区开展体育服务产业政策试点。五是增强体育装备研发制造能力。推动体育装备制造转型升级；加强体育装备技术创新；支持建设国家体育用品质量监督检测中心，开展相关国家标准试点。

在构建现代体育市场体系方面，《意见》强调要坚持市场化改革基本方向，并明确了五个重点方面：一是激发市场主体活力，打造国内领先、世界一流的综合性体育企业；二是创新产业发展方式，加快推进体育产业集聚发展和融合发展；三是扩大体育消费；四是推进合作交流，推动长三角地区体育产业协同发展，拓宽体育产业国际交流合作；五是深化“放管服”改革。其中的重点包括：（1）调整体育行政部门与体育总会、各单项体育协会的职责，实行管办分离、政社分开；（2）加快制定赛事审批取消后的服务管理办法，建立多部门联合“一站式”服务机制；（3）通过部市共建等方式，积极推动国家体育产权交易平台落户上海；（4）加快构建覆盖体育组织、体育企业、从业人员等的行业信用体系，建立严重失信主体名单制度。

体育产业是朝阳产业、绿色产业，尽管发展速度很快，但总体上仍处于培育阶段，需要更加有力的政策支持，以进一步优化营商环境，有效引导资金、土地、人才等资源集聚，进一步激发体育企业的创新活力。为此，《意见》提出财政资金引导、减轻企业税费负担、加大金融扶持、保障产业用地供给、强化人才队伍支撑等五方面的政策，其中主要亮点包括：一是体育产业项目使用工业、研发用地可以“带产业项目”挂牌方式供地。二是支持各类市场主体合作利用工业厂房、仓储用房、传统商业街等存量房产、土地兴办体育产业，在符合城市规划的前提下，土地用途和使用权人可暂不变更。三是推动银企合作，支持建立体育中小企业融资服务平台。四是引导保险公司开发场地设施责任、运动人身意外伤害等体育保险。五是鼓励退役运动员从事体育产业工作的扶持政策。

（文史）

上海市体育产业发展联席会议召开

8月29日，2018年上海市体育产业发展联席会议全体会议在市政府召开。会议指出，做大做强体育产业是满足人民生活新需求、推动经济高质量发展的重要举措，也是建设卓越的全球城市、打响上海“四大品牌”的应有之义。上海的体育产业呈现良好发展态势，要充分认识新时代体育产业发展面临的新机遇，抓好“体育产业30条”等政策的贯彻落实，推动上海体育产业实现更高质量发展；要加快构建现代体育产业体系，打开产业发展空间，完善体育产业结构；要丰富和扩大市场供给，千方百计加强体育健身设施供给，丰富体育产品市场，精心筹办2019年篮球世界杯等国际大赛；深化体育产业“放管服”改革，创新赛事管理制度，继续推进体育社会组织改革，加强体育基金会和体育协会监管；加快培育一批体育龙头企业，培育一批体育“独角兽”企业；推进各类体育服务平台建设，提高体育产业行业管理水平，守住安全底线，营造一流的市场环境。

自2015年第一次联席会议全体会议召开以来，上海体育产业发展取得新进展、新成效：一是产业规模，节节攀升。统计数据显示，2014年至2017年，上海体育产业总规模和增加值连续保持两位数快速增长，总规模从767.05亿元增长至1 266.93亿元，增加值从308.22亿元增长至470.26亿元，增加值占全市GDP的比重从1.3%提升至1.6%。主营从事体育经济活动的单位数量，从2015年的7 938家增长至2017年的11 489家。服务业在体育产业总规模中占比超过六成；二是科学规划，引领发展，重视顶层设计，不断优化体育产业发展环境；三是搭建平台，提供服务，推进体育资源交易平台、体育产业投融资平台和体育产业信息服务平台建设，努力促进市场要素流动；四是夯实基础，优化机制，认真做好产业统计和消费调查基础工作，积极开展体育产业示范基地创建工作，充分发挥示范引领作用；五是部门协作，融合发展，注重加强部门与区域的合作，逐渐形成“体育+”“+体育”的良好态势；六是加强推广，开拓市场，体育企业活力不断增强，体育消费水平不断提高，总体呈现快速发展态势。

上海以《关于加快本市体育产业创新发展的若干意见》的发布为契机，以大调研梳理出的困扰体育企业发展的问题为导向，加强政策聚焦，增进组织协调，服务市场主体，着力提高体育产业发展质量。

（文史）

长三角地区体育产业一体化发展推进会在沪召开

9月27日，长三角地区体育产业一体化发展推进会在上海召开。上海市体育局、江苏省体育局、浙江省体育局、安徽省体育局、上海体育学院以及国家体育总局体育器材装备中心、长三角区域合作办公室相关领导出席会议。

会议认真贯彻习近平总书记关于长三角地区一体化发展的重要指示精神和长三角地区主要领导座谈会会议精神，围绕长三角地区实现更高质量的一体化发展要求，落实《长三角地区一体化发展三年行动计划（2018—2020年）》明确规定的“共同促进体育产业联动发展”任务，着重就深化长三角地区体育产业协作进行了深入讨论。江浙皖沪三省一市体育局局长、上海体育学院院长就长三角地区体育产业协作达成一致并签署协作协议。

会议还听取《长三角地区体育产业工作总结报告》，审议并原则同意《长三角地区体育产业一体化发展三年行动计划（2018—2020年）》，并为上海体育学院、南京体育学院、浙江省黄龙体育中心、安徽财经大学4个长三角体育产业人才培训基地揭牌。

会议强调，要以习近平新时代中国特色社会主义思想为指导，按照实现长三角体育产业更高质量的一体化发展的要求，以打造世界级体育资源配置平台为目标，以制度创新保障为手段，以项目建设为核心，引领体育产业发展的时代潮流，努力为全国体育发展做出贡献，为打造具有全球竞争力的世界级城市群积极贡献力量。

会议还讨论和确定“建设长三角地区体育产业联盟”“长三角地区青训体系构建”“举办长三角运动休闲体验季”“举办区域性大型体育赛事活动”“建设长三角体育产业信息平台”等一体化项目20余项，明确牵头单位。

长三角地区体育产业发展起步较早，发展速度较快，已成为中国体育产业最为发达的区域，体育产业总量约占全国30%左右。长三角地区体育产业协作可追溯到2012年，六年来，三省一市一院秉承合作、互利、共赢的理念，积极创新合作思路、丰富合作方式、拓展合作内容，在合作机制建立、合作课题研究、合作项目落地等方面均取得明显成效，每年定期召开联络员及协作工作会议，形成了体育资源配置上海峰会、长三角运动休闲体验季、长三角运动休闲博览会、长三角体育产业发展蓝皮书等一批品牌活动和项目。

（文史）

体育科研与教育

概 况

2018年是上海体育全面深入改革的关键年，上海体育科研教育工作者认真学习贯彻习总书记系列重要讲话精神，紧紧围绕全年各项重点工作的部署要求，团结协作、有序高效完成各项任务。

加大局管科研课题支持力度。完成2019年局管科研项目的立项工作，“综合计划”“雏鹰计划”“腾飞计划”“重点备战攻关”四类项目共收到申报书159项，经过评审遴选，共立项课题69项。

拓宽重大、重点科研项目申报渠道，提高项目完成质量。年内，上海体育科学研究所新增科研项目（任务）15项，其中上海市科委研究项目“奥运运动员智能精准选材育才关键技术研究与示范”1项，国家体育总局科技服务任务，“自行车运动员机能状态全息模型研究”“田径直道栏项目备战2020年东京奥运会（2018年度）科研攻关与科技服务保障”2项；完成科研项目（任务）并结题21项，其中国家体育总局科技服务任务1项；以第一署名单位发表期刊论文12篇，其中，中文核心期刊论文5篇。

努力提升竞技体育科技服务水平。继续以服务运动队为本，以完善复合型团队为抓手，着力抓好重点项目（运动员）的攻关与科技服务。在赛艇运动员3 200米HiHiLo免疫和炎症反应应答特征、自行车运动员不同骑行姿态对功率车大强度骑行表现、青年篮球运动员低重心突破与防守的干预效果、足球运动员心率变异性指标在持续性运动训练负荷监控有效性、射击运动员共振呼吸反馈训练及排球运动员急性髌骨脱位康复治疗等方面取得进展，相关成果分别发表于《体育科学》《中国体育科技》《上海体育学院学报》《中国运动医学杂志》等学术期刊上。

联合参与重大科研项目研究。“人类表型跨尺度关联及其遗传机制研究”是上海市十三五科技创新规划中重大研究项目之一，该项目由复旦大学领衔，上海交通大学、上海体育科学研究所、中科院上海生命科学院三家单位参与。上海体育科学研究所沈勋章工作组承担特殊人群——游泳运动员表型组学研究，主要探索青少年游泳运动员基因、表型、训练环境之间的关系，建立优秀游泳运动员科学选材模型，探索运动员精准选材。研究组完成207名高水平游泳运动员采样工作，其中健将108名；完成优秀青少年游泳运动员采样635名，并对其中312人进行跟踪测试，课题采样共1 159人次。完成身体形体、机能、生理生化、生长发育、运动、血尿代谢、非量化评估、基因等共1 500个表型指标测试工作，并与中科院对接完成游泳运动员表型数据库建设。研究成果发表在《中国体育教练员》杂志。“游泳运动员表型组学研究”技术操作手册编写工作基本完成。

持续推进重点研究项目实施。由上海体育科学研究所孙孟炜研究组承担的国家自然科学基金项目“SIRT3调控线粒体质量在骨骼肌运动损伤与修复中的作用研究”取得进展。研究组通过构建骨骼肌特异性过表达SIRT3-Tg小鼠，以力竭运动训练建立骨骼肌运动损伤动物模型，研究小鼠的运动能力，骨骼肌运动机能，骨骼肌组织氧化应激反应、测定氧化及抗氧化酶的水平表达，骨骼肌线粒体的形态、结构变化及调控线粒体生成相应的蛋白表达，明确以SIRT3为靶点，探讨提升线粒体的质量，修复骨骼肌的运动损伤。发现可以SIRT3为靶点，通过改善线粒体的氧化应激，提升线粒体的质量从而改善骨骼肌的氧化损伤。进一步研究表明，提升骨骼肌SIRT3表达，可修复骨骼肌运动性损伤，提高小鼠的运动能力。

着力推进体医结合工作。上海体育科学研究所与上海中医药大学附属龙华医院继续开展运动康复联合门诊工作，由康复医师进行损伤诊断，提供临床治疗意见，然后对动作模式进行评估，找出导致损伤的原因，以此制订运动干预计划，并现场指导教授动作，阶段回访邀病人复诊。同时，双方进行联合科研合作，探索运动康复训练手段在临床应用的效果。2018年，上海试点建设“体医合作联建站”项目。为积极探索社区为主体的体医合作新模式，逐步完善全民健身、全民健康服务体系，促进全民健身与全民健康深度融合，市体育局群体处启动该项目。经评审，全市各区共有9个项目获准立项。2017年启动的“体医交叉培训双百计划”于2018年3月全部完成，完成对全市各区100名社区（家庭）医生、100名社会体育指导员的培训。此外，还为华山医院运动医学科的医生，杨浦区、松江区、闵行区吴泾镇社区卫生中心的社区医生、家庭医生近300人进行运动处方的培训。

〔市体育局科教（青少）处 供〕

2018年上海市体育科技“综合计划”项目立项课题一览表

项目编号	课题名称	课题负责人	项目承担单位	起止年月	经费管理单位
18Z001	国民体质监测数据手机端可视化应用研究	王　梁	宝山区体育事业管理中心	2018.1—2018.12	宝山区体育事业管理中心
18Z002	体外冲击波联合肌内效贴治疗跟腱腱病的临床性研究	李云霞	复旦大学附属华山医院	2018.1—2018.12	复旦大学附属华山医院
18Z003	运动对皮肤微生态的影响	顾超颖	复旦大学附属华山医院	2018.1—2018.12	复旦大学附属华山医院
18Z004	3.0T核磁共振随访评估膝关节人工韧带移植物塑形愈合相关研究	李　宏	复旦大学附属华山医院	2018.1—2018.12	复旦大学附属华山医院
18Z005	我国优秀男子跳高运动员助跑速度向腾起初速度转化	蒋海燕	黄浦区卢湾青少年业余体育学校	2018.1—2018.12	黄浦区卢湾青少年业余体育学校
18Z006	关于温针灸治疗运动损伤所致膝关节炎的研究	王　伟	普陀区中心医院	2018.1—2018.12	普陀区中心医院
18Z007	3D打印技术辅助前交叉韧带精确重建	罗树林	上海市东方医院	2018.1—2018.12	上海市东方医院
18Z008	减压装置结合中医功法八段锦对预防举重运动员腰部损伤效果分析	王　权	上海市养志康复医院（上海市阳光康复中心）	2018.1—2018.12	上海市养志康复医院（上海市阳光康复中心）

（续表）

项目编号	课题名称	课题负责人	项目承担单位	起止年月	经费管理单位
18Z009	肥胖青少年减重过程中氨基酸谱时序性应答特征研究	高　欢	上海体育科学研究所	2018.1—2018.12	上海体育科学研究所
18Z010	注意力缺陷多动障碍儿童的运动干预方案及干预效果的实证性研究初探	郑樊慧	上海体育科学研究所	2018.1—2018.12	上海体育科学研究所
18Z011	基于高速动作捕捉的青少年乒乓球运动员技术动作训练监控与评价研究	肖　毅	上海体育学院	2018.1—2018.12	上海体育学院
18Z012	竞技体操的训练数据、生理生化指标、运动成绩三者之间相关性的大数据初步分析及软件开发	韩思音	上海体育学院	2018.1—2018.12	上海体育学院
18Z013	二十四式太极拳对失眠影响的自身前后对照研究	马　杰	上海中医药大学	2018.1—2018.12	上海中医药大学
18Z014	八段锦锻炼对有轻度认知障碍人群认知功能的影响	张云云	上海中医药大学附属岳阳中西医结合医院	2018.1—2018.12	上海中医药大学附属岳阳中西医结合医院
18Z015	健腰导引法结合理筋手法对运动员下腰痛及功能恢复的疗效研究	郑　军	上海中医药大学附属岳阳中西医结合医院	2018.1—2018.12	上海中医药大学附属岳阳中西医结合医院
18Z016	经筋透刺治疗不同部位软组织损伤的临床疗效观察	齐　瑞	上海中医药大学附属岳阳中西医结合医院	2018.1—2018.12	上海中医药大学附属岳阳中西医结合医院
18Z017	单跳运动员竞技能力结构模型的构建及应用研究	卢天凤	同济大学	2018.1—2018.12	同济大学
18Z018	唾液分泌型免疫球蛋白A（SIgA）胶体金试剂条的研发及其在足球运动员过度训练诊断中的应用	董静梅	同济大学	2018.1—2018.12	同济大学
18Z019	关于马拉松运动防范猝死标准的研究	王乐民	同济大学附属同济医院	2018.1—2018.10	同济大学附属同济医院
18Z020	不同强度的运动处方对糖尿病前期干预的研究	成　玮	上海市杨浦区中心医院	2018.1—2018.12	上海市杨浦区中心医院
18Z021	超等长收缩结合功能性电刺激治疗慢性踝关节不稳的康复计划研究	崔　芳	上海市东方医院	2018.1—2018.10	上海市东方医院

〔市体育局科教（青少）处 供〕

2018 年上海市体育科技“雏鹰计划”项目立项课题一览表

项目编号	课题名称	课题负责人	项目承担单位	起止年月	经费管理单位
18C001	青少年运动员与普通中小学生状态－特质焦虑的差异分析	许汪宇	宝山区体育事业管理中心	2018.1—2018.12	宝山区体育事业管理中心
18C002	椎缘骨在体操运动员中的发病率及预防	曹渊武	复旦大学附属中山医院	2018.1—2018.12	复旦大学附属中山医院
18C003	青少年垒球运动员多元化训练与专项体能训练的结合	宫晓湘	浦东第二少体校	2018.1—2018.12	浦东第二少体校
18C004	不同训练水平青少年游泳运动员脑电特征的比较研究	裴新贞	上海市徐汇区第二青少年业余体育学校	2018.1—2018.12	上海市徐汇区第二青少年业余体育学校
18C005	青少年运动潜能神经行为检测评价指标研究	安　燕	上海体育科学研究所	2018.1—2018.12	上海体育科学研究所
18C006	上海青少年女子排球运动员身体准备情况监控的应用研究	杨圣韬	上海体育科学研究所	2018.1—2018.12	上海体育科学研究所
18C007	上海市青少年蹦床运动员“网性”的评价与诊断研究	王乐军	同济大学	2018.1—2018.12	同济大学

〔市体育局科教（青少）处 供〕

2018 年上海市体育科技“腾飞计划”项目立项课题一览表

项目编号	课题名称	课题负责人	项目承担单位	起止年月	经费管理单位
18T001	中长跑力量耐力训练应用研究	赵　婧 导师：邱　俊	华东师范大学	2018.1—2018.12	华东师范大学
18T002	高强度间歇训练对青少年自行车运动员功能性乳酸阈值功率及心肺输出量的影响	张　龙 导师：马国强	上海市闵行区青少年体育学校	2018.1—2018.12	上海市闵行区青少年体育学校
18T003	不同康复手段在运动员髂胫束综合征膝关节外侧痛中的应用研究	何　霏 导师：陈文华	上海市第一人民医院	2018.1—2018.12	上海市第一人民医院
18T004	运用网络协同与数据智能技术提升青少年骨龄评价准确性的应用性研究	周慧康 导师：蔡　广	上海市徐汇区第二青少年业余体育学校	2018.1—2018.12	上海市徐汇区第二青少年业余体育学校

（续表）

项目编号	课题名称	课题负责人	项目承担单位	起止年月	经费管理单位
18T005	调神法经皮穴位电刺激减轻运动性疲劳的应用研究	刘保君 导师：徐世芬	上海市中医医院	2018.1—2018.12	上海市中医医院
18T006	上海水球运动员反复冲刺能力特征研究	梁世雷 导师：高　欢	上海体育科学研究所	2018.1—2018.12	上海体育科学研究所
18T007	传统体育养生运动处方库应用研究	范铜钢 导师：张云崖	上海体育学院	2018.1—2018.12	上海体育学院
18T008	单侧力量训练在上海市乒乓球女队的实践与运用	郑超颖 导师：李汶凯	上海体育学院	2018.1—2018.12	上海体育学院
18T009	石氏伤科熏洗方配合体外冲击波治疗运动员跟腱末端病的临床应用	尹萌辰 导师：莫　文	上海中医药大学附属龙华医院	2018.1—2018.12	上海中医药大学附属龙华医院
18T010	悬吊训练法（SET）结合推拿手法对腰部运动损伤防治的研究	郭清涓 导师：张　宏	上海中医药大学附属岳阳中西医结合医院	2018.1—2018.12	上海中医药大学附属岳阳中西医结合医院

〔市体育局科教（青少）处 供〕

2018 年上海市体育科技“重点备战攻关”项目立项课题一览表

项目编号	课题名称	课题负责人	项目承担单位	起止年月	经费管理单位
18J001	上海轮椅竞速队备战东京残奥会科研攻关研究	章凌凌	上海财经大学	2018.1—2018.12	上海财经大学
18J002	核心力量训练对提高上海市优秀射箭运动员专项体能效果的研究	周　栋	上海体育科学研究所	2018.1—2018.12	上海体育科学研究所
18J003	膳食中铁摄入及基因多态性对铁储备下降的运动员接受铁剂治疗的影响	王　晨	上海体育科学研究所	2018.1—2018.12	上海体育科学研究所
18J004	上海女排 2017—2018 联赛期间机能状态变化特点的研究	王　玺	上海体育科学研究所	2018.1—2018.12	上海体育科学研究所
18J005	上海女足面对主要对手 choking 的干预策略研究	刘书强	上海体育科学研究所	2018.1—2018.12	上海体育科学研究所
18J006	跳水重点运动员的个体发育与营养调控研究	张　鹏	上海体育科学研究所	2018.1—2018.12	上海体育科学研究所

（续表）

项目编号	课题名称	课题负责人	项目承担单位	起止年月	经费管理单位
18J007	优秀自行车运动员重大赛事准备、控制与评价研究 -1	崔小珠	上海体育科学研究所	2018.1—2018.12	上海体育科学研究所
18J008	运动营养应用服务平台的完善和重点运动员营养摄入知信行研究 -（1）	邱　俊	上海体育科学研究所	2018.1—2018.12	上海体育科学研究所
18J009	上海优秀拳击选手备战东京奥运会不同训练阶段体成分与无氧能力的关系	刘　敏	上海体育学院	2018.1—2018.12	上海体育学院
18J010	上海市体操、蹦床项目备战2020 东京奥运重点运动员关键技术科技攻关与服务	龚铭新	同济大学	2018.1—2018.12	同济大学

〔市体育局科教（青少）处 供〕

2018 年上海市体育社会科学研究课题立项情况表

立项编号	课题负责人	课题承担单位	课题名称	类别
TYSKYJ201801	刘东锋	上海体育学院	上海建设全球著名体育城市的内涵与评价指标体系研究	重点课题
TYSKYJ201802	杜　梅	华东理工大学	上海建设国内外重要的体育资源配置中心：标准与战略	重点课题
TYSKYJ201803	张祥泰	上海市社区体育协会	上海市社区体育健身俱乐部实体化研究	重点课题
TYSKYJ201804	龚耀飞	崇明区体育局	上海体育科技创新平台建设研究	重点课题
TYSKYJ201805	潘敏虹	黄浦区体育局	在共享经济视角下对上海黄浦区楼宇工作人群体育健身模式创新研究	重点课题
TYSKYJ201806	郑筱华	虹口区体育局	健康中国背景下“体医结合”模式对上海市慢性病健康促进的研究	重点课题
TYSKYJ201807	陈仁花	上海立信会计金融学院	基于供给侧结构性改革视域下的上海水上运动项目的普及与发展研究	一般课题
TYSKYJ201808	陈　丹	上海立信会计金融学院	上海少儿业余足球培训机构的困境与出路研究	一般课题
TYSKYJ201809	冉宁培	上海立信会计金融学院	“互联网 +”背景下移动健身 APP 功能评价研究	一般课题
TYSKYJ201810	周丽珍	上海立信会计金融学院	“健康上海”建设中学校体育的功能研究	一般课题
TYSKYJ201811	李大勇	上海立信会计金融学院	上海体育赛事营销存在的问题及对策研究	一般课题

（续表一）

立项编号	课题负责人	课题承担单位	课题名称	类别
TYSKYJ201812	杜海鹏	上海海事大学	上海建设国际一流品牌体育赛事生态圈的研究	一般课题
TYSKYJ201813	周擎文	上海海事大学	上海体育健身休闲公共服务体系的研究	一般课题
TYSKYJ201814	张公羽	上海海事大学	“互联网＋体育”前沿性问题研究	一般课题
TYSKYJ201815	李　臻	上海海事大学	“健康上海2030”背景下上海市社会体育指导员队伍模式构建的研究	一般课题
TYSKYJ201816	瞿群臻	上海海事大学	基于大数据视角的体育后备人才成长规律与培养体系研究：以上海为例	一般课题
TYSKYJ201817	王　跃	华东理工大学	构筑新优势　打响上海全球著名体育城市“四大品牌”的对策研究	一般课题
TYSKYJ201818	俞　菁	华东理工大学	上海运动休闲特色小镇规划布局与优化路径研究	一般课题
TYSKYJ201819	徐晋妍	华东理工大学	上海城市公园绿地体育健身空间开发研究	一般课题
TYSKYJ201820	潘捷良	华东理工大学	功能变迁视角下上海体育资源配置中心建设研究	一般课题
TYSKYJ201821	鞠明杰	华东理工大学	上海青少年体育参与兴趣影响因素研究	一般课题
TYSKYJ201822	沈　伟	上海市游泳救生协会	上海市游泳场馆游泳者安全风险管理研究	一般课题
TYSKYJ201823	马德浩	华东师范大学	人口结构转变下的上海体育发展战略研究	一般课题
TYSKYJ201824	徐仰才	上海中医药大学	上海市校园足球与职业足球共生机制研究	一般课题
TYSKYJ201825	郑秀琴	上海中医药大学	基于长尾理论下的上海市体育旅游市场的增量开发研究	一般课题
TYSKYJ201826	郭捍东	上海汉联律师事务所	体育消费预付卡相关法律问题研究——以上海经营性体育健身俱乐部为例	一般课题
TYSKYJ201827	周立	上海旅游高等专科学校	上海市青少年高尔夫运动普及与推广研究	一般课题
TYSKYJ201828	夏正清	东华大学	智慧健身的发展模式研究	一般课题
TYSKYJ201829	柏　杨	上海理工大学	上海市社会篮球培训机构运行机制及影响因素的研究	一般课题
TYSKYJ201830	王彦收	上海工程技术大学	上海建设世界一流的国际体育赛事之都策略及路径研究	一般课题
TYSKYJ201831	艾　蔚	上海工程技术大学	基于PPP模式的上海公共体育场馆所有权和经营权分离改革研究	一般课题
TYSKYJ201832	梁　鑫	上海工程技术大学	卓越城市背景下上海建设全球著名体育城市评价指标体系研究	一般课题
TYSKYJ201833	刘　娜	上海工程技术大学	“互联网＋”背景下上海体育产业结构优化路径研究	一般课题
TYSKYJ201834	董秋霞	上海工程技术大学	上海体育旅游产业与文化创意产业融合发展研究	一般课题

（续表二）

立项编号	课题负责人	课题承担单位	课题名称	类别
TYSKYJ201835	李　陈	上海工程技术大学	人居环境视域的上海公共体育设施建设效应研究	一般课题
TYSKYJ201836	王娅奇	上海工程技术大学	上海女性健身休闲产业模式创新研究	一般课题
TYSKYJ201837	罗　晶	上海工程技术大学	互联网＋背景下上海市体育公共服务的供给模式研究	一般课题
TYSKYJ201838	郭　华	上海工程技术大学	上海智慧体育产业发展模式及支持政策研究	一般课题
TYSKYJ201839	金月玲	上海健康医学院	体医结合——传统医学与运动结合预防心血管疾病发生的研究	一般课题
TYSKYJ201840	罗宇舟	上海健康医学院	“互联网＋”背景高校场馆对外服务研究	一般课题
TYSKYJ201841	陈传印	金山区社会体育管理中心	上海市郊公共体育场馆运营管理现状及对策研究——以金山区为例	一般课题
TYSKYJ201842	贾志娟	金山区青少年业余体育学校	基于“三大步”育人模式助推联盟精英队发展的实践研究	一般课题
TYSKYJ201843	王晓梅	金山区青少年业余体育学校	终身体育视域下青少年健康体育行为培养的“三维度”研究	一般课题
TYSKYJ201844	徐心浩	宝山区少年儿童业余游泳学校	宝山区青少年竞技游泳可持续发展的可行性研究	一般课题
TYSKYJ201845	王海银	黄浦区体育局	上海高危险性体育项目监管研究——以黄浦区为例	一般课题
TYSKYJ201846	冯　健	黄浦区体育局	上海体医结合工作模式研究——以黄浦区体医结合工作模式为例	一般课题
TYSKYJ201847	杨小明	上海大学	“健康中国”背景下上海体医结合工作模式的构建	一般课题
TYSKYJ201848	沙俊波	上海大学	上海市青少年运动员多元化培育体制的现状分析与对策研究	一般课题
TYSKYJ201849	叶　宇	同济大学	上海市成立体育产业联合会的构建思路与实施路径研究	一般课题
TYSKYJ201850	魏　巍	同济大学	基于互联网＋云计算构建高校运动场馆信息平台	一般课题
TYSKYJ201851	林世行	华东政法大学	上海市体育产业促进条例立法研究	一般课题
TYSKYJ201852	周海源	华东政法大学	上海公共体育场馆所有权与经营权分离的法律问题研究	一般课题
TYSKYJ201853	任　超	华东政法大学	《上海市体育产业促进条例》立法原则及主要内容研究	一般课题
TYSKYJ201854	严　恽	徐汇区体育局	全民健身背景下徐汇区高校体育与社区体育的互动研究	一般课题

（续表三）

立项编号	课题负责人	课题承担单位	课题名称	类别
TYSKYJ201855	郑昕波	徐汇区青少年体育运动学校	“体教结合”视角下体校三集中办学模式发展的困境及其对策研究——以徐汇区青少年体育运动学校为例	一般课题
TYSKYJ201856	任卫红	上海应用技术大学	上海体育产业供给侧结构性改革研究——以上海体育国家大学科技园为例	一般课题
TYSKYJ201857	泮秀芬	上海旅游高等专科学校	深化教育改革背景下的上海市中小学体育社团发展路径研究	一般课题
TYSKYJ201858	陈　浩	上海政法学院	上海与发达地区游泳场所法规体系比较研究	一般课题
TYSKYJ201859	朱　凯	上海政法学院	“一带一路”背景下体育旅游研究	一般课题
TYSKYJ201860	景俊杰	上海师范大学	上海市大学生徒步穿越风险管理研究	一般课题
TYSKYJ201861	齐　洁	上海师范大学	体医结合视阈下“运动健康管理”模式对戒毒人员身体康复的作用研究	一般课题
TYSKYJ201862	肖婷婷	上海师范大学	健康中国视角下“快乐体操”对培养学龄前儿童参与体育运动意识影响研究	一般课题
TYSKYJ201863	郦悦晨	上海师范大学	上海市帆船运动普及发展的现状、环境及推广策略研究	一般课题
TYSKYJ201864	杨　阳	上海师范大学	上海市竞技排球后备人才培养模式渐进式变革与发展研究	一般课题
TYSKYJ201865	高茜茜	上海师范大学	上海篮球后备人才培养体系完善研究——以日本女篮崛起为鉴	一般课题
TYSKYJ201866	李梁伟	上海师范大学	上海市高中体育专项化改革对青少年体育参与内生动力的研究	一般课题
TYSKYJ201867	汪　丰	上海市联合律师事务所	上海体育赛事加强事中事后监管研究	一般课题
TYSKYJ201868	韩思音	上海体育学院	电子竞技赛事的众筹方式研究	一般课题
TYSKYJ201869	侯　爽	上海体育学院	上海体教结合举措下竞技体育后备人才“学生——运动员”双重角色的认同、冲突与转化	一般课题
TYSKYJ201870	徐开娟	上海体育学院	新常态下促进上海体育消费的路径研究	一般课题
TYSKYJ201871	段艳玲	上海体育学院	体育赛事对上海旅游经济影响的实证研究	一般课题
TYSKYJ201872	张　莹	上海体育学院	社会生态学理论框架下上海市青少年足球后备人才流失的影响因素研究——基于校园足球精英训练营调查	一般课题
TYSKYJ201873	陈国强	上海体育学院	上海建设全球著名体育城市的国际比较	一般课题
TYSKYJ201874	赵传杰	上海体育学院	新时代上海市民需求层次变化与运动项目选择研究——以击剑项目为例	一般课题
TYSKYJ201875	刘　兵	上海体育学院	上海建设世界一流国际体育赛事之都的广度与深度研究	一般课题

（续表四）

立项编号	课题负责人	课题承担单位	课题名称	类别
TYSKYJ201876	顾雪兰	上海财经大学	上海市民体育公共服务满意度研究	一般课题
TYSKYJ201877	李永华	上海对外贸易大学	转型与升级：上海市体育旅游的资源开发与融合发展	一般课题
TYSKYJ201878	于晓虹	上海商学院	基于因素分析的体育场馆供给侧改革实证研究——以学校体育场馆开放为例	一般课题
TYSKYJ201879	冯维胜	上海电机学院	赛事营销对上海国际体育赛事之都建设的作用机制——以上海网球大师赛为例	一般课题
TYSKYJ201880	金岳凤	上海杉达学院	“健康中国”背景下上海市健身休闲产业的发展困境与优化对策	一般课题
TYSKYJ201881	褚蝶花	上海开放大学奉贤分校	新时代背景下上海市体育社会组织改革研究	一般课题
TYSKYJ201882	雷　禹	上海交通大学医学院	新媒介“人际网络”与大学生体育健康促进研究	一般课题
TYSKYJ201883	刘长秋	上海社会科学院	上海体育立法体系研究	一般课题
TYSKYJ201884	施　静	上海第二工业大学	上海非营利体育组织社会创业的运营模式研究	一般课题
TYSKYJ201885	曹如中	上海工程技术大学	上海建设具有全球影响力的体育资源配置中心内涵研究	一般课题
TYSKYJ201886	刘佳鑫	上海市体育运动学校	体教结合背景下特色课程的实践研究——以体育运动学校特色地理课程为例	一般课题
TYSKYJ201887	陈林华	华东理工大学	提升上海“国际体育赛事之都”核心竞争力研究	一般课题

〔市体育局规划产业（法规）处 供〕

2018 年完成结题验收课题一览表

项目编号	课题名称	负责人	项目承担单位
14JT031	上海体操队科研攻关与科技服务：备战 2016 年里约热内卢奥运会暨 2017 年天津全运会保障项目	邵　斌	上海大学
14ZH001	弹性超声在肩袖损伤诊断与治疗疗效评估中的应用	蔡叶华	复旦大学附属华山医院
14ZH005	双向离心等速训练在膝前交叉韧带损伤术后康复的应用研究	陈淑琴	上海体育医院
14ZH006	综合训练改善踝关节不稳定中平衡功能的研究	华英汇	复旦大学附属华山医院
14ZH007	2000—2014 年上海市郊区市民体质变化趋势研究——以金山区为例	潘　涛	金山区体育局
14ZH008	个性化步行干预对原发性高血压患者血管功能影响的研究	李　合	上海师范大学

（续表一）

项目编号	课题名称	负责人	项目承担单位
14ZH016	在女子篮球运动员中的膝关节疼痛病因调查	董　云	上海体育医院
14ZH024	研究尿液中代谢产物来评价田径中心运动员蛋白类运动营养补剂的使用策略	徐中其	东华大学
14ZH029	中医综合治疗运动员关节损伤疗效观察研究	唐靖一	上海中医药大学
15C002	移动智能设备在体育锻炼中的应用研究——以运动 APP 软件 \ 运动手环为例	范永武	华东师范大学第二附属中学
15C003	儿童敏感期运动能力筛查与体质健康干预	杭洪斌	上海奎博信息科技有限公司
15J001	实验室质量保证体系的探讨	王永梅	上海体育科学研究所
15J003	对上海沙排运动员李阳、高鹏备战 2017 年天津全运会科研攻关与科技服务的综合研究	陈贞祥	上海体育科学研究所
15J005	运用标注分析系统对重点女子单打羽毛球运动员比赛得失分统计的研究	叶晶龙	上海体育科学研究所
15J007	康复训练对运动员腰痛治疗效果的研究	李　男	上海体育科学研究所
15J008	应用 BioRow 系统对赛艇划桨技术监控与优化研究	李　涛	上海体育科学研究所
15J009	上海游泳运动员竞赛焦虑的心理调控研究	刘书强	上海体育科学研究所
15J010	上海运动员 25 羟维生素 D 水平调查及其与免疫指标的相关性分析	王　贝	上海体育科学研究所
15J011	奥运重点运动员陆滢的技术优化服务保障	仰红慧	上海体育科学研究所
15J012	王仪涵奥运备战综合科技攻关与服务	檀志宗	上海体育科学研究所
15T002	PNF 牵伸技术在上海戏曲后备人才髋关节柔韧性训练的应用初探	全明辉	上海戏剧学院
15T003	优秀赛艇运动员备战奥运全运会训练负荷结构与专项有氧能力关系研究	王玉新	上海市水上运动中心
15T005	我国优秀赛艇领桨手个性心理与专项心理特征的调查与研究	张昊楠	上海体育科学研究所
15T008	磷脂酰丝氨酸和茶氨酸对射击运动员应激水平及中枢疲劳作用的对比研究	陆姣姣	上海体育科学研究所
15Z003	数码激光模拟气手枪射击训练比赛系统	许阳朔	上海体育科学研究所
15Z004	核磁共振（MRI）UTE 及 T1ρ 序列定量检测技术在早期肩痛运动员中的评估及诊断价值	吴子英	复旦大学附属华山医院
15Z005	定量 MRI 评估踝关节不稳的早期软骨变性	陶虹月	复旦大学附属华山医院
15Z006	三维核磁共振对膝关节前交叉韧带重建术后愈合的评估	李宏云	复旦大学附属华山医院
15Z007	室外专项运动员光敏性皮肤病的调查及干预研究	陆小年	复旦大学附属华山医院
15Z008	振荡调整手法对运动员腰椎小关节紊乱的干预研究	吕　强	上海中医药大学附属岳阳中西医结合医院
15Z011	自适应——跨栏腿部专项体能训练系统研发与应用	龚铭新	同济大学

（续表二）

项目编号	课题名称	负责人	项目承担单位
15Z026	游泳重点运动员备战奥运全运期间高强度训练后恢复手段的研究与对策	班允昕	上海体育职业学院
15Z029	基于 Speed Court 系统对上海重剑运动员速度灵敏能力提高的实验研究	韩　冬	上海体育学院
16C008	游戏对低年龄小学生掌握篮球基本技术的实验研究	马姚洁	宝山区第二青少年业余体育学校
16J001	上海市体操、蹦床项目备战 13 届全运会团体夺金重点队员关键技术科技攻关服务及后备人才训练库平台建设	龚铭新	同济大学
16J003	拳击运动员胡建关备战第十三届全运会技战术科研攻关服务研究	王德新	上海体育学院
16J004	新型抗氧化剂氢气和生姜在运动后康复中的使用和作用机制研究	王　兴	上海体育学院
16T005	功能性训练对男子单桨匀加速出水转换技术优化研究	周意男	同济大学
16T014	间歇训练法对少年曲棍球运动员专项速度能力提升影响的研究—以华坪小学曲棍球运动员为例	张　蕾	闵行区华坪小学
16Z002	计算机技术在帆船运动中的应用	刘婷婷	上海市水上运动中心
16Z011	户外健身操练习对绝经后女性血清 25-（OH）D3、骨密度和下肢肌力的影响	左　群	上海体育学院
16Z013	蹦床运动员竞技能力结构评价模型的构建及应用研究	王乐军	同济大学
17J001	影像诊断在上海中长跑队全运备战中的应用	郝　强	上海长海医院
17J002	新规则背景下提高上海男子拳击运动员专项对抗能力的研究	潘　峰	上海体育学院
17J003	上海重剑队 2017 年全运会重点队员专项体能训练的提升与优化	李维仁	上海体育学院
17J004	上海女子散打队 2017 年全运会重点队员体能训练的保障与优化	沈学军	上海体育学院
17J005	备战第十三届全运会游泳运动员中枢疲劳特征——基于 Omega Wave 的年度跟踪研究	高　欢	上海体育科学研究所
17J007	女子跳高重点运动员王雪毅反应力量训练研究	米卫国	上海体育科学研究所
17J008	服用牦牛骨粉对运动员骨质和机能状况变化的应用研究	邱　俊	上海体育科学研究所

〔市体育局科教（青少）处 供〕

国家兴奋剂检测上海实验室共建协议签约仪式在沪举行

4 月 3 日，国家兴奋剂检测上海实验室（以下简称“上海实验室”）共建协议签约仪式在沪举行。

为贯彻落实习近平总书记提出的“体育强，中国强”的指示精神，主动支撑建设体育强国、健康中国的战略部署，提高中国体育事业科学发展水平，助力上海科创中心、赛事之都建设，服务上海经济社会发展，国家体育总局和上海市政府决定共同建设上海实验室。根据协议内容，双方将通过共建方式，集聚优质资源，致力于使实验室通过世界反兴奋剂机构（WADA）的资格认可和国内行政许可审批，为 2022 年北京冬季奥运会提供服务保障，把实验室建成中国体育发展的重要支撑力量和上海市的重要创新高地。上海实验室由上海体育学院负责承建，实验室建成后由上海体育学院按第三方实验室管理模式独立运行。

建设上海实验室是推进中国体育事业改革发展国家战略的重要内容。党的十九大报告提出，加快推进体育强国建设，筹办好北京冬奥会、冬残奥会。国务院着眼全国战略布局，批准设立上海实验室。

国家体育总局和上海市政府对落实国家战略推进上海实验室建设给予高度重视，双方按照“世界眼光、国际标准、中国特色、高点定位”的原则开展共建。根据协议内容，国家体育总局为上海实验室建设提供有力指导，在科研能力建设、国际学术交流、政策法规研究和人才队伍等方面给予大力支持，把上海实验室建成国家兴奋剂检测的重要基地。上海市政府将充分利用科教资源优势，在资金保障、人员配备、创新平台建设、学科人才培养等方面给予大力支持。双方还建立定期共建会商机制，为实验室持续发展提供有利条件。

（文史）

市体育局召开反兴奋剂工作会议

5 月 22 日，2018 年市体育局反兴奋剂工作会议在东方体育大厦召开。会议传达 2018 年全国反兴奋剂工作会议精神，并下发了《关于开展反兴奋剂工作督查的通知》。

2018 年全国反兴奋剂工作会议精神要求，一是提高政治站位，以强烈的政治责任感和使命感，落实好习近平总书记重要指示精神；二是树立底线思维，深刻认识当前反兴奋剂工作面临的复杂严峻形势；三是采取强有力的措施，坚决打赢反兴奋剂的攻坚战；四是强化科学训练理念，大力推进科技助力，彻底铲除兴奋剂的毒瘤。

会议指出，各训练单位务必从讲政治、讲大局的高度，提高政治站位，牢固树立“四个意识”，统一思想，提高认识，以强烈的责任感和使命感做好反兴奋剂工作。要严格管理，压实责任；要严密防范，查漏堵缺；要严格检查，狠抓落实；要严肃处理，绝不手软。

2018 年上海市反兴奋剂的重点工作有：开展督查整顿，推进各项反兴奋剂文件的贯彻落实；根据反兴奋剂工作“预防为主、教育为本”的原则，进一步加强宣传教育，防患于未然；根据运动员行踪信息申报新的特点，做好行踪申报工作，防止错报、漏报；做好市运会的反兴奋剂工作。

（文史）

市体育局和上海中医药大学签署第三轮医疗援体合作协议

11 月 2 日，市体育局和上海中医药大学签署第三轮医疗援体合作协议，标志着双方合作进入一个崭新阶段，是上海“体卫结合”工作的新突破，是传统医学与现代竞技体育融合发展的新探索，将有效提升上海竞技体育备战工作的医务保障水平。

市体育局和上海中医药大学合作始于 2012 年，在六年时间、两轮合作中，上海中医药大学附属曙光医院等 5 家医院，先后组建 17 支医疗援体小分队，对口援助自剑中心等 11 个训练单位，共有 13 批援体小分队，超过 550 人次的医务人员进驻训练单位，接受服务的运动员人次超过 7.6 万余人次。援体医生们和运动员教练员同吃住、共进退，在治疗过程中向运动员讲解专业知识，帮助运动员提高预防伤病的意识，定期与队医进行业务研讨，把一些先进的理念，疗效显著的医疗方法和手段与队医、管理人员分享，得到训练中心领导、教练员、运动员、队医等相关人员的充分肯定，为上海运动员在伦敦和里约两届奥运会以及辽宁和天津两届全运会取得好成绩做出了积极的贡献。

崇明体育训练基地于2018年年底建成使用，这是按照国际一流标准建设的国家级体育训练基地，同时探索建设具有世界一流水平的科医保障模式。未来五年里，上海将迎战东京奥运会、陕西全运会、北京冬奥会、杭州亚运会等一系列重要的综合性运动会，上海一线优秀运动队的1 100余名专业运动员正在积极备战，拼搏奋斗，第三轮医疗援体合作将为上海运动员取得优异成绩“保驾护航”。

（文史）

上海市体育局和上海体育学院签署全面战略合作协议

5月28日，上海体育学院与上海市体育局签署全面战略合作协议，进一步加强全面合作，共同助力上海建设全球著名体育城市，共同打造国际体育赛事之都、体育资源配置中心和体育科技创新平台，为体育强国建设贡献力量。

根据全面战略合作协议，双方将在以下方面开展更加紧密的合作：一是在战略决策咨询方面，双方共同推进高端体育特色智库建设，共同打造具有国际影响力的高端品牌论坛。二是在体育教育培训方面，上海体育学院发挥教学资源优势，为市体育局直属单位运动员提供学历教育保障；依托上海体育国家大学科技园，双方合作建立优秀运动员退役转型实习基地。三是在体育人才交流培养方面，双方建立双向培养机制，定期互派优秀管理、技术人才到不同岗位挂职锻炼，互相支持对方优先毕业生和优秀退役运动员到本单位工作，共建研究生工作站；市体育局聘请上体专家进入上海市体育教练员、体育科研人员高级专业技术职务任职资格评审委员会，并参与各类上海体育专业人才评价工作。四是在竞技体育队伍共建方面，共同建设“上海体育学院运动项目训练中心”，共同组建拳击、武术散打、击剑、田径等上海市高水平运动队。落实国家冬奥战略，共同推动上海冬季运动项目发展，加强上海冰雪项目人才培养。五是在体育文化传播方面，双方大力提升青少年、运动员等人群的体育人文素养，共同探索建立体育文化创意服务平台，打造以电子竞技、体育动漫、体育网络传媒和体育文化输出为主题的体育文化创意集群。六是在世界级体育品牌建设方面，市体育局支持上海体育学院兴奋剂检测实验室建设，支持学校在乒乓球、武术、花式跳绳等项目走在世界前列。双方共建具有国际学术话语权和影响力的体育高等教育学府。

（文史）

上海体育学院概况

2018年，上海体育学院设有二级学院9个，另设有中国乒乓球学院和附属竞技体育学校。设本科专业18个，硕士点12个，一级学科博士点1个、二级学科博士点6个、博士后流动站1个。有专任教师431人，其中正高级职称81人，副高级职称163人。在校全日制本科生4 094人、硕士研究生1 485人、博士研究生428人，成人本专科生480人，国际学历生177人。

学科建设：教学工作取得历史性突破，10

个项目获得上海市教学成果奖，覆盖基础教育、高等教育和职业教育全部领域。其中，2项成果获得市级特等奖和国家级二等奖。贯彻全国本科教育工作会议精神，牢固树立“以本为本”意识，1个项目入选首批上海高等学校一流本科建设引领计划建设项目。顺利迎接本科专业评估。招生录取制度体系进一步优化。大力培养高水平复合型应用性人才，实现所有二级学院均设有应用性本科专业，相关专业实现“双证融通”，获批国家级虚拟仿真实验教学项目1项，入围市级实验教学示范中心建设项目1项。高质量推进课程建设，成功获批2门市级精品课程，运动疗法、大学体育2门在线课程上线后获得学生广泛好评肯定。以研究生培养高水平带动学科发展高水平，在第四轮全国学科评估中，学校获评A+档。教学训练工作有序开展保障有力。

科学研究：2018年“软科全球体育类院系学术排名”中继续位居世界百强。全年科研经费4 895万元。共获得上海市科技进步三等奖2项、第十四届上海市哲学社会科学优秀成果奖4项和国家一级学会科学技术奖5项。全力服务奥运备战工作，2018年获得科技部重点研发专项科技冬奥项目5项，备战东京奥运科技攻关服务项目8项。稳步推进国家兴奋剂检测上海实验室建设，入选上海市同城协同四类高峰学科序列。大力推进学术创新平台建设，《运动与健康科学》期刊蝉联“中国高校杰出科技期刊”称号，进入世界顶尖评价体系，在SSCI收录的所有中国期刊中影响因子排名第一。推出一批全国领先的体育科技创新成果。建设体育数字化诊疗系统，研发全国首个高速双平面正交荧光透视成像系统；促进体育和人工智能交叉融合创新，推出乒乓球智能机器人并成功投入应用。学生体质与学校体育研究团队多篇论文被ESI收录，其中1篇被ESI同时收录为高被引论文和热点论文。

人才培养：积极开展体育德育和双创教育工作，学校师生首次荣获中国青年志愿服务项目大赛金奖，在“创青春”全国大学生创业大赛中取得历史最好成绩并获得全国高校优秀组织奖。四大类31个项目参加上海大学生文化创意作品展示活动，14个项目获奖，参赛和获奖项目的数量都取得了历史突破。逐步加强教师教学能力建设，6位教师在第三届上海市高校青年教师教学竞赛中获奖。

体育竞赛：上海体育学院竞技体育后备人才培养稳步推进。2018年学校师生共摘得世界杯、世锦赛奖牌10枚，世青赛奖牌2枚。雅加达亚运会上，学校学生获得金牌4枚、银牌5枚、铜牌5枚。在第16届上海市运动会上，学校代表团以金牌总数、奖牌总数和团体总分三个第一名的成绩，位列全市参赛高校榜首，荣获上海市“校长杯（高校组）”第一名。

教育开放发展：“国际上体”建设绽放光芒。2018年11月，中共中央总书记习近平参观学校中国乒乓球学院巴布亚新几内亚训练中心并作出重要指示。由学校担任建设管理主体的国际乒联博物馆和中国乒乓球博物馆，同年3月竣工并面向社会开放。加强对外联系合作，学校与市体育局等签订战略合作协议，市乒乓球二队落户学校。重视校友工作，成功举办首届校友联络代表聘任仪式。科技园稳步发展，不断强化体育产业发展基础。

基础建设与办学保障：综合规划发挥积极作用，为“双一流”和高水平地方高校建设提供有力支持。资金管理可靠稳妥，顺利完成重大改革发展项目资金评估等重要基础工作。校园建设更新全面启动，绿瓦大楼整修、兴奋剂检测国家实验室、图书馆改造整修、智慧运动训练场地、创客空间建设等有序推进。资产管理工作稳步开展，房屋回收工作扎实推进，完成国有资产保值增值既定目标，交流中心等校办企业经营情况良好。后勤服务水平持续提升，食堂餐厅等服务广受好评。信息化建设持续推进，进博会期间校园网络和信息化平稳运行。图书资源管理到位，启动外文电子资源信息平台建设。档案管理利用水平迈上新台阶。积极建设平安校园、和谐校园，学校荣获“2016—2017年上海市安全文明校园”称号。

（蒋啸天）

2018年上海体育学院学生、师资人数一览表

单位：人

<table>
<tr><th colspan="4">学生人数</th><th colspan="3">专任教师</th></tr>
<tr><th>类 别</th><th>毕业人数</th><th>招生数</th><th>在校学生数</th><th>总 计</th><th colspan="2">其 中</th></tr>
<tr><td rowspan="2">研究生</td><td>博士 48</td><td>89</td><td>428</td><td rowspan="4">431</td><td>正高职称</td><td>副高职称</td></tr>
<tr><td>硕士 368</td><td>618</td><td>1 485</td><td rowspan="3">81</td><td rowspan="3">163</td></tr>
<tr><td>本科生</td><td>971</td><td>1 037</td><td>4 094</td></tr>
<tr><td>成人教育</td><td>188</td><td>151</td><td>480</td></tr>
</table>

（蒋啸天）

2018年上海体育学院出版学术著作一览表

序 号	作 者	著作名称	出版单位
1	毛丽娟	体育百家	人民体育出版社
2	陆莉萍	健身房运动指南	科学出版社
3	陈 珊	体育英语读写教程	华东理工大学出版社
4	郭玉成	中国醉拳	人民体育出版社
5	李 海	体育活动策划与组织	高等教育出版社
6	刘 静	运动即良药太极扇	科学出版社
7	李世宏	传统教育视角下中国古代体育文化研究	上海人民出版社
8	戴 健	中国群众体育发展报告（2018）	社会科学文献出版社

（蒋啸天）

2018年上海体育学院承接院外课题一览表

级 别	负责人	项目名称	课题来源
国家级	韩 甲	制约75岁以上老年人运动平衡机能的踝关节本体感觉神经机制研究	国家自然科学基金委员会
国家级	邹 军	“Lnc RNA H19-Wnt/β-catenin”在运动防治骨质疏松症中的作用	国家自然科学基金委员会
国家级	王雪强	miR-183家族在运动训练改善坐骨神经慢性压迫所致神经病理性痛的作用机制	国家自然科学基金委员会

（续表一）

级　别	负责人	项目名称	课题来源
国家级	王晓慧	雄激素受体在周期性机械牵拉调控成肌细胞增殖与分化中的作用和机制	国家自然科学基金委员会
国家级	吴雪萍	冬残奥高山滑雪、单板滑雪、残奥冰球项目运动员身体机能特征、专项体能及心理训练的关键技术研究	中国残疾人体育运动管理中心
国家级	王　茹	医体结合的记忆及运动障碍全程管理模式研究	科技部、同济大学
国家级	王　然	冬季竞速类和团体球类项目专项国际化训练平台关键技术研究与应用	科技部、国家体育总局体育科学研究所
国家级	王少白	数字化诊疗系统研发及其在冬季项目运动损伤预防与康复中的应用	科技部
国家级	周成林	提升雪上技巧项目动作控制大脑神经效率关键技术的研究与应用	科技部
国家级	刘　宇	提升冬季项目运动员运动效率的神经－生物力学增强技术研究与应用	科技部
国家级	刘东锋	2022年北京冬奥会对中国国家软实力的影响及提升路径研究	国家社科基金项目
国家级	路云亭	习近平体育战略思想研究	国家社科基金项目
国家级	吴雪萍	新时代我国残疾人体育需求与体育公共服务体系研究	国家社科基金项目
国家级	庄　洁	体育健身环境对儿童青少年体质及身体活动水平影响的队列研究	国家社科基金项目
国家级	黄海燕	新时代体育产业成长的资本市场支持研究	国家社科基金项目
国家级	唐　炎	提升校园体育活动对学生体质健康促进效益的研究	国家社科基金项目
省部级	高炳宏	田径项目国家队耐力项目高温高湿环境应对技术研究与实施科技服务	国家体育总局
省部级	王继红	大数据背景下青少年体质发展的环境影响研究	上海市人民政府发展研究中心
省部级	尚延侠	高职“运动生理学”课程混合型教学模式创新及实践研究	上海市教委
省部级	吴卫兵	高校体育运动猝死伤害事故特征分析及风险防控研究	上海市教委
省部级	刘　阳	儿童基本运动技能测评体系构建研究	上海市教委
省部级	鲍　芳	社交媒体视角下我国路跑爱好者消费行为理论与实证研究	上海哲学社科规划办
省部级	舒盛芳	以人民为中心的价值取向下体育强国建设的基本内涵与实现路径研究	上海哲学社科规划办
省部级	龚正伟	上海市民体育道德现状调研	上海市人民政府发展研究中心
省部级	王雪强	miR-96在运动改善坐骨神经慢性压迫所致神经病理痛的作用	上海市教委
省部级	张　盛	互联网时代体育电视的数字化转型：内涵、困境与策略	上海市人事局
省部级	王　三	情境教学法在中小学武术课堂应用实验研究	上海市人力资源和社会保障局
省部级	高　峰	思想政治理论教学与生活世界研究	教育部
省部级	张　盛	移动网络时代体育传播创新研究	国家体育总局
省部级	刘东锋	深化改革背景下全国性单项协会治理机制研究	国家体育总局

（续表二）

级　别	负责人	项目名称	课题来源
省部级	韩　甲	健康中国视阈下帕金森人群跌倒预防的中西结合运动处方研究	教育部
省部级	谭晓缨	体育锻炼与女性负性情绪易感性的关系——来自 ERP 的研究	教育部
省部级	高炳宏	2018 年度国家单板滑雪集训队备战北京冬奥会重点运动员科技服务与保障	国家体育总局
省部级	徐　昕	国家乒乓球队重点运动员的身体机能评定与调控	国家体育总局
省部级	柳瑞芝	国家乒乓球女队技战术诊断与分析服务	国家体育总局
省部级	任　杰	国家乒乓球队女子运动员心理监控与训练方法	国家体育总局
省部级	肖　毅	不同材质乒乓球特性及其对国家队重点运动员技术动作影响	国家体育总局
省部级	吴雪萍	体育与健康生活方式研究	国家体育总局
省部级	陈佩杰	迈向体育强国之路—体育科技改革与发展研究	国家体育总局
省部级	卢文云	新形势大力构建体育综合体发展政策框架研究	国家体育总局
省部级	卢文云	迈向体育强国之路——群众体育改革与发展	国家体育总局
省部级	徐开娟	中美竞技体育比较研究	国家体育总局
省部级	黄海燕	不断深化体育改革背景下的我国体育竞赛表演产业政策研究	国家体育总局
省部级	黄海燕	迈向体育强国之路——体育产业改革与发展研究	国家体育总局
省部级	陈晓峰	迈向体育强国之路——体育人才建设改革与发展	国家体育总局
省部级	肖卫华	脂肪间充质干细胞移植对损伤骨骼肌再生的影响及机制研究	上海市科委
省部级	吴　殷	基于脑功能网络模式下高水平篮球运动员多目标追踪能力的神经心理机制	上海市科委
省部级	郑国华	体育助力上海城市文化品牌建设研究	上海市人民政府发展研究中心
省部级	肖　毅	基于大数据平台的青少年乒乓球运动员技术动作训练监控与评价研究	上海市科委
省部级	黎涌明	变向类奥运项目竞技能力提升关键技术研究	上海市科委
省部级	刘　静	传统运动养生“体医融合”健康促进模式构建和关键技术研究	上海市科委
省部级	王雪强	核心稳定训练对非特异性腰痛患者核心肌群延迟激活的作用及机制研究	霍英东基金课题
省部级	付　饶	2018 年国家网球队训练参赛科研辅助支持与服务	国家体育总局
省部级	王丽娟	身体活动对青少年体质健康、肥胖与近视影响的关键技术研究	上海市科委
省部级	史仍飞	2020 东京奥运会女子马拉松和 3000m 障碍夺牌拼冠科技攻关方案	国家体育总局
省部级	黎涌明	基于现代科技的赛艇技术诊断系统研发和技术诊断服务	国家体育总局体育科学研究所
省部级	刘　宇	撑竿跳能量利用率与运动成绩研究	国家体育总局
省部级	曹梓威	基于高速动作捕捉的青少年乒乓球运动员训练监控研究	上海市教委
地市级	夏　俊	冬奥雪上项目动态交互式运动监测技术体系研究	同济大学

（续表三）

级　别	负责人	项目名称	课题来源
地市级	陶然成	新形势下上海校园足球特色校激励措施研究	上海市教委
地市级	盛　怡	不同运动项目对青少年心脏结构、功能及心率变异性影响的研究	上海市教委
地市级	陈国强	美国大学体育联盟运营体系研究	上海市教委
地市级	龚　波	上海“校园足球改革试验区”实施策略研究	上海市教委
地市级	刘文武	武术教育改革三题：文化·兴趣·掌握	上海市教委
地市级	毛丽娟	上海市学生对运动康复的认知－态度－行为模型及应用研究	上海市教委
地市级	刘　莹	花样跳绳对初中生注意力和工作记忆影响的实验研究	上海市教委
地市级	徐成龙	基于体育企业招聘大数据分析的体育经营管理人才技能培养体系优化研究	上海市教委
地市级	张加林	上海市青少年课内外中高强度身体活动研究	上海市教委
地市级	朱　东	毒品违法犯罪监测预警技术研究和应用示范	上海交通大学
地市级	韩思音	电子竞技赛事的众筹方式研究	上海体育局
地市级	陈国强	上海建设全球著名体育城市的国际比较	上海市体育局
地市级	刘　兵	上海建设世界一流体育城市的深度和广度研究	上海市体育局
地市级	张　莹	社会生态学理论框架下足球后备人才流失的影响因素研究——基于校园足球精英训练营调查	上海市体育局
地市级	侯　爽	上海体教结合举措下竞技体育后备人才“学生－运动员”双重角色的认同、冲突	上海市体育局
地市级	徐开娟	新常态下促进上海体育消费的路径研究	上海市体育局
地市级	刘东锋	上海建设全球著名体育城市的内涵与评价指标体系研究	上海市体育局
地市级	段艳玲	体育赛事对上海旅游经济影响的实证研究	上海市体育局
地市级	赵传杰	新时代上海市民需求层次变化与运动项目选择研究	上海市体育局
地市级	高炳宏	不同发育阶段青少年运动员力量与耐力水平变化特征研究	上海市科委子课题
校级	范铜钢	“健康中国”2030规划纲要指导下的体医融合发展战略研究	上海体育学院
校级	路云亭	吴蕴瑞体育思想研究	上海体育学院
校级	范铜钢	新时代武术与民族传统体育专业通识课程设计研究——以“传统体育养生功法”为例	上海体育学院
横向	黄海燕	江苏省体育产业统计长效机制研究	江苏省体育产业指导中心
横向	杨　烨	2018—2019女篮联赛部分场次技战术分析	上海体育科学研究所
横向	杨　倩	上海市业余竞赛体系研究	上海市体育局
横向	吴作好	2017年度上海市大型体育场馆运营管理综合评估	上海市体育局
横向	张庆文	世界反兴奋剂舆情专报与研究	国家体育总局科教司
横向	庄　洁	上海市学生体育运动伤害研究	中国人寿保险股份有限公司上海市分公司

（续表四）

级别	负责人	项目名称	课题来源
横向	刘东锋	改革背景下全国性体育社会团体能力建设研究	国家体育总局
横向	李　海	衢州市全域运动健康城市规划（第一阶段）	衢州市规划局、体育局
横向	李　海	课题研究及区县综合评估	上海市体育彩票管理中心
横向	陆大江	FMS 功能性筛查、数据采集项目	上海市浦东新区体育管理指导中心
横向	王雪强	虹口区市民体质运动干预研究	上海市虹口区体育局
横向	王雪强	“体医”结合模式对慢性病健康促进的研究	上海市虹口区体育局
横向	蒋　健	壁球项目的普及培训与市场开发	上海瀚叶体育发展有限公司
横向	傅维杰	跑步鞋结构对运动防护及功能提升的综述研究	李宁体育用品有限公司
横向	黄海燕	上海市体育类百强企业报告	上海市体育局
横向	黄海燕	上海市服务业发展报告	上海市体育局
横向	黄海燕	上海市体育产业统计	上海市体育局
横向	唐　炎	SPEM 课程本土化研究合作协议	上海理工大学附属小学
横向	黄海燕	上海市体育产业创新发展研究政策	上海市体育局
横向	黄海燕	上海市居民体育消费调查报告	上海市体育宣传教育中心
横向	高炳宏	不同运动项目重点运动员机能状态监控分析	上海市残疾人体育训练中心
横向	韩　冬	2018 特奥项目－轮椅竞速项目综合科技服务与保障	上海市残疾人体育训练中心
横向	王　村	2018 特奥项目－坐式排球科技服务与保障	上海市残疾人体育训练中心
横向	王　军	2018 特奥项目－轮椅击剑项目综合科技服务与保障	上海市残疾人训练中心
横向	马海峰	2018 特奥项目－田径投掷和自行车项目综合科技服务与攻关	上海市残疾人体育训练中心
横向	李　海	上海市电子竞技行业发展现状及趋势研究	上海市体育局
横向	韩　冬	轮椅竞速国家集训队综合科研攻关与服务研究	中国残疾人联合会
横向	丁海勇	备战 2018 年雅加达亚残运会坐式排球国家男女队综合科研攻关与服务研究	中国残疾人体育运动管理中心
横向	王　军	备战 2018 年雅加达亚残运会轮椅击剑国家队综合科研攻关与服务研究	中国残疾人体育运动管理中心
横向	王德新	优秀拳击运动员核心竞技能力测试与评价	河北省拳击协会
横向	陈国强	义乌打造足球之城发展规划和行动计划	义乌市文化广电新闻出版局
横向	黄海燕	体育竞赛表演产业链研究	国家体育总局体育器材装备中心
横向	黄海燕	体育健身休闲产业链研究	国家体育总局体育器材装备中心
横向	李安民	五角场小学运动与脑科学的研发项目	上海旻徽信息科技有限公司
横向	龚　波	扩大社会足球运动规模的方法研究	国务院足球改革发展部际联席会议办公室
横向	吴雪萍	福利院特殊青少年儿童适应体育课程培训指导项目	北京市春晖博爱儿童救助公益基金会
横向	张　盛	上海市官方体育微信公众号评估研究	上海市体育局

（续表五）

级别	负责人	项目名称	课题来源
横向	张春华	五角场小学运动对小学生生理机能作用的研究	上海市五角场小学
横向	沈　佳	2018年上海市全民健身发展指数综合评估	上海市体育局
横向	安俊英	上海体育产业统计指标体系研究	上海市统计科学应用研究所
横向	高炳宏	上海市青少年体适能教练认证培训课程研发与认证方案研究	上海市青少年训练管理中心
横向	蔡　纲	上海市浦东新区观澜小学华拳特色课程教学研究	上海市浦东新区观澜小学
横向	蔡　纲	上海市青浦区崧泽学校武术特色课程教学内容改革研究	上海市青浦区崧泽学校
横向	郭修金	蒙阴县云蒙湖体育小镇规划编制	阿里体育有限公司
横向	高炳宏	2018—2019年度上海市不同运动项目重点青少年运动员身体机能状态监控与保障	上海市体育运动学校
横向	韩　甲	杨浦区高中专项化体能理论与实践调研报告	上海理工大学附属中学
横向	韩　甲	杨浦区高中专项化体能理论与实践教学指南	上海理工大学附属中学
横向	黄海燕	海南省赛马运动发展规划	海南省文化广电出版体育厅
横向	高炳宏	上海市水上运动中心重点项目教练员、科医人员业务能力提升服务	上海市水上运动中心
横向	吴雪萍	上海市残疾人体育健身指导大纲	上海市残疾人体育训练中心
横向	庄　洁	“2018年全国6—19岁儿童青少年人群体育健身活动状况调查”工作委托协议	北京体育大学
横向	高炳宏	上海公安学院教官体能训练教学能力提升技术服务	上海公安学院
横向	曹振波	2018年杨浦区学生《国家学生体质健康标准》数据监测	上海市杨浦区教育学院
横向	黄海燕	上海体育产业发展研究	上海市体育局
横向	吴卫兵	游泳运动员表型组学形态机能测试（第三期）	上海体育科学研究所
横向	路云亭	上海市群众性乒乓球运动新方向	上海市体育局
横向	王　琳	推广“体医结合”运动康复处方，服务基层群众健康需求	上海杨浦区五角场镇社会组织服务中心
横向	伍　勰	太极拳步法训练改善脑卒中患者平衡功能的神经－力学机制及模拟仿真研究	上海市第七人民医院
横向	陈国强	绍兴市打造国际赛事目的地三年行动计划	绍兴市体育局
横向	史小强	上海市体育场地指标体系及统计方法设计方案	上海市体育局
横向	吴雪萍	特奥融合学校技术团队服务	上海特殊关爱基金会

（蒋啸天）

2018 年上海体育学院晋升副高级及以上职称人员名单

正高级（4 人）：

张盛海　王　琳　杨　倩　杨　琼

副高级（19 人）：

庄　捷　唐　军　王红祥　全明辉
朱俊河　姚　芹　张　帆　何平香
陈　静　罗贝贝　钱振宇　李守培
王　丹　徐　烈　毛国政　陈更亮
王　磊　黄秀丽　唐宝军

（蒋啸天）

对外交往

概　况

2018年是贯彻党的十九大精神的开局之年和改革开放四十周年，上海体育外事工作深入贯彻党的十九大、中央外事工作委员会第一次会议和习近平总书记关于进一步做好地方外事工作的重要指示精神，发挥独特优势，大力加强外事服务与管理，有效推进对外交流与合作，不断完善外事工作机制。

2018年，上海与各友好城市、中国台湾的体育交往以及与国际体育组织的交流合作持续积极发展。全年共接待各国际体育组织代表、外国体育访问团、运动队以及港澳台来访人员60批736人次，其中包括国际奥委会副主席于再清，国际乒联主席托马斯·维克特，国际自盟主席拉帕蒂安，国际田联副主席，亚田联主席达兰·艾哈迈德，国际滑联等冰雪项目七大国际组织负责人、澳大利亚联邦部长史蒂文·乔博等。全年共有226批1 132人次出访50多个国家和地区。其中由上海市体育局直接组团出访的团队共74批701人次，随国家体育总局出访147批426人次，随外系统团组出访5批5人次。

在友城交往方面，积极推进体育工作重点领域对外交流与合作，对外交流的规模、等级、范围和影响力持续提升，与美国、德国、英国、芬兰、瑞典、澳大利亚、越南、日本、韩国、匈牙利等国家，以及中国香港、中国台湾等地区在竞技体育、全民健身、青少年体育、体育科研、体育产业等领域开展交流。

在沪台交往方面，将体育打造成为对台交流平台，积极开展沪台体育交流。重点维护和拓展与台北市的对口交流，把落实“双城论坛”协议，全力保障“备忘”项目实施作为对台工作的出发点和落脚点。做大做强“海峡杯”篮球邀请赛，精心组织台湾运动员来沪训练，深入推进沪台马拉松、龙舟、跆拳道等交流活动，本着“搭建体育交流平台，推动沪台民间往来”的宗旨，打造精品沪台体育交流活动，努力推动两岸友好交往。2018年，上海羽毛球队、棒球队、篮球队、马拉松交流团和“海峡杯”篮球邀请赛代表团等共计10个团组113人次先后赴台交流比赛，2批2人次随外单位团组访台。接待台北市体育局、台北学生移地训练团、海峡两岸经贸文化交流协会秘书长等共10个团组177人次来沪。

在国际交往方面，接待国际篮联、国际赛艇联合会及国际武联考察团，实地勘察赛事酒店、赛事场馆等设施，举办2019年国际篮联篮球世界杯倒计时一周年暨倒计时钟揭幕活动、2019武术世锦赛签约仪式等活动，切实推进2019年国际篮联篮球世界杯、2019国际武联武术世锦赛及2021年国际赛联赛艇世锦赛筹备工作；举办第五届全国大众冰雪季启动仪式和系列活动，接待7个冰雪项目国际组织的负责人，助力2022年北京冬奥会；保持和发展与国际乒联、国际箭联、国际田联、国际体育仲裁院、IMG集团等国际体育组织和企业的友好关系与合作，为未来深化合作奠定基础；与美国体育学院继续合作开展“百人计划”培训项目；引进国外优秀教练、康复专家来沪工作。

〔市体育局人事（外事）处 供〕

上海市体育局会见匈牙利驻沪总领事

1月17日，匈牙利驻沪总领事博岚一行来沪访问。博岚表示匈牙利政府重视体育文化发展，希望在足球、马术和击剑3个运动项目上与上海开展交流合作，并介绍了2018年拟举办的具体活动。上海市体育局回顾了以往双方合作情况，并介绍了当前上海体育发展思路、措施以及打造世界著名体育城市的规划目标，欢迎匈牙利体育同行来沪交流，希望能深化两地合作，拓展交流领域，落实具体项目。

（郭佳露 楼静）

海峡两岸经贸文化交流协会访沪

1月24日，海峡两岸经贸文化交流协会访沪。协会秘书长高文诚介绍了两岸棒球交流合作情况，表达了与上海合作组建职业棒球俱乐部的意愿，并希望与市教委商谈未来在学校推广棒球运动。上海方面对合作意向表示欢迎，并建议下一步商谈落地可行性。

（郭佳露 楼静）

上海与澳大利亚澳式橄榄球联盟（AFL）探讨交流合作

2月28日，澳大利亚澳式橄榄球联盟（AFL）中国区经理大卫·司凡臣来沪访问。双方回顾了2017年AFL赛事取得的巨大成功，得益于各方努力和协作。AFL感谢市体育局对AFL常规赛落户上海的大力支持。市体育局表示欢迎AFL再次来到中国，为上海的竞赛市场增添光彩，上海正大力发展竞赛表演业，希望AFL能将成功经验带到上海。

（郭佳露 楼静）

匈牙利运动记者协会访沪

4月20日，匈牙利运动记者协会主席、匈牙利驻沪总领事一行来沪访问。匈牙利运动记者协会主席乔治·佐罗斯宣传介绍了匈牙利足球传奇人物费伦茨·普斯卡什，包括以普斯卡什名字命名的足球学校、表彰全球年度最佳进球运动员的普斯卡什奖等，表达了有意与上海在足球方面继续深化合作的意向。市体育局副局长罗文桦介绍了上海体育及足球发展现状，表示匈牙利与上海在体育方面的交流互动频繁，取得良好成效，期盼未来双方能进一步加深合作与交流。

（郭佳露 楼静）

英超公司合作战略负责人来沪交流

7月3日，英超公司合作战略负责人汤姆·格林伍德一行来沪访问。双方就2019年英超亚洲杯落户上海交换了意见。（郭佳露 楼静）

上海与国际自行车联盟交流意见

9月11日、10月22日，国际自行车联盟（以下简称国际自盟）世界培训中心主任弗雷德里克·马涅和国际自盟主席大卫·拉帕蒂安分别就上海与国际自盟的合作及上海自行车馆的建设和上海市体育局交换意见。

在沪期间，国际自盟官员两度实地考察了上海崇明训练基地，并交流上海自行车馆的建设意见及建议。

（郭佳露　楼静）

澳大利亚上海商会代表团访问上海

11 月 8 日，澳大利亚上海商会代表团访问上海。市体育局局长徐彬从全民健身、竞技体育以及体育产业三个方面介绍了上海体育发展现状。双方就青少年体育人才培养、足球领域合作等进行了探讨。

（郭佳露　楼静）

国际篮联来沪考察 2019 年篮球世界杯筹备工作

2015 年 8 月 7 日，中国成功申办了 2019 年篮球世界杯，并由上海、北京、南京、武汉、广州、东莞、深圳以及佛山共同举办。为了有序推进赛事筹备工作，6 月 8—10 日，国际篮联考察团一行 6 人来沪考察赛事场馆及球迷区设置；6 月 15 日至 18 日，国际篮联一行 4 人来沪考察上海赛区倒计时钟设置及揭幕仪式事项；9 月 2 日，距 2019 年国际篮联篮球世界杯上海赛区举行一周年之际，倒计时钟仪式正式举行；9 月 9—11 日，国际篮联一行 11 人来沪考察赛事信息技术相关事项；11 月 9 日，国际篮联一行 6 人再次来沪考察赛事场馆相关事项。

（郭佳露　楼静）

芬兰埃斯波市体育代表团来沪访问

10 月 24—28 日，芬兰埃斯波市体育局局长马丁·梅拉率代表团一行 6 人来沪，参观全民健身活动及场地，观摩汇丰冠军赛，访问上海体育学院和上海电子竞技协会，并开展上海电子竞技产业和体教结合相关座谈。

在沪期间，代表团一行实地考察了黄浦世博体育园及滨江沿线体育设施，参观了徐汇区西岸洛克公园篮球馆和浦东新区市民体制检测指导中心，观摩了上海城市业余联赛系列赛全民健身跑步活动和汇丰冠军赛，亲身体验了上海为市民提供的健康体测服务，感受了亲民的群众体育活动和高端精品赛事。代表团还访问了上海体育学院，就体教结合展开了座谈讨论。此外，代表团一行还参观了电子竞技俱乐部，与上海市电子竞技协会就该产业的发展交流了意见。

（郭佳露　楼静）

第七期“澳门青年人才上海学习实践计划”代表团来访

11 月 2 日，第七期“澳门青年人才上海学习实践计划”代表团赴上海市东方绿舟体育训练基地进行参观考察。学习计划由全国政协港澳台侨委员会、上海市政协、澳区全国政协委员、澳门中联办、澳门基金会共同组织策划，旨在培养澳门未来治理人才和推动沪澳青年交流发展。参访活动在上海市体育局人事处（外事处）主导下，由上海市体育对外交流中心组织协调，上海市体育局团委、上海体育职业学院和东方绿舟训练基地共同配合，圆满完成了此次的交流活动。

代表团参访的东方绿舟体育训练基地于2002年7月建成，是为专业运动队和市民群众提供训练和休闲健身的综合性场馆。上午，代表团先后参观了绿舟基地游泳、水球、花样游泳、羽毛球、排球和乒乓球训练场馆以及上海市水上训练运动中心，专业人员对各个项目训练模式和训练设施的讲解引发澳门学员浓厚的兴趣，对上海竞技体育的发展状况和体育设施有了直观的了解。

在座谈交流中，奥运冠军、上海市体育局竞技体育处处长王励勤与澳门青年学员分享了自己由运动员到管理者角色转换的经历和感悟，鼓励大家心怀理想、树立目标、终身学习、勇担社会责任，做综合型全方位人才，为国家事业做贡献。上海市体育局团委副书记张亮向代表团介绍了上海体育发展现状和未来的总体规划，让澳门青年深切感受到上海全民健身事业蓬勃发展、竞技体育运动成绩硕果累累、体育赛事精彩纷呈以及体育产业欣欣向荣。其他项目的运动员代表也与澳门学员进行了亲切的互动交流，让学员们感受到运动员胜利光辉背后的艰辛与不易。随后，上海专业运动员现场教授羽毛球技巧、切磋球技，为参观交流画上圆满句号。

澳门青年学员的来访，一方面加深了对上海体育事业以及体育人精神风貌的了解，另一方面，上海运动员可以了解澳门体育发展，搭建沪澳两地青年面对面交流平台，共建友谊之桥。

（郭佳露 楼静）

2018年来访团队一览表

团　名	人　数	日　期
匈牙利驻沪总领事博岚一行	4	1.17
海峡两岸经贸文化交流协会秘书长高文诚一行	2	1.24
国际田联副主席、亚田联主席达兰・艾哈迈德一行	5	1.24
韩国驻沪领事吴重根一行	3	1.25
台北市跆拳道协会代表队	26	1.25—2.4
亚箭联副主席一行	8	1.29
澳式橄榄球联赛中国区经理大卫・史蒂文森一行	2	2.28
国际赛联市场开发部主任安德鲁・库珀一行	2	3.8
比利时安特卫普副市长范锦豪一行	3	3.8
国际乒联主席托马斯・维克特一行	3	3.31
香港华青体育会男子排球队	22	4.5—8

（续表一）

团　名	人　数	日　期
匈牙利运动记者协会主席乔治·佐罗斯一行	4	4.20
Sportcal 公司首席执行官迈克·拉夫林一行	2	4.21
国际象棋协会副主席鲍里斯·库廷	1	5.1
“上海体育及文化探索之旅”香港师生访问团	90	5.10
国际奥委会副主席于再清一行	8	5.12
美国国家游泳队教练托德·施密德	1	5.8—11
法国羽毛球队	16	5.14—28
澳大利亚联邦部长史蒂文·乔博一行	5	5.19
“上海体育及文化探索之旅”香港师生访问团	22	5.21
美国嘉达利锋高级副总裁一行	4	5.22
中国台北体育产业人员交流团	10	5.24—30
塞尔维亚副领事斯岱芬·里斯蒂奇一行	2	6.5
国际篮联 2019 世界杯市场部考察团	5	6.8—10
国际篮联 2019 世界杯市场部考察团	2	6.15—18
德国北威州下莱茵足协副主席约根·克雷耶尔一行	2	6.19—25
国际武联场馆考察团	8	6.28—29
南投县体育会田径委员会撑竿跳高队	11	6.28—7.12
台北市学生运动员移地训练团	59	7.2—21
英超公司合作战略负责人汤姆·格林伍德一行	4	7.3
澳大利亚 AFL 中国事务总经理大卫·司凡臣一行	3	7.17
台湾大学和台北市南门国中射箭队	19	7.31—8.7
台湾人纤女子排球队	4	8.1—24
韩国全罗南道击剑队	24	8.11—18
台湾高雄垒球队	16	8.16—22
卢森堡乒乓球队	2	8.19—9.1
台湾埔里高工垒球队	22	8.23—29
ICARUS Sports 公司首席执行官杰森·乔格瑞斯一行	2	8.30
国际篮联副主席哈马内·尼昂一行	11	9.1—2
越南河内柔道队	14	9.1—11
UK Sport 及 IMG 公司莱姆·基尔达夫一行	5	9.6

（续表二）

团　名	人　数	日　期
国际篮联 2019 世界杯赛事考察团	5	9.9—11
韩国平泽市女子曲棍球队	26	9.10—24
国际自盟世界培训中心主任弗雷德里克·马涅	1	9.11—12
NBA 中国首席执行官张墀驹一行	4	9.12
国际自盟主席拉帕蒂安一行	3	10.22—23
芬兰埃斯波体育代表团	6	10.24—28
澳门青年人才上海学习实践计划团	30	11.2
澳大利亚上海商会代表团	12	11.8
国际篮联 2019 世界杯赛事考察团	5	11.9
上海国际马拉松台北代表团	8	11.15—20
亨斯曼世界中老年运动会	1	11.22
国际奥委会副主席萨马兰奇一行	2	11.24
国际篮联赞助商大会代表团	124	11.27—28
国际篮联 2019 篮球世界杯亚洲预选赛叙利亚篮球队	17	11.27—30
国际赛艇联合会秘书长马特·史密斯	1	11.29—30
国际赛艇联合会代表团	4	11.30
大众冰雪季国际冬季运动单项协会官员团	8	12.4—6
韩国体育大学现代五项队	17	12.9—24
西班牙巴塞罗那足球俱乐部海外足球学校负责人托尼·克拉韦里亚一行	4	12.20

〔市体育局人事（外事）处　供〕

2018 年上海市体育局组团出访团队一览表

项　目	团组名称	人数	国家 / 地区	出访性质	日期
游泳	上海游泳队	7	澳大利亚	训练	2018.12.20—2019.1.28
	上海游泳队	10	新西兰	训练	11.24—12.25
	上海市体校游泳队	11	美国	训练	7.16—27
	上海市俱乐部游泳队	5	意大利	训练	6.30—7.14

（续表一）

项 目	团组名称	人数	国家 / 地区	出访性质	日期
跳水	上海跳水队	16	美国	训练	11.19—30
水球	上海男子水球队	24	德国	训练	11.15—12.7
田径	上海田径队	3	芬兰	训练	1.3—3.3
	上海田径队	6	中国台湾	比赛	3.19—23
	上海市二少体田径精英计划团	26	美国	训练	12.9—24
	上海市二少体田径队	20	美国	训练	4.1—16
乒乓球	上海乒乓球队	8	白俄罗斯	比赛	11.11—20
	上海乒乓球队	8	加拿大	比赛	5.26—6.4
	上海乒乓球队	2	瑞典	赛事保障	4.28—5.9
	上海乒乓球队	4	科特迪瓦	比赛	3.28—4.8
羽毛球	上海羽毛球队	22	越南	训练比赛	3.17—4.2
	上海羽毛球队	13	中国台湾	训练	8.17—30
自行车	上海自行车队	9	瑞士	训练	10.30—11.15
	上海自行车队	10	美国	训练	9.19—30
现代五项	上海现代五项队	12	韩国	训练	7.7—22
击剑	上海击剑队	22	韩国	训练	7.11—26
篮球	上海女子篮球队	19	塞尔维亚	训练	9.10—10.1
	上海青年女子篮球队	15	中国台湾	比赛	3.27—4.2
	上海青年女子篮球队	21	中国台湾	比赛	7.1—7
排球	上海沙滩排球队	12	美国	训练	11.20—12.11
	上海男子排球队	21	美国	训练	9.30—10.12
	上海女子排球队	24	美国	训练	8.24—9.5
手曲棒垒	上海女子手球队	27	韩国	训练	7.25—8.15
	上海棒球队	28	中国台湾	比赛	9.17—24
帆船	上海帆船队	11	缅甸	比赛	11.10—17
	上海帆船队	4	塞浦路斯	比赛	8.26—9.9
	上海帆船队	3	西班牙	比赛	3.20—4.11
赛艇	上海赛艇队	21	韩国	比赛	6.22—7.1
射击	上海射击队	4	奥地利	洽谈业务	11.25—12.1
飞碟	上海飞碟队	13	泰国	比赛	7.19—31

（续表二）

项　目	团组名称	人数	国家 / 地区	出访性质	日期
射箭	上海射箭队	12	泰国	比赛	3.2—10
蹦床	上海蹦床队	15	葡萄牙	训练	10.22—29
体操	上海体操队	24	日本	训练	10.5—12
马术	上海马术队	8	瑞典	训练	10.17—26
	上海马术队工作人员	1	英国	培训	6.16—30
柔道	上海柔道队工作人员	1	日本	赛事保障	2018.11.22—12.3
网球	上海网球队工作人员	1	澳大利亚	训练保障	2018.11.12—12.20
棒球	上海市少体棒球队	17	中国台湾	训练	7.5—14
足球	上海市体校女子足球及排球队	39	德国	训练	7.23—8.2
上海体育代表团	上海市体育科学研究所工作人员	4	美国	培训	10.20—11.4
	上海市体育科学研究所工作人员	2	意大利	培训	9.17—23
	上海市体育科学研究所工作人员	5	日本	参会	9.16—22
	上海市体育科学研究所工作人员	2	德国	培训	9.10—16
	上海市体育科学研究所工作人员	4	美国	培训	7.22—8.5
	上海市体育科学研究所工作人员	1	中国香港	参会	7.5—9
	上海市体育科学研究所工作人员	3	爱尔兰	参会	7.3—9
	上海市体育科学研究所工作人员	2	中国香港	参会	6.2—6
	上海市体育科学研究所工作人员	1	美国	参会	6.8—14
	上海市体育科学研究所工作人员	1	美国	参会	5.28—6.4
	上海市体育代表团	1	德国	参会	11.23—27
	上海市体育代表团	3	美国	交流访问	11.16—20
	上海市体育代表团	6	德国、英国	交流	11.12—19
	上海市体育局百人计划学习团	20	美国	培训	10.7—11.20
	上海市体育代表团	6	保加利亚	洽谈业务	9.10—
	上海市体育代表团	1	韩国	执裁	9.3—14
	上海市体育代表团	5	德国、日本	交流访问	10.11—18
	上海市体育代表团	13	印尼	赛事保障	8.17—3
	上海市体育代表团	4	中国澳门	参会	7.31—8.3
	上海市体育代表团	3	新西兰、澳大利亚	参会	6.29—7.6
	上海市体育代表团	7	瑞典、芬兰	交流访问	5.20—27

（续表三）

项　目	团组名称	人数	国家 / 地区	出访性质	日期
上海体育代表团	上海市体育总会代表团	1	日本	交流访问	8.20—27
	上海市体育总会雪车跨界选拔交流团	2	德国	交流访问	12.11—18
	上海市体育总会代表团	3	芬兰、捷克	交流访问	8.4—11
	上海市健身气功中心工作人员	1	英国	比赛	8.26—31
	上海市体能协会工作人员	2	美国	参会	7.9—17
	上海市选材育才中心工作人员	4	德国、英国	参会	6.21—28
	上海市宣传教育中心工作人员	1	中国香港	交流访问	4.2—10
	上海市东方体育中心代表团	3	克罗地亚、意大利	洽谈业务	3.17—24
	上海市龙舟协会代表团	5	中国台湾	比赛	6.22—28
	上海市体育局代表团	6	中国台湾	交流访问	12.8—13

〔市体育局人事（外事）处　供〕

2018 年上海援外教练员名单

姓　名	援外项目	援助国	时　间
张　政	射箭	墨西哥	2018.1.1—12.31
陈云龙	体操	墨西哥	2018.1.1—12.31
张离军	击剑	墨西哥	2018.1.1—12.31

〔市体育局人事（外事）处　供〕

法规规章
规范性文件

中共中央、国务院文件

中共中央、国务院文件一览表

序号	文件名称	发布时间	文件编号
1	奥林匹克标志保护条例	2018年6月28日	国务院令第345号发布，国务院令第699号修定
2	反兴奋剂条例	2018年9月18日	国务院令第398号发布，国务院令第703号修定
3	国务院关于落实《政府工作报告》重点工作部门分工的意见	2018年4月12日	国发〔2018〕9号
4	国务院关于加快推进全国一体化在线政务服务平台建设的指导意见	2018年7月31日	国发〔2018〕27号
5	国务院关于在全国推开“证照分离”改革的通知	2018年10月10日	国发〔2018〕35号
6	国务院关于上海市进一步推进“证照分离”改革试点工作方案的批复	2018年2月11日	国函〔2018〕12号
7	国务院办公厅关于推进社会公益事业建设领域政府信息公开的意见	2018年2月26日	国办发〔2018〕10号
8	国务院办公厅关于促进全域旅游发展的指导意见	2018年3月22日	国办发〔2018〕15号
9	国务院办公厅关于加强行政规范性文件制定和监督管理工作的通知	2018年5月31日	国办发〔2018〕37号
10	国务院办公厅关于印发进一步深化“互联网＋政务服务”推进政务服务“一网、一门、一次”改革实施方案的通知	2018年6月22日	国办发〔2018〕45号
11	国务院办公厅关于印发全国深化“放管服”改革转变政府职能电视电话会议重点任务分工方案的通知	2018年8月14日	国办发〔2018〕79号
12	国务院办公厅关于印发完善促进消费体制机制实施方案（2018—2020年）的通知	2018年10月11日	国办发〔2018〕93号
13	国务院办公厅关于加快发展体育竞赛表演产业的指导意见	2018年12月21日	国办发〔2018〕121号

国家体育总局等部委文件

国家体育总局等部委文件一览表

序号	文件名称	发布时间	文件编号
1	彩票管理条例实施细则	2018 年 8 月 16 日	财政部、民政部、国家体育总局令第 67 号发布，财政部、民政部国家体育总局令第 96 号修定
2	国家体育总局关于废止和修改部分规章、规范性文件和制度性文件的规定	2018 年 11 月 13 日	国家体育总局令第 24 号
3	经营高危险性体育项目许可管理办法	2018 年 12 月 19 日	国家体育总局令第 17 号发布，国家体育总局令第 24 号修定
4	航空体育运动管理办法	2018 年 12 月 19 日	国家体委令第 15 号发布，国家体育总局令第 24 号修定
5	动力伞运动管理办法	2018 年 12 月 19 日	体航管字〔1996〕152 号发布，国家体育总局令第 24 号修定
6	滑翔伞运动管理办法	2018 年 12 月 19 日	体航管字〔2000〕069 号发布，国家体育总局令第 24 号修定
7	热气球运动管理办法	2018 年 12 月 19 日	体航管字〔2000〕365 号发布，国家体育总局令第 24 号修定
8	动力悬挂滑翔运动管理办法	2018 年 12 月 19 日	体航管字〔2003〕153 号发布，国家体育总局令第 24 号修定
9	双人跳伞运动管理办法	2018 年 12 月 19 日	体航管字〔2017〕31 号发布，国家体育总局令第 24 号修定
10	关于印发《关于进一步加强少数民族传统体育工作的指导意见》的通知	2018 年 1 月 10 日	体群字〔2018〕9 号
11	国家体育总局、发展改革委、科技部、工业和信息化部、公安部、财政部、国土资源部、住房城乡建设部、交通运输部、卫生计生委、旅游局关于印发《自行车运动产业发展规划》的通知	2018 年 1 月 12 日	体经字〔2017〕763 号
12	国家体育总局、发展改革委、科技部、工业和信息化部、公安部、财政部、国土资源部、住房城乡建设部、交通运输部、卫生计生委、旅游局关于印发《马拉松运动产业发展规划》的通知	2018 年 1 月 12 日	体经字〔2017〕764 号
13	国家体育总局、教育部、科技部、工业和信息化部、财政部、国土资源部、住房城乡建设部、旅游局关于印发《击剑运动产业发展规划》的通知	2018 年 1 月 12 日	体经字〔2017〕765 号
14	体育总局关于印发《关于进一步加强体育赛事监管的意见》的通知	2018 年 4 月 28 日	体规字〔2018〕3 号

（续表）

序号	文件名称	发布时间	文件编号
15	体育总局关于修订《体育运动中兴奋剂管制通则》的通知	2018年5月30日	体规字〔2018〕4号
16	体育总局关于修订《兴奋剂违规行为听证规则（暂行）》的通知	2018年5月30日	体规字〔2018〕5号
17	体育总局办公厅关于修订《运动员治疗用药豁免管理办法》的通知	2018年6月6日	体反兴奋剂字〔2018〕208号
18	体育总局办公厅关于加快推动汽车自驾运动营地产业发展的通知	2018年6月11日	体经字〔2018〕305号
19	体育总局关于印发《境外非政府组织在境内开展体育活动管理办法》的通知	2018年8月7日	体规字〔2018〕8号
20	体育总局关于印发《关于进一步规范体育赛场行为的若干意见》的通知	2018年8月7日	体规字〔2018〕9号
21	体育总局关于印发《体育市场黑名单管理办法》的通知	2018年8月9日	体规字〔2018〕7号
22	国家体育总局关于落实“证照分离”改革优化经营高危险性体育项目准入服务的通知	2018年11月9日	体政字（2018）150号
23	关于印发《全国少数民族传统体育运动会组织管理办法》的通知	2018年5月29日	民委发〔2018〕46号
24	关于印发《彩票监管咨询和评审专家管理暂行办法》的通知	2018年7月24日	财办综〔2018〕33号

上海市委、市政府文件

上海市体育设施管理办法

（沪府令1号）

（2018年2月24日）

（1994年12月31日上海市人民政府发布，根据1997年12月14日上海市人民政府令第53号修正，根据2004年7月1日起施行的《上海市人民政府关于修改〈上海市化学危险物品生产安全监督管理办法〉等32件市政府规章和规范性文件的决定》修正，根据2010年12月20日上海市人民政府令第52号公布的《上海市人民政府关于修改〈上海市农机事故处理暂行规定〉等148件市政府规章的决定》修正并重新发布的《上海市体育场所管理办法》同时废止，2018年2月24日市政府第4次常务会议通过，沪府令1号发布）

第一章　总则

第一条（目的与依据）

为了加强本市体育设施建设和运营的管理，满足市民开展体育活动的需求，根据《中华人民共和国体育法》《公共文化体育设施条例》《全民健身条例》和《上海市市民体育健身条例》等有关法律、法规，制定本办法。

第二条（适用范围）

本市体育设施的规划建设、开放服务和监督管理，适用本办法。

本办法所称体育设施，是指按照国家和本市规定建设或者设置，用于开展体育活动的建筑物、场地和设备，包括公共体育设施、学校体育设施和经营性体育设施。

第三条（管理部门）

市体育部门是本市体育设施的主管部门，负责本办法的组织实施。

区体育部门负责本辖区内体育设施的管理工作。

发展改革、教育、住房城乡建设管理、规划国土资源、绿化市容、文广影视、财政、工商行政管理等部门应当按照各自职责，做好体育设施的管理工作。

第四条（行业协会）

体育设施相关行业协会应当加强行业自律和信用建设，制定行业服务规范，引导行业有序发展。

第五条（社会参与）

鼓励企业事业单位、社会组织和个人以捐赠、赞助、投资等方式，参与体育设施的建设和运营，并依法享受财政、税收、金融和土地等方面的优惠措施。

第二章　公共体育设施

第六条（公共体育设施规划）

本市公共体育设施建设纳入市和区国民经济和社会发展规划。

市体育部门应当根据本市国民经济和社会发展规划，会同市发展改革、规划国土资源等部门组织编制本市公共体育设施规划，报市人民政府批准后，纳入相应的城乡规划。

规划国土资源部门组织编制城市控制性详细规划时，应当按照国家和本市有关规定，征求体育部门意见，保障公共体育设施规划的空间落实。

第七条（政府举办的公共体育设施的经费保障）

各级人民政府举办的公共体育设施的建设、维修、管理资金，应当列入本级人民政府基本建设投资计划和财政预算。

第八条（公共体育设施的建设）

各级人民政府应当按照国家规定的公共体育设施用地定额指标和本市公共体育设施规划，建设公共体育设施。

各级人民政府在旧城改造和规划建设新城、大型居住区时，应当根据人口结构、环境条件，同步配套建设相应的公共体育设施。

各级人民政府在新建、改建和扩建公园、绿地等公共场所时，应当根据实际情况，配套建设健身步道、健身苑点、市民球场等公共体育设施。需要设置体育健身设施的，由所在地政府提供并负责维修保养更新等日常管理。

第九条（居民住宅区体育设施的建设）

新建、改建、扩建居民住宅区的，建设单位应当按照国家和本市有关规定，配套建设相应的体育设施。

新建居民住宅区配套建设的体育设施，可以根据需要，设置在室内或者室外。设置在室内的，人均建筑面积不低于0.1平方米；设置在室外的，人均用地面积不低于0.3平方米。

已建居民住宅区未达到前款规定的指标要求的，应当逐步改建、补建配套的体育设施。

第十条（居民住宅区体育健身设施的维修保养）

政府出资建设或者配置的居民住宅区体育健身设施，其维修保养更新经费由所在地街道办事处、乡镇人民政府承担。

建设单位按照规定配套建设的业主共用的体育健身设施，由居民住宅区业主或者其委托的物业服务企业负责维修保养，维修保养经费按照国家和本市有关规定在住宅专项维修资金中列支或者通过其他途径予以保障。确有困难的，由所在地街道办事处、乡镇人民政府给予适当补贴。

第十一条（公建配套体育设施的建设）

以出让方式提供国有土地使用权的，在国有土地使用权出让前，规划国土资源部门应当依据控制性详细规划，在规划条件中，明确公共体育设施的配置要求。规划条件作为国有土地使用权出让合同的组成部分。

第十二条（公共体育设施的改建、扩建、拆迁、重建）

改建、扩建、拆除公共体育设施的，应当按照国家和本市的规定办理报批手续。

改建、扩建、重建公共体育设施的，不得改变其使用性质，一般不得小于原有规模。

第十三条（公共体育场馆的开放）

公共体育场馆应当全年向市民开放，每周累计开放时间不得少于56小时；法定节假日和学校寒暑假期间，应当延长开放时间。

第十四条（公共体育场馆的出租）

公共体育场馆应当主要用于开展体育活动，满足市民体育需求。公共体育场馆的管理者不得将场馆的主体部分用于非体育活动，但因举办公益性活动或者大型文化活动等特殊情况临时出租的除外。临时出租时间一般不得超过10日；租用期满，租用者应当恢复原状，不得影响场馆的功能、用途。

公共体育场馆主体部分以外的附属部分出租用于商业用途的，租用者提供的服务项目应当与市民体育活动直接相关，并且不得影响场馆主体部分的功能、用途。

公共体育场馆出租管理的具体办法，由市体育部门会同相关部门制定。

第十五条（公共体育场馆的收费）

公共体育场馆向社会开放，不需要增加投入或者提供专门服务的，应当免费；需要增加投入或者提供专门服务的，可以根据运营成本，适当收取费用。收费项目和标准应当向社会公布，实行明码标价，不得收取公布的收费项目和标准之外的任何费用。

公共体育场馆需要收取费用的，应当对学生、老年人、残疾人等群体实行价格优惠。

第十六条（公共体育场馆管理者的义务）

公共体育场馆的管理者应当履行下列义务：

（一）使用符合国家标准的体育设施，对设施定期进行检查并及时维修、保养；

（二）在醒目位置标明体育设施的名称、用途、使用方法，对可能危及人身安全的设施做出明确警示说明；

（三）建立、健全安全管理制度，维护场馆内的公共秩序；

（四）制定服务规范并向社会公示；

（五）按照项目要求配备社会体育指导人员，为消费者提供健身锻炼、设施使用等方面的指导服务；

（六）法律、法规、规章规定的其他义务。

第三章　学校体育设施

第十七条（学校体育设施的建设）

新建学校应当按照国家和本市相关标准，建设相应的体育设施。

新建学校在进行规划设计时，应当根据体育设施向社会开放和安全管理的需要，将教学区和体育场地进行合理分隔。

已建学校不符合国家和本市相关标准的，应当逐步改建、补建体育设施。鼓励有条件的学校将教学区和体育场地进行合理分隔。

第十八条（公办学校体育设施的开放）

公办学校体育设施在教学时间内主要用于

满足本校师生体育教学、锻炼需求，在课余时间和节假日优先向学生开放。

公办学校应当积极创造条件，向社会开放体育设施。除全日制寄宿学校外，符合开放条件的公办学校体育设施向社会开放时间应当符合本市规定；法定节假日和寒暑假期间可以适当延长开放时间。开放时段、时长等由区人民政府制定具体规定。

公办学校体育设施向社会开放的，应当公示开放时间。需要临时调整开放时间或者因维修等原因需要暂时停止开放的，应当提前向社会公示。

第十九条（经费支持与保险）

区人民政府应当对向社会开放体育设施的学校，在日常管理、物耗补偿、维修更新等方面给予经费支持。

区人民政府应当为向社会开放体育设施的学校办理有关责任保险。

第二十条（公办学校体育设施开放的管理模式）

街道办事处、乡镇人民政府应当组织、协调辖区内的公办学校向社会开放体育设施，指导学校采用联合管理、委托管理或者自行管理等开放管理模式，与学校共同确定体育设施向社会开放的管理者。

第二十一条（公办学校体育设施的收费）

公办学校体育设施向社会开放的，除按照规定应当免费开放的场所外，可以根据运营成本，适当收取费用。收费项目和标准应当向社会公布，实行明码标价，不得收取公布的收费项目和标准之外的任何费用。

第二十二条（外来人员进校管理）

公办学校体育设施开放期间，学校可以根据安全管理的需要，对进校外来人员的身份进行登记或者验证。

进校外来人员应当遵守学校体育设施开放的相关管理制度，安全使用体育设施，自觉维护环境卫生，文明开展体育活动。

第二十三条（开放管理者的义务）

公办学校体育设施向社会开放的管理者应当定期检查体育设施的安全性能，发现故障的，应当及时进行维修、保养或者及时通知学校进行维修、保养，保证体育设施使用安全。

第二十四条（民办学校的开放办法）

鼓励民办学校向社会开放体育设施，具体办法可以参照本章的相关规定执行。

第四章　经营性体育设施

第二十五条（社会力量参与建设）

鼓励企业事业单位、社会组织和个人等社会力量通过独资、合资、合作等方式，建设经营性体育设施。

工商行政管理部门应当对社会力量建设经营性体育设施给予工商登记方面的指导。

第二十六条（社会力量参与运营）

鼓励社会力量参与经营性体育设施的运营。

各级人民政府及相关部门可以采取民办公助、项目补助等方式，为社会力量参与运营提供资金、场地等支持。

第二十七条（其他多种形式建设体育设施）

鼓励社会力量建设小型化、多样化的体育场馆和健身设施；在有条件的建筑物空间区域和城市空置场所内，设置体育设施。

体育部门应当会同规划国土资源、工商行政管理等部门，研究制定并采取有针对性的措施，引导社会力量通过改造旧厂房、仓库、老旧商业设施等方式建设或者设置体育设施。

第二十八条（公益性开放）

鼓励经营性体育设施向社会公益性开放。鼓励经营性体育设施对学生、老年人、残疾人等群体提供优惠服务。

各级人民政府及相关部门可以采取政府购

买服务等方式，支持经营性体育设施向社会公益性开放。

第二十九条（经营性体育设施经营者的义务）

经营性体育设施的经营者应当履行下列义务：

（一）使用符合国家标准的体育设施，对设施定期进行检查并及时维修、保养；

（二）在醒目位置标明体育设施的名称、用途、使用方法，对可能危及人身安全的设施做出明确警示说明；

（三）配备必要的专业指导人员，为消费者提供健身锻炼、设施使用等方面的指导服务；

（四）法律、法规、规章规定的其他义务。

第三十条（高危险性体育项目经营者的义务）

经营性体育设施中有高危险性体育项目的，经营者应当依法取得许可证，除履行本办法第二十九条规定的义务外，还应当履行下列义务：

（一）建立、健全安全管理制度，并采取相应的保障措施；

（二）对可能危及消费者安全的事项和对参与者年龄、身体、技术的特殊要求做出真实说明和明确警示；

（三）配备社会体育指导人员和救助人员。

第五章　服务与管理

第三十一条（信息核查）

市和区体育部门应当每年对体育设施的新建、改建、扩建、重建等情况进行核查，建立动态数据库。区体育部门应当定期将核查情况汇总后报送市体育部门。

教育、住房城乡建设管理、绿化市容、文广影视等部门应当配合体育部门做好体育设施的信息核查工作。

第三十二条（信息服务）

市和区体育部门应当建立体育信息服务平台，通过广播、电视、报刊、互联网等途径公示本行政区域内公共体育设施目录，提供开放时段、免费项目、收费标准、优惠措施等方面的信息服务。

第三十三条（评估）

市和区体育部门应当每年对公共体育场馆举办体育活动的数量、服务的人次、市民满意度等情况进行评估。评估结果与公共体育场馆的预算资金安排、经费补助等挂钩。

市和区教育部门应当会同同级体育部门每年组织对公办学校体育设施向社会开放的时间、服务的人次、市民满意度等情况进行评估，并将评估结果向其所在地的区人民政府反馈。评估结果与公办学校体育设施向社会开放所享受的补贴挂钩。

通过政府购买服务方式支持经营性体育设施向社会公益性开放的，市和区体育部门应当对经营性体育设施的经营者履行政府购买服务协议的情况进行评估。评估结果与是否继续向经营性体育设施的经营者购买服务挂钩。

第三十四条（信用管理）

对违反体育设施管理规定的单位和个人，体育部门应当按照规定，将其违法信息提供至本市公共信用信息服务平台。违法信息已经纳入本市公共信用信息服务平台的，体育部门和其他行政机关可以依法采取相应的惩戒措施。

第三十五条（监督检查要求）

体育部门应当会同规划国土资源、住房城乡建设管理、教育、文广影视等相关部门，依法对体育设施的建设、开放和管理等情况进行监督检查。

第六章　法律责任

第三十六条（对公共体育场馆管理者违法行为的处理）

公共体育场馆管理者违反本办法第十六条规定，有下列行为之一的，由体育部门会同有关部门责令限期改正；拒不改正或者造成严重后果的，对负有责任的主管人员和其他直接责任人员，由所在单位或者上级主管部门给予警告或者记过处分：

（一）使用不符合国家标准的体育设施，或者未对设施定期进行检查并及时维修、保养的；

（二）未在醒目位置标明体育设施的名称、用途、使用方法，或者未对可能危及人身安全的设施做出明确警示说明的；

（三）未建立、健全安全管理制度，维护场馆内公共秩序的；

（四）未制定服务规范并向社会公示的；

（五）未按照项目要求配备社会体育指导人员，为消费者提供健身锻炼、设施使用等方面指导服务的；

（六）未履行法律、法规、规章规定的其他义务的。

第三十七条（对公办学校违法行为的处理）

公办学校违反本办法第十八条、第二十三条规定，有下列行为之一的，由教育部门责令限期改正；拒不改正或者造成严重后果的，对负有责任的主管人员和其他直接责任人员，由所在单位或者上级主管部门给予警告或者记过处分：

（一）未按照规定向学生或者社会开放的；

（二）未按照规定对体育设施进行维修、保养的。

第三十八条（对经营性体育设施经营者违法行为的处罚）

经营性体育设施经营者违反本办法第二十九条规定，有下列行为之一的，由体育部门责令限期改正；逾期不改正的，处5 000元以上2万元以下罚款：

（一）使用不符合国家标准的体育设施，或者未对设施定期进行检查并及时维修、保养的；

（二）未在醒目位置标明体育设施的名称、用途、使用方法，或者未对可能危及人身安全的设施做出明确警示说明的；

（三）未配备必要的专业指导人员，为消费者提供健身锻炼、设施使用等方面的指导服务的。

高危险性体育项目经营者违反本办法第二十九条、第三十条规定的，按照国家有关规定予以处罚。

第三十九条（行政责任）

体育部门等有关部门的工作人员违反本办法，有下列情形之一的，由所在部门或者监察机关给予警告、记过或者记大过处分：

（一）未对体育设施的建设、开放和管理等情况进行监督检查，造成不良影响的；

（二）对监督检查发现的违法行为不依法查处，造成不良影响的。

第七章　附则

第四十条（参照适用）

本市国家机关、社会团体、企业事业单位内部使用的体育设施的开放服务、监督管理，可以参照本办法实施。

第四十一条（施行日期）

本办法自2018年5月1日起施行。1994年12月31日上海市人民政府发布，根据1997年12月14日上海市人民政府令第53号修正，根据2004年7月1日起施行的《上海市人民政府关于修改〈上海市化学危险物品生产安全监督管理办法〉等32件市政府规章和规范性文件的决定》修正，根据2010年12月20日上海市人民政府令第52号公布的《上海市人民政府关于修改〈上海市农机事故处理暂行规定〉等148件市政府规章的决定》修正并重新发布的《上海市体育场所管理办法》同时废止。

关于加快本市体育产业创新发展的若干意见

（沪府发〔2018〕31号）

（2018年8月9日）

体育产业是国民经济的新增长点，是建设“健康上海”的重要组成部分，是打响上海“四大品牌”的重要载体，是城市软实力和吸引力的重要支撑。为推进全球著名体育城市建设，助力上海城市能级和核心竞争力的提升，现就加快本市体育产业创新发展提出如下意见：

一、明确总体要求

（一）指导思想

全面贯彻党的十九大精神，以习近平新时代中国特色社会主义思想为指导，按照“当好全国改革开放排头兵、创新发展先行者”的要求，以满足人民日益增长的美好生活需要为出发点和落脚点，围绕建设全球著名体育城市的战略目标，坚持以开放促改革、以改革促发展，推动体育产业集聚化、融合化、品牌化，增强体育产业的国际竞争力、影响力和辐射力，使体育产业成为城市高质量发展、高品质生活的重要力量，在上海加快建设卓越的全球城市和具有世界影响力的社会主义现代化国际大都市进程中发挥重要作用。

（二）基本原则

——坚持对标国际、争创一流。对标顶级全球城市，紧跟国际体育产业发展新趋势，主动融入全球化进程，有效畅通各类国际体育优质资源进入渠道，提升上海全球体育资源配置能力。

——坚持改革创新、扩大开放。始终用改革开放的思路和办法破除制约体育产业发展的瓶颈难题，创新体育体制机制，深化供给侧结构性改革，释放和激发行业持续发展和创新活力。

——坚持市场主导、政策引导。遵循体育产业发展规律，发挥市场在体育资源配置中的决定性作用，更好发挥政府的积极作用，营造法治化、国际化、便利化的营商环境，提高产业发展的质量和效益。

——坚持协同联动、融合发展。加强部门联动、市区联动、区域联动，事业和产业良性互动，促进体育与文化、教育、商贸、旅游、健康、科技等产业融合，推进长三角地区体育产业一体化，培育新需求、新消费、新产品、新业态、新模式。

（三）发展目标

推动形成与全球著名体育城市定位相匹配的产业发展格局，以竞赛表演业和健身休闲业为引领的产业体系更加合理，以国际竞争力和带动性强的体育企业为主体的市场体系更加发达，以重大体育场馆设施和产业集聚区为载体的空间体系更加优化，以产业政策和营商服务为重点的支撑体系更加完善。体育供给丰富多样，体育消费愈加旺盛，对其他产业带动作用显著提升。到2020年，本市体育产业总规模达到2 000亿元左右，体育产业总体发展水平走在全国前列；到2025年，本市体育产业总规模达到4 000亿元左右，跻身世界体育产业发达城市行列；到2035年，达到与卓越全球城市相适应的体育产业发展水平。

二、着力推动体育产业重点领域加快发展

加快体育供给侧结构性改革，优化体育产业结构布局，以重点领域的跨越式发展助推体育产业全面发展。

（一）加快国际体育赛事之都建设

发挥竞赛表演业在打造城市文化品牌和推动体育产业向纵深发展的独特作用，形成上海竞赛表演业的整体优势，努力把上海打造成为世界

一流的国际体育赛事之都。

1. 完善重大赛事布局。加强体育赛事战略规划，积极构建与全球著名体育城市地位相匹配的体育赛事体系。综合评估国际重大体育赛事的影响力和市场价值，力争每年都有世界顶级赛事在沪举办。研究并推动申办具有世界影响力的综合性体育赛事的相关工作。探索建立中国特色、国际公认的体育赛事评价体系。（牵头部门：市体育局）

2. 打造职业赛事高地。不断优化职业赛事发展环境，保持本市职业赛事规模位于世界前列。加快培育上海特色的职业赛事体系，鼓励有条件的项目及俱乐部发展职业联盟。支持举办赛车、自行车、网球、马术、田径、铁人三项、水上运动、斯诺克、拳击、电子竞技等高水平职业赛事。引导足球、篮球、排球、乒乓球、羽毛球、围棋等职业俱乐部完善法人治理结构，加快现代企业制度建设，培育稳定的观众群体和项目文化。优化完善“以奖代补”的政府资助方式，激励职业俱乐部在联赛中取得更好成绩。支持有条件的职业俱乐部打造百年俱乐部。（牵头部门：市体育局、市财政局）

3. 扩大本土原创赛事影响力。创新社会力量参与体育赛事的组织方式，积极打造具有海派文化特点、凸显生态优势、融合新技术的原创体育赛事品牌。着力提升上海国际马拉松赛、“上海杯”诺卡拉帆船赛、上海城市定向户外挑战赛等赛事的办赛品质，培育和保护一批社会影响力大、品牌知名度高、具有独立知识产权的本土原创品牌赛事。办好市民运动会、城市业余联赛等群众性赛事活动，支持各区打造“一区一品”赛事。全面构建分级分类的青少年体育赛事体系。加大国际市场拓展资金扶持和品牌赛事出口奖励力度，鼓励本土原创品牌赛事“走出去”。（牵头部门和单位：市体育局、市教委、市商务委、各区政府）

4. 提高赛事质量和效应。完善体育赛事品质标准体系，围绕赛事关注度、专业度、贡献度等指标，引导办赛主体不断提升赛事品质。鼓励举办各类表演赛、明星赛、联谊赛、对抗赛、邀请赛等，增加体育赛事的娱乐化元素，满足人民群众多样化精神文化需求。完善赛事产业链条，形成行业配套、产业联动、运行高效的赛事产业服务体系，充分发挥赛事对住宿、餐饮、交通、旅游、通信、娱乐、广告、建筑等行业的拉动作用。引导整合线上线下赛事资源，推动业态创新、模式变革和效能提高，形成赛事产业新生态圈。定期公开体育赛事目录，逐步完善赛事综合效应评估体系，建立赛事动态监测机制，构建科学、合理的赛事资助模式。（牵头部门：市体育局、市发展改革委、市旅游局、市财政局）

（二）提升健身休闲产业能级

将健身休闲产业作为“健康上海”建设的重要内容，培育新供给、促进新消费，提高健身休闲产业发展能级。

5. 丰富健身休闲服务项目。大力实施全民健身计划，普及推广适合公众广泛参与的健身休闲项目，加快发展足球、篮球、排球、乒乓球、羽毛球、网球、游泳、武术、徒步、路跑、骑行、棋牌、台球、钓鱼、体育舞蹈等普及性广、关注度高、市场空间大的运动项目，引导多方参与。制定专项规划，支持冰雪、水上、山地户外、汽车摩托车和航空等具有消费引领性的健身休闲项目发展。推动极限运动、电子竞技、击剑、跆拳道、飞镖、射箭、马术等时尚运动项目健康发展，培育相关专业培训市场。传承推广民间传统健身休闲项目及列入非物质文化遗产名录的传统体育项目。鼓励开发适合老年人、妇女、青少年、儿童等不同人群特点的运动项目，培育打造一批具有海派文化特色的健身休闲项目。（牵头部门：市体育局）

6. 加强健身休闲设施供给。加强体育场地设施的科学规划与布局，推进实施市政府批复同意的《上海市公共体育设施布局规划（2012—2020年）》，制定公共体育设施中远期规划。严格执行城市居住区规划设计等标准配套建设健身设施，并实现同步设计、同步施工、同步投入。实施全民健身场地设施全覆盖计划，重点新建一批便民利民的市民健身活动中心、体育场馆、市民多功能运动场、市民健身步道等健身休闲设施，打造“15分钟体育生活圈”。支持社会力量运用城市更新政策，盘活现有存量资源，在商业设施、旧厂房、仓库内转型建设健身休闲设施；充分利用城市公园、公共绿地、楼顶、沿江和人防工程等区域建设健身休闲设施，营造城市健身休闲新空间。研究制定促进水域空域开放的相关办法，充分挖掘水、陆、空资源，重点建设户外营地、徒步骑行服务站、汽车露营营地、运动游艇码头、航空飞行营地等健身休闲设施。鼓励健身休闲设施与住宅、文化、商业、娱乐等综合开发，打造健身休闲服务综合体。将体育设施融入生态发展，重点建设环崇明岛、环淀山湖、外环绿带、郊野公园自行车健身绿道等项目。推进徐家汇、嘉定、长兴岛、前滩、南桥、松江、罗店、长宁等体育主题公园，以及沿江、沿河、沿湖体育休闲设施建设。加快推进各类体育设施向社会开放，鼓励社会力量建设健身设施，全面提升公共体育设施和学校体育场地的开放率和满意度。（牵头部门和单位：市体育局、市发展改革委、市规划国土资源局、市住房城乡建设管理委、市绿化市容局、市水务局、市教委、各区政府）

7. 优化健身休闲产业布局。组织开展水、陆、空运动资源调查，摸清发展健身休闲产业的自然、人文基础条件。因地制宜，合理布局，在保护自然资源和生态环境的基础上，重点打造黄浦江滨江、苏州河滨河健身休闲产业带，以及临港新城、国际旅游度假区、金山城市沙滩、青浦淀山湖等健身休闲集聚区。结合国家级和市级体育产业基地建设，培育一批以健身休闲服务为核心的体育产业示范基地、单位和项目。推进和完善体育旅游休闲基地星级评定工作，建设一批富有特色的体育旅游休闲基地。（牵头部门和单位：市体育局、市发展改革委、市规划国土资源局、市旅游局、市绿化市容局、有关区政府）

（三）完善体育服务产业体系

把体育场馆服务、体育中介服务和体育传媒等体育服务业发展作为驱动上海体育产业高质量发展的新动能，提高体育专业服务的整体质量和效益，增强体育产业的国际影响力和竞争力。

8. 提高体育场馆服务水平。积极推进公共体育设施“改造功能、改革机制”两改工程，推广所有权、经营权分离的改革模式，鼓励企业积极参与场馆运营。加快推进浦东足球场、马术公园等重大体育设施建设，探索市场化运营新模式。推行经营性体育设施设计、建设、管理和运营一体化，完善经营性体育设施认定标准。支持大型体育场馆开发冠名权等无形资产，开展多元化经营服务，打造体育服务综合体。鼓励体育场馆提高标准化、智能化、信息化开发利用水平，培育一批专业化体育场馆运营管理主体和场馆服务品牌。完善政府购买体育场馆公益性服务的机制和标准，健全公共体育设施和学校体育设施公益性开放评估体系，鼓励有条件的经营性体育设施开展公益性开放服务。对社会力量投资建设的体育场馆，在投资核准、融资服务、财税政策、土地使用、公益开放等方面给予政策支持。（牵头部门：市体育局、市发展改革委、市教委、市财政局）

9. 活跃体育中介服务市场。重视体育中介市场的培育和发展，积极开展赛事推广、活动策划、体育赞助、体育广告、体育票务、体育咨询、体育评估、运动员经纪、体育保险等多种中介服务。鼓励各类中介咨询机构聚焦竞赛表演价值链的关键环节，向赛事相关机构提供经济信息、市场预测、技术指导、法律咨询、价值评估、人员培训等服务。通过政策扶持和项目引领，引进国内外知名的体育中介公司、高端人才及其先进管理经验，创办一批品牌效应突出、市场竞争力强的体育中介服务机构。（牵头部门：市体育局、市工商局、市商务委）

10. 构建体育传媒服务新格局。准确把握传媒业和体育产业发展新趋势，不断推进电视、广播电台、报刊等体育传统媒体改革创新，打造1—2家国际性的体育传媒公司。鼓励发展多媒体广播电视、网络广播电视、手机APP等体育传媒新业态，培育一批发展潜力巨大的体育新媒体平台。鼓励利用各类社交平台，促进消费者互动交流，提升消费体验。加快体育传统媒体和新兴媒体融合发展，推动节目、技术、平台、人才等生产要素共享融通，促进体育赛事推广、版权运营的模式创新。加快推动体育赛事版权和转播权市场化，加强体育节目制作包装运营、品牌栏目及活动创新、衍生开发等，鼓励体育传媒品牌进一步扩大影响力。（牵头部门：市文广影视局、市体育局）

（四）打造国际体育贸易中心

依托本市体育用品品牌总部和服务贸易集聚地的优势，深挖体育贸易发展潜力，加快国际体育贸易中心建设。

11. 促进体育用品贸易聚集。充分发挥本市综合区位优势，通过规划引导、政策扶持、资源倾斜等方式，优化体育用品总部经济发展的软硬件环境。引进一批体育用品跨国公司地区总部，按照《上海市鼓励跨国公司设立地区总部的规定》的要求，享受资金奖励、出入境便利等鼓励政策。鼓励各区积极引进体育用品龙头企业落户，对设立地区总部、板块业务总部、研发中心、实验室、技术研究院、销售中心等给予政策支持。深化与专业机构的合作，引进和举办具有国际顶尖水平的体育用品展会和论坛活动，支持各类体育用品类展会活动落户上海。（牵头部门和单位：市经济信息化委、市发展改革委、市商务委、市体育局、各区政府）

12. 扩大体育服务贸易规模。以竞赛表演和健身休闲产业为核心，加强资本与优质体育服务贸易项目间的高效对接，扩大本市体育服务贸易行业与国际间的合作，鼓励本市体育服务贸易企业积极参与国际分工。探索在中国（上海）自由贸易试验区开展体育服务产业政策试点，培育建立以体育服务为特色的服务贸易示范区，推进重点领域提升能级、扩大规模。将体育服务贸易纳入中国国际进口博览会，推荐重点国际合作伙伴进行展示交流。（牵头部门：市商务委、市体育局）

（五）增强体育装备研发制造能力

将提升高端体育装备研发制造能力作为发展先进制造业和战略性新兴产业的组成部分，促进科技在体育领域的应用与推广，有效提升体育装备的科技含量和智能化水平。

13. 推动体育装备制造转型升级。鼓励体育装备制造企业向服务业延伸发展，推进制造与服务的系统集成与融合发展，形成全产业链优势。鼓励企业拓展定制业务，支持企业投建定制服务平台，推行个性化、定制化生产。积极培育器材装备民族品牌，通过技术引进、海外并购等方式，提升冰雪运动、水上运动、山地户外、汽车摩托车运动、航空运动、室内健身等器材装备的国产化水平。鼓励企业与各级各类运动项目协会等体育组织开展合作，通过项目对接和赛事营销等模式，扩大消费群体，提高品牌知名度。（牵头部门：市经济信息化委、市科委、市民政局、市体育局）

14. 加强体育装备技术创新。鼓励建设体育装备公共技术服务平台，支持研发具有自主知识产权、引领新型体育消费的新型体育装备、可穿戴式运动设备、虚拟现实运动装备、应用软件及辅助工具。推进智能制造、增材制造、人工智能、机器人等先进技术成果服务应用于体育领域。支持将符合条件的体育装备产品列入《上海市创新产品推荐目录》，按照《上海市创新产品政府首购和订购实施办法》进行采购。支持龙头企业建设高端研发、设计机构，提升新产品研究开发能力。支持企业利用互联网技术对接体育健身个性化需求，根据不同人群尤其是青少年、老年人的需要，研发多样化、适应性强的体育装备器材。支持建设国家体育用品质量监督检测中心，开展相关国家标准试点。（牵头部门：市科委、市经济信息化委、市发展改革委、市质量技监局、市体育局）

三、构建现代体育市场体系

坚持市场化改革基本方向，完善产品和要素市场建设，营造统一开放、竞争有序的市场环境，全面构建现代体育市场体系。

（一）激发市场主体活力

15. 支持体育企业发展。深化体育类国有企业改革，培育一批主业突出、融合度高、市场竞争力强的国有大型体育产业集团，积极打造国内领先、世界一流的综合性体育企业。提升民营体育企业竞争力，重点支持“专、精、特、新”中小微体育企业发展，培育一批民营体育“独角兽”企业。引导有实力的体育企业通过管理输出、连锁经营等方式，进一步提升核心竞争力，延伸产业链和利润链，支持具备条件的企业“走出去”，培育一批具有国际竞争力和影响力的领军企业集团。（牵头部门：市体育局、市国资委、市经济信息化委）

16. 鼓励创新创业。大力推进商事制度改革，为体育产业提供良好的准入环境。支持退役运动员、大学生、事业单位专业技术人员等积极参与体育创业。支持体育高新技术企业发展。建设体育产业创新创业教育服务平台，帮助企业、高校、金融机构有效对接。鼓励设立各类体育产业孵化平台，培育 10 家左右高品质的、有影响力的体育产业众创空间。（牵头部门：市体育局、市教委、市科委、市发展改革委、市经济信息化委、市人力资源社会保障局）

（二）创新产业发展方式

17. 引导集聚发展。推进实施市体育局、市发展改革委、市规划国土资源局、市旅游局印发的《上海市体育产业集聚区布局规划（2017—2020 年）》，制定体育产业集聚区中长期规划。与本市重大战略、重点区域、大型设施、特色资源等有机结合，打造“一核、两带、多点”的体育产业发展空间体系。重点扶持五角场体育产学研集聚区、徐家汇体育公园等一批产业集聚区建设，支持打造全球电竞之都，加快形成体育产业集聚效应。到 2025 年，全市成功创建 10 个以上国家级体育产业示范基地、示范园区或体育旅游示范区，形成一批符合市场规律、具有市场竞争力的产业集聚区。（牵头部门和单位：市体育局、市发展改革委、市规划国土资源局、市旅游局、市文广影视局、各区政府）

18. 促进融合发展。发挥体育产业的综合效应和拉动作用，推动体育产业与相关产业复合经营、传统体育产业与新兴体育产业互动发展，拓展体育产业领域。制定体育与相关产业融合发展纲要，推动体育与文化旅游、健康养老、教育培训、影视动漫、广告会展、网络传媒、金融保险等产业深度融合。实施“互联网 + 体育”行动计划，推动体育与互联网融合发展的广度和深度。充分利用上海举办重大体育赛事的有利契机，大力宣传上海城市形象，吸引国内外游客来沪观赛并观光休闲。大力发展运动康复医学，积极研发运动康复技术，鼓励社会力量开办康体、体质测定和运动康复等各类机构。（牵头部门：

市体育局、市发展改革委、市卫生计生委、市旅游局、市经济信息化委、市文广影视局）

（三）扩大体育消费

19. 深挖消费潜力。开展各类群众性体育活动，丰富节假日体育赛事供给，发挥体育明星和运动达人示范作用，激发大众体育消费需求。积极推行《国家体育锻炼标准》、运动项目业余等级，增强项目消费粘性。促进中小学生掌握两项以上体育运动技能，养成终身参与体育锻炼的习惯。政府及相关机构可通过购买服务等方式，为中小学生体育运动技能提升给予支持。完善公共安全服务体系，严格规范消防、安保等体育经营场所公共安全服务供给，积极探索建立体育赛事安保等级评价机制。制定体育消费促进计划，进一步拓展体育健身、体育观赛、体育培训、体育旅游等消费新空间。加强与金融机构合作，创新体育消费支付产品，推动体育消费便利化。支持企业运用大数据技术分析顾客消费行为，开展精准服务和定制服务，灵活运用网络平台、移动终端、社交媒体与顾客互动，建立及时、高效的消费需求反馈机制，做精做深体验消费。大力培育国际体育消费，打造全球体育消费中心。（牵头部门：市体育局、市教委、市公安局、市消防局、市旅游局、市商务委、市金融办、人民银行上海总部、上海银监局、市经济信息化委）

20. 倡导消费理念。加快打造智慧体育公共信息服务平台，及时发布赛事、活动、场馆等信息，提供健身指导，促进体育消费。加大体育公益广告投放力度，利用报刊、电视、网络等媒体，普及健身知识，传播体育文化。鼓励通过体育明星公益性广告或举办各类体育赛事的契机，大力倡导健康生活方式。支持各区创新体育消费引导机制。（牵头部门和单位：市体育局、市经济信息化委、市文广影视局、各区政府）

（四）加强合作交流

21. 推动长三角协同发展。深入落实长三角地区一体化发展战略，充分发挥长三角三省一市各自比较优势，因地制宜发展体育产业，联合申办或创办高水平体育赛事，鼓励社会力量组织跨区域体育赛事和业余联赛，打造一批国家级区域体育产业重点示范项目。完善长三角地区体育产业协同发展机制，加快建设一体化市场体系，逐步实现人才、场地、资金、信息以及项目等资源的整合与共享。引导和支持体育产业主体相互合作，促进区域体育产业合理布局。（牵头部门：市体育局、市发展改革委）

22. 拓宽国际交流合作。吸引国内外体育企业总部、功能性体育行业协会、国际体育组织落户，加大前沿理念宣传、先进模式和高端人才引进的力度，集聚国际优质体育资源。加强政府推动的跨国协作，支持本市重点体育产业园区、骨干企业、研究机构与国际领军体育企业的全面交流和深度合作。加快完善和布局与全球体育城市地位相匹配的国际会议与论坛举办、信息交流、机构入驻、服务贸易、人才与产权交易、奥林匹克文化与精神传承等功能，打造全球体育重要节点城市。探索建立国际化体育智库，积极引进和培育国际体育组织和机构，提升本市在国际体育市场的影响力和话语权。建立以上海友城为主渠道的国际体育交流联盟，推进与港澳台体育的密切交流。（牵头部门：市体育局、市商务委、市政府外办、市政府港澳办、市台办）

（五）深化“放管服”改革

23. 构建现代体育管理大格局。进一步转变体育部门职能，调整体育部门与体育总会、各单项体育协会的职责，实行管办分离、政社分开，把能够由体育社会组织承担的职能交由体育社会组织承担。积极推进单项体育协会改革，推动各类体育协会实现自治、善治，使其依法独立运行。积极推进体育部门直属事业单位分类改革，明确体育事业单位功能定位和属性，提高管理效率。（牵头部门：市体育局、市发展改革委、市

民政局）

24. 提升政府服务体育企业水平。推行体育部门权力清单、责任清单制度。深化体育行政审批制度改革，对取消、下放、调整的审批事项，加强事中事后监管；推进“证照分离”改革，对确需保留的体育行政审批事项，规范流程，提高透明度和可预期性。推行“互联网＋政务服务”，建立体育产业多部门联合“一站式”服务机制。按照属地管理的原则，做好体育赛事服务保障工作，加快制定赛事审批取消后的服务管理办法。通过部市共建等方式，积极推动国家体育产权交易平台落户上海。实施严格的知识产权保护，为体育活动知识产权营造良好的保护环境。（牵头部门和单位：市体育局、市发展改革委、市工商局、市审改办、市知识产权局、各区政府）

25. 提高体育行业管理水平。加快构建覆盖体育组织、体育企业、从业人员等的行业信用体系，建立严重失信主体名单制度，推广信用服务和产品的应用，提倡诚信经营、服务规范。制定体育社会组织管理办法，鼓励社会公众参与体育市场监管，发挥媒体监督作用，促进体育产业健康发展。全面推进体育产业标准化建设，引导和鼓励市场主体积极参与行业和国家标准制定。制定体育赛事的办赛指南和服务规范，明确体育赛事开展的基本条件、标准、规则、程序和各环节责任部门。加强兴奋剂、赛风赛纪和大型活动安全管理，制定并出台体育赛事和活动安保服务标准。加强体育产业统计工作，定期发布体育产业及体育消费统计数据，建立体育产业大数据中心。加强体育产业行业协会建设，发挥各级体育产业协会在体育产业发展中的作用。按照法定程序，加快制定《上海市体育产业促进条例》，积极为体育产业发展营造良好政策环境和法治环境。（牵头部门：市体育局、市发展改革委、市公安局、市民政局、市统计局、市工商局、市质量技监局、市政府法制办）

四、完善和落实体育产业政策

强化政策支撑，优化营商环境，有效引导资金、土地、人才等资源集聚，减轻企业负担，进一步激发体育企业的创新活力。

（一）加强财税和金融扶持

26. 发挥财政资金引导和杠杆作用。进一步完善体育产业的资金支持方式，形成“专项资金＋投资基金＋购买服务”的财政综合支持体系。各级政府要加大投入力度，安排资金用于公共体育设施建设，并安排一定比例彩票公益金等财政资金，通过政府购买服务等方式，积极支持群众健身消费。进一步发挥市促进体育发展财政专项资金及各类市级相关专项资金的引导和杠杆作用，并优化使用方式，加大对关键领域、薄弱环节、重点区域的支持力度。运用市场机制，探索建立政府引导、社会资本共同参与的体育产业投资基金。鼓励有条件的区设立区级体育发展专项资金，加强市、区联动，形成合力。加强对财政资金使用效益的评估。（牵头部门和单位：市财政局、市发展改革委、市体育局、市文广影视局、市科委、市经济信息化委、各区政府）

27. 合理减轻企业税费负担。切实落实现行国家体育产业发展的税收支持政策。对经认定为高新技术企业的体育企业，按照规定享受企业所得税相关政策。对提供体育服务的社会组织，经认定取得非营利组织免税优惠资格的，取得符合条件的有关收入可依法享受企业所得税免税收入优惠政策。体育企业发生的符合条件的广告费支出，符合税法规定的可在税前扣除。体育企业符合条件的创意设计活动费用，可按照规定税前加计扣除。鼓励企业捐赠体育服装、器材装备，对符合税收法律法规规定条件向体育事业的公益性捐赠，按照相关规定，在计算应纳税所得额时予以扣除。体育场馆用于体育活动的房产和土地，可按照规定享受房产税和城镇土地使用税优惠。体育场馆等健身场所的水、电、煤、气价格按照不高于一般工业标准执行。（牵头部门：市税务局、市财政局、市发展改革委、市民政局）

28. 加大金融扶持力度。完善体育产业信贷政策，引导金融机构加大体育产业信贷投入力度。鼓励和支持体育企业用好自贸试验区金融政策，支持符合条件的体育企业开设自由贸易账户和开展跨境融资。推动银企合作，支持建立体育中小企业融资服务平台。支持设立运动休闲装备融资租赁公司，提高运动休闲装备使用效率。支持体育企业利用多层次资本市场，进行股权融资和发行债券，建立体育企业上市挂牌储备库。对成功在境内上市或挂牌的本市中小体育企业，由所在区给予适当补贴。引导保险公司根据体育运动特点和不同年龄段人群身体状况，开发场地设施责任、运动人身意外伤害等体育保险。（牵头部门和单位：市体育局、市金融办、人民银行上海总部、上海银监局、上海证监局、上海保监局、市商务委、各区政府）

（二）落实土地和人才保障

29. 保障产业用地供给。优先保障新增体育产业项目土地供应，但国家规定的限制、禁止用地项目除外。其中，营利性体育事业项目使用体育用地的，可以协议出让方式供地；体育产业项目使用工业、研发用地，可以“带产业项目”挂牌方式供地。在新增经营性用地出让中，通过出让前的规划实施评估，按照区域体育设施配置情况，优先配建体育类公共设施。支持各类市场主体合作利用工业厂房、仓储用房、传统商业街等存量房产、土地兴办体育产业，在符合城市规划的前提下，土地用途和使用权人可暂不变更。对利用划拨方式取得的存量房产、土地兴办体育产业，凡符合划拨用地目录的非营利性体育设施项目，可继续以划拨方式使用土地；不符合划拨用地目录的，连续经营一年以上的，可采取协议出让方式办理用地手续。重点体育产业项目，经相关土地出让协调决策机构集体决策，土地价款可按照有关规定分期缴纳，最长时间不得超过两年。在符合城市规划和建设规范、不影响相邻关系及严守安全底线的前提下，鼓励存量体育产业用地提高土地利用率。推进落实以作价出资（入股）方式，处置国有体育企业的划拨土地使用权，明确市、区利益分配方法、转增国家资本的出资主体及后续管理要求。引导社会力量投资兴办体育场馆、体育产业园区、体育特色小镇等体育产业基础设施，鼓励各级政府给予用地等政策支持。（牵头部门和单位：市规划国土资源局、市发展改革委、市体育局、各区政府）

30. 强化人才队伍支撑。贯彻落实市委、市政府有关文件精神，出台关于进一步深化体育人才发展体制机制改革的实施意见。加大体育人才引进力度，落实海外高层次体育人才引进政策，简化外籍高层次体育人才永久居留证件和人才签证办理程序。探索建立高端人才医疗保障机制，以购买服务形式，指定若干家高水平医疗机构，提供便捷、舒适、高端的医疗服务。探索将体育产业重点专业纳入非上海生源应届普通高校毕业生进沪就业重点专业和紧缺专业目录，享受居住证积分加分等政策。通过各类租赁住房和公租房，加大力度解决青年体育人才阶段性住房困难。做好国家和上海层面重点体育人才选拔工作，深入实施上海体育人才培养计划。加强对退役运动员的创业孵化，研究鼓励退役运动员从事体育产业工作的扶持政策。根据产业发展的需要，将紧缺急需的体育相关职业技能培训项目列入上海职业技能补贴培训目录。针对“高峰人才”，研究实施个性化、针对性人才政策。鼓励有关高校设立体育产业类专业，建立体育产业教学、科研和培训基地。鼓励多方投入，开展各类职业教育和培训。加大对社会力量培养体育后备人才的支持力度，为其参加各类比赛创造条件。支持退役运动员接受再就业培训，完善运动员引进选调和退役安置管理办法。加强体育产业决策咨询和理论研究，成立上海市体育产业决策咨询专家委员会，建立全国知名的体育产业智库。（牵头部门：市体育局、市人力资源社会保障局、市教委、市科委、市民政局）

与此同时，要进一步完善市体育产业发展联席会议制度，推进多部门合作的体育产业发展工作协调机制。进一步加强国家级和市级体育产业联系点建设，跟踪产业发展情况，总结推广成功经验和做法。发挥市、区两级积极性，统筹资源，加强联动，形成合力。各区、各有关部门和单位要根据本意见的要求，结合实际，抓紧研究制定具体工作方案和配套文件，把加快体育产业创新发展各项工作落到实处。

上海市体育局等委办局文件

上海市体育局转发体育总局教育部《关于加强竞技体育后备人才培养工作的指导意见》

（沪体青〔2018〕33号）

（2018年1月25日）

竞技体育后备人才培养关系体育事业的全面、协调、可持续发展，必须始终高度重视并不断创新。站在新的历史起点上，为进一步学习贯彻党的十九大精神，准确理解习近平新时代中国特色社会主义思想以及习近平总书记关于体育工作的重要论述，完善竞技体育后备人才培养体系，不断提高青少年体育训练质量和效益，推动竞技体育后备人才培养工作深入开展，为建设体育强国、健康中国注入新的生机与活力，现就加强竞技体育后备人才培养工作提出如下指导意见。

一、进一步完善竞技体育后备人才培养体系

（一）夯实学校体育基础

学校体育是竞技体育后备人才培养的基础。按照《学校体育工作条例》和《国务院办公厅关于强化学校体育促进学生身心健康全面发展的意见》的有关要求，充分发挥体育的育人功能，以培养学生体育意识和体育兴趣为重点，以增进学生体育技能和体质达标为抓手，加强体育课和课外体育锻炼，促进青少年健康成长。

坚持以校园足球为引领，积极推进“一校一品”建设。鼓励各级各类学校以足球、篮球、排球、田径、游泳、冰雪和民族传统体育等项目为重点，组织开展体育教学和训练活动。支持学校通过创建青少年体育俱乐部、与各级各类体校联办运动队、组建校园项目联盟等形式，创新体育后备人才小学、初中、高中一条龙培养模式，打造学校特色体育项目；开展多层次、多形式的学生体育竞赛活动，共同营造校园体育文化氛围。

充分发挥体育传统项目学校在促进校园体育普及、推动学校运动队和校园体育文化建设等方面的示范作用，通过完善体育传统项目学校创建命名和动态评估工作，强化品牌建设，逐步优化体育传统项目学校项目结构和赛事布局，以国家级体育传统项目学校为龙头、省级体育传统项目学校为骨干、市级和县级体育传统项目学校为基础，稳步提升竞技体育后备人才输送数量和质量。

（二）强化青少年三级训练网络建设

各级各类体校是竞技体育后备人才培养的主

体。积极扩大初级训练规模，以少年儿童体育学校、体育传统项目学校、青少年体育俱乐部等为依托，着力在培养兴趣、增强体质的基础上发现优秀苗子，开展课外体育训练。鼓励体育和教育联合办训练，将青少年训练工作的恢复和开展、少年儿童体育学校和其他各类青少年训练网点建设等列入县级体育工作督导考核的重要内容。

创新发展中级训练模式，以重点体校、体育中学和单项运动学校为重点，对青少年学生进行科学系统的训练，开发青少年的运动天赋和专项特长。鼓励优质体育资源和优质教育资源有机互补，充分实现教练、教师互派互聘、设施资源共享共用，联合名校办名队，共同打造特色项目和优势项目。

着力提升高级训练质量，以中等体育运动学校、竞技体校为龙头，突出国家高水平体育后备人才基地的引领示范作用，努力拓宽办学渠道，提升办学层次，科学系统训练，提高输送率和成才率。创新省级体校办学形式，理顺管理关系，充分发挥省级体校与省级优秀运动队、初中级训练的衔接功能，促进各项目优秀运动队梯队建设。

（三）推动社会力量参与

社会力量是竞技体育后备人才培养的重要组成部分。引导和支持社会力量参与竞技体育后备人才培养工作，鼓励兴办多种形式的青少年体育训练机构，引导社会资本参与青少年校外体育活动中心和户外活动营地等建设。建立共享共通的工作平台，实现注册互认，在训练管理、组队参赛及教练员职称评定、技能培训等方面保障社会力量的同等权益。

积极培育青少年体育社会组织，研究制订相关优惠政策，以全国体育运动学校联合会建设和改革为引领，推动有条件的地方组建区域性青少年体育联盟，发展基层青少年体育训练组织。

鼓励通过委托授权、购买服务等方式，将适合由社会组织提供的公共服务项目交由社会力量承担；试点推动运动项目、运动队、青少年赛事等的社会化和市场化进程；鼓励企业通过冠名、合作、赞助、广告、特许经营等形式，参与青少年品牌赛事、特色体育项目等无形资产开发。

二、切实加强青少年体育训练工作

（四）调整优化项目布局

总局各项目中心（协会）要根据《奥运项目竞技体育后备人才培养中长期规划（2014—2024）》要求，结合本项目发展现状，认真做好项目布局工作。各地根据项目总体布局，结合区域特色，发挥传统优势，以足球、篮球、排球、田径、游泳和冰雪等项目为重点，对本地区项目开展进行合理规划。各省（区、市）开展的奥运项目不少于25个分项，各市（地、州）开展的奥运项目不少于10个分项，各县（区、市）开展的奥运项目不少于3个分项。

（五）提高科学训练水平

要切实抓好单项后备人才基地建设，开展多种形式的青少年训练工作；强化重点年龄段的人才梯队建设，确保奥运人才梯次科学、数量充足；不断提高训练水平，完成好各年龄段的国际比赛任务。各地、各项目坚持“培养兴趣，选好苗子，打好基础，科学训练，积极提高”的原则，及时了解和掌握国际发展的新趋势、新理念。严格按照青少年运动项目训练教学大纲的要求进行系统扎实的训练，促进青少年运动员基本技能的全面提高，坚决杜绝拔苗助长、弄虚作假。妥善处理好学训矛盾，严格控制训练时间，中专阶段运动员每天训练时间不超过3.5小时；义务教育阶段运动员首先保障文化学习，每天训练时间不超过2.5小时。教练员要增强敬业精神，不断提高自身业务素质和执教能力，学习掌握新的科学训练理念和方法，科学制订训练计划，根据青少年儿童成长发育规律和心理特点确定训练负荷，不断提高青少年科学训练水平。

（六）提高选材育才水平

充分认识科学选材工作的重要性，加大对教练员、科研、医务人员的教育培训，用科学先进的理念指导青少年选材工作。各项目要尽快研制青少年运动项目选材标准，科学、合理制定各项指标，并大力推广实施。各省（区、市）体育行政部门要成立青少年选材工作领导小组，建立青少年科学选材机构，建立健全竞技体育后备人才信息管理系统，完善青少年选材育才专家和服务团队，组织开展好本地区的选材育才工作。各级各类体校要建立青少年选材工作室，配足配好相关科研人员，建立人才档案，定期开展测试评估和科学追踪，对重点运动员进行跟踪监测，为青少年运动员选材和训练提供科学依据。

（七）加强教练员队伍建设

按照《全国体育教练员注册管理办法》，修订《体育教练员职称等级标准》，研究制定教练员准入制度，细化教练员从业标准和要求，鼓励、支持退役运动员从事教练工作。完善各级教练员注册、登记、培训和管理制度，有序开展教练员从业资格和等级认证工作；完善教练员任期目标、职称评定、竞争择优、考核奖惩及相关待遇等的具体实施办法。以实施国家精英“双百”教练员培养计划为引领，重点打造奥运项目青少年训练“领军型”教练。制定实施体育系统、教育系统和社会机构教练员的培训计划，分期分批分层次对各级教练员进行培训。教练员培训以地方培训为主，要有计划地选派教练员出国培训，并适当加大国家层面的培训力度，不断提高教练员队伍整体素质、执教能力和水平。

三、创新发展青少年体育竞赛体系

（八）改革青少年体育竞赛体制

各级体育、教育行政部门要建立健全符合青少年生长发育规律、运动员成才规律、运动技能形成规律及符合本地特点的青少年体育竞赛体制，积极开展青少年体育竞赛。青少年比赛要依据就近便捷的原则，安排在节假日、双休日进行；要根据项目和地域特点，采取主客场赛、分区赛、通讯赛等灵活多样的形式，锻炼队伍，发现人才。全国、省、市、县4级青少年体育竞赛要上下衔接、形成体系，构建青少年体育竞赛逐级选拔的参赛机制。

鼓励全国性及区域性青少年体育俱乐部等社会体育组织举办青少年单项体育竞赛，引导各项目青少年训练营、夏（冬）令营等活动的开展，逐步建立形式多样、覆盖面广、满足不同青少年群体需求的多元化青少年体育竞赛体系。各地要改革和完善青少年体育竞赛体制机制，研究制定青少年体育竞赛具体实施办法，除体育系统外，要从教育、社会等方面多渠道选拔优秀青少年运动员，不断拓宽竞技体育后备人才选拔渠道，激发社会活力。各级体育行政部门要配合当地教育行政部门举办好本地区的学生运动会、校际体育联赛，牵头组织好体育传统项目学校比赛等相关赛事；注重学校体育赛事与青少年区域赛事、全国等级赛事的有机衔接，为普通中小学学生和体校学生提供同等参赛机会。各级体育、教育行政部门要科学规划管理社会力量举办的各级各类青少年比赛，在竞赛经费、活动组织和场地上给予相应支持。

（九）创新青少年体育竞赛机制

各级综合性青少年运动会和单项青少年比赛要根据青少年身心发育规律和运动技能形成规律进行改革，明确青少年竞赛的目标任务，加强对项目设置、组别划分等的研究，切实发挥竞赛在竞技体育后备人才培养中的杠杆作用。各项目要以青少年运动项目训练教学大纲规定的各年龄段测试内容和要求进行比赛，鼓励研制适合青少年特点的竞赛规程、竞赛办法及场地、器材等，并在全国青少年体育竞赛中进行推广，促进我国青少年运动员技术水平的全面发展，为未来提高打牢基础，避免过早专项化、成人化训练。

（十）加强青少年运动员注册管理

各级体育、教育行政部门联合制定全国青少年运动员注册管理办法，建立全国青少年运动员注册系统，促进青少年运动员合理有序流动；研究搭建体育、教育、社会各类竞赛间的互通平台，建立信息共享、资格互认的管理体制和运行机制；引导和规范青少年运动员跨地区交流，杜绝青少年体育竞赛中的弄虚作假行为，杜绝使用兴奋剂，为青少年运动员创造公平、公正的参赛环境，保障青少年运动员的参赛权益。

（十一）推进青少年体育竞赛治理现代化

各级体育行政部门要积极协调、加强监管，减少微观事务管理，通过政府购买服务、竞赛市场开发等，逐步实现简政放权、管办分离，将青少年体育竞赛交由协会和社会力量承办。培育青少年体育竞赛多元化市场主体，吸引社会资本参与，充分调动全社会积极性与创造力，逐步建立体制机制完善、政策法规健全、评价标准科学的青少年体育竞赛管理体系。各项目要支持青少年体育竞赛改革，加强对各地赛事组织运行等方面的指导，营造竞争有序、平等参与的青少年体育竞赛环境。

四、进一步推进各级各类体校建设

（十二）实行体校分类管理

按照《少年儿童体育学校管理办法》《中等体育运动学校管理办法》和有关学校设置标准的要求，通过集中普查和专项治理，进一步明确各级各类体校的功能定位、管办关系、所有制形式和办学资质等，建立科学完备的分类、分层次体校管理系统。接受属地教育部门的办学资质审核和业务指导，形成权责分明、管理规范的教学训练新机制。对于不具备办学条件或经限期整改仍不达标的体校，转为其他类型的青少年训练机构。各级各类体校要坚持开放式办学，进一步发挥社会功能，主动为本区域提供更为广泛的青少年体育服务，带动青少年体育训练竞赛工作的开展。

（十三）加强运动员文化教育

各地要进一步贯彻落实国务院《关于进一步加强运动员文化教育和运动员保障工作的指导意见》精神，按照体育总局等部门《关于深入贯彻落实〈关于进一步加强运动员文化教育和运动员保障工作的指导意见〉的通知》的要求，建立健全运动员文化教育联席会议制度和督导制度，建立以体育行政部门为主、体育和教育行政部门各负其责的竞技体育后备人才管理体制和运行机制，全面落实公办体育运动学校生均教育经费，保障和完善教学设施设备、办学环境、实验设备、基础设施等办学条件。不断加强公办体校文化教育工作，并逐步将教育工作包括体校文化、培训、职称晋升等纳入教育管理范围，推动体校与优质中小学共建、联办，切实保证运动员文化学习时间，不断提高运动员文化教育质量。继续在全国青少年比赛中实施赛前运动员文化测试，鼓励各省（区、市）在省级比赛中开展文化测试。各地要以青少年赛事为契机，组织开展丰富多彩的体育文化活动。省级以上优秀运动队要发挥示范带动作用，促进青少年运动员体育精神的养成和文化素质的提升。

（十四）打造精品基地工程

打造体育后备人才基地精品工程，按照《国家高水平体育后备人才基地认定办法》，依据《国家高水平体育后备人才基地认定条件和细则》，对各级各类体校在办学、管理、训练、教学、人才输送等方面进行重新认定，命名奥运周期的国家高水平体育后备人才基地，在此基础上，根据办学规模、人才培养质量和效益择优命名一批“国家重点高水平体育后备人才基地”。加强国家综合性基地、国家单项基地以及地方基地认定的统筹协调，实行分级分类认定与管理，充分发挥基地精品工程的引领示范作用，提高人才培养效益。

（十五）畅通青少年运动员升学渠道

鼓励各地根据本地区高校实际和优秀运动队梯队建设情况，完善面向中等体育职业学校毕业生的技能考试招生办法，促进中、高等体育职业教育有序衔接，切实保障青少年运动员学习、训练的系统性和连续性。继续推进高等学校运动训练和民族传统体育单独招生、体育高职院校单独考试招生向体育运动学校毕业生倾斜政策的落实。完善符合国家规定条件的优秀运动员免试保送就读普通高等学校的招生办法。支持体育本科院校面向青少年运动员开展成人高等教育、远程教育等其他形式的高等学历教育，拓宽青少年运动员升学和继续教育的渠道。

五、努力完善保障机制

（十六）建立健全法治保障

加强竞技体育后备人才培养法治建设，在青少年体育竞赛、运动员技术等级认定等社会关注度高、社会影响力大的领域，形成更为公正和透明的法治环境。完善各级各类体校注册、年检、统计制度。建立健全信息化管理系统，提升青少年体育信息化管理水平，将各级各类青少年训练组织管办关系的建立、运行、监督纳入规范化、法治化轨道。

（十七）完善经费投入机制

各地要加大对青少年体育训练的投入力度，探索建立政府主导、市场参与、社会支持的竞技体育后备人才培养经费投入机制。要按照《中等体育运动学校管理办法》和《少年儿童体育学校管理办法》的有关要求，足额拨付各级体校学生伙食和服装费用，并纳入同级财政预算。各项目要加大对青少年体育训练的经费投入。国家和地方要加大体育彩票公益金支持竞技体育后备人才培养的力度，每年从中央及地方体育彩票公益金中安排一定比例，用于支持竞技体育后备人才培养。体育彩票公益金等财政资金通过政府购买服务等形式支持群众健身消费的部分，要有一定比例用于青少年体育培训和赛事推广等项目。鼓励有条件的地方设立青少年体育发展基金，支持青少年体育训练。设立体育发展专项资金或体育产业引导资金的地方，对开展青少年体育训练的申报项目应当给予优先扶持。

（十八）改善青少年体育设施条件

各地要坚持长远规划和近期目标相结合，将改善基层青少年体育设施纳入公共体育服务体系，青少年体育设施在公共体育设施的规划和建设中要占一定比例。积极推进学校体育场地及公共体育设施向青少年免费或低收费开放。

（十九）落实安全保险制度

各地体育、教育行政部门要制定安全防范制度，加强对校内外青少年体育训练及竞赛中运动伤害的风险管理，重视对青少年运动员开展安全教育。要完善保险机制，建立保险购买制度，实现对参与体育训练和竞赛的青少年全覆盖。

六、认真做好组织实施工作

（二十）加强组织领导

坚持政府主导、社会参与、统筹规划、综合协调，在《指导意见》正式发布一年内，各地要研究出台地方贯彻落实《指导意见》的实施方案，推动有关部门联席会议制度和督导制度的建立和落实，形成“资源共享、优势互补、共同管理、各负其责”的工作新机制。

（二十一）明确工作责任

各级体育行政部门要充分发挥主导作用，制定青少年体育训练发展规划、行业标准和改革后的竞赛选拔制度等，加强行业指导，为项目发展及教练、教师、裁判员、管理人员培养提供技术支撑。各级教育行政部门要履行好学校体育普及的主管责任，加强学校体育工作的统筹规划、宏观指导和综合管理。各项目要加大对《奥运项目竞技体育后备人才培养中长期规划（2014—2024）》的推进力度，细化工作方案，建立本项目后备人才库，确保各项工作目标和措施落实到位。

（二十二）抓好督促检查

各地要进一步贯彻落实党中央、国务院关于加强青少年体育工作的决策部署，推动国家和地方惠及青少年训练的政策措施落地见效。要建立国家、省（区、市）双层督导机制和跨部门联动共管机制，定期对竞技体育后备人才培养工作进行分类指导和督促检查，并及时公布督导检查结果。要实行督政、督训、督学相结合，建立完善激励约束机制，将竞技体育后备人才培养工作作为各级体育和各训练单位主要负责人工作业绩考评的重要内容。

（二十三）营造发展氛围

要加大青少年体育工作的宣传力度，注重培育基层青少年体育训练典型，总结推广先进经验，充分利用各类媒体，大力宣传体育在践行社会主义核心价值观、促进青少年全面发展中的重要作用，弘扬顽强拼搏、追求卓越的体育精神，表彰为竞技体育后备人才培养工作作出突出贡献的单位和个人，营造青少年体育工作发展的良好氛围。

上海市高危险性体育项目（攀岩）经营许可实施办法

（沪体规文〔2018〕1号）

（2018年5月31日）

第一条（目的和依据）

为规范本市高危险性攀岩项目经营活动和管理，切实保障消费者的人身安全，促进攀岩市场健康发展，根据《全民健身条例》、《上海市市民体育健身条例》、《上海市体育设施管理办法》等有关法律、法规，以及《经营高危险性体育项目许可管理办法》（以下简称《办法》）、《第一批高危险性体育项目目录公告》，结合本市实际，制定本办法。

第二条（适用范围）

本市企业、个体工商户从事攀岩场所开放、技能培训、竞赛表演等经营活动的行政许可和监督管理，适用本办法。

第三条（管理职责）

市体育行政部门是本市经营攀岩项目的主管部门，指导本市经营攀岩项目行政许可和市场监督管理工作。区体育行政部门负责本行政区域经营攀岩项目行政许可和市场监督管理工作。

第四条（行业管理）

市登山户外运动协会是本市经营攀岩项目的行业管理部门，负责本市经营攀岩项目的行业规范、行业自律和指导服务工作。

市登山户外运动协会应当将有关行业规范管理情况定期报送市体育行政部门法制机构。

第五条（审批范围和权限）

经营攀岩项目的，由攀岩场所所在地的区体育行政部门负责审批。

第六条（审批条件）

经营攀岩项目，应当具备下列条件：

（一）攀岩场所、安全设施、装备器材等设施符合国家有关标准（GB19079.4—2014）；

（二）应当配备符合国家标准（GB19079.4—2014）数量要求的具有国家职业资格证书的社会体育指导员（攀岩）；

（三）具有安全岗位责任制，安全保护操作规程，突发事件应急预案，攀岩设施、装备、器材安全检查制度等安全保障制度和措施。

第七条（申请材料）

申请经营性攀岩场馆的，应当提交下列

材料：

（一）申请书，包括申请人的名称（身份证复印件）、住所，经营机构的名称、地址、经营场所等内容；

（二）体育设施符合相关国家标准的说明性材料及相关合格证明，申请人可以委托具有资质的认证机构或检测机构出具相关材料；

（三）攀岩场所的所有权或使用权证明及复印件；攀岩场所委托、转包或承包的协议书、合同书复印件；

（四）社会体育指导员（攀岩）等人员的职业资格证书复印件；

（五）安全保障制度和措施（攀岩人员须知、设施设备安全检查制度、保护员的配备及工作职责制度、保护员操作规程、安全事故处理制度；治安保卫、安全救护、卫生检查、设备维护、人员服务岗位责任制度；场所投保责任险情况等）的书面材料；

（六）工商营业执照及复印件；

（七）法律、法规规定的其他材料。

第八条（审批程序）

区体育行政部门应当在20个工作日内按照下列程序办理：

（一）申请人根据本办法第二条规定，向所在地的区体育行政部门提出书面申请，并递交本办法第七条规定的材料；

（二）区体育行政部门（受理窗口）收到规定的全部材料后，根据申请事项应具备的基本条件和资质材料当场初审。申请材料不符合条件的，当场退回材料并说明理由。符合条件的，当即制发予以受理通知书；

（三）区体育行政部门派两名以上工作人员，或会同市登山户外运动协会对申请人的经营场地、设施装备（设备）、安全保护措施等情况进行实地核查；区体育行政部门也可以委托有资质的专业认证机构或检测机构进行实地核查；根据核查意见，区体育行政部门做出批准或不予批准的决定；

（四）制作完成许可证，加盖区体育行政部门公章（或行政许可专用章），通知申请人，并将许可证发给申请人；

（五）区体育行政部门对有关申请、核查和批准意见材料，进行建档归案；

（六）区体育行政部门应当及时将审批情况报送市登山户外运动协会，并上网公布。

涉及有关部门行政许可规定的，申请人应当依法办理。

第九条（期满、补领、变更、注销许可证）

（一）攀岩场馆经营许可证有效期为5年；

（二）经营者应当在有效期届满30日前，持工商营业执照和许可证复印件向原发证的体育行政部门重新申请许可证。区体育行政部门对申请单位进行重新核查发证。逾期未申请的，原许可证自有效期满之日起自动失效；

（三）许可证遗失或者损毁的，经营者应当向原发证的区体育行政部门书面申请补领或者更换；

（四）经营者要求变更行政许可事项内容的，应当向工商部门办理变更登记，持变更后的工商营业执照和原许可证向所在地的区体育行政部门提出书面申请，按照本办法第六、七、八条规定办理变更手续，符合条件的，换发许可证；

（五）经营终止或者许可证到期未申请换证的，原发证机关应当注销许可证。

第十条（告示制度）

体育行政部门应当及时将许可、补领、变更、注销、吊销信息及每年对经营者监督检查等情况向相关行政部门进行通报，在10日内将相关信息在网站上公布。

第十一条（管理规定）

经营攀岩项目，除遵守《办法》第三章规定外，还应当遵守下列规定：

（一）禁止涂改、倒卖、出租、出借许可证件，或者以其他形式非法转让行政许可的行为；

（二）经营者应当在场所入口处或场所醒目位置张贴经营许可证，公示、公布活动注意事项或须知、守则、服务指南等，以及服务开放时间表、经营服务收费项目和收费标准、投诉和举报电话号码等内容；

（三）实行警告和告知承诺制，防止精神病等患者和酗酒者进入攀岩场所攀岩；

（四）保护人员应着统一的、醒目的、便于识别的服装；

（五）监控设施应当留存监控录像日志 10 日备查；发生意外事件后，应当及时主动提供监控录像，配合市登山户外运动协会和事发地区体育行政部门开展调查；

（六）经营者应当建立应急救援通道和抢救机制；

（七）发生安全事故时，经营者应当及时采取抢救、救护措施，并立即向所在地的区体育行政部门和公安部门如实报告，不得迟报、瞒报、谎报或拖延不报，不得故意损坏、破坏事故现场及毁灭有关证据；区体育行政部门在收到攀岩场所报告 1 小时内向市登山户外运动协会、市体育行政部门报告，并于 48 小时内作出书面报告；

（八）其他法律、法规有关规定。

第十二条（监督检查）

体育行政部门应当建立和健全监督检查制度、诚信制度，定期或不定期会同工商、公安、文化执法等相关部门，对经营者实施有效监督，对发现的违法行为，依法实施行政处罚。

区体育行政部门应当加强攀岩场所的日常管理和开展专项检查，发现安全隐患的，应当发出书面通知书责令经营者限期改正，并将监督检查情况和处理结果予以记录归档。

市登山运动协会应当加强攀岩项目行业规范管理，配合体育行政部门做好攀岩场馆监督检查工作。

第十三条（保险制度）

鼓励攀岩场所经营者投保有关责任保险。

经营者应当鼓励和提醒消费者依法投保个人意外伤害保险。

第十四条（工作人员法律责任）

相关行政部门和管理部门的工作人员在实施行政许可过程中，有下列情形之一的，由其所在单位、上级主管部门或监察机关责令改正，并依法给予行政处分；构成犯罪的，依法追究刑事责任。

（一）无正当理由，拒不受理攀岩场馆经营许可申请的；

（二）违反规定程序，批准攀岩场馆行政许可的；

（三）未依法履行法律法规和本办法管理职责、监督检查职责和严重失职的；

（四）发现或受理举报违法行为不及时查处，或者有包庇、纵容违法行为，造成后果的；

（五）违法实施行政处罚；

（六）有其他玩忽职守、滥用职权、徇私舞弊行为的。

第十五条（无证经营攀岩项目的处理）

未取得体育行政部门许可，无证经营攀岩项目的，根据《全民健身条例》第三十六条和《办法》第二十七条规定，由体育行政部门和文化市场行政执法机构按照管理权限责令改正，并由文化市场行政执法机构实施行政处罚；有违法所得的，没收违法所得；违法所得不足 3 万元或者没有违法所得的，并处 3 万元以上 10 万元以下的罚款；违法所得 3 万元以上的，并处违法所得 2 倍以上 5 倍以下的罚款。

区体育行政部门应当将无证经营攀岩项目的经营者信息通报同级工商行政部门。

第十六条（经营者持证后不符合条件的处理）

经营者取得许可证后，不再符合《全民健

身条例》、《办法》有关规定条件仍经营的，根据《全民健身条例》第三十七条和《办法》第二十八条规定，由体育行政部门和文化市场行政执法机构按照管理权限责令限期改正，并由文化市场行政执法机构实施行政处罚；有违法所得的，没收违法所得；违法所得不足3万元或者没有违法所得的，并处3万元以上10万元以下的罚款；违法所得3万元以上的，并处违法所得2倍以上5倍以下的罚款；拒不改正的，由文化市场行政执法机构吊销许可证。

第十七条（违反安全管理的处理）

经营者未按规定在醒目位置张贴告示告知、采取警示措施、维护设施设备完好、配备社会体育指导人员和救助人员等违反安全管理规定的，根据《办法》第二十八条规定，由体育行政部门和综合执法机构按照管理权限责令限期改正，逾期未改正的，由文化市场行政执法机构实施行政处罚，处2万元以下的罚款。

第十八条（妨碍公务的处理）

拒绝、阻挠执法人员依法执行公务，根据《办法》第二十九条规定，由体育行政部门和文化市场行政执法机构按照管理权限责令改正，并由文化市场行政执法机构处3万元以下的罚款。构成犯罪的，由司法机关依法追究刑事责任。

第十九条（解释部门）

本办法的具体应用问题，由市体育行政部门负责解释。

第二十条（施行日期）

本办法自2018年6月1日起施行，有效期至2023年5月31日。原《上海市高危险性体育项目（攀岩）经营许可实施办法》（沪体法〔2013〕325号同时废止）。

上海市高危险性体育项目（游泳）经营许可实施办法

（沪体规文〔2018〕2号）

（2018年5月31日）

第一条（目的和依据）

为规范本市游泳项目经营活动和管理，切实保障消费者的人身安全，促进游泳市场健康发展，根据《全民健身条例》、《上海市市民体育健身条例》、《经营高危险性体育项目许可管理办法》（以下简称《办法》）、《上海市体育设施管理办法》等有关法律、法规，以及《第一批高危险性体育项目目录公告》和《上海市游泳场所开放服务规定》，结合本市实际，制定本办法。

第二条（适用范围）

本市企业、个体工商户从事游泳场所开放、技能培训、竞赛表演等经营活动的行政许可和监督管理，适用本办法。

第三条（管理职责）

市体育行政部门是本市经营游泳项目的主管部门，指导本市经营游泳项目行政许可和市场监督管理工作。区体育行政部门负责本行政区域的经营游泳项目行政许可和市场监督管理工作。

第四条（业务管理）

市社会体育管理中心是本市经营游泳项目的业务管理部门，负责组织协调本市游泳项目经营活动的日常管理。

市社会体育管理中心应当将有关管理文件、实施监管情况定期报送市体育行政部门法制机构。

本市各级游泳救生协会、游泳协会按照有关职责及协会章程规定，协助做好游泳项目的行业规范、行业自律和指导服务工作。

第五条（审批范围和权限）

经营游泳项目的，由游泳场所所在地的区

体育行政部门负责审批。

第六条（审批条件）

经营游泳项目，应当具备下列条件：

（一）游泳场所、救生设施、救生器材等设施符合国家有关标准（GB 19079.1—2013），消毒剂检测装备、储存场所及设施符合有关规定；

（二）应当配备符合国家标准（GB 19079.1—2013）数量要求、具有国家职业资格证书、年度审核合格的游泳救生员和社会体育指导员（游泳），配备具有执业资格证书的水质管理员和相关从业人员；

游泳救生员配备标准：水面面积在250平方米及以下的人工游泳场所，至少配备游泳救生员3人；水面面积250平方米以上的，按每增加250平方米及以内增加1人的比例，配备游泳救生员；

（三）具有安全生产岗位责任制，溺水抢救操作规程，消毒剂泄漏、中毒和溺水等突发事件应急救援预案，游泳设施、设备、器材安全检查、救生员定期培训制度等安全保障制度和措施；

第七条（申请材料）

申请经营游泳项目，应当提交下列材料：

（一）申请书。包括申请人的名称（身份证复印件）、住所，经营机构的名称、地址、经营场所等内容；

（二）体育设施符合相关国家标准的说明性材料及相关合格证明（原件、复印件），申请人可以委托具有资质的认证机构或检测机构出具相关材料；

（三）游泳场所的所有权或使用权证明及复印件；游泳场所委托、转包或承包的协议书、合同书复印件；

（四）游泳救生员、社会体育指导员（游泳）、水质管理员等人员的职业资格证书或执业资格证书复印件；不从事游泳培训业务的无须提供社会体育指导员（游泳）相关材料；

（五）安全保障制度和措施（安全生产岗位责任制、溺水抢救操作规程、溺水事故处理制度、救生员定期培训制度；治安保卫、安全救护、卫生检查、设备维修、人员服务岗位责任制度；消毒剂泄漏或中毒事故处理制度；场所负责人和救生组长的配备及工作职责；场所投保责任险情况等）的书面材料；

（六）工商营业执照及复印件；

（七）法律、法规规定的其他材料。

第八条（审批程序）

区体育行政部门应当在20个工作日内按照下列程序办理：

（一）申请人根据本办法第二条规定，向所在地的区体育行政部门提出书面申请，并递交本办法第七条规定的材料；

（二）区体育行政部门（受理窗口）收到规定的全部材料后，根据申请事项应具备的基本条件和资质材料当场初审。申请材料不符合条件的，当场退回材料并说明理由。符合条件的，当即制发予以受理通知书；

（三）区体育行政部门派两名以上工作人员对申请人的经营场地、设施装备（设备）、安全保护措施等情况进行实地核查；区体育行政部门也可以委托有资质的专业认证机构或检测机构进行实地核查；根据核查意见，区体育行政部门做出批准或不予批准的决定；

（四）制作完成许可证，加盖区体育行政部门公章（或行政许可专用章），通知申请人，并将许可证发给申请人；

（五）区体育行政部门对有关申请、核查和批准意见材料，进行建档归案；

（六）区体育行政部门应当及时将审批许可情况报市社会体育管理中心备案，并上网公布。

涉及卫生等有关部门行政许可规定的，申请人应当依法办理。

第九条（期满、补领、变更、注销许可证）

（一）游泳项目经营许可证有效期为5年。具有游泳场所委托、转包或承包的协议书、合同书等法律文书的，按协议书、合同书等法律文书内规定的经营期限为经营许可证有效期年限；

（二）经营者应当在有效期满30日前，持工商营业执照和许可证复印件向原发证的区体育行政部门重新申请许可证。区体育行政部门对申请单位进行重新核查发证。逾期未申请的，原许可证自有效期满之日起自动失效；

（三）许可证遗失或者损毁的，经营者应当向原发证的区体育行政部门书面申请补领或者更换；

（四）经营者要求变更行政许可事项内容的，应当向工商部门办理变更登记，持变更后的工商营业执照和原许可证向所在地的区体育行政部门提出书面申请，按照本办法第六、七、八条规定办理变更手续，符合条件的，换发许可证；

（五）经营终止或者许可证到期未申请换证的，原发证机关应当注销许可证。

第十条（告示制度）

区体育行政部门应当及时将许可、补领、变更、注销、吊销信息及每年对经营者监督检查等情况向相关行政部门进行通报，并在10日内将相关信息在网站上公布。

第十一条（管理规定）

经营游泳项目，除遵守《办法》第三章规定外，还应当遵守下列规定：

（一）禁止涂改、倒卖、出租、出借许可证件，或者以其他形式非法转让行政许可的行为；

（二）经营者应当在场所入口处或场所醒目位置张贴经营许可证，公示、公布活动注意事项或须知、守则、服务指南等，以及服务开放时间表、经营服务收费项目和收费标准、投诉和举报电话号码等内容；

（三）经营者应当督促泳客入场时出示当年有效的游泳健身卡；实行警示和告知承诺制，防止肝炎、心脏病、皮肤癣疹（包括脚癣）、重症沙眼、急性结膜炎、中耳炎、肠道传染病、精神病等患者和酗酒者进入游泳场所游泳；

（四）救生人员应着统一的、醒目的、便于识别的服装；

（五）监控设施应当留存监控录像日志10日备查；发生意外事件后，应当及时主动提供监控录像，配合市社会体育管理中心和事发地区体育行政部门开展调查。

（六）每名社会体育指导员（游泳）每次带教学员不宜超过12名；

（七）经营者应当建立应急救援通道和抢救机制；

（八）发生溺水、消毒剂泄漏和中毒等重大事故时，游泳场所应当及时采取抢救、救护措施，并立即向所在地的区体育行政部门和公安部门如实报告，不得迟报、瞒报、谎报或拖延不报，不得故意损坏、破坏事故现场及毁灭有关证据，区体育行政部门在收到游泳场所报告1小时内向市社会体育管理中心报告，并于48小时内作出书面报告；

（九）其他法律、法规有关规定。

第十二条（监督检查）

体育行政部门应当建立和健全监督检查制度、诚信制度，定期或不定期会同工商、教育、公安、卫生、质量技监、旅游、安全监管、文化执法等相关部门，对经营者实施有效监督，对发现的违法行为，依法实施行政处罚。

市社会体育管理中心和区体育行政部门应当加强游泳场所日常管理和开展夏季开放专项检查，发现安全隐患的，应当发出书面通知书责令经营者限期改正，并将监督检查情况和处理结果予以记录归档。

本市各级游泳协会、游泳救生协会应当加强游泳项目行业规范管理，配合体育行政部门做好游泳项目监督检查工作。

每年6月公布专项检查结果。

第十三条（保险制度）

鼓励经营者依法投保有关责任保险。

经营者应当鼓励和提醒消费者依法投保个人意外伤害保险。

第十四条（工作人员法律责任）

相关行政部门和业务管理部门的工作人员在实施行政许可过程中，有下列情形之一的，由其所在单位、上级主管部门或监察机关责令改正，并依法给予行政处分；构成犯罪的，依法追究刑事责任。

（一）无正当理由，拒不受理游泳项目经营许可申请的；

（二）违反规定程序，批准游泳项目行政许可的；

（三）未依法履行法律法规和本办法管理职责、监督检查职责和严重失职的；

（四）发现或受理举报违法行为不及时查处，或者有包庇、纵容违法行为，造成后果的；

（五）违法实施行政处罚的；

（六）有其他玩忽职守、滥用职权、徇私舞弊行为的。

第十五条（无证经营游泳项目的处理）

未取得体育行政部门许可，无证经营游泳项目的，根据《全民健身条例》第三十六条和《办法》第二十七条规定，由区体育行政部门和文化市场行政执法机构按照管理权限责令改正，并由文化市场行政执法机构实施行政处罚，有违法所得的，没收违法所得；违法所得不足3万元或者没有违法所得的，并处3万元以上10万元以下的罚款；违法所得3万元以上的，并处违法所得2倍以上5倍以下的罚款。

第十六条（经营者持证后不符合条件的处理）

经营者取得许可证后，不再符合《全民健身条例》、《办法》有关规定条件仍经营的，根据《全民健身条例》第三十七条和《办法》第二十七条规定，由市或区体育行政部门和文化市场行政执法机构按照管理权限责令限期改正，并由文化市场行政执法机构实施行政处罚，有违法所得的，没收违法所得；违法所得不足3万元或者没有违法所得的，并处3万元以上10万元以下的罚款；违法所得3万元以上的，并处违法所得2倍以上5倍以下的罚款；拒不改正的，由文化市场行政执法机构吊销许可证。

第十七条（违反安全管理的处理）

经营者未按规定在醒目位置张贴告示告知、采取警示措施、维护设施设备完好、配备救生员和教练员等违反安全管理规定的，根据《办法》第二十八条规定，由体育行政部门和文化市场行政执法机构按照管理权限责令限期改正，逾期未改正的，由文化市场行政执法机构实施行政处罚，处2万元以下的罚款。

第十八条（妨碍公务的处理）

拒绝、阻挠执法人员依法执行公务，根据《办法》第二十九条规定，由市或区体育行政部门和文化市场行政执法机构按照管理权限责令改正，并由文化市场行政执法机构处3万元以下的罚款。构成犯罪的，由司法机关依法追究刑事责任。

第十九条（应用解释部门）

本办法的具体应用问题，由市体育行政部门负责解释。

第二十条（施行日期）

本办法自2018年6月1日起施行，有效期至2023年5月31日。原《上海市高危险性体育项目（游泳）经营许可实施办法》（沪体法〔2013〕326号同时废止）。

关于本市体育赛事活动组织体系设置的若干规定（试行）

（沪体规文〔2018〕3号）
（2018年7月5日）

第一章　总则

第一条　依据

为加快打造全球著名体育城市和世界一流国际体育赛事之都，进一步规范办赛行为、提升办赛效益、优化办赛环境，推进本市体育赛事活动的规范化管理，明确上海市体育局（以下简称“市体育局”）在本市体育赛事活动中的职责定位，根据国家体育总局（以下简称“体育总局”）《关于印发〈在华举办国际体育赛事审批事项改革方案〉的通知》（体外字〔2014〕519号）、《关于印发〈体育赛事管理办法〉的通知》（体竞字〔2015〕190号）等有关规定和要求，结合本市近年来各级各类赛事的组织运行情况，制定本规定。

第二条　实施范围

主要针对在本市举行的各类体育赛事和活动。具体内容包括但不限于市体育局发布的《拟在上海市举办的重大国际国内体育赛事目录》、《上海市体育竞赛计划》、《上海城市业余联赛赛事目录》等。

第二章　国际赛事活动

第三条　国际A类赛事

（一）综合性运动会，如奥运会、亚运会等，应根据国家有关部门和上海市人民政府（以下简称“市政府”）要求成立赛事组委会，并以组委会的名义组织开展具体办赛工作；各运动项目世界顶级赛事，如世界锦标赛、世界杯（不包括世界杯分站赛、系列赛）等，由上海市单独承办的，市体育局应在体育总局的指导下牵头成立赛事组委会，并以组委会的名义组织开展具体办赛工作；由上海市和其他城市共同承办的，市体育局应牵头成立赛区组委会，并以赛区组委会的名义组织开展本赛区的具体办赛工作。

（二）其他A类赛事。一般由市体育局任共同主办单位或承办单位。

第四条　国际B类赛事

（一）国家体育总局项目管理中心（以下简称“体育总局项目管理中心”）主办的，一般由市体育局任联合主办单位或者承办单位。

（二）全国单项体育运动协会主办的，应由上海市体育总会（以下简称“市体育总会”）任联合主办单位或者承办单位。

第五条　国际C类赛事

（一）市体育局发起的，应由市体育局任主办单位。

（二）市体育总会发起的，应由市体育总会任主办单位。

（三）区体育局发起的，如办赛方确有需求，经报请市体育局同意后，可由市体育局任共同主办单位。

（四）市级单项体育运动协会、市级行业体育协会或区体育总会等发起的，如办赛方确有需求，经报请市体育总会同意后，可由市体育总会任主办单位，市体育总会应制定相应的申报办法和申报流程。

第六条　市政府主办的其他国际体育赛事活动

市体育局应根据市政府要求，任承办单位或协办单位。

第三章　全国性赛事活动

第七条　全国综合性运动会

（一）上海市单独承办的，市体育局应牵头成立赛事组委会，并以组委会的名义组织开展具体办赛工作。

（二）上海市和其他城市共同承办的，市体育局应牵头成立赛区组委会，并以赛区组委会的名义组织开展本赛区的具体办赛工作。

第八条　全国各类职业联赛

一般由单项体育协会牵头成立赛区赛事组委会，组织开展本赛区的服务保障工作。个别特殊项目职业联赛暂由市体育总会负责组织开展本赛区的服务保障工作。

第九条　全国单项体育赛事或体育活动

（一）体育总局或市政府主办的，应由市体育局任承办单位。

（二）体育总局项目管理中心主办的，一般由市体育局任联合主办单位或者承办单位。

（三）国家级单项体育协会主办的，应由市体育总会任联合主办或者承办单位。

（四）市体育局发起的，应由市体育局任主办单位。

（五）市体育总会发起的，应由市体育总会任主办单位。

（六）区体育局发起的，如办赛方确有需求，经报请市体育局同意后，可由市体育局任共同主办单位 。

（七）市级单项体育运动协会、市级行业体育协会或区体育总会等发起的，如办赛方确有需求，经报请市体育总会同意后，可由市体育总会任主办单位，市体育总会应制定相应的申报办法和申报流程。

第四章　市级赛事活动

第十条　青少年赛事活动

（一）全市综合性运动会，如上海市运动会、上海市学生运动会、上海市青少年体育十项系列赛等，应由市体育局任主办单位。

（二）本市年度单项青少年最高等级赛事、二线测试赛及由市体育局发起的其他单项赛事，应由市体育局任主办单位。

（三）各市级项目中心、市级行业体育协会、市级单项体育运动协会，区体育局、区体育总会等单位发起的赛事活动，一般由赛事发起单位任主办单位。市体育局承担管理、指导工作的，市体育局可作为指导单位。

第十一条　群众性赛事活动

（一）全市综合性运动会如上海市民运动会、上海城市业余联赛等，一般由市体育局牵头成立组委会，并以组委会的名义组织开展办赛工作。对纳入到赛事体系内的赛事活动，组织架构应根据运动会规程和相关要求确定。

（二）市体育局发起的，应由市体育局任主办单位。

（三）市体育总会发起的，应由市体育总会任主办单位。

（四）区体育局发起的，如办赛方确有需求，经报请市体育局同意后，可由市体育局任主办单位或指导单位 。

（五）市级单项体育运动协会、市级行业体育协会或区体育总会等发起的，如办赛方确有需求，经报请市体育总会同意后，可由市体育总会任主办单位或指导单位，市体育总会应制定相应的申报办法和申报流程。

第五章　商业性赛事活动

第十二条　商业性赛事活动

（一）本规定所指的商业性赛事活动，是由社会组织、企业等发起的，未纳入本规定国际级、国家级、市级赛事活动的其他赛事活动。

（二）市体育局原则上不参与各类商业性赛事活动的组织工作，不在商业赛事组织机构中担任职务。如办赛方确有需求，经报请市体育总会同意后，可由市体育总会任主办单位或者支持、指导单位，市体育总会应制定相应的申报办法和申报流程。

第六章　赛事活动名称

第十三条　赛事活动名称

（一）各赛事活动名称使用须符合《体育赛事管理办法》的要求，未经相应的国际体育组织确认的体育赛事名称不得冠以“世界”“亚洲”字样或具有类似含义的词汇。

（二）未经体育总局相关部门或国家级单项体育协会确认的体育赛事活动不得冠以“中国”“全国”“国家”“中华”字样或具有类似含义的词汇。

（三）未经市体育局、市体育总会或相关市级部门确认的体育赛事活动不得冠以“上海”“全市”字样或具有类似含义的词汇。

第七章　申报与责任追究

第十四条　赛事活动申报

（一）需由市体育局任主办、承办、协办、支持、指导单位的赛事活动，一般应在赛事举办前6个月，向市体育局报送办赛申请，并附办赛方案和赛事规程等相应竞赛材料。国际体育组织、国家体育总局、市政府或国家级单项体育协会另有要求的除外。

（二）由市体育局参与赛事活动组织工作的，应由市体育局负责与上级体育行政部门或者项目管理中心确认和申报；由市体育总会参与赛事活动组织工作的，一般由市体育总会负责与上级体育总会或单项体育协会确认和申报。

（三）境外非政府组织在本市开展赛事活动的，应严格按照《中华人民共和国境外非政府组织境内活动管理法》规定依法登记设立代表机构或备案，并依法开展各类活动。

第十五条　办赛协议

市体育局任体育赛事活动主办、承办单位的，应与赛事活动办赛责任主体或赛事运营方签订办赛协议，明确各方的权利、义务和职责。

第十六条　责任追究

未经市体育局确认或许可，擅自将市体育局列入赛事主办、承办、协办、支持、指导单位的，或违反本规定其他条款的，市体育局将依法追究相关责任主体的法律责任，并将该责任主体列入办赛黑名单，在本单位官方网站向社会公布。

第十七条　实施细则

市体育总会、各市级单项体育运动协会和市级行业体育协会、各区体育局、区体育总会应根据本规定，制定相应的实施细则和标准，规范和明确各自在本市举行的体育赛事组织体系中的职责定位。

第八章　附则

第十八条　本规定由市体育局负责解释。

第十九条　施行日期

本规定于自2018年8月1日起正式施行。

上海市体育产业集聚区建设与管理办法（试行）

（沪体规文〔2018〕4号）

（2018年9月6日）

第一章　总则

第一条（目的与依据）

为贯彻落实《上海市人民政府关于加快发展体育产业促进体育消费的实施意见》（沪府发〔2015〕26号）、《关于加快本市体育产业创新发展的若干意见》（沪府发〔2018〕31号）、《上海市体育产业发展实施方案（2016—2020年）》（沪府办发〔2017〕10号）及《上海市体育产业集聚区布局规划（2017—2020年）》（沪体计〔2017〕501号），推进本市全球著名体育城市建设，引导和支持我市体育产业集聚区健康快速发展，特制定《上海市体育产业集聚区建设与管理办法（试行）》（以下简称“本办法”）。

第二条（适用范围）

本市行政区域内体育产业集聚区的建设、认定、命名及管理，适用本办法。

本办法所称的体育产业集聚区（以下简称“集聚区”），是指以体育及相关产业融合发展为支撑，空间集聚特征鲜明、功能配套完善、管理科学规范，具有产业主体集聚、要素资源集合、公共服务集成等特征，产业空间与公共空间开放互促的功能型区域。

第三条（主要类型）

集聚区分为两种类型：一是集聚体育企业及各类市场主体，以产业空间为主要表现形态的主体型集聚区；二是集聚体育赛事、场馆设施、公园绿地等各类体育要素资源，以公共空间为主要表现形态的要素型集聚区。

第四条（工作机制）

市体育局负责集聚区的指导、申报、审核、公布、考核及相关管理工作。集聚区的建设与管理工作在其所在区政府的领导与协调下推进，区体育局会同有关部门在区政府领导下建立专门的综合协调机构和公共服务平台，负责本辖区内集聚区的申报预审、日常管理，并协助市体育局对其进行考核。

第二章　建设原则和任务

第五条（建设原则）

集聚区建设应遵循以下原则：

（一）政府引导，市场驱动。发挥政府的引导作用，完善服务体系和配套政策。发挥市场在资源配置中的决定性作用，大力发展集群化、融合化、特色化的体育产业。

（二）战略导向，突出重点。结合新一轮城市总体规划和上海建设全球著名体育城市的发展目标，打造国际体育赛事之都、体育资源配置中心、体育科技创新平台的重要载体及项目，完善现代体育产业生态。

（三）夯实基础，创新发展。强化体育产业发展基础，加强基础信息资源和服务平台建设，向体育企业提供完善的配套服务体系和优质的公共服务。创新管理体制机制，深化服务内容，拉长服务链条，积极培育体育产业新业态。

第六条（建设目标）

集聚区建设注重“+ 体育”和“体育 +”等两个融合，依托现有各类产业功能区域进行拓展并形成特色，营造体育产业创新创业一流生态。扶持体育企业培育竞争优势，引导体育企业做强做精，加快培育体育“独角兽”企业。提升社会资本投入体育产业的质量和效益，形成场馆、设施、赛事、活动等优势资源的联动发展，优化上海体育产业结构和产品结构，推动体育产业与其他产业融合集聚发展。

第七条（建设任务）

主要包括：

（一）集聚体育产业主体。引进各类国际体育组织与机构。吸引国内外著名体育产业公司总部、区域总部、运营中心、营销中心和研发中心。培育国内领先的大型体育产业集团及上市体育企业。发展多形式、多层次的体育社会组织。

（二）集聚体育赛事活动。集聚各类承办国际国内重要赛事、采取市场化运作的企业单位和社会组织，推动国内外办赛主体的交流合作，鼓励大型商业赛事及衍生活动在集聚区举办，积极开创上海赛事知名品牌和项目精品。

（三）激活各类体育消费。建设大型城市体育服务综合体，打造未来生活方式目的地。促进体育与商贸、文化娱乐、旅游等产业的融合联动，发展各种新兴的户外运动、水上运动、航空运动项目，拓展体育消费新空间。

（四）搭建体育产业服务平台。在集聚区搭

建本市各类体育产业重要平台，包括体育产权交易平台、体育赛事资源平台、智慧体育服务平台、体育科技创新平台、体育中小企业孵化平台等，培育体育产业众创空间，完善体育产业发展生态。

（五）探索各类改革创新试点。在集聚区积极探索体育场馆运营管理、体育产权交易、重大科技创新、现代服务贸易等方面的改革创新试点，为探索本市体育产业创新发展路径积累经验。

第八条（建设主体）

集聚区建设主要围绕现有各类产业功能区域及各类体育资源进行布局，集聚区的建设主体包括：

（一）集聚区所在区域的镇政府或街道办事处。

（二）集聚区所在产业功能区（园区）的管委会。

（三）其他具有集聚区申报资格的独立法人机构。

（四）集聚区涉及跨行政区划的，可以集群形式联合建设并进行申报。

第三章　申报与认定

第九条（申报周期）

集聚区原则上每年申报、评定一次。申报时间为每年三月份。

第十条（申报条件）

申报集聚区应符合以下基本条件：

1. 发展基础：该区域配套设施较为完善，体育及各类产业资源丰富，经济社会及体育产业发展基础较好，具备孵化相关领域特色体育企业的基础和体育产业集聚发展的条件，体育及体育产业发展潜力及空间较大。

2. 产业特色：该区域产业定位明确且符合本市体育产业主要发展方向，在体育产业某一领域特色鲜明、优势明显，已初步形成体育产业上下游产业链或项目发展集群。

3. 发展规划：该区域体育产业建设与发展思路清晰，主导产业定位符合本市体育产业主要发展方向，规划边界清晰，发展目标明确，发展前景良好，发展举措切实可行，有具体的项目建设计划安排。

4. 服务能力：该区域具有能够吸引相关体育产业市场主体入驻的体育产业发展环境和基础设施，有一定数量的体育社会组织，并具有专门的综合协调机构和公共服务平台，能够提供相应的基础设施保障和配套公共服务。由区体育局和其他相关委办局联合成立综合协调机构，建立统筹共建机制，能够为入驻单位发展提供优质服务。

5. 政策支持：该区域所在区政府高度重视体育产业发展，将体育产业作为重点扶持产业列入经济社会发展整体规划，出台集聚区管理细则，配套政策措施具体得当。

6. 预期效益：集聚区建成后能够实现体育、科技、制造、商贸、旅游、金融、文化、教育、医疗、健康等功能的有机融合，有效带动区域内体育及相关产业发展，进一步增加就业岗位和税收，显著提升公共体育服务能力和扩大体育消费规模，形成具有影响力的体育特色产业集群和地区品牌。

第十一条（申报主体）

“上海市体育产业集聚区”由集聚区建设主体提出申报。涉及多个主体的，可以集群方式联合进行申报。

第十二条（申报程序）

“上海市体育产业集聚区”的申请，由所在区体育局报经本级人民政府审核后，向市体育局申报。

第十三条（申报材料）

（一）主体型集聚区申报单位需提交以下材料（一式三份）：

1. 上海市A类体育产业集聚区申报表；

2. 该区域体育产业总体发展情况和体育产业单位名录、基本情况；

3. 该区域政府或部门出台体育产业相关政策文件；

4. 该区域体育产业集聚区建设、管理与发展规划；

5. 能够证明本区域体育产业发展成果及本办法申报条件的文件或材料；

6. 以集群形式申报集聚区的，还需提供组建综合协调机构、建立共建机制等证明文件或材料。

（二）要素型集聚区申报单位需提交以下材料（一式三份）：

1. 上海市B类体育产业集聚区申报表；

2. 该区域体育产业总体发展情况和相关体育要素资源集聚的基本情况；

3. 该区域政府或部门出台体育产业相关政策文件；

4. 该区域体育产业集聚区建设、管理与发展规划；

5. 能够证明本区域体育产业发展成果及本办法申报条件的文件或材料；

6. 以集群形式申报集聚区的，还需提供组建综合协调机构、建立共建机制等证明文件或材料。

申报材料必须真实，凡弄虚作假，取消申报资格。

第十四条（评审原则）

集聚区评审遵循公开、公平、公正和聚焦重点、统筹兼顾、协同发展的原则，依照透明、规范、严谨的程序进行。

第十五条（评审机构）

市体育局成立上海市体育产业集聚区评审办公室，具体负责评审工作。

评审办公室负责组建专家评审组。专家评审组对申报材料进行评议审查，并根据需要进行实地考察，提出专家评审意见。

第十六条（评审流程）

评审办公室根据专家评审组提出的评审意见提交拟命名集聚区名单，报市体育局核定后，在市体育局门户网站和相关媒体上公示核定结果，公示时间为10个工作日。

第十七条（认定方式）

经公示无异议或异议不成立的，市体育局将批复并命名集聚区。

第十八条（签订协议）

对列入集聚区名单的，由市体育局与所在区政府商定后签订协议，明确建设目标、建设内容以及双方的权利义务和支持政策等。

第四章　管理与考核

第十九条（日常管理）

由区体育局会同有关部门在区政府的领导下建立专门的综合协调机构和公共服务平台，负责集聚区的日常管理，即集聚区基本信息登记、集聚区经济数据统计、集聚区企业经营分析、有关业务审批、相应政策落实、公共服务平台的便利化使用等，有效推进集聚区工作。

第二十条（监管指导）

集聚区日常监管和指导工作由市体育局负责。

市体育局建立集聚区信息管理系统。各集聚区定期通过网络平台报送相关信息，并根据要求报送集聚区年度报告，经所在区体育局初审后报市体育局。

第二十一条（考评方式）

建立聚集区经济社会指标体系，并建议纳入各区的政府综合考核。

通过总结评估、全面考核等方式，市体育局对集聚区的建设运营情况进行全面考评，定期通报考评结果，实行动态监测和考评管理。

第二十二条（总结评估）

集聚区应于每年2月底前向市体育局书面报送上一年度的发展状况及相关统计数据，包括建设期内年度计划完成情况、投资进度完成情况、重大项目实施情况、建设效果等；全面排摸体育产业资源，制定集聚区本年度工作计划，确定本年度的重大项目。涉及集聚区年度发展规划变更、重大整改措施等事项应及时向市体育局报告。对年度总结和发展数据的评估结果将作为集聚区年度建设和管理工作的常规考核依据。对按期完成年度建设进度的，兑现协议约定的年度扶持政策；对当年度未完成建设进度和有效投资，不符合集聚区发展理念和方向、考核不合格的，限期进行整改。

第二十三条（全面考核）

集聚区申报满三年后，市体育局将组织对该集聚区的全面考核，考核主要围绕集聚区经济效益、社会效益、管理服务和发展等方面，力求全面反映集聚区的建设现状和发展潜力。由市体育局具体实施考核，不合格的集聚区将由市体育局取消其上海市体育产业集聚区资格。三年内不得重新申报。

第二十四条（撤销条件）

集聚区有下列行为之一者，撤销其集聚区称号：

1. 提供虚假材料或以其他不正当手段获取体育产业集聚区资格的；

2. 传播虚假信息造成较大影响的；

3. 损害消费者利益的；

4. 所生产的体育用品和提供的体育服务及其他企业行为对社会造成不良影响的；

5. 其他应当撤销称号的行为。

第五章　政策扶持

第二十五条（综合政策支持）

按照《上海市人民政府关于加快发展体育产业促进体育消费的实施意见》及《关于加快本市体育产业创新发展的若干意见》规定，对经认定的集聚区及集聚区内的企业将给予土地、人才、金融及企业上市等相关政策支持，并在新闻宣传、信息服务、市场拓展、国际交流、重大项目合作等方面给予扶持。本市申报的“国家级体育产业示范基地”将从已认定的集聚区中优先推荐。

第二十六条（资金扶持）

充分发挥市、区两级政府各类相关资金作用，支持集聚区建设，并明确各类资金使用范围、投入方式、审批程序和监管模式，对集聚区入驻企业及项目给予扶持。鼓励各区设立区级体育产业发展专项资金，优先支持集聚区发展。探索建立体育彩票公益金、体育基金等多渠道资助集聚区发展的方式。

第二十七条（相关产业政策对接）

集聚区优先对接享受相关优惠政策，发挥市级专项资金等的引导和杠杆作用。

第二十八条（产业投资基金）

鼓励集聚区建立体育资源交易平台和体育金融服务平台，创新体育产业投融资机制，设立体育产业投资基金，优先服务集聚区内的企业及项目。

第六章　附则

第二十九条（解释权限）

本办法由上海市体育局负责解释。

第三十条（施行日期）

本办法自2018年10月1日起施行，有效期至2020年9月30日。

〔本部类稿件由市体育局规划产业（法规）处 供〕

体育社团

上海市体育总会

2018年，上海市体育总会在市体育局党组的坚强领导下，认真学习党的十九大精神，深入贯彻习近平新时代中国特色社会主义思想，围绕建设全球著名体育城市和健康上海目标，不断深化改革，创新发展思路，以市体总换届为契机，强化管理与服务功能，加大资源整合的力度，提升规范管理的水平，体育总会全年展现出“开放、创新、活力、团结”的新局面。

召开市体育总会第九届会员大会和第九届委员会第一次会议，选举产生主席、常务副主席、副主席等17名执委和57名委员。会员社会化程度提高，体育社会组织负责人、体育产业带头人加入市体总，充分反映了单项协会改革的成果，增强了政府、社会组织与市场主体间的黏合度，构建起三者良性互动的良好架构，服务上海体育事业改革发展。

完成上海国际大众体育节创新转型。2018年上海国际大众体育节以“体育服务家庭”为主题，开创性地在同一天、同一区域以“体育嘉年华”的形式集中呈现。体育节共有2018家庭马拉松、橄榄球、SUP浆板、城市定向赛4大赛事，跆拳道、橄榄球、划船器、轮滑、舞龙舞狮、花样跳绳等18个体验项目以及国际民间民俗健身舞、健身操、剑道、旱地冰球等多个展示项目，共吸引约700组中外家庭、5 200人参与。体育节首次引入市场优质资源，融合了体育、休闲、旅游、亲子等诸多元素，展示全市体育社会组织良好风貌，打造了一个开放式、国际化的体育文化交流平台。

优化市级体育社会组织布局。一是推进市级体育社会组织专项治理工作。按照市体育局“重点扶持一批、改革调整一批、整改注销一批”的要求，总会全面梳理161家市级体育社会组织发展现状。以年检结果、财务管理状况、内部组织架构、日常工作开展情况等为重要指标，经过6个月的摸排，形成“三个一批”名单，其中重点扶持47家，改革调整77家，整改或注销37家，并制定了整改或注销社会组织的“四步走”方案。二是成立一批体育社会组织，包括上海市橄榄球协会、上海市铁人三项运动协会、上海狮搏体育俱乐部、上海诸韵颖体育俱乐部等社会组织，满足市民参与各类体育社会组织的实际需求。

强化体育社会组织规制建设。一是出台系列规章制度。起草并细化《上海市体育总会单位会员管理办法》及十项工作指引和《上海市体育社会团体负责人任职管理办法》等系列规章制度，完善市级体育社会组织管理体系，促进体育社会组织健康有序发展。二是抓好上海体育相关社团的换届工作。2018年需履行换届程序的市级体育社会团体总量为58家。截至12月31日，24家社团完成换届工作；23家社团经过协调，正在筹备中；6家社团进入整改或注销程序；剩余5家社团督促启动换届程序。三是稳步推进裁判员管理工作。协会制定《上海市级单项体育协会裁判培训经费补贴办法（暂行）》，并按《上海体育竞赛裁判员管理办法（试行）》精神要求，推进市级体育社团裁判委员会建设。对裁判员分级管理情况，裁判员的认证、考核、注册、选派、奖惩的标准和流程四项内容予以监督和管理。

调动体育社会组织发展积极性。7 月 31 日，市体育总会发布《2018 年上海市体育社会团体专项资金奖励意见》，突出创新和品牌两大风向指标，扩大了奖励范围。同时，在推进的过程中，注重与《中国体育报》《解放日报》等媒体单位合作，加大了宣传力度；注重《奖励意见》的政策解读，突出了目标导向，规范了操作程序。最终，经过评审，全市共 19 家市级体育社会团体获得相应奖项。

加强体育社会组织功能建设。一是完成上海市体育社会组织服务中心课题， 1 月至 6 月进行了上海市体育社会组织服务中心课题研究。课题重点针对服务中心的功能定位、服务体系、管理制度、后续运维等方面提出对策性建议，并探讨了体育社会组织服务管理的操作路径。二是完成上海市赛事服务中心“一门式”服务课题研究。在“放管服”改革背景下，积极探索赛事审批集中化服务中心建设的可行性，实现办赛管理服务流程再造，减少中间环节。课题研究历时 3 个月，从资源梳理、服务对象、服务机制、具体任务、构建平台和首期窗口设置六个方面提供了中心设置的思路。

在常规工作上，总会不断创新，构建精品赛事活动体系。一是做强“NBA 中国行”系列公益活动。活动设计紧贴“一带一路”和“健康上海”战略，全年活动共分为 7 个场次，融入更多国际性、潮流性、娱乐性元素。内容包括公益球场捐赠、公共运动场推广、校园公益行等，累计参与人数近 3 万人。二是完成 2019 年国际篮联篮球世界杯亚洲区预选赛（上海赛区）的竞赛组织工作。前期借助互联网、自媒体平台，形成多方位宣传。重点做好运动队训练、场馆对接、器材准备、场地搭建、记录台工作人员培训等保障工作，按组委会要求做好各部门经费使用和管理，为参赛人员提供良好的比赛环境和服务保障。三是举办第四届上海市广场舞大赛，优化往年市、区、街镇三级办赛模式，创新报名方式，开发在线报名和投票系统，组建参赛人员信息库，以便更好服务参赛人群。全年累计举办比赛 72 场，参与队伍 1 122 支，参与人数达 21 540 人，投票总数达 128 847 次。四是做好中国男子篮球职业联赛（以下简称 CBA）上海赛区 23 场竞赛组织工作。与公安、俱乐部、CBA 公司多方协调，稳妥处理现场各类突发情况，及时处理舆情，确保比赛顺利进行。

提升体育社会组织服务能级。一是完成培训工作，累计参与达 160 余人次。围绕政策讲解、内部治理、操作实务、党性修养等，开设了市级体育社会组织负责人培训班、青年人才党性修养培训班。通过专题教学、实景教学、现场讲解、分组讨论等不同形式的学习，进一步提升社会组织工作人员的业务能力和履职能力，也提升了青年人才的党性修养及理论水平，增强体育社会组织之间的凝聚力。二是积极组织对外交流学习活动。赴宁波、武汉等地，与兄弟单位探讨体育社会组织发展的新模式以及自身功能定位。出访芬兰和捷克，学习发达国家的体育社会组织运营状况和市场开发模式、场馆管理经验和赛事组织管理、保障服务。

巩固体育社会组织公益形象。2018 年，市体育总会积极响应市民政局、市社会团体管理局提出的“社会组织服务‘三区’建设”行动，与崇明区东平镇东风新村居委会结对，共同完成“东风新村助老睦邻苑项目”建设。响应国家“一带一路”战略号召，联合美国篮球职业联盟中国片区，以“点燃激情，播撒爱心”为主题，共同向陕西省渭南市实验初级中学、延安市宜川县初级中学捐建两片室外篮球场。上海爱和恩体育俱乐部、上海市篮球协会、上海市跆拳道协会等 11 家市级体育社会组织通过公益培训、器材捐赠等多种形式开展公益活动，足迹遍布全国 19 个省、自治区、直辖市。

在内部建设方面，市体育总会不断提升信息化建设水平。优化“一站两微”信息平台建设，优化信息发布流程，扩大社会影响力。全年总会官方微信公众号粉丝量突破8万，较2017年增长36%，全年发布信息2 000余条、阅读量累计达200万；官方微博账号粉丝量达到8 180，较2017年增长60%，全年发布信息456条。完成商标注册工作。为保证市体总相关比赛名称、标识的规范合法使用，市体育总会特向国家工商总局商标局提出上海国际马拉松图标和“上马”字样、中国上海国际大众体育节图标、世界著名在华企业健身大赛图标、上海城市业余联赛图标5个项目的商标注册申请，包含25个类别。截至12月31日，上海国际马拉松图标6个类别的申请已获证书，世界著名在华企业健身大赛的图标有5个类别申请成功，上海城市业余联赛图标有1个类别申请成功。

一年来，市体育总会以换届为契机，理思路、打基础、补短板、提品质，发展思路日益清晰，规制建设逐步健全，服务手段不断创新，人才队伍持续改善，工作基础更加扎实，团队建设充满活力，各项工作任务积极稳妥开展，较之以往有了长足的进步。

（市体育总会 供）

2018年上海市体育类社会组织情况表

一、市级社会团体

序号	单位名称	统一社会信用代码	登记日期	会长	秘书长	地址
1	上海市体育总会	51310000501767736F	1991.4.1	徐　彬	杨国浩	南京西路150号
2	上海市足球协会	5131000050176819X2	1991.4.4	朱广沪	林　毅	泳耀路300号16楼
3	上海市篮球协会	51310000501769854F	1991.6.7	汪　泓	陈德春	瑞金一路100号
4	上海市排球协会	51310000501772826P	1992.7.7	沈富麟	陈惠民	广西北路66号C201室
5	上海市田径协会	51310000501770257D	1991.6.14	黄卫方	魏　燕	莘东路589号
6	上海市游泳协会	51310000501770556B	1991.7.12	韩秀芳	诸达乐	枫林路329号B楼306室
7	上海市体操协会	513100005017778383	1991.7.12	沈利龙	朱　政	百色路1333号
8	上海市乒乓球协会	5131000050177192XD	1991.12.31	陈一平	姜建荣	建国西路135号3号楼106室
9	上海市羽毛球协会	51310000501770281X	1991.6.14	周　超	金　晨	宝山区宝安公路1123号
10	上海市棒球协会	513100005017692136	1991.5.17	张智强	王勇健	水电路176号
11	上海市垒球协会	51310000501777870E	1993.5.24	沈　炜	王勇健	水电路176号
12	上海市网球协会	51310000501777731P	1992.1.24	陆　標	曹云华	肇嘉浜路128号（卢湾体育馆）3楼
13	上海市自行车运动协会	5131000050177790XN	1991.7.12	王海威	丁　岗	莘东路589号
14	上海市击剑协会	51310000501777694H	1991.4.1	郝　婷	海　线	北沿公路300号
15	上海市举重协会	513100005017707590	1991.8.8	王才兴	蔡廷华	莘东路589号
16	上海市拳击协会	51310000501776173Q	1991.4.1	邹市明	王连方	浦东新区世博大道760号

（续表一）

序号	单位名称	统一社会信用代码	登记日期	会长	秘书长	地址
17	上海市摔跤柔道协会	51310000501777790T	1991.7.12		夏双喜	杨浦区恒仁路350号313室
18	上海市跳水协会	51310000501777758F	1991.7.12	姚佳淳	史美琴	漕溪北路1111号上海游泳馆
19	上海市水球协会	513100005017777820	1991.7.12	石云峰	李　斌	上海市闵行区曹建路161号301室、302室
20	上海市手球协会	513100005017696430	1991.5.31	何　宇	郑益芳	古羊路900号建青实验学校F楼
21	上海市射击运动协会	51310000501777678U	1991.4.1	韩秀芳	高晓东	金都路3028号
22	上海市射箭协会	51310000501777635E	1991.4.1	郭　蓓	高晓东	金都路3028号
23	上海市船艇运动协会	51310000501770134C	1991.7.12	赵荣善	施欢珍	浦北路270号
24	上海市武术协会	51310000501772017C	1991.1.24		瞿　慧	老沪闵路777号（嘉川路3号门）B座5楼
25	上海市跆拳道协会	51310000501776376D	1995.12.26	王才兴	姚毅梅	黄浦区西藏南路765号永惠大厦1903室
26	上海市轮滑运动协会	51310000501769846L	1991.6.7	顾卫峰	徐辛华	黄浦区方斜路515号
27	上海市蹦床技巧协会	51310000501777686N	1991.7.12	张明泉	陈　皓	百色路1333号
28	上海市围棋协会	513100005017702658	1991.6.14	周星增	刘世振	南京西路595号
29	上海市象棋协会	51310000501770409R	1991.7.12	王连运	欧阳琦琳	南京西路595号410室
30	上海市航空车辆模型协会	51310000501771815C	1991.12.31	顾　辰	缪亚东	广中路444号
31	上海市航海模型协会	51310000501771807H	1991.12.31	储　红	周建明	广中路444号
32	上海市无线电运动协会	51310000501778849E	1991.7.12	韩竞英	王奋发	广中路444号
33	上海市汽车摩托车运动协会	51310000501770636Y	1991.7.12	夏　青	王桢勇	广中路444号
34	上海市高尔夫球协会	5131000050177256X2	1992.5.22	施德容	王锦培	上海市徐汇区凯旋路3131号明申中心大厦2201室
35	上海市保龄球协会	513100005017692211	1991.5.27	马玉生	董士祺	大渡河路1860号
36	上海市门球协会	51310000501771583C	1991.12.16	关　键	曹　明	南京西路591弄3号
37	上海市毽子球运动协会	5131000050177635XJ	1991.4.1	金明财	徐计周	学前街135号
38	上海市信鸽协会	51310000501772519Y	1992.4.23	张惠民	张　雷	虹桥路1885号
39	上海市钓鱼协会	51310000501774303E	1993.4.14	叶　骏	奚宝琴	上海市浦东新区高桥镇211号6楼632室
40	上海市台球协会	5131000050177707XT	1999.7.12	李　鸣	祁　伟	中山南二路1500号上海游泳馆4号扶梯
41	上海市航空运动协会	51310000501776990Y	1997.5.23	余星宇	钱玮琪	上海市虹口区广中路444号综合楼421室

（续表二）

序号	单位名称	统一社会信用代码	登记日期	会长	秘书长	地址
42	上海市桥牌协会	513100005017779502	2001.3.9	邱伟昌	张国强	南京西路595号
43	上海市体育舞蹈运动协会	513100005017729814	1992.7.16	江　宪	张玉华	肇嘉浜路128号（卢湾体育馆）
44	上海市健身气功协会	5131000050177854XB	2003.3.5	范本浩	张铭伦	南京西路591弄3号
45	上海市健身健美协会	5131000050177934X7	2017.9.5	金宇晴	盛　楠	大渡河路1860号
46	上海市风筝协会	513100005017798257	2006.1.3	吴保国	袁合波	南京西路591弄3号
47	上海市龙狮协会	513100005017798332	2006.1.3	卢月弟	季　锋	三林路338号506室
48	上海市体育用品协会	51310000501779884A	2006.2.24	胡仁永	张金标	中山南二路1500号东亚大厦18楼
49	上海市老年人体育协会	51310000501767840K	1991.4.1	韩秀芳	王振华	徐汇区浦北路270号
50	上海市农民体育协会	51310000501768202T	1991.4.5	邵林初	全　英	大沽路100号2016室
51	上海市社会体育指导员协会	513100005017788061	2003.11.6	王才兴	陈　慧	建国西路135号体育场看台120室
52	上海市大学生体育协会	51310000501775349C	1994.3.16	薛明扬	盛　炯	中山西路1245弄1号
53	上海市中学生体育协会	51310000501775840W	1994.12.1	徐阿根	柏　丹	中山西路1245弄1号
54	上海市中等专业学校体育协会	51310000501772834J	1992.7.7	孙国权	钱岳金	澳门路726号
55	上海市职业培训学校体育协会	51310000501775920G	1994.12.29	黄捷	单　军	天山路1800号
56	上海市游泳救生协会	51310000501768392R	1991.5.27	吉　宏	沈　伟	浦东新区泳耀路300号1号门停车库内
57	上海市体育场馆协会	513100005017702733	1991.6.14	侯抗胜	步振威	南京西路150号
58	上海市球迷协会	51310000501774821N	1993.8.6	卢　申	沈　雷	泳耀路300号16楼
59	上海市残奥委员会	513100005017730790	1992.7.31	曹子平	吕志新	水电路176号
60	上海市特奥委员会	513100005017760935	1995.4.18	施德容	吕志新	水电路176号
61	上海精武体育总会	51310000501771882A	1991.12.31	颜建平	刘黎平	四川北路1702弄30号
62	上海市木兰拳协会	51310000501772228U	1992.2.21	应美凤	陆大江	大田路129号A栋3D
63	上海市练功十八法协会	513100005017730528	1992.7.24	庄建申	郑　蓓	黄浦区汝南街64号204室
64	上海中华武术会	513100005017722014	1992.1.31	黄兆强	李景月	黄浦区建国中路1号505-506室
65	上海鉴泉太极拳社	51310000501773394K	1992.9.25	马文钊	孙　林	复兴中路1295弄5号
66	上海市青少年体育协会	51310000501779577H	2005.3.25	王　鹏	周战伟	隆昌路640号
67	上海市极限运动协会	5131000050178013XH	2006.10.18	戴光铭	吴新民	淞沪路2100号（体育中心）108室

（续表三）

序号	单位名称	统一社会信用代码	登记日期	会长	秘书长	地址
68	上海市电子竞技运动协会	51310000501780412W	2007.8.29	李伟听	徐　波	静安区广中西路699号大宁商务中心206室
69	上海市马术协会	51310000501780500B	2008.1.29	陶晓东	薛锦范	金廊公路6300号上海马术运动场
70	上海市冰雪运动协会	51310000501780607N	2008.4.30	严家栋	邵国民	浦东新区泳耀路300号
71	上海市登山户外运动协会	51310000501780578B	2008.4.9	胡神奇	祁　伟	徐汇区天钥桥路666号上海体育场四号扶梯西侧
72	上海市板球协会	513100005017809492	2009.3.12	冯身洪	季忠荣	四平路1239号同济大学体育部
73	上海市龙舟协会	51310000501780973J	2009.4.22	胡凌洁	陆嘉璞	康平路66号206室
74	上海市体能协会	513100005017809305	2009.3.10	罗文桦	曹培中	百色路1333号
75	上海市健美操协会	51310000501781044N	2009.8.21	朱　政	陈　皓	百色路1333号
76	上海市曲棍球协会	5131000050178099X5	2009.5.11	蔡振洪	何红卫	莘东路540号
77	上海市八卦掌协会	51310000501781482B	2011.3.28	王翰之	王天灏	浦东新区金海路3288号联明培训中心二楼
78	上海市剑道运动协会	51310000501781343L	2010.6.28	洪　涛	辛世海	南京西路591弄3号
79	上海市飞镖运动协会	513100005017817226	2011.4.9	邢　涛	梅振伟	徐汇区天钥桥路400号
80	上海市社区“九子”运动协会	51310000501781634P	2011.5.26	陈有良	陈伟芬	建国西路135号107室
81	上海市冰壶运动协会	51310000501782004R	2012.7.16	郁永清	周文佳	南京西路150号630室
82	上海市秧歌协会	513100005017817301	2011.8.16	杨家华	周新国	浦东新区东昌路498弄15号
83	上海市健身排舞运动协会	513100005017825147	2013.7.9	史济星	李易飞	广元路153号304室
84	上海市定向运动协会	513100005017826453	2013.10.10	顾佳斌	林国平	广中路444号
85	上海市跳绳协会	51310000501782901K	2014.04.19	潘　勤	李胜席	恒仁路350号108室
86	上海市社区体育协会	51310000321682671L	2014.12.05	张祥泰	陈　慧	杨浦区控江路2063号五环大厦西座907室
87	上海市高智尔球协会	51310000329538084G	2014.12.05	周仁礼	宋　辉	宝山区云天路48号
88	上海市休闲棋牌协会	51310000329524467R	2015.1.12	李文壅	董旭彬	中山西路2368号华鼎大厦3303744室
89	上海市路跑协会	51310000322248068F	2015.5.19	唐贵发	蒋　珎	黄浦区苗江路123号（二层）
90	上海市旱地冰球协会	51310000MJ4900339K	2016.8.8	陈　新	周　涵	闵行区七莘路3599弄2号楼308室
91	上海市橄榄球协会	51310000MJ4901075H	2018.06.19	桂国杰	戴富祺	汶水路886号

（续表四）

二、市级民办非企业单位

序号	单位名称	统一社会信用代码	登记日期	理事长	秘书长	地址
92	上海国际象棋小世界棋艺俱乐部	52310000425706682B	2001.7.4	朱良潮	任惠珍	疏影路789弄4号301室
93	上海郎傲赛车运动俱乐部	52310000746161548B	2002.12.31	郎德隆	郎家璐	栖山路1555弄32号5D座
94	上海市芸海青少年模型运动俱乐部	52310000742688166N	2002.9.12	赵景强		新同心路318号225室
95	上海市中原青少年游泳俱乐部	523100007461615566	2002.12.31	沈　存	赵　平	开鲁路518号
96	上海市申武青少年体育俱乐部	52310000742112503F	2002.8.9	郦解兴	郦解兴	百色路1333号（体职院）
97	上海市普中青少年体育俱乐部	52310000742112490R	2002.8.9	曹　峥		大渡河路1860号
98	上海市天千青少年体育舞蹈俱乐部	52310000742131579H	2002.7.31	朱丽千	朱丽千	延安东路45号502室
99	上海市苗苗青少年体育俱乐部	52310000742131560L	2002.7.31	陈海峰	胡　斌	南京西路150号
100	上海市健强青少年射击俱乐部	52310000748777813Q	2003.3.21	杭　恺	陆鸿钢	金都路3028号
101	上海市环球青少年无线电运动俱乐部	52310000742688174H	2002.9.12	林国平	徐　芸	广中路444号
102	上海市东亚青少年足球俱乐部	52310000763309954Q	2004.5.31	姚佳淳	夏　洁	天钥桥路666号
103	上海祝嘉铭格致排球俱乐部	523100007805652712	2005.9.13	祝嘉铭	张玲玲	广西北路66号
104	上海市春晖青少年台球俱乐部	52310000744942551N	2002.11.28	李宗镛	徐荣根	源深路655号东区5楼
105	上海许建东将棋俱乐部	523100007842986098	2006.1.3	许建东	许建东	恒通路360号A–1001室
106	上海非凡探索汽车运动俱乐部	52310000780581386T	2005.9.16	张　庆	王佳宁	真北路988号12号楼1081室
107	上海市曹燕华乒乓球俱乐部	523100006726602987	2008.3.7	王志峰	沈　玲	水电路176号
108	上海市华美踢踏舞运动俱乐部	52310000677865145B	2008.7.31	佟满秋	何月美	华池路58弄1号新体育广场1203室
109	上海会众壁球俱乐部	5231000067266028X7	2008.3.7	张海驹	高彦卿	繁兴路333号1001室
110	上海市精英青少年体育俱乐部	52310000677865065P	2008.7.31	王志峰	沈　玲	水电路176号
111	上海裕泰房车运动俱乐部	52310000692918946J	2009.7.31	刘海新	张　翼	吴中路1329号
112	上海跨步羽毛球俱乐部	52310000552923364C	2010.3.26	施　辉		陈桥镇东门村1579号
113	上海动感之屋电子竞技俱乐部	52310000695789916A	2009.10.13	许如灶	许如灶	武宁路955弄1号2206（星港一期）
114	上海高尔夫球训练中心	52310000552979851G	2010.4.13	祝嘉铭	朱　玲	张杨北路2700号
115	上海钱祥卿体育舞蹈运动俱乐部	523100005542849817	2010.4.26	谷增光	钱奕羽	曹安路2742号3区
116	上海市申童青少年棋类俱乐部	52310000667797150X	2007.10.25	单霞丽	管　刚	南京西路150号510室
117	上海维阿匹赛鸽俱乐部	523100006957899245	2009.10.13	戴春勇		老沪闵路1156号

（续表五）

序号	单位名称	统一社会信用代码	登记日期	理事长	秘书长	地址
118	国际体育仲裁院上海听证中心	52310000057691498P	2012.12.5	陈一平		源深路655号西区底楼
119	上海市瑞可碧青少年体育俱乐部	52310000051258829E	2012.8.8	金千帆	王大伟	张杨北路2700号
120	上海宇健羽毛球运动俱乐部	52310000057691455A	2012.12.5	林俊河	王　萍	呼玛路888号（通河中学体育馆内）
121	上海培生龙舟运动俱乐部	52310000051248671P	2012.8.6	祝培文	汤　猛	三林镇344号2楼
122	上海体育职业技能发展中心	523100003216826396	2014.12.5	何进胜	冯晋琦	泳耀路300号908室
123	上海东体青少年体育俱乐部	523100003105897546	2014.7.26	翁勤娣	朱　静	泳耀路300号西2区198室
124	上海应昌期围棋教育活动中心	52310000583467744C	2011.10.13	倪耀良	许雪芳	天津路180号8楼801室
125	上海江湾青少年体育俱乐部	523100000944050245	2014.5.29	孙　杰	赵晓珺	国和路346号
126	上海雅奕棋牌运动俱乐部		2015.1.6	徐雅萍	周宣东	愚园路361弄125号丙101/102室
127	上海康东青少年体育俱乐部	523100000593865261	2013.1.4	钱荣昌	李海娜	浦北路270号201室
128	上海东松青少年体育俱乐部	523100000943603567	2014.4.11	陈　铫	徐爱莲	文翔路2000号体育馆底层1091室
129	上海浦江青少年体育俱乐部	523100000942808159	2014.6.10	董　瑛	张荣丽	龙吴路1594号办公楼203/204室
130	上海上汽桥牌运动俱乐部	523100000781888836	2013.9.6	胡茂元	蔡龙根	园工路1198弄3号楼307室
131	上海月亮湾跳水俱乐部	52310000321693581U	2014.12.16	王庆林		泳耀路300号西一区B1−179室
132	上海爱和恩足球运动俱乐部	52310000310517312G	2014.8.21	钟　鸣	杨建琨	七莘路3599弄7号109室
133	上海金联桥牌运动俱乐部	52310000310591264Q	2014.7.30	金文龙	赵　越	四川中路276号408室
134	上海老克勒明星足球运动俱乐部	52310000310591256X	2014.7.30	范志毅	单佳颖	漕溪北路1111号东大厅左侧裙房101/102室
135	上海乐娃青少年体育俱乐部	52310000322170248G	2015.5.30	由会贞	晏　慧	恒仁路350号204室
136	上海前滩体育俱乐部	523100003105336036	2014.10.9	陶剑雯		济阳路688号3号楼109室
137	上海伞云间航空运动俱乐部	52310000321682612E	2014.12.5	顾文渊	周继东	交通路4703弄6号1207室
138	上海陈家沟陈氏太极拳运动促进中心	52310000336415170D	2015.7.10	张保忠	洪　锋	虹桥路1440号27号楼
139	上海东海长跑运动俱乐部	52310000336446188M	2015.8.10	曹东海	曹东海	国和路346号171单元
140	上海文飞围棋运动俱乐部	523100003364675795	2015.9.7	徐佳敏	朱晓虎	北江桦路588弄2号512室
141	上海吉祥足球运动促进中心	52310000341531256U	2015.10.19	高海凤	高海凤	严家桥路1号6号楼502室

（续表六）

序号	单位名称	统一社会信用代码	登记日期	理事长	秘书长	地址
142	上海威龙水下曲棍球运动俱乐部	52310000341531264N	2015.10.19	程　舒	杨文杰	杨高南路2875号305A
143	上海建交棋牌运动俱乐部	52310000341531248I	2015.10.19	黄健之	刘建士	高安路63号
144	上海乐奇力体育俱乐部	52310000341491071Y	2015.12.9	刘　琦	戴光贵	莘东路540号训练馆3楼
145	上海市应昌期围棋教育发展基金会		2002.1.10	应明皓	倪耀良	天津路180号
146	上海市体育发展基金会	53310000501773O1XH	1992.7.21	赵英华	姜　军	新疆路500号1810室
147	上海市驭能赛车运动发展基金会	5331000032169359XG	2014.10.29	吴嫣蕊	陈　彤	万航渡路2452号A102-B
148	上海申棋青少年棋牌运动发展中心	52310000MJ4925317U	2016.5.21	胡荣华	胡荣华	南京西路1856号3幢707、709、715室
149	上海速派电子竞技运动俱乐部	52310000MJ492551XB	2016.10.20	方　戟		田林东路80号-1
150	上海李秋平青少年篮球运动发展中心	52310000MJ4925691J	2017.03.31	李秋平		水电路176号上海市体育运动学校图书馆楼105室
151	上海孙海平田径运动发展中心	52310000MJ49251222	2016.02.06	孙海平		闵行区莘东路589号公寓楼401室
152	上海新东亚水上运动发展中心	52310000MJ4925149R	2016.02.06	黄伟浩	施欢珍	长宁区延安西路1228弄2号楼26楼GH室
153	上海市棋牌文化研究中心	52310000MJ4925878H	2018.04.12	李文壅		南京西路595号302室
154	上海上体运动与健康研究中心	52310000MJ49259585	2018.07.16	黄海燕		杨浦区恒仁路350号401室

上海市足球协会

2018年，上海市足球协会推进社团脱钩改革。自2017年换届选举后，协会围绕足球竞赛、足球青训、足球培训、足球产业、足球服务、协会治理六大体系，制定重点任务工作计划。完成协会注册变更有关事宜，建立完善主席会议议事规则、岗位职责等内部管理制度。加强党的领导，夯实党组织建设，9月20日，正式成立上海市足协党支部，选举产生新一届支部委员会，为党建工作奠定扎实的基础。

抓好青少年足球竞赛工作。一是办好市内赛事。协会参与上海市青少年锦标赛暨青少年十项系列赛、第16届上海市运动会和第34届“新民晚报杯”暑期中学生足球赛三项重要赛事决赛阶段的竞赛组织工作。其中，上海市青少年锦标赛暨十项系列赛共有74支代表队，1 237名运动员参赛，共有赛事190场；第16届上海市运动会共有90支代表队，1 533名运动员参赛，共有赛事243场；第34届“新民晚报杯”暑期中学生足球赛决赛阶段共有128支队伍264场比赛。二是协助中国足球协会完成各项工作。协会作为华东大区的牵头单位，负责大区内U13、U15、U17年龄组共23支队伍128场比赛的竞赛组织、官员选派、资料汇总上报等工作；承担

U19 组别上海赛区 51 场竞赛组织工作。其中，上港 U19 队获得联赛冠军，申花 U17 队获得总决赛冠军，上港 U15 队获得总决赛第三名，幸运星 U14 队获得总决赛第三名。三是建立精英培训基地联赛。2018 年，上海成为中国足球协会批准的第一批 15 家全国足球青训中心之一，协会牵头建立精英培训基地联赛，派遣专家团队加强对优秀苗子的跟踪观察。

推进女足新周期调整。协会对人员结构、预算、宣传三方面进行了调整。补充了 15 名原 U18 青年队队员进入成年队，通过自由球员市场签入 2 名国内球员；根据各项实际开支情况，做好经费预算和执行；与五星体育、五星体育广播、《东方体育日报》等多家沪上媒体展开合作，对上海女足进行宣传。

构建业余足球联赛新体系。一是抓好机制建设，建立上海市社会足球季度例会制度，定期与各区交流社会足球工作安排。二是研制新型赛事竞赛体系，以市足协超级联赛为金字塔顶，对接中国足球协会中冠联赛；效仿中国足协各级竞赛体系，设立市足协甲级联赛，旨在整合扎根于社区、企业、学校、基层的业余足球队，打造一项提供专业竞赛服务的赛事。三是严肃赛风赛纪，专门发布加强社会足球赛事的赛风赛纪和宣传教育工作的通知；探索建立黑名单制度，对受到 1 年以上纪律处罚的参赛人员以及多次出现重大违规违纪事件的参赛队增加违规成本。四是广泛开展赛事，全年上海 16 个区及协会共举办各类社会足球赛事活动 105 项，竞赛场次 5 173 场，参赛球队 2 382 支，参赛运动员 37 866 名，参赛人次 136 077 人次。

筹备第二届全国青少年运动会建队工作。从教练员选配、后备人才挖掘等方面不断推进，聘请申花队原队员李晓、刘军为男足青训总监，马良行为女足青训总监；加强教练员培训，推荐教练员参加国际足联、亚足联和中国足协举办的各类教练员业务培训班，提升业务水平；聘请专家顾问团，通过青少年精英基地联赛、十项系列赛和市运会来发现挖掘优秀的足球苗子，基本完成男、女队组队任务。

抓好专业人才队伍建设。一是推进教练员队伍建设。2018 年，协会举办和承办中国足协教练员岗位培训班共计 16 期 338 人参训；组织教练员继续教育培训 43 人；承办亚足联精英俱乐部教练员培训班、中国足协首届高端教练员峰会以及中国足协技术发展大会，使上海成为全国顶级足球教练员活动的汇集地；为满足青少年足球教练员的需求，协会共开设“上海足协 E 级教练员课程”18 期，培养 E 级教练员 416 人。二是推进裁判员队伍建设。2018 年，上海足球协会共有 11 名裁判监督、38 名各级别职业联赛裁判员获得执法全国比赛的资格，裁判员人数是中国足球协会最多的会员协会之一；对全市各级注册裁判员进行梳理，共有注册裁判员 897 名；由有经验的退役裁判员、中国足协裁判技术讲师和体能讲师组成讲师培训班，对会员协会进行培训，提升其业务能力；协会推出未来精英裁判员计划，确定 24 名年轻裁判员重点培养；对 16 家会员协会裁委会开展调研。

加强职业联赛协调组织工作。上海足协根据中国足协的工作要求为五个职业联赛主场提供协调与新闻官等服务工作，全年完成相关赛事共计 135 场，包括上海上港、上海申花两支中超球队参加的中超联赛，上海申鑫参加的中甲联赛，上海申梵参加的中乙联赛，上海女足参加的女超联赛。赛事期间，对多场焦点赛事积极配合市体育局做好协调工作，保障全年赛事顺利举行。2018 年春节期间，协会承接了中国足球协会的视频助理裁判（以下简称 VAR）技术培训班，协调落实两家中超俱乐部场地的 VAR 功能用房及配套设施，确保 VAR 技术在中超联赛和俱乐部赛场的顺利使用。

做好注册服务工作。随着足球改革工作的不断推进，足球注册人口较往年呈上涨趋势。2018 年总计完成青少年业余球员注册 5 804 人次，其中男运动员 4 350 人，女运动员 1 454 人；成年业余球员注册 279 人次；职业球员注册 338 人次，注册总人数创上海足协自 1994 年有统计数据以来的新高。另有业余教练员 714 人、职业教练员 32 人在协会注册。

做好新闻宣传工作。2018 年，全国足球联赛上海赛区共接待媒体记者 296 人，做好媒体通知、收缴材料、赛事信息发布等媒体服务工作，保证上海赛区良好的新闻采访秩序。宣传方面，市足协微信公众号 2018 年正式开始运营，全年共推送微信期数约 500 篇，拥有粉丝数量 6 300 人，微信公众号时刻关注热点，对社会足球、青少年足球、教练员裁判员培训等工作建立专项板块，将协会各项工作进展完整、实时的呈现在公众面前，受到外界好评。

在 2018 人民足球颁奖晚会上，上海足协获优秀会员协会，上海杨浦足协、普陀足协获优秀区足协，上海嘉定区业余联赛获得优秀草根赛事，上海吉祥俱乐部和优体俱乐部获得优秀草根培训机构荣誉称号。协会会员中超助理裁判员张铖被评为 2018 年中国足球协会超级联赛年度银旗。中甲助理裁判员张哲被评为 2018 年中国足球协会甲级联赛年度金旗。

上海市篮球协会

2018 年，上海市篮球协会承办上海市城市业余联赛（品牌特色赛事）上海市市民篮球节项目、“我要上奥运”全国三人篮球擂台赛（上海赛区）总决赛、上海市篮球二线测试赛暨青少年体育十项系列赛、小篮球比赛等赛事活动；主办“篮协杯”2018 年上海市小篮球春（秋）季联赛、2019 国际篮联篮球世界杯上海赛区宣传推广启动仪式暨篮球世界杯历史文化展、上海业余篮球大联盟超级联赛、篮球嘉年华等赛事活动；组织开展上海市篮球技能等级标准考核、青少年业余篮球教练员培训、上海市裁判员培训、冬（夏）令营青少年训练营等培训考核活动。全年累计参与达 10 万人次，参与对象涵盖少儿、青少年、企业白领、退休人员等不同群体，范围涉及学校、企业、社区等，参赛者年龄跨度从 4 岁到 80 多岁，体现了篮球不分年龄、不分性别的项目特点。

上海市业余篮球大联盟比赛　（上海市篮球协会 供）

为进一步推广篮球运动，提高广大群众对篮球的热情，协会积极联系周边地区，把华东地区、长三角、区协会及会员单位有机串联，每年进行多次交流活动，实现优质资源共享，促进上海篮球运动快速发展；同时，协会积极开展公益活动，2018 年协会支教团队到达甘肃天水进行为期三天的支教活动，获得当地体育局和体育教师的热烈欢迎；选派优秀篮球教练为长宁区初级职业技术学校篮球队公益教学，受教学生在今年的全国特奥篮球赛中获得 C 组冠军的佳绩。

上海市排球协会

2018 年，上海市排球协会进行了换届选举，组成第十届理事会。协会全年共承办排球赛事 17 项，包括市青少年体育十项系列赛排球比赛（3

上海城市业余联赛排球比赛　　（上海市排球协会 供）

站比赛）；第16届上海市运动会（青少年组）排球、沙滩排球比赛，上海市青少年排球公开赛、上海市“冬令杯”排球比赛，“杨浦杯”上海市青少年排球大奖赛，上海市沙滩排球锦标赛，上海城市业余联赛排球、气排球、沙滩排球比赛（7站比赛），全国业余排球精英联盟赛总决赛。另外参与组织2018—2019全国排球超级联赛上海主场工作。

协会不断推动青少年排球运动普及提高，加强对二、三线排球业余训练队员的督导，为青少年排球运动员提供更多比赛、锻炼、提高的机会，为培养储备一线运动员打好基础。全年青少年类排球活动共有参赛队伍536队次，参赛人数5 920人次，进行比赛1 125场。

2018年，协会加强排球运动的文化推广，为喜爱排球运动的市民构建相互交流与学习的平台。群众体育类排球活动共有参赛队伍251队次，参赛人数2 684人次，进行比赛547场。

协会对室内排球、沙滩排球和气排球裁判员进行相关培训，有3人被批准为气排球国家级裁判员。

上海市游泳协会

2018年，上海市游泳协会组织承办“育苗杯”上海市小学生游泳比赛、“敬业杯”上海市中学生游泳锦标赛、“民立杯”上海市中小学生游泳公开赛、“六一娃娃杯”上海市儿童游泳比赛、“五星体育杯”学生暑期阳光游泳比赛、“浦游杯”上海市小学生游泳比赛等各类游泳比赛及活动。第16届上海市运动会期间，由市体育局主办、协会承办了“小铁人三项”游泳比赛，与浦东新区体育局共同承办市运会游泳比赛。此外，协会与静安区体育局、教育局共同承办“民立杯”市中小学生游泳冠军赛，承办上海市游泳二线测试赛（水上项目）暨青少年体育十项系列赛游泳比赛第一、二、三站和总决赛、市青少年游泳锦标赛上海选拔赛，全国少儿游泳锦标赛上海选拔赛，全国少儿游泳冠军赛以及上海市民游泳锦标赛等赛事。

协会支持杨浦、长宁、普陀等区“纪念7.16毛主席畅游长江活动”和全民游泳健身周的游泳比赛；支持指导宝山区等各区的学生阳光体育大联赛的游泳比赛；支持奉贤区承办的上海市冬泳比赛。全年参与游泳活动的人数达47万人次。

协会开展初级游泳教练员培训、考试工作2期，306人报名参加了培训和考试，179人被批准为合格的游泳教员；开展游泳教练员证年审工作15期，参加年审的游泳教练员达2 259人。为规范游泳教练员的教学工作，协会在2018年夏季游泳培训高峰期间，委派10名教官，对25个场馆进行游泳教练员持证上岗检查工作。

协会获市教委、市体育局联合颁发的“五星体育杯”中小学生暑期阳光大联赛优秀组织奖。

上海市水球协会

2018年，上海市水球协会召开协会第七届会员大会，选举产生了新一届理事会负责人，围绕规范管理流程、推动创新项目、整合各项资源

第 16 届上海市运动会水球比赛 （石云峰 摄）

三个方面展开工作。

2018 年，协会承办第 16 届上海市运动会水球比赛、上海市青少年水球锦标赛、上海市水球联赛、上海市水球二线测试赛等赛事活动，500 多人次参赛，主要来自各区二、三线运动员及业余水球俱乐部。第 16 届市运会水球比赛首次设立女子组比赛，共有 6 支队伍参赛，为培养上海女子水球青少年运动员后备人才夯实基础。上海市水球联赛首次设立专业组及业余组，邀请国家青年女子水球队参加专业组竞争，提高了上海水球业余赛事的水平，同济大学水球队首次参加联赛，探索尝试在大学生中开展水球运动。

为进一步提高和丰富上海青少年水球训练的方法，协会邀请国际优秀教练员、运动员亲临训练场地，为各区教练员、运动员亲自示范讲解水球基本技术，深受年轻运动员和教练员欢迎。

举办水球基本规则培训班并组织开展裁判员等级考试，14 名裁判员获得一级裁判证书。

上海市射击运动协会

2018 年，上海市射击运动协会在市社团管理局、市体育局、市体育总会的领导下，强化协会“服务、管理、引导”的工作方针，积极探索青少年体育射击项目发展之路。协会竞赛工作主要以第 16 届上海市运动会为主，其中穿插上海市射击冠军赛、上海市射击锦标赛和二线达标赛、全国射击比赛等。协会在总结以往办赛经验的前提下，提前启动准备工作，细化比赛方案；竞赛组织严谨，办赛规范；赛后收尾工作，认真仔细。在市运会射击比赛期间，及时修订和完善竞赛项目，加大对重点小项的扶植力度，对于各代表队的参赛资格、裁判员选调、反兴奋剂等工作做到透明、公开、公正、公平。射击项目的发展离不开各个专业委员会的培训工作，2018 年协会举办了上海市射击项目裁判员培训班，提高了裁判员队伍的业务能力。

2018 年是射击精英基地成立的第二年，协会主动建立联席会议制度，与各精英基地沟通，制定实施办法。组织开展各项活动，包括优秀教练员公开课、日常下区看训、推广激光射击运动、普及射击项目等。分别在各训练点开展形式多样的精英基地联赛，让更多的青少年运动员得到参赛机会。

上海市射箭协会

2018 年，上海市射箭协会在市社团管理局、市体育局、市体育总会的领导下，围绕建设全球著名体育城市的目标，为大众普及射箭项目添砖加瓦的理念，强化协会“服务、管理、引导”的工作方针，积极探索协会发展之路。2018 年协会竞赛工作主要以第 16 届上海市运动会射击项目比赛为主，还穿插市级射箭预赛、二线达标赛、射箭世界杯等。市运会射箭比赛通过网络直播，让更多的人观看比赛，了解射箭项目。协会荣获第 16 届上海市运动会优秀组织奖。

协会积极参与 2018 年上海城市业余联赛的竞赛组织工作，组织与射箭世界杯相融合的草根赛事、大众射箭系列赛与总决赛、射箭俱乐部联赛预赛和总决赛等赛事活动，普及和推广射箭运动。全年共举办射箭类业余赛事 12 场，参与人数逐年增加。

2018 年是射箭精英基地成立的第二年。暑假期间协会接待了台湾射箭协会转场上海训练，为青少年运动员提供了同平台同水平的竞技交流。协会每周安排射箭项目组教练员到各基地进行实地看训、指导 2 次，组织射箭项目专家组到各区训练点对教练员计划、运动员培养、赛前调控等方面进行督导。与 2017 年相比，各基层训练单位专项水平及教学质量大幅提升，市运会射箭比赛金牌分布更广泛。

协会还举办上海市射箭项目裁判员培训班，配合国家体育总局承办全国射箭裁判员培训班。组织大众射箭教练员培训班，80 余名大众教练员执证上岗，提高了业余射箭专业化水平。

2018 年是上海射箭队成立 60 周年，协会在筹备有关纪念活动的过程中完成了射击项目的历史资料的收集、整理，结合纪念活动，做好策划、纪念册编辑，推广射箭项目的文化内涵。

上海市跆拳道协会

2018 年，上海市跆拳道协会承办了国家体育总局青少司主办的 U 系列跆拳道比赛、第 16 届上海市运动会跆拳道比赛、上海市青少年跆拳道锦标赛、上海市跆拳道冠军赛及二线测试赛、第一届跆拳道国际邀请赛；主办了第九届上海市跆拳道邀请赛、第 19 届上海市跆拳道公开赛以及“跆协杯”第二届上海市跆拳道联赛。

2018 年第一届跆拳道国际邀请赛是协会全力打造的，对标国际的专业邀请赛。共有 16 个国家和地区的近百名运动员参赛，600 多名观众观赛，10 多家媒体进行宣传报道。由协会创办

第一届中国上海跆拳道国际邀请赛

（上海市跆拳道协会 供）

的“跆协杯”上海市跆拳道比赛及各分站赛的赛事影响力日益凸显，全年近 2 000 人参赛，为更多的学员提供了交流平台。

组织会员参加长三角地区青少年跆拳道友谊赛、世界青少年跆拳道夏令营、台北城市杯跆拳道邀请赛等各类赛事，积累实战经验。

协会注重培养跆拳道后备人才，推进人才库建立。全年组织晋级考试官培训 1 次，78 人参加复训，23 人取得晋级考试官资格；组织社会体育指导员培训 1 次，36 人通过理论和实践考核，取得职业证书；组织跆拳道段位考试 2 次，共有 198 人合格。350 人次裁判员参与全市跆拳道赛事执裁，执裁赛事 19 次。

上海市航海模型协会

2018 年，上海市航海模型协会组队参加各项国内外航海模型比赛。包括 7 月 24—28 日在上海举行的全国青少年航海模型锦标赛，取得 16 金 8 银 9 铜；8 月 30 日—9 月 11 日在罗马尼亚举行的第 19 届航海模型仿真项目世界锦标赛，取得 1 金 1 银 1 铜、青少年项目 1 金；10 月 21—25 日在青岛举行的全国航海模型锦标赛上，取得 10 金 8 银 7 铜。

协会还会同有关单位共同主办、承办了全国青少年航海模型锦标赛、上海市航海模型锦标赛、第16届上海市运动会暨上海市青少年航海模型锦标赛、上海市青少年建筑模型锦标赛、“中国航海博物馆”上海航海模型公开赛、“体彩杯”上海航海模型国际邀请赛、第二届上海夏季比例模型公开赛等赛事，累计参加人数近4 500人，赛事数量和质量有了大幅提高。

除承办国际性赛事，协会还承办了全国青少年航海模型锦标赛，近1 200人参赛，推动青少年航海模型技术水平提升。

上海市门球协会

2018年，上海市门球协会围绕上海城市业余联赛总体要求，精心组织各类门球比赛。包括上海市门球精英赛、上海市门球锦标赛、上海市门球邀请赛、上海市门球赛、上海市门球争霸赛、上海市门球总决赛暨中国门球冠军赛上海赛区选拔赛等。全市16个区，近百个街、镇，约300支门球，计3 500人次参赛，为加强各区交流、提高上海门球运动水平起到了积极作用。

协会组织人员参加国内外比赛。9月21—23日，在巴西圣保罗市举行的第12届世界门球锦标赛上，上海浦东新区高东镇门球队代表中国勇夺亚军，实现上海门球运动历史性突破，也是年度中国门球运动荣获的最高荣誉。

门球比赛　（上海市门球协会 供）

协会积极组织裁判员、教练员开展业务培训，提升执裁及执教水平。8月，协会结合一级门球裁判员的注册、考核，举办门球裁判员培训班，共计87人参加培训。截至2018年，上海市注册的门球国际级裁判员共计4人、国家级裁判员4人、一级和荣誉一级门球裁判员45人。12月，协会在嘉定江桥镇举办全市教练员培训班，由国家级门球教练员杨英德进行授课，共有80人参加培训。

上海市粽子球运动协会

2018年，上海市粽子球运动协会在市体育局、市体育总会的直接领导下，举办市级赛事2次，共有46名运动员荣获“运动员技术等级标准”称号；举办裁判员、教练骨干培训班2期，参加全国城区体育工作研讨会，积极推广、宣传粽子球运动。

2018年上海城市业余联赛“东明杯”粽子球比赛于6月10日在浦东新区三林中学北校举行，来自全市12个区51支参赛队300余名运动员竞相角逐，上海体院、东明路街道、高桥镇、上海新华连锁集团公司、打浦桥街道、上海书城代表队分别荣获团体前六名；金杨社区黄志俊和豫园街道王才女分获男女个人冠军。11月17日，上海市全民健身节“东明杯”粽子球擂台赛在黄浦区工人体育馆举行，赛事从1998年起被列入上海市全民健身节中，已有30年历史。开幕式上，组委会为推广上海粽子球运动作出贡献的参赛队代表颁发优秀团队奖，共计30家，黄浦区南京东路街道、上海体院、东明路街道、上海制球联合公司等单位受到表彰。比赛共10个区43

支参赛队 250 余名运动员参加，上海体育学院以 131 分总成绩荣获团体第一名并打破 2016 年上海市粽子球纪录；浦东新区高桥镇杨欢和黄浦区打浦桥街道王建华分获男女个人冠军。

10 月，协会第六届理事会成立换届选举领导小组，召开了换届筹备工作会议，拟定了新一届理事会理事和负责人建议名单，修订协会章程、换届选举方案、第六届理事会工作报告等文件，做好协会理事会交接事宜。

上海市台球协会

2018 年，上海市台球协会承办世界 9 球中国公开赛、全国业余斯诺克大师赛、第 12 届全国青少年美式台球锦标赛、第三届上海市台球俱乐部联赛（斯诺克项目）、上海市斯诺克让分赛、第三届上海市高校台球锦标赛、第 19 届上海市青少年台球锦标赛等赛事活动，参赛人数近 5 000 人次，参与对象涵盖大中小学生、企业白领等群体，涉及学校、企业、社区等不同领域，参赛者年龄跨度从 7 岁到 80 多岁，竞技水平包含业余、半职业及职业水平，体现了台球不分年龄、不分群体的项目特点。

协会重视青少年台球后备人才培养，组织学生群体参加各项青少年赛事，包括第 19 届上海市青少年美式台球比赛、第 12 届全国青少年美式台球比赛等，为台球运动夯实基础。

协会裁判员、教练员有序进行执裁执教。全年共派出裁判员执裁 335 人次，其中国际国内赛事 38 人次，包括斯诺克中国公开赛、斯诺克上海大师赛等 14 项赛事；市级赛事 108 人次，包括上海市斯诺克让分赛、上海高校台球联赛等 4 项赛事；俱乐部赛事 189 人次，共为 8 家俱乐部提供执裁服务 25 次。同时，协会教练委员会加强初级教练员教案、教材撰写能力培训，提升教练员执教技术和水平。

上海市体育舞蹈运动协会

2018 年，上海市体育舞蹈运动协会在市体育局、市体育总会的领导下，承办上海城市业余联赛体育舞蹈系列赛暨第九届上海市青少年体育舞蹈锦标赛、上海城市业余联赛体育舞蹈系列赛暨第 13 届上海市体育舞蹈公开赛、上海城市业余联赛体育舞蹈系列赛总决赛暨第 28 届上海市体育舞蹈锦标赛、上海城市业余联赛体育舞蹈系列赛暨第 22 届上海市舞王杯全国体育舞蹈公开赛 4 项赛事，参赛者 1 万多人次。协会参与承办的全国、国际体育舞蹈赛事有中国体育舞蹈公开赛（上海站）、世界体育舞蹈联合会（以下简称 WDSF）大奖赛总决赛暨中国体育舞蹈精英赛 2 项，也是国内和国际体育舞蹈最高水平的赛事。

协会举办全市体育舞蹈裁判员、教练员培训班，88 名裁判员和 142 名教师通过了国家一、二、三级裁判教师考试和审核认证。截至 2018 年，协会注册和登记的裁判员有 178 人，其中国际级 5 人，国家级 16 人，国家一级 64 人，国家二、三级 93 人。在协会注册和登记的教师有 251 人，

体育舞蹈比赛　　（上海市体育舞蹈协会 供）

其中国家级 30 人，国家一级 74 人，国家二、三级 147 人。

体育舞蹈技术等级考核是发展青少年体育舞蹈运动的重要抓手。全年协会共组织 33 场由中国体育舞蹈联合会授权的技术等级考核，共计 7 495 人次参加。

上海市健身健美协会

2018 年，上海市健身健美协会召开第四届理事会。理事会审议并通过了协会 2017 年工作报告、2018 年工作计划以及《上海市健身健美协会管理制度》；通过理事增补名单，进一步完善协会内部管理机制，向新入会的会员单位授牌。

协会代表队 4 月出征四川省攀枝花市，参加由中国健美协会主办的全国健身锦标赛。协会代表队共夺得 4 枚金牌、2 枚银牌、1 个第四名和 2 个第六名以及团队总分第四名。8 月，协会组队赴天津参加全国健美锦标赛，老将江在美为上海获得 1 枚金牌。

协会承办上海城市业余联赛第 15 届上海市健身健美锦标赛暨公开赛，参赛人数、设立项目、奖金总额均创历史最高，扩大了上海健美项目的影响力，锻炼了年轻裁判员。协会联合星能运动学院、上海国际时装周承办了东方职业金狮奖评选活动，活动由上海市体育行业职业鉴定站主办，健身健美运动与时尚完美结合，在行业内起到广泛影响。

协会竞赛委员会组织举办上海市健美一级裁判员培训，近 80 名健身健美运动员及爱好者报名，裁判培训的教师均来自上海，由国际级裁判员张盛海、纪凯莉，以及国家级裁判员柏堂静、郳佳铮授课，提升了裁判员的专业技能。

上海市龙狮协会

2018 年，上海市龙狮协会在 F1 中国大奖赛、上海环球马术冠军赛、纪念“五四”运动 99 周年活动、中国共青团成立 96 周年活动、三林镇“五四”表彰大会暨五四公益跑活动、浦东新区“文化和自然遗产日”主题活动、第八届浦东青年健康节浦东青年篮球联赛、上海市全民健身日活动启动仪式暨上海城市业余联赛亲子运动会、特奥阳光融合跑活动开幕式等赛事和活动中进行龙狮表演。为庆祝中华人民共和国建国 69 周年，协会的三林龙狮队前往新疆进行上海浦东·新疆喀什莎车文化交流演出，传承龙狮文化、普及龙狮运动。全年协会共进行各类表演 40 多场，参演人员 1 000 多人，直接观众 1 万多人。

3 月，在江苏西来桥举办的 2018 年长三角地区乌龙大赛上，协会会员上海城建职业学院获舞龙自选银奖；上海商学院获舞龙自选银奖、龙狮传统铜奖。4 月，在浙江宁波奉化举办的龙舞桃乡全国舞龙争霸赛上，上海城建职业学院获自选套路金奖、传统套路金奖、团体总分金奖。7 月，在广西桂林举办的第 11 届全国大学生舞龙舞狮锦标赛上，上海城建职业学院获男子自选第一名、女子自选第一名、传统套路第一名；上海商学院获教学双龙第一名、男女团体第三名等。

上海浦东·新疆喀什莎车文化交流演出

（上海市龙狮协会 供）

10 月，在江苏溧阳举办的“国缘”第 11 届全国舞龙舞狮锦标赛暨第三届中国·曹山龙狮节上，三林舞龙队获成年组舞龙规定套路第一名、舞龙自选套路第三名；上海喜地比麟堂龙狮团获成年组南狮规定套路第三名、南狮自选套路第五名；上海体育学院获成年组舞龙竞速项目第五名、舞龙自选套路第六名；行知实验中学获少年组舞龙传统套路第一名、舞龙自选套路第六名；工商外国语学校获少年组舞龙自选套路第一名（男队）、第三名（女队）。同月，在广东佛山西樵山举办的世界华人龙狮邀请赛上，上海三林喜地龙狮团获铜奖。11 月，在澳门特别行政区举办的第七届“美高梅狮王争霸”——澳门国际邀请赛上，上海三林喜地龙狮团获冠军。同月，在广东南海举办的中国（南海）国际民族民间醒狮公开赛上，上海三林喜地 A 队获高桩自选初赛第二名，决赛荣获银狮奖；上海三林喜地 B 队初赛第一名，决赛获金狮奖。

协会承办上海市“龙腾狮跃闹元宵”活动以及上海城市业余联赛上海市首届小学生龙狮邀请赛，邀请赛共有 8 支龙狮队 150 名运动员参加。

协会全年共开展 30 多期龙狮培训班，培训人数 500 余人；举办 4 期上海市龙狮项目推广普及活动，累计观众人数 20 000 多人次，参与人数 5 000 多人次。

上海市社会体育指导员协会

2018 年，上海市社会体育指导员协会进一步拓宽思路，全面开展指导服务工作，为全民健身事业发挥积极作用。协会自身组织管理系统更健全，强化社会体育指导员社区指导站的功能，新增体育旅游专业委员会。

全年，协会对各级社会体育指导员进行健身技能方法、科学健身知识等各类培训班 4 294 期，接受再教育培训指导员 95 026 人次（涵盖市级、区级、街镇级）。举办技术等级培训班共举办 96 期，总人数 5 321 人，其中国家级 1 期，60 人；一级 2 期，100 人；二级 9 期，471 人；三级 84 期，4 690 人。

截至 2018 年年底，上海市社会体育指导员共有 57 963 人，其中：国家级 450 人、一级 2 038 人、二级 10 011 人、三级 45 464 人。全市社会体育指导员达全市常住人口的千分之 2.4% 以上。

上海市练功十八法协会

2018 年，上海市练功十八法协会承办上海城市业余联赛上海市前十八法（团体）比赛、上海市后十八法（团体）比赛和上海市续十八法（团体）比赛等赛事活动，有 60 余支队伍、1 000 余名选手参加。协会指导举办区级练功十八法赛事和大会操等活动，30 余支队伍、1 000 余名选手参加。此外，协会积极组织练功十八法队伍参加上海国际大众体育节的各类活动。各类比赛及活动的参与对象主要是中老年人群，涉及各街镇文

上海市前十八法（团体）比赛　（莊建申 摄）

化体育活动中心、社区健身团队、公园小区健身辅导站等，体现了练功十八法深受中老年人喜爱的项目特征。

为进一步推广练功十八法运动，协会在老年大学、办公楼宇等地开展教学活动 70 余次、1 000 多人次参加。为提升广大参赛队伍赛事水平，协会在嘉定区、虹口区、黄浦区、浦东新区、奉贤区等区举办练功十八法培训班，参加学员 200 多人，深受好评。

上海市高尔夫球协会

华东区青少年 U 系列公开赛　　（上海市高尔夫球协会 供）

2018 年，上海市高尔夫球协会主办上海市青少年高尔夫球巡回赛、麦卡伦杯高尔夫巡回赛（俱乐部巡回赛）等赛事，参与对象涵盖不同群体，参赛者年龄跨度从 7 岁到 80 多岁。协会承办第 16 届上海市运动会高尔夫球比赛（青少年组）和上海市青少年高尔夫球锦标赛赛事。

此外，协会举办的“长三角”青少年高尔夫球公开赛暨华东区青少年 U 系列公开赛于 11 月 25 日在沪挥杆，江浙沪地区近百位优秀青少年选手齐聚上海。通过联结长三角地区，实现优势互补、联动发展，推动高尔夫球运动一体化发展。

上海市极限运动协会

2018 年，上海市极限运动协会主办上海极限音乐狂欢节和上海极限运动挑战赛；承办上海市青少年滑板公开赛、上海城市业余联赛极限运动公开赛和第 16 届上海市运动会青少年滑板展示项目比赛，滑板、小轮车和平衡车等多个项目在青少年群体中得到推广普及，吸引了众多的滑板爱好者和喜欢平衡车的儿童。

为进一步推广极限运动，协会共举办青少年极限运动夏令营活动 3 期，主要针对滑板、小轮车和平衡车三个项目，以理论结合实践、教学培训结合趣味竞赛的方式，让青少年爱好者在轻松有趣的氛围里了解极限运动、爱上极限运动。

上海市电子竞技运动协会

2018 年，上海市电子竞技运动协会继续完善协会主办的品牌赛事“足球在线 4”（即 FIFA ONLINE 4）红蓝对抗赛。同时，协会还积极参与到业内厂商举办的高水平业余电子竞技赛事和电子竞技论坛活动，发挥平台赋能效应，凝聚上海电子竞技产业合力。在法国足球甲级联赛期间，协会与国际足球联盟跨界合作并寻求探索电子竞技产业合作的可能性。

2018 年，协会率先实行电子竞技运动员注册制，开启电子竞技运动职业化新秩序。介于第九届 DOTA2 国际邀请赛（即 Ti9）落户上海，协会联动游戏头部厂商，在全年开展三期电子竞技裁判员培训班，109 人参加。协会选派裁判员至比赛现场执裁，培养提高专业电子竞技裁判员职业水平，推动上海电子竞技赛事规范化进程。

2018 年，协会也联合业内龙头，多次调研

FIFA ONLINE 4 裁判员执裁　　（薛璐 摄）

听取各方意见，起草《上海市电子竞技场馆建设与运营规范》文件，为今后电子竞技场馆搭建提供标准化方案，推动与电子竞技相关产业的专业化进程。

上海市马术协会

2018 年，上海市马术协会主办、协办以及支持各俱乐部举办第 16 届上海市运动会马术项目比赛等各类马术比赛及赛事近 10 场，吸引众多马术爱好者和骑手参加，取得良好的效果。在各项比赛的赛场上，青少年骑手参与马术比赛的积极性大幅度提高，创下了单次比赛超过 400 对人马组合的纪录，涌现了一批出色的青少年骑手，为马术运动培养后备力量。在赛事运营上，吸纳了一批国家级裁判员、路线设计师、技术官员参与赛事，赛事更加完善。

为积极响应“一带一路”政策，2018 年，协会分别与荷兰、瑞典、匈牙利等国家的马术产业代表团进行深度交流，了解国外的先进技术和理念，相互分享各自经验。在上海进口博览会期间，协会与匈牙利马术协会签订合作协议，与克罗地亚马术协会开展双边交流，共同推动国际间马术文化交流和马术产业发展。

此外，协会多次举办教练员、裁判员培训班，培养马术教练员和裁判员，提高专业技术水平。同时，协会为各马术俱乐部搭建交流平台，宣传推广马术文化，进一步提高马术运动的影响力。

上海市登山户外运动协会

2018 年，上海市登山户外运动协会组织举办中国坐标·上海城市定向挑战赛、第二届沪台青少年科技夏令营定向赛、沪台青年夏令营定向赛、上海浦江城市定向赛徐汇分会场、中国坐标·徐汇城市定向挑战赛等赛事。

协会成立青少年专业委员会筹委会。由协会参与制定的《上海市高危险性体育项目（攀岩）经营许可实施办法》正式发布，采用全新版的《上海市经营攀岩项目申请书》，草拟《上海市攀岩经营性场所服务规范地方标准（初稿）》，并提交上海标准化技术委员会审核。

协会组织筹备第 16 届上海市运动会青少年攀岩展示比赛、第二届上海市青少年攀岩锦标赛、第六届上海市攀岩锦标赛、全国青少年 U 系列攀岩联赛上海站、上海市攀岩俱乐部联赛、第五届上海市攀岩技能大赛等 9 项大型攀岩赛事，参赛者突破千人次。

协会与上海教育报刊总社活动中心展开合作，共同发起“一米阳光”户外课程进校园活动，在 60 所小学进行校园宣讲，参与学生超过 3 000 人。

协会全年培训累计达到 450 人次。包含初级户外指导员培训班 3 期、营地指导员培训班 3 期以及游戏领导力培训班 1 期；开设攀岩初级指导员培训班 5 期、攀岩裁判员培训班 3 期以及攀岩保护员培训班 1 期，总培训人数近 300 人。协会将攀岩培训范围扩大至高校，在东华大学举办上海市学生攀岩裁判员培训班，共有 57 名在校大学生接受培训并通过考核。

协会被评为5A级社会组织，先后获得上海市体育类社会团体专项资金奖励评审活动管理规范单项奖、上海城市业余联赛十佳赛事奖、上海城市业余联赛优秀组织奖等多项奖励。

上海市曲棍球协会

2018年，上海市曲棍球协会与上海市手曲棒垒球运动中心、闵行区体育局、闵行区教育局在市体育局、市教委支持下，承办上海市青少年女子曲棍球锦标赛，吸引了来自闵行区、黄浦区、金山区、浦东新区、青浦区、松江区、普陀区的15支代表队223名运动员参加。

作为第16届上海市运动会前的前哨战，参赛各队相当重视。在C组比赛中，金山区依靠净胜球优势勇夺冠军，青浦区、闵行区分获二、三名。A组、B组角逐中，闵行区以绝对优势夺取A组、B组冠军，松江区、黄浦区分列A组二、三名，青浦区、金山区夺则得B组二、三名。此外，松江区、普陀区、浦东新区、闵行区分获体育道德风尚运动队。王艳丽、卢凤、杨兴旺获优秀教练员称号。

上海市青少年女子曲棍球锦标赛　（上海市曲棍球协会 供）

上海市剑道运动协会

剑道比赛　（上海市剑道运动协会 供）

2018年，上海市剑道运动协会承办全国剑道锦标赛、上海城市业余联赛第六届上海市剑道新秀赛、上海城市业余联赛第四届上海市青少年剑道大赛、上海城市业余联赛第八届上海市剑道冠军赛及上海城市业余联赛UKA终极盔甲剑术总决赛4项市级赛事。

2018年，由协会输送的唐松、陈志远、邓珂、王宇飞、陈强、康琪、吴小静、廉馥宁获得全国剑道锦标赛男子团体赛与女子团体赛双冠军。

上海市飞镖运动协会

2018年，上海市飞镖运动协会在赛事承办、飞镖普及推广、飞镖人才培养等方面积极开展各项工作。协会积极组织举办多类型、多层次赛事活动，承办上海市飞镖超级联赛、上海市青少年飞镖联赛、上海市高校飞镖联赛、上海市白领午间一小时飞镖巡回赛等4项城市业余联赛飞镖系列赛。

协会全年共举办121场飞镖赛事，约31 230

人次参与，参赛对象覆盖学校、社区街道、企业园区及各机关企（事）业单位员工。其中，上海市飞镖超级联赛被评为上海城市业余联赛A类赛事，上海市青少年飞镖联赛、上海市白领午间一小时飞镖巡回赛被评为B类赛事，上海市高校飞镖联赛被评为C类赛事。此外，协会还参与协办世界职业飞镖（即PDC）上海大师赛、全国青少年飞镖锦标赛等国内外飞镖赛事。

协会全年积极开展飞镖项目的普及推广工作，与各区教育局、体育局合作，在中小学开设飞镖课程，部分学校已将飞镖列入学校阳光体育大联赛项目。协会组建上海市飞镖训练队，每周开展2次市队训练课，培养选拔优秀青少年飞镖选手。华东政法大学、上海健康医学院、上海出版印刷高等专科学校等高校成立飞镖社团，部分高校设有飞镖训练基地，开展校园飞镖运动的宣传和推广活动。

协会组织开展飞镖教练员和裁判员培训班，全年共举办市级裁判员和教练员培训班2场、国家级裁判员和教练员培训班1场，280余名飞镖爱好者获得教练员和裁判员证书，5人获得国家一级教练员和裁判员证书。

上海市高智尔球协会

2018年，上海市高智尔球协会参与上海国际大众体育节的项目展示活动，承办上海城市业余联赛系列赛事、上海市高智尔球公开赛暨第二届长三角地区交流赛、新虹桥中心花园体育周暨上海市高智尔球公开赛长宁赛、上海市高智尔球公开赛暨上海市青少年高智尔球业余联赛等赛事活动。

协会联合青浦区老年人体育协会，引领并带动更多老年男性群体参与这项动脑且温和的运动项目。协会在全市16个区级老年人体育协会中开展高智尔球运动培训班，扩大项目普及。此外，协会积极参与公益活动，连续三年在残疾人“阳光之家”开展服务活动，举办高智尔球阳光之家交流赛。

协会在全市16个中小学、各街道及企业举办培训班372场次，5 840人次参加。

（本部类稿件由市体育总会、各单项体育协会 供）

各区体育

2019 上海体育年鉴
SHANGHAISPORTYEARBOOK

黄浦区体育概况

2018年，黄浦区工作以开展“大调研”为抓手，以求真务实、勇于担当、富于创新的精神，有力推进落实全民健身活动、体育惠民实事工程、青少年体育、体育产业规划布局、体育品牌赛事活动等重点工作和目标任务。

黄浦区围绕“办人民群众满意的体育”“加快15分钟社区体育生活圈建设”的工作要求和工作目标，结合区情特点，从“盘活存量、提升增量”入手，研究制订《黄浦区2018年度公共体育场地设施建设（修缮）方案》，落实好市、区两级惠民实事项目，新建、改建、修缮、更新78个益智健身点、8个市民健身房、6个市民球场，翻新、拓宽、整修2条步道，全区人均体育场地活动面积上升至1.25平方米；继续推出公共体育场馆免费或公益低价开放项目和时段，为区域内相关单位和团队开展体育活动提供免费或优惠的场地服务，逾74万人次受益。组织开展市民体质测定工作，为1.2万名市民群众免费体质测试，合格以上的人数比例达到90%以上；认真梳理社区健身设施建设、市民健身服务项目等内容，广泛开展社区体育服务配送，全年开展市、区两级服务配送共计530课时，累计培训人数达8 668人。积极推广全民健身赛事活动，举办上海城市业余联赛黄浦区赛事项目，围绕政府、社会、市场“三轮驱动”的要求，制定赛事服务管理办法，从源头上保证赛事项目规范有效开展，全年共开展健身赛事活动160余场，累计参加全民健身赛事活动近90万人（次）。游泳场馆夏季接待游客41.65万余人次。

黄浦区完成区学生运动员网上注册及现场注册工作，成功注册1 826名运动员。按照“区域精品项目发展，有所为，有所不为”的原则，在参加第16届上海市运动会24个大项、30个分项的比赛中，取得奥运重点项目奖牌第二、总分第二、综合团体奖牌第三、总分第三的优异成绩，并荣获“体育道德风尚奖”，青少年体育综合实力继续保持全市前列。黄浦区培养输送的10名体育健儿入选中国国家队参加第18届亚运会，共获2金4银1铜。黄浦区花样轮滑运动水平保持国内及亚洲领先地位，自由式轮滑运动水平处于世界一流水平。花样轮滑、自由式轮滑、滑板运动队代表上海、国家在国内（国际）重大比赛中累计收获68金63银28铜。召开年度黄浦区体教结合工作会议，印发《黄浦区体教结合促进计划（2017—2020年）》，明确教育部门、体育部门各自责任。

黄浦区体育局组队赴北京考察国家体育场（鸟巢）、国家游泳中心（水立方）、五棵松文

比利时室内五人制足球“钻石超级杯”赛暨黄浦区青少年足球训练营（黄浦区体育局 供）

化体育中心等大型体育场馆及北京泉眼体育运营管理有限公司投资运营的体育场，深入了解大型体育场馆市场化运营管理的经验模式。研究和摸索WDSF体育舞蹈、花样（自由式）轮滑等“一区一品”赛事市场化运营机制，着力提升赛事运作专业化、国际化水平。加强对外体育文化交流合作，引进WDSF大奖赛、自由式轮滑公开赛、美式9球世界杯、比利时室内五人制足球等适合黄浦特点的、有一定影响力的国内外顶级体育赛事。依据《上海市体育产业集聚区布局规划（2017—2020年）》，搭建体育产业发展规划课题组，研究制定“南京路—外滩体育产业集聚区”具体衔接方案，会同区发改委、区规土局、区旅游局等部门，在广泛开展调研的基础上，编制完成《黄浦区体育产业发展规划（2018—2020年）》。区体育彩票销售额提前完成市体育局下达的全年指标，并创历年之最。

（袁建国　余赟璐）

徐汇区体育概况

2018年，徐汇区体育工作围绕上海“建设全球著名体育城市”以及“健康徐汇”发展目标，坚持体育惠民，推进全民健身战略；强化体教结合，提升青少年身体素质；建设国家体育产业示范基地，提高体育产业贡献度，推动徐汇体育发展取得新突破。

提高全民健身服务水平。创新举办徐汇市民体育节，以“汇运动，点亮品质生活”为主题，在园区、校区和社区举办系列性、群众性的体育赛事活动。全年开展城市业余联赛、市民体育节、社区体育联盟赛、社区运动会等体育活动234场次，涵盖30余个运动项目，14.46万人次参与。与区卫计委共同举办市民体育论坛、“汇健康，行走徐汇”市民健步走活动，与漕河泾开发区联合举办漕河泾体育文化节，与枫林街道、南区电信局合作举办“天翼杯”龙舟赛等特色活动，市民参与度明显提高。开展科学健身指导服务，为各街镇和企事业单位配送广播操、纺棉操、健身气功等体育项目，千余名群众参与。体医结合开展平衡操和广场舞对老年人平衡能力影响的对比研究，完成枫林社区体质监测站更新升级。区内46家游泳场所夏季接待泳客近40万人次，徐汇游泳馆连续安全开放35年。根据《2017年上海市全民健身发展报告》，全区成年人体质达标率99.3%、优良率79.2%，位列全市第一。社会体育指导员数量占总人口比例2.89‰，位列全市第二。

强化体育后备人才培养。全区共有注册运动员1 783人。全年审批二级运动员127人、获批一级运动员88人。向上级训练单位输送运动员71人。徐汇代表团派出1 200余名运动员参加第16届上海市运动会，获得200金94.25银83.75铜（含带分带牌成绩），青少年组团体奖牌第二名的成绩。获得2015—2018年度上海市青少年体育十项系列赛优胜奖第一名、优秀组队奖一等奖、体育道德风尚奖，完成冰壶、男篮赛事承办工作。区培养和输送的运动员高磊获得国

滨江龙水南路篮球场　（徐汇区体育局 供）

际体联蹦床世界杯系列赛日本站男子网上个人冠军，世界蹦床锦标赛男子网上个人冠军、混合团体冠军。

开展青少年体育健身活动。拓展“三大球”联盟学校数量，推进武术、跳绳、冰壶以及“五棋一牌”项目入校。加强青少年校外体育活动中心建设，“徐汇区青少年游泳校外活动中心”在区水上运动学校正式挂牌，青少年游泳公益培训规模扩大。举办首届区校园联盟足球杯赛、篮球“三对三”系列赛，通过比赛促进运动技能提高。上海市学生健身操舞大赛在上海广播电视台演播厅举办，赛事影响力进一步扩大。联手阿迪达斯公司、区游泳协会等社会力量，合作举办亲子马拉松赛、趣味游泳比赛。邀请陶璐娜、高磊等优秀运动员进校园，开设互动教学和项目体验。组织青少年学生参与飞镖体验，观摩国际田联钻石联赛（上海站）、大众冰雪季开幕式等文体活动，宣传体育文化。

举办国内外重大赛事。2018 年，徐汇区举办世界斯诺克上海大师赛、上海国际马拉松赛、国际田联钻石联赛（上海站）、PDC 世界职业飞镖大师赛（上海站）、中国坐标·上海徐汇城市定向户外挑战赛等多项精品体育赛事，城区知名度和社会影响力不断提升。

完善体育场地设施建设。全年新增体育场地面积2.39万平方米。新建和改建桂江路绿廊（二期）等市民健身步道 4 条，汇龙苑公共足球场等市民球场 4 个，华泾镇馨宁小区等益智健身苑点 8 个，更新室外健身器材近 400 件。街道镇牵头、体育局指导、第三方服务的公共体育设施属地化管理模式不断完善。

推进体育产业示范基地建设。开展体育企业大调研，走访阿里体育、腾讯体育、游族体育等体育企业，了解企业发展现状和政策需求，优化营商环境。与市发展改革研究院合作，开展徐汇体育产业的发展路径和配套措施研究，为制定徐汇体育产业创新发展实施意见提供依据。开展体育产业调查统计，更新区体育产业机构名录库，开展上海市居民体育消费调查。2018 年，徐汇区共有体育产业单位 481 家，注册在徐汇区的上海市 500 强体育企业有 33 家。全区有体育彩票销售点 107 个，体育彩票销售总额 2.24 亿元。

（王志浩）

长宁区体育概况

2018 年，长宁区体育工作立足需求、立足长远、立足效益，依托项目建设、赛事活动、指导服务等工作，不断完善公共服务体系。

加强全民健身服务。举办上海国际女子 10 公里精英赛，国内外 4 500 名跑者报名参赛。与五星体育签订战略合作协议，首次合作开展上海城市业余联赛——五星运动汇挑战王仪涵羽毛球赛事和五子棋挑战赛。在每个街镇举办“弈棋耍大牌”上海“三打一”长宁赛前巡回赛，线上线下约 11.2 万人次参赛。与虹桥经济技术开发区开展体育服务合作，利用新虹桥中心花园场地优势，将射箭、趣味足球、广场舞、柔力球、高智尔球五个项目纳入新虹桥中心花园体育周活动。举办“助力进博，垃圾分类”定向赛、“名豪杯”全国桥牌邀请赛、首届上海著名企业 TOUTH 触式橄榄球比赛。做强一街一品体育赛事（周桥“敏之杯”乒乓球、程桥“双拥杯”篮球、天山“天山杯”气排球、虹桥“虹桥杯”羽毛球、仙霞“仙霞杯”桥牌、新泾“新泾杯”足球等），全年共举办城市业余联赛 153 场，参赛人数约 13.6 万人次。组队参加各类市级赛事 30 余项，包括城市业余联赛总决赛、社区体育联盟赛等。加强社会体育指导员队伍建设，全年开展区社会体育指导员等级和专业体育技能培训 5 场。提升

“天山杯”气排球邀请赛 （长宁区体育局 供）

体测服务水平，加强体医结合，全年完成体测服务8 371人次（团队测试46家），体测服务进楼宇、进园区深受市民欢迎。开展两项慢病运动干预，经过半年的科学健身指导，400名参与人群体质状况有明显改善。积极开展社区体育服务技能培训和课程配送，其中市级申请技能培训配送326次，区级课程配送共配送37个体育项目，达到299次课程，共计6 700人次受益。有序开展体育场地开放工作。上海国际体操中心、长宁温水游泳池、长宁网球场三家公共体育场馆全年接待锻炼市民约37.3万人次，全区公办中小学校体育场地设施向社区居民开放，74家游泳场所夏季安全开放。

青少年体育工作稳步推进。完成第16届上海市运动会参赛、办赛任务。共有783名运动员参加田径、游泳、射击等26个大项451个小项的比赛，共获得79.25金43.875银44.375铜，完成手球、攀岩等项目的办赛任务。2018年，全区运动员注册涉及到奥全运项目达30项，注册人数达1 613人，向上级运动队输送运动员51名。在第18届亚运会上，长宁区输送7名运动员参赛，获得1金2银。在2018年上海市青少年运动员奖学金评选中，区10名运动员获奖，其中1名获特等奖。积极探索业余训练创新转型，加强教练员业务管理，继续加强“国家基地”、精英训练基地（游泳、射击、射箭）和二线运动队建设，调动发挥学校和社会的办训力量，完善体教结合办训模式，积极布点与城区发展相匹配的新项目，加大对社会办训的扶持力度。

升级体育场地设施建设。加快推进体操中心整体改造项目，完成主馆地上部分拆除工作。体操中心整体改造项目于9月19日启动主体建筑地上部分拆除，10月18日完成地面主体建筑拆除工作。推进娄山关路445弄项目建设。深化与教育局、天山街道的协作对接，完成项目概念性设计方案征集工作。配合区房管局开展房屋征收工作，11月13日启动征收，12月基地居民签约率、搬迁率100%。全力配合推进西郊体育公园、外环生态绿道和苏州河健身步道建设。全年新建、改建市民球场3个、市民健身步道8条，全年更新、整新健身点位52个，更新社区健身器材424件。

促进体育产业发展。加强行业监管，全年审批高危险性体育项目（游泳）27家场所，开展23次联合检查。开展体育产业调研，完成体育产业调查统计工作。持续加强区内体育彩票销售规范管理，全年全区体育彩票销量1.28亿元，完成率177%。

（夏宝健）

静安区体育概况

2018年，静安区以举办国际静安城区精英挑战赛和区第一届社区运动会为抓手，针对青少年、在职职工、社区居民等不同人群特点及实际需求打造一体化全民健身赛事活动体系。全年开展各级各类全民健身赛事活动409场，市民参与达30万人次。年内，举办国际剑联花剑世界杯大奖赛、首届上海静安国际女子马拉松赛、上海国际马拉松赛等国际国内重大赛事。将专业赛事与区群众性业余比赛相结合，开展“静安论剑”“静安论棋”“静安论道”等系列群众广泛参与的比赛活动。

根据区委大调研、大走访活动提出的全区中小学校体育场地实现“全覆盖、全人群、全天候”面向社会开放的要求，区体育局牵头，会同区教育局、区社建办拟定了《静安区学校体育设施开放实施意见》，合力推进项目实施。实现全区 82 所符合开放条件的中小学校（84 个校舍）向市民开放体育场地，在全市率先实现学校体育场地开放全覆盖。截至 12 月 31 日，开放学校共登记健身市民 28 270 人，累计接待健身市民 283 607 人次。

静安区积极推动全民健身与全民健康深度融合，广泛开展移动健康驿站服务，为机关、楼宇、企业、社区、学校“上门”提供免费体质测试，扩大体质监测的覆盖面。全年为市民提供免费体质测试服务 16 027 人次；“你点我送”公共体育服务配送平台面向机关事业单位、各街镇社区、驻区企业等配送太极拳、尊巴舞、广场舞、羽毛球、拉丁舞、广播操等项目课程，完成配送 826 课时，服务市民 1.65 万人次。全区推广“共享市民球场”管理服务模式，实现全区 14 座公共篮球场“共享市民球场”模式全覆盖。区属公共体育场馆全年接待健身市民 551 万余人次，其中向市民公益开放 246.3 万余人次。

上海静安国际女子马拉松赛　（静安区体育局 供）

区体育局组织静安区代表团参加第 16 届上海市运动会，全区报名参赛的运动员达 1 605 人次，组队参加 28 个大项、36 个分项的比赛，共获金牌 128.75 枚、银牌 61.5 枚、铜牌 66 枚，创三项市级青少年纪录，代表团总分 4 594 分。静安区代表团同时还获得“最快进步奖”“优秀组队奖”二等奖，被授予“体育道德风尚奖”。静安区圆满完成排球，棒、垒球，篮球等项目比赛的办赛任务，其中男子排球 A、B 组比赛获“优秀赛区奖”。进一步深入推动体育专项课程进校园工作，面向全区 61 所中小学校开展 28 个项目的专项体育课程，开展课时数近 1 万小时，受益学生近 22 万人次。

2018 年，静安区建成汾西路、苏州河沿岸、大宁郁金香公园、洛川东路、东茭泾二期、阳泉路 6 条市民健身步道和阳泉路公共羽毛球场、市北高新园区公共篮球场 2 座市民球场；完成洛川路社区市民健身房、曹家渡街道市民健身房建设以及 28 处益智健身苑点、15 处社区居委健身墙建设。

全区体育彩票总销售额达 3.06 亿元，同比增长 47.8%。区财政对体育事业业务经费投入 1.59 亿元。

（张祺）

普陀区体育概况

2018 年，普陀区体育工作聚焦“全球著名体育城市”的建设任务和打响“四大品牌”的有关内容，聚焦核心优势、着眼工作长板，以“提升城市能级和核心竞争力”为指引，以“推动高质量发展，创造高品质生活，实施高标准管理”为目标将精细化服务作为体育事业发展理念，积极开展各项体育工作以回应群众对美好生活的

上海国际 10 公里精英赛　（普陀区体育局 供）

向往。

在全民健身方面，普陀区加强市、区联动，整合社会资源办赛，全年举办“爱在每步”普陀元旦迎新跑嘉年华暨“约战普陀”路跑挑战赛、第十届“上海普陀·石泉杯”长三角地区中国象棋团体邀请赛、上海市城市业余联赛“普陀·未来岛杯”上海市高智尔球公开赛暨上海市青少年高智尔球业余联赛等各级各类赛事，全区共有 10 万人次参与其中。全年共开展各类培训项目累计 1 158 课时，惠及 1.5 万人次。2018 年学校体育场地开放模式进一步创新，全区 63 所公办中、小学全面实现日、夜间开放，全年接待总人次达 259 万人次。

在品牌赛事方面，普陀区成功举办中国龙舟公开赛（上海·普陀站）暨第 15 届苏州河城市龙舟国际邀请赛、“闻天下杯”全国桥牌公开赛、中国围棋之乡联赛上海市普陀区分站赛和上海国际 10 公里精英赛等大型体育赛事，进一步助力普陀“四大品牌”特色承载区建设。2018 年的“约战普陀”系列赛结合普陀区的区域特色和发展理念，对赛制进行个性化升级。全年共举办各级各类赛事 28 个，共计 69 场、281 个比赛日的赛事活动。通过举办“约战普陀”环球双塔垂直马拉松，推动长三角地区全民健身活动的合作与交流。

在竞技体育方面，普陀区训练单位积极向上级训练单位输送，三线送二线 51 人次，二线运动队向一线运动队输送 19 人。在第 18 届亚运会上，普陀区培养输送的赵丽娜等 7 名运动员取得优异成绩。其中，赵丽娜、杨莉娜获得女子足球比赛亚军，田径运动员许周政获得 4×100 接力铜牌，棒球运动员杨晋获得第四名，游泳运动员周敏获得女子 200 米、400 米个人混合泳两个第四名。在第 16 届上海市运动会上，普陀区体育代表团获得金牌 160.875 枚、银牌 71 枚、铜牌 87 枚，团体总分 5 531.125 分，位列全市第二，团体奖牌位列全市第五；重点项目团体奖牌、团体总分均获第五名；奥、全、青运会突出贡献奖第六名；2015—2018 年度十项系列赛优胜奖第三名；普陀代表团荣获青少年组优秀组队一等奖和体育道德风尚奖。2018 年上海市青少年体育十项系列赛比赛中，区代表团获得团体总分 2 533.4 分，位列全市第二，团体奖牌 59 金 30 银 43 铜，位列全市第三，普陀区代表团获优秀组队奖，并获得帆板、五子棋两个单项最快进步奖。

在公共体育设施方面，全年新建健身步道 30 条，更新健身点 152 处、器材 1 304 件，新建健身点 18 处、器材 128 件，新建、改建市民球场 4 个，更新 1 个市民健身房 28 件器材，其中包括区府实事工程 30 条市民健身步道、15 个市民益智健身点以及 3 个市民球场的建设。

在体育彩票方面，2018 年普陀区体育彩票销售额总共 1.9023 亿元，其中电脑型销售额 1.8466 亿元，即开型销售额 577 万元，公益金 979 万元。体育彩票工作全年按“公益为先、诚信为本、服务至上”的工作方针，配合全区“撤亭入室”整治工作要求，上半年拆除全区所有室外体彩销售亭 74 个。下半年加强网点渠道建设，原体彩销售亭入室共计 58 家，新增渠道网点 26 家，在线销售网点 113 家，为普陀体彩全面进入“后彩亭时代”打下坚实基础。

（芦文洁）

虹口区体育概况

2018年，虹口区体育工作围绕办群众满意的体育，凝心聚力，紧抓机遇，务实拼搏，我区全民健身、竞技体育、体育产业等各项工作，进一步协调发展。

区体育赛事活动内容丰富，特色鲜明。拟定2018年上海城市业余联赛虹口区竞赛计划一览表，并下发城市业余联赛赛事活动自荐表至赛事公司及协会，进一步细化、制定各项目竞赛规程。全年举办易跑・球迷跑活动、第三届“中行杯”梦想成真公益健步行活动、第十届“乒协杯”比赛、“爱在每步”亲子路跑嘉年华、上海垂直登高大奖赛白玉兰广场站、“虹口杯”五人制足球比赛、上海国际易跑赛、“农工江湾杯”中国象棋比赛、楼宇白领运动会、楼宇白领城市定向赛、园区白领城市定向赛、练功十八法比赛、“斯帝卡”杯全国乒乓球业余联赛虹口分站活动、“虹口杯”男子八人制足球比赛等赛事活动，全年共开展区级以上赛事活动达40余次，参与人次达62 138。全年为8个街道近4 510人提供体质监测服务。全年共培训51名二级社会体育指导员，并通过考核。选派4人参加上海市一级社会体育指导员培训。与区卫计委合作，推进中西医结合医院“体医联建站”的试点建设工作。将体质监测与医学体检、中医养生相结合，打造虹口区首个“‘国医强优’体医结合示范基地”。

上海城市业余联赛“虹口杯”八人制足球赛

（虹口区体育局 供）

截至2018年底，虹口区共有社会体育指导员2 198人(其中，国家级社会体育指导员24人、一级社会体育指导员72人、二级社会体育指导员352人、三级社会体育指导员1 750人)。全年建设市民健身步道4条，新建、改建市民益智健身苑点20处，建设市民球场3处，并向市民开放。全年更新、维护社区健身苑点165处。社区公共体育设施做到全年开放无休，受益人群达595 421余人次；全区24家夏季游泳场所开放场次15 105次（1小时1次），为约32 6250人次提供游泳健身服务。

全年注册运动员1 822名，成功申报等级运动员54名，其中一级运动员16名、二级运动员38名；向上级训练单位输送运动员41名，9名运动员经二线输送至一线队。完成1 059人次“国家高水平体育后备人才基地”形态机能测试工作。其中入库1 059人次，入库率100%。完成第16届上海市运动会“明日之星”的申报工作。此外，8名运动员获上海市青少年运动员奖学金。市运会虹口代表团组织30多家单位参加青少年组所设的31个大项、39个分项中的25个大项、30个分项的比赛，青少年组比赛项目参赛运动员达973人，相比上一届参赛人数增加近50%，同时还参加青少年组展示项目及活动项目比赛。虹口代表团获得体育道德风尚奖、优秀组队奖，奥运会、全运会、青运会突出贡献奖第五名，2015—2018年度上海市青少年体育十项系列赛优胜奖第8名，奖牌、总分分别列第11名。荣获优秀体校校长1人、优秀教练员1人、“未来之星”奖13人、超创纪录1人。武术套路竞委会获优秀赛区奖。承办市运会青少年组展示项目：快乐体操比赛、武术散打比赛（青少年组）、武术套路比赛（青少年组）和艺术体操比赛（青少年组）等赛事。

虹口击剑一线队获2017—2018赛季全国击

剑冠军赛（第二站）花剑团体赛亚军，张想获本站青年组男子花剑个人赛银牌；吴斌入选中国队代表国家征战2018国际剑联世界青少年击剑锦标赛；顾君获"安井杯"亚洲少年击剑巡回赛（无锡站）女子花剑个人亚军；吴斌、江敬校和沈吟霜、龚玉婷分获2017—2018赛季"铭氏杯"全国击剑冠军赛总决赛成年组男子花剑团体第三名、女子花剑团体第三名，吴斌获得男子花剑个人第三名；击剑队获上海市青少年击剑锦标赛1金3银6铜；排球队获上海市十项系列赛排球第二站比赛暨上海市排球锦标赛B组冠军（同时，复兴高级中学女排队获得本次比赛A组冠军）；游泳队获2018年全国少儿游泳"海豚之星"锦标赛3银、2铜、2个第四、4个第五、1个第七、1个第八，总分62分，排名第10的理想成绩，并荣获"最佳参赛队"称号；拳击队获2018年上海市青少年拳击锦标赛1金2银7铜。此外，虹口区青少年体育运动学校获"备战十三届全国运动会射击项目特殊贡献奖"。

2018年，全区有国家高水平体育后备人才基地1个，区办花剑一线运动队1个，区办二线运动队3个（区少体校花剑二线运动队、复兴高级中学校办排球二线队、长青学校校办二线武术队）。市级传统校13所，区级传统校32所。青少年体育俱乐部11所（其中体育系统2所，教育系统9所）。

全区共有体育类企业389家，年销售总收入达到106.84亿元。制定《虹口区推动体育产业发展实施方案》。虹口足球场承办上海绿地申花队参赛的中国足球协会超级联赛、中国足球协会杯赛。虹口（精武）体育馆承办中国乒乓球俱乐部超级联赛（上海赛区）。以区政府作为主办单位之一，组织"上海杯"诺卡拉帆船赛各项筹备工作，以及开闭幕式的保障工作。推荐的虎扑体育运营的"基于互动直播技术的全民篮球素人赛事——路人王"入选2018年全国优秀体育产业项目名录；推荐的上海锐力健身装备有限公司被市体育局命名为上海市体育产业示范单位。

全区有体育彩票网点102家，全年销售体育彩票1.5478亿元。

2018年局政府性投资项目中，虹口游泳学校游泳馆大修、运光新村市民健身苑修缮加固等4个项目均已竣工并交付使用。虹口足球场改造项目（一期）开工建设，预计2019年1月中旬竣工。

（叶艳）

杨浦区体育概况

2018年，新江湾城半程马拉松升级为国际半程马拉松。杨浦足球超级联赛参赛队伍124支，创历史之最。在公园、绿地建设嵌入式体育场地设施，设置杨浦滨江跑者驿站。建设全市首家服务全人群的殷行社区市民健身中心和五角场街道"互联网+"智慧健身房。举办市城市业余联赛25个项目的比赛，参赛市民2万余人次。夏季开放游泳场所41家、开放场次23 336次、接待泳客456 698人次、举办各类培训班2 316次、培训总人数67 142人次。

杨浦区域内有2 360个公共体育场所，体育场用地面积173万平方米，场地面积127万平方米，人均体育场地面积1.03平方米。年内新增小区健身苑点9个、市民健身步道3条。区内有体育公园2个、百姓健身房12个、社区公共运动场22处、游泳场馆41个、健身苑点599个、百姓健身步道125条、街镇市民体质监测站12个。有单项体育协会20个、社区体育健身俱乐部12个、青少年体育俱乐部21个、社会体育指导员3 647名、体育生活化实验基地54个。另有市民体质监测指导中心1个、市民体育技能培训基地

第二届杨浦足球超级联赛（杨浦区体育局 供）

1个、国家级体育传统项目学校1所、市体育传统项目学校18所、区体育传统项目学校42所、国家高水平体育后备人才基地1所和奥运后备人才训练基地（手球）1所、市青少年精英培训基地（足球、游泳）2个、市优秀教练员工作室4个、市明翔计划青年骨干教练员5名。有区办二线运动队3支、校办二线运动队5支，批准二级运动员133人次，向上级训练单位输送体育后备人才87人次。

杨浦区深化体教结合，以阳光体育联赛推动区域竞技体育项目普及。推进足球改革，完善青少年足球、游泳精英培训基地管理机制。全年举办射击、田径等20项区中小学生各类单项体育竞赛，近万人次学生参赛。承办市运会空手道、摔跤等6个正式比赛项目和2个展示项目、市青少年国际式摔跤锦标赛、市十项系列赛排球比赛等赛事。杨浦籍运动员章瑾获国际体联世界杯系列赛斯特加特站女子全能冠军，郑芝玲获温哥华国际马拉松全马比赛冠军，在第18届亚运会上杨浦籍运动员获得1金1银1铜。在第16届上海市运动会上，获82金55银71.5铜。

杨浦区继续拓展多元办赛机制，成功举办电子竞技DOTA2亚洲邀请赛、澳式橄榄球职业联盟常规积分赛、世界跳绳锦标赛、世界空手道K1A系列赛奥运积分赛、亚洲极限滑板冠军赛、上海极限运动挑战赛、“白洋淀杯”上海国际少年足球赛、杨浦新江湾城国际半程马拉松、第11届上海极限音乐狂欢节等赛事活动。

杨浦区深入探索体育场馆合作运营机制，打造公共体育服务新平台。聚集体育产学研联动，培育体育产业示范项目至长三角，拓展体育产业发展新领域，推进区域体育彩票销售网点规范化建设。举办首届“泽璞杯”上海体育产业创新创业比赛和首届体育大学生创新创业论坛、体育产业上海高峰论坛，成立体育“双创”人才实训基地，构建杨浦—南通体育改革发展战略合作框架，出台《区体育产业政策汇编》，增设区体育社会组织、培育和树立杨浦体育产业新亮点。全年体育彩票总销售额达2.16亿元，同比递增33.3%。

（田磊）

闵行区体育概况

2018年，闵行区体育局围绕建设品质卓越、生态宜居现代化新城区的工作主线，加快推动体育事业和体育产业转型发展，不断发挥体育在民生领域的积极作用，促进群众体育、青少年体育、体育产业协调发展。

闵行区组队参加中国柔力球公开赛，获最佳组织奖、男子网式单打冠军和季军。承办上海城市业余联赛社区健康跑嘉年华、场地高尔夫球公开赛等12项市级赛事和第三届星梦·璀璨心智障碍者软式排球全国邀请赛，成功举办第九届新民晚报红双喜杯迎新春乒乓球公开赛、马桥国际半程马拉松、“森马杯”市民健康行等品牌赛事，吸引220万人次参与各级群体赛事活动。举办“一镇一品”交流展示暨优秀社会体育指导员、健身团队表彰活动，吸引25.4万人次参与线上公开评选。有序推进吴泾镇体质监测站“体医结合”慢性病运动管理专项试点工作，与区总工会

第 15 届武术世锦赛会徽吉祥物全球发布会

（闵行区体育局 供）

合作开展产业工人体育公共服务全覆盖服务。复制推广经营高危险性体育项目许可“证照分离”改革试点工作，84 家夏季游泳开放场所接待泳客 984 169 人次，连续 23 年安全开放无事故。闵行区体育局被评为“上海市游泳场所夏季开放服务优秀组织管理单位”，闵行区体育馆游泳池、闵行区游泳池等 7 家游泳场所被评为“上海市游泳场所夏季开放服务先进游泳场所”。

在雅加达亚运会上，闵行区输送运动员中 5 人次获得金牌，5 人次获得铜牌。在 16 届上海市运动会上，闵行区代表团获 161.625 金 73.125 银 65.125 铜，居团体奖牌榜、重点项目奖牌榜、重点项目总分榜第四名，取得运动成绩和精神文明双丰收。实施“会游泳、学打球”项目，完成第六轮小学三年级游泳普及教育，近 14 000 名学生受益，新增 50 所“学打球”推广校。

闵行区保障上海劳力士大师赛、美国女子高尔夫巡回赛别克 LPGA 锦标赛顺利举行，大师赛吸引近 13 万人次观赛，别克锦标赛从欧巡赛升级为美巡赛，通过社会化运作，吸引 4 000 余人观赛。世界最高级别的武术赛事 2019 年世界武术锦标赛首次落户闵行。

闵行区全力实施《闵行区体育场地设施建设三年行动计划（2017—2019 年）》，2018 年新增体育场地设施面积 11.5173 万平方米。重点推进 3 个社区体育活动中心建设，新建市民健身步道 6 条、市民球场 3 个（9 片）、非标准健身步道 33 条，升级改造健身（苑）点 264 个，新建、改建益智健身苑点 20 个。

年内，制定《闵行区体育产业集聚区建设实施计划（2018—2022 年）》《闵行区关于加快体育产业创新发展的实施意见》。古大电子商务、优体足球俱乐部被评为上海市体育产业示范单位、示范项目，浦江郊野公园被授予三星级上海市体育旅游休闲基地称号。全年体育彩票销售额达 4.23 亿元，同比增长 35%。

（胡晓蕾）

宝山区体育概况

2018 年，宝山区体育工作以满足市民群众的各类健身运动需求为出发点，全面加快体育强区建设进程，推进全民健身工作、青少年体育工作、体育产业工作协调发展。

全年以“宝山区群众体育大会”为抓手，组织、指导街镇、机关、企事业单位开展各类赛事近 1 300 场，其中区级赛事 64 场，推动街镇、企业及各类社会主体办赛 1 200 余场。“四季路跑”系列赛事、“篮球城”主题系列赛事和“白领午间一小时”飞镖巡回赛等重点打造的群众性赛事初显品牌效应。积极承办和组队参加市级及以上赛事活动，组队参加上海市农民体育健身系列比赛、“我要上奥运”全国三对三篮球赛、城市业余联赛广播操比赛等市级赛事活动。承办美丽乡村定向赛、城市业余联赛健身气功星级站点交流赛等。持续开展各类健身技能指导与培训，全年新增社会体育指导员 180 人，各级指导员再培训 590 人，全区各级社会体育指导员达到 4 276 名，其中国家级 9 名、一级 14 名、二级 198 名、三级 4 055 名，社会体育指导员占常住人口比例达到 2.17‰。结合“全民健身日”，组织

"明星教练进社区""冠军面对面活动"等22场。开展健身指导培训共434次，讲座11次。区镇两级体质监测中心全年开展体质测试18次，受测市民6 800人。区游泳场所夏季接待泳客423 494余人次，高境游泳馆（沈坚强游泳俱乐部）、上海大学游泳馆、一兆韦德香逸湾游泳池三家单位被评为"2018年上海市游泳场所夏季开放服务先进游泳场所"，宝山区体育局被评为"2018年上海市游泳场所夏季开放服务优秀组织管理单位"。

2018年，宝山体育系统共有在编教练45名，注册运动员1 996名。宝山运动员在国际国内大赛上累计获得15金3银2铜。其中乒乓运动员许昕在乒乓球世界杯团体赛和世界乒乓球团体锦标赛中获团体冠军，在国际乒联职业巡回赛德国站和卡塔尔站中获得双打冠军；射箭运动员徐天宇在雅加达亚运会上获得射箭男子团体和混合团体铜牌。乒乓球、游泳、击剑、手球、田径、射箭、举重七个项目在各类全国青少年比赛中共获13金15银9铜。1 001名教练员、运动员组成的宝山代表团参加第16届上海市运动会23个大项150个小项的角逐，共获得59.5枚金牌、34.5枚银牌和42枚铜牌。组织参加市运会展示与活动项目比赛，共获22枚金牌、10枚银牌和10枚铜牌。组织承办乒乓球（全部组别）和击剑（女子组别）赛事，乒乓球竞委会荣获"优秀赛区奖"。推进校园运动联盟与"一校一品"建设，年内新建跆拳道联盟和棒垒球联盟，全区学校运动联盟达到12个。承办第16届上海市运动会宝山区青少年社区运动会、"庆六一"上海市青少年体育俱乐部少儿体育开放日宝山区分会场活动、第30届"新民晚报杯"足球赛等赛事活动。继续深入推进"人人学游泳"活动，落实区内6所游泳馆承训，全年为区内44所小学6 500余名四年级学生普及游泳技能。不断完善体育后备人才培养新格局，5家青少年体育俱乐部获评市级体育俱乐部；深化多元合作办训，牵头二少体、顾村中学、诸韵颖青少年体育俱乐部完成排球项目合作办训，组队参加市运会女子两个组别的比赛，填补排球项目无中学组参加市级比赛空白。

中美高中生友谊赛 （宝山区体育局 供）

宝山区成功引进并承办篮球世界杯亚洲区预选赛、WCBA上海宝山大华女子篮球队主场比赛、ONE冠军格斗赛、黑池舞蹈节等18项重要赛事活动，共6.8万人次参与观赛。

全年新建市民健身步道5条，更新、新建益智健身苑点40个，更新、维修社区公共运动场24片；完成宝山体育中心绿化改造，宝山区少体校训练馆大修项目与宝山体育中心设备设施更新维修项目；编制完成《宝山区公共体育设施专项规划（2017—2035）》。

宝山体育中心全年接待市民575.5万余人次，其中健身市民404万余人次，实现运营收入约2 767.9万余元，同比增长4.25%。全年体育彩票销售额达3.22亿元，增幅35.48%，募集公益金1 700万元。

（段楚雯）

嘉定区体育概况

2018年，嘉定区体育工作融入上海建设全球著名体育城市的总体目标，围绕中共嘉定区委、区政府建设"健康嘉定"的具体要求，完善公共体育设施布局，推进全民健身和青少年体育工作，发展体育产业。

全年承办市级及以上赛事57项，2.7万余人次参与；参加市级及以上赛事245项，4 400余人次参与；承办区级赛事50项，1.7万余人次参与；承办及指导委办局及企事业单位赛事、活动40项，9 400余人次参与；指导街镇开展镇、村级赛事、活动1 030项，13.4万人次参与。区、镇两级体育部门开展体育知识宣传，推进社区体育服务配送。全区举办、承办、参加市级及以上培训26次，319人次参与。举办区级技能培训38次，1 218人次参与。通过三级配送服务网络，指导街镇指导站、社区（企业）服务点开展健身技能推广1 858次，基层村居开展技能推广1 003次，举办知识讲座454次，近13万名市民参与。推进体质测试进企业、进社区工作，全年完成体质测试16 672人。全区40家游泳池持证投入夏季开放，其中室外游泳池4家，室内游泳池36家。40家游泳池开放23 050场次，接纳市民游泳189 260人次。区体育局获2013—2017年度“全国群众体育先进单位”称号。2012—2017年，嘉定区全民健身发展指数连续6年位居全市前列。

2018年，嘉定区开展市、区体育传统项目学校日常管理，推动青训项目“一条龙”布局建设。区内学校设置业余训练项目22个，有市田径二线学校1所、市级体育传统项目学校12所、区级体育传统项目学校63所、区足球布点项目学校31所。有注册运动员1 963人，创历年运动员注册人数新高。根据《嘉定区体教结合促进计划（2017—2020年）》，推动体教从结合向深度融合迈进。与教育局共同主办区学生阳光体育大联赛各项体育比赛，举办射击、田径、冬季长跑等系列赛事。全区有全国青少年校园足球特色学校20所、区足球传统项目学校31所，以上海博击足球俱乐部合作培养和“英伦足球进

上海市民皮划艇挑战赛（毕华英 摄）

校园”项目为重点、部分学校自行外聘专业足球教练员进行推广为补充，推进足球课程进校园。全年接受足球基础知识普及、技能培训的学生逾6 000人，青少年足球在训运动员近2 000人，在上海市足球协会注册运动员507人、足球教练员80余人。

嘉定区在第16届上海市运动会上获金牌82.875枚，团体总分2 962.25分，此届运动会为嘉定区参加市运会历史上参赛人数和项目最多、获金牌数量最多、团体总分最高、受表彰奖项最多的一届，获最快进步奖。嘉定区输送的射击运动员吴嘉宇和队友获得射击世界杯韩国昌原站10米气手枪混合团体冠军，打破世界纪录，创造嘉定区首个竞技体育世界纪录；在雅加达亚运会上获得射击10米气手枪混合团体金牌。

嘉定区扩大“体育+”效应，以品牌赛事助推“体旅”融合发展。对照《上海市体育产业集聚区布局规划（2017—2020）》，联合安亭镇、上海国际赛车场管理有限公司，建立集聚区协调工作机制，制定集设施、赛事、休闲、娱乐、旅游于一体的体育产业集聚区（面积2.8平方公里）项目规划。连续第四年在上海国际赛车场举办“蒸蒸日上”迎新跑，近万名选手参赛。举办第二届汽车行业精英跑活动，赛制为“8人接力赛+2人定向赛”，相关企业33支队伍参赛。HEROS自行车嘉年华活动连续第四年在上海国际赛车场举办，活动时长由1天增至2天，除往

年常设项目外，新增儿童滑步车比赛、动感单车等趣味项目，27 个国家和地区的近 2 000 名选手参加自行车系列赛，300 余名小选手参加儿童滑步车大奖赛，4 000 余名自行车爱好者报名参加全民大骑游，近 3 万人次参与相关活动。

在大型体育设施建设方面，嘉定区建成环城河步道，全长 6 500 米，增加体育场地面积 1.17 万平方米，建成博园路自行车道，增加体育场地面积 7.5 万平方米。截至 2018 年年底，全区新增体育场地面积 24.62 万平方米，建成体育场地面积 180.16 万平方米（不包括上海国际赛车场、高尔夫球场），常住人口人均体育场地面积 1.1 平方米。区内公共体育设施投保 900 余个，街镇公共体育设施投保率 100%，开放率 100%，完好率达 98% 以上。

全区有体育彩票销售网点 98 个，其中传统网点 74 个，竞彩网点 24 个。至年底，体育彩票电脑型销量 19 795.56 万元，即开型彩票销量 1 102.63 万元，总销售额 20 898.19 万元。

全年通过“上海嘉定”门户网站发布体育相关信息 1 721 条，“上海体育”网站发布 712 条，“上海体育”热线和微博发布 1 423 条，“嘉定体育”微信发布 800 条。《中国体育报》《解放日报》等主流媒体报道嘉定体育 100 余篇。

（殷晔）

浦东新区体育概况

2018 年，浦东新区共建设多功能球场 4 个、市民 5 人制足球场 2 个、百姓健身步道 7 条、15 分钟生活圈健身步道 8 条、15 分钟生活圈益智健身点 23 个、百姓益智健身点 26 个、健身房 2 个、改建市民球场 6 个。组织开展体育场地普查，人均体育场地面积 1.9989 平方米。指导完成全年 8 257 人次的国民体质测试工作，优良率为 44.8%，合格率 90.7%。举办三大系列赛共计 56 场次，吸引 24 386 人次市民参赛。重点对发放高危经营许可证的 176 家游泳场所进行检查，确保浦东新区游泳场所的全年无事故安全开放。圆满完成市人大执法检查组对浦东新区贯彻落实《上海市市民体育健身条例》开展执法检查。

新区参加第 16 届上海市运动会，以创新区参赛纪录的 321.25 枚金牌获得团体奖牌奖的第一名（赛会期间获得 197.5 枚金牌）、7 749.875 分获得团体总分奖第一名、128.5 枚金牌获得重点项目团体奖牌奖第一名、3 611 分获得重点项目团体总分奖第一名和奥运会、全运会、青运会突出贡献奖第一名，创历史地实现了五个最重要团体奖项的“大满贯”。新区代表团被竞赛组委会授予“体育道德风尚奖”，并荣获“优秀赛区奖”（游泳项目）和“优秀组队奖”。严格审核三线运动员申报，各体教结合带训单位共计上报 1 400 名运动员，经审核有 797 名运动会达到体教结合学校三线运动员标准。完成 2018 年高考体育特长生 24 人、中考体育特长生 10 人的资料收集、现场审核和上报工作。

全年承办、协办射箭世界杯赛（上海站）、浦东唐城世界 9 球中国公开赛、“上海杯”诺卡拉帆船赛、UIM 世界 XCAT 摩托艇锦标赛中国系列赛上海站和环法职业绕圈赛（上海站）等国

上海环球马术冠军赛　〔浦东（教育）体育局 供〕

际级赛事，配合做好上海环球马术冠军赛、上海国际半程马拉松赛、2018—2019 赛季 KHL 大陆冰球联赛和 2018—2019 赛季 CBA 联赛常规赛上海男篮主场比赛属地保障工作。开展品牌体育赛事建设、体育社会组织状况、公共体育场馆管理状况三项“大调研”专项课题，为新区体育发展出谋划策。探索建立浦东新区体育产业发展联席会议制度，组建浦东新区体育产业工作团队。拟定《浦东新区人民政府关于加快体育产业创新发展的实施意见》《浦东新区体育产业集聚区建设和管理办法（试行）》等一系列新区体育产业配套政策。推动设立浦东新区体育产业发展专项基金，聚焦新兴业态、激发体育产业发展活力点。积极推进浦东前滩体育总部集聚区、临港体育休闲旅游集聚区、国际旅游度假区体育产业集聚区建设。全年体彩销售额为 85 843.53 万元，同比增长 45.10%。

（孙英杰）

金山区体育概况

2018 年，金山区共举办各项赛事活动 1 837 次，参与人次 40 万。其中，先后举办“光明地产杯”沪浙乡村半程马拉松赛、城市沙滩铁人三项赛、金山城市最强 CP 沙滩体能挑战赛、第七届上海市农耕健身运动会暨莲湘邀请赛、“金山杯”国际风筝邀请赛暨全国运动风筝锦标赛等重大群众性体育赛事活动。认真筹办全民健身大会，大会贯穿全年，共设竞赛、活动、品牌特色 3 大系列 30 个大项，覆盖中老年、青少年、竞技赛事和全民健身等各人群。2018 年度新增健身团队 51 个，全区健身团队达到 1 550 个。全区拥有社会体育指导员 1 851 人，占常住人口比例为 2.31‰。创建社会体育指导员示范站点 11 个。开展国民体质免费测试工作，于 5 月 19 日发布 2017 年度金山区市民体质监测情况。体卫结合糖尿病运动干预实现街镇全覆盖，全年参与人数达到 2 万人次。朱泾游泳池夏季开放共接待游客 18 803 人次，举办七期培训班、培训总人数 1 108 人。社体中心所属场馆全部对外开放，平均每天接待300人次左右，总人次在10万以上。

金山区 41 支队伍参加第 16 届上海市运动会，涉及 25 个项目，1 089 人参赛，获得 61.75 金 11.125 银 12.5 铜。金山区代表团获得体育道德风尚奖、最快进步奖、优秀赛区奖和优秀组队三等奖。15 人获得“未来之星奖”。全区注册运动员达 1 192 人，在市级以上各类体育赛事中获得前三名的奖项共 328 个，其中国际比赛中获 3 个冠军；国家级比赛获 11 个冠军。输送后备人才 23 名，其中向一线输送 7 名、向二线输送 16 名，屠李婷等 3 名学生入选 2022 年冬季滑雪国家集训队。

举办 2018 中国上海“金山杯”国际青少年足球邀请赛。8 月 24 日—30 日，由中国足球协会指导、金山区政府主办的 2018 中国上海“金山杯”国际青少年足球邀请赛在金山体育中心举性。共有6个国家8支队伍（中国红队、中国黄队、西澳联队、比利时标准列、法国欧塞尔、印度国少、布拉格斯拉维亚、日本广岛三箭）参加 U15 男子组的比赛，U11 女子组有 3 支国内球队（梅

中国上海“金山杯”国际青少年足球邀请赛

（金山区体育局 供）

州辉骏队、四川成都队、金山精英队）和日本湘南海洋队参赛，上海金山精英队在U11女子组的比赛中获第一名。

全年体育中心承办中甲联赛（上海申鑫主场）、足协杯赛、全国青少年足球超级联赛、上海申鑫梯队U19、U17、U14的联赛（华东赛区）、全国青少年男子足球超级联赛U17赛等重大赛事、活动，共接待约24万人次的观众前来观赛。

金山区与嘉兴市开展体育交流合作，联合举办金山·嘉兴市民迎新健身跑活动、“光明地产杯”沪浙乡村半程马拉松赛、百节骑游活动2次，开展赛事活动观摩交流9次、公共体育设施建设与场馆运行管理考察交流2次、体育社会组织发展调研2次。

全年更新健身器材，涉及健身苑点11处，更新器材88件。新建健身步道3条、健身点28个，新建、改建市民球场7处。新增体育场地面积7 600平方米。人均体育场地面积3.06平方米（按照2017年80.14万人口计算）。开展公共体育设施巡查6 463次，维修196处，设施完好率达到98%及以上。

全区体彩销量预计突破亿元大关，同比增幅33.3%以上；全年新增网点6家，全区网点总数达66家，对全市体彩销售点进行全面整改和规范化管理，撤销门店4家（1家竞彩店，3家传统店），网点规范服务水平大大提升。

（张佳慧）

松江区体育概况

2018年，松江区体育工作围绕“一个目标、三大举措”的战略布局，以“贯彻全民健身、促进全民健康发展”为主线，以推进公共体育服务体系建设为基础，以备战参战第16届上海市运动会为重点，以体育产业转型发展为依托，补短板、抓落实、破难题，努力推动群众体育、竞技体育和体育产业全面协调发展。

第12届上海佘山元旦登高　（松江区体育局 供）

2018年，松江区承办、协办国际大赛1次，全国性赛事3次，市级比赛、活动4次；举办区级赛事活动55次，3.5万人次市民参与各类体育赛事活动。年内顺利举办世界高尔夫球锦标赛—汇丰冠军赛、CTCC房车锦标赛、全国击剑冠军赛总决赛、市运会击剑（男子）比赛、市运会射箭比赛、市运会青少年社区运动会（松江赛区）、上海坐标·城市定向赛等重大赛事；举办佘山元旦登高、端午龙舟赛、百城千村健身气功交流赛等一系列品牌赛事；佘山国家旅游度假区被评为市五星级体育旅游休闲基地。

全年举办三级社会体育指导员培训20期，二级社会体育指导员培训1期，培训人数达到1 050人；全区共有社会体育指导员4 054人（国家级28人、一级136人），健身团队达2 000支，健身气功站点43个。区运动员在训注册人数为1 553人，新增等级运动员80人（一级运动员19人，二级运动员61人）。新成立1个体育社团、7个民非单位，注销体育社会组织3个。全区共有体育社会组织58个，其中体育社团14个、民办非企业单位44个。新审批游泳场所6个，换证审批18个，全区共有持证游泳场所52个。

2018年，区运动健儿在全国大赛中获得20金10银12铜，在市级大赛中获得214金187银

179 铜的好成绩。其中，在第 16 届上海市运动会上，区代表团 790 名运动员参加 28 个大项、31 个分项的比赛，共获得 69 块金牌、51 块银牌、41.625 块铜牌，比赛奖牌数位列全市第十，总成绩位列全市第十二。田径、射击 2 个项目 6 人 3 次超上海市青少年纪录，游泳 1 人 1 次超上海市青少年年龄组纪录，射击 3 人 3 次创上海市青少年纪录，游泳、举重 2 个项目 2 人 4 次创上海市青少年年龄组纪录。

全年共建成市民游泳池 1 个、市民健身房 13 个、市民球场 30 个、市民健身步道 47 条，新建、更新益智健身点 150 个。截至 2018 年年底，全区拥有益智健身苑点 947 个、市民球场 30 个、市民健身步道 47 条、市民健身房 13 个、市民游泳池 1 个。松江体育场地下停车库及体育场东看台翻建工程全部完工并通过验收，于 12 月向市民开放；松江体育馆翻建工程有序推进，预计于 2019 年竣工验收。

2018 年，松江区新增体彩网点 19 家，全区共有体育彩票销售网点 105 家，全年体彩销售额达到 4.4 亿元，增幅 66.01%。

（张恩耀）

青浦区体育概况

2018 年，青浦区体育工作以改革创新为主线，以对标先进为目标，不断提高服务民生的能力和创新发展的水平，较好完成全年既定目标任务。

群众体育蓬勃开展。成功举办青浦区第五届运动会，全区 57 个代表团 1.5 万余人次参加，奖项数之多、参赛面之广均创历史之最。举办 8 项全国以上赛事活动、12 项市级赛事活动、62 项区级赛事活动。全区组织开展各级各类群众体育赛事活动达 387 项次，9.85 万余人次参与。全年开展体质监测服务 342 次，举办科学健身知识讲座 20 次、健身沙龙 36 次，提供健身指导、名医义诊及健康咨询等服务 221 项次，惠及群众约 1.3 万人次，开展糖尿病慢病干预 62 次、服务 9 920 人次。加大社会体育指导员培训力度，充实体育志愿者团队，充分发挥指导员的作用，开展健身指导培训“进社区、进企业、进机关”活动，惠及群众 5 万人次；开展持杖健走、粉红健身操、花样跳绳、练功十八法等项目培训 43 项次，惠及群众 3 300 余人次。加大游泳场所执法检查力度，实现全年安全开放零事故，被评为年度“优秀组织管理单位”。全区各类体育场馆接待健身群众 246.34 万人次，其中区直属场馆累计接待 128 万余人次。

全国帆船锦标赛诺卡拉 17 级别比赛 （青浦区体育局 供）

青少年体育创新发展。不断优化项目布局，全区有业余训练项目 24 个，“一条龙”布训项目 5 个，在训运动员 7 200 余人，青少年注册运动员 1 951 人。2018 年有 700 余名运动员参加各级各类比赛，获得 47 金 56 银 64 铜。全区有 634 名青少年运动员参加第 16 届上海市运动会，共获得 26 金 22.5 银 34 铜，总分 1 745.50 分。以体育传统项目学校为抓手，实施“运动项目进课程”活动，继续推进赛艇、帆板、击剑等 6 个项目进入 13 所学校授课，培训近 3 500 名学生。5 名学生获得初升高体育特长生资格。完成足球等12个项目的青少年体育项目公益培训，26所中小学校的近3 000名学生参与。区内41家游泳池夏季开展中小学生游泳培训班583班次，培训学员2 299人，开展“人人学会游泳”达标比赛6次，近400人参赛。通过举办全国青少年乒乓球精英邀请赛、市青少年跆拳道锦标赛等25项赛事，引领青少年学生参与体育健身，树立“终身体育”理念。

公共体育设施日益完善。积极推进政府实事工程项目，新建健身步道6条、市民球场8片、益智类健身苑点50个；协调推进区体育文化中心项目建设，预计于2019年全面竣工并投入使用；主动融入环城水系公园项目，推进球场、健身苑点和健身步道建设。

体育产业初显成效。开展现代服务业体育专项扶持工作，7家单位获得专项资金扶持，提高社会资本投资兴办体育的积极性。牵头建立环淀山湖体育联盟，与昆山市、吴江区、嘉兴市、嘉善县体育部门签订合作框架协议，不断促进长三角地区体育交流。体育彩票销售首次突破3亿大关，以32 812万元的销售额位列全市第四名，全年目标完成率176.6%，同比增长69.3%，增幅列全市第二名。

（蔡丽萍）

奉贤区体育概况

2018年，奉贤区体育工作全面贯彻全民健身国家战略以及“奥运争光”计划，在“健康中国”指引下，坚持“体育惠民”，着力推动全民健身、竞技体育、体育产业协调发展，助推“奉贤美、奉贤强”战略目标的实现，助力上海建设“全球著名体育城市”。

全年举办赛事活动600余场次，50万余人次参与，其中承办中国业余网球公开赛、第一届上海市跆拳道国际邀请赛、第十届国际友人风筝会、第九届全国百城千村健身气功系列展示活动奉贤区大会等国家级以上赛事活动8项，上海海湾半程马拉松赛550乡村马拉松、第三届上海市新型职业农民运动会、上海市青少年马术锦标赛等市级以上赛事30余项。国际A类赛事世界摩托车越野锦标赛成功落户奉贤。打造奉贤区“千人”系列赛事活动，近5 000人次参与。巩固发展20个“一镇二品”特色健身项目，实现“一镇二品”四进（进社区、进机关、进企业、进学校），开展培训共计57场，参与人数超2 000人。举办“名医进奉贤”奉贤区全民健身科学指导大讲堂专场讲座14场，3 000人参与。开展社会体育指导员培训8场，培训三级438人、国家级2人。国民体质监测服务实现全覆盖，全年完成不同年龄段的市民体质监测近1万名，高血压运动干预项目800人。截至2018年年底，全区共有100个健身团队被评为“奉贤区优秀星级健身团队”，设立健身气功站点100个，体育指导员3 146人。全区夏季游泳场所开放7 848场，接待泳客约24万人次，培训4 769次，学游泳约4 241人次，举办游泳比赛2场，区体育局荣获“2018年上海市游泳场所夏季开放服务优秀组织管理单位”等荣誉称号。

2018年，区青少年运动员1万余人次参加各类比赛，参加全国比赛获11金，参加市级以

全民健身项目千人展示活动瑜伽专场 （奉贤区体育局 供）

上比赛获 88.5 金 89.5 银 86 铜。全区共培养青少年一级运动员 12 名、二级运动员 46 名，完成二线输送 9 人，一线输送 3 人。年内组织 12 批次 200 多人次教练员、裁判员和相关管理人员参加区以上各类培训。完成田径、射击等 20 个项目 1 412 名青少年运动员注册，其中新增 453 人、确认 956 人、变更 3 人。年内新增青少年体育俱乐部 2 家。在上海市青少年体育俱乐部夏令营评选中，超越体育俱乐部、勇者青少年体育俱乐部获一等奖，春兵体育俱乐部、篮精灵青少年体育俱乐部获二等奖，骑浪青少年体育俱乐部、奉博体育俱乐部获三等奖。区体育局和区教育局研究制定《奉贤区体教结合促进计划（2017—2020 年）》。截至 2018 年年底，全区共有体教结合学校 22 家，参训学生运动员近 2 000 人，重点办训单位 3 家，“一镇一队”青少年运动队 9 个，二线办训项目 5 个。推进普通高中学校市、区两级体育传统项目（二线运动队）的合理布局和品牌建设，坚持公平、公正、公开的“阳光招生”政策进行专项测试，2018 年度共预录取田径、网球等项目共 38 名学生，其中市二线、市传统名额 7 名。

在第 16 届上海市运动会上，奉贤区代表团参加 21 个大项中的 298 个小项及 7 个展示项目、9 个活动项目，青少年参与总数达 2 万余人次。比赛项目共获 26.5 金 27 银 24 铜，输送及全国比赛带牌 24.375 金 2.125 银 1.25 铜，代表团合计得牌 50.875 金 29.125 银 25.25 铜，奖牌总数 105.25 枚，总分合计 1 827.75 分，展示项目获 5 金 3 银 5 铜。区代表团获得“体育道德风尚奖”“优秀组队奖”三等奖；1 人被评为“优秀体校校长”，1 人被评为“十佳教练员”，1 人被评为“优秀教练员”，7 名运动员被评为“未来之星”，1 人超市青少年纪录；承办青少年组网球比赛，并被评为“优秀赛区”；3 家学校被评为“学校体育先进单位”。

在第 52 届世界射击锦标赛上，4 名奉贤籍运动员姜冉馨、宋郑怡、张婷、李成代表国家队参赛，与国家队队友合作获 3 金 2 银，打破两项世界青年射击纪录。其中，姜冉馨与队友合作，以 1 739 环获得女子 10 米气手枪团体冠军，打破该项目的世界纪录，成为奉贤本土培养的第二位世界锦标赛冠军。宋郑怡与队友合作获女子飞碟双向青年组比赛团体冠军以及个人亚军。

2018 年，奉贤区新建市民健身步道 8 条、升级改造市民益智健身苑点 36 个，新建市民球场 1 片，改建市民球场 3 片，更新农民体育健身工程 77 个。截至 2018 年年底，全区共建成区级体育中心 1 个、健身苑点 592 个、社区公共运动场 23 处、农民体育健身工程 194 处、健身房 19 个，健身步道 71 条，百姓游泳池 3 个、市民球场 5 片、市民棋苑 19 个、区级体质监测中心 1 个和镇级市民体质监测中心 12 个，体育场地面积达 266.23 万平方米，人均体育场地面积 2.3 平方米。编制完成《奉贤区公共体育设施布局专项规划 2018—2035》，进一步规范和指导全区公共体育设施建设。

2018 年，全区有体彩销售网点 98 家，体育彩票销售额 21 161.24 万元，同比增幅 83.13%，其中电脑型体育彩票销售 20 236.85 万元，同比增幅 89%；即开型彩票销售 924.39 万元，同比增幅 8.18%。体育彩票销量增幅率全市排名第一。

（唐俊）

崇明区体育概况

2018 年，崇明区体育工作以建设体育强区为主线，坚持以人民为中心，以更高质量和效益推进崇明体育的改革创新与发展，全民健身与竞技体育进步显著，体育产业加快发展。

“烈士杯”篮球赛　（崇明区体育局 供）

优化市民健身环境，提高群众体质健康水平。推进公共体育设施建设管理，新建市民健身步道20条、益智健身点30个，更新健身苑点70个，改建市民多功能球场10片，完成青少年游泳馆修缮和大池改温工程，开工建设堡镇全民健身中心。全年承办6项市级以上群体赛事活动，组队参加上海城市业余联赛47场次，举办区级群体赛事活动19项次，支持乡镇委局村居举办赛事活动700多场次。完成1万名人员体质监测，对339名弱体质开展体育运动干预，市、区两级体育配送服务覆盖所有乡镇。

打好第16届上海市运动会，培养输送优秀后备人才。组建崇明区代表团参加运动会，共有292名运动员参加田径、自行车、水上等18个大项比赛，同时承办公路自行车赛和马术两个大项比赛。崇明代表团取得53金、36.75银、33.5铜，总计1 703.5分的优异成绩，参赛项目数、参赛人数、比赛奖牌、比赛总分和获奖项目五项指标全部超越上届，取得运动成绩和精神文明双丰收。

办好重大体育赛事，提高赛事品质和影响力。举办环崇明岛国际自盟女子公路世界巡回赛，组织水平和综合效应得到新的提升。IRONMAN 70.3上海崇明站吸引来自56个国家和地区的1 290名选手参赛，其中外籍选手578人。举办第二届崇明休闲体育大会，完成路跑、水上、自行车和田野四大系列活动，并撬动农旅市场发展。

协调汇集各方力量，足球区创建进入新阶段。全面总结2015—2017年度创建工作，研究制定2018—2020年度第二阶段创建计划。编制《崇明区社会足球场地建设方案》，完成崇明足球协会改选工作，组建上港球迷协会，举办“瀛洲杯”社会足球联赛等社会足球赛事。完善校园足球区教材，加强足球教练员队伍建设，足球全面进入学校体育课程，举办区级校园足球联赛和足球精英训练营活动，新增全国校园足球特色学校4所，崇明中学、城桥中学、正大中学3支球队在2018年上海市校园足球联盟总决赛中进入前6名，输送优秀足球苗子3名。

积极发展体育产业，推进体育小镇规划建设。加强组织领导和政策制定，成立体育小镇推进工作领导小组，形成崇明体育产业发展联席会议制度，制定《崇明区人民政府关于加快本区体育产业创新发展的实施意见》。加强交流合作，与中体产业、中奥体育、万达体育、华润置业、永达传媒等企业进行多轮洽谈并形成合作意向。完成2个体育小镇的概念性规划编制和优化调整工作，并通过举办体育小镇专题论坛等积极向外推介。体育产业总规模达到58.2亿元，同比增长213.3%，增幅全市第一。

（闻琰）

组织机构

2018年上海市体育局管理机构及人员名录

（截至2018年12月）

党委书记：徐　彬
局　　长：徐　彬
党委副书记：陆　檩
副局长：赵光圣　许　琦　罗文桦
　　杨培刚
办公室（党委办公室）主任：严勇宁
办公室（党委办公室）副主任：余卫东
规划产业处（法规处）副处长：
　　余诗平（主持工作）
　　俞　剑
人事处（外事处）处长：胡　红
　　副处长：蒋　蓁
群众体育处处长：桂劲松
　　副处长：陈　慧
竞技体育处处长：王励勤
　　副处长：周　猛
竞赛处副处长：郑浩彬（主持工作）
科教处（青少年体育处）处长：张　漪
　　副处长：张志明
　　杨　薇
计划财务处处长：周卫星
机关党委副书记：潘小军　王曙芳
党委巡察组组长：袁辽新

〔市体育局办公室（党办）供〕

2018 年上海市体育局系统党员概况

（截至 2018 年 12 月 31 日）

单位：人

<table>
<tr><th>序号</th><th colspan="2">科　目</th><th>合　计</th></tr>
<tr><td>1</td><td colspan="2">党员人数</td><td>1 640</td></tr>
<tr><td>2</td><td colspan="2">正式党员</td><td>1 601</td></tr>
<tr><td>3</td><td colspan="2">预备党员</td><td>39</td></tr>
<tr><td rowspan="2">4</td><td rowspan="2">性　别</td><td>男</td><td>1 024</td></tr>
<tr><td>女</td><td>616</td></tr>
<tr><td rowspan="2">5</td><td rowspan="2">民　族</td><td>汉　族</td><td>24</td></tr>
<tr><td>少数民族</td><td>1 616</td></tr>
<tr><td rowspan="10">6</td><td rowspan="10">年　龄</td><td>30 岁及以下</td><td>157</td></tr>
<tr><td>31 ~ 35 岁</td><td>195</td></tr>
<tr><td>36 ~ 40 岁</td><td>177</td></tr>
<tr><td>41 ~ 45 岁</td><td>143</td></tr>
<tr><td>46 ~ 50 岁</td><td>114</td></tr>
<tr><td>51 ~ 55 岁</td><td>99</td></tr>
<tr><td>56 ~ 60 岁</td><td>150</td></tr>
<tr><td>61 ~ 65 岁</td><td>181</td></tr>
<tr><td>66 ~ 70 岁</td><td>125</td></tr>
<tr><td>71 岁及以上</td><td>299</td></tr>
<tr><td rowspan="2">7</td><td rowspan="2">公有经济单位</td><td>工勤技能人员</td><td>29</td></tr>
<tr><td>党政机关工作人员，企、事业单位管理人员及专业技术人员</td><td>981</td></tr>
<tr><td>8</td><td colspan="2">离、退休党员</td><td>611</td></tr>
</table>

（李易飞）

2018 年上海市体育局直属单位（训练中心）领导干部名单一览表

（截至 2018 年 12 月 31 日）

序号	直属单位	党组织领导	行政领导	单位地址
1	上海体育职业学院	党委书记：王海威 副书记：魏　燕 曹培中	副院长：曹培中　海　线　邱培康　王励勤 史闽越　钱风雷	百色路 1333 号 邮编：200237
2	上海市体育运动学校	党委书记：张星林 副书记：盛茂武 纪委书记：王勇健	校　长：盛茂武 副校长：王勇健　鲁　英　彭志远	水电路 176 号 邮编：200083
3	上海市第二体育运动学校	总支书记：丁浩俊 副书记：刘建萍	校　长：李国雄 副校长：刘建萍　高晓东　金宇峰	莘东路 589 号 邮编：201199
4	上海武术院（上海市健身气功管理中心）	总支书记：王立琴	院长（主任）：严　辉 副院长（副主任）：刘广齐　田　华	百色路 1333 号 邮编：200237
5	上海马术运动管理中心	支部书记：薛锦范 副书记：孙建东	主　任：程克强 副主任：薛锦范　张　滨	金山新农镇金张公路 6852 号 邮编：201503
6	上海体育科学研究所	总支书记：邵国民	所　长：郭红生 副所长：孙孟炜　张　蓓	吴兴路 87 号 邮编：200030
7	上海市体育训练基地管理中心	总支书记：陆　晴	主　任：匡佐圣 副主任：秦　松　陈　皓	青浦区盈朱路 289 号 邮编：201713
8	上海棋院（市棋牌运动管理中心）	支部书记：刘昌乐	院　长（主任）：单霞丽 副院长：欧阳琦琳　刘世振	南京西路 595 号 邮编：200041
9	上海市军事体育俱乐部		主　任：黄　勇 副主任：赵景强	新同心路 318 号 邮编：200083
10	上海市划船俱乐部		主　任：杨家华（兼田林副主任） 副主任：夏　云（挂职上海浦东网球队领队）	龙吴路 1594 号 邮编：200231
11	上海市航空运动学校		校　长：黄　勇（兼）	
12	上海市体育宣传教育中心	支部书记：姚　婴 副书记：闫　中	主　任：姚　婴 副主任：闫　中　殷方玉　马恺明	浦东新区泳耀路 300 号 邮编：200126
13	上海市青少年训练管理中心	支部书记：顾　伟	主　任：吉　宏 副主任：顾　伟　周文佳 周战伟（挂职市体育局青少处）	浦东新区泳耀路 300 号 邮编：200126
14	上海市体育宫		副主任：曹　峥　张金涛（主持工作）	大渡河路 1860 号 邮编：200333
15	上海市体育俱乐部	支部书记：梁立刚 副书记：毕晓宏	主　任：梁立刚 副主任：毕晓宏　卞祖耀	南京西路 150 号 邮编：200003
16	上海市江湾体育场	支部书记：沈　存	场　长：沈　存（兼） 副场长：赵晓珺　林中超　杨晓东	国和路 346 号 邮编：200433

（续表）

序号	直属单位	党组织领导	行政领导	单位地址
17	上海市体育场馆设施管理中心	总支书记：虞　伟	副主任：王庆林（主持工作） 副主任：黄社丽（仙霞党支部书记） 杨家华（田林副主任） 李海娜（康东副馆长）	钦州路 728 号 邮编：200233
18	上海市中原体育场	支部书记：沈　存	场　长：沈　存 副场长：盛　佳	开鲁路 518 号 邮编：200438
19	上海体总秘书处（上海市体育竞赛管理中心）	支部书记：张建林	主　任：杨国浩 副主任：张建林 吉　乔（竞赛管理中心副主任） 周炳华	南京西路 150 号 邮编：200003
20	上海市社会体育（健身气功）管理中心	支部书记：蒋丞稷	主　任：龚以庆 副主任：姚方林（社体副主任） 黄海松（气功副主任）	南京西路 591 弄 3 号 邮编：200041
21	上海市体育彩票管理中心	支部书记：周志勇	主　任：陈　强 副主任：陈恭伟　徐志刚	长乐路 1240 号 邮编：200040
22	上海市体育对外交流中心	支部书记：严　静	主　任：郭佳露（挂职市体育局外事处）	中山南二路 1800 号 邮编：200030

〔市体育局办公室（党办）供〕

2018 年上海市各区体育机构领导干部名单一览表

（截至 2018 年 12 月 31 日）

区	行政领导	地　址
黄浦区	局　长：王海银 副局长：李　辛　陈　平　潘敏虹	建国西路 135 号 6 楼 邮编：200020
闵行区	局　长：盛振华 副局长：王　涛　初　凯	莘东路 540 号 邮编：201100
宝山区	局　长：孙　兰 副局长：徐　冰　陆体金	永清路 700 号 邮编：200940
普陀区	局　长：顾薇玲 副局长：高宝仓　刘亦武 调研员：高宝仓　杨建新	大渡河路 1668 号 2 号楼 邮编：200333
静安区	局　长：俞　彪 副局长：黄京滨　刘琪钦　陆前安	昌平路 728 号 邮编：200040
徐汇区	局　长：肖　萍 副局长：欧春云　王继威	漕溪北路 336 号 1 号楼 5 楼 邮编：200030

（续表）

区	行政领导	地　址
虹口区	局　长：周　静 副局长：郑筱华	东体育会路 444 号 邮编：200081
杨浦区	局　长：吕晓钧 副局长：胡　星　曹　月	宁国路 121 号 8 楼 邮编：200090
长宁区	局　长：王仁伟 副局长：张晓磊　叶立生	长宁路 599 号 12 楼 邮编：200050
嘉定区	局　长：汤　艳 副局长：徐　葵　宣明华	嘉定新成路 118 号 邮编：201822
浦东新区	局　长：诸惠华 副局长：张　伟	浦东大道 141 号 5 号楼 邮编：200120
金山区	局　长：吴　斌 副局长：蒋军飞　李霁野　李松皓	蒙山北路 280 号金文大厦 5 楼 邮编：200540
松江区	局　长：孔林德 副局长：秦梓辛　江时忠　黄岩磊	新松江路 1800 弄 3 号楼 邮编：201620
奉贤区	局　长：姜洪娟 副局长：高　平　诸春梅	古华南路 100 号 邮编：201499
青浦区	局　长：张瑞云 副局长：黄春明　杜　敏	青浦镇体育场路 378 号 邮编：201700
崇明区	局　长：龚耀飞 副局长：沈　东　施建华	崇明大道 8188 号 2 号楼 邮编：202150

（各区体育局 供）

2018 年上海市体育系统分单位类型、

单位类型 / 总计	合　计	公务员	管理人员	专业技术人员					
				合　计	体育教练员	科学研究人员	卫生技术人员	会计专业人员	工程技术人员
总　计	4 973	232	1 327	1 815	1 290	78	74	115	28
体育行政机关	232	232	0	0	0	0	0	0	0
运动项目管理部门（优秀运动队）	538	0	81	132	94	4	7	8	0
本科院校	0	0	0	0	0	0	0	0	0
职业、运动技术学院	1 249	0	108	314	184	0	51	13	5
体育运动学校	293	0	72	176	76	1	9	5	5
竞技体校	0	0	0	0	0	0	0	0	0
少儿体育运动学校（业余体校）	1 095	0	195	836	794	8	1	20	0
单项运动学校	0	0	0	0	0	0	0	0	0
体育中学	0	0	0	0	0	0	0	0	0
训练基地	77	0	35	32	23	0	1	5	2
体育场馆	942	0	475	173	85	0	5	42	5
体育科研机构	84	0	14	68	0	62	0	2	2
其他事业单位	451	0	335	84	34	3	0	20	9
其他	12	0	12	0	0	0	0	0	0

分人员类别从业人员情况汇总表

单位：人

				优秀运动队运动员							
高等学校教师	中等专业学校教师	中小学教师	其　他	合　计	集　训	试　训	正　式	职业转换过渡期	其　他	工勤人员	其　他
35	102	0	93	1 075	64	24	852	135	0	509	15
0	0	0	0	0	0	0	0	0	0	0	0
0	0	0	19	270	0	0	261	9	0	46	9
0	0	0	0	0	0	0	0	0	0	0	0
35	26	0	0	783	64	24	569	126	0	44	0
0	76	0	4	11	0	0	11	0	0	34	0
0	0	0	0	0	0	0	0	0	0	0	0
0	0	0	13	1	0	0	1	0	0	63	0
0	0	0	0	0	0	0	0	0	0	0	0
0	0	0	0	0	0	0	0	0	0	0	0
0	0	0	1	0	0	0	0	0	0	10	0
0	0	0	36	10	0	0	10	0	0	278	6
0	0	0	2	0	0	0	0	0	0	2	0
0	0	0	18	0	0	0	0	0	0	32	0
0	0	0	0	0	0	0	0	0	0	0	0

（邹延）

2019

运动成绩

2019 上海体育年鉴
SHANGHAI SPORT YEARBOOK

2018 年上海运动员破（超）世界纪录一览表

序号	姓　名	项　目	成　绩	名次	比赛名称	比赛时间	比赛地点
1	吴嘉宇	射击 10 米气手枪混合团体	772、487.7 环	1	2018 年射联世界杯韩国站	4.20—30	韩国昌源

2018 年上海运动员获世界冠军（奥、全运项目）一览表

序号	项　目	姓　名	赛　名	比赛日期	地　点	成　绩
1	乒乓球男子双打	许　昕	乒乓球团体世界杯	2.26	英国伦敦	第 1 名
2	乒乓球男子团体	许　昕	乒乓球世界团体锦标赛	5.6	瑞典哈尔姆斯塔德	第 1 名
3	跳水女子双人 10 米跳台	掌敏洁	第 21 届国际泳联跳水世界杯	6.8	中国武汉	366.12 分
4	武术女子 60 公斤级	蔡颖颖	第九届武术散打世界杯	10.28	中国杭州	第 1 名
5	蹦床男子网上个人	高　磊	第 33 届世界蹦床锦标赛	11.10	俄罗斯圣彼得堡	62.255 分

2018 年上海运动员获世界最高级别比赛第二至八名一览表

姓　名	比赛名称	大　项	小　项	成　绩	名次	时　间	地　点
章　瑾	第 48 届体操世界锦标赛	体操	团体	162.396 分	3	10.25—11.3	卡塔尔多哈
章　瑾	第 48 届体操世界锦标赛	体操	平衡木	11.500 分	8	10.25—11.3	卡塔尔多哈
张　灵	2018 年世界赛艇锦标赛	赛艇	女子四人双桨		4	9.9—16	保加利亚普洛夫迪夫
黄开凤	2018 年世界赛艇锦标赛	赛艇	女子八人艇		8	9.9—16	保加利亚普洛夫迪夫

（续表）

姓 名	比赛名称	大 项	小 项	成 绩	名次	时 间	地 点
张 灵	2018 年赛艇世界杯总排名	赛艇	女子四人双桨世界杯总排名		3	7.13—15	瑞士卢塞恩
黄开凤	2018 年赛艇世界杯总排名	赛艇	女子八人单桨有舵手总排名		4	7.13—15	瑞士卢塞恩
朱定煌	2018 年世界跆拳道团体世界杯锦标赛	跆拳道	团体		3	7.27—29	中国无锡
王子杰	2018 年击剑世界杯	击剑	团体		8		
吴嘉宇	第 52 届射击世界锦标赛	射击	男子 50 米手枪慢射 60 发	560 环	4	8.31—9.15	韩国昌源
姜冉馨	第 52 届射击世界锦标赛	射击	女子 10 米气手枪 60 发	583、178.7 环	5	8.31—9.15	韩国昌源
王晓雨	第 52 届射击世界锦标赛	射击	女子 25 米手枪 60 发（青年组）	578、37 环	1	8.31—9.15	韩国昌源
张 婷	第 52 届射击世界锦标赛	射击	女子飞碟多向 125 靶（青年组）	115 中	7	8.31—9.15	韩国昌源
宋郑怡	第 52 届射击世界锦标赛	射击	女子飞碟双向 125 靶（青年组）	116、51 中	2	8.31—9.15	韩国昌源
王猛毅	第 52 届射击世界锦标赛	射击	10 米气手枪混合团体	772、480.2 环	2	8.31—9.15	韩国昌源
罗 帅	2018 年世界现代五项锦标赛	现代五项	男子团体接力		5	9.8	墨西哥
李澍寰	2018 年世界现代五项锦标赛	现代五项	男女混合团体接力		6	9.9	墨西哥
罗 帅 李澍寰	2018 年世界现代五项锦标赛	现代五项	男子团体总分		4	8.12	墨西哥
马婴佳	2018 年世界击剑锦标赛	击剑	女子佩剑团体		8	7 月	中国无锡
钟天使	2018 年世界自行车锦标赛	自行车	女子团体竞速赛		4	2.28—3.4	荷兰阿姆斯特丹
许佳敏 张芷婷 李颖韻	2018 年 FIBA3×3 世界杯	篮球	三人篮球		4	6.8—12	菲律宾马尼拉
张轶婵	2018 年世界女排联赛总决赛	排球	女子排球		3	7.1	中国南京

2018 年上海运动员获世界杯分站赛、系列赛前八名一览表

姓　名	比赛名称	大　项	小　项	成　绩	名次	时　间	地　点
章　瑾	2018 年德国斯图加特全能世界杯	体操	全能	53.431 分	1	3.17—18	德国斯图加特
高　磊	2018 年蹦床世界杯葡萄牙分站赛	蹦床	网上个人		1	10.7	葡萄牙
高　磊	2018 年蹦床世界杯日本分站赛	蹦床	网上个人		2	8.2—5	日本前桥
刘　鑫	2018 年意大利艺术体操世界杯	艺术体操	集体五圈单项		2	4.15—17	意大利佩萨罗
刘　鑫	2018 年意大利艺术体操世界杯	艺术体操	集体绳球单项		3	4.15—17	意大利佩萨罗
刘　鑫	2018 年艺术体操世界挑战杯赛	艺术体操	集体全能		1	5.13	葡萄牙
刘　鑫	2018 年艺术体操世界挑战杯赛	艺术体操	集体五圈单项		1	5.13	葡萄牙
刘　鑫	2018 年艺术体操世界挑战杯赛	艺术体操	集体绳球单项		2	5.13	葡萄牙
黄开凤	2018 年赛艇世界杯第一站	赛艇	女子八人单桨		4	6.1—3	塞尔维亚
张　灵	2018 年赛艇世界杯第一站	赛艇	女子四人双桨		4	6.1—3	塞尔维亚
张　灵	2018 年赛艇世界杯第二站	赛艇	女子四人双桨		2	6.21—24	奥地利林茨
黄开凤	2018 年赛艇世界杯第三站	赛艇	女子八人单桨		6	7.13—15	瑞士卢塞恩
张　灵	2018 年赛艇世界杯第三站	赛艇	女子四人双桨		4	7.13—15	瑞士卢塞恩
吴嘉宇	2018 年射联世界杯韩国站	射击	10 米气手枪混合团体	772、487.7 环	1	4.20—30	韩国昌源
朱莹洁	2018 年射联世界杯美国站	射击	女子 10 米气步枪 60 发	633.4、251.8 环	2	5.7—15	美国本宁堡
王猛毅	2018 年射联世界杯美国站	射击	男子 10 米气手枪 60 发	580、241.0 环	2	5.7—15	美国本宁堡
吴嘉宇	2018 年射联世界杯美国站	射击	男子 10 米气手枪 60 发	580、241.2 环	1	5.7—15	美国本宁堡
吴嘉宇	2018 年射联世界杯美国站	射击	10 米气手枪混合团体	765 环	8	5.7—15	美国本宁堡
吴嘉宇	2018 年射联世界杯德国站	射击	10 米气手枪混合团体	770 环	8	5.22—29	德国慕尼黑

（续表）

姓　名	比赛名称	大　项	小　项	成　绩	名次	时　间	地　点
齐玉红	2018 年国际箭联世界杯上海站	射箭	奥林匹克淘汰赛团体		3	4.23—29	中国上海
徐天宇	2018 年国际箭联世界杯柏林站	射箭	奥林匹克淘汰赛混合团体		7	7.16—22	德国柏林
齐玉红	2018 年国际箭联世界杯柏林站	射箭	奥林匹克淘汰赛团体		8	7.16—22	德国柏林
崔秋霞	2018 年女子曲棍球世界冠军杯	曲棍球	女子曲棍球		4	11.17—25	中国常州
马婴佳	2018 年女子佩剑世界杯突尼斯站	击剑	女子佩剑团体		4	6 月	突尼斯
钟天使	2018 年自行车世界杯一类赛	自行车	女子争先赛		1	7.10—14	日本东京
钟天使	2018 年自行车世界杯一类赛	自行车	女子凯林赛		3	7.10—14	日本东京
徐　超	2018 年自行车世界杯一类赛	自行车	男子争先赛		3	7.10—14	日本东京
陈巧林	2018 年自行车世界杯第一站	自行车	女子团体追逐赛		7	10.19—21	法国巴黎

2018 年上海运动员获各类大奖赛、公开赛前八名一览表

姓　名	比赛名称	大　项	小　项	成　绩	名次	时　间	地　点
段　宇	2018 年世界跳水大奖赛加拿大站	跳水	男子 10 米跳台		1	5.13	加拿大
段　宇	2018 年世界跳水大奖赛马来西亚站	跳台	男子 10 米跳台		1	11.10	马来西亚
段　宇	2018 年世界跳水大奖赛马来西亚站	跳台	男子双人 10 米跳台		1	11.10	马来西亚

2018年上海运动员获洲际比赛前八名一览表

姓　名	比赛名称	大　项	小　项	成　绩	名次	时　间	地　点
高　磊	第18届亚洲运动会	蹦床	男子网上个人	59.22分	2	8.18—9.2	印度尼西亚雅加达
章　瑾	第18届亚洲运动会	体操	团体	165.250分	1	8.18—9.2	印度尼西亚雅加达
章　瑾	第18届亚洲运动会	体操	女子平衡木	13.325分	3	8.18—9.2	印度尼西亚雅加达
刘　鑫	2018年艺术体操亚锦赛	艺术体操	集体绳球单项		1	4.29—5.2	马来西亚吉隆坡
刘　鑫	2018年艺术体操亚锦赛	艺术体操	集体全能		2	4.29—5.2	马来西亚吉隆坡
蔡国庆　周　璇 金　磊　吴　剑	2018年赛艇亚洲杯第二站	赛艇	男子四人双桨		3	6.30	韩国忠州
周梓泉　何佳瑶	2018年赛艇亚洲杯第二站	赛艇	女子双人双桨		7	6.30	韩国忠州
门乐宸　唐家豪	2018年赛艇亚洲杯第二站	赛艇	男子双人双桨		5	6.30	韩国忠州
张海蓉　张　越 樊　姝　周媛媛	2018年赛艇亚洲杯第二站	赛艇	女子四人双桨		4	6.30	韩国忠州
陈云霞	第18届亚洲运动会	赛艇	女子单人双桨		1	8.18—9.2	印度尼西亚雅加达
张东霜	第18届亚洲运动会	赛艇	女子雷迪尔级场地赛		2	8.18—9.2	印度尼西亚雅加达
张东霜	2018年亚洲赛艇锦标赛	赛艇	女子雷迪尔级场地赛		1	6.20—26	印度尼西亚雅加达
张东霜	2018年赛艇亚洲杯	赛艇	女子雷迪尔级场地赛		4	9.24—27	日本
干思仪　王诗豪 温雅迪　郑鸿宇	2018年OP亚洲锦标赛	赛艇	OP队赛		2	11.10—17	缅甸
干思仪	2018年OP亚洲锦标赛	赛艇	OP女子场地赛		1	11.10—17	缅甸
郑鸿宇	2018年OP亚洲锦标赛	赛艇	场地赛		4	11.10—17	缅甸
干思仪	2018年OP亚洲锦标赛	赛艇	场地赛		3	11.10—17	缅甸
蔡颖颖	第18届亚洲运动会	武术	女子散打60公斤级		1	8.18—9.2	印度尼西亚雅加达

（续表一）

姓　名	比赛名称	大　项	小　项	成　绩	名次	时　间	地　点
刘潇倩	第18届亚洲运动会	橄榄球	女子橄榄球		2	8.18—9.2	印度尼西亚雅加达
李东锦　顾金玥 何芯茹　段思羽	第18届亚洲运动会	壁球	女子团体		7	8.18—9.2	印度尼西亚雅加达
郑文燕　戴　静	2018年亚洲U18女子七人制橄榄球锦标赛	橄榄球	女子橄榄球		1	10.28	印度布巴内斯瓦尔
吴建红　谷瑶瑶 刘潇倩	2018年亚洲女子七人制橄榄球锦标赛	橄榄球	女子橄榄球		2		
江　源	2018年亚洲摔跤锦标赛	摔跤	72公斤级		5		
吴嘉宇	第18届亚洲运动会	射击	10米气手枪混合团体	769、473.2环	1	8.18—9.2	印度尼西亚雅加达
吴嘉宇	第18届亚洲运动会	射击	男子10米气手枪60发	582、197.6环	4	8.18—9.2	印度尼西亚雅加达
王猛毅	第18届亚洲运动会	射击	男子10米气手枪60发	581、114.6环	8	8.18—9.2	印度尼西亚雅加达
金　迪	第18届亚洲运动会	射击	男子飞碟双向125靶	121、52中	2	8.18—9.2	印度尼西亚雅加达
孙　坚	第18届亚洲运动会	射击	男子300米标准步枪3姿	557环	8	8.18—9.2	印度尼西亚雅加达
吴嘉宇	第11届亚洲气枪锦标赛	射击	男子10米气手枪60发	579、240.5环	1	11.2—12	科威特
吴嘉宇	第11届亚洲气枪锦标赛	射击	男子10米气手枪60发团体		1	11.2—12	科威特
姜冉馨	第11届亚洲气枪锦标赛	射击	女子10米气手枪60发	575、243.3环	1	11.2—12	科威特
姜冉馨	第11届亚洲气枪锦标赛	射击	女子10米气手枪60发团体		1	11.2—12	科威特
王晓雨	第11届亚洲气枪锦标赛	射击	女子10米气手枪60发（青年组）	574、238.9环	1	11.2—12	科威特
王晓雨	第11届亚洲气枪锦标赛	射击	女子10米气手枪60发（青年组）团体		1	11.2—12	科威特
姜冉馨　吴嘉宇	第11届亚洲气枪锦标赛	射击	10米气手枪混合团体	774、480.6环	1	11.2—12	科威特

（续表二）

姓名	比赛名称	大项	小项	成绩	名次	时间	地点
王猛毅	第 11 届亚洲气枪锦标赛	射击	10 米气手枪混合团体	763、475.3 环	2	11.2—12	科威特
王晓雨	第 11 届亚洲气枪锦标赛	射击	10 米气手枪混合团体（青年组）	762、413.5 环	3	11.2—12	科威特
宋郑怡	第 8 届亚洲飞碟锦标赛	射击	女子飞碟双向 125 靶（青年组）	115、49 中	2	11.2—12	科威特
金迪	第 8 届亚洲飞碟锦标赛	射击	男子飞碟双向 125 靶	124、58 中	2	11.2—12	科威特
金迪	第 8 届亚洲飞碟锦标赛	射击	男子飞碟双向 125 靶团体		3	11.2—12	科威特
邓维贇	第 8 届亚洲飞碟锦标赛	射击	女子飞碟多向 125 靶	110 中	7	11.2—12	科威特
邓维贇	第 8 届亚洲飞碟锦标赛	射击	女子飞碟多向 125 靶团体		1	11.2—12	科威特
张婷	第 8 届亚洲飞碟锦标赛	射击	女子飞碟多向 125 靶（青年组）	112、23 中	4	11.2—12	科威特
张婷	第 8 届亚洲飞碟锦标赛	射击	女子飞碟多向 125 靶（青年组）团体		1	11.2—12	科威特
李成	第 8 届亚洲飞碟锦标赛	射击	男子飞碟多向 125 靶（青年组）	114、27 中	3	11.2—12	科威特
徐天宇	第 18 届亚洲运动会	射箭	奥林匹克淘汰赛团体		3	8.18—9.2	印度尼西亚雅加达
徐天宇	第 18 届亚洲运动会	射箭	奥林匹克淘汰赛混合团体		3	8.18—9.2	印度尼西亚雅加达
掌敏洁	第 18 届亚洲运动会	跳水	女子双人 10 米跳台	361.38 分	1	8.18—9.2	印度尼西亚雅加达
王舟	第 18 届亚洲运动会	游泳	男子个人 200 米蝶泳	1:56.75	4	8.18—9.2	印度尼西亚雅加达
覃海洋	第 18 届亚洲运动会	游泳	男子个人 200 米混合泳	1:57.09	3	8.18—9.2	印度尼西亚雅加达
邱子傲	第 18 届亚洲运动会	游泳	男子 4×200 米自由泳接力	7:05.45	2	8.18—9.2	印度尼西亚雅加达
覃海洋	第 18 届亚洲运动会	游泳	男子 200 米蛙泳	2:08.07	3	8.18—9.2	印度尼西亚雅加达

（续表三）

姓　名	比赛名称	大　项	小　项	成　绩	名次	时　间	地　点
周　敏	第 18 届亚洲运动会	游泳	女子 400 米混合泳	4:42.75	4	8.18—9.2	印度尼西亚雅加达
张丹奕　沈轶能　王　欢　陈　笑	第 18 届亚洲运动会	水球	女子水球		1	8.18—9.2	印度尼西亚雅加达
覃海洋	第 18 届亚洲运动会	游泳	男子 100 米蛙泳	1:00.24	5	8.18—9.2	印度尼西亚雅加达
王一哲	第 18 届亚洲运动会	游泳	男子 400 米个人混合泳	4:19.61	4	8.18—9.2	印度尼西亚雅加达
曹犄文	第 18 届亚洲运动会	游泳	男子 4×100 米自由泳接力	3:13.29	2	8.18—9.2	印度尼西亚雅加达
覃海洋	第 18 届亚洲运动会	游泳	男子 4×100 米混合泳接力	3:29.99	1	8.18—9.2	印度尼西亚雅加达
周　敏	第 18 届亚洲运动会	游泳	女子 200 米个人混合泳	2:11.42	4	8.18—9.2	印度尼西亚雅加达
刘　晓　沙　时　储程浩　陈逸民	第 18 届亚洲运动会	水球	男子水球		4	8.18—9.2	印度尼西亚雅加达
高　鹏　李　阳	第 18 届亚洲运动会	沙滩排球	男子沙滩排球		4	8.18—9.2	印度尼西亚雅加达
张轶婵	第六届女排亚洲杯	排球	女子排球		1	9.17—25	泰国呵叻
吴中林	第 18 届亚洲运动会	拳击	男子 49 公斤级		3	8.18—9.2	印度尼西亚雅加达
许柏祥	第 18 届亚洲运动会	拳击	男子 56 公斤级		3	8.18—9.2	印度尼西亚雅加达
许佳敏　张芷婷　李颖韻　梁力文	2018 年 FIBA3×3 亚洲杯	篮球	三人篮球		2	4.29—5.1	中国深圳
张之霓　韩　旭　丁康辰	2018 年 FIBA3×3 亚洲杯（U18）	篮球	三人篮球		1	9.7—9.9	马来西亚赛柏再也
许佳敏　张芷婷　李颖韻	第 18 届亚洲运动会	篮球	三人篮球		1	8.18—9.2	印度尼西亚雅加达
董瀚麟	第 18 届亚洲运动会	篮球	男子篮球 5V5		1	8.18—9.2	印度尼西亚雅加达
崔秋霞　周　瑜	第 18 届亚洲运动会	曲棍球	女子曲棍球		3	8.18—9.2	印度尼西亚雅加达
赵新星　王　蓓	第 18 届亚洲运动会	垒球	女子垒球		3	8.18—9.2	印度尼西亚雅加达
杨燕勇　李　宁　杨　晋　宫海成	第 18 届亚洲运动会	棒球	男子棒球		4	8.18—9.2	印度尼西亚雅加达

（续表四）

姓　名	比赛名称	大　项	小　项	成　绩	名次	时　间	地　点
吴　茵　沙正文 吴娜娜　斯　文	第18届亚洲运动会	手球	女子手球		2	8.18—9.2	印度尼西亚雅加达
崔秋霞　李敏君	2018年曲棍球亚洲冠军杯	曲棍球	女了曲棍球		3	5月	韩国
狄　茜	2018年垒球东亚杯	垒球	女子垒球		4	6月	中国台湾
周　蕾　黄　妍	2018年亚洲女子手球锦标赛	手球	女子手球		3	12月	日本
罗　帅	第18届亚洲运动会	现代五项	男子个人	1 455分	3	8.18—9.2	印度尼西亚雅加达
李澍寰	第18届亚洲运动会	现代五项	男子个人	1 453分	4	8.18—9.2	印度尼西亚雅加达
许周政	第18届亚洲运动会	田径	男子4×100米接力	38.89	3	8.18—9.2	印度尼西亚雅加达
谢文骏	第18届亚洲运动会	田径	男子110米栏	13.34	1	8.18—9.2	印度尼西亚雅加达
王雪毅	第18届亚洲运动会	田径	女子跳高	1.80米	4	8.18—9.2	印度尼西亚雅加达
许双双	第18届亚洲运动会	田径	女子3 000米障碍	9:47.42	5	8.18—9.2	印度尼西亚雅加达
颜颖慧	2018年亚洲击剑锦标赛	击剑	男子佩剑团体		1	6月	泰国曼谷
颜颖慧	第18届亚洲运动会	击剑	男子佩剑团体		3	8.18—9.2	印度尼西亚雅加达
马婴佳	第18届亚洲运动会	击剑	女子佩剑团体		2	8.18—9.2	印度尼西亚雅加达
钟天使	2018年亚洲自行车锦标赛	自行车	女子团体竞速赛		1	2.16—20	马来西亚吉隆坡
钟天使	2018年亚洲自行车锦标赛	自行车	女子争先赛		2	2.16—20	马来西亚吉隆坡
钟天使	2018年亚洲自行车锦标赛	自行车	女子凯林赛		3	2.16—20	马来西亚吉隆坡
秦晨路	2018年亚洲自行车锦标赛	自行车	男子4公里团体追逐		3	2.16—20	马来西亚吉隆坡
陈巧林	2018年亚洲自行车锦标赛	自行车	记分赛		8	2.16—20	马来西亚吉隆坡
钟天使	第18届亚洲运动会	自行车	女子团体竞速赛		1	8.18—9.2	印度尼西亚雅加达

（续表五）

姓　名	比赛名称	大　项	小　项	成　绩	名次	时　间	地　点
徐　超　周　瑜	第 18 届亚洲运动会	自行车	男子团体竞速赛		1	8.18—9.2	印度尼西亚雅加达
钟天使	第 18 届亚洲运动会	自行车	女子凯林赛		3	8.18—9.2	印度尼西亚雅加达
钟天使	第 18 届亚洲运动会	自行车	女子争先赛		4	8.18—9.2	印度尼西亚雅加达
徐　超	第 18 届亚洲运动会	自行车	男子争先赛		5	8.18—9.2	印度尼西亚雅加达
徐　超	第 18 届亚洲运动会	自行车	男子凯琳赛		6	8.18—9.2	印度尼西亚雅加达
周　瑜	第 18 届亚洲运动会	自行车	男子争先赛		6	8.18—9.2	印度尼西亚雅加达
陈巧林	第 18 届亚洲运动会	自行车	女子团体追逐赛		2	8.18—9.2	印度尼西亚雅加达
秦晨路	第 18 届亚洲运动会	自行车	男子团体追逐赛	4:03.79	1	8.18—9.2	印度尼西亚雅加达
秦晨路	第 18 届亚洲运动会	自行车	男子麦迪逊		6	8.18—9.2	印度尼西亚雅加达
张　悠	2018 年亚洲国际跳棋锦标赛	国际跳棋	100 格常规赛女子成年组		1	4.21—26	中国山东
张　悠	2018 年亚洲国际跳棋锦标赛	国际跳棋	100 格快棋赛女子成年组		1	4.21—26	中国山东
张　悠	2018 年亚洲国际跳棋锦标赛	国际跳棋	100 格超快棋女子成年组		2	4.21—26	中国山东
王文霏　沈　琦	第 18 届亚洲运动会	桥牌	超级混合团体		1	8.18—9.2	印度尼西亚雅加达
施豪军　庄则军	第 18 届亚洲运动会	桥牌	男子团体		3	8.18—9.2	印度尼西亚雅加达
谢　靖　蒋融冰 华辰昊　顾博文	第 20 届亚洲象棋锦标赛	象棋	团体赛		2	5.25—30	中国上海

2018 年上海运动员获非奥项目世界比赛前八名一览表

姓　名	比赛名称	大　项	小　项	成　绩	名次	时　间	地　点
高　磊	第 33 届世界蹦床锦标赛	蹦床	混合团体	27 分	1	11.10	俄罗斯圣彼得堡

（续表一）

姓名	比赛名称	大项	小项	成绩	名次	时间	地点
支正毅	2018年航天模型世界锦标赛	航天模型	S1B高度火箭	800.80米	1	7.25—8.4	波兰
柴光辉	2018年航天模型世界锦标赛	航天模型	S1B高度火箭	708.40米	4	7.25—8.4	波兰
孙大龙	2018年航天模型世界锦标赛	航天模型	S1B高度火箭	702.10米	7	7.25—8.4	波兰
支正毅　柴光辉　孙大龙	2018年航天模型世界锦标赛	航天模型	S1B高度火箭团体	2 211.3米	1	7.25—8.4	波兰
孙鹤峰	2018年世界航海模型仿真项目锦标赛	航海模型	塑料拼装模型（C6）	98.67	1	8.30—9.11	罗马尼亚
杨文昱	2018年世界航海模型仿真项目锦标赛	航海模型	塑料拼装模型（C6）青少年组	97.33	1	8.30—9.11	罗马尼亚
孙鹤峰	2018年世界航海模型仿真项目锦标赛	航海模型	袖珍模型（C4）	96.33	2	8.30—9.11	罗马尼亚
萧剑忠	2018年世界航海模型仿真项目锦标赛	航海模型	机械动力模型（C2）	97.33	3	8.30—9.11	罗马尼亚
陈海标	2018年世界航海模型仿真项目锦标赛	航海模型	机械动力模型（C2）	96.66	6	8.30—9.11	罗马尼亚
杨文昱	2018年世界航海模型仿真项目锦标赛	航海模型	套材拼装模型（C8）青少年组	88	7	8.30—9.11	罗马尼亚
许　劼	2018年世界航海模型仿真项目锦标赛	航海模型	塑料拼装模型（C6）	95	8	8.30—9.11	罗马尼亚
孙　坚	第52届射击世界锦标赛	射击	男子步枪卧射60发团体		3	8.31—9.15	韩国昌源
丁芳隆	第52届射击世界锦标赛	射击	男子步枪3×40（青年组）团体		1	8.31—9.15	韩国昌源
丁芳隆	第52届射击世界锦标赛	射击	男子步枪卧射60发（青年组）团体		5	8.31—9.15	韩国昌源
吴嘉宇　王猛毅	第52届射击世界锦标赛	射击	男子10米气手枪60发团体		7	8.31—9.15	韩国昌源
吴嘉宇	第52届射击世界锦标赛	射击	男子50米手枪慢射60发团体		3	8.31—9.15	韩国昌源
姜冉馨	第52届射击世界锦标赛	射击	女子10米气手枪60发团体		1	8.31—9.15	韩国昌源
姜冉馨	第52届射击世界锦标赛	射击	女子25米手枪60发团体		1	8.31—9.15	韩国昌源
王晓雨	第52届射击世界锦标赛	射击	女子25米手枪60发（青年组）团体		2	8.31—9.15	韩国昌源
邓维赟	第52届射击世界锦标赛	射击	女子飞碟多向125靶团体		4	8.31—9.15	韩国昌源

（续表二）

姓　名	比赛名称	大　项	小　项	成　绩	名次	时　间	地　点
李　成	第 52 届射击世界锦标赛	射击	男子飞碟多向 125 靶（青年组）团体		6	8.31—9.15	韩国昌源
张　婷	第 52 届射击世界锦标赛	射击	女子飞碟多向 125 靶（青年组）团体		2	8.31—9.15	韩国昌源
宋郑怡	第 52 届射击世界锦标赛	射击	女子飞碟双向 125 靶（青年组）团体		1	8.31—9.15	韩国昌源
居文君	第 43 届国际象棋奥林匹克团体赛	国际象棋	女子团体		1	9.24—10.5	格鲁吉亚巴统
居文君	2018 年国际象棋世界女子锦标赛冠军对抗赛	国际象棋	女子个人		1	5.3—19	中国上海、中国重庆
居文君	2018 年国际象棋世界女子锦标赛	国际象棋	女子个人		1	11.3—23	俄罗斯汉特曼西斯克
居文君	2018 年世界国际象棋快棋和超快棋锦标赛	国际象棋	女子快棋		2	12.25—31	俄罗斯圣彼得堡
居文君	2018 年世界国际象棋快棋和超快棋锦标赛	国际象棋	女子超快棋		4	12.25—31	俄罗斯圣彼得堡
刘　沛	2018 年世界国际跳棋锦标赛	国际跳棋	64 格常规赛女子组		3	9.24—29	土耳其伊兹密尔
刘　沛	2018 年世界国际跳棋锦标赛	国际跳棋	64 格快棋赛女子组		4	9.24—29	土耳其伊兹密尔
刘　沛	2018 年世界国际跳棋锦标赛	国际跳棋	64 格超快棋赛女子组		4	9.24—29	土耳其伊兹密尔
朱建锋	2018 年世界五子棋团体锦标赛	五子棋	男子团体		1	5.5	俄罗斯圣彼得堡

2018 年上海运动员获世界青年比赛前八名一览表

姓　名	比赛名称	大　项	小　项	成　绩	名次	时　间	地　点
曹　雅	第七届世界青少年武术散打锦标赛	武术	56 公斤级		1	7.12—16	巴西
朱莹洁	2018 年射联青年世界杯悉尼站	射击	女子 10 米气步枪 60 发	628.5、206.1	4	3.19—29	澳大利亚悉尼

（续表一）

姓名	比赛名称	大项	小项	成绩	名次	时间	地点
朱莹洁	2018年射联青年世界杯悉尼站	射击	女子10米气步枪60发团体		3	3.19—29	澳大利亚悉尼
朱莹洁	2018年射联青年世界杯悉尼站	射击	10米气步枪混合团体		1	3.19—29	澳大利亚悉尼
唐思皓	2018年射联青年世界杯悉尼站	射击	男子10米气手枪60发	565、195.3	4	3.19—29	澳大利亚悉尼
唐思皓	2018年射联青年世界杯悉尼站	射击	男子10米气手枪60发团体		2	3.19—29	澳大利亚悉尼
李　成	2018年射联青年世界杯悉尼站	射击	男子飞碟多向125靶	114、15	6	3.19—29	澳大利亚悉尼
李　成	2018年射联青年世界杯悉尼站	射击	男子飞碟多向125靶团体		1	3.19—29	澳大利亚悉尼
张　婷	2018年射联青年世界杯悉尼站	射击	女子飞碟多向125靶	104、12	6	3.19—29	澳大利亚悉尼
张　婷	2018年射联青年世界杯悉尼站	射击	女子飞碟多向125靶团体		1	3.19—29	澳大利亚悉尼
宋郑怡	2018年射联青年世界杯悉尼站	射击	女子飞碟双向125靶	100中	7	3.19—29	澳大利亚悉尼
李　成	2018年射联青年世界杯悉尼站	射击	飞碟多向混合团体		3	3.19—29	澳大利亚悉尼
姜冉馨	2018年射联青年世界杯德国站	射击	女子25米手枪	583、16环	6	6.22—29	德国苏尔
姜冉馨	2018年射联青年世界杯德国站	射击	女子25米手枪团体		1	6.22—29	德国苏尔
陆依恺	2018年射联青年世界杯德国站	射击	女子飞碟双向125靶团体		2	6.22—29	德国苏尔
刘家泠	第22届世界青年跳水锦标赛	跳水	A、B组女子双人跳台		1	7.22—29	乌克兰基辅
刘家泠	第22届世界青年跳水锦标赛	跳水	A、B组混合全能		2	7.22—29	乌克兰基辅
刘家泠	第22届世界青年跳水锦标赛	跳水	B组女子跳台		1	7.22—29	乌克兰基辅
刘家泠	第22届世界青年跳水锦标赛	跳水	B组女子3米跳板		5	7.22—29	乌克兰基辅
许佳敏　韩　旭　丁康辰	第三届夏季青年奥林匹克运动会	篮球	U18三人篮球		4	10.7—17	阿根廷
朱鑫怡	第三届夏季青年奥林匹克运动会	曲棍球	女子曲棍球		3	10.7—17	阿根廷

（续表二）

姓 名	比赛名称	大 项	小 项	成 绩	名次	时 间	地 点
顾晔雯	2018 年世界现代五项青年锦标赛	现代五项	女子接力		2	9.1	捷克布拉格
顾晔雯	2018 年世界现代五项青年锦标赛	现代五项	女子团体总分		2	9.5	捷克布拉格
顾晔雯	第三届夏季青年奥林匹克运动会	现代五项	女子个人		4	10.13	阿根廷
顾晔雯	第三届夏季青年奥林匹克运动会	现代五项	男女混合团体赛		1	10.16	阿根廷
商亦辰　戴恩溢　林芳灵	2018 年世界青年羽毛球锦标赛	羽毛球	混合团体		1	11.5—18	加拿大
商亦辰	2018 年世界青年羽毛球锦标赛	羽毛球	男子双打		3	11.5—18	加拿大
商亦辰	2018 年世界青年羽毛球锦标赛	羽毛球	混合双打		3	11.5—18	加拿大
戴恩溢	2018 年世界青年羽毛球锦标赛	羽毛球	男子双打		5	11.5—18	加拿大
朱鑫怡	2018 年青奥会亚洲区预选赛	曲棍球	女子曲棍球		1	4 月	泰国
蒋融冰	2018 年世界象棋青少年公开赛	象棋	U18 男子组		2	8.21	英国爱丁堡
华辰昊	2018 年世界象棋青少年公开赛	象棋	U15 男子组		1	8.21	英国爱丁堡
傅　博　李含笑　胡承珂　李欣怡　蔡祎婧　杨　扬	2018 年世界青年桥牌团体锦标赛	桥牌	U25 女子组团体		1	8.18	中国苏州

2018 年上海运动员获亚洲青年比赛前八名一览表

姓 名	比赛名称	大 项	小 项	成 绩	名次	时 间	地 点
王　申	2018 年亚洲青年赛艇锦标赛	赛艇	男子单人双桨		3	6.30	韩国忠州
张秀立　卫志龙	2018 年亚洲青年赛艇锦标赛	赛艇	男子双人单桨		4	6.30	韩国忠州
汪　宇　宫天城	2018 年亚洲青年赛艇锦标赛	赛艇	男子双人双桨		4	7.1	韩国忠州
商亦辰	2018 年亚洲青年羽毛球锦标赛	羽毛球	男子团体		1	7.19—22	印尼
商亦辰	2018 年亚洲青年羽毛球锦标赛	羽毛球	男子双打		2	7.19—22	印尼

（续表）

姓 名	比赛名称	大 项	小 项	成 绩	名次	时 间	地 点
陈 熠	2018 年亚洲青少年乒乓球锦标赛（U15）	乒乓球	女子团体		1	8.13—18	缅甸
陈 熠	2018 年亚洲青少年乒乓球锦标赛（U15）	乒乓球	女子单打		2	8.13—18	缅甸
王 斌	2018 年 U18 亚洲青年棒球锦标赛	棒球	男子棒球		4	9 月	日本

2018 年上海运动员参加全国比赛的名次与成绩

田径

【2018 年全国室内田径锦标赛（第一站）】3 月 7—8 日在江苏南京举行，上海体育学院竞校组队参赛。

教练员：史美创　张乐平　陈国萍　刘飞亮　唐宝军　黄　玮　王朝阳　马俊明

运动员：陈丹华　袁晓甜　金　岩　陈慧杭　徐　尧　葛　靖　方申鑫　林　宇　李子胜　陈裕金　张瀚誉　陈小龙　刘　涛　何　莹　刘晶娅　周士淇　王能希　周　宇　徐鹏云　马嘉程　贾学刚　戴金泽　杨　杰　闭世庆　樊　雳　钱屹峰

男子

800 米

葛　靖　1:55.90　第 2 名

200 米

周　宇　22.04　第 4 名

1 500 米

林　宇　4.02:95　第 6 名

陈裕金　4.03:27　第 7 名

三级跳远

闭世庆　15.76 米　第 8 名

女子

1 500 米

刘晶娅　4.59:29　第 8 名

【2018 年全国室内田径锦标赛（第三站）】3 月 11—12 日在江苏南京举行，上海体育学院竞校组队参赛。

教练员：史美创　陈国萍　刘飞亮　黄　玮　王朝阳　马俊明

运动员：陈丹华　金　岩　陈慧杭　徐　尧　何　莹　刘晶娅　周士淇　王能希　周　宇　徐鹏云　戴金泽　杨　杰　闭世庆　樊　雳　李　星

男子

800 米

李　星　1:57.31　第 4 名

1 500 米

李　星　3:56.97　第 2 名

女子

撑竿跳高

陈丹华　3.80 米　第 3 名

【2018全国田径锦标赛】9月14—17日在山西太原举行，上海体育学院竞校与上海田径队共同参赛。

领　队：黎　亮

教练员：毕　忠　曹晓培　陈　东　陈雁浩　戴名辉　方水全　何明新　李开林　刘　侠　钱国军　沈士达　石　鹏　隋新梅　孙海平　陶　睿　王舟舟　吴小五　奚霞顺　杨耀祖　周　斌　周　宏　周伟明　朱民华　唐宝军　史美创　李国强　王朝阳　黄智健　金嘉政　杨建行　郭钟泽　刘明轩　吴　磊　何嘉勇　李润雨　陈小冬

医　生：耿志超　胡　昊　彭　程　唐金友　于　杰　郑　冰

工作人员：陈黎悦　胡成江　邱　俊　孙　杰　王佳旎　Fabio Mariana

运动员：郑芝玲　李　星　陈丹华　刘晶娅　龚缘圆　黄龙康　陆嘉腾　周　宇　冯建杰　许周政　潘梓杰　张　韬　谢文骏　王禛阳　陈家沛　甄　恒　沈琦丽　丁　超　林　洋　崔雪君　金逸雯　钱雪颖　宋佳媛　王雪毅　周家倩　张雪晴　刘一赛　李浩然　许双双　李　颖　张惠婷　赵　凡　纪小月　樊叶天　李顺杰　宋清书　陈　楠　潘嘉宜　丁佳怡　郭钟杰　秦伟搏　赵梦琪　史　诗　张可沁　张　草

男子

铅球

陈小冬	18.43米	第4名

三级跳远

刘明轩	16.52米	第2名

400米

郭钟泽	46.29	第1名
吴　磊	46.91	第3名

4×400米接力

吴　磊　李润雨　何嘉勇　郭钟泽　3:08.97　第1名

200米

郭钟泽	20.82	第1名
何嘉勇	21.33	第6名

1 500米

李　星	3:49.84	第8名

110米栏

谢文骏	13.40	第1名
潘梓杰	14.12	第5名
张　韬	16.34	第8名

100米

许周政	10.26	第1名

女子

铅球

宋佳媛	16.79米	第4名

跳高

王雪毅	1.80米	第2名
丁佳怡	1.75米	第7名

三级跳远

李　颖	13.64米	第2名

800米

张　草	2:16.25	第7名

5 000米

许双双	16:29.14	第6名

4×100米接力

丁　超　崔雪君　纪小月　李浩然　46.19　第7名

3 000米障碍

许双双	10:05.18	第1名

10 000米

郑芝玲	34:35.53	第8名

【2018全国田径冠军赛暨大奖赛总决赛】6

月15—17日在贵州贵阳举行，上海体育学院竞校与上海田径队共同参赛。

领　队：黎　亮

教练员：石　鹏　吴　婺　何明新　隋新梅　毕　忠　钱国军　奚霞顺　周　宏　周　斌　吴小五　朱民华　李开林　陶　睿　戴名辉　杨耀祖　沈士达　盛越铭　陈雁浩　曹　靖　孙海平　刘　侠　曹晓培　许沛声　唐宝军　黄　玮　史美创　李国强

医　生：胡　昊　于　杰　郑　冰　唐金友

工作人员：陈黎悦　夏　磊　赵　婧　Fabio Mariana

运动员：郑芝玲　李　星　陈丹华　黄智健　金嘉政　杨建行　郭钟泽　刘明轩　吴　磊　何嘉勇　李润雨　陈小冬　陆嘉腾　孟鹏飞　赵国瑞　周　宇　庄晶磊　胡桂豪　冯建杰　许周政　潘梓杰　张　韬　赵　芃　陈　立　王禛阳　陈家沛　甄　恒　丁　超　崔雪君　顾　玶　金逸雯　钱雪颖　宋佳媛　王雪毅　张雪晴　李浩然　许双双　李　颖　张惠婷　赵　凡　纪小月　粟　文　史翰林　樊叶天　李怀海　宋清书　潘嘉宜　丁佳怡　庄嘉豪　秦伟搏　赵梦琪　史　诗　张　草

男子

铅球

陈小冬　18.32米　第3名

400米

郭钟泽　46.04　第1名

吴　磊　46.88　第6名

4×400米接力

王禛阳　郭钟泽　吴　磊　李润雨　3:09.15　第3名

200米

郭钟泽　25.12　第7名

110米栏

张　韬　13.92　第2名

女子

铅球

宋佳媛　17.49米　第2名

跳高

王雪毅　1.84米　第1名

丁佳怡　1.75米　第7名

跳远

李　颖　6.11米　第7名

三级跳远

李　颖　13.32米　第5名

5 000米

许双双　16:41.71　第5名

4×100米接力

丁　超　崔雪君　纪小月　李浩然　45.55　第1名

3 000米障碍

许双双　10:02.53　第2名

200米

丁　超　24.46　第4名

100米

丁　超　11.79　第4名

5 000米

郑芝玲　16:42.73　第7名

10 000米

郑芝玲　34:24.23　第3名

【2018年全国田径大奖赛（第二站）】4月16—18日在湖南株洲举行，上海体育学院竞校组队参赛。

教练员：张平凯　史美创　沈建廷　陈国萍　李国强　马俊明　唐宝军　王朝阳

运动员：庞　帅　李　星　闭世庆　袁晓甜

金　岩　陈丹华　郑芝玲　蔡碧琪
徐鹏云　葛　靖　马嘉程　周　宇
刘晶娅　龚缘圆　李子胜　陈裕金

女子

青奥会选拔组 3 000 米

龚缘圆　9:54.88　第 2 名

青奥会选拔组 1 500 米

龚缘圆　4:35.81　第 5 名
刘晶娅　4:37.70　第 6 名

大奖赛 5 000 米

郑芝玲　16:06.43　第 5 名

大奖赛 10 000 米

郑芝玲　34:33.15　第 5 名

男子

青奥会选拔组 1 500 米

陈裕金　4:03.14　第 8 名

青奥会选拔组 800 米

李子胜　2:02.32　第 8 名

大奖赛 1 500 米

李　星　3:51.41　第 3 名

大奖赛 800 米

李　星　1:52.34　第 4 名

大奖赛三级跳远

闭世庆　16.04 米　第 8 名

【2018 年全国田径大奖赛（第三站）】5 月 16—18 日在江苏淮安举行，上海体育学院竞校组队参赛。

教练员：张平凯　李国强　唐宝军　陈国萍
史美创　沈建廷　刘飞亮

运动员：庞　帅　李　星　袁晓甜　金　岩
陈丹华　郑芝玲　蔡碧琪　戴金泽
钱屹峰　何　莹

男子

800 米

李　星　3:54.05　第 2 名

女子

撑竿跳高

陈丹华　3.80 米　第 2 名

1 000 米

郑芝玲　34:35.43　第 2 名

5 000 米

郑芝玲　16:44.40　第 3 名

【2018 年全国半程马拉松锦标赛】3 月 31 日在江苏南京举行，上海体育学院竞校组队参赛。

教练员：王朝阳

运动员：何　莹　刘晶娅　所亚楠　李冰颖

成绩

女子半程马拉松

刘晶娅　1:28.22　第 1 名
何　莹　1:31.20　第 2 名
李冰颖　1:39.47　第 3 名
所亚楠　1:45.26　第 4 名

【2018 年全国马拉松锦标赛系列赛（宜昌站）】11 月 4 日在湖北宜昌举行，上海体育学院竞校组队参赛。

教练员：唐宝军

运动员：庞　帅

成绩

男子马拉松

庞　帅　2:24.42　第 3 名

【2018 年全国青年（U20）田径锦标赛】5 月 11—13 日在江西南昌举行，上海体育学院竞校与上海田径队共同参赛。

领　队：胡成江

教练员：陈雁浩　曹　靖　周　宏　何明新
隋新梅　严　颖　石　鹏　李开林
周　斌　沈士达　朱民华　吴　鋆

杜卫东　赵　静　唐宝军　黄　玮
医　生：于　杰　陆智伟
运动员：粟　文　陶俊辉　宋清书　陈沐文
胡　涛　汤鑫汇　史翰林　李怀海
刘　钲　丁佳怡　窦旖旎　王　雨
甘小钰　王　雨　潘嘉宜　戴金泽
林　宇　钱屹峰　徐鹏云　葛　靖
赖荣财　何　莹

男子

跳远

粟　文　7.28 米　第 4 名
陶俊辉　7.25 米　第 5 名

标枪

宋清书　66.39 米　第 3 名

撑竿跳高

陈沐文　4.40 米　第 4 名

十项全能

胡　涛　5 602 分　第 4 名

三级跳远

陶俊辉　15.27 米　第 7 名

800 米

汤鑫汇　1:54.65　第 7 名
葛　靖　1:52.73　第 4 名

1 500 米

葛　靖　3:59.96　第 6 名

110 米栏

史翰林　14.31　第 7 名

女子

铁饼

刘　钲　45.60 米　第 3 名

跳高

丁佳怡　1.75 米　第 1 名
窦旖旎　1.65 米　第 6 名

跳远

王　雨　5.62 米　第 8 名

撑竿跳高

甘小钰　3.60 米　第 6 名

三级跳远

王　雨　12.41 米　第 6 名

1 500 米

潘嘉宜　4:33.56　第 5 名

【2018 年全国青年（U18）田径锦标赛】5 月 15—17 日在辽宁锦州举行，上海体育学院竞校组队参赛。

教练员：王朝阳
运动员：刘　涛　李子胜　陈裕金　陈小龙
杨　杰　朱天宇　黄　钦　刘晶娅
龚缘圆

男子

3 000 米

陈裕金　8:39.44　第 5 名
陈小龙　8:41.39　第 6 名

1 500 米

陈裕金　4:03.66　第 8 名

2 000 米障碍

刘　涛　6:41.79　第 8 名

女子

3 000 米

龚缘圆　10:02.28　第 5 名
刘晶娅　10:13.94　第 6 名

1 500 米

龚缘圆　4:37.50　第 8 名

【2018 年全国短跑、跳跃、接力项群赛及全国省市分区赛】8 月 1—8 日在辽宁大连举行，上海体育学院竞校组队参赛。

教练员：黄　玮　刘飞亮　王朝阳
运动员：周　宇　徐　尧　戴金泽　钱屹峰
徐鹏云　刘晶娅　所亚楠　龚缘圆
杨　杰

成绩

分区赛女子 5 000 米

龚缘圆　17:43.52　第 8 名

分区赛女子 10 000 米

龚缘圆　38:02.87　第 3 名

游泳

【2018年全国游泳冠军赛暨亚运会选拔赛】4 月13—18日在山西太原举行，上海游泳队参赛。

领　队：赵振威

教练员：崔登荣　郭晓宾　潘佳章　王嘉镌　王　炜　徐峰杰　尹万利　张　华　张智涛　石伟慧

医　生：黄百松　楼俊华　马　敏　陈玲珏

工作人员：班允昕　高　欢　郭晓宾　刘书强　秦宇翔　戚雅茜　宋　闪　仰红慧

运动员：曹犄文　陈超奇　朱孙笑　高伟宏　龚佳豪　黄家毅　凌华男　罗　达　邱子傲　施　扬　史伟佳　王一哲　王　舟　杨　辰　张志豪　赵逸凡　郑英昊　周舒畅　周添余　柏琬佳　陈婧婧　陈小雪　陈冶洁　龚一欣　刘心妍　刘依文　陆　滢　伍庆华　张佳莹　张思诗　郑　瑶　周　敏

男子

800 米自由泳

邱子傲　第 3 名

50 米蝶泳

周舒畅　24.36　第 6 名

50 米蛙泳

张志豪　27.88　第 5 名

史伟佳　28.00　第 7 名

50 米自由泳

朱孙笑　23.06　第 6 名

50 米仰泳

周舒畅　25.62　第 6 名

罗　达　26.44　第 8 名

400 米自由泳

邱子傲　3:53.39　第 4 名

400 米个人混合泳

王一哲　第 2 名

4 × 200 米自由泳接力

曹犄文　杨　辰　高伟宏　陈超奇　第 3 名

4 × 100 米自由泳接力

赵逸凡　凌华男　曹犄文　高伟宏　第 2 名

4 × 100 米混合泳接力

罗　达　周舒畅　史伟佳　曹犄文　第 5 名

200 米蝶泳

王　舟　第 2 名

周舒畅　第 3 名

200 米蛙泳

张志豪　第 5 名

200 米自由泳

邱子傲　1:49.81　第 7 名

200 米个人混合泳

王一哲　第 3 名

1 500 米自由泳

王　舟　第 6 名

邱子傲　第 8 名

100 米蝶泳

周舒畅　53.96　第 6 名

100 米蛙泳

张志豪　第 7 名

100 米自由泳

曹犄文　49.56　第 5 名

女子

50 米蝶泳

陆　滢　第 3 名

张思诗　第5名
郑　瑶　第6名

50米蛙泳
唐钱婷　第6名
张佳莹　第8名

400米个人混合泳
周　敏　第1名

4×200米自由泳接力
吕泽颖　刘心妍　吴　艳　吴承莹　第6名

4×100米自由泳接力
郑　瑶　吴承莹　陈小雪　唐钱婷　第8名

4×100米混合泳接力
唐钱婷　刘依文　吴承莹　郑　瑶　第7名

200米个人混合泳
周　敏　第1名
张思诗　第3名

1 500米自由泳
龚一欣　第7名

100米蛙泳
唐钱婷　第7名

混合

4×100米混合泳接力
罗　达　郑英昊　吴承莹　郑　瑶　第7名

【2018年全国游泳锦标赛】10月13—17日在山东日照举行，上海游泳队参赛。
领　队：赵振威
教练员：崔登荣　潘佳章　王嘉镌　王　炜　徐峰杰　尹万利　张　华　张智涛
医　生：班允昕　蔡庆集　黄白松　楼俊华　马　敏　庄冰玉
工作人员：高　欢　刘书强　秦宇翔　戚雅茜　宋　闪　仰红慧
运动员：曹特文　陈超奇　高伟宏　龚佳豪　凌华男　罗　达　邱子傲　史伟佳　王一哲　王　舟　杨　辰　张志豪　郑英昊　周舒畅　周添余　周一冰　朱孙笑　柏婉佳　陈婧婧　陈小雪　陈冶洁　龚一欣　刘心妍　刘依文　吕泽颖　宋梓欣　唐钱婷　吴承莹　吴　艳　张佳莹　张思诗　赵　丹　郑　瑶　周　敏　诸诗韵

男子

800米自由泳
邱子傲　8:05.61　第3名

50米蝶泳
周舒畅　24.30　第3名

50米蛙泳
史伟佳　27.51　第1名

50米自由泳
朱孙笑　22.95　第3名

50米仰泳
罗　达　26.26　第8名

400米自由泳
邱子傲　3:53.78　第2名

400米个人混合泳
王一哲　4:29.10　第8名

4×200米自由泳接力
高伟宏　曹特文　凌华男　邱子傲　7:27.70　第4名

4×100米自由泳接力
凌华男　曹特文　陈超奇　高伟宏　3:21.02　第2名

4×100米混合泳接力
曹特文　郑英昊　王　舟　罗　达　3:40.82　第3名

200米蝶泳
王　舟　1:56.31　第1名

周舒畅　1:59.87　第 5 名

200 米自由泳

曹犄文　1:50.37　第 4 名

陈超奇　1:50.63　第 5 名

1 500 米自由泳

王　舟　15:16.45　第 2 名

邱子傲　15:37.16　第 7 名

100 米蝶泳

王　舟　53.38　第 1 名

周舒畅　54.17　第 5 名

100 米自由泳

曹犄文　49.53　第 3 名

100 米仰泳

罗　达　56.65　第 5 名

女子

50 米蝶泳

张思诗　26.85　第 2 名

50 米蛙泳

张佳莹　31.90　第 3 名

唐钱婷　32.31　第 6 名

50 米自由泳

张思诗　25.68　第 3 名

吴承莹　25.97　第 7 名

400 米个人混合泳

周　敏　4:45.34　第 1 名

4×200 米自由泳接力

吕泽颖　陈冶洁　吴　艳　龚一欣

8:23.78　第 7 名

4×100 米自由泳接力

吕泽颖　陈冶洁　吴承莹　宋梓欣

3:59.23　第 8 名

200 米仰泳

刘依文　2:13.16　第 2 名

200 米个人混合泳

周　敏　2:14.55　第 1 名

1 500 米自由泳

龚一欣　16:50.33　第 8 名

100 米蛙泳

唐钱婷　1:10.42　第 5 名

混合

4×100 米泳接力

周　敏　唐钱婷　周舒畅　曹犄文

4:00.77　第 8 名

【2018 年全国马拉松游泳冠军赛】 5 月 11—13 日在福建福鼎举行，上海游泳队参赛。

领　队：　赵振威

运动员：　周一冰　周添余　徐其涵　刘　磊

张佳莹　吴承莹　陈小雪　李馨仪

李佳雯　唐钱婷

成绩

马拉松男子团体

徐其涵　周一冰　周添余　第 8 名

【2018 年全国马拉松游泳锦标赛】 8 月 29 日在湖北长阳举行，上海游泳队参赛。

领　队：　赵振威

教练员：　秦宇翔

运动员：　陈冶洁　刘心妍　龚一欣　张安琪

成绩

马拉松女子团体

陈冶洁　龚一欣　刘心妍

6:07:47.70　第 3 名

【2018 年全国青年游泳锦标赛】 12 月 25—27 日在安徽蚌埠举行，上海游泳队参赛。

领　队：　赵振威

教练员：　郭晓宾　王嘉镌　王　炜　尹万利

张　华　石伟慧

医　生：　庄冰玉

工作人员：宋　闪　仰红慧

运动员：　陈俊杰　陈子尧　付　阳　刘　磊

史伟佳　徐其涵　郑英昊　周添余
陈爱主　陈婧婧　陈小雪　程查莲
凤光灵　李佳雯　李心语　唐钱婷
王　茗　张安琪　张佳莹　赵　丹
诸诗韵

男子

200 米蛙泳

郑英昊　2:17.98　第 6 名

200 米仰泳

周添余　2:04.83　第 2 名

女子

50 米自由泳

唐钱婷　26.02　第 2 名

400 米个人混合泳

陈婧婧　5:00.65　第 7 名

200 米蛙泳

唐钱婷　2:36.04　第 3 名

200 米自由泳

陈小雪　2:03.40　第 5 名

200 米仰泳

诸诗韵　2:19.15　第 5 名
陈婧婧　2:19.91　第 8 名

200 米个人混合泳

陈小雪　2:19.89　第 3 名

100 米蝶泳

李佳雯　1:02.71　第 7 名

100 米蛙泳

唐钱婷　1:09.64　第 1 名
张佳莹　1:12.64　第 4 名

跳水

【2018年全国跳水冠军赛暨亚运会选拔赛】6 月 14—20 日在广东汕头举行，上海跳水队参赛。

领　队：　谢孚琰
教练员：　聂玉弟　余晓玲　宋定辉　庄　晨
医　生：　金　帆
运动员：　段　宇　范　逸　李启荣　李世鑫
史志辉　徐　凌　曾　磊　陈芋汐
季思宇　刘家泠　陆　倩　缪雨琪
夏冰清　夏玉洁　张　靖　掌敏洁
索咪娅

男子

团体

曾　磊　徐　凌　范　逸　姚泽霖
段　宇　李启荣　史志辉
3 045.30 分 第 6 名

双人 10 米跳台

段　宇　412.14 分 第 5 名
史志辉　李启荣　393.72 分 第 8 名

10 米跳台

段　宇　491.90 分 第 5 名

女子

团体

张家齐　掌敏洁　陆　倩　夏玉洁
刘家泠　张　靖　缪雨琪　索咪娅
2 334.78 分 第 5 名

双人 10 米跳台

掌敏洁　刘家泠　325.50 分 第 1 名

女子 10 米跳台

掌敏洁　355.70 分 第 6 名

混合

10 米跳台

刘家泠　曾　磊　325.68 分 第 2 名

个人全能

曾　磊　刘家泠　346.10 分 第 8 名

3 米跳板

张　靖　曾　磊　283.50 分 第 6 名

【2018 年全国跳水锦标赛】9 月 20—26 日在重庆举行，上海跳水队参赛。

领　队：　谢孚琰
教练员：　宋定辉　庄　晨　余晓玲　聂玉弟
医　生：　金　帆
运动员：　段　宇　范　逸　李启荣　史志辉
　　　　　徐　凌　曾　磊　陈芋汐　刘家泠
　　　　　陆　倩　缪雨琪　夏冰清　夏玉洁
　　　　　张　靖　掌敏洁

男子

10米跳台

段　宇　512.85分 第5名

女子

团体

夏玉洁　陆　倩　掌敏洁　夏冰清
张　靖　陈芋汐　缪雨琪
2 486.88分 第7名

10米跳台

陈芋汐　421.10分 第1名
掌敏洁　373.85分 第6名

混合

10米跳台

段　宇　陈芋汐　327.00分 第1名

个人全能

李启荣　夏玉洁　306.05分 第8名

3米跳板

曾　磊　张　靖　273.60分 第6名

【2018年全国青年跳水冠军赛】4月21—27日在江苏常熟举行，上海跳水队参加。

领　队：　谢孚琰
教练员：　余晓玲　宋定辉　庄　晨
医　生：　金　帆
运动员：　段　宇　范　逸　李启荣　史志辉
　　　　　徐　凌　曾　磊　陈芋汐　季思宇
　　　　　刘家泠　陆　倩　缪雨琪　夏冰清
　　　　　夏玉洁　张　靖

男子

双人10米跳台

李启荣　段　宇　394.65分 第1名
曾　磊　史志辉　339.45分 第8名

10米跳台

段　宇　583.10分 第1名
李启荣　542.90分 第5名

女子

双人3米跳板

张　靖　季思宇　260.40分 第7名

10米跳台

刘家泠　420.55分 第8名

混合

10米跳台

徐　凌　刘家泠　269.46分 第5名

个人全能

李启荣　季思宇　339.50分 第2名

【2018年全国青年跳水锦标赛】7月11—17日在广东深圳举行，上海跳水队参赛。

领　队：　谢孚琰
教练员：　余晓玲　吴栋良
医　生：　金　帆
运动员：　范　逸　徐　凌　陈芋汐　陆　倩
　　　　　缪雨琪　夏冰清　夏玉洁

女子

双人3米跳板

缪雨琪　陆　倩　247.35分 第7名

10米跳台

陈芋汐　382.80分 第6名

个人全能

陈芋汐　547.10分 第2名

3米跳板

夏玉洁　391.20分 第2名
陈芋汐　353.95分 第7名

1米跳板

夏冰清　252.55分 第5名

水球

【2018年全国男子水球冠军赛】4月21—25日在湖南郴州举行，因赛制改革，上海水球运动员拆分为若干队参赛。代表国家男子水球队获第一名，代表粤沪联队获第二名，代表国家青年男子水球队获第四名，上海队获第七名。

国家男子水球队

教练员：沈　杰

教练员：王敏辉

医　生：许昌策

运动员：沙　时　刘　晓　陈逸民　储程浩

粤沪联队

教练员：王敏辉

运动员：顾　亮　刁俊青　吉曹卿　朱晓吉　朱聘业　刘志龙　杨尚霖

国家青年男子水球队

教练员：王　用

运动员：王贝易　卢　易　周昊天　程奕乐　虞秋辰　袁　镭　张晋鹏

上海队

领　队：支　萍

教练员：朱骏逸

助理教练：王　用　郭健文

医　生：许昌策

运动员：江云鹏　张旭樑　沈鼎松　朱一帆　徐一凡　朱培乐　蔡尔天　钱逸成　肖朱皓　李　立　王　用　朱骏逸　黄永斌

【2018年全国女子水球冠军赛】9月16—20日在广东深圳举行，因赛制改革，上海水球运动员拆分为若干队参赛。代表国家女子水球队获第一名，代表沪津桂湘闽联队获第二名，代表津沪桂联队获第三名。

国家女子水球队

教练员：葛伟青　李文华

教练员：潘盛华

运动员：沈轶能　张丹奕　陈　笑　王　欢　王歆艳　陆佳文

沪津桂湘闽联队

领　队：支　萍

教练员：潘盛华　吴志宇

医　生：陈玲钰

运动员：彭　菲　韩　苗　苏　文　聂钰垣　王诗森

津沪桂联队

运动员：朱奕贞　陆波舟　王诗蕴　孙冬梅　严思雅

【2018年全国男子水球锦标赛】9月16—20日在广东深圳举行，因赛制改革，上海水球运动员拆分为若干队参赛。上海男子水球一队获第三名，上海男子水球二队获第六名。

上海男子水球一队

领　队：支　萍

教练员：朱骏逸　王　用　郭健文

医　生：许昌策

运动员：朱骋业　沙　时　刘　晓　陈逸民　储程浩　朱晓吉　刁俊青　吉曹卿　沈鼎松　张旭樑　王贝易　卢　易　江云鹏　朱一帆　肖朱皓

上海男子水球二队

领　队：支　萍

教练员：毛凌云　王敏辉

医　生：许昌策

运动员：周昊天　张晋鹏　程奕乐　虞秋辰　袁　镭　徐一凡　蔡尔天　刘志龙　朱倍乐　金翔宇　邹安琦　田尚恩　黄永斌　杨尚霖　赵洛魏

【2018 年全国女子水球锦标赛】5 月 16—20 日在广西梧州举行，因赛制改革，上海水球运动员拆分为若干队参赛。代表沪津桂联队获第二名，代表津沪联队获第三名。

沪津桂联队

领　队：支　萍

教练员：潘盛华　吴志宇

医　生：陈玲钰

运动员：彭　菲　韩　苗　陆佳文　陈　笑　张丹奕　王歆艳　苏　文　王诗淼　聂钰垣　王　欢　沈轶能

津沪联队

运动员：陆波舟　朱奕贞

花样游泳

【2018 年全国花样游泳锦标赛】10 月 19—21 日在广东江门举行，上海花样游泳队参赛。

领　队：梁俊如

教练员：张晓蕾　金　彦　黄雪辰

医　生：奚国栋

工作人员：陈瑜婕

运动员：孙怡靖　汤梦妮　王梦颖　邱慧妍　居佳慧　王嘉凝　裘心怡　张海亚　李岫宸　樊　珺　陆雪凝　崔钰欣　张子轩

成绩

女子集体自由自选

居佳慧　樊　珺　邱慧妍　裘心怡　李岫宸　王梦颖　崔钰欣　王嘉凝　张海亚　陆雪凝　第 3 名

女子集体技术自选

张海亚　裘心怡　居佳慧　王嘉凝　汤梦妮　陆雪凝　邱慧妍　李岫宸　崔钰欣　樊　珺　第 3 名

女子自由组合

邱慧妍　樊　珺　李岫宸　崔钰欣　王梦颖　王嘉凝　张海亚　孙怡靖　裘心怡　居佳慧　汤梦妮　陆雪凝　第 3 名

女子双人自由自选

张海亚　李岫宸　第 4 名

女子双人技术自选

张海亚　李岫宸　第 5 名

女子单人自由自选

裘心怡　第 5 名

女子单人技术自选

张海亚　第 4 名

【2018 年全国花样游泳冠军赛】4 月 20—22 日在北京举行，上海花样游泳队参赛。

领　队：梁俊如

教练员：张晓蕾　金　彦　陈莹珺

医　生：奚国栋

运动员：汤梦妮　孙怡靖　居佳慧　邱慧妍　王梦颖　王嘉凝　张海亚　李岫宸　裘心怡　樊　珺　陆雪凝　崔钰欣　张子轩

成绩

女子集体

李岫宸　邱慧妍　崔钰欣　王梦颖　张海亚　居佳慧　樊　珺　陆雪凝　裘心怡　王嘉凝　第 4 名

自由组合

王嘉凝　张海亚　汤梦妮　王梦颖　张子轩　李岫宸　孙怡靖　邱慧妍　居佳慧　裘心怡　陆雪凝　樊　珺　第 4 名

女子双人

李岫宸　张海亚　王嘉凝　第 4 名

【2018年全国青少年花样游泳U系列锦标赛】8月4—6日在广东惠州举行，上海花样游泳队参赛。

教练员：　张晓蕾　邱慧妍

运动员：　张海亚　李岫宸　裘心怡　王子萱

成绩

女子双人技术自选

张海亚　第2名

李岫宸　第2名

女子双人

张海亚　第2名

李岫宸　第2名

女子单人技术自选

裘心怡　第1名

女子个人

裘心怡　第2名

足球

【2018年中国足球协会超级联赛】3月2日开赛，11月11日结束。上海上港集团足球俱乐部、上海绿地申花足球俱乐部参赛。在30场比赛中，上海上港以胜21场平5场负4场、进77球失33球净胜44球、积68分的成绩获第一名，上海申花以胜10场平8场负12场、进44球失53球净胜 −9 球、积38分的成绩获第七名。

上海上港集团足球俱乐部

领　队：　奚志康

新闻官：　赵昊晨

翻　译：　谢　辉　翟宗耀　阿卡西奥

队　务：　傅嘉俊　秦　斌

医　生：　埃　杜　朱思敏

主教练：　佩雷拉

助理教练：菲利普　路易斯

守门员教练：沃　克

体能教练：佩德罗

运动员：　颜骏凌　张　卫　王燊超　石　柯　蔡慧康　武　磊　奥斯卡　胡尔克　吕文君　魏　震　李圣龙　林创益　张华晨　张　一　胡靖航　于　海　孙　乐　傅　欢　雷文杰　高海生　贺　惯　高志杰　江子磊　陈　威　施晓东　俞　豪　陈彬彬　魏　来　孙峻岗　埃尔克森　艾哈迈多夫

上海绿地申花足球俱乐部

领　队：　毛毅军

新闻官：　马　悦

翻　译：　王　侃　张　川　殷锡福

队　务：　唐　田　章智勇

医　生：　华　金　聂连俊　萨尔瓦多

主教练：　吴金贵

助理教练：李诚铭　米歇尔

守门员教练：比斯利

体能教练：帕纳古奥蒂斯

运动员：　徐友刚　李建滨　栗　鹏　毛剑卿　张　璐　莫雷诺　罗梅罗　陈　钊　瓜　林　孙　凯　朱建荣　李运秋　马丁斯　高　迪　李晓明　王　赟　邱盛炯　柏佳骏　荣　昊　王　林　秦　升　李　帅　曹赟定　陶　金　王　伟　艾　迪　毕津浩　吕　品　刘若钒　孙世林　丛　震

【2018年中国足球协会女子足球超级联赛】4月28日开赛，10月27日结束。上海农商银行女子足球俱乐部参赛，在14场比赛中以胜6场平2场负6场、进25球失16球净胜9球、积20分的成绩获第五名。

篮球

【2017—2018 中国女子篮球联赛】2017 年 11 月 13 日至 2018 年 3 月 24 日分主客场举行，上海女子篮球队参赛，获第三名。

领　队：　王莹妮
教练员：　郑志龙　王立刚　杨正鸣
医　生：　董　云
运动员：　梁力文　周　婕　潘雪梅　庞佳妮
　　　　　徐明新　黄　靖　曾美玲　张芷婷
　　　　　龚　韵　焦　岚　李颖韻　周钰妍

【2018 年全国女子篮球锦标赛(农架赛区)】6 月 11—15 日在湖北神农架举行，上海女子篮球队参赛，获第一名。

领　队：　王莹妮
教练员：　王立刚　李辉杰
医　生：　董　云
运动员：　张滟丹　韩　旭　梁力文　丁康辰
　　　　　张芷欣　刘　灏　马玉芳　包　梦
　　　　　潘雪梅　周钰妍　王彬莹　龚　韵

【2018 年全国女子篮球锦标赛(蓬莱赛区)】8 月 11—17 日开在山东蓬莱举行，上海女子篮球队参赛，获第七名。

领　队：　王莹妮
教练员：　马莲娜·马尔科维奇　米洛斯·帕真
　　　　　王立刚　李辉杰
医　生：　董　云
运动员：　龚　韵　丁康辰　张芷欣　周钰妍
　　　　　王彬莹　黄　靖　申彬彬　张滟丹
　　　　　刘　灏　马玉芳　潘雪梅　包　梦

【全国 U19 青年篮球联赛(第一阶段)】3 月 18—24 日在河南漯河举行，上海女子篮球队参赛，获第二名。

领　队：　周洁慧
教练员：　许佳敏　张之霓　周　婕
医　生：　邵　炜
运动员：　宋嘉怡　邵羿雯　徐　娜　张怡馨
　　　　　周钰妍　徐明新　丁康辰　梁力文
　　　　　韩　旭　张滟丹　王彬莹　刘　灏

【2018 年全国(U19)青年篮球联赛】5 月 27 日—6 月 3 日在四川汉源举行，上海女子篮球队参赛，获第三名。

领　队：　周洁慧
教练员：　许佳敏　张之霓　周　婕　王立刚
医　生：　董　云
运动员：　张怡馨　徐　娜　张滟丹　梁力文
　　　　　邵羿雯　韩　旭　宋嘉怡　丁康辰
　　　　　王彬莹　周钰妍　徐明新　刘　灏

排球

【2017—2018 中国男排超级联赛】2017 年 11 月 5 日至 2018 年 4 月 24 日分主客场举行，上海男子排球队参赛，获第一名。

领　队：　吕宁馨
教练员：　沈　琼　刘海鹏　崔晓栋
医　生：　刘新海
运动员：　戴卿尧　徐桢森　黄　彬　田　聪
　　　　　张奕宸　王袁杰　童嘉骅　詹国俊
　　　　　方颖超　李春晖　张哲嘉　陈龙海
　　　　　蒋鸿镔　任　琦　陶子轩　韩　旭
　　　　　李　楠　孙泽源

【2017—2018 中国女排超级联赛】2017 年 10 月 28 日至 2018 年 3 月 24 日分主客场举行，上海女子排球队参赛，获第二名。

领　队：　王　烨
教练员：　王之腾　张立明　钟　炜　武笑东
医　生：　欧　伟
运动员：　王唯漪　张钰倩　娄佳琳　顾欣蔚
　　　　　张轶婵　徐玖菁　秦思宇　张　磊
　　　　　杨　婕　黄佳懿　金依帆　刘哲宁
　　　　　季晓晨　马蕴雯　卞雨倩　仲　慧
　　　　　米　杨　刘泽宇　许晓婷

【2018年全国女子排球锦标赛】9月10—16日在广东江门举行，上海女子排球队参赛，获第一名。

领　队：　王　烨
教练员：　王之腾　张立明　武笑东
医　生：　欧　伟
运动员：　王唯漪　张钰倩　江　静　张轶婵
　　　　　蔡沁怡　秦思宇　张　磊　杨　婕
　　　　　赵雪凝　金依帆　刘哲宁　季晓晨
　　　　　马蕴雯　卞雨倩　米　杨　仲　慧
　　　　　刘泽宇　许晓婷

【2018年全国青少年U16女子排球锦标赛】7月11—17日在重庆举行，上海女子排球队参赛，获第三名。

领　队：　李　靖
教练员：　何　炯　陈嘉豪　李骄杨
医　生：　杨晓春
运动员：　朱星辰　王思怡　董佳琳　袁　艺
　　　　　姜雪薇　柴　瀛　庄心如　李西莹
　　　　　何一鸣　邱增蓉　刘思怡　窦唯方
　　　　　刘佳炜　荆　莹

【2018年全国青少年U17排球锦标赛（女子组）】8月22—30日在福建漳州举行，上海女子排球队参赛，获第六名。

领　队：　李　靖
教练员：　何　炯　陈嘉豪　李骄杨
医　生：　杨晓春
运动员：　朱星辰　王思怡　董佳琳　袁　艺
　　　　　姜雪薇　柴　瀛　庄心如　陈　悦
　　　　　李西莹　何一鸣　邱增蓉　刘思怡
　　　　　窦唯方　刘佳炜　荆　莹

【2018年全国青少年U18女子排球锦标赛】1月22—28日在江苏宜兴举行，上海女子排球队参赛，获第五名。

领　队：　李　靖
教练员：　何　炯　谢激扬　陈嘉豪
医　生：　杨晓春
运动员：　朱星辰　王思怡　董佳琳　袁　艺
　　　　　陈敬文　姜雪薇　柴　瀛　庄心如
　　　　　陈　悦　李西莹　何一鸣　荆　莹
　　　　　刘思怡　窦唯方　刘佳炜

【2018年全国青少年U19男子排球锦标赛】1月16—22日在江西九江举行，上海男子排球队参赛，获第五名。

领　队：　周　琦
教练员：　黄　波　周　琦
医　生：　黄　鑫
运动员：　连唐杰　邓贺凡　张明翔　黄海健
　　　　　张　玺　张臻宇　奚清源　朱　江
　　　　　郭思宏　陆天铖　万　艺　巩师典
　　　　　陆　恒　卞世杰　王勇智　许祎珺
　　　　　陈　政　杨　骏

沙滩排球

【2018年全国沙滩排球锦标赛（男子组）】9月26—29日在江苏苏州举行，上海男子沙滩排球队参赛。

领　队：　胡葛明
教练员：　徐　强
医　生：　肖晓希
运动员：　李　杰　蒋晨鑫　陶骋安　韩　旭
　　　　　周玉庭

男子

沙滩排球

李　杰　　第 1 名

【2018 年全国沙滩排球锦标赛（女子组）】9 月 26—29 日在江苏苏州举行，上海女子沙滩排球队参赛。

领　队：　胡葛明
教练员：　谷　昱
医　生：　肖晓希
运动员：　王　静　瞿彬泓　马丹妮　陶晓婷

女子

沙滩排球

瞿彬泓　王　静　　第 3 名
陈荟捷　　第 5 名

【2018 年沙滩排球运动队年度排名（男子组）】1 月 1 日—12 月 31 日。

领　队：　胡葛明
教练员：　徐　强
医　生：　肖晓希
运动员：　李　杰　蒋晨鑫　陶骋安　洪佳骏
　　　　　周玉庭　韩　旭

男子

沙滩排球

李　杰　　第 1 名
陶驰安　蒋晨鑫　　第 8 名

【2018 年沙滩排球运动队年度排名（女子组）】1 月 1 日—12 月 31 日。

领　队：　胡葛明
教练员：　谷　昱
医　生：　肖晓希
运动员：　王　静　瞿彬泓　陈荟捷　马丹妮
　　　　　陶晓婷

女子

沙滩排球

瞿彬泓　王　静　　第 2 名
陈荟捷　　第 3 名

手球

【2018 年全国女子手球冠军杯赛】3 月 18—28 日在广西南宁举行，上海女子手球队参赛，获第一名。

领　队：　孙琦敏
教练员：　金钟顺　郭　威　祝　君
医　生：　孙宇翔
翻　译：　郑明星
运动员：　从　蓉　周　蕾　江馨彤　庄徐蕊
　　　　　黄　妍　杨　崟　郑　冯　徐　娟
　　　　　居　晔　徐安琪　杨奚琦　彭旭盈
　　　　　康宛欣　都　好　张萍萍　包纪仪
　　　　　张嘉悦　熊嘉旎

【2018 年全国男子手球冠军杯赛】4 月 5—15 日在重庆万州举行，上海男子手球队参赛，获第七名。

教练员：　吴　璟　张勇军　金迪琦
医　生：　杨　时
运动员：　张　峥　张立成　高震东　朱世杰
　　　　　董　凯　周文龙　庄旭杰　沈吉磊
　　　　　吴　双　贺　政　蒋嘉敏　张润民
　　　　　谢智超　吴佳兵　陈驰嵘　陈　辰

【2018 年全国女子手球锦标赛】9 月 10—

18日在辽宁朝阳举行，上海女子手球队参赛，获第二名。

领　队：　孙琦敏

教练员：　金钟顺　郭　威　祝　君

医　生：　孙宇翔

翻　译：　郑明星

运动员：　周　蕾　江馨彤　王嘉怡　黄　妍
居　晔　吴　茵　武娜娜　斯　文
孙梦颖　郑　冯　徐　娟　沙正文
胡晓莹　都　好　徐安琪　杨奚琦
杨　崟　包纪仪

【2018年全国男子手球锦标赛】10月18—27日在江苏苏州举行，上海男子手球队参赛，获第七名。

领　队：　马仲顺

教练员：　吴　璟　张勇军　金迪琦

医　生：　杨　时

运动员：　张　峥　高天伦　贺　政　周文龙
高震东　吴　双　朱世杰　蒋慧捷
周哲韬　谢智超　沈吉磊　庄旭杰
董　凯　蒋承骅　陈　辰　陈驰嵘

羽毛球

【2018年全国羽毛球单项锦标赛】8月8—15日在江西南昌举行，上海羽毛球队参赛。

领　队：　龚维之

教练员：　过勇平　金　晨　高　健　朱晓成
陆启成　俞凌胤

医　生：　黄　俊

工作人员：林国芳

运动员：　史龙飞　赵　健　陈浩洋　商亦辰
陈嘉俊　李林飞　安俊臣　张旌懿
陈宇鑫　陈宇腾　姜彬彬　江雪怡
朱天怡　孙曼灵　刘亚婷　唐平阳
杨　澜　杨睿雯　吕艳妃　裘子莹
吴羽之　瞿　莹　杨佳敏　朱沁蕙

女子

单打

杨睿雯　　第5名

双打

姜彬彬　唐平阳　　第2名

混合

双打

唐平阳　史龙飞　　第3名

【2018年全国羽毛球团体锦标赛】9月24—30日在安徽合肥举行，上海羽毛球队参赛。

领　队：　龚维之

教练员：　沙海平　金　晨　高　健　朱晓成
陆启成　俞凌胤

医　生：　黄　俊

工作人员：林国芳

运动员：　史龙飞　赵　健　陈浩洋　刘海超
李林飞　陈思航　商亦辰　戴恩溢
蒋振邦　张旌懿　姜彬彬　唐平阳
孙曼灵　江雪怡　朱天怡　杨睿雯
吕艳妃　裘子莹　林芳灵　周芯如

女子

团体

裘子莹　林芳灵　孙曼灵　周芯如
姜彬彬　吕艳妃　杨睿雯　唐平阳
江雪怡　朱天怡　　第5名

【2018年全国羽毛球冠军赛】6月4—13日在湖南益阳举行，上海羽毛球队参赛。

领　队：　龚维之

教练员：　过勇平　金　晨　高　健　朱晓成
陆启成　俞凌胤

医　生：　黄　俊

工作人员：林国芳

运动员：赵 健 林远达 商亦辰 戴恩溢 陈嘉俊 蒋振邦 李林飞 安俊臣 陈思航 张旌懿 严增阳 陈宇鑫 姜彬彬 江雪怡 朱天怡 孙曼灵 刘亚婷 唐平阳 杨 澜 杨睿雯 林芳灵 吕艳妃 裘子莹 查韵沁 周芯如

女子

单打

裘子莹 第5名

【2018年全国青年羽毛球锦标赛】5月8—16日在江苏苏州举行，上海青年羽毛球队参赛。

领 队：龚维之

教练员：金 晨 沙海平 陆启成 俞凌胤 高 健 朱晓成

医 生：黄 俊

工作人员：林国芳

运动员：商亦辰 戴恩溢 张有为 陈宇鑫 张旌懿 陈嘉俊 冯 玮 蒋振邦 严增阳 陈宇腾 谢泽昊 马俊杰 杨睿雯 裘子莹 吕艳妃 杨佳敏 刘亚婷 查韵沁 林芳灵 周芯如 吴羽之 瞿 莹 朱沁惠

男子

双打

商亦辰 第2名

女子

团体

查韵沁 杨佳敏 林芳灵 吕艳妃 杨睿雯 裘子莹 第3名

双打

林芳灵 第2名

单打

裘子莹 第2名

混合

双打

林芳灵 第3名

网球

【2018年全国网球团体锦标赛】6月17—24日在河南郑州举行，上海网球队参赛。

运动员：李原丰 刘汉屹 黄霁超 张凌豪

男子

团体

李原丰 刘汉屹 黄霁超 张凌豪 第5名

【2018年中国网球大奖赛】11月20—25日在深圳举行，上海网球队参赛。

运动员：吴 迪 刘汉屹

男子

单打

吴 迪 第2名

双打

吴 迪 第2名

刘汉屹 第5名

乒乓球

【2018年全国乒乓球锦标赛】9月7—16日在辽宁鞍山举行，上海乒乓球队参赛。

领 队：童本俊

教练员：陈叶君 何海津 徐飞龙 李程鹏

医 生：黄 盟

工作人员：张 栋

运动员：许 昕 尚 坤 赵子豪 孙 正 黄一舜 耿旭纬 陈 熠 杨屹韵

薛丝雨　崔雪聪　俞晓菲

成绩

男子双打

尚　坤　第 1 名

混合双打

赵子豪　第 5 名

【2017—2018 年中国乒乓球俱乐部超级联赛】分主客场制举行，上海乒乓球运动员参赛。

上海中星乒乓球俱乐部

领　队：童本俊

教练员：张　洋

医　生：黄　盟

工作人员：张　栋

运动员：许　昕　赵子豪　孙　正　崔庆磊

成绩

许　昕　赵子豪　孙　正　崔庆磊　第 8 名

垒球

【2018 年全国女子垒球冠军杯赛】3 月 16—26 日在广东中山举行，上海垒球队参赛，获第五名。

领　队：刘雅明

教练员：刘雅明　孙　杰　何长征

医　生：冯　煜

运动员：倪佳雯　郑嘉义　符慧丽　杜心怡　王钰莹　陈奕阳　潘思凡　江心悦　周文婷　时安怡　徐紫嫣　秦嘉妮　瞿　珍　狄　茜　王　卓　朱怡雯　王雅茹　高　星

【2018 年全国女子垒球锦标赛】12 月 15—22 日在贵州兴义举行，上海垒球队参赛，获第四名。

领　队：韦冬梅

教练员：刘雅明　孙　杰　陶　桦

医　生：冯　煜

运动员：赵新星　倪佳雯　郑嘉义　高　星　符慧丽　王钰莹　陈奕阳　潘思凡　周文婷　江心悦　时安怡　王　蓓　王雅茹　朱怡雯　瞿　珍　狄　茜　秦嘉妮　瞿　嘉

棒球

【2018 年全国棒球冠军杯赛】7 月 3—11 日在北京举行，上海棒球队参赛，获第五名。

领　队：陈　琦

教练员：张玉峰　李克明　袁本荣　叶明强　黄文博

医　生：坝艳伟

运动员：陈忠阳　胡凯焱　顾炎卿　崔永志　陆　洋　王　斌　张小晨　曹　杰　杨木羽　马　赟　朱俊豪　代　伟　鲍振北　费　旭　孟　醒　竺　佳　袁智赟

【2018 年全国棒球锦标赛】10 月 12—20 日在天津举行，上海棒球队参赛，获第二名。

领　队：陈　琦

教练员：张玉峰　李克明　袁本荣　叶明强　黄文博

医　生：坝艳伟

运动员：杨燕勇　胡凯焱　顾炎卿　屠佳伦　陈忠阳　孟　醒　李　宁　陆　洋　王　斌　杨木羽　杨　晋　马　赟　张小晨　韩继超　曹一杰　鲍振北　费　旭　韩　啸　代　伟　朱俊豪

竺　佳　袁智赟　郝国臣

曲棍球

【2018年全国女子曲棍球冠军杯赛】5月22—30日在四川成都举行，上海女子曲棍球队参赛，获第四名。

领　队：　胡家铭
教练员：　崔英彪　陈德康　杨秀红　张　磊
医　生：　王俊翔
运动员：　金　晶　蔡张莹　陈　玲　顾思琦
孙佳雯　木俊冉　黄　萌　陆　婷
李秀莹　朱怡婷　张雪莲　胡　琴
陆妍莹　刘　萍　刘依霞　徐妍菲
苏　姝　钱敏艳　李敏君　沈张韵捷

【2018年全国女子曲棍球锦标赛】9月27日—10月5日在江苏武进举行，上海女子曲棍球队参赛，获第六名。

领　队：　胡家铭
教练员：　崔英彪　陈德康　杨秀红　张　磊
医　生：　王俊翔
运动员：　金　晶　苏　姝　李敏君　蔡张莹
陈　玲　周　瑜　孙佳雯　钱敏艳
黄　萌　徐妍菲　陆　婷　崔秋霞
李秀莹　朱怡婷　刘依霞　张雪莲
刘　萍　顾思琦　代　宁　沈张韵捷

【2018年全国青年女子曲棍球锦标赛】6月20—28日在江苏淮安举行，上海青年女子曲棍球队参赛，获第三名。

领　队：　胡家铭
教练员：　崔英彪　陈德康　杨秀红　张　磊
医　生：　王俊翔
运动员：　李静怡　孙兴雨　陈　玲　顾思琦
代　宁　孙佳雯　木俊冉　黄　萌
黄雨薇　朱鑫怡　朱怡婷　倪嫣灵
胡　琴　何梦洁　刘依霞　徐妍菲
苏　姝　钱　敏　张馨怡　杨　云

橄榄球

【2018年全国英式7人制橄榄球锦标赛】5月24—28日在重庆举行，上海女子橄榄球队参赛，获第三名。

教练员：　徐　辉
运动员：　吴建红　陆敏倩　魏　越　郑文燕
凌　晨　杨　鑫　刘潇倩　蒋舒悦
陈灵霞　蒋欣航　戴　静　谷　瑶
廖昌榕　虞安娜　彭　露

【2018年全国英式7人制橄榄球冠军赛】11月1—5日在海南举行，上海橄榄球队参赛，女队获第三名，男队获第八名。

教练员：　徐　辉
运动员：　陆敏倩　吴建红　魏　越　郑文燕
凌　晨　刘潇倩　蒋舒悦　蒋欣航
戴　静　谷瑶瑶　廖昌榕　虞安娜
郭姝晗　冯　洋　杨九龙　李立邦
张　革　雷天阳　邹徐斌　邢　凯
游兴赟　沈　尚　彭　真　宁友健
戴　尊

壁球

【2018中国壁球巡回赛（第一站）暨亚运会选拔赛】3月9日—11日在广东深圳举行，上海壁球队参赛。

教练员：　李东锦
运动员：　李东锦　顾金玥　段思羽　何芯茹

彭珍妮　王骏杰　沈佳琦　周志弢
周芃霖　李海镇　张冠宇

男子

选拔组

王骏杰　第 1 名
沈佳琦　第 2 名
周志弢　第 3 名
梁　骏　第 4 名
李海镇　第 6 名

女子

选拔组

李东锦　第 1 名
顾金玥　第 2 名
段思羽　第 3 名
何芯茹　第 4 名
彭珍妮　第 5 名

【2018 年大连壁球公开赛暨亚运会选拔赛】 5 月 12 日—13 日在辽宁大连举行，上海壁球队参赛。

教练员：　李东锦

运动员：　李东锦　顾金玥　段思羽　何芯茹
彭珍妮　王骏杰　沈佳琦　周志弢
周芃霖　李海镇　张冠宇

男子

选拔组

王骏杰　第 1 名
沈佳琦　第 2 名
周志弢　第 3 名
梁　骏　第 4 名
李海镇　第 6 名

女子

选拔组

顾金玥　第 1 名
段思羽　第 2 名
何芯茹　第 3 名
彭珍妮　第 4 名
李东锦　第 5 名

【2018 年中国壁球巡回赛（哈尔滨站）暨亚运会国家队排位赛】 6 月 9 日—10 日在黑龙江哈尔滨举行，上海壁球队参赛。

教练员：　李东锦

运动员：　李东锦　顾金玥　段思羽　何芯茹
彭珍妮　沈佳琦　王骏杰　周志弢
梁　骏　李海镇

男子

单打

沈佳琦　第 1 名
王骏杰　第 2 名
周志弢　第 3 名
梁　骏　第 4 名
李海震　第 6 名

女子

单打

李东锦　第 1 名
顾金玥　第 2 名
段思羽　第 3 名
何芯茹　第 4 名
彭珍妮　第 5 名

【2018 年全国壁球锦标赛】 12 月 14 日—16 日在江苏扬州举行，上海壁球队参赛。

教练员：　李东锦

运动员：　李东锦　沈佳琦　周志弢　李海圳
周芃霖　彭珍妮

男子

甲组单打

沈佳琦　第 1 名
周志弢　第 3 名

乙组单打

李海圳　第 1 名

周芃霖　　第 4 名

女子

甲组单打

李东锦　　第 1 名

彭珍妮　　第 3 名

柔道

【2018 年全国柔道锦标赛】4 月 13—17 日在河北迁安举行，上海体育学院竞校组队参赛。

教练员：郭雨竹

运动员：顾　凯　许继龙　顾　祥　章家龙　孙天好　李泊池　亢一鹏　查　庆　苏伽媚　林嘉钰　唐　玮　王佳娴　胡千雪

成绩

团体

林嘉钰　顾　凯　李泊池　胡千雪　查　庆　　第 5 名

【2018 年全国柔道冠军赛】10 月 8—15 日在陕西西安举行，上海体育学院竞校组队参赛。

教练员：郭雨竹

运动员：顾　凯　顾　祥　孙天好　孙喜超　苏伽媚　王佳娴　胡千雪

成绩

团体

王佳娴　孙喜超　孙天好　第 7 名

【2018 年全国青年柔道锦标赛】6 月 11—18 日在重庆举行，上海体育学院竞校组队参赛。

教练员：郭雨竹

运动员：许继龙　杨定波　章家龙　李泊池　查　庆　苏伽媚　唐　玮　李慧敏　王佳娴　胡千雪

男子

100 公斤级以上

查　庆　　第 7 名

女子

57 公斤级

唐　玮　　第 5 名

跆拳道

【2018 年全国跆拳道锦标赛（第一站）】3 月 28 日—4 月 4 日在江苏无锡举行，上海体育学院竞校组队参赛。

教练员：李玉清

运动员：许毅辰　张博涛　何以森　吴俊锋　高家宝　朱定煌　付指意

男子

80 公斤级

高家宝　　第 3 名

朱定煌　　第 5 名

【2018 年全国跆拳道锦标赛（第二站）】5 月 8—14 日在江苏无锡举行，上海体育学院竞校组队参赛。

教练员：李玉清

运动员：张博涛　高家宝　朱定煌　付指意　陈泓好　谢宛蓉

男子

80 公斤级

朱定煌　　第 1 名

68 公斤级

王子豪　　第 3 名

87 公斤级

付指意　　第 5 名

【2018 年全国跆拳道锦标赛（第三站）】7

月2—9日在江苏无锡举行，上海体育学院竞校组队参赛。

教练员：　李玉清

运动员：　朱定煌　付指意　张博涛　吴俊锋

　　　　　高家宝　朱婷菲　陈泓妤　谢宛蓉

男子

80公斤级

朱定煌　第1名

87公斤级

付指意　第2名

【2018年全国跆拳道锦标赛（第四站）】9月9—12日在江苏无锡举行，上海体育学院竞校组队参赛。

教练员：　李玉清

运动员：　朱定煌　付指意　张博涛　吴俊锋

　　　　　高家宝　朱婷菲　陈泓妤　谢宛蓉

男子

87公斤级

付指意　第2名

80公斤级

朱定煌　第5名

68公斤级

王子豪　第5名

【2018全国跆拳道锦标赛】3月30日—9月13日在江苏无锡举行，上海跆拳道队参赛。

领　队：　任育良

教练员：　杨承嵩　林春生　金永盛

医　生：　朱先军

运动员：　王金宇　黄海涛

男子

−68公斤级

王金宇　第3名

+87公斤级

黄海涛　第7名

【2018年全国跆拳道锦标赛总名次】

男子

80公斤级

朱定煌　第1名

87公斤级

付指意　第1名

【2018年全国跆拳道冠军赛】12月26—30日在江苏无锡举行，上海体育学院竞校与上海跆拳道队共同参赛。

领　队：　任育良

教练员：　李玉清　杨承嵩　林春生　金永盛

医　生：　朱先军

运动员：　朱定煌　高家宝　付指意　王子豪

　　　　　谢宛蓉　王金宇　黄海涛　赵　冕

　　　　　周贤盘

男子

80公斤级

朱定煌　第3名

高家宝　第5名

68公斤级

王子豪　第5名

−68公斤级

王金宇　第3名

赵　冕　第5名

+87公斤级

黄海涛　第3名

−80公斤级

周贤盘　第5名

【2018年全国青年跆拳道锦标赛（第一站）】4月23—26日在河北迁安举行，上海体育学院竞校组队参赛。

教练员：　李玉清

运动员：　刘斯旋　苏晨玮　王　泉　焦　煊

杨志云　何以森　康杨杨　周海清
吴韦琳

男子

45 公斤级

刘斯旋　第 5 名

【2018 年全国青年跆拳道锦标赛（第二站）】5 月 30 日—6 月 1 日在山西运城举行，上海体育学院竞校组队参赛。

教练员：　李玉清

运动员：　刘斯旋　苏晨玮　王　泉　焦　煊
杨志云　何以森　康杨杨　周海清
吴韦琳

男子

45 公斤级

刘斯旋　第 5 名

【2018 年全国青年跆拳道锦标赛（第三站）】8 月 4—6 日在山西吕梁举行，上海体育学院竞校组队参赛。

教练员：　李玉清

运动员：　刘斯旋　苏晨玮　王　泉　焦　煊
杨志云　何以森　康杨杨　周海清
吴韦琳

男子

45 公斤级

刘斯旋　苏晨玮　第 5 名

【2018 年全国青年跆拳道锦标冠军赛】10 月 17—20 日在四川江安举行，上海跆拳道队参赛。

领　队：　任育良

教练员：　杨承嵩　林春生　金永盛

医　生：　朱先军

运动员：　文一帆　黄海涛

男子

–68 公斤级

文一帆　第 5 名

+78 公斤级

黄海涛　第 2 名

拳击

【2018 年全国男子拳击锦标赛】4 月 1—9 日在海南海口举行，上海体育学院竞校组队参赛。

教练员：　潘　峰　毛国政

运动员：　胡建关　黄　冬　李泉龙　戴　伟
赖茂林　许锦涛　吴浩东

男子

52 公斤级

胡建关　第 1 名

【2018 年全国拳击锦标赛（第二站）】5 月 7—13 日在重庆荣昌举行，上海体育学院竞校与上海拳击队共同参赛。

领　队：　师红宁

教练员：　潘　峰　毛国政　汤圆圆　吴正平
王连方　张志杰　张　琴

医　生：　王培阳

运动员：　胡建关　赖茂林　吴浩东　戴　伟
张世文　吕　蔓　朱梦超　李晓燕
张琛悦　冯子成　徐伟浩　杨宇航
张泽昊

男子

69 公斤级

徐伟浩　第 5 名

52 公斤级

冯子成　第 3 名

+91 公斤级

张泽昊　第 5 名

女子

69 公斤级

朱梦超　　第 5 名

51 公斤级

李晓燕　　第 5 名

【2018 年全国拳击锦标赛（第三站）】6 月 16—23 日在河南鹤壁举行，上海体育学院竞校与上海拳击队共同参赛。

领　队：　师红宁

教练员：　潘　峰　毛国政　汤圆圆　吴正平　王连方　张志杰　张　琴

医　生：　王培阳

运动员：　赖茂林　许锦涛　戴　伟　张世文　徐秋芳　朱梦超　张琛悦　刘　鑫　徐伟浩　石晓阳　张泽昊

男子

60 公斤级

赖茂林　　第 3 名

52 公斤级

刘　鑫　　第 5 名

+91 公斤级

张泽昊　　第 5 名

女子

51 公斤级

徐秋芳　　第 3 名

75 公斤级

张琛悦　　第 5 名

【2018 全国女子拳击锦标赛暨亚运会资格选拔赛】3 月 26—31 日在海南临高举行，上海拳击队参赛。

领　队：　师红宁

教练员：　王连方　张志杰　张　琴

医　生：　王培阳

运动员：　李晓燕　陶兰婷　张　荣　张琛悦

女子

75 公斤级

张琛悦　　第 5 名

60 公斤级

张　荣　　第 3 名

54 公斤级

陶兰婷　　第 5 名

51 公斤级

李晓燕　　第 5 名

【2018 年全国青年男子拳击锦标赛】7 月 23—28 日在浙江宁海举行，上海体育学院竞校组队参赛。

教练员：　潘　峰　毛国政　汤圆圆

运动员：　金家豪　国瑛洁　刘林锋　郐奇衡　齐芷浩

男子

52 公斤级

金家豪　　第 2 名

【2018 年全国拳击 U16 系列赛（华东区）】9 月 2—8 日在浙江宁海举行，上海体育学院竞校组队参赛。

教练员：　潘　峰　毛国政　汤圆圆

运动员：　胡铖铖　周　涵　廖　城　陈家辉　童马超　张中鸿　周云泽　刘书彤　胡海琼

男子

52 公斤级

童马超　　第 1 名

54 公斤级

陈家辉　　第 1 名

50 公斤级

张中鸿　　第 2 名

48 公斤级

周云泽　鲁逸凡　　　　第3名

63公斤级

周　涵　　　　第3名

70公斤级

胡铖铖　　　　第3名

女子

57公斤级

胡海琼　　　　第1名

75公斤级

刘书彤　　　　第2名

【2018年全国青年女子拳击锦标赛】7月15—20日在浙江宁海举行，上海青年女子拳击队参赛。

领　队：　师红宁

教练员：　王连方　张志杰　张　琴

医　生：　王培阳

运动员：　刘香君　李　慧

女子

57公斤级

李　慧　　　　第5名

54公斤级

刘香君　　　　第1名

举重

【2018年全国男子举重锦标赛】4月19—22日在湖北宜昌举行，上海男子举重队参赛。

领　队：　蒋剑庆

教练员：　骆耀华

医　生：　陆智伟

运动员：　黄秉文　王宗跃

男子

94公斤级

黄秉文　　　　345公斤　第8名

【2018年全国男子举重冠军赛】9月6—9日在浙江开化举行，上海男子举重队参赛。

领　队：　蒋剑庆

教练员：　骆耀华

医　生：　陆智伟

运动员：　王宗跃　黄秉文　陈嘉仕

男子

96公斤级

黄秉文　　　　337公斤　第8名

【2018年全国女子举重冠军赛】8月30日—9月2日在陕西宝鸡举行，上海女子举重队参赛。

领　队：　蒋剑庆

教练员：　吴逸萍

医　生：　陆智伟

运动员：　陆晓磊　陆新平　俞嘉琪

女子

49公斤级

陆晓磊　　　　184公斤　第7名

【2018年全国青年举重锦标赛】4月28日—5月3日在江苏宿迁举行，上海举重队参赛。

领　队：　蒋剑庆

教练员：　吴逸萍　赵秋迪　骆耀华

医　生：　陆晓菲

运动员：　陆新平　俞嘉琪　向华波　钟建伟
王宗跃　庄　钱　陈嘉仕

男子

85公斤级

庄　钱　　　　308公斤　第6名

女子

90公斤级

俞嘉琪　　　　222公斤　第7名

摔跤

【2018年全国男子古典式摔跤锦标赛】3月28—31日在河北迁安举行，上海体育学院竞校组队参赛。

教练员：　戴学名　钱跃明

运动员：　赵佳俊　李昊泽　黄旭明　陈俊熙　江　源　李东宇　时　纪　李　康　潘号然　巴久齿且

成绩

60公斤级

黄旭明　　第7名

87公斤级

彭　飞　　第3名

【2018年全国男子古典式摔跤冠军赛】11月20—24日在山东淄博举行，上海体育学院竞校组队参赛。

教练员：　戴学名　钱跃明

运动员：　李昊泽　黄旭明　陈俊熙　江　源　李东宇　李　康　潘号然　巴久齿且

成绩

72公斤级

李　康　　第2名

130公斤级

潘号然　　第2名

67公斤级

李东宇　　第5名

【2018年全国青年男子古典式摔跤锦标赛】5月6—13日在安徽合肥举行，上海体育学院竞校组队参赛。

教练员：　戴学名　钱跃明

运动员：　谭俊杰　符　彪　黄旭明　李东宇　李　康　赵佳俊　潘号然　巴久齿且

成绩

60公斤级

黄旭明　　第5名

【全国（U17）古典式摔跤锦标赛】6月3—9日在江西鹰潭举行，上海体育学院竞校组队参赛。

教练员：　戴学名　钱跃明

运动员：　徐　庆　张栩铨　谭俊杰　符　彪　高吉祥　辛泰阳　季泰宇　吕永乐

成绩

60公斤级

符　彪　　第3名

110公斤级

吕永乐　　第5名

【全国（U23）摔跤大奖赛】6月3—9日在江西鹰潭举行，上海体育学院竞校组队参赛。

教练员：　戴学名　钱跃明

运动员：　陈俊熙　李东宇　黄旭明　江　源　李　康　潘号然　李昊泽

成绩

63公斤级

陈俊熙　　第3名

130公斤级

潘号然　　第5名

77公斤级

李　康　　第7名

自行车

【2018全国公路自行车锦标赛】7月8—15日在浙江温州举行，上海自行车队参赛。

领　队：　丁　岗

教练员：　乔春安　郧伟培　王　江　李国栋

医　生：　寇仁杰
工作人员：张福楼
运动员：　邓鹏海　徐兆亮　陈智文　支天祥
　　　　　杨　宇　张　颖　路　梅　孙　圆

成绩

女子公路个人赛
　　　　　路　梅　　　　　　　　　第 7 名

女子公路个人计时赛
　　　　　张　颖　　　　　　　　　第 2 名

【2018 年全国场地自行车锦标赛】9 月 9—13 日在山西太原举行，上海自行车队参赛。

领　队：　丁　岗
教练员：　乔春安　唐　琪　王　江　倪大海
　　　　　李国栋　张　瑶　邬伟培
医　生：　蔡怀敬　寇仁杰
工作人员：张福楼
运动员：　王海洲　陈智文　陈培迪　支天祥
　　　　　江　山　王骏杰　周添悦　秦晨路
　　　　　徐兆亮　徐　超　周　瑜　张　颖
　　　　　路　梅　孙　圆　肖佳喜　陈巧林
　　　　　钟天使

男子

场地团体追逐赛
　　　　　陈培迪　支天祥　陈智文　徐兆亮
　　　　　　　　　　　　　　　　　第 2 名

场地团体竞速赛
　　　　　周　瑜　王海洲　江　山　第 5 名

场地争先赛
　　　　　徐　超　　　　　　　　　第 1 名
　　　　　周　瑜　　　　　　　　　第 2 名

250 米个人计时赛
　　　　　周　瑜　　　　　　　　　第 3 名

女子

场地麦迪逊赛
　　　　　孙　圆　张　颖　　　　　第 3 名

场地团体追逐赛
　　　　　张　颖　陈巧林　孙　圆　路　梅
　　　　　　　　　　　　　　　　　第 3 名

场地凯林赛
　　　　　肖佳喜　　　　　　　　　第 7 名

【2018 年中国场地自行车联赛总决赛】8 月 1—4 日在山西太原举行，上海自行车队参赛。

领　队：　丁　岗
教练员：　乔春安　唐　琪　王　江　倪大海
　　　　　李国栋　张　瑶
医　生：　蔡怀敬
工作人员：张福楼
运动员：　邓鹏海　王海洲　陈智文　支天祥
　　　　　江　山　王骏杰　周添悦　秦晨路
　　　　　徐兆亮　张　颖　路　梅　孙　圆
　　　　　肖佳喜　陈巧林

男子

场地麦迪逊赛
　　　　　徐兆亮　支天祥　　　　　第 4 名

场地团体追逐赛
　　　　　邓鹏海　徐兆亮　陈智文　秦晨路
　　　　　　　　　　　　　　　　　第 1 名

场地团体竞速赛
　　　　　江　山　王骏杰　王海洲　第 6 名

女子

场地麦迪逊赛
　　　　　张　颖　孙　圆　　　　　第 2 名

场地团体追逐赛
　　　　　张　颖　路　梅　孙　圆　陈巧林
　　　　　　　　　　　　　　　　　第 6 名

场地争先赛
　　　　　肖佳喜　　　　　　　　　第 7 名

全能赛
　　　　　路　梅　　　　　　　　　第 3 名

【2018年中国公路自行车联赛总决赛】6月21—24日在内蒙古乌海举行，上海自行车队参赛。

领　队：丁　岗
教练员：乔春安　邬伟培　王　江　李国栋
医　生：寇仁杰
工作人员：张福楼
运动员：徐兆亮　陈智文　邓鹏海　支天祥　杨　宇　张　颖　路　梅　孙　圆

男子

公路绕圈赛

徐兆亮　第1名
陈智文　第8名

公路个人计时赛

徐兆亮　第7名

女子

公路绕圈赛

张　颖　第5名

公路个人计时赛

张　颖　第3名

【2018全国青年公路自行车锦标赛】7月8—13日在浙江温州举行，上海自行车队参赛。

领　队：丁　岗
教练员：乔春安　邬伟培　王　江　李国栋
医　生：寇仁杰
工作人员：张福楼
运动员：张琦丰　陆嘉成　金明辉　郭黄辰　黄骏磊　陈兴业　忽浩俊　周佳琪　陈思懿

男子

公路个人赛

陆嘉成　第3名
金明辉　第5名

公路个人计时赛

金明辉　第7名

女子

公路个人赛

周佳琪　第1名
陈思懿　第6名

公路个人计时赛

陈思懿　第2名
周佳琪　第6名

【2018年全国场地青年锦标赛】9月9—13日在山西太原举行，上海自行车队参赛。

领　队：丁　岗
教练员：乔春安　唐　琪　王　江　倪大海　李国栋　张　瑶　邬伟培
医　生：蔡怀敬　寇仁杰
工作人员：张福楼
运动员：朱任毅　陈宝龙　陆怡阳　周　成　张琦丰　陆嘉成　郭黄辰　陈兴业　黄骏磊　金明辉　忽浩俊　苑海迪　朱雨璇　张佳惠　周佳琪　陈思懿　孙诗雨

男子

场地麦迪逊赛

陆嘉成　郭黄辰　第4名

场地团体追逐赛

郭黄辰　陈兴业　黄骏磊　张琦丰　第2名

女子

场地麦迪逊赛

陈思懿　周佳琪　第1名

场地团体追逐赛

孙诗雨　陈思懿　苑海迪　周佳琪　第4名

场地团体竞速赛

苑海迪　朱宇璇　第4名

场地凯林赛

苑海迪　第 4 名
朱雨璇　第 7 名

场地争先赛

朱雨璇　第 3 名
苑海迪　第 5 名

场地 500 米计时赛

朱雨璇　第 3 名

全能赛

陈思懿　第 2 名
周佳琪　第 5 名

体操

【2018 年全国体操锦标赛暨第十八届亚运会选拔赛】5 月 3—14 日在广东肇庆举行，上海体操队参赛。

男子

吊环

雷　鹏　14.867 分 第 2 名

跳马

吴建豪　13.467 分 第 8 名

女子

个人全能

章　瑾　54.150 分 第 2 名

平衡木

章　瑾　14.333 分 第 4 名

混合

全能

章　瑾　余钥志　128.400 分第 7 名

【2018 年全国体操冠军赛】9 月 1—8 日在河南许昌举行，上海体操队参赛。

男子

吊环

雷　鹏　14.667 分 第 2 名

女子

高低杠

范忆琳　14.967 分 第 1 名

【2018 年全国青年体操 U 系列分区赛（第二赛区）】4 月 20—26 日在山东济南举行，上海体操队参赛。

男子

U14 团体

吴豫堂　覃国欢　郝　帅
186.555 分第 1 名

U14 全能

吴豫堂　63.949 分 第 4 名
覃国欢　62.470 分 第 5 名

U14 自由操

郝　帅　12.000 分 第 5 名
覃国欢　11.980 分 第 6 名
吴豫堂　10.835 分 第 7 名

U14 鞍马

郝　帅　12.720 分 第 1 名
吴豫堂　11.060 分 第 6 名
覃国欢　10.720 分 第 7 名

U14 吊环

覃国欢　12.025 分 第 2 名
吴豫堂　11.690 分 第 6 名
郝　帅　10.605 分 第 8 名

U14 跳马

郝　帅　11.213 分 第 3 名
吴豫堂　11.083 分 第 4 名
覃国欢　10.585 分 第 5 名

U17 团体

张家炜　唐　龙　石齐勇　郑庆封
192.461分 第 3 名

U17 自由体操

唐　龙　12.795 分 第 5 名

U17 跳马

张家炜 10.943 分 第 7 名

唐　龙 6.900 分 第 8 名

U17 双杠

石齐勇 12.675 分 第 5 名

【2018 年全国青年体操锦标赛】6 月 3—10 日在山西太原举行，上海体操队参赛。

男子

U14 团体

郝　帅　覃国欢　吴豫堂 190.407 分 第 1 名

乙组鞍马

吴豫堂 12.146 分 第 3 名

覃国欢 5.627 分 第 8 名

乙组吊环

吴豫堂 12.207 分 第 2 名

覃国欢 11.866 分 第 5 名

乙组双杠

覃国欢 12.167 分 第 5 名

乙组单杠

吴豫堂 11.246 分 第 7 名

U17 团体

张家炜　郑庆封　余钥志　石齐勇 196.967 分 第 6 名

U17 鞍马

张家炜 12.337 分 第 5 名

余钥志 10.640 分 第 8 名

女子

乙组团体

王　盈　邱梦琳　陈泓静 125.028 分 第 6 名

【2018 年全国青年体操冠军赛】9 月 5—11 日在河南许昌举行，上海体操队参赛。

男子

U17 鞍马

唐　龙 11.033 分 第 8 名

U17 单杠

石齐勇 12.300 分 第 3 名

唐　龙 12.100 分 第 6 名

艺术体操

【2018 年全国艺术体操集体锦标赛和个人冠军赛暨 U 系列集体锦标赛和 U 系列个人冠军赛】4 月 17—24 日在山东蓬莱举行，上海艺术体操队参赛。

成绩

成年集体全能

魏沁渝　魏香奇　郭崎琪　蓬佳琪　张云馨　马　琳 29.750 分 第 1 名

单项 5 圈

魏沁渝　魏香奇　郭崎琪　蓬佳琪　张云馨　马　琳 15.000 分 第 1 名

单项 3 球 2 绳

魏沁渝　魏香奇　郭崎琪　蓬佳琪　张云馨　马　琳 14.150 分 第 2 名

成年个人团体总分

万　亭 38.450 分 第 7 名

【2018 年全国艺术体操冠军赛】6 月 4—10 日在广东深圳举行，上海艺术体操队参赛。

女子

成年集体单项 5 圈

魏沁渝　魏香奇　郭崎琪　蓬佳琪　张云馨　马　琳 13.150 分 第 4 名

成年集体单项 3 球 2 绳

魏沁渝　魏香奇　郭崎琪　蓬佳琪　张云馨　马　琳 14.650 分 第 2 名

成年集体全能

魏沁渝　魏香奇　郭崎琪　蓬佳琪

张云馨　马　琳　25.400 分 第 3 名

【2018 年全国艺术体操锦标赛】7 月 27 日—8 月 3 日在四川攀枝花举行，上海艺术体操队参赛。

女子

成年集体全能

魏沁渝　魏香奇　郭崎琪　蓬佳琪

张云馨　马　琳　33.600 分 第 2 名

成年个人单项带

万　亭　12.950 分 第 7 名

成年集体单项 5 圈

魏沁渝　魏香奇　郭崎琪　蓬佳琪

张云馨　马　琳　17.550 分 第 2 名

成年集体单项 3 球 2 绳

魏沁渝　魏香奇　郭崎琪　蓬佳琪

张云馨　马　琳　15.650 分 第 2 名

蹦床

【2018 年全国蹦床锦标赛】5 月 4—10 日在天津举行，上海蹦床队参赛。

男子

团体

顾瑞丰　肖金雨　高　磊　吕沁霖

181.710 分 第 7 名

网上个人

高　磊　59.640 分 第 3 名

顾瑞丰　56.415 分 第 6 名

女子

单跳个人

陈凌茜　58.500 分 第 8 名

【2018 年全国蹦床冠军赛】9 月 9—15 日在安徽合肥举行，上海蹦床队参赛。

男子

网上团体

高　磊　肖金雨　陈泽许多　顾瑞丰

165.460 分 第 5 名

单跳团体

吕沁霖　王劲凯　58.200 分 第 8 名

网上同步

陈泽许多 王鲁冰　45.760 分 第 3 名

网上个人

高　磊　61.075 分 第 1 名

单跳个人

吕沁霖　70.500 分 第 1 名

双蹦床个人

王劲凯　63.600 分 第 4 名

女子

网上同步

张　豫　徐思柔　43.120 分 第 7 名

双蹦床个人

张　豫　48.100 分 第 7 名

徐思柔　48.000 分 第 8 名

【2018 年全国 U 系列青少年蹦床锦标赛】6 月 8—17 日在江苏徐州举行，上海蹦床队参赛。

男子

蹦床团体 13—14 岁

陈俊百　叶佳俊　张智楠

135.970 分 第 2 名

双蹦床个人 13—14 岁

张智楠　57.800 分 第 2 名

女子

蹦床个人 13—14 岁

吴沂轩　49.035 分 第 4 名

蹦床团体 13—14 岁

吴沂轩　高　莹　毛梦妍　童　欣

139.315 分 第 2 名

【2018年全国青少年蹦床锦标赛】7月9—15日在山东高密举行，上海蹦床队参赛。

男子

双蹦床团体13—14岁

张智楠　陈俊百　叶佳骏　17.600分 第2名

双蹦床个人13—14岁

张智楠　58.300分 第6名

陈俊百　58.100分 第7名

女子

蹦床团体13—14岁

吴沂轩　高　莹　毛梦妍　童　欣　141.655分 第2名

蹦床个人13—14岁

吴沂轩　49.295分 第6名

毛梦妍　46.530分 第8名

蹦床个人15—16岁

燕慧婷　43.565分 第5名

赛艇

【2018年全国赛艇春季冠军赛】3月29日—4月1日在湖北鄂州举行，上海赛艇队参赛。

教练员：　姜述之　陈　坚　杨　健　戴海振

男子

2 000米轻量级测功仪

沈家恒　第6名

2 000米测功仪

金　磊　第6名

吴轶晖　第7名

女子

12公里单人双桨

陈云霞　第5名

2 000米单人双桨

陈云霞　第4名

2 000米全能

陈云霞　第7名

2 000米测功仪

黄开凤　第1名

【2018年全国赛艇锦标赛】9月24—29日在山东日照举行，上海赛艇队参赛。

教练员：　戴海振　杨　健　单傅雷　陈　坚　姜述之

男子

2 000米四人双桨

马　健　尹吉祥　周　璇　金　磊　第8名

2 000米四人单桨

沈家恒　陈星榕　第5名

2 000米八人单桨有舵手

许晨翔　沈家恒　陈星榕　白志成　第8名

轻量级2 000米四人双桨

王宇洋　白著尚　杜　凯　第3名

越野滑雪四人接力

高有为　第3名

女子

2 000米双人双桨

陈云霞　第1名

朱贻青　张书贤　第4名

2 000米四人双桨

张　灵　第1名

2 000米八人单桨有舵手

黄开凤　第1名

测功仪

张　灵　第6名

【2018年全国赛艇秋季冠军赛】12月1—3日在浙江千岛湖举行，上海赛艇队参赛。

教练员：　陈　坚　姜述之

女子

单人双桨水上12公里

张　灵　第3名

陈云霞　第4名

双人单桨水上12公里

黄开凤　第6名

陆上赛艇2公里

陈云霞　第6名

黄开凤　第7名

陆上赛艇5公里

黄开凤　第1名

陈云霞　第5名

双桨三项全能

陈云霞　第3名

张　灵　第4名

单桨三项全能

黄开凤　第1名

铁人计划体能大比武双桨

陈云霞　第4名

张　灵　第5名

单人双桨水上2 000米冠军挑战赛

张　灵　第1名

陈云霞　第5名

双人单桨水上2 000米冠军挑战赛

黄开凤　第6名

【2018年全国青年赛艇锦标赛（U18）暨“我要上青奥”赛艇项目选拔赛】6月7—10日在天津海河举行，上海赛艇队参赛。

教练员：杨　健　戴海振　单傅雷　陈　坚　温　斌

男子

2 000米单人双桨

许晨翔　第2名

2 000米四人双桨

卫志龙　汪　宇　王　申　门乐宸　第3名

2 000米四人单桨

曲春雨　张禄祥　尹嘉翔　周　萌　第6名

2 000米八人单桨有舵手

尹嘉翔　曲春雨　周　萌　门乐宸　王　申　卫志龙　许晨翔　张禄祥　丁　铭　第1名

郑子琦　汪　宇　刘　尧　王　森　沈俊杰　潘毅男　张　巍　肖艺晖　郝圣伟　第3名

2 000米轻量级四人双桨

王一鸣　张　瑜　宫天城　郝圣伟　第1名

女子

2 000米四人双桨

纪文文　樊　姝　张海蓉　张　越　第3名

张佳慧　代露露　方家乐　周梓泉　第4名

【2018年全国青少年赛艇锦标赛（U16）】8月25—31日在安徽蚌埠举行，上海赛艇队参赛。

教练员：陈　坚　戴海振　吴卫平　杨　健　单傅雷

男子

甲组2 000米双人双桨

龚宇峰　杨　俊　第2名

甲组2 000米单人双桨

唐家豪　第1名

张秀立　第2名

乙组2 000米双人双桨

李方友　马毅彦　第5名

甲组2 000米双人单桨

唐家豪　张秀立　第4名

甲组测功仪竞速

张秀立　　第 3 名
唐家豪　　第 5 名

甲组双人三项全能
张秀立　唐家豪　　第 1 名

甲组双人两项全能
龚宇峰　杨　俊　　第 4 名

乙组测功仪竞速
马毅彦　　第 5 名

乙组双人两项全能
李方友　马毅彦　　第 2 名

乙组单人两项全能
干海涛　　第 8 名

女子

乙组单人两项全能
杨欣欢　　第 8 名

乙组 2 000 米单人双桨
许　莹　　第 5 名

乙组测功仪竞速
杨欣欢　　第 8 名

皮划艇

【2018 年全国皮划艇静水冠军赛（春季）】3 月 25—27 日在湖北鄂州举行，上海皮划艇队参赛。

教练员：　方　磊

男子

200 米单人皮艇
宗　猛　　第 5 名

1 000 米单人皮艇
曲传胜　　第 8 名

单人皮艇三项全能
曲传胜　　第 5 名

【2018 年全国皮划艇静水锦标赛】9 月 12—16 日在山东临沂举行，上海皮划艇队参赛。

教练员：　方　磊　王翠忠

男子

500 米四人皮艇
祝嘉诚　曲传胜　姚锦程　宗　猛　　第 4 名

越野滑雪（滑轮）四人接力
范思泽　　第 4 名

女子

200 米双人皮艇
孙　婷　徐烨清　　第 4 名

500 米单人皮艇跨项
徐烨清　　第 5 名

越野滑雪（滑轮）个人竞速 1.5KM
丁依君　　第 7 名

越野滑雪（滑轮）四人接力
丁依君　陆玲杰　王　珏　顾佳燕　　第 3 名

越野滑雪（滑轮）个人竞速 10.5KM
丁依君　　第 7 名

滑轮团体积分赛 6 公里
丁依君　顾佳燕　王　珏　　第 2 名

滑轮团体积分赛 10.5 公里
丁依君　顾佳燕　王　珏　　第 2 名

【2018 年全国皮划艇静水青年（U23、U18）锦标赛】5 月 30 日—6 月 2 日在天津海河举行，上海皮划艇队参赛。

教练员：　方　磊　王翠忠　张大明

成绩

U23 男子 500 米单人皮艇
曲传胜　　第 4 名

U23 男子 500 米四人皮艇
曲传胜　姚锦程　　第 3 名

U23 男子 500 米四人皮艇
范思泽　　第 4 名

U23 男子 1 000 米双人皮艇
曲传胜　姚锦程　第 1 名
U23 男子 5 公里单人皮艇
曲传胜　第 5 名
U18 男子 500 米单人皮艇
祝嘉诚　第 1 名
U18 男子 500 米单人皮艇
刘　晶　第 7 名
U18 男子 500 米四人皮艇
祝嘉诚　戴澎辉　刘　晶　金　瑜　第 2 名
U18 男子 500 米四人皮艇
韩为宇　沈泓源　孙明龙　沈凯成　第 8 名
U18 男子 1 000 米双人皮艇
金　瑜　戴澎辉　第 8 名
U18 男子 5 公里单人皮艇
祝嘉诚　第 3 名
U18 男子 500 米四人划艇
吴金超　马智杰　杨佳辉　陆一鸣　第 4 名
U18 女子 500 米单人皮艇
苟小兰　第 3 名
U18 女子 500 米双人皮艇
邵陆毅　苟小兰　第 7 名
U18 女子 500 米双人划艇
孙　彦　陈　如　第 6 名
U23 女子 500 米双人皮艇
孟欣怡　丁依君　第 7 名

【2018 年全国皮划艇静水青少年（U16）锦标赛】10 月 17—20 日在安徽合肥举行，上海皮划艇队参赛。

教练员：　王翠忠　张大明

成绩

U16 女子 3 000 米跑步
顾佳燕　第 6 名
U14 组男子 3 000 米跑步
徐佳乐　第 7 名
U14 组女子 3 000 米跑步
马诗雨　第 3 名
U16 男子 1 000 米单人划艇
陆一鸣　第 5 名
马智杰　第 8 名
U16 男子 500 米单人划艇
马智杰　第 6 名
U16 女子 2 000 米单人皮艇
邵陆毅　第 2 名
苟小兰　第 6 名
顾佳燕　第 7 名
U16 女子 1 000 米单人皮艇
苟小兰　第 2 名
邵陆毅　第 3 名
顾佳燕　第 7 名
U16 女子 500 米单人皮艇
苟小兰　第 1 名
邵陆毅　第 3 名
顾佳燕　第 7 名
U16 女子 2 000 米单人划艇
孙　彦　第 3 名
U16 女子 1 000 米单人划艇
孙　彦　第 5 名
U16 女子 500 米单人划艇
孙　彦　第 5 名
U14 男子 2 000 米单人划艇
徐佳乐　第 2 名
U14 男子 1 000 米单人划艇
徐佳乐　第 2 名
U14 男子 500 米单人划艇
徐佳乐　第 2 名
U14 女子 2 000 米单人皮艇
马诗雨　第 2 名

U14 女子 1 000 米单人皮艇

马诗雨　第 3 名

U14 女子 500 米单人皮艇

马诗雨　第 1 名

【2018 年全国皮划艇（静水）青少年锦标赛（U16）上海分区赛】9 月 5—8 日在上海举行，上海皮划艇队参赛。

教练员：　方　磊　张大明　王翠忠

成绩

U16 男子单人皮艇 3 000 米跑步

孙明龙　第 3 名

沈泓源　第 8 名

U16 男子单人划艇 3 000 米跑步

马智杰　第 3 名

陆一鸣　第 4 名

钱　智　第 5 名

U16 女子单人皮艇 3 000 米跑步

顾佳燕　第 1 名

苟小兰　第 2 名

邵陆毅　第 3 名

王　珏　第 4 名

U16 女子单人划艇 3 000 米跑步

孙　彦　第 3 名

陈　如　第 4 名

U14 男子单人划艇 3 000 米跑步

徐佳乐　第 3 名

U14 女子单人皮艇 3 000 米跑步

马诗雨　第 1 名

U16 男子 1 000 米单人皮艇

孙明龙　第 2 名

韩为宇　第 5 名

沈凯成　第 8 名

U16 男子 1 000 米单人划艇

马智杰　第 2 名

陆一鸣　第 4 名

U16 女子 1 000 米单人皮艇

苟小兰　第 1 名

邵陆毅　第 2 名

王　珏　第 4 名

U16 女子 1 000 米单人划艇

孙　彦　第 3 名

陈　如　第 4 名

U14 男子 1 000 米单人划艇

徐佳乐　第 1 名

U14 女子 1 000 米单人皮艇

马诗雨　第 1 名

U16 男子 500 米单人皮艇

孙明龙　第 3 名

韩为宇　第 6 名

沈泓源　第 7 名

U16 男子 500 米单人划艇

马智杰　第 3 名

陆一鸣　第 6 名

U16 女子 500 米单人皮艇

苟小兰　第 1 名

邵陆毅　第 2 名

顾佳燕　第 4 名

U16 女子 500 米单人划艇

孙　彦　第 3 名

陈　如　第 4 名

U14 男子 500 米单人划艇

徐佳乐　第 1 名

U14 女子 500 米单人皮艇

马诗雨　第 1 名

U16 男子 2 000 米单人皮艇

孙明龙　第 4 名

韩为宇　第 7 名

沈泓源　第 8 名

U16 男子 2 000 米单人划艇

马智杰　第 2 名

陆一鸣　第 5 名

U16 女子 2 000 米单人皮艇

苟小兰　第 1 名
邵陆毅　第 2 名
王　珏　第 4 名
顾佳燕　第 5 名

U16 女子 2 000 米单人划艇

孙　彦　第 3 名
陈　如　第 4 名

U14 男子 2 000 米单人划艇

徐佳乐　第 1 名

U14 女子 2 000 米单人皮艇

马诗雨　第 2 名

帆船

【2018 年全国帆船冠军赛】8 月 26 日—9 月 2 日在河北秦皇岛举行，上海帆船队参赛。

教练员：钱　俊　温　峰　池　强　张　静　徐洪军

男子

激光级场地赛

王自理　第 2 名
杨　扬　第 7 名

470 级长距离

张晓天　郭涵霆　第 3 名
金宇涛　张轶魏　第 6 名

激光级长距离

王自理　第 1 名
张　健　第 4 名

女子

470 级场地赛

蒋心雨　沈欣玉　第 4 名

激光雷迪尔级场地赛

袁茹蓓　第 1 名
张东霜　第 2 名
顾　敏　第 3 名

激光雷迪尔级长距离

袁茹蓓　第 1 名

【2018 年全国 OP 帆船锦标赛】9 月 13—20 日在广东湛江举行，上海 OP 帆船队参赛。

教练员：朱仁杰　路天鸿

男子

甲组场地赛

郑鸿宇　第 1 名
温雅迪　第 2 名
王诗豪　第 3 名
方昊泽　第 6 名

团体

郑鸿宇　温雅迪　第 2 名

女子

甲组场地赛

干思仪　第 1 名
李佳佳　第 2 名
刘云思雨　第 3 名

团体

干思仪　李佳佳　第 1 名

【2018 年全国帆船锦标赛】10 月 14—21 日在浙江宁波举行，上海帆船队参赛。

教练员：钱　俊　温　峰　池　强　张　静　徐洪军

男子

激光级场地赛

王自理　第 3 名
杨　扬　第 4 名

470 级长距离

张晓天　郭涵霆　第 8 名

激光级长距离

王自理　第 2 名
杨　扬　第 6 名

女子

470 级场地赛

蒋心雨　沈欣玉　第 3 名

雷迪尔级场地赛

张东霜　第 1 名

袁茹蓓　第 2 名

顾　敏　第 3 名

470 级长距离

蒋心雨　沈欣玉　第 2 名

雷迪尔级长距离

张东霜　第 1 名

顾　敏　第 2 名

袁茹蓓　第 6 名

【2018 年全国帆船锦标赛 Nacra17 级别比赛】11 月 9—14 日在上海举行，上海帆船队参赛。

教练员：温自进　钱　俊　倪　伟

成绩

Nacra17 级场地赛

胡笑笑　第 1 名

杨学哲　第 2 名

倪　暐　胡娜娜　第 3 名

张营营　第 4 名

俞慧佳　周　杰　第 5 名

Nacra17 级长距离

胡笑笑　第 1 名

汪　鑫　金　晔　第 2 名

杨学哲　第 3 名

俞慧佳　周　杰　第 4 名

倪　暐　胡娜娜　第 5 名

【2018 年全国帆船锦标赛（激光级）】12 月在广东深圳举行，上海帆船队参赛。

教练员：池　强　徐洪军

男子

激光级场地赛

王自理　第 1 名

激光雷迪尔级场地赛

韩辰月　第 3 名

激光级团体赛

杨　扬　王自理　韩辰月　第 1 名

激光级长距离

王自理　第 4 名

激光雷迪尔级长距离

韩辰月　第 4 名

女子

激光雷迪尔级场地赛

袁茹蓓　第 1 名

顾　敏　第 7 名

激光 4.7 级场地赛

李佳佳　第 4 名

激光级团体赛

袁茹蓓　顾　敏　李佳佳　第 1 名

激光雷迪尔级长距离

袁茹蓓　第 3 名

【2018 年全国 OP 帆船冠军赛】12 月在广西北海举行，上海 OP 帆船队参赛。

教练员：朱仁杰　路天鸿

男子

甲组场地赛

温雅迪　第 1 名

方昊泽　第 2 名

郑鸿宇　第 3 名

王诗豪　第 4 名

宋一铭　第 6 名

乙组场地赛

吴海涛　第 4 名

（代表上海海昊参赛）

丙组场地赛

王政吉　第 3 名

（代表上海海昊参赛）

女子

甲组场地赛

干思仪　第 1 名

刘云思雨　第 2 名

李佳佳　第 3 名

乙组场地赛

刘　枘　第 4 名

（代表上海海昊参赛）

丙组场地赛

徐欣怡　第 4 名

（代表上海海昊参赛）

【2018 年 49er 级 & 29er 级全国帆船锦标赛】12 月在广东深圳举行，上海帆船队参赛。

教练员：　朱仁杰

男子

29er 级场地赛

黄　哲　王诗豪　第 3 名

29er 级长距离赛

黄　哲　王诗豪　第 1 名

女子

29er 级场地赛

俞慧佳　干思仪　第 1 名

49erFX 级场地赛

胡娜娜　第 7 名

49erFX 级长距离赛

胡娜娜　第 6 名

29er 级长距离赛

俞慧佳　干思仪　第 2 名

【2018 年全国青年帆船锦标赛】6 月 3—10 日在辽宁大连举行，上海帆船队参赛。

教练员：　池　强　张　静　温自进　倪　暐

成绩

男子激光级长距离

韩辰月　第 6 名

Nacra15 对抗赛

周　杰　俞慧佳　第 1 名

武术

【2018 年全国武术套路冠军赛（传统项目）】4 月 8—14 日在四川成都举行，上海体育学院竞校组队参赛。

教练员：　纪欣华

运动员：　潘　谢　顾修红　王一琳　靳有惠

王　兴　王荣达　罗　赣　陈　峰

女子

通臂拳

刘　鑫　8.89 分　第 1 名

三节 / 二节棍

刘　鑫　8.68 分　第 3 名

查拳

顾修红　8.72 分　第 7 名

双钩

王一琳　8.65 分　第 8 名

【2018 年全国男子散打锦标赛】4 月 9—16 日在河北保定举行，上海体育学院竞校组队参赛。

教练员：　陈养胜　赵光勇　沈学军

运动员：　杨　凯　江海东　潘乐杰　王腾腾

代　猛　唐一琛　袁铭杰　高成洋

宁佃帅　罗宏刚　潘教义　汪黎明

钟星星　陈毅涵　吕择鹏　田浩南

男子

56 公斤级

江海东　第 2 名

48 公斤级

罗宏刚　第 2 名

60 公斤级

潘乐杰　第3名
吕永奇　第5名

100公斤以上
宁佃帅　第3名

52公斤级
潘教义　第5名

【2018年全国女子散打锦标赛】5月5—11日在河南郑州举行，上海体育学院竞校组队参赛。

教练员：　沈学军

运动员：　章　乱　谯洁茹　蔡颖颖　朱晓蕾　张秀秀　黄　舒　戚玉梅　熊小玉　丁丹丹　刘园园　顾心雨　普孝慧　司　梦　杨　林

女子

52公斤级
章　乱　第1名
熊晓玉　第3名
谯洁茹　第5名

60公斤级
蔡颖颖　第1名
戚玉梅　第3名

70公斤级
黄　舒　第3名
朱晓蕾　第5名

65公斤级
丁丹丹　第3名

56公斤级
刘园园　第5名

75公斤级
顾心雨　第5名

【2018年全国武术散打冠军赛】5月11—15日在浙江杭州举行，上海体育学院竞校组队参赛。

教练员：　沈学军　陈养胜　赵光勇

运动员：　罗宏刚　潘教义　杨　凯　江海东　潘乐杰　宁佃帅　章　乱　谯洁茹　蔡颖颖　朱晓蕾

男子

56公斤级
江海东　第1名

60公斤级
潘乐杰　第2名
吕永奇　第5名

48公斤级
罗宏刚　第2名

100公斤级以上
宁佃帅　第3名

52公斤级
杨　凯　第5名

女子

52公斤级
谯洁茹　第1名

60公斤级
戚王梅　第1名

48公斤级
章　乱　第2名

70公斤级
黄　舒　第3名
朱晓蕾　第5名

65公斤级
丁丹丹　第5名

52公斤级
熊晓玉　第5名

【2018年全国武术套路锦标赛（女子赛区）】5月24—28日在山西大同举行，上海体育学院竞校组队参赛。

教练员：　纪欣华　杨中平

运动员：　刘　鑫　王一琳

女子

刀术

刘　鑫　　第1名

棍术

刘　鑫　　第1名

【第三届全国武术运动大会】8月11—12日在天津举行，上海体育学院竞校组队参赛。

教练员：　赵光勇

运动员：　罗宏刚　章　乱　江海东　潘乐杰　宁佃帅　丁丹丹　戚玉梅　熊晓玉　黄　舒

男子

48公斤级

罗宏刚　　第1名

56公斤级

江海东　　第1名

60公斤级

潘乐杰　　第2名

100公斤级以上

宁佃帅　　第3名

女子

48公斤级

章　乱　　第1名

60公斤级

戚玉梅　　第1名

65公斤级

丁丹丹　　第3名

52公斤级

熊晓玉　　第3名

70公斤级

黄　舒　　第3名

【2018年全国武术套路冠军赛）】10月19—22日在山东曲阜举行，上海体育学院竞校组队参赛。

教练员：　纪欣华　杨中平

运动员：　刘　鑫　王荣达　陈　峰　罗　赣　王　兴

男子

对练

王荣达　陈　峰　　第8名

女子

刀术

刘　鑫　　第1名

棍术

刘　鑫　　第7名

【2018年全国青年武术散打锦标赛】4月20—24日在辽宁朝阳举行，上海体育学院竞校组队参赛。

教练员：　陈养胜　赵光勇　沈学军

运动员：　徐玮强　朱　泰　曹　雅

男子

60公斤级

徐玮强　　第3名

80公斤级

朱　泰　　第5名

女子

56公斤级

曹　雅　　第1名

击剑

【2017—2018赛季全国击剑冠军赛（第二站）】4月16—25日在云南曲靖举行，上海体育学院竞校组队参赛。

教练员：　李维仁　王　军

运动员：　孙东东　王子杰　王　莹　王若冰

男子

重剑团体

王子杰　　　　　　　　　第 1 名

【2017—2018 赛季全国击剑冠军赛（第三站）】6 月 2—11 日在福建龙岩举行，上海体育学院竞校组队参赛。

教练员：　李维仁　王　军

运动员：　孙东东　丁迪迪　吴沛泽　杨濠宇　王凯霆　李　顺　黄怡欢　王　莹　王若冰

男子

重剑个人

丁迪迪　　　　　　　　　第 3 名

重剑团体

王凯霆　　　　　　　　　第 2 名

丁迪迪　李　顺　吴沛泽　杨濠宇　第 5 名

女子

重剑个人

黄怡欢　　　　　　　　　第 8 名

重剑团体

黄怡欢　王　莹　王若冰　第 7 名

【2017—2018 赛季全国击剑冠军赛总决赛】9 月 12—21 日在上海举行，上海体育学院竞校与上海击剑队共同组队参赛。

领　队：　李兴林　钱震华　俞　翔　张竹君

教练员：　李维仁　王　军　车　轩　陈　飚　邱国江　汪兴旗　王　歆　肖烨巍　徐云舟　杨东海　叶　冲　袁　力　张　朔

医　生：　王彼得　张　雷

工作人员：杜震城　谷　蕾　胡菊芬　林　勇

运动员：　王子杰　孙东东　丁迪迪　吴沛泽　杨濠宇　王玉芬　黄怡欢　王　莹　仇辰杰　江敬校　吴　斌　吴俊豪　吴桌晟　张　想　邓　洋　黄海东　刘星宇　颜颖慧　叶信良　赵一宏　顾欣源　沈颂颂　朱海禹　龚玉婷　厉　薪　凌雨枫　沈吟霜　徐梦旭　徐云迪　马曹倩　马婴佳　汪琪琳　姚　皎　张晨曦　周小欢　丁　叶　黄怡欢　钱秋怡　陶杨雯

男子

重剑团体

王子杰　孙东东　顾欣源　朱海禹　第 5 名

重剑个人

朱海禹　　　　　　　　　第 2 名

花剑团体

吴俊豪　吴　斌　江敬校　吴卓晟　第 3 名

花剑个人

吴　斌　　　　　　　　　第 3 名

佩剑个人

颜颖慧　　　　　　　　　第 3 名

重剑团体（青年组）

丁迪迪　李　顺　吴沛泽　杨濠宇　第 4 名

女子

重剑团体

黄怡欢　王　莹　王玉芬　第 7 名

花剑团体

龚玉婷　沈吟霜　徐梦旭　徐云迪　第 3 名

佩剑团体

姚　皎　马曹倩　马婴佳　周小欢　第 4 名

佩剑个人

马婴佳　　　　　　　　　第 3 名

【2018 年全国击剑锦标赛】10 月 12—21 日在安徽合肥举行，上海体育学院竞校与上海击

剑队共同组队参赛。

领　队：　俞　翔　李兴林　钱震华

教练员：　李维仁　王　军　陈　彪　胡承安　陆建明　邱国江　汪兴旗　王　歆　肖烨巍　杨东海　叶　冲　袁　力　张　朔

医　生：　张　雷

工作人员：谷　蕾　胡菊芬　林　勇

运动员：　王子杰　孙东东　王玉芬　黄怡欢　王　莹　江敬校　吴　斌　吴俊豪　吴卓晟　邓　洋　黄海东　颜颖慧　顾欣源　朱海禹　厉　薪　沈吟霜　徐梦旭　徐云迪　马婴佳　汪琪琳　姚　皎　周小欢　丁　叶

男子

重剑团体

王子杰　孙东东　朱海禹　顾欣源　第6名

重剑个人

王子杰　第8名

花剑团体

吴卓晟　吴　斌　江敬校　吴俊豪　第7名

佩剑团体

邓　洋　刘星宇　颜颖慧　黄海东　第4名

女子

重剑团体

黄怡欢　王　莹　王玉芬　丁　叶　第8名

花剑团体

徐梦旭　厉　薪　沈吟霜　徐云迪　第4名

花剑个人

沈吟霜　第5名

徐梦旭　第7名

佩剑团体

姚　皎　汪琪琳　周小欢　马婴佳　第3名

【2018年全国青年击剑锦标赛】11月16—25日在河北迁安举行，上海体育学院竞校与上海击剑队共同组队参赛。

教练员：　李维仁　王　军

运动员：　王凯霆　丁迪迪　吴沛泽　杨濠宇　马斯腾　张　想　张　博　陈逸俊　史越岳　周序益　沈铭婕　顾　君　孙一丹

男子

重剑团体

王凯霆　第1名

丁迪迪　吴沛泽　杨濠宇　马斯腾　第8名

花剑个人

张　想　第5名

佩剑团体

张　博　陈逸俊　史越岳　周序益　第4名

佩剑个人

周序益　第5名

史越岳　第7名

女子

花剑团体

沈铭婕　顾　君　孙一丹　第7名

射击

【2018年全国射击冠军赛暨国家队国际比赛选拔赛（飞碟项目）】1月3—19日在福建莆田举行，上海飞碟射击队参赛。

领　队：　张荣斌

教练员：　钱小兵　李　晖　曲日东
工作人员：尹逊桥
运动员：　张臣佑　李　成　冯　伟　陆嘉豪
　　　　　张景智　金　迪　田雨雷　余　嫣
　　　　　张　婷　宋郑怡　黄思雪　陈昕雯
　　　　　陆依恺

成绩

多向混合团体

　　　　　张　婷　李　成　136、21 中 第 5 名
　　　　　余　嫣　冯　伟　127 中 第 8 名

【2018 年全国射击冠军赛暨国家队国际比赛选拔赛（步手枪项目）】3 月 1—16 日在福建莆田举行，上海射击队参赛。

领　队：　吴明卿　王　琪
教练员：　蒋继栋　刘　珉　时　佳　王　莹
工作人员：刘明明
运动员：　麦嘉杰　徐展翼　吴嘉宇　王猛毅
　　　　　姜冉馨　刘爱玲　王天慧　戎舒琦
　　　　　李淑瑶　丁芳隆　苗宇峰　赵诗涛
　　　　　孙　坚　沈　昊　张贝尔　陈世宇
　　　　　钱韩欣　黄艺能　张奕雯　朱莹洁
　　　　　陈思嘉

男子

10 米气手枪

　　　　　吴嘉宇　582、242.4 环　第 1 名
　　　　　王猛毅　582、240.8 环　第 2 名

10 米气步枪

　　　　　孙　坚　627.5、185.5 环　第 5 名

女子

10 米气手枪

　　　　　王天慧　578、116.6 环　第 8 名

25 米手枪

　　　　　姜冉馨　584 环、30 中　第 2 名

【2018 年全国射击个人、团体锦标赛暨国家射击队国际比赛选拔赛（步枪项目）】6 月 12—22 日在浙江长兴举行，上海射击队参赛。

领　队：　王慧颖
教练员：　时　佳　刘志忠
运动员：　孙　坚　赵诗涛　苗宁峰　丁芳隆
　　　　　张贝尔　沈　昊　吴俊杰　朱莹洁
　　　　　张奕雯　钱韩欣　黄艺能

男子

50 米步枪卧射

　　　　　孙　坚　621.9 环　第 3 名

50 米步枪 3 种姿势

　　　　　孙　坚　1 170、425.3 环　第 5 名

50 米步枪 3 种姿势团体

　　　　　孙　坚　赵诗涛　苗宇峰
　　　　　3 475 环　第 6 名

【2018 年全国射击个人、团体锦标赛暨国家射击队国际比赛选拔赛（手枪项目）】6 月 13—21 日在江苏南京举行，上海射击队参赛。

领　队：　王　琪
教练员：　王　莹　刘　珉　陈永强
官　员：　刘明明
运动员：　吴嘉宇　麦嘉杰　徐展翼　唐思皓
　　　　　王一飞　刘宸隽　王鑫杰　张玉翔
　　　　　彭士嘉　王猛毅　刘爱玲　姜冉馨
　　　　　戎舒琦　王晓雨　李淑瑶　王天慧

男子

10 米气手枪

　　　　　吴嘉宇　581、178.0 环　第 5 名

25 米标准手枪

　　　　　张玉翔　574 环　第 3 名
　　　　　王鑫杰　572 环　第 5 名

50 米手枪

　　　　　吴嘉宇　564 环　第 1 名
　　　　　麦嘉杰　559 环　第 4 名

10 米气手枪团体

麦嘉杰　王猛毅　徐展翼
1 735 环　第 1 名

25 米手枪速射团体

王鑫杰　刘宸隽　张玉翔
1 724 环　第 7 名

25 米标准手枪团体

张玉翔　王鑫杰　刘宸隽
1 716 环　第 1 名

女子

10 米气手枪

姜冉馨　580、218.4 环　第 3 名

25 米手枪

姜冉馨　584 环、35 中　第 1 名

10 米气手枪团体

姜冉馨　刘爱玲　王天慧
1 716 环　第 1 名

25 米手枪团体

姜冉馨　刘爱玲　戎舒琦
1 735 环　第 1 名

混合

10 米气手枪团体

徐展翼　刘爱玲　771 环　第 7 名

【2018 年全国射击个人、团体锦标赛（飞碟项目）】7 月 1—11 日在江苏南京举行，上海飞碟射击队参赛。

领　队：　林志坚
教练员：　钱小兵　曲日东　龚　磊　王　兰
官　员：　尹逊桥
运动员：　陆嘉豪　张景智　田雨雷　樊若凡
张臣佑　冯　伟　李　成　莫俊杰
赵云凯　赵晨安　金　迪　黄思雪
陈婧雯　陈昕雯　宋郑怡　王祎文
李　莉　余　嫣　张亚菲

男子

飞碟双向

金　迪　119、55 中　第 2 名

飞碟双多向

莫俊杰　137 中　第 6 名

女子

飞碟多向

王祎文　111 中　第 7 名

飞碟双多向

张亚菲　130 中　第 3 名

飞碟双向团体

陈婧雯　黄思雪　陈昕雯
316 中　第 5 名

混合

多向团体

樊若凡　王祎文
134、23 中　第 4 名

【2018 年全国射击总决赛（飞碟项目）】9 月 21—28 日在河南宜阳举行，上海飞碟射击队参赛。

领　队：　林志坚
教练员：　钱小兵　曲日东
运动员：　金　迪　陆嘉豪　黄思雪　陈婧雯
王祎文　宋郑怡

女子

飞碟双向

宋郑怡　114、30 中　第 4 名
黄思雪　108 中　第 8 名

混合

多向团体

王祎文　127、43 中　第 1 名

【2018 年全国射击总决赛（步、手枪项目）】9 月 20—27 日在云南昆明举行，上海射击队参赛。

领　队：　王　琪
教练员：　时　佳　王　莹　刘　珉　陈永强
官　员：　刘明明

运动员：　孙　坚　王鑫杰　麦嘉杰　王猛毅
　　　　　吴嘉宇　张奕雯　刘爱玲　姜冉馨
　　　　　王天慧　王晓雨

男子

25 米手枪速射

　　王鑫杰　　581 中　第 6 名

10 米气手枪

　　吴嘉宇　581、240.4 环　第 1 名
　　麦嘉杰　582、156.3 环　第 6 名

女子

10 米气手枪

　　姜冉馨　571、239.0 环　第 1 名
　　刘爱玲　571、175.3 环　第 5 名

25 米手枪

　　刘爱玲　584 环、24 中　第 4 名

混合

10 米气手枪团体

　　吴嘉宇　姜冉馨
　　766、478.4 环　第 1 名
　　刘爱玲　麦嘉杰
　　760、332.2 环　第 5 名

射箭

【2018 年全国射箭冠军赛】3 月 18—23 日在江苏南京举行，上海射箭队参赛。

领　队：　陈　洁
教练员：　丁继军　周少敏　南教炫　刘招武
工作人员：刘彦昭　尹光男
运动员：　刘振宇　顾雪宋　施天伟　徐志伟
　　　　　侯彦沁　徐天宇　余鸣鹤　周丹琰
　　　　　齐玉红　张　露　陈雨霆　朱珏蔓
　　　　　吴佳欣　汤婷婷

男子

个人 70 米双轮

　　徐天宇　1 301 环　第 4 名

个人 70 米第一轮赛

　　徐天宇　660 环　第 5 名

团体 70 米第一轮赛

　　徐天宇　徐志伟　侯彦沁
　　1 953 环　第 5 名

女子

个人 70 米双轮

　　齐玉红　1 280 环　第 2 名
　　吴佳欣　1 264 环　第 6 名

个人 70 米第一轮赛

　　朱珏蔓　646 环　第 3 名

个人 70 米第二轮赛

　　齐玉红　642 环　第 1 名

团体 70 米第一轮赛

　　朱珏蔓　吴佳欣　齐玉红
　　1 923 环　第 1 名

团体 70 米第二轮赛

　　齐玉红　吴佳欣　汤婷婷
　　1 883 环　第 2 名

团体淘汰赛、决赛

　　齐玉红　吴佳欣　朱珏蔓　第 1 名

混合

团体淘汰赛、决赛

　　齐玉红　徐天宇　第 2 名

【2018 年全国射箭奥林匹克项目锦标赛】6 月 8—13 日在安徽合肥举行，上海射箭队参赛。

领　队：　陈　洁
教练员：　丁继军　周少敏　南教炫　刘招武
工作人员：尹光男　刘彦昭
运动员：　张勍凡　徐志伟　侯彦沁　徐天宇
　　　　　施天伟　张　琪　顾雪宋　朱珏蔓
　　　　　吴佳欣　汤婷婷　王黎敏　齐玉红
　　　　　张　露　陈雨霆

男子

个人 70 米第二轮赛
徐志伟 665 环 第 7 名
团体 70 米第一轮赛
刘振宇 施天伟 张勍凡
1 896 环 第 7 名
团体 70 米第二轮赛
徐志伟 侯彦沁 施天伟
1 987 环 第 3 名
团体淘汰赛、决赛
施天伟 刘振宇 徐志伟 第 7 名
女子
个人 70 米双轮
吴佳欣 1 299 环 第 2 名
齐玉红 1 298 环 第 3 名
个人 70 米第一轮赛
齐玉红 629 环 第 5 名
吴佳欣 629 环 第 6 名
朱珏蔓 621 环 第 8 名
个人 70 米第二轮赛
吴佳欣 670 环 第 2 名
齐玉红 669 环 第 3 名
朱珏蔓 651 环 第 7 名
团体 70 米第一轮赛
齐玉红 吴佳欣 朱珏蔓
1 879 环 第 1 名
团体 70 米第二轮赛
吴佳欣 齐玉红 朱珏蔓
1 990 环 第 1 名
个人淘汰赛、决赛
吴佳欣 第 1 名
齐玉红 第 3 名
张　露 第 4 名
团体淘汰赛、决赛
吴佳欣 齐玉红 朱珏蔓 第 5 名
混合
反曲弓团体淘汰赛、决赛
吴佳欣 施天伟 第 2 名

【2018 年全国室外射箭锦标赛】10 月 13—19 日在浙江长兴举行，上海射箭队参赛。

领　队：陈　洁
教练员：丁继军 周少敏 郑宇盛 南教炫
工作人员：刘彦昭 尹光男
运动员：张　琪 侯彦沁 徐天宇 施天伟
徐志伟 刘振宇 赵　亮 余鸣鹤
柴梦佳 吴佳欣 朱珏蔓 齐玉红
张　露 王千慧 王黎敏

男子
个人 70 米双轮
徐志伟 1 351 环 第 5 名
个人 70 米第二轮赛
徐志伟 681 环 第 3 名
团体 70 米第一轮赛
侯彦沁 徐志伟 张勍凡
1 999 环 第 4 名
团体 70 米第二轮赛
徐志伟 余鸣鹤 张勍凡
2 013 环 第 4 名
个人淘汰赛、决赛
侯彦沁 第 3 名
团体淘汰赛、决赛
徐志伟 余鸣鹤 侯彦沁 第 3 名
女子
个人 70 米双轮
齐玉红 1 325 环 第 1 名
吴佳欣 1 324 环 第 2 名
个人 70 米第一轮赛
吴佳欣 656 环 第 2 名
齐玉红 652 环 第 5 名
个人 70 米第二轮赛
齐玉红 673 环 第 3 名
吴佳欣 668 环 第 5 名

朱珏蔓　　666 环　第 7 名

团体 70 米第一轮赛

吴佳欣　齐玉红　柴梦佳　　1 950 环　第 1 名

团体 70 米第二轮赛

齐玉红　吴佳欣　朱珏蔓　　2 007 环　第 1 名

团体淘汰赛、决赛

齐玉红　吴佳欣　朱珏蔓　第 3 名

现代五项

【2018 年全国现代五项锦标赛】11 月 30 日—12 月 7 日在广东广州举行，上海现代五项队参赛。

领　队：孙　栋

教练员：张　斌　曹忠荣　董浩雨　杜智山　陈　伟　宣荣明

医　生：张　雷　张　威

工作人员：张　昭

运动员：俞源浩　葛世凡　贺英杰　王锦名　罗　帅　李澍寰　韩佳昊　厉益嘉　顾晔雯　戴宜澄　吕梦圆　伊莉莎·雅明

男子

团体赛

罗　帅　李澍寰　贺英杰　第 2 名

团体接力赛

韩佳昊　罗　帅　　第 8 名

个人赛

罗　帅　　第 3 名

李澍寰　　第 5 名

贺英杰　　第 8 名

女子

团体赛

顾晔雯　伊丽莎·雅明　戴宜澄　　第 7 名

个人赛

顾晔雯　　第 6 名

混合

接力赛

罗　帅　顾晔雯　戴宜澄　韩佳昊　　第 8 名

接力双人赛

韩佳昊　顾晔雯　　第 1 名

【2018 年全国现代五项冠军赛总决赛】10 月 26—31 日在山东烟台举行，上海现代五项队参赛。

领　队：孙　栋

教练员：张　斌　曹忠荣　董浩雨

工作人员：张　雷　杜　鑫

运动员：俞源浩　葛世凡　贺英杰　王锦名　厉益嘉　顾晔雯　戴宜澄

男子

团体赛

俞源浩　贺英杰　葛世凡　第 1 名

团体接力赛

俞源浩　葛世凡　　第 8 名

个人赛

贺英杰　　第 3 名

葛世凡　　第 4 名

女子

团体赛

顾晔雯　厉益嘉　戴宜澄　第 6 名

混合

接力双人赛

顾晔雯　贺英杰　　第 4 名

【2018 年全国现代五项青年锦标赛】9 月 17—24 日在云南大理举行，上海现代五项队参赛。

领　队：　孙　栋
教练员：　张　斌　曹忠荣　董浩雨　宣荣明
工作人员：贺英杰　虞　勤　张　威
运动员：　俞源浩　葛世凡　王锦名　吕梦圆
　　　　　厉益嘉　戴宜澄　伊莉莎・雅明

男子

团体赛

葛世凡　王锦名　俞源浩　第 1 名

团体接力赛

葛世凡　俞源浩　第 2 名
陆瀚辰　第 7 名

个人赛

俞源浩　第 2 名
葛世凡　第 4 名

女子

团体赛

伊丽莎・雅明　吕梦圆　戴宜澄　第 2 名

团体接力赛

厉益嘉　伊丽莎・雅明　第 4 名

个人赛

伊丽莎・雅明　第 6 名

混合

接力赛

葛世凡　厉益嘉　俞源浩
伊丽莎・雅明　第 2 名

接力双人赛

王锦名　戴宜澄　第 1 名
吕梦圆　第 4 名

马术

【2018 年全国马术场地障碍锦标赛】12 月 19—21 日在广东东莞举行，上海马术队参赛。

领　队：　李　磊
总教练：　陆　炜
运动员：　张　滨　许　新　杨　华
　　　　　沃帕・夏克加

成绩

场地障碍赛团体

张　滨　许　新　杨　华
沃帕・夏克加　第 3 名

场地障碍赛个人

沃帕・夏克加　第 2 名
张　滨　第 3 名
许　新　第 5 名

【2018 年全国马术三项赛锦标赛】5 月 11—13 日在天津举行，上海马术队参赛。

领　队：　李　磊
总教练：　陆　炜
运动员：　许　新　夏伦伍　束昱颖　金环宇
　　　　　吾提巴依尔

成绩

三项赛锦标赛团体

许　新　夏伦伍　束昱颖　金环宇
吾提巴依尔　第 4 名

三项赛锦标赛个人

许　新　第 7 名

航空、航天模型

【2018 年全国航空航天锦标赛】8 月 30 日—9 月 5 日在宁夏吴忠举行，上海一队、上海二队、上海市宝山少科站队参赛。

上海一队

领　队：　黄　勇
副领队：　周文斌

教练员： 黄　勇　周文斌　王志曦　李世豪
朱永年　王鸿炜　陈志祥　孙大龙
运动员： 陈沪铭　李恺婕　汤继灵　杨子华
刘　铮　陈理涵　杨　赟　杨卫民
吴宏兵　黄振迪　葛　磊　张旭骏
盛　强　徐志俊　尹伟明　陈懋瑞
李世豪　支正毅　孙大龙　许云飞
孙宏翔　刘研臻　张阴旺　陈志祥

上海二队

领　队： 赵景强
副领队： 王会兵
教练员： 支正毅　陈沪铭　汤可才　张　荣
徐建国
运动员： 朱文卿　蔡家靖　蔡天泽　徐建国
陆坚雄　窦已翔

上海市宝山少科站队

领　队： 李定坤
教练员： 李定坤
运动员： 李定坤　张　磊　魏楚东　杨明浩
姚国庆　宋有武

成绩

F2D 线操纵空战

杨卫民　第 1 名
刘　铮　第 2 名
杨　赟　第 3 名

S5B 仿真高度火箭

刘研臻　第 1 名
孙宏翔　第 2 名
许云飞　第 4 名
张　磊　第 8 名

F3A 国际级遥控特技

张旭骏　第 1 名
黄振迪　第 2 名
吴宏兵　第 5 名

S1A/2 高度火箭

孙大龙　第 1 名
支正毅　第 2 名

S7 仿真火箭

支正毅　第 1 名
孙大龙　第 2 名

F3K 团体遥控手掷滑翔机

徐志俊　尹伟明　陈懋瑞　第 1 名
李定坤　张　磊　魏楚东　第 2 名

F1D–P 橡筋动力室内飞机

陈沪铭　第 1 名
蔡家靖　第 3 名
李恺婕　第 5 名
汤继灵　第 6 名
宗峻翔　第 8 名

F3P 遥控室内特技

黄振迪　第 1 名
盛　强　第 3 名

F1D–P 团体橡筋动力室内飞机

陈沪铭　李恺婕　汤继灵　第 1 名
蔡家靖　宗峻翔　朱文卿　第 3 名

S5B 团体仿真高度火箭

刘研臻　孙宏翔　许云飞　第 1 名
张　磊　李定坤　杨明浩　第 3 名

F3A–P 遥控特技

窦已翔　第 1 名

P5B 遥控电动滑翔机

徐志俊　第 1 名

F2D 团体线操纵空战

杨卫民　刘　铮　杨　赟　第 1 名

F3A 团体国际级遥控特技

张旭骏　黄振迪　吴宏兵　第 1 名

F2B、F2D 线操纵模型飞机组合团体

刘　铮　杨卫民　第 1 名

F3K、P5B 遥控留空时间滑翔机组合团体

徐志俊　尹伟明　第 1 名

F1D–P、F3P 室内模型飞行组合团体

陈沪铭　黄振迪　第 1 名

F4J 遥控涡喷特技飞行

盛　强　第 2 名

F2B 团体线操纵特技

刘　铮　杨子华　陈理涵　第 2 名

F3P 团体遥控室内特技

黄振迪　盛　强　第 2 名

S3A/2、S4A/2、S6A/2、S8D/P、S9A/2 火箭助推模型组合团体

孙大龙　陈志祥　陈理涵　李世豪
杨子华　第 2 名

S4A/2 助推滑翔机火箭

孙大龙　第 3 名
张阴旺　第 6 名

S1A/2 团体高度火箭

孙大龙　支正毅　第 3 名

S7 团体仿真火箭

支正毅　孙大龙　第 3 名

P5B 团体遥控电动滑翔机

徐志俊　尹伟明　陈懋瑞　第 4 名

S6A/2 团体带降火箭

杨子华　陈理涵　第 4 名

S9A/2 自旋转翼火箭

陈志祥　第 5 名
支正毅　第 7 名

F3K 遥控手掷滑翔机

徐志俊　第 5 名
尹伟明　第 7 名
李定坤　第 8 名

S9A/2 团体自旋转翼火箭

陈志祥　支正毅　张阴旺　第 5 名

F2B 线操纵特技

刘　铮　第 6 名
杨子华　第 7 名

S4A/2 团体助推滑翔机火箭

孙大龙　张阴旺　第 6 名

P3M 遥控固定翼花式飞行

吴宏兵　第 7 名

航海模型

【2018 年全国航海模型锦标赛】10 月 21 日—25 日在山东青岛举行，上海航海模型队参赛。

领　队：黄　勇
副领队：赵景强
教练员：赵景强　周建明　宣东波　陈海标
薛　刚　杨　林　霍瑞明　金　飞
随队人员：王会兵　缪亚冬
运动员：吴　晟　孙文华　顾伟国　刘湘军
商　焱　虞顺昌　黄天鑫　周俊杰
张　严　张林强　杨牧凡　朱见耘
梁　起　周建明　任一夫　熊文睿
毕鸣位　朱钱晟　霍泽宇　水怡辛
朱晓华　宣东波　金劭杰　金治诚
张迦成　施辰雨　闵耀祖　曹周羽
苏　曌　覃　天　李晶淼　陈人玮
孙鹤峰　许　劼　陈海标　萧剑忠
涂志明　杨文昱　邱　添　顾宁叶
周安琪　周　恺　杨生美　杨　骋

成绩

机械动力模型（C2）

萧剑忠　第 1 名
陈海标　第 2 名

袖珍模型（C4）

孙鹤峰　第 1 名

塑料拼装模型（C6）

孙鹤峰　第 1 名
许　劼　第 4 名
杨文昱　第 6 名

机械动力仿真航行（F2-A，B）

陈海标　第 1 名

萧剑忠　第 2 名

内燃机花样绕标（F3–V）

张林强　第 1 名

朱钱晟　第 3 名

任一夫　第 4 名

套材机械动力航行模型（F4–A）

许　劼　第 1 名

孙鹤峰　第 4 名

标准级电动方程式追逐（ECO–MONO–1）

梁　起　第 1 名

杨牧凡　第 5 名

电动三角绕标追逐接力（ECO–TEAM）

周建明　梁　起　第 1 名

任一夫　熊文睿　第 8 名

电动三角绕标竞时（F1–E1kg)

周建明　第 1 名

任一夫　第 2 名

熊文睿　第 3 名

梁　起　第 7 名

标准级电动三角追逐（FSR–E）

周建明　第 1 名

梁　起　第 4 名

任一夫　第 7 名

套材拼装模型（C8）

周　恺　第 2 名

许　劼　第 3 名

邱　添　第 6 名

电动花样绕标（F3–E）

霍泽宇　第 2 名

张林强　第 3 名

朱钱晟　第 5 名

标准级遥控帆船（F5–M）

闵耀祖　第 2 名

朱晓华　第 8 名

无限制级电动三角绕标追逐（ECO–EXP）

杨牧凡　第 2 名

梁　起　第 3 名

张林强　第 8 名

重量级方程式内燃机追逐（FSR–O27）

孙文华　第 2 名

顾伟国　第 4 名

吴　晟　第 8 名

重量级遥控帆船（F5–10）

宣东波　第 3 名

张迦成　第 8 名

三角绕标竞时（F1–V3.5+7.5+15）

任一夫　第 3 名

熊文睿　第 4 名

仿真遥控帆船（F5–S）

闵耀祖　第 4 名

苏　罡　第 8 名

划桨、帆船模型（C1）

周安琪　第 5 名

涂志明　第 7 名

杨生美　第 8 名

场景模型（C3）

顾宁叶　第 5 名

涂志明　第 6 名

一米级遥控帆船（F5–E）

闵耀祖　第 5 名

宣东波　第 6 名

金治诚　第 7 名

迷你级方程式内燃机追逐（FSR–O3.5）

张　严　第 7 名

定向越野

【2018 年全国定向锦标赛】9 月 16—21 日在浙江丽水举行，上海定向越野队参赛。

领　队：　林国平

教练员：　林国平　李朋亮　刘晓明

运动员：　刘晓明　江　源　黄　意　严　逊

刘翰文　许　威　卢凯程　张　静
蔡璐怡　罗小倩　林龙源　朱晋贤
陆雲翔　谭善琳　车泳仪　黄馨霏

成绩

W18E 短距离赛

谭善琳　第 1 名
黄馨霏　第 2 名
车泳仪　第 4 名

M21E 中距离赛

刘晓明　第 1 名

MW18 接力赛

车泳仪　陆雲翔　林龙源　黄馨霏　第 1 名

M18E 短距离赛

朱晋贤　第 2 名
林龙源　第 4 名

M21E 短距离赛

刘晓明　第 2 名

W18E 长距离赛

黄馨霏　第 2 名
车泳仪　第 4 名

M21E 长距离赛

刘晓明　第 2 名
江　源　第 5 名

M18 接力赛

陆雲翔　朱晋贤　林龙源　第 2 名

W18 接力赛

谭善琳　黄馨霏　车泳仪　第 2 名

M21A 短距离赛

严　逊　第 3 名
刘翰文　第 6 名

M21 接力赛

刘晓明　江　源　黄　意　第 3 名

W18E 中距离赛

谭善琳　第 4 名

W21A 短距离赛

蔡璐怡　第 5 名

M18E 中距离赛

朱晋贤　第 6 名

摩托艇

【第八届中国摩托艇联赛】5 月 21 日—25 日在重庆彭水举行，上海摩托艇队参赛。

领　队：　何祥根
教练员：　蔡利军
运动员：　侯静仪

女子

坐式水上摩托限制三级（RL3）竞速赛

侯静仪　第 6 名

【2018 年全国摩托艇锦标赛】9 月 27—29 日在山东临沂举行，上海摩托艇队参赛。

领　队：　倪浩军
教练员：　蔡利军
运动员：　侯静仪　秦立国

男子

立式水上摩托竞速赛

秦立国　第 4 名

女子

立式水上摩托竞速赛

侯静仪　第 1 名

座式水上摩托竞速赛

侯静仪　第 5 名

围棋

【第六届中国女子围棋甲级联赛】4 月—12 月分主客场举行，上海围棋女队参赛，获第三名。

领　队：　单霞丽

教练员：　刘世振

运动员：　芮乃伟　唐　奕　王香如

【2018年全国围棋锦标赛（个人）】9月26日在湖南株洲举行，上海围棋队参赛。

教练员：　刘世振

运动员：　李维清

成绩

男子个人

李维清　第2名

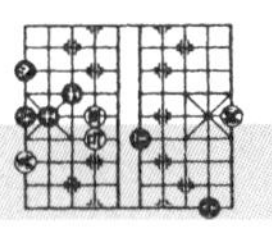

象棋

【2018年全国象棋男子甲级联赛】5月—12月在全国各地分赛会制、主客场进行，上海象棋队获常规赛第五名，季后赛第二名。

领　队：　陈永亮（名誉）　单霞丽

教练员：　欧阳琦琳

运动员：　胡荣华　万春林　孙勇征　谢　靖　赵　玮　蒋融冰

【2017—2018年全国象棋女子甲级联赛】2017年10月—2018年4月分两个阶段进行，上海象棋队参赛，获第六名。

领　队：　李文蘧（名誉）　单霞丽

教练员：　孙勇征

运动员：　欧阳琦琳　董嘉琦　时凤兰

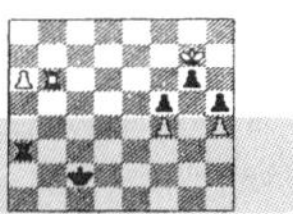

国际象棋

【2018年全国国际象棋甲级联赛】4月—11月分6站举行，上海国际象棋队参赛，获冠军。

领　队：　陈　力（名誉）　王　晔

教练员：　倪　华　王　频　李祖年

运动员：　倪　华　楼一平　徐　译　居文君　倪诗群

【2018年全国国际象棋锦标赛（团体）】6月19—25日在浙江杭州举行，上海国际象棋队参赛。

领　队：　陈　力（名誉）　王　晔

教练员：　倪　华　王　频　李祖年

运动员：　居文君　倪诗群　章晓雯　戴佳滢

成绩

女子组团体赛

居文君　倪诗群　章晓雯　戴佳滢　第6名

【2018年全国国际象棋青少年锦标赛（个人）】2月25日在黑龙江和海南两省举行，上海国际象棋队参赛。

运动员：　何成路　李乐薇　周书萌

女子

青年组个人

何成路　第4名

丙组个人

李乐薇　第2名

丁组个人

周书萌　第5名

【2018年全国国际象棋青少年锦标赛（团体）】8月7—11日在河北石家庄举行，上海青少年棋手参赛。

运动员：　徐　译　刘钊杞　胡　豫　王一业　崔　昊　胡潇逸　顾嘉祯　蔡宇豪　王子登　何成路　刘可心　崔　玟　孟　伟　李乐薇　戴佳滢

男子

青年组团体

徐　译　刘钊杞　胡　豫　第1名
王一业　崔　昊　胡潇逸　第4名

乙组团体

顾嘉祯　蔡宇豪　王子登　第1名

女子

青年组团体

何成路　刘可心　第1名

乙组团体

崔　玟　孟　伟　第5名

丙组团体

李乐薇　戴佳滢　第3名

国际跳棋

【2018年全国国际跳棋个人锦标赛】5月11—15日在贵州贵阳举行，上海国际跳棋队参赛。

领　队：　单霞丽
教练员：　林　塔
运动员：　刘　沛　张　悠　阮玮毅

男子

64格男子超快棋个人

阮玮毅　第3名

女子

64格女子个人

刘　沛　第1名

100格女子个人

张　悠　第1名

64格女子超快棋个人

刘　沛　第1名

100格女子超快棋个人

张　悠　第1名

【2018年全国国际跳棋团体锦标赛】6月18日在江西南昌举行，上海国际跳棋队参赛。

领　队：　单霞丽
教练员：　林　塔
运动员：　阮玮毅　陈　旭　李奕乐　赵柯钧
　　　　　傅俊杰　张　悠

混合

64格团体

阮玮毅　陈　旭　李奕乐　第3名

100格团体

赵柯钧　傅俊杰　张　悠　第3名

【2018年全国国际跳棋精英赛】8月9—12日在安徽颍上举行，上海国际跳棋队参赛。

领　队：　单霞丽
教练员：　林　塔
运动员：　张　悠　戴嘉璐

女子

100格快棋个人

张　悠　第1名
戴嘉璐　第2名

100格超快棋个人

张　悠　第2名
戴嘉璐　第3名

【2018年全国国际跳棋青少年锦标赛】7月21—24日在陕西西安举行，上海青少年棋手参赛。

运动员：　阮玮毅　张易杰　庄晓谕　王婉玥
　　　　　丁梓尧　林康博　杨晶晶　卢星辰
　　　　　吴辰宇　石明欢　张　悠　陶丁舟
　　　　　赵柯钧　周德邦　何宜憬

成绩

64格男子U14组团体

丁梓尧　林康博　杨晶晶　第6名

64格男子U20组个人

阮玮毅　第2名

64格男子U17组个人

庄晓谕 第1名

64格男子U14组个人

丁梓尧 第5名

100格男子U17组个人

陶丁舟 第1名

64格女子U20组个人

张易杰 第5名

64格女子U17组个人

王婉玥 第1名

100格女子U20组个人

张　悠 第1名

五子棋

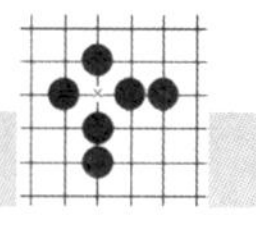

【2018年全国五子棋团体锦标赛】4月5—7日在天津举行，上海五子棋队参赛。

教练员： 顾　炜

运动员： 葛凌峰 朱建锋 江齐文 李　洁 董晨瑛 简咏璇 赵　云 康哲铭 朱佳颐 夏雨辰 郁文凯 阮司琪

成绩

男子团体

葛凌峰 朱建锋 江齐文 第3名

女子团体

李　洁 董晨瑛 简咏璇 第3名

少年儿童混合团体

赵　云 康哲铭 朱佳颐 第1名

夏雨辰 郁文凯 阮司琪 第6名

【2018年全国五子棋公开赛】7月16日在贵州贵阳举行，上海五子棋队参赛。

教练员： 顾　炜

运动员： 朱建锋

成绩

男子个人赛

朱建锋 第2名

【2018年全国五子棋个人锦标赛】10月1—3日在海南海口举行，上海五子棋队参赛。

教练员： 顾　炜

运动员： 朱建锋 简咏璇

成绩

男子个人

朱建锋 第4名

女子个人

简咏璇 第3名

【2018年全国五子棋精英赛】10月3—7日在海南海口举行，上海棋手参赛。

运动员： 朱建锋 简咏璇 董晓丽

男子

个人

朱建锋 第4名

女子

个人

简咏璇 第5名

董晓丽 第6名

【2018年全国五子棋青少年锦标赛】7月14—18日在贵州贵阳举行，上海青少年棋手参赛。

教练员： 顾　炜

运动员： 赵　云 施佳宜 郑雯馨 孟陈陈 康哲铭 马　征 张修齐 邱海岳 夏霁之 郑雨佳 徐熙澄 朱佳颐 李政霖 刘攸畅 方沛琪 桑睿果 李天豪 陈　欣 李蔓雯 李笑妍

男子

U18个人

赵　云 第1名

女子

U18 个人

施佳宜	第 2 名
郑雯馨	第 3 名
孟陈陈	第 6 名

桥牌

【2018 年全国桥牌团体赛】3 月 25—31 日在河南郑州举行，上海隧道股份队获男子乙级季军，上海普陀队获男子丙级季军，上海中国华信队获女子甲级第四名。

领　队：　耿　伟　朱必志　黄　荣

教练员：　傅学明　邵子建　胡基鸿

运动员：　陈一超　胡俊杰　沈剑秋　陆　凯　顾斯嘉　缪本杰　沈宇雄　邵子建　陈大伟　王为民　鲍向东　朱辰宇　王文霏　沈　琦　刘逸倩　朱　萍　王礼萍　周咏梅

男子

乙级团体

陈一超　胡俊杰　沈剑秋　陆　凯　顾斯嘉　缪本杰　第 3 名

丙级团体

沈宇雄　邵子建　陈大伟　王为民　鲍向东　朱辰宇　第 3 名

女子

甲级团体

王文霏　沈　琦　刘逸倩　朱　萍　王礼萍　周咏梅　第 4 名

【2018 年全国桥牌锦标赛】5 月 4—13 日在浙江丽水举行，上海长寿队、上海汽车队和上海绿城队参赛。

领　队：　孙国权　黄　荣

教练员：　孙国权　胡基鸿

运动员：　孙国权　黄进生　胡　雯　李　梁　荀永宏　马　涛　王文霏　沈　琦　刘逸倩　朱　萍　王礼萍　杨京晖　王　维　赵海龙　钟　沛

成绩

公开团体

孙国权　黄进生　胡　雯　李　梁　荀永宏　马　涛　第 3 名

女子团体

王文霏　沈　琦　刘逸倩　朱　萍　王礼萍　杨京晖　第 4 名

混合团体

王文霏　王礼萍　王　维　赵海龙　钟　沛　第 1 名

【2018 年全国桥牌俱乐部女子联赛】6 月 30 日—7 月 5 日在浙江宁波举行，上海汽车队参赛，获冠军。

领　队：　黄　荣

教练员：　胡基鸿

运动员：　王文霏　沈　琦　刘逸倩　朱　萍　王礼萍　杨京晖

【2018 年全国桥牌俱乐部锦标赛】10 月 17—24 日在湖南娄底举行，上海益通队、上海绿城队、上海汽车队和上海岩山沣石队参赛。

领　队：　朱必志　郑　麟　黄　荣　陈怡毅

教练员：　邵子建　Lu Qin　胡基鸿　傅学明

成绩

公开组乙级团体

沈宇雄　鲍向东　邵子建　陈大伟　杰　瑞　狄　道　第 5 名

王　维　徐红军　麦国辉　吴子翔　赵佩江　俞国兴　第 6 名

女子组团体

王文霏　沈　琦　刘逸倩　朱　萍
王礼萍　杨京晖　　　　　第 2 名
陈怡毅　赵　冰　吴骐灏　胡承珂
傅　博　李含笑　　　　　第 4 名

【2018 年全国桥牌青年团体锦标赛】1 月 31 日—2 月 4 日在山东烟台举行，上海青年桥牌队参赛，获 U15 组、U20 组、U25 组冠军。

领　队：　邱伟昌　胡基鸿　刘世振
教练员：　杨建忠　杨可夫　傅学明
运动员：　宋睿阳　缪杰臻　汤乐彦　傅天翔
艾愉程　金一夫　张亿阳　陆盈东
秦楠海　刘念一　曹润铭　钱　瀛
王晴枫　陈思远　顾斯嘉　缪本杰
徐哲铭　朱宇翀

（本部类稿件由上海市体育系统各训练单位、浦东网球队和上海体育学院附属竞技体育学校 供）

附　录

上海市体育局关于上海市各项运动纪录相关工作安排的通知

（沪体赛〔2018〕670 号）

本市各相关运动项目协会：

第十二届全国人民代表大会常务委员会第二十四次会议于 2016 年 11 月 7 日通过了《全国人民代表大会常务委员会关于修改〈中华人民共和国对外贸易法〉等十二部法律的决定》，该《决定》自公布之日起施行。

该《决定》对《中华人民共和国体育法》作出修改，删去第三十二条："国家实行体育竞赛全国纪录审批制度。全国纪录由国务院体育行政部门确认。"今后，体育竞赛全国纪录项目将不再采取行政审批的方式管理，由各全国单项体育协会采取行业自律的形式自行确定，体育总局由直接审批管理改为业务指导和行业监管。

据此，我局将不再对上海市各项运动纪录采取行政审批的方式管理，由本市各相关运动协会采取行业自律的形式自行确定，市体育局由直接审批管理改为业务指导和行业监管。

上海市体育局

2018 年 12 月 24 日

说明：根据文件精神，从 2018 年开始，上海市体育局不再对上海市各项目体育运动纪录进行统计，若要查询运动纪录，请咨询各相关体育协会。2017 年上海市各项目体育运动纪录，可翻阅《上海体育年鉴（2018）》。

上海市体育局关于 2018 年度办理市人大代表建议和政协提案工作的年度总结

2018 年，市体育局共承办代表建议 12 件（其中主办 7 件）、提案 14 件（其中主办 9 件）。在办理"两会"建议和提案工作中，得到了市人大人事代表工作处、市政府办公厅建议提案处、市政协提案委员会办公室的有力指导与帮助。局主要领导高度重视人大代表建议和政协提案的办理工作，局各承办部门和相关单位加强与市人大代表和政协委员的联系和沟通，认真听取代表、委员的意见和建议，并按办理工作的规定要求和时限，如期办复完成。

2018 年，上海体育深入贯彻党的十九大精神以及全面落实习近平总书记关于体育发展的一系列重要讲话和批示，围绕深入贯彻国务院 46 号文件推进体育产业发展。市人大代表和政协委员十分关心本市体育工作，近年来对本市开展体教结合，加强青少年体育工作；推进社区体育设施等公共体育服务体系建设，发展全民健身，强化公共体育场馆开放管理；提升体育赛事发展水平，加快体育产业发展；创新社会体育管理格局，发挥体育总会功能作用等方面工作，提出了许多质量高、针对性强的建议和意见，为上海体育事业科学发展建言献策。

市体育局在人大代表建议和政协提案的办理工作中，认真贯彻落实市"两会"办理工作会议精神，承办工作主要体现在：

一是领导高度重视，加强办理督导检查。

局主要领导和分管领导对人大代表建议和政协提案件都亲自签阅、批示，部署办理工作，亲自协调解决部分提案的办理，并听取有关办理工作汇报，检查办理进度。要求各承办部门及单位认真办理代表建议和政协提案，要求把市人大代表和政协委员对体育工作的建言献策，充分吸收到体育工作的实际中。紧紧抓住人大代表和政协委员普遍关注的体育工作的热点、难点问题，以办理工作为契机，加大工作力度，着力解决实际问题，进一步促进上海体育事业的新发展。通过办理工作，继续深化体育是民生的观念，力求建议和提案的办理结果件件落到实处，推动体育发展成果更多惠及广大市民，让市民在参与全民健身活动中受益。

二是认真承接办理，增强办理工作实效。根据市召开的“两会”办理工作会议的要求，我们对所承办人大代表建议和政协提案，及时落实到有关承办部门和单位，提出具体要求和办理工作的时间节点，并要求确保办理工作件件有答复，事事有着落，切实增强办理工作实效。在承办过程中，涉及到多部门的办理，明确主办部门要牵头落实，不准推诿。承办部门在提出初步答复意见后，采取走访代表、委员，通过面访、电话访问或函件联系等形式，及时与人大代表和政协委员沟通情况，反馈交流，进一步听取代表、委员新的意见和建议。办理工作做到走访率 100%、办复率 100%，使答复的意见更具针对性，切实把建议和提案办得更准确、更具体、更实在。

三是深化办理工作，促进体育事业发展。市人大代表和政协委员在建议提案中所关注并提出的许多建议，正是我局在工作中所要创新和突破的，通过承办市人大代表建议和政协提案工作，是对本市体育工作的促进。因此，我们着力通过办理工作，解放思想，深化改革，开拓创新，充分汲取人大代表和政协委员建设性的意见和建议，努力改进工作中的薄弱环节，特别是在全面深化体育工作改革，聚集建设体育强市目标下，要把代表和委员的意见和建议，融入到本市体育工作新一轮的发展中，更好地推动全民健身、竞技体育和体育产业的协调发展，积极推进上海体育工作与本市社会经济发展相协调，为上海当好改革开放排头兵和科学发展先行者作出体育应有的贡献。

上海市体育局

2018 年 11 月 15 日

图书在版编目（CIP）数据

上海体育年鉴. 2019 / 上海市体育局编. ——上海：
上海科学技术文献出版社，2020
ISBN 978-7-5439-8043-3

Ⅰ. ①上… Ⅱ. ①上… Ⅲ. ①体育事业－上海－
2019－年鉴 Ⅳ. ① G812.751-54

中国版本图书馆 CIP 数据核字（2019）第 299421 号

责任编辑：孙 嘉
书籍设计：董 伟

上海体育年鉴 2019
上海市体育局 编

出版发行：上海科学技术文献出版社
地　　址：上海市长乐路 746 号
邮政编码：200040
经　　销：全国新华书店
印　　刷：上海邦达敏奕印务有限公司
开　　本：889×1194 1/16
字　　数：768 千字
彩　　页：20
印　　张：32
印　　数：001—500 册
版　　次：2020 年 3 月第 1 版第 1 次印刷
ISBN 978-7-5439-8043-3
定　　价：200.00 元
http://www.sstlp.com